世界传世藏书

【图文珍藏版】

地理知识大博览

赵征◎主编

第三册

线装书局

（四十二）上海古猗园

上海市嘉定区南翔镇古猗园，初名"猗园"，是一处典型的高水平江南古典园林。其园始建于大明嘉靖年间，明朝官员闵士籍，古猗园的营造者，当年用的是自家老宅基地。如今，园区占地约146亩，其中包含逸野堂、戏鹅池、松鹤园、青清园、鸳鸯湖、南翔壁等优秀园林景观。

《诗经·卫风·淇奥》："瞻彼淇奥，绿竹猗猗"；《三国魏·嵇康·琴赋》："微风余音，靡靡猗猗"。猗猗就是柔美繁盛的意思。时年，南翔闵家之子士籍长大成材了，不仅入朝为官，而且职务一路走高。麻烦的是，本是沪上人家，但为了服从组织分配，只能到河南做官去了。纵说自古忠孝不能两全，不能承欢父母双亲膝前，还是让闵大人心头很纠结，不得已想了个折中的法子：既然留不住人，我给爹妈建座好房，也算尽了心愿。这么着，古猗园开工了。

园子初成之际，时人形容曰："十亩之园，五亩之宅"。而这十亩园子里，种下了许许多多竹子。竹子柔韧，并且适宜上海气候，当然符合"猗猗"之貌了。竹子长成之前，闵大人另有主意，他请了位竹刻大师，于亭廊檐柱各处雕上竹子花纹，您看有冒芽儿的笋，有亭亭玉立的新竹，有枝干粗壮的老竹……千姿百态实在迷人。

后世古猗园不断倒手易主，清光绪年间索性成了"公园"。借着边上城隍庙的香火，古猗园里头开起了酒馆，茶楼，进来吃吃喝喝还挺热闹。

古猗园幽赏亭，位于院子北门假山之上，颇为小巧玲珑。旧年里不出院子登高赏月，全靠它了。实际上，闵家好几辈人都不敢靠近这亭子，因为它实在是个伤心地呀。那不是闵家出个多情公子，就是闵世禄。这位少爷曾经不顾门当户对之封建戒律，爱上了府上丫鬟小红，而幽赏亭正是二人相约的老地方。

一日少爷进京赶考，小红日盼夜盼。这时小红已然到了出嫁的年纪，又出落的水灵秀气，前来提亲的接二连三。家中兄嫂贪财，最终将妹子许配给了一个老员外。最苦不过鸳鸯离分，小红于是想不开了。您看她绕着幽赏亭转了又转，决定悬梁自尽。可巧命不该绝，恍恍惚惚中，她看见亭中出现一位僧人影像，开口劝慰道："阿弥陀佛女施主，请离开这'幽伤亭'，随我修行去吧……"。

闵公子终于蟾宫折桂，返回了猗园。可是，无论如何也找不到他的小红姑娘。未隔几日，听说闵少爷跳江走了，幽赏亭柱上则出现两行新诗："幽赏亭里幽伤情，戏鹅池底鸳鸯梦"。不久之后，古猗园戏鹅池飞来一对白天鹅，终日相伴戏水，形影不离……

（四十三）苏州狮子林

狮子林是苏州四大名园之一，狮子林，建成至今已有六百多年的史。该园位于苏州市城区东北角园林路上，东西略宽于南北，平面呈长方形，总占地 1.1 公顷，目前其绝大部分已对公众开放。

狮子林深宅大院、亭、廊、堂、轩、桥……一应俱全，建筑物堪称精美。总体来说，园区东南部以假山造景为主，而西北部倾向于水景。狮子林中种了很多竹子，竹子脚边还有许多石头，但寻遍一园无"狮子"。其实狮子就在咱身边，它们或立、或卧、或吼……显现千姿百态状。苏州狮子林的"狮子"，就是假山，就是奇石，要不怎还得了"假山王国"的美名呢。

佛书说过："演法无谓、犹狮子吼、其所讲说，乃如雷震。"意思是佛讲法的时候，音色洪亮，正气十足，好像狮子吼叫一样。如果妖魔鬼怪听到这种声音，顷刻会逃得无影无踪。这样一来，"狮子吼"就被赋予"佛之语"的意境。既然佛家认定狮子为吉祥物，中国"狮子林"也就不只苏州这一处。您看北京圆明园、承德避暑山庄内，均有一处类似的"狮子园林"。

"相率出资，买地结屋，以居其师。"公元 1342，元至正二年，高僧天如禅师想要在苏州修一座寺院，目的是纪念他的师父中峰禅师。您听寺名都取好了，叫"菩提正宗寺"。一朝正宗寺建成了，不是园林胜似园林呐，时年形容曰："林有竹万固，竹下多怪石，状如狻猊者"。高大威风的狮子，佛的世界里更愿意称呼为"狻猊"。巧了，中峰禅师曾于浙江天目山狮子岩弘法。这里到处是"狮子"，于是正宗寺本名没传开，"狮子林"倒是传扬开来。

公元 1373 年，大明洪武六年，大书画家倪瓒经过苏州，顺路在狮子林遛一圈。感慨景色不错，走的时候还给留了幅画，也就是《狮子林图》。从此以后，狮子林更出名了，佛门子弟到此讲经说法，文人青年题诗作画也爱入园一坐。大清乾隆初年，这座宗教园林性质有所转变，它成私产了。时年更名涉园，或称五松园。民国年间，有贝姓富商购得"狮子林"，期间引进西洋造园手法，使其别有一番风貌。

哪来这些酷似狮子的石头呢？说是狮子林里的狮样石头都是从天目山飞来的。话说铁拐李和吕洞宾两个接到邀请，要去赶赴王母娘娘的宴请。然后，二人共骑着一头青狮，往天宫飞。路过天目山的时候，老李渴了，于是"落狮"于山顶喝水。呵，一池清泉晶莹可爱，连他们的坐骑青狮子都动心了。只听"扑通"一声，它就跳进池子玩水去了。神仙喝饱了，招呼青狮赶路。您看狮子恋恋不舍上了岸，琢磨抖落抖落毛上的水。哪知水珠一落地，奇迹出现了，遍地石头变成了小狮子……铁拐李和吕洞宾互相看看，也不能带这些狮子上天啊？他俩一挥手，小狮子又变回了石头。大青狮不忍离开，就化作山峰永远留在了人间。

（四十四）武汉古琴台

古琴台，是武汉市的著名音乐文化古迹，也是湖北省、武汉市重点文物保护单位之一，是为纪念俞伯牙弹琴遇知音钟子期而建的纪念性建筑。

古琴台，又名"俞伯牙台"，位于武汉市汉阳区龟山西麓，月湖东畔，地理位置非常优越，东对龟山、北临月湖，可谓是湖景相映，景色秀美，幽静怡人；除此之外，其蕴含的文化内涵也极其丰富，是人们欣赏风景胜地、追忆渊源文化的必游景点之一。

现在的古琴台始建于北宋时期，历代以来屡毁屡建，最近一次的重建修缮为清朝嘉庆初年湖广总督毕沅所主持，并请汪中代笔撰写《琴台之铭并序》（也有一说为《汉上琴台之铭并序》）和《伯牙事考》，深受时人的称赞。而后光绪十年（公元1884年）黄彭年撰写《重修汉阳琴台记》。光绪十六年（公元1890年），杨守敬主持并亲自书丹，将《琴台之铭并序》《伯牙事考》《重修汉阳琴台记》重镌立于琴台碑廊之中，并书"古琴台"三字刻于大门门楣。

如今，古琴台景区的整个建筑群占地15亩，虽然规模不大，但是其中布局非常精巧雅致，保留了当年古建筑的完整风貌，秀美风景和古迹遗址更是美不胜收，耐人寻味，处处惹人驻足。

细细归纳，古琴台景区的主要景点包括：介绍俞伯牙和钟子期结为知音故事情节的"蜡像馆"；清朝道光皇帝为陶文毅而御笔亲书的"印心石屋"；汉白玉雕刻的"伯牙抚琴"塑像；碑廊内的《琴台之铭并序》《伯牙事考》《重修汉阳琴台记》等碑刻；清道光六年（公元1826年）湖北督粮道、书法家宋湘诗兴大发时以竹叶代笔蘸墨书写的《琴台题壁诗》；1976年修建琴台时的遗物"琴台"方碑；近代修建的《琴台知音》雕塑石像以及山清水秀的"高山流水"水榭长廊等，这些都是古琴台景区的重要景点，也是游人到古琴台不能错过的景点。

俞伯牙台，是用汉白玉筑成的石台，相传是当年俞伯牙鼓琴的地方，高1.75米，石台的中央刻有相传为北宋书法家米芾所书"琴台"二字的方碑和"伯牙抚琴图"，石台四周用石栏围砌，栏板上刻有"伯牙摔琴谢知音"的浮雕图。

有吟咏古琴台的诗云："凤沼余灰此处埋，空留雅韵筑琴台。胸无锦绣何当死，世有知交不用媒。白发无端输寂寞，清音散失拾悲哀。竹篱风榭年年事，偶尔鸬鹚绕几回。"游览古琴台，赏的是山清水秀之景，悟的是高山流水之情，一景一情，让人流连忘返，久久回味！

（四十五）巩义康百万庄园

巩义市康店镇，有座规模庞大的民居建筑群，学名康百万庄园，始建于明末清初。背靠邙山，面临洛水的优良地势，为它赢得"金龟探水"之美名。

其实"康百万"并不是一个人的名字，而是指代一个持续好几百年的巨商之家。地方民谣说："头枕泾阳、西安，脚踏临沂、济南；马跑千里不吃别家草，人行千里尽是康家田。"以中原为根据地，势力都扩张到了山东和陕西，这个家族究竟多富裕可想

而知。

据说康家老祖是明朝投身商界的，跟船跑漕运起的家。大清朝时期，乘着康乾盛世东风，巩义康家也进入事业巅峰期。百万靠河运发财，靠土地致富，靠"贡献"得官，多次得到皇帝赏赐，最高时官至三品，数次钦加知府衔。明清两朝，人间评选活财神，巩义康百万、北京沈万三、山东阮子兰名列前三。关于沈万三的事迹，传的最神的是说他手指头一挥，指哪儿哪儿能挖出银子，这未免过于夸张。

而巩义"康百万"有钱，这件事是真的。康绍敬到康庭兰，康氏家族十二代人，跨越明、清、民国三个历史时期，当了四百多年财主，这都是有史料记载的。时年，河南、山东、陕西三省、洛河、黄河、沂河、大运河，泾水、渭水、各大知名水系两旁，都有康家田。

实际上，康家能够迅速崛起，契机的选择也很重要。乾隆后期，白莲教起义如火如荼地展开。这拨打着宗教旗号的起义军，四处烧杀抢掠，上至官下到民，一律被严重骚扰。朝廷的态度是坚决镇压。看起来是一场持久战，当时的康氏大掌柜康应魁打着小算盘，开始不停游走。他想干吗呢？镇压白莲教所需物资数量巨大，如果能争取货运渠道的最大垄断，那可不是小数。花点小钱买通相关官员，这件事果然办成了。

再说转眼到了大清国末年，八国联军入侵北京城，慈禧老佛爷到陕西躲了一年多。感觉危险不大了，老太太打道回府，归途中有巩义一站。简直是天大的事情，地方官穷尽心思迎驾。选一家最好的"旅馆"，非"康家大院"莫属。仅此一回，康家大院立功了，而且给老佛爷留下了深刻印象。

（四十六）武汉黄鹤楼

"天下江山第一楼"，湖北黄鹤楼，坐落武汉蛇山山顶，起始海拔高度约 61.7 米，楼体通高 49 米，共计五层，上覆攒尖宝顶。

宋代地理志《太平寰宇记》其中有段文字："黄鹤楼在县西：二百八十步，昔费祎登仙，每乘黄鹤于此憩驾，故号为黄鹤楼。"三国大将费祎，相传后来成仙了。费大人每次爬蛇山，都不是走上来的，人家有黄鹤相送。普通人必是没这等待遇，所以人们修了黄鹤楼来纪念。

一朝天子一朝臣，历代皇帝钟爱的神仙也不一样。到了唐宋之际，八仙故事流传广泛，吕洞宾成了名人。清初小说集《坚瓠集》中明明白白地写着："相传唐时吕纯阳尝客兹地，倦寓酒家，日饮数壶，累至数百；不偿值，复索饮，主人供给无倦色。纯阳喜之。适啖西瓜，遂以瓜皮画一鹤于壁上。始，色瓜皮青，久之变黄，遂为黄鹤……遂构此楼志感，故名黄鹤楼。"如果上文交代"属实"，吕洞宾那个大酒仙，一定跑到蛇山底下某小酒馆喝过酒，喝了一杯又一杯。可是店主非但不厌烦，还送他西瓜吃。吕洞宾很感动，随手在西瓜皮上画鹤，后来鹤就活了，翩翩起舞。当地人为了纪念他，在蛇山上修建了黄鹤楼。

事实上，当初修黄鹤楼，相传为孙权所为，是给哨兵当瞭望塔的，修在山上是为了看得更远。您想三国三分天下那会儿，魏蜀吴各得一角，江东归了孙先生了。可是一山难容二虎，眼看这三虎对峙，谁心里也不能踏实。时过境迁，唐朝实现了大统一，而黄鹤楼的军事地位埋没下去，慢慢变成了旅游胜地。

黄鹤楼有黄鹤，传说太美，以至于传了几百年还惹人牵挂。崔先生一首《黄鹤楼》，尽管愁情万千，却使得它名扬天下了。可是他愁的什么呢？好像是怜惜黄鹤楼拆拆毁毁，总不能好端端地站在山头肥。时隔几百年后，大清国同治年间，朝廷又想起曾经著名的黄鹤楼，去到原地复建了一座。无奈最后也没留住。

如今黄鹤楼已是新中国的建筑物了，但是，本着清代"同治楼"样式重建的。您看此楼上下 5 层，通高 51.4 米，建筑面积 3219 平方米。仰仗 72 根大圆柱子支撑楼体，大气稳重。十多万块黄瓦嵌在屋体各个角落，让它显得王气十足。

黄鹤楼共有飞檐六十个，它们参差错落，恰恰应和了"黄鹤楼里藏黄鹤"的奇景。哪个角度看都有鹤，展翅飞翔的鹤。

（四十七）枣阳白水寺

湖北枣阳市吴店镇，有座狮子山，山头有座白水寺。若从此地出发，往西不远就到了襄阳古隆中，即诸葛亮先生曾经隐居的地方。

您数遍白水寺著名古迹，发现其中多个都涉及了中国历史上一个关键人物，那就是东汉光武帝刘秀。

"乡人祀汉光武，明宣德中，僧真隆改以正殿供佛，以西偏三楹祀汉光武，旁列云台诸将木主。"——《枣阳县志》。从上文可以看出，至少在明宣宗朱瞻基那个时期，祭祀刘秀已经成为枣阳人的一件大事。要知道，刘秀在中原称帝，距离湖北甚远，可是他成为东汉始皇帝之前，有过一番极其艰苦奋斗的经历。

东西两汉全是刘氏家族的天下，虽然不是嫡亲血脉，好歹大权没落到外姓人手里。但两汉中间曾经蹿出个"王莽新朝"，尽管只有十五年，还是滋生了不少事端。

王莽其人，西汉外戚，曾经不显山不露水地活着。谁知老实人发威更可怕，这王先生一下子挂红旗当"皇帝"了。任何古代政权的更替，都不可能平静过渡。何况王莽身份有点可疑，使得西汉那些气数还在的王族和老臣，每天虎视眈眈地望着他。苍蝇不叮无缝的蛋，王莽刚掌权就让人抓住了把柄，说他任人唯亲，打击刘氏宗族，还严重克扣老百姓。

新官上任先点火，所以王莽似乎也表现了富国强民的态度。大举招兵买马，企图打垮匈奴和中国边上所有少数民族。可是手伸太长了，家门还没看好呢，他哪儿来那么大实力呀，后果只能是加剧老百姓赋役负担，生灵涂炭。无端用兵，大兴土木，很快让莽政权入不敷出了。然而他不思量如何发展生产，而是私底下"造钱"，结果通货膨胀，钱也不值钱了……好事一件没干，这是逼老百姓造反呢。果不其然，全国各地"倒莽"声音连成一片，起义军如火如荼。刘秀时年也带领一支队伍，加入了推翻新朝的活动当中。

刘秀斗王莽，险象环生。就说有一回"莽军"狠劲追赶，追到狮子山，刘秀已是弹尽粮绝，此时发现一口井——没想到废井一口，满是乌黑的泥浆。绝望之际，井中升起青龙一条，水刹那间变得清澈了。这就是白水井的来历，后来人们还在井边修了白水寺。

（四十八）黄州赤壁

东坡赤壁又名文赤壁，位于湖北省黄州古城西部，汉川门外。所谓"赤壁"，就是一面赤红色的山崖壁。

赤壁乃是大自然的神奇造化之一，所以不只是黄州有赤壁。但黄州赤壁自有独到之处，因为它和一位北宋大文豪拉上了关系。"大江东去，浪淘尽，千古风流人物。故垒西边，人道是，三国周郎赤壁。乱石穿空，惊涛拍岸，卷起千堆雪。江山如画，一时多少豪杰……"——《念奴娇·赤壁怀古》。"是岁十月之望，步自雪堂，将归于临皋。二客从予过黄泥之坂。霜露既降，木叶尽脱，人影在地，仰见明月，顾而乐之，行歌相答……"——《后赤壁赋》。两首词都是写给黄州赤壁的，而且都是苏东坡写的。从此之后，黄州赤壁出名了。

苏先生来到黄州之际，其实刚刚经历了一场冤案，心情苦闷极了，难为他还能写出如此脍炙人口的千古佳句。他犯的哪桩案子呢？乌台诗案。北宋的"乌台"，就是御史台的"外号"，学名改叫御史衙门，或御史台。有时御史说错话惹麻烦，人们就笑其"乌鸦嘴"。

宋神宗赵顼任上，皇上要酝酿一次重大变革，以革除当下兵员过多，官员没正事儿，政府开支过大等社会弊病。事关重大，必须谨慎用人，问来问去，重任落在了王安石头上。变法就像北宋社会的一根头发，牵一发而动全身，方方面面的反响也不一样。"变法派"以王安石为首，司马光则成了"保守派"的代言人。另外，皇上加入了变法派，而苏轼倾向保守派。

苏先生时年并不在京都为官，可是他对变法发牢骚的事被揭发了。文章能杀人，况且苏轼这种"笔杆子"说句话传得快着呢。这可了不得了，按皇上旨意，苏轼被收押，严审。眨眼四个月过去了，苏轼关在乌台大牢，他前半辈子写的诗几乎全被翻出来了。御史台的官吏们都不是善主，每天咬文嚼字，逼迫苏轼回答同样的问题：你为啥写这首诗？这个，那个字词啥意思？你是不是想反呐……？老话说得好，"欲加其罪何患无辞"，这就是文字狱的核心。

　　幸亏宋朝有条法律规定：士大夫犯错也不能杀。于是，乌台诗案结案后，苏轼被贬到黄州做个小官。回忆三国往事，想想眼前自己的不得意，这才有了前后两则《赤壁赋》。

　　目前的"东坡赤壁"，已与周边风景融为一体，总占地1326亩。您来看"赤壁夕照"一团红，亲临"竹楼"听夜雨……声色动静总相宜。

（四十九）株洲炎帝陵

　　湖南省株洲市鹿原镇炎陵县，是一个气候温润，风景秀丽的小县城。此城原名"酃县"，意是一种酒的名字，最终因远古炎帝陵而得今名。

　　炎帝神农氏是上古时代杰出的部落联盟首领，中国农耕文化的创始人。据说炎帝可能是太阳神下凡，炎帝之母女登，尚未结婚，结果有天夜晚梦见一轮红日落入怀中，暖融融很舒适。其后经过一年零八个月"孕育"，女登生出了一个红球！哪知这个奇怪的球原地骨碌几圈，裂开了，中间坐着一个胖娃娃，男的。女登很爱这个儿子，家里人也陪她高兴。

炎帝陵

　　接下来更神奇的景象接连出现了，有一次，女登抱着儿子外出游玩，趁小孩睡熟了，把他放在一块大石头上晒太阳。过会那小不点睡醒了，找不见妈妈，大哭大闹起来。未等亲妈赶到，一只老鹰飞过来，它用翅膀遮住了炎热日光；一只母鹿也跑了过来，它给小孩喂奶……所以人们都说，炎帝是大自然的儿子，他有三个妈妈：生母女登，还有鹰和鹿。这也正是炎帝陵跟前要配置石鹰和石鹿的原因。

　　如果愣说炎帝"没有"爸爸，今天无论如何不会有人相信的。但是，五六千年之前，中国正处于原始社会，母系氏族社会阶段，这是毋庸置疑的。而母系氏族出生的孩子们都跟母亲过日子，不知父亲是谁，也很正常。如此看来，古人编出那样美妙的神话，附着在炎帝身上，为人间迎来一尊太阳神，倒也不无道理。

　　作为中华民族始祖之一，炎帝的绩有口皆碑，以至于全国各地都争相和他老人家攀亲。虽说只有一个炎帝，却出现了四座炎帝陵，分别位于：陕西宝鸡、山西高平、河南商丘以及湖南株洲。公说公有理，株洲炎帝陵已经找到了依据，您听："在位一百二十年而崩，葬长沙。"——《晋代·皇甫谧·帝王世纪》。还有这则：炎帝"崩葬长沙茶乡之尾，是曰茶陵。"——《宋·罗泌·路史》。话虽简短，但白纸黑字写得很清楚，都说炎帝忠骨埋在湖南长沙了。

株洲炎帝陵见诸文字记载的历史，大约能追溯到西汉末年。悲哀的是，当时原有帝陵被绿林军夷为平地了。时至大唐朝，朝廷有心追怀炎帝，去到株洲炎帝陵前修了座唐兴寺，拜佛捎带祭拜帝陵。公元967年，宋太祖乾德五年，炎帝庙单独立庙了，往后历朝历代屡有修缮维护。清朝是最舍得为老祖先花钱的，大修九次。道光十七年那回大修，历时八个月有余，之后形成了一片金瓦红墙的庞大建筑群，依山傍水，秀色盖不住。

新中国成立之后，珠洲炎帝陵都得到了较好的维护，所以如今的老百姓有眼福了。

（五十）永州舜帝大庙

湖南省永州市宁远县九嶷山，是中国五大古帝陵之一，舜陵所在地。这座古老陵寝始建于夏朝，堪称华夏民族祭祖圣地。舜陵在后世有过几次迁移，明朝初年移至今置，即舜源峰脚下。

中古三皇五帝之一舜帝，本名重华，字都君，祖籍今山东诸城万家庄乡诸冯村。传说舜帝一目含双瞳，因而得名"重华"。他出生于公元前2277年，世寿至公元前2178年，活了九十九岁。按亲属关系来论，舜帝应是颛顼的后裔，但是他们家这根权权没能张开。就像大树底下一棵草，无人问津。更悲惨的是，舜帝幼年丧母。他的生父是个盲人，可是除了眼睛看不见，老头还挺花心。所以一朝舜帝没了妈，他很快有了后妈，后妈生个弟弟取名叫"象"。"父顽、母嚚、象傲"，这就是古书对那个再婚家庭的描述。简单地说，舜帝有一个没心没肺的爸，一个狠毒的后妈，还一个同父异母的弟弟，很顽劣。

虽然那一家三口不善待舜，他却从未将他们视为敌人，而是处处尽到了为人子，为人兄长的责任。

因为过惯了苦日子，舜的劳动能力很强，打鱼，耕种，制作生产工具，简直无所不能。劳动之余，他还搞些小本经营，挣些钱贴补父亲那家子的花销。天道酬勤，舜的付出终于被老天爷看到了。那时尧帝想要召集继承人，向"四方天下大长老"征求意见。结果，舜以四票当选。

掌管天下责任非同小可，尧帝跟舜不熟，其实他也不放心，于是想考验一下。尧帝下令说：大舜，做我的女婿吧，我要将娥皇和女英，两个宝贝女儿都嫁给你。如果舜不接受，那就是抗旨不遵。可是他接受了，能协调好两个新媳妇的关系吗？事实证明，舜那个"三口之家"相当和睦。即使家境有了极大改善，舜依然不误劳作，每日出门教老百姓干活。舜帝走过的地方，"一年而所居成聚，二年成邑，三年成都。"意思是说总有很多人愿意追随他。老丈人尧帝看在眼里，喜在心上，越来越重视这个姑爷，不惜赐予良田美宅。

富在深山有远亲，舜的爸和弟弟很快找来了。如果都像刘姥姥一样，进大观园多看两眼也没啥。可是那二位都奔着图财害命来的，他们甚至还相约挖了口井，就等大舜掉进去。最终，大舜都没计较，爹还是他爹，弟还是他弟。所以尧帝终于相信，大舜就他的接班人了。

五帝当中有舜帝，尧舜禹齐名，这不算什么新闻。要说舜没当过帝王，您信吗？但当初大舜虽然接受了尧帝的禅让，其后二十八年里，还是尧在主持大局。尧帝去世之后，舜可以亲政了，他又拱手相让，令尧之子丹朱称帝。不过大舜的德行早已是人们心中的大帝了，这个谁也抢不去。

（五十一）德夯苗寨

德夯就是"美丽的峡谷"，苗语这么说的。湘西武陵源，断崖、绝壁、险峰、瀑布，彩蝶飞舞的大片原始森林当中，有一条美丽的峡谷。那谷地旁边有个苗族村，它叫德夯苗寨。

古老的苗族，距今已有五千多年的历史了。据史书记载，早在商周时期，苗族先民就在长江中下游创建了"三苗国"，境内稻香鱼肥。后经多次大规模迁徙，如今的湖南、贵州、云南三省，成为苗族同胞主要聚居区。一曲悠长跌宕的《苗族古歌》，记录了民族迁移的沧桑，记录了部族纷争的残忍，记录了混沌时代种种遐想……

苗民多礼。若是您进了苗寨，恰巧与原著民走个对面，他们一定请您先过。

苗民热情好客。如果到了他们家，不杀鸡宰鸭那过不去。同时您也不许不好意思，务必该吃吃该喝喝，否则会被主家误认为架子大，不好招呼。

"花衣银装赛天仙"。头顶的银冠，颈上的银项圈，胸前的银锁……总之银饰是苗族姑娘最漂亮的装扮。苗族女子的花裙子是真正的"百褶裙"，层层叠叠能叠出四十多层，裙衫集刺绣、蜡染等精巧工艺于一身，形态精美至极。即使是苗族男青年，也有绚烂多彩的"五色斑衣"可穿。

苗民有自己的节日，吃鸭节，采茶节，"四月八"祭牛王……十天半月过回节，寻个理由就过节，这等生活是多么逍遥快活。正月里的苗年，是苗民最盛大的传统节日之一。届时大家伙身着民族盛装走亲访友，各家各户鼓捣些好吃的，比春节更显得热闹，甚至具备狂欢节的那份激情。

正月初一、初三、初六，苗民要"踩花山"。那几天，街面上立起的花杆只是幌子，未婚男女青年才是这个节日的主角。您听那悠扬的芦笙歌，看那摔跤、斗牛的壮后生、他们爬花杆、斗画眉……使出浑身解数，还不是为了吸引姑娘们的注意力。而苗族女孩子绝对大气，看好了那位照直就冲上前去。

苗民聚居区，多是依山傍水之地，他们将自己的家经营成了世间田园。男耕田女织布，您看他们会榨油，会造纸、会碾米，使用水车灌溉田地；苗民有自己的苗语，苗文；苗民维系了能歌善舞的天性，苗族男生善吹芦笙，女生亦唱亦舞，他们用歌舞表达心情，表述与这个民族相关的大大小小的事件。

德夯苗寨规模不大，如今大约有八十多户人家，可是这里生活着地地道道的苗族同胞。他们过苗节，唱苗歌，穿苗族衣裳，对远道而来的客人笑脸相迎。寨子以外的风景，有九龙潭、观音洞、接龙桥、腊梅林……沟沟坎坎都是美丽的。

（五十二）苏州园林

没有哪些园林比苏州园林更能体现出中国古典园林设计的理想品质。咫尺之内乾坤再造，苏州园林被公认是实现这一设计理想的典范。这些建造于 11 世纪到 19 世纪的园林，折射出了中国文化中取法自然又超越自然的深邃意境。

最早的苏州园林可上溯到公元前 6 世纪春秋时的吴王园囿，私家园林最早见于记载的是东晋的辟疆园。据《苏州府志》，苏州园林在周代有 6 处，汉代 4 处，南北朝 14 处，唐代 7 处，宋代 118 处，元代 48 处，明代 271 处，清代 130 处。至今仍保存开放的有十几处。

与西欧古典主义园林对称的布局、整饬的建筑格局相异，中国园林则追求因地制宜，顺其自然，循例自然。园林布局变化多端，用建筑、花木、围墙、假山来阻隔视线，同时又用曲廊、虹桥、幽径、漏窗、池水使视线不断，而又令人几经周折不能窥得其全貌。山径、石路、溪流都是委婉曲致，景色自是连绵不断，但在一个位置上只能清晰地看见景致的一部分，其他的则若隐若现，美妙极致的景色似乎总在未到的地方招引着你去欣赏。

拙政园是苏州最大的园林，占地 51950 平方米，它与北京颐和园、承德避暑山庄、苏州留园并称为中国四大园林，主要代表明代风格。

拙政园位于苏州娄门东北街，初为唐代诗人陆龟蒙的住宅，元代为大宏寺。明嘉靖正德年间，监察御史王献臣弃官还乡而改为拙政园，取晋代潘岳《闲居赋》："筑室种树，逍遥自在，灌园鬻疏，以供朝夕之膳……此亦拙者之政也"之意。王献臣死后，儿子将园林赌输。后来几度易手，现在的拙政园是清同治十年（1871）巡抚张之万恢复拙政园旧时的名称，并把西边的补园与东边的归田园居并入拙政园内，成为苏州最大的园林。

拙政园以山水并重，水面占全面积 3/5。总体布局以水池为中心，楼、台、亭、榭沿池畔而建，整座园林如浮在水上。就简略繁，实中有虚，虚中有实的艺术手法，巧妙地把平淡景观渲染出绚烂之盛的深邃意境。粼粼池水中，遍种莲花，许多堂、亭、轩都结合莲花命名，如远香堂，荷风西亭等，可以说拙政园是个观赏莲花的好去处。园中建筑朴素、平淡而隐有天真开朗的风格，颇合拙政之名。

留园地处苏州市阊门外留园路，占地约 20000 平方米。明万历年间（1573～1620）

太仆寺少卿徐泰营造东西两园。清乾隆末年，东园为刘恕所得，嘉庆三年（1798）重修取名寒碧庄，俗称刘园。光绪二年（1876），官僚盛康据有此园，加以扩建，取刘字谐音，改名为"留园"。

留园分为中东西三部分。中部为东园与寒碧庄旧址，是全园的精华。这里有清池一泓，池西北山丘高低起伏，老树浓荫，池东南的清风池馆、濠濮亭、涵碧山庄、绿荫轩等错落有致，虚实相间；在池水周围的长廊上嵌刻历代书法家的300多幅法帖，称为"留园法帖"，其中最为著名的是王羲之、王献之父子的法帖。

而苏州其他古典名园也各著其美，如网师园、沧浪亭、狮子林、艺圃、耦园、退思园，或以叠山理水胜出，或以因借布局构奇，或以意境深远显长，不一而足。其园林中种种深幽情致，笔力难逮，必须去亲历体验方能得窥其中奥妙。

（五十三）京杭大运河

大运河肇始于春秋吴王夫差所凿的"邗沟"，至隋代完成了以洛阳为中心的大运河，唐宋时极为繁盛，元代截弯取直，形成贯通南北的京杭大运河。作为中国的一条搏动不息的大动脉，大运河一直沟通着中国南北方经济文化，维护着国家统一和社会进步。

举世闻名的京杭大运河，是世界上最长的一条人工河道。它北起北京，南达杭州，流经北京、河北、天津、山东、江苏、浙江6个省市，沟通了海河、黄河、淮河、长江、钱塘江五大水系，全长1794千米。京杭大运河在中华民族的发展史上，为发展南北交通做出了巨大的贡献。

公元前486年，吴王夫差首次在扬州开挖邗沟，沟通了长江和淮河。大业元年（605），隋炀帝征发江南、淮北100多万民工，在北方修通济渠，从洛阳西苑通到淮河边的山阳（今江苏淮安）；大业四年（608），征发河北民工100多万人开永济渠；大业六年（610），在长江以南开了一条江南河，从京口（今江苏镇江）引江水穿过太湖流域，直达钱塘江边的余杭（今浙江杭州）。前后用了不到6年的时间，大运河的全线工程告成。到13世纪的元代，又先后挖通了北京到通州区的通惠河、山东临清到东平的会通河、东平到济宁的济州河。把运河改成直线后，比隋代京杭运河缩短了900多千米。

19世纪海运兴起，又随着津浦铁路通车，京杭运河的作用逐渐减小。而在黄河改道后，山东境内河段水源不足，南北断航，逐渐淤成平地。新中国成立后，政府对大运河部分河段进行了拓宽加深，航运条件有所改善，季节性的通航里程已达1100多千米。古老的京杭大运河将来还要成为南水北调的输水通道，继续在历史上写下自己的传奇。

（五十四）云南元阳梯田

元阳梯田不是一个死板的历史遗迹，从古至今始终是一个充满生命活力的大系统，它将自然的壮美风光与人力的巧夺天工融为一体，既能发挥出巨大的实用性，也具有无可比拟的观赏性。

在云南的红河南岸，世代居住在这里的哈尼族人民在长期的劳动生产当中，运用自己的智慧与双手，结合当地特殊的地理条件，创造出了一项规模宏大、气势磅礴的伟大工程—红河哈尼梯田。在这其中，元阳县境内共有 113 平方千米梯田，是红河哈尼梯田的核心区，也是哈尼梯田最具有代表性的区域。

梯田是山区、丘陵地区常见的田地形式，是在坡地上沿等高线修筑的阶台式或波浪式断面的农田。元阳县境内全是崇山峻岭，所有的梯田都修筑在山坡上，梯田坡度在 15 度至 75 度之间。以一座山坡而论，梯田最高级数达 3000 级，这在中外梯田景观中是罕见的。初春时节，当梯田灌满了水的时候，在晨光或是夕阳的照射之下，可见云雾飘动在一层层田间，千变万化，千姿百态，景象壮美，恍如云海，因此也被形象地称为云海梯田。

元阳县的哀牢山区，一共有 7 个民族共居一山，大致依照海拔高低分层而居。海拔 144 米~600 米的河坝区，多为傣族居住；600 米~1000 米的峡谷区，多为壮族居住；1000 米~1400 米的下半山区，多为彝族居住；1400 米~2000 米的上半山区，多为哈尼族居住；2000 米以上的高山区，多为苗、瑶族居住；汉族则多居住在城镇和公路沿线。

哀牢山是云岭山脉的一个分支，自西北向东南，绵延不断，它的脚下还有一条相伴而行的大江——元江（红河），高山与大江在云南中南部形成了一道天然屏障，使这里不易受北方冷空气的侵扰，气温较高。哈尼族居住的上半山，气候温和，雨量充沛，年均气温在 15℃左右，全年日照 1670 小时，非常适宜水稻生长。但当 2500 年前，哈尼族的祖先从西藏高原来到云南南部这个边陲山区之时，却遇到了一个很大的难题。山区内平地极少，到处是浓绿的原始森林，这样的山地条件很难进行耕种。为此，哈尼族人民开始了改造大自然的奋斗。

哈尼族人垦殖了大量的梯田，将沟水分渠引入田中进行灌溉，因山水四季长流，梯田中可长年保水，保证了稻谷的发育生长和丰收。哈尼族垦殖梯田的想象力令人惊绝，其随山势地形变化，因地制宜，坡缓地大则开垦大田，坡陡地小则开垦小田，甚至沟边坎下石隙之中，无不奋力开田，因而梯田大者几千平方米、小者仅有簸箕大，这便构成了举世闻名的元阳梯田奇观。

元阳哈尼族梯田不是一个死板的历史遗迹，从古至今始终是一个充满生命活力的大系统，时至今日，它仍然是哈尼族人民物质和精神生活的根本。它将自然的壮美风光与人力的巧夺天工融为一体，既能发挥出巨大的实用性，也具有无可比拟的观赏性，是文化与自然巧妙结合的产物，不仅是哈尼族人民的，也是中华文明的伟大骄傲。

（五十五）湖南凤凰古城

但凡读过沈从文先生的《边城》的人，无不为书中所描绘的湘西边城所深深吸引。《边城》仿佛是一首牧歌，湘西的风情在这首舒缓的牧歌中悠然弥漫。那种洋溢着牧歌气息的山山水水与充满着善与美的纯洁人性，使人们对湘西的凤凰古城产生了无限的神往。

位于湖南湘西土家族苗族自治州西南部的凤凰古城是历史文化名城，曾被新西兰著名作家路易·艾黎称赞为中国最美丽的小城（"中国有两个最美的小城，一个是福建的长汀，一个是湖南的凤凰"）。这里与吉首的德夯苗寨、永顺的猛洞河、贵州的梵净山相毗邻，是怀化、吉首、贵州铜仁三地之间的必经之路。

凤凰古城风景秀丽，历史悠久，名胜古迹甚多。城内，古代城楼、明清古院风采依然，古老朴实的沱江静静地流淌；城外，有南华山国家森林公园，城下艺术宫殿奇梁洞，建于唐代的黄丝桥古城，举世瞩目的南方长城……

凤凰古城

说凤凰古城小，并非言过其实，它小到了城内仅有一条像样的东西大街，但它却是著名的"湘西明珠"。小城之内，种种充满了古色古香、古风古韵的景观令人目不暇接。有人说，凤凰古城犹如"一幅浓墨淡彩的中国山水画"，色彩虽不艳丽，却有一种独特的韵味，使人难以抗拒它的诱惑。

凤凰古城虽小，仍分为新旧两个城区。老城区依山傍水，清浅的沱江穿城而过，红色砂岩砌成的城墙伫立在岸边，南华山衬着古老的城楼。城楼是清朝康熙年间修建的，锈迹斑斑的铁门，还依稀看得出当年威武的模样。北城门下宽宽的河面上横着一条窄窄的木桥，以石为墩，两人对面都要侧身而过。

凤凰古城之中，最有名的无疑是那一幢幢富有浓郁土家族风韵的吊脚楼。在种种游记小说之中，都对这样的土楼有着浓墨重彩的渲染，吊脚楼中居民的独特生活更是充满了浓郁的乡土色彩。但如今，河畔的吊脚楼大多已不在了，只有在回龙潭那里的十多间老屋，供后人凭吊述说。

在令凤凰古城名扬天下的人当中，沈从文毫无疑问是最为重要的一位。正是他那清新灵动而又意蕴深远的《边城》，勾起了无数人对凤凰的神往。《边城》中的世界，仿佛脱离了时光的侵蚀而单独存在，一切的邪恶，一切的肮脏，一切的卑劣，都被作者用筛子细细地筛除了。所以我们只看到了茶峒清澈透明的小溪，古老的白塔与古老的渡船，被夕阳染成桃红的薄云，夜啼的草莺与杜鹃，月光下象征爱情的虎耳草。阅读《边城》，我们随时都可以感受到湘西文化的浓郁气息。

凤凰古城有八景：东岭迎晖、南华叠翠、奇峰挺秀、溪桥夜色、龙潭雨火、梵阁回涛、山寺晨钟、兰径樵歌。景景动人、景景不同凡俗。但在人们的心目中，仔仔细细地单列这些景致，其实并没有太大的意义。凤凰古城是一个整体，一个古老的、充满了神秘气息的整体。踏在那年代悠远的青石板路上，仿佛是在聆听一首古老的歌谣。

（五十六）太湖

中国第二大淡水湖太湖，位于长江三角洲之南，江浙两省交界处。其流域面积高达三万六千顷。整个太湖水域包含大小岛屿四十多座；淀山湖等一百八十余个湖泊。

相传在很久很久以前，有回王母娘娘要过大寿。玉皇大帝不含糊，派四个大壮汉抬着生日礼物就送去了。啥东西要四个人抬呀？王母娘娘开箱一看，乐的嘴角上扬。敢情是个"聚宝盆"，银子之地，中间镶着七十二棵特大绿珠子，形形色色的生灵则趴在珠子左右休憩。"玉帝还真有心，娘娘您可真有福气"……跟前神仙们这么一夸，王母娘娘更美了。

三月三蟠桃会，王母娘娘宴请群神。前日玉帝送的"聚宝盆"务必拿出来显摆显摆。当天所有神仙聚一起大吃大喝，唯独一个神一肚子火。谁呢？"弼马温"，即后来自封的"齐天大圣"，法号孙悟空。败家老太太，枉我上天喂马伺候您一场，好事不叫着我……于是趁着那众神喝多睡着了，孙大圣开始了吃喝打砸。

"聚宝盆"？够精致的，想必那玉帝老儿和娘娘很爱它。那好，我就先将这盆子丢下去。天壤之别呀，神仙手中一根针，落地最少是棵树。好家伙，"聚宝盆"从天而降，长江三角洲立马砸个大坑，然后地上咕嘟咕嘟！冒水。过几天水终于停止上涨，可是景色全变了，整个一派湖光山色。您看"聚宝盆"里的珠子化成了座座山峰，那些精雕细琢的飞禽走兽都活了。有名的太湖银鱼，就是由"聚宝盆"掉出来的。

太湖银鱼、洞庭银鱼和长江银鱼，是目前中国最著名的几个银鱼品种，而且产量都不高。若说银鱼是鱼，恐怕有人会认错。您看江南银鱼，体长通常不超过十公分，小家伙透明无鳞。那对小眼珠子挺黑，要不真被认成一截塑料绳了。

银鱼营养价值丰富，据说还有一定的药用价值，例如补益脾胃，疏离肺气等功效。白汁银鱼，韭菜炒银鱼，银鱼羹，溜银银鱼……若是换季时出现头疼脑热，咳嗽等症状，银鱼还能帮忙开胃降火呢，可神了。

（五十七）宁波阿育王寺

阿育王寺地处三山怀抱中，寺外古树蔽日，显得格外幽然肃静。育王山早有盛名，民间一度称其为"六殊胜八吉祥地"。南宗时期，宋理宋封此山为"天下五山之第二"。大明洪武年间，育王山定位有所改变，被誉为"天下禅宗五山之第五"。

印度孔雀国第三代国王阿育王，是一位虔诚的佛教信徒。您看他曾经亲往世界各地，朝佛、弘法、访高僧，并出资于途中兴建佛塔等佛教建筑。在这位国王的带动下，他的王子和公主们都加入了佛教传播的队伍中。阿育王主张众生平等，他教导人们要尊老爱幼，善待他人，即使对动物也要存有仁心；他鼓励人们多做好事，在力所能及的情况下，一定要去修桥、铺路、种树等；他弘扬仁爱慈悲，对其他宗教流派采取宽容态度……

然而就是这样一位好国王，从前竟是"恶魔"出身。也许从小就是战火中长大的，让阿育王学会了"我不亡人人亡我"的定律。您看他爷爷，孔雀王朝的创始人旃陀罗笈多老先生，曾经成功击退了希腊人的入侵。阿育王之父宾头沙罗，是一代守江山的国王。在其领导下，孔雀王朝政权得以巩固，疆土继续向南扩展。这个过程中，至少消灭了十六个小国。

有了前辈人言传身教，阿育王似乎天生具备征服的能力，为国家屡立奇功。就在公元前273年，阿育王的父皇重病缠身，要考虑接班人的问题了。咳，大家庭总是太乱，据说老国王有一百个儿子，各个虎视眈眈盯着王位。那时，阿育王偏巧出征在外，听说家中有大事，他赶紧跑回来。经过一番血腥斗争，阿育王成了孔雀王朝的新国王，其他九十九个弟兄全被他杀死了。对于这种断手断足之痛，阿育王浑然不觉。

江山易改本性难移。杀人不眨眼的阿育王，即位之后仍旧行使铁腕作风。您看他任用酷吏残害百姓；企图将整个南亚大陆据为己有，不惜一次又一次发动战争。公元前261年，阿育王远征孟加拉沿海一个国家，战争规模史无前例。结果，打完这仗，孔雀王朝基本算是印度大霸主了。按说阿育王应该高兴，可他无论如何也乐不起来。太惨了，战争导致十万无辜百姓被屠，还有十五万国民沦为俘虏。

公元前261年的这场战役过后，阿育王似乎变了。他开始规避战争，转而投向佛门，并不断检讨过去的暴政。物极必反，或许阿育王担心，有朝一日会重蹈覆辙，别人会以同样的手段对付他的孔雀王朝？亡羊补牢，阿育王的一系列积极表现诚然值得肯定。但事实上，有很多人是不买账的，他们认为，阿育王是在利用佛教给自己找个避风港。所以阿育王死后不久，孔雀帝国就土崩瓦解了。

（五十八）庐山东林寺

江西省九江市东林寺，南望庐山，北靠东林山。东林寺始建于公元386，东晋太元年间，系净土宗祖师慧远大师所创。东晋高僧慧远，时任佛教领袖，是一位通晓"释、儒、道"三学的智者。

公元 381 年，慧远、佛图澄、道安，三位拟去广东罗浮山传法。途经九江，被庐山迷住了："不如我等暂且驻足此地，也将佛法讲给庐山人听吧"。其后三年时间，三位师父拥有了很多很多的信众

一尊儒，哪怕是一个人，只要他的号召力很大，却又不想造反，那么朝廷还是欢迎的。九江，也就是当年的江州，时任刺史大人的桓伊，特别崇拜慧远。桓伊这个人心地纯净，爱好音乐。您看那首好听的琴曲《梅花三弄》，就是照他的老谱子改编而成。桓大人很想留下慧远大师，于是设法帮他们建一座庙宇，这就是后来的"东林寺"。

自从东林寺落成，慧远大师安慰极了，可以说是"影不出山，迹不入俗"，就没离开这山寺半步。期间专心著书立说，再就是给来寺的信徒们讲课。公元 390 年，时机比较成熟了。慧远筛选"息心贞信之士"，僧俗二界，官、民、贫、富全有，共计一百二十三位。干吗呢？成立我国佛教第一个社团，就是白莲社。白莲社成员学释、学儒、学道，初称莲宗，后改叫净土宗了。

走进任何一座寺院山门，您都会发现主殿通常称为"大雄宝殿"，因为"大雄"是对佛祖释迦牟尼的尊称。但是东林寺的主殿另有其名，它叫"神运宝殿"。相传兴建东林寺之前，慧远大师想，最好能盖在自己草屋的那个地方。但是具体勘察之后，发现可能性不大。咳，林子太密了，哪有可供建寺的地界呀。算了，九江多山，还是另寻他址好了。偏巧这天夜里，暴雨狂风，简直不让人住了……哪知次日早起一看，眼前一马平川，树都倒了，遍地是良材。这时半空传来喊话声："此处幽静，足以栖佛"。

东临寺山门前有一眼泉水，原称古龙泉，后来改叫"聪明泉"了。它怎么就"聪明"呢？慧远大师刚到庐山那会儿，不是找地界结庐嘛，其实就想搭个草棚栖身。他也不知哪里合适，于是跺跺手中锡杖，心中默念：谢佛祖，如果此地适宜结庐，您就用泉水传信吧。眨眼工夫，一眼清泉咕噜咕噜涌了出来。这还不算神呢，相传有年庐山脚下遭大旱，庄稼都快枯死了。于是慧远坐在聪明泉边诵经，求佛普降甘霖。没过一会儿，一条大蛇从泉口钻了出来，豆大雨点哗哗地掉落下来。

（五十九）上饶三清山

江西省上饶市境内，三清山景区，总面积约 229 平方公里，细分为十个风景版块，其中以三清宫、玉京峰、西海岸和南清园等最为著名。三清山基本是座石头山，山中遍布花岗岩。十几亿年里风吹日晒，将三清山的石头磨砺成各种各样的造型，这情况与黄山类似。所以，三清山与黄山，素以"姊妹"相称。

三清山主峰玉京峰，海拔近 1820 米。您看玉京峰、玉虚峰和玉华峰，三个在山顶

坐一排，仙风道骨的。它们神似玉清、上清和太清，也就是道教三位天尊呀。所以，三清山得名于此。

一年当中，二百多天雾色罩山，于是三清山总在明灭之间。看景色，朦朦胧胧，峰峦更添秀色。若是妄加猜测，会以为这山中藏着什么我们意想不到的东西。"清绝尘嚣天下无双福地，高凌云汉江南第一仙峰"。仙山福地，就是前人对三清山的高度概括。

三清山盛产杜鹃花，每年五六月间，那花开红胜火。相传，这火一样的杜鹃花是玉虚仙女的

上饶三清山

血染成的。玉虚仙子的哥哥，就是有名的玉皇大帝。虽然他们俩是兄妹，可是性格截然相反。您看玉虚活泼可爱，玉帝每天板着脸，一派大家长作风。和哥哥相处简直枯燥无味，有天玉虚仙女溜个号，趁玉帝哥哥不在家，她私下凡间去了。南天门旁左看右看，全是大好河山，最后，仙子决定打个赌，闭眼降落，落哪算哪。结果到了三清山，因为东张西望不小心，玉虚的手被划伤了，血流不止……

这天有年轻郎中上山采药，发现有个受伤的小"村姑"，跌跌撞撞往山下走。"姑娘，您怎么了？姑娘——""郎中"还没问出所以，"村姑"已经昏了过去。看样子伤得不轻，如果我尽快把她带回家，或许还有救。又过好几天，"村姑"终于醒过来了。"天呐，人间还有如此善良的好男人，我要是嫁给他该有多好！"就这样，他们结婚了，郎才女貌，多般配的一对。

然而，有天玉帝得到可靠消息，说他的皇妹玉虚仙女已经结婚了，嫁给三清山一个凡人，就是孟郎中。这个可恶的告密者是个乌龟精，它就是暗恋玉虚仙女不成，才打了小报告。妈呀，没有天理了！玉帝气的鼻子都歪了，遂兴师动众，令雷公，电母带队，天兵天将下凡抓玉虚回来问罪。

玉虚坚决不肯重返天庭，气坏了玉帝。那好，我就将你许给乌龟精！虽然玉帝开了金口，乌龟精还是没有那个福分。为了报复，它略施法术，将孟郎中点为一条巨蟒，并压在山下。然而，爱情的力量太伟大了，"巨蟒"竟冲破巨大阻力，伸出了头，遥望着玉虚仙子离开的方向……

（六十）南靖土楼

土楼是福建一带饶有特色的民居形式，客家人曾是土楼主要建设者。所谓"土

楼"，即以土为主要建材，同时为了保证房屋牢度和韧性，土中会掺杂石灰、细砂、竹片、木条等辅料。然而最难以想象的是，红糖和糯米饭都被用作了土楼的建筑材料。

与今日不断崛起的高楼大厦相比，土楼是够"土"的，样貌朴实到无话可说。可是，它能抗震、防盗、阻燃、防潮，通风采光尤其好，堪称冬暖夏凉功能齐全的好房子。而且土楼适合大家族群居，不同体量的土楼可同时容纳二百至七百人不等，饮食起居不在话下。普通土楼会建到三层或五层，通常一层做厨房，二层用于仓储，三层以上供家人居住。

唐朝大将军陈元光，后世称"开漳圣王"。时年闽南地区闹流寇，于是派他来守边防。陈大人到福建，不仅练兵御敌，还十分注重民生，相传土楼就是他倡导兴建的。如今漳州留下的土楼数量仍旧最多，据统计有八百多座呢。

漳州市南靖县，素以"土楼王国"著称。南靖土楼不仅数量大，而且形状各式各样，圆形，方形算是俗的。其余还有：扇形、伞形、塔形、椭圆形、马蹄形、曲尺形、合字形、凸字形、太师椅形……

南靖县书洋乡田螺坑村，全村都是黄姓人家。田螺坑土楼群很著名，其中建于大清朝嘉庆年间的"步云楼"，堪称历史最悠久的土楼。您看四四方方的步云楼，楼高三层，每层二十六间房，有四部木楼梯联通楼上楼下。

相传田螺坑黄姓人的老祖先，名叫黄百三。当年他翻过重重山岭，想要找个谋生之地。有天顺着山坡往脚下看，顷刻被那遍地田螺吸引了。"行啊，天不绝人，我就用这些白给的田螺养鸭子好了"。果不其然，黄百三的鸭子每天吃田螺，一个个长得肥肥壮壮，鸭群也日益壮大。这天天色将晚，而且漫天乌云压顶，黄百三赶紧出去赶鸭子回家。回来路上太惊险了，只见一条巨蟒当道，风卷残云吃田螺，鸭子们也吓坏了，没有一个敢出声的……

巨蟒面前，田螺是没有反抗能力的，说话间那大蛇已经吃饱了。如果黄百三不管闲事，过会儿也就平静回家了。哪知这时有只硕大的田螺骨碌骨碌乱窜，蟒似乎被激怒了，紧追不放。真是条恶兽！一条小命也不放过！黄百三也火了，不知哪来的神力，他一出手，巨蟒流着血就逃了……大田螺好像有意靠近黄百三，停在他脚边说什么不肯走。"好，我就带你回家吧，放水缸里养着"。您猜黄百三把谁带回来了？田螺姑娘，她有千年道行，为报答救命之恩，田螺仙嫁给了黄百三，两人恩爱过日子。"步云楼"就是夫妻俩共同创建的，寓意步步登高直入青云。

（六十一）泉州开元寺

公元 739 年，唐玄宗开元二十六年，皇帝下令建庙。全中国范围内，曾经发生过重大战役之地，各自敕建大寺一座，并冠以"开元"之名，此后中国有了多座开元寺。究其目的，就是为了纪念那些在战争中枉死的生灵。

福建泉州开元寺，泉州十八景之一。其寺历年来高僧辈出，同时谓为观景圣地。泉州开元寺脚下的地界，是当地巨富特地给腾退出来的。那位大善人就是黄守恭，祖姓有熊氏，乃轩辕黄帝第 112 世孙。因为腾地这件事，朝廷有赏，往后黄家人多个荣誉称号，叫作"檀樾主"。

黄守恭发家致富，相传是靠的种桑养蚕，他还一同带动了周边老百姓从事桑蚕业。黄守恭有钱了，名下土地不计其数。此时，当地有位匡护禅师，登了黄家的门，想让老黄借他块地，想建一座寺院。给块地倒是不心疼，可是，明天都找我要地怎么办？不成不成，黄先生一合计，坚决不能开了这口子。不过禅师没死心，寒来暑往到黄家做客来。"这人还真烦，要不我考验他一下？"

"来来来，禅师，地呢，不是不可以给您，但黄某人有一事相求。"有门儿，禅师赶紧应承："没事没事，您但说无妨。"黄守恭道："黄某人喜爱莲花，也爱我那一园子桑树，假如我的桑树能开一树莲花，那将是多么美妙的一件事情啊！"……科学家都办不成的事儿，这表明了是为难和尚嘛。然而第二天，禅师又来了，推门就招呼黄守恭：先生请看，您后院桑园的桑树，已经遍生莲花了。我的天呐，和尚果然名不虚传，见了园中情景，黄守恭眼珠子差点掉出来。可是吃惊归吃惊，动真格谈论割地建庙一事，黄守恭又犹豫了，吞吞吐吐不肯表态。这回禅师也没纠缠，摇摇头就走了，此后他好像从泉州城消失了，再没与黄守恭碰过面。

其实禅师离开不久，黄守恭就病了，终日不死不活的。他家桑树园满树奇花倒是久长，五冬六夏都就没凋谢过。这时，黄守恭好像悟出了什么道理，于是时常暗自叹息：这就是不守承诺的恶果呀，现在佛要罚我呀。恰巧皇上要建"开元寺"，黄老爷子觉得，自己将功补过的机会来了，主动要求提供建寺土地。

"六殊胜"和"八吉祥"是泉州开元寺内最富传奇色彩的十四宗景观。"六殊胜"包括东西石塔、古龙眼井等。"八吉祥"则有桑树白莲、紫云盖地、白鸽听经等。其中，有的可以用眼睛看到；还有一些需用心去看。

（六十二）福建武夷山

武夷山风景名胜区位于武夷山市南部，面积达 70 多平方公里，各个旅游景点散落其间，构成让人耳目一新、令人叹为观止的自然景观。武夷山典型的丹霞地貌素有"碧水丹山"，之美誉。武夷山的山不高却有高山之气魄；武夷山的水不深亦集水景之大成。

武夷山地处福建省西北部，江西省东部。武夷山风景名胜区平均海拔 350 米，属于典型的丹霞地貌，素有"碧水丹山""奇秀甲东南"的美誉。

武夷山的风景秀丽、历史悠久、人文荟萃、名流辈出。它有"三三""六六"、"七十二"，"九十九"之胜。三三指的是碧绿清透盘绕山中的九曲溪，六六指的是千

姿百态夹岸森列的三十六峰，还有七十二个洞穴和九十九座山岩。

武夷山的主峰黄岗山海拔 2158 米，是中国东南最高峰，号称"华东大陆屋脊"。自古山以水秀，而武夷之水精华在九曲溪，九曲溪全长约 15 里，溪水碧清，曲曲弯弯，如玉带盘绕群峰。山回溪折，折复绕山，环结成"曲曲山回转，峰峰水抱流"的九曲之胜。

关于九曲溪还有一个很有意思的故事，话说很久以前的武夷山九曲溪畔有一位老农夫，他酿造的米酒醇美甘洌，香飘四溢，他所酿的酒远近深受人们喜欢。

有这么一天，这位老农夫正在酿酒，正在游历的八仙寻香而来讨酒喝。热情的老农夫款待这些幻化成人的八仙，舀出美酒，众仙都连声称好，赞不绝口。

从这以后，八仙就不愿到别的地方游山玩水了，尤其是铁拐李，自喝过老农夫的米酒以后，隔山岔五的就拄着拐杖，一瘸一瘸到田父家买酒喝，喝完还要装一葫带走。

时至瑶池的蟠桃盛会，众仙云集，杯觥交错。铁拐李坐入席中，举杯便喝，因日饮武夷山老农夫酿的米酒，觉得瑶池琼酿淡然无味，"哇"一声吐出来，道："这瑶池琼酿算什么酒，还不如武夷山农家的米酒好喝。"

随后，铁拐李和瑶池酿酒大仙下凡到武夷山买酒，铁拐李腿脚不方便就命酿酒大仙事先将米酒先带会天庭，顺便给他留上几碗，但米酒过于好喝，待铁拐李返回天庭时，没剩多少酒了，顿时怒从心起，火冒三丈，举起拐杖就打酿酒大仙。酿酒大仙慌忙躲闪，只听"当啷"一声，人没打到，倒打中了田父的酒坛。酿酒大仙抱不住，手一松，酒坛骨碌碌滚出瑶池，落到人间。说来也巧，那酒坛不偏不倚，正好落到武夷山五曲南岸的山中，只是被铁拐李打裂了一道口子，剩下的米酒从裂缝涓涓流入九曲溪。

后来这只酒坛化成了武夷山的一座奇峰，人们便叫它天柱峰，知道它来历的人，都称它为酒坛峰。

武夷山风景区还有很多闻名于世的景点，像是道教洞天、水帘洞，桃源洞、国家森林公园、清舟漂流等，当地的民俗也是很有特色的，不妨去看看！

（六十三）新疆喀纳斯湖

喀纳斯湖的湖水随着季节和天气变化改变颜色，或深蓝，或墨绿，或灰白，或橘红，所以有"变色湖"之称。加上近年来的"喀纳斯湖怪"传说，给喀纳斯湖更蒙上了一层神秘的面纱。

新疆阿尔泰地区，是亚洲腹心极端干旱区中的一个巨大"荒漠湿岛"。在"湿岛"上的布尔津县北部、海拔 1374 米的阿尔泰山脉西麓，有一座"天湖"，形如弯月，南北长 24 千米，东西宽 1600 米~2900 米，比著名的博格达天池整整大 10 倍。该湖湖面海拔 1370 米，最深处为 188.5 米，除中朝边境上的白头山天池（最深 312.7 米）外，它是中国最深的湖泊，这就是喀纳斯湖，在蒙古语中意为"美丽富饶而神秘"的地方。

喀纳斯湖诞生在距今约 20 万年前，是第二次大冰期的巨大复合山谷冰川刨蚀而成的。当时，喀纳斯冰川长达百余千米，冰川厚度大约二三百米。冰川缓慢而稳定地退缩，在喀纳斯湖口留下了宽约 1000 米、高 50 米~70 米的终碛垄，而后即迅速退缩，形成了现在喀纳斯湖的基础。

喀纳斯湖区属寒温带，冬季漫长，达 7 个月之久，春秋两季相连，全年无明显的夏季，无霜期 80 天~108 天。每年 6 月上旬至 10 月上旬，这里气候宜人，月清日明，最热的 7 月份，一般平均气温在 16℃上下，相对湿度 63%。由于地处欧亚大陆腹地，远离海洋，光热资源丰富，这里形成了春秋温暖的气候特征。大西洋西风气流暖湿气团的不断涌入带来大量降水，年降水量 1000 毫米左右，水气通道使这里成为新疆最湿润的绿色世界，空气中负氧离子含量很高。

喀纳斯湖区垂直自然景观带非常明显，在湖边就可看到阿尔泰山 7 个自然景观带的全貌，它们是黑钙土草甸草原带、山地灰黑土针阔叶林带、山地漂灰土针叶林带、亚高山草甸带、高山草甸带、冰沼土带和永久冰雪带。从山下到山顶，具备了从温带草原至极地苔原冰雪地带的多种自然景观，因此，也为多种类型动植物的生存创造了有利条件。这里现有各种植物近 1000 种，鸟类 100 余种，两栖爬行类 7 种，鱼类 8 种，昆虫 300 种以上。在 25 种木本植物中，以西伯利亚落叶松、云杉、红松、冷杉为主，也是中国唯一的西伯利亚松杉分布地。而貂熊、马鹿、盘羊、松鸡、哲罗鲑（大红鱼）、红鳞鲑（小红鱼）等动物则是受国家保护的珍禽异兽。

喀纳斯河谷，时而平坦如茵，时而悬崖绝壁，"月亮湾"是喀纳斯河拐弯处的一处胜景，但当地的牧民却没有把此景作"月亮湾"的联想，而称其为"脚底湖"，因其外沿还有一个如脚印的漫滩。

喀纳斯的神韵见于景致，也见于它多变的云雾。这里是一个凹陷的山谷，湖水虽然平静，可从喇叭口泻出后汹涌澎湃，只要雨过天晴，气温略有回升，水蒸气就从河面升起，并在山林中散开。而在林间原野中，下了一夜的细雨，潮湿的原野也开始蒸发，晨雾在四周徘徊，山谷里的风又让它们东飘西摇，喀纳斯就成了时隐时现的"仙境"。

喀纳斯湖的神奇美妙之处，还见于湖水随季节和天气不同而变化的色彩。夏季烈日当空，湖水放射出层层乳白色的光华；秋天朗日，湖水又呈湛蓝或黛绿色；阴霾雾瘴的天气，湖面色调一片灰绿；有时则诸色兼备而成七彩湖。据考察，喀纳斯湖之所以成为变色湖的原因，就在于湖盆周边冰川的强烈腐蚀作用带来了大量冰碛风化物颗粒，这些悬浮于水中的微粒在不同角度的光照下，会反射出不同颜色的光彩，因而湖水的颜色也就变得奇幻曼妙。喀纳斯湖除了有迷人的风光和丰富的动植物资源，还有着许多"诱人之谜"——"湖怪"之谜、云海佛光之谜、浮木之谜、变色湖之谜……吸引着旅游者去探险猎奇。

被称为天堂的喀纳斯，那一片平静中酝酿的湖光山色，总是令人迷醉不已。那份宁静中的美丽，仿佛能深深浸润人的灵魂，寻找一个在别处的天堂。

（六十四）浙江西湖

阳春三月，莺飞草长，苏白两堤，桃柳夹岸。两边是水波潋滟，游船点点，远处是山色空濛，青黛含翠。西湖的美景不是春天独有，夏日里叶接天碧的荷花，秋夜中浸透月光的三潭，冬雪后疏影横斜的红梅，无论你在何时来，都会领略到不同寻常的风采。

说起西湖的来历，有着许多优美的神话传说和民间故事。相传在很久很久以前，天上的玉龙和金凤在银河边的仙岛上找到了一块白玉，他们一起琢磨了许多年，白玉就变成了一颗璀璨的明珠，这颗宝珠的珠光照到哪里，哪里的树木就常青，百花就盛开。但是后来这颗宝珠被王母娘娘发现了，王母娘娘就派天兵天将把宝珠抢走，玉龙和金凤赶去索珠，王母不肯，于是就发生了争抢，争抢中王母的手一松，明珠就降落到人间，变成了波光粼粼的西湖，玉龙和金凤也随之下凡，变成了玉龙山（即玉皇山）和凤凰山，永远守护着西湖。其实，西湖是一个潟湖。根据史书记载，远在秦朝时，西湖还是一个和钱塘江相连的海湾。耸峙在西湖南北的吴山和宝石山，是当时环抱着这个小海湾的两个岬角。后来由于潮汐的冲击，泥沙在两个岬角淤积起来，逐渐变成沙洲。此后日积月累，沙洲不断向东、南、北三个方向扩展，终于把吴山和宝石山的沙洲连在一起，形成了一片冲积平原，把海湾和钱塘江分隔开来，原来的海湾变成了一个内湖，西湖就由此而诞生了。

作为国家的重点风景名胜区，西湖风景区历史悠久，人文荟萃，既有秀丽的自然风光，也有众多文化意蕴丰富的名胜古迹。主要景点有定名于南宋的西湖十景：断桥残雪、平湖秋月、三潭印月、双峰插云、曲院风荷、苏堤春晓、花港观鱼、南屏晚钟、雷峰夕照、柳浪闻莺，这些景致令人不由得联想到白蛇传的优美传说，以及拿着酒葫芦醉笑的济公和尚。

平湖秋月景区位于白堤西端，孤山南麓，濒临外西湖。作为西湖十景之一，南宋时平湖秋月并无固定景址，这从当时以及元、明两朝文人赋咏此景的诗词中不难看出。流传千古的明万历年间的西湖十景木刻版画中，《平湖秋月》一图也仍以游客在湖船中举头望月为画面主体。西湖秋月之夜，自古便被公认为是良辰美景，充满了诗情画意。平湖秋月，高阁凌波，倚窗俯水，平台宽广，视野开阔，秋夜在此高眺远望，但见皓月当空，湖天一碧，令人沉醉。

苏堤南起南屏山麓，北到栖霞岭下，全长近 3000 米，是北宋大诗人苏东坡任杭州知州时，疏浚西湖，利用挖出的葑泥构筑而成的。后人为了纪念苏东坡治理西湖的功绩，将其命名为苏堤。长堤卧波，连接了南山北山，给西湖增添了一道妩媚的风景线。

南宋时，苏堤春晓已成为西湖十景之首，元代又称之为"六桥烟柳"，列入钱塘十景，足见其景观美不胜收。苏堤长堤延伸，六桥起伏，走在堤桥上，湖山胜景如画卷般展开，万种风情，任人领略。

"南屏晚钟"也许是西湖十景中问世最早的景观。北宋末年，名画家张择端曾经画过《南屏晚钟图》。"南屏晚钟"的情韵由此悠然成型。南屏山一带山岭由石灰岩构成，山体多孔穴，加以山峰岩壁立若屏障，每当佛寺晚钟敲响，钟声传到山上，岩石、洞穴等为其所迫，加速了声波的振动，振幅急遽增大后形成共振，岩石、洞穴便随之产生音箱效应，增强了共鸣。同时，钟声还以相同的频率飞向西湖上空，直达西湖彼岸，遇到对岸由火成岩构成的葛岭，回音迭起。

（六十五）青海茶卡盐湖

茶卡盐湖是柴达木盆地四大盐湖中最小的一个，也是开发最早的一个，盐湖中景观万千，有采盐风光，盐湖日出，盐花奇观等，构成了一幅绚丽的画卷。

茶卡盐湖位于柴达木盆地的东部边缘、乌兰县茶卡镇南侧。北依巍峨的完颜通布山，南靠旺秀山，东濒茶塘盆地，是一个富饶而美丽的天然盐湖。

盐湖的形成是由于灾难或地壳运动，青藏高原原来是海洋的一部分，经过长期的地壳运动，这块地面抬起变成了世界上平均海拔最高的高原，结果海水留在了一些低洼地带，形成了许多盐湖和池塘，茶卡盐湖就是其中的一个。茶卡是蒙语，意为"盐海"。茶卡盐湖的湖水面积、水深明显受季节影响，雨季湖水面积可达 105 平方千米，相当于杭州西湖的十几倍，干季湖水面积明显减少。湖水属卤水型。底部有石盐层，一般厚 5 米，最厚处达 9.68 米，湖东南岸有长十几千米的玛亚纳河注入。其他注入盐湖的水流很小，且多为季节性河流。因其盐晶中含有矿物质，使盐晶呈青黑色，故称"青盐"。湖中含有近万种矿物和 40 余种化学成分的卤水，是中国无机盐工业的重要宝库。初步探明的储量达四亿四千万吨以上。茶卡盐极易开采，人们只需揭开十几厘米的盐盖，就可以从下面捞取天然的结晶盐。茶卡盐为天然结晶盐，晶大质纯，盐味醇正，是理想的食用盐。因盐类形状十分奇特，有的像璀璨夺目的珍珠，有的像盛开的花朵，有的像水晶，有的像宝石，因此才有珍珠盐、玻璃盐、钟乳盐、珊瑚盐、水晶盐、雪花盐、蘑菇盐等许多美丽动人的名称。

茶卡盐湖是柴达木盆地四大盐湖中最小的一个，也是开发最早的一个，盐湖中景观万千，有采盐风光，盐湖日出，盐花奇观等，构成了一幅绚丽的画卷。茶卡盐开采历史悠久，最早可追溯到秦汉时期。《西宁府新志》上有过这样的记载："在县治西，五百余里，青海西南……周围有二百数十里，盐系天成，取之不尽。蒙古用铁勺捞取，贩玉市口贸易，郡民赖之"。清乾隆二十八年已定有盐律。新中国成立前，马步芳政权在这里设有盐场，每年生产近千吨原盐。新中国成立后，古老的茶卡盐湖经过不断的

建设和发展，初步实现了采盐机械化，建有茶卡盐厂，已开发出加碘盐，洗涤盐，再生盐、粉干盐等10多个品种，每年生产几十万吨优质原盐，除供应青海各地外，还畅销全国20余个省区并出口日本、尼泊尔以及中东等地区，受到人们普遍欢迎。

如果你有足够的运气，在白天你可以看到湖面上形成的海市蜃楼，这些由阳光经水汽折射形成的奇观，有的像房屋，有的像牛群，让你体会到朦胧变幻的美感。

（六十六）广东肇庆星湖

得天独厚地将西湖之水与阳朔之山集于一身，这便是星湖的魅力所在。星湖山水丽质天成，再以人力装饰，将山青、水秀、峰峻、洞奇种种奇景融于一体。

肇庆星湖风景区包括七星岩、鼎湖山两大景区。七星岩景区由散落在广阔湖区的七岩、八洞、五湖、六岗组成，以山奇水秀、湖山相映、洞穴幽奇著称。景区内七座挺拔秀丽的石灰岩山峰布列如北斗七星，故名七星岩。五湖为东湖、青莲、中心、红莲、波海等湖，总称星湖。石室岩早在几百年前就以风景幽奇而闻名全国，为七星岩景区名胜古迹较集中的地方。岩顶名嵩台，相传是天帝宴请百神的地方。岩下有一个特大的石室洞，洞口高仅2米，洞内穹隆宽广，顶高达30米左右，石乳、石柱、石幔遍布其间。洞内摩崖石刻林立，共有270余处，上自唐宋，下至明清，多出自名家之手，有"千年诗廊"之称。鼎湖山，因山顶有湖，起名顶湖山，相传黄帝在此铸鼎，又名鼎湖山。受大气环流下沉气流的影响，鼎湖山景区一片生机盎然，被列入"世界自然保护区网"。

（六十七）云南洱海

位于风光旖旎的大理的苍山洱海，其美丽风光自古以来便闻名于世。古老的洱海，带给我们三岛四洲五湖九曲的自然胜景，也留下了浓厚的人文之气。站在洱海岸边，眺望洱海月映，仿佛也能听到大理人的祖先从蒙昧时代步步走向文明的足音。

洱海位于云南大理白族自治州，是一个风光明媚的高原淡水湖泊。水面海拔1900米左右，北起洱源县江尾乡，南止于大理市下关镇，形如一弯新月，南北长41.5千米，东西宽3000米~9000米，周长116千米，面积251平方千米。洱海属澜沧江水系，北有弥苴河和弥茨河注入，东南汇波罗江，西纳苍山十八溪水，水源丰富，湖水从西洱河流出，与漾江汇合注入澜沧江。

洱海畔的苍山又名点苍山，因山色苍翠而得名，山景以雪、云、溪著称。苍山由19座海拔都在3500米以上的山峰组成。峰顶上终年积雪，银装素裹，景色壮丽。"苍山雪"是大理风花雪月四景之一。苍山顶上有着不少高山冰碛湖泊，还有18条溪水夹在19座山峰之间，缓缓东流，注入洱海。

洱海景观，四季各不相同，即便是一天中的不同时辰，也是变化万千。随着四时朝暮的变化，各种景观呈现出万千气象，于是古人又为之归纳出了"洱海八景"，分别为：山海大观、三岛烟云、海镜开天、岚霭普陀、沧波濠舟、四阁风涛、海水秋色、洱海月映。洱海的人文景观也是丰富非常，"洱海八景"中的四阁风涛，指的便是古人为观赏洱海所特意建造的四大名阁：天镜阁（位于海东）、珠海阁（位于洱海公园团山）、

云南洱海

浩然阁（又名丰乐亭，位于才村海边）、水月阁（位于洱海北端双廊，与珠海阁遥相对峙）。由于年深日久，四大名阁均已倒塌不全，但历代骚人墨客在这些名阁之中所做的赞颂洱海风光的诗文佳句却留诸世间，向人们诉说着洱海的奇丽景观。

洱海是白族祖先最主要的发祥地。两汉时期，生活在苍洱地区的古代大理人开创了大理古文明灿烂的历史。到了唐宋时期，在大理建立的南诏政权和大理国，将大理的各族人民统一在祖国的大家庭中，为祖国西南边疆的统一和发展做出了巨大的贡献。可以说：洱海是白族的摇篮，也是大理古文明的摇篮。

（六十八）广东漓江

漓江风光的美，不仅充分展现了"山青、水秀、洞奇、石美"的特点，而且还有着"深潭、险滩、流泉、飞瀑"的佳景。同时漓江有着不同的季节，不同的气候，自然有它不同的神韵。晴天的漓江，青峰倒映特别迷人。烟雨漓江，赐给人们的却是另外一种美的享受。

漓江位于广西壮族自治区东北部，发源于兴安县猫儿山，流经桂林市、阳朔县，在梧州市汇入西江。上游称大溶江，从灵渠在溶江镇与漓江汇合口至平乐县恭城河口的一段，称为漓江，全长160千米。这160千米的山水，历来被人们誉为是世界上风光最秀丽的河流，是集山水之灵气于一体的奇迹。这里两岸青山连绵不绝，奇峰林立，漓江沿岸，翠竹、茂林、田野、山庄，渔村随处可见，充满了恬静的田园气息，仿佛一幅水墨山水画上绝美的点缀，为漓江更增添几分秀色。

漓江风景区是世界上规模最大、风景最美的喀斯特山水旅游区。"喀斯特"一词源于前南斯拉夫的一个地名。喀斯特地貌是指石灰岩受水的溶蚀作用和伴随的机械作用形成的各种地貌，如石芽、石沟、石林、溶洞、地下河等。在水流作用下，地下水对

碳酸盐岩不断产生侵蚀作用，形成陡峭的海岸、弯曲的沟壑、高高的悬谷等奇观。具有喀斯特地貌的地区，往往奇峰林立，溶洞遍布。

漓江沿岸是中国喀斯特地貌分布广、发育典型的地区之一，孤峰、峰林、峰丛、喀斯特泉、暗河、反复泉、周期性泉与涌泉等等喀斯特地貌随处可见。风景区内岩溶发育完善，地面奇石遍布，有的峰林簇拥，有的一山独秀，姿态万千。地下更是溶洞密布，多达 2000 余个，人称"无山不洞，无洞不奇"，犹如神仙洞府。

漓江最著名的山是画山，最美的景是黄布倒影。画山高 416 米，临江绝壁上有藻类等低等生物死亡后的钙化产物，因而呈现出了颜色不同、深浅有别的山崖色彩带，鲜艳如画，堪称天下奇观。在阳光的照射之下，画山更加呈现出五彩缤纷的亮丽景观，见者无不称奇。

说不尽的漓江景，道不完的漓江情。漓江之美，如诗如画，如烟如梦，那绿水、青山、翠竹、奇石，仿佛一幅典型的中国水墨画，令人见之而忘俗。"漓江神秀天下无"，我们只能说，漓江是一个大自然的奇迹，是集造物主万千宠爱于一身的奇迹。

（六十九）贵州织金洞

织金洞是一个多格局、多层次、多类型的高位旱洞，洞内岩溶生长独特，景物规模宏大，雄伟壮观，千姿百态，精妙绝伦，囊括了世界所有岩洞的基本类型。走入了织金洞，如同走入了神奇的童话世界。

织金洞位于织金城东北裸结河峡谷南岸官寨苗族乡，又名打鸡洞，1980 年 4 月，织金县人民政府组织的旅游资源勘察队发现此洞。

织金洞属高位旱洞，是一个巨大的岩溶洞穴系统，总长 12.1 千米，总面积 70 多万平方米，总容积近 1000 万立方米，最宽处为 175 米，最高处 150 米。洞内堆积物平均高度 40 米左右，最高堆积物达 70 米。由于所在地地形起伏、岩质复杂，岩溶物有着多格局、多阶段和多类型的特点，具有很高的旅游和科研价值。织金洞是世界上最美、最奇、最大的旅游溶洞之一，也是亚洲第一大洞，有"溶洞之王""天下第一洞""岩溶博物馆""地下艺术宫殿"等美誉。

洞口位于山腰，高约 15 米，宽约 20 米，状如虎口。按其岩溶景观组合特征、自然形成的界限和岩溶物分布情况，目前分为 10 个景区，即迎宾厅、讲经堂、塔林洞、万寿宫、望山湖、江南泽国、雪香宫、灵霄殿、广寒宫、十万大山。

织金洞中的迎宾厅长 200 余米，由于洞口阳光照射，厅内长满苔藓。岩溶堆积物如巨狮、玉蟾、岩松。厅顶有直径约 10 米的圆形天窗，阳光可直射洞底；窗沿串串滴落的水珠，在阳光的照耀下，仿佛撒下千千万万个金钱，称"圆光一洞天"，又名"落钱洞"。侧壁旁一小厅，中有一棵 10 余米高的钟乳石，形如核弹爆炸后冉冉升起的蘑菇云，名"蘑菇云厅"。

织金洞囊括了当今世界溶洞中的各种沉积形态，它既是一座地下艺术宝库，又是一座岩溶博物馆，堪称"世界奇观"。走入织金洞，就像进入了一个神奇的童话世界。

（七十）云南石林

石林的石头生得奇形怪状，巍然耸立的石峰酷似莽莽苍苍的黑森林一般，所以人们形象地将她称为"石林"。没有到过石林的人想象不出石林是个什么样子，不相信世界上会有万石成林、胜似仙境的地方。

石林是2亿多年前的海底石灰岩层，经地壳运动、海水和风雨侵蚀形成的自然奇观。

石林是石灰岩岩溶地貌（喀斯特地貌）的一种特有形态，大约在2亿多年以前，这里是一片汪洋大海，沉积了许多厚重的石灰岩。经过各个时期的造山运动和地壳变化，岩石露出了地面。约在200万年以前，由于石灰岩的溶解作用，石柱彼此分离，又经过常年的风雨侵蚀，无数石峰、石柱、石笋、石芽拔地而起，形成了今天这种千姿百态的石林。穿行其间，但见怪石林立，突兀峥嵘，姿态各异。石林壁峰之间，翠蔓挂石，金竹挺秀，山花香溢，灵禽和鸣，一派生机盎然。石林与北京故宫、西安兵马俑、桂林山水相齐名，成为中国四大旅游胜地之一。

关于石林的形成，有很多传说。有一种传说流传最广，说的是在远古的时候，哥自天神来到了石林，他看到这块贫瘠的土地上，彝族人民缺吃少穿，一年到头也吃不上一顿白米饭，不由动了恻隐之心，回去后，准备好了石头和土，在一个夜晚赶着石头、挑着土又来到了石林。他想用土和石头把长湖的水堵起来，把高山改造成稻田，使撒尼人（彝族的一个支系，主要分布在石林地区）能够吃上白米饭。然而这天晚上出了怪事，所有的雄鸡天还没有亮就全都叫了起来，这样就破了哥自天神的法术。任天神怎样挥动长鞭抽打石头也无济于事，那些石头都像长了根似的立在地上不动了，最后他肩上的扁担也断了，两只筐变成了双肩山，那些石头就变成石林。现在细看那些大青石腰间，还留着一道道的鞭痕，令人啧啧称奇。

当你在奇石秀峰间缓缓攀登，饱览这仿佛不属于人间的奇妙景色，聆听着阿诗玛的动人传说，你会深深地感叹大自然的神奇与伟大。你会觉得石林的石头不但有生命，而且有感情，有灵魂，仿佛只有凝聚了天地之间的灵气，才能造就这石之瑰宝、石之精华，才能造就石林的不朽魅力。

（七十一）纪晓岚故居

北京市东城区珠市口西大街中段，终日车马辐辏。街面上有个晋阳饭庄，占据了一处占地不大的老旧四合院儿。这院子来头不小，因为它正是乾隆朝内阁大学士纪晓

岚昔日府邸，也就是著名的"阅微草堂"。

您看馆子前厅还真红火，人们吃吃喝喝乐在自得。其实说高尚点，大家伙吃顿山西饭是小，而参观纪府才是真正重要的事情。隔墙还看后庭花。待与一桌桌食客擦肩而过，别一番光景立马出现。二百多年光阴辗转，星星一样的淡紫色藤萝花，年年五六月间还会挂满架，清香清香的。花是谁人栽？风流才子纪晓岚嘛，乾隆年间赫赫有名的大学士。

不要停住脚步，您再往院子深处看。嗯，还有假山，红边绿衣大鱼缸，以及两尊铜像。其中那位先生，当然是纪大人。女子是他媳妇儿？咳，只能说是爱人吧，因为她并非这家中的女主人。提起这事儿，纪大人真窝心。

个中原委，您请听他这首诗："憔悴幽花剧可怜，斜阳院落晚秋天。词人老大风情减，犹对残花一怅然！"一腔哀怨，一腔悲思，据说全是为了隔世与他相守的这位女子。谁呢？文鸾，说是特乖巧特好看，谁都喜欢。花一样的文鸾，曾将纪晓岚的心都填满了。那就结婚吧？咳，一朝这层窗户纸捅破了，全是官司。

您看文鸾原先就住纪晓岚他四叔家，说白了，那是府上买来的丫鬟。虽说此时纪晓岚还未曾金榜题名，可是他品学兼优，是那家子人的希望。粗略一算，纪昀与文鸾不合适，俩人身份差得远呢。换个角度，文鸾她爹却满心想着"卖女求荣"。反正这门亲事就给耽搁了，其后文鸾离开了纪府，含着她那份透骨的相思之情。有天纪晓岚高中状元，衣锦还乡直奔四叔儿家，就想扫听文鸾的下落。无奈听来离别曲，文鸾……

风流才子纪晓岚，满腹才学，他既相信小狐狸会说话，也相信天——地——人间，是彼此相通的。中国人都知道《阅微草堂笔记》，这部书中神神怪怪冥冥中透着那份可爱。纪大学士与和中堂同朝为官，可是挣的工资不一样多。老纪一辈子卖命工作，日子过得真不怎么着。您看这满庭花香，还有一箱箱过了版权期的书稿，几乎就是他的全部家当了。

乘着时代东风，"阅微草堂"跻身京城黄金地段，身份也改成晋阳饭庄了。凭着超群的厨艺，晋阳饭庄接待过很多贵客呢，其中不乏各国元首。若是英雄惜英雄，纪大人定会最爱老舍先生。

（七十二）周口店猿人遗址

北京市西南房山区周口店镇龙骨山北部，就是发现北京猿人的地方。世界遗产委员会宣："周口店遗址不仅是有关远古时期亚洲大陆人类社会的一个罕见的历史证据，而且也阐明了人类进化的进程。"

都知道，"北京人"是旧石器时代早期的原始人，那时全世界几乎荒芜一片。龙骨山能够成为古人类发祥地，气候原因很关键，至少吃的喝的都很充裕。早年的龙骨山是个背山面水之地。简单地说，它北靠高山，西临低缓群山，东南方是一片平原，山东边有条奔涌的河水。山围水绕，森林茂密，人的基本生存环境勾勒出来了。

据相关资料统计，那时的"北京人"已经学会狩猎了，时年吃得最多的肉类是：鹿、羚羊、野猪、水牛等大型动物。除此之外，还有大量野果、嫩叶，以及昆虫、飞鸟、蛤蟆等小型生物可供采食。

周口店遗址出土文物当中，石头质地的工具数量庞大，器型种类也相当繁多。由外貌特征看，早期石器个体比较粗大，功能以砍砸器为主。再往后石器器形变小了，带尖的、带刃的数量激增。这说明老祖宗劳动技能更进一步，会使"菜刀"了。大量实物证据表明，"北京人"已经初步掌握了制造和使用工具，并具有逐步改善其性能的本领。

如今，您想在路边捡块石头还真难，可是"北京人"曾经的家园附近有河床，有山坡，封存着各种各样的矿石。您看人家用来制造工具的原材料：石英、燧石、砂岩，什么硬使什么。工具越来越多、越来越精细，就可以满足分割猎物，伐木引火等生产生活的需要。然后，"北京人"走出了猿的生活圈，逐步揭开了人类历史的真正序幕。

现在阐述那段史前岁月，仿佛无关痛痒就过来了。其实"北京人"居住在龙骨山，有着几十万年漫长的历史，经过多少动荡变迁才换来今天幸福生活呀。若进行划分，早期应属于苦寒"大间冰期"、有狼獾、洞熊、扁角大角鹿、披毛犀、肿骨鹿、梅花鹿等动物与"北京人"做伴；中期往后，气候变得较为温暖适宜，竹鼠、硕猕猴、德氏水牛等开始频繁活动。纵观周口店遗址出土的全部动物化石，科学家们得出结论，这里的地理环境太变化多端了，草原，沙漠全出现过。

北京周口店龙骨山，那就是咱老祖先的家，如今跟前建起了房山世界地质公园，它那狭长身姿，将北京西南好山好水都串起来了。

（七十三）广西德天瀑布

德天瀑布与那些闻名世界的瀑布比起来，规模并不大，但是看德天瀑布，一路上可以看到许多平时难以见到的景观：你可以看到西南地区的大电站——那岸电站，看到恩城自然保护区中独特的动植物，还有那中越边境上的边贸市场，更是浓聚了异国风情的所在。

在中越边境广西大新县硕龙乡德天村，有一条气势雄伟的大型瀑布，横跨了中国与越南两个国家，是亚洲第一、世界第二大的跨国瀑布。它那雄浑的气势、壮美的景观，一直都吸引着游人们的目光。这就是著名的德天瀑布。

德天瀑布距离县城78千米，距南宁市仅140多千米，是国家特级景点。它源起于广西靖西市归春河。归春河一路流入越南，而后又流回广西，这条流经两个国家的河流忽急忽缓，时分时合，迂回曲折于丛林之中，在经过德天村的时候，河流遇到断崖

跌落，那巨大的落差便形成了大瀑布的奇观。

德天瀑布银瀑飞泻、洪流滚滚，蔚为壮观。瀑布的面宽达120米，那一条条水帘，从高山之上奔流而下，仿佛一幅幅银绸挂在悬崖前。仰望瀑顶，群峰恍若浮动，巨瀑仿佛海倾，令人叹为观止。瀑布声势浩大，千米之外都能听到滔滔的水声轰鸣于山间，摄人心魄。瀑布与山石撞击，水花飞溅，犹如千万颗璀璨的明珠。水汽形成了白蒙蒙的一片，如雨如雾，长年累月飘忽不散。遇到天气晴好、阳光灿烂之日，但见飞溅的水珠五彩缤纷，光彩夺目，使人如入仙境。有的时候，瀑布之上还会出现彩虹，犹如横跨瀑布的彩练，为雄奇的德天瀑布增添了几分娇媚。

德天瀑布的景致随四季变化，每一季节各有其独特的魅力。春季之时，春暖花开，木棉如火如荼，其色调与银白的瀑流搭配起来，自有一番独特的韵味；夏季河水猛涨，瀑布也相应变得愈加雄壮，激流以排山倒海之势由断崖飞泻而下，使人备感两袖清风，心旷神怡；秋高气爽之时，碧水清流，渲染于金黄的丰收景致之中，注满了丰收的喜悦；冬季枯水季节，流水略显涓细，不复夏季之霸气，但是悠然而下，令人感受到一种和缓轻柔之美。

瀑布周围的景观也是秀丽动人，与瀑布相互映衬，相得益彰。德天瀑布附近，峰峦叠嶂，郁郁葱葱。群山之上有层层梯田，湖光山色、绿水梯田，红棉翠竹，小桥流水，好一派青山绿水的田园风光。梯田旁边，是中越边界的石山。石山上，大树苍翠挺拔，特别是那主干笔直、绿荫盖地的大木棉树，更显雄伟壮观。

德天景区名胜众多，明仕田园风光、沙屯的多级叠瀑、黑水河、雷平石林和水上石林、恩城山水及自然保护区，都是值得一游的绝美风景。当然，最动人的景致，无疑还是德天瀑布。无论春夏秋冬，德天瀑布的恢宏气势与壮丽景观，都会让人留下难以磨灭的印象。

（七十四）山西壶口瀑布

黄河之水天上来，奔流到海不复回！唐代著名诗人李白脍炙人口的佳句，勾画出了大河奔流的壮观景象。滔滔河水从千米河床排山倒海似的涌来，骤然归于二三十米的"龙槽"，形成了极为壮观的壶口瀑布。

壶口瀑布位于山西省吉县西南，地处九曲黄河中游，与陕西省宜川县相邻。瀑布两岸石壁峭立，河口收束狭如壶口，故名。明代诗人陈维藩在其《壶口秋风》中有云："秋风卷起千层浪，晚日迎来万丈红"，是壶口瀑布的真实写照。

黄河流至壶口，巨流从宽300余米的两山之间奔泻而下，在吉县与陕西宜川交界的龙王一带，河槽猛缩为30余米，聚拢的河水坠入深潭，落差达20米，有如茶壶注水。由于地壳运动，岩石在此断裂陷落，河水从高处横面泻下，浪涛滚滚，水花飞溅，声如雷鸣。一团团水雾烟云，慢慢上升，由黄变灰，由灰变蓝，在阳光的照射下，变成圈圈彩虹。

更为神奇的是，黄河流入壶口以后，在流经一个长 1000 米、深 30 米的龙壕后，似乎隐身匿迹了。这个龙壕其实是一个弯弯曲曲的石峡，像一条摇头摆尾的巨龙，壶口是龙头，一口吞噬巨流，孟门是龙尾，腹泻黄河水向下游。

壶口瀑布

在壶口瀑布正中、黄水跌宕的地方，有一块油光闪亮的石头，在急流中上下浮动，这就是"龟石"。这块石头能随水位的涨落而起伏，不论水大水小，总是露着那么一点点。远远望去，两侧的黄水滚滚扑来，掀起重重浪花，犹如二龙戏珠。

过去，来往的船只每逢行至壶口，都是人在岸畔拉纤绕行，飞鸟也因瀑布呼啸四震、云烟迷漫，惊吓得不敢飞过。因此，当地从古至今就传承着一种奇特的航运习俗——"旱地行船"，而且，一直流传着"飞鸟难渡关"的奇谈。

壶口瀑布风景区除了瀑布奇观外，还有清代长城、圪针滩古渡、盈门山石刻、大禹治水三过家门而不入的"衣锦村"和"姑夫庙"、鲤鱼跳龙门等人文景观。

（七十五）海南天涯海角

天涯海角位于海南岛的最南端，是一处令人神往的游览胜地。这里南临碧蓝的大海，远眺浩渺南海，波涛起伏，海阔天空，征帆片片，白鸥点点。海滨险石耸立，著名的"天涯""海角"和"南天一柱"等刻石，就在群崖之中，非常壮观。

碧海蓝天，烟波浩渺，椰林婆娑，帆影点点。大自然是如此慷慨，把这一切美好的事物都赐予了人间仙境：三亚。

三亚位于海南岛的最南端，是海南的第二大城市，那里聚居着汉、黎、苗、回等 10 多个民族，少数民族人口占 44.2%。三亚的历史，源远流长，迄今境内仍保有中国最南端的旧石器时代人类文化遗迹。秦时始皇帝设南方三郡，三亚便是其中之一，当时被称为"象郡"，后称"崖洲"，便是古代著名的天涯海角。

三亚自古本为蛮荒之地，"飞鸟尚需半年程"的琼岛，人烟稀少，荒芜凄凉，向来便是历代君王贬谪罪臣的去处。被贬来此处的官吏与文人，但见沧海茫茫，无边无际，进固然不能，退却也无路，难免悲从中来，望洋兴叹。天涯海角之称，便由此而来。古往今来，无数的骚人墨客在此处留下了他们的踪迹，倾吐着他们的颠沛流离与悲惨命运。唐朝宰相李德裕感慨此处"一去一万里，千之千不还"；宋朝名臣胡诠哀叹"区区万里天涯路,野草若烟正断魂"。大文豪苏轼也曾被贬成至此,至今仍有"怀苏亭"古迹留在天涯海角作为历史的见证。

如今的"天涯海角",已成为三亚一个著名的景点,位于三亚市西约 26 千米处。景区内那些刻有"天涯""海角""南天一柱"等字样的巨石,已成为南海著名的人文景观。据记载,"天涯"题刻,是清代雍正年间崖州知府程哲所书。"南天一柱"据说是清代宣统年间崖州知府范云梯所书。"南天一柱"的来历还有传说。相传很久以前,陵水黎安海域恶浪滔天,人民生活困苦。王母娘娘手下两位仙女知道后偷偷下凡,立身于南海中,为渔民指航打鱼。王母娘娘恼怒,派雷公雷母抓他们回去,二人不肯,化为双峰石,被劈为两截,一截掉到黎安附近的海中,一截飞到天涯之旁,成为今天的"南天一柱"。

(七十六) 西沙群岛

西沙的海水晶莹剔透,潜入水中,能带你进入一个平生难得见到的神秘空间。一丛丛、一簇簇的珊瑚像盛开的鲜花覆盖着整个海底。在小岛上观看日落,更能撩起游人的情趣:红彤彤的晚霞铺满半边天,海水鲜红闪亮,令人不禁浮想联翩、流连忘返……

富饶的西沙群岛位于海南岛东南 300 多千米处,是中国南海诸岛四大群岛之一,由永乐群岛和宣德群岛组成。这片大大小小的珊瑚岛屿群自东北向西南伸展,漂浮在 50 多万平方千米的海域上,美丽而纯净。

西沙自古就是中国的领土,古代被称为"千里长沙",是南海航线的必经之路。早在隋代之时,就已经派使节经南海到过今天的马来西亚,唐代高僧义净亦经此到达印度。古代那些满载着陶瓷、丝绸、香料的商船也都取道此处,因而这里又被称为"海上丝绸之路"。

永兴岛位于西沙群岛中央,是南海诸岛中最大的岛屿,东西长约 1950 米,南北宽约 1350 米,面积 1.85 平方千米,是西沙群岛、中沙群岛和南沙群岛的人民政府所在地。永兴岛得名于 1946 年 11 月 29 日接收西沙群岛的军舰的名字。永兴岛又名"林岛",因岛上林木深密而得名。

全岛由白色珊瑚贝壳沙堆积在礁平台上而形成,地势平坦,平均高约 5 米。这里终年皆夏,岛上是典型的热带风光,椰树成行,风光旖旎,盛产椰子、木瓜、香蕉等水果。每月补给船到达永兴岛的时候,全岛居民都会放假 2 天,去码头卸鸡、鸭、猪、土豆、黄瓜、邮件等物资。

(七十七) 澎湖列岛

澎湖列岛不仅有温暖的阳光,柔软的沙滩、翠绿的仙人掌,还有鬼斧神工的玄武岩，海岛风情成了澎湖最大的特色，所以澎湖列岛一向有"台湾夏威夷"的美誉。

澎湖列岛位于台湾海峡的南部，由64个岛屿组成，面积约127平方千米，域内岛屿罗列，港湾交错，地势险要，是中国东海和南海的天然分界线。澎湖列岛中的岛屿，按其位置可分南、北两个岛群：南岛群在八罩水道以南，有望安岛（八罩岛）、七美屿、花屿、猫屿、东吉屿等，几乎所有岛都为火山岛，组成的岩石均为第四纪玄武岩；北岛群分布在八罩水道以北，包括有面积最大的澎湖岛和渔翁岛（西屿）、白沙岛、吉贝屿、岛屿、姑婆屿等岛屿。

澎湖列岛的年降水量在1000毫米以上，多集中在夏季。由于岛上地形较为平坦，没有山川河谷，年蒸发量高达1800毫米，因此岛上严重缺水。每年10月至翌年3月吹拂的东北风，也是澎湖列岛上的另一自然地理特征。东北风时速最高可达每秒三四十米，相当于中等强度的台风，因此，冬天的澎湖列岛就像一只"风柜"，这种强劲的风挟带着海水泡沫，呈咸味，当地人称为"火烧风"，其威力不亚于台风，火烧风过处，树木植物无不焦枯。许多商店此间均闭门停止营业。妇女们则以布蒙面，避免风沙吹打。当然，这种澎湖列岛特有的景观，也吸引了不少游人特地前来观赏体验一番。因此，澎湖早年就有"风岛"之名了。澎湖列岛的自然景观是十分优美的，著名的有"风柜涛声""鲸鱼洞""望安玄武岩""虎井沈城""将军屿帆船石""桶盘屿石柱"等。

渔业观光历来是台湾旅游的观赏重点，而澎湖渔港占台湾全省的1/3，居民60%以上以捕鱼为生。环岛海滨帆樯林立，入夜时分，万点渔火，闪烁海面，宛若星汉落地，蔚为奇观。"澎湖渔火"乃被列入台湾八景之一。

（七十八）鼓浪屿

鼓浪屿上龙头山、升旗山和鸡母山并列，冈峦起伏、碧波、白云、绿树交相辉映，处处给人以整洁幽静的感觉。小岛完好地保留着许多具有中外各种建筑风格的建筑物，屿上人口约2万，居民喜爱音乐，钢琴拥有密度居全国前茅，被赞为"琴岛"。

明末，民族英雄郑成功曾屯兵于鼓浪屿，日光岩上尚存水操台、石寨门故址。1842年，鸦片战争后，英、美、法、日、德、西、葡、荷等13个国家曾在岛上设立领事馆，鼓浪屿变为了"公共租界"。一些华侨富商也相继来此兴建住宅、别墅，办电话、自来水事业。1942年12月，日本独占鼓浪屿；抗日战争胜利后，鼓浪屿才结束了100多年殖民统治的历史。

鼓浪屿街道短小，纵横交错，清洁幽静，空气新鲜，岛上树木苍翠，繁花似锦，特别是小楼红瓦与绿树相映，显得格外漂亮。鼓浪屿楼房鳞次栉比，掩映在热带、亚热带林木里，日光岩奇峰突起，群鸥腾飞……组成一幅美丽的画卷。鼓浪屿是"建筑博览馆"，许多建筑有浓烈的欧陆风格，古希腊的三大柱式陶立克、爱奥尼克、科林斯

世界传世藏书 地理知识大博览 中国名胜

各展其姿，罗马式的圆柱，哥特式的尖顶，伊斯兰圆顶，巴洛克式的浮雕，争相斗妍，异彩纷呈，洋溢着古典主义和浪漫主义的色彩。

日光岩又称龙头山，耸峙于鼓浪屿中南部，与厦门的虎头山隔鹭江相望，史称"龙虎守江"。日光岩海拔 92.7 米，是鼓浪屿的最高峰。山间磴道盘旋，迂回曲折，随处有诗联题刻，以明万历元年（1573）丁一中所题"鼓浪洞天"为最早，距今已经有 400 多年的历史了。

日光岩顶就是天风台，是鼓浪屿的最佳观景点。放眼四顾，厦门市区、鼓浪屿全岛、环鼓浪屿的大海，厦门大学、海沧大桥、九龙江入海口、南太武屿仔尾漳州港，或远或近，尽入眼底。游厦门不登日光岩，不算到厦门！

日光岩上的摩崖石刻有 80 多处，有张瑞图、何绍基、郑成功、丁一中、许世英、蔡元培、蔡廷锴、蒋鼎文等人的诗文题刻，其中以"鼓浪洞天""鹭江第一""天风海涛"等尤为著名，是日光岩上的一大文化景观。

（七十九）海南亚龙湾

亚龙湾山清、水碧、沙白、石怪、洞幽，集现代旅游五大要素：海洋、沙滩、空气、阳光和绿色于一体。加之海湾水温常保持 23℃ 以上，是理想的冬泳、避寒、度假胜地，被人们称誉为"东方夏威夷"。

亚龙湾位于三亚市东南面 25 千米处，面积 141 平方千米，其中陆地面积 78 平方千米，海域面积 63 平方千米。亚龙湾三面青山相拥，南面呈月牙形向大海敞开。海水能见度达 20 米以上，海湾近 10 千米长，沙滩好似一条环绕海湾的白色玉带，湾内风平浪静，海水湛蓝，被誉为"天下第一湾"。

1992 年 10 月 4 日经国务院批准，在此建立中国唯一具有热带风情的国家级旅游度假区——亚龙湾国家旅游度假区。亚龙湾气候宜人，冬可避寒、夏可消暑，自然风光优美，青山连绵起伏，海湾波平浪静，湛蓝的海水清澈如镜，柔软的沙滩洁白如银。"三亚归来不看海，除却亚龙不是湾"这是游人对亚龙湾由衷的赞誉。亚龙湾属典型的热带海洋性气候，全年平均气温 25.5℃。海底珊瑚礁保存十分完好，生活着众多形态各异、色彩缤纷的热带鱼种，属国家级珊瑚礁重点保护区。海湾面积 66 平方千米，可同时容纳 10 万人嬉水畅游、数千只游艇游弋追逐，可以说这里不仅是滨海浴场，而且也是难得的潜水胜地。锦母角、亚龙角，激浪拍崖、怪石嶙峋，是攀崖探险活动的良好场所。此外尚有奇石、怪滩、田园风光等构成各具特色的风景。

亚龙湾中心广场是度假区的标志性建筑，它位于度假区中心，占地 7 万平方米。广场中心的图腾柱高 26.8 米，围绕图腾柱是三圈反映中国古代神话传说和文化的雕塑群。广场上，4 个白色风帆式的尖顶帐篷，给具有古老文化意蕴的广场增添了现代气息。度假区内还有贝壳馆、蝴蝶谷等供参观。

（八十）海南东寨港

东寨港是中国最大的红树林保护区海岸，每当涨潮之时，茂密的红树林被汹涌的潮水淹没，只露出树冠的那一抹翠绿随波荡漾，成为人们向往的"海底森林"。

海南省琼山东寨港红树林是奇特的植物景观，是生长在海南热带海边滩涂的一种特有的植物群落。在海南沿海的泥湾中，生长着许多红树林，涨潮时，除了高大树木的树冠露出水面外，大部分被海水所淹没，因此，这些红树林被人们称为"海底森林"。

红树林是生长在热带、亚热带滨海泥滩上特有的常绿灌木或小乔木植物群落，因为大部分树种属于红树科，所以生态学上通称为红树林。全世界红树有24科82种，其中16种是胎生植物，它们是植物世界中仅有的以胎生方式繁衍生息的植物。红树的种子成熟后在母树上发芽，长成小苗后，才脱离母体。由于茎和根较重，幼树便垂直下落，插入泥中，只要两三个小时，就可以生根成长。如果落在海水里，它可以随波逐流，4个月后也不死，遇到有淤泥的地方还会扎根成长。

胎生是高级动物所特有的生理现象，红树林为了适应环境的需要，也表现出类似的生理特征，是因为它生长在海滩，经常受到海潮的冲刷和台风的袭击，种子难以得到一个稳定的萌发环境，于是它的繁殖方式也就发生了相应的变化：种子在离开母树之前，就已经发芽长根，如同胎儿成熟在母腹中一样，一旦"瓜熟蒂落"，便借助自己的重力作用，插入淤泥之中，只要几个小时即可扎根固住，下次潮水来时就冲不走了。这种酷似胎生的繁殖方式，在植物王国中是独一无二的。一年四季，红树林时刻都在繁育着新的生命，永不凋谢，生生不息。

红树还有一个特点：根系十分发达，纵横交错，具有特殊的呼吸根和吸收过多盐分的特殊腺，它的根、叶可以滤去使植物死亡的咸水，所以即使长年累月浸泡在海水里，也能吸收足够的氧气和二氧化碳，顽强生长，因而是唯一能生长于热带地区沿海滩泥和海水中的绿色灌木。红树的脱盐特性，也使它有"植物海水淡化器"之称。

红树是一种可贵的自然资源，世界上有红树林的国家都把红树区列为生态保护区。东寨港红树林保护区内分布着红树10科18种，占国内红树种类的60%以上，主要有红海榄、木榄、尖瓣海莲、角果木、秋茄、白榄、海漆、海骨根、桐花树、老鼠勒、水柳、王蕊、海芒果等。

（八十一）台湾野柳

野柳更像一处天然的雕塑公园，所不同的是，那作者不是罗丹那样的雕塑大师，而是海浪这种自然的力量。野柳那些豆腐岩、蜂窝岩、海龟石的独特地形使人忍不住前来一探究竟。

　　野柳风景区位于台湾北部基隆市西北方约 15 千米处的基金公路，位于北海岸金山与万里之间，是一个突出海面的狭长海岬，长约 1700 米，远望如一只海龟蹒跚离岸，昂首拱背而游，因此也有人称之为野柳龟。受造山运动的影响，深埋海底的沉积岩上升至海面，产生了附近海岸的单面山、海蚀崖、海蚀洞等地形，海蚀、风蚀等在不同硬度的岩层上作用，形成蜂窝岩、豆腐岩、蕈状岩、姜状岩，风化窗等世界级的岩层景观，造就了千奇百怪的瑰丽景象。

　　进入野柳风景区，沿着步道而行，一路可尽览奇特的地质景观，如女王头蕈岩、仙女鞋、象石、玛玲鸟石等，造型各异其趣，行至岬角尖端，即为白色的野柳灯塔，在此展望海天一色，最是令人心旷神怡。除了奇特的地质和石头以外，野柳亦是众多候鸟休憩的驿站，是赏鸟人士眼中的宝地。

　　野柳长约 1700 米，宽仅 250 米，有丰富的海蚀地形，在 2000 多万年前，台湾仍在海里，由福建一带冲刷下来的泥沙，一层层地堆积出砂岩层，600 万年前的造山运动把岩层推挤出海面，形成台湾岛，野柳是其中的一部分。造山运动挤压时，在野柳的两侧推出两道断层，断层带破碎易受侵蚀，所以两侧凹入成湾，中间突出形成海岬。接下来，在海浪、雨水和风的侵蚀下，及地壳不断的抬升下，造成野柳的奇岩怪石。

　　位于风景区入口右侧的野柳海洋世界，是台湾唯一的海豚、海狮表演馆，可容纳3500 位观众，表演重点在海豚的 20 余项动作上，小朋友还有机会与海豚和海狮一亲芳泽，表演中也穿插引自国外的高空花式跳水及高空弹跳等表演。野柳海洋世界也是台湾第一座海洋动物表演馆，各种有趣的动物表演，令人捧腹大笑。

　　表演馆为半圆形看台，并设有遮雨篷。外墙由象征大海的深浅蓝色粉刷而成，体现出野柳海洋世界的亲水特色，外观的湛蓝色彩正好和海天呈一色，与大自然景观融合为一体。园区另一主题为长约 400 米的海底隧道，集中了世界各地的稀有名贵海洋水族，走入隧道中，上千尾各式各样的鱼儿在身边穿梭，十分有趣。

　　海洋世界右边有一处称为"天外天"的小平台，沿渔村小道步行 10 分钟，顺石阶拾级而上，可登上岩石构成的山顶平台，游目四望，优美的野柳胜景尽收眼底。

　　野柳一带的潜礁地形，孕育了丰富而多样的海洋资源，位于海洋世界旁的海王星乐园顺势推出了玻璃底游艇，不用潜水即可欣赏美不胜收的海底世界，另外还有飞鱼特快艇，让游客驰骋海上，由不同角度欣赏野柳海岸之美。

（八十二）包头五当召

　　五当召是一座藏式喇嘛庙，位于内蒙古包头市东北大青山五当沟内。五当召原名巴达嘎尔庙，藏语意为"白莲花"。而在蒙古语里：五当意为"柳树"，召则为"庙宇"之意。

　　五当召始建于清康熙年间，工程由寺中第一世活佛罗布桑加拉错主持。乾隆十四年重新修缮，同时御赐汉名广觉寺。寺名誊写于匾额之上，竟用满、蒙、汉、藏四种文字书写。得益朝廷厚爱，此后五当召规模日趋扩大，今日占地三百亩有余。五当召全院以白色建筑为主，基底随山势起伏，白墙内外尽是苍松翠柏，人送美名"小布达拉宫"。

　　罗桑坚赞活佛，蒙古土默部人，曾是当地有名的"小神童"。罗桑到了上学的年纪，没念普通学校，而是去了多伦汇宗寺学经。因表现出色，过几年就被送往西藏深造去了。西藏归来之后，罗桑的佛学知识有了长足进步，为清朝宗教事业发展做了不小的贡献。因而，清廷给活佛一个封号，叫"洞科尔·班智达"，就是"时轮学大学者"的意思。时轮学部是个杂家，天文、历法、数学和占卜、啥都研究。喇嘛一词出自藏语，简单理解就是"和尚"的意思，所以喇嘛庙就是汉地的佛寺。其实，和尚也分好几种，例如：只受了十戒男僧称沙弥，受了 348 条具足戒的则称比丘，对于出家女弟子，后头再加个"尼"字就行了。

　　西藏是我国佛教发祥地之一。相传很久很久以前的某一天，有个吐蕃王正在自家屋顶上歇着，突然就被"袭击"了。啥东西？谁扔的？见国王有点迷糊，空中无端传来告诫：这些都是佛的法器，既然您看不懂，就让印度人带走好了。若干年之后，或许有缘人将它们带回来……据确切史料记载，公元七世纪时，是吐蕃王松赞干布促成了佛学入藏。

　　松赞干布是个有进取心的王，他曾积极与周边民族进行沟通，使得先进文化不断涌入藏地。婚姻关系被古人看得很重，认为只要矛盾双方结了亲，就会亲上加亲，甚至化敌为友了。当时松赞干布很仰慕大唐，并想娶个唐朝媳妇。派使者前去求亲，结果唐太宗的爱女文成公主来了。巧合的是，文成公主和夫君一样，都是佛教信奉者。西藏著名寺院小昭寺，就是文成公主亲自督建的。统治者的积极推动，成就了西藏浓郁的佛国色彩。

（八十三）天津鼓楼

　　钟楼和鼓楼，民间也俗称"钟鼓楼"，它们是中国古代城市必要的市政设施。大至都城，小到村寨，均以其作报时之用。

　　公元 1404，大明朝永乐二年，天津卫开始筑城了。可是正逢改朝换代，国家百废待兴，姑且顾不了天津那么远呢。所以，就给围了个土城了事。

　　又过很多很多年，一晃已是明孝宗弘治年间，朝廷终于关照到了天津的城建问题。您看城墙给垒了砖头，东西南北，四座城门，城楼、角楼，也全补齐了。最棒的就是城中心那座"鼓楼"了，三层的。一层开了四个门洞子；二层请来了观音大士、天后娘娘、关二爷、岳飞等神人。三楼呢？大铁钟一口，通高 2.3 米，体重有三百多斤。

至于"鼓楼"的鼓，早已不知所踪。

"高敞快登临，看七十二沽往来帆影；繁华谁唤醒，听一百八杵早晚钟声。"早晚撞钟，守城卫兵以此作为开门关门的依据，到时不回来算您"夜不归寝"。登鼓楼看船来，旧年美事一桩。

清末光绪庚子年，八国联军闹得邪乎，都打到天津卫了，城墙都给扒坏了。然而不可思议的是，天津鼓楼竟然幸存下来。局势都这样了，撞钟有什么用。得了，老鼓楼借给消防队吧，上去瞭望哪儿着火了挺方便。如此一来，鼓楼这替班打了好几十年。民国十年了，直隶省长和天津警察厅长，俩老爷一合计：咱修修鼓楼吧，好歹是个念想。照原图修旧如旧，按旧王府等级给换的绿瓦顶，而且一楼四座门全有了名字：镇东门，定南门，安西门，拱北门。天津鼓楼特气派地回来了，老百姓奔走相告。

天津鼓楼那口大铁钟，铸造工艺极其精细完美。您看钟钮那对螭龙，做摩拳擦掌状，那身姿，那神态，好像立刻就能吼出声来。还有钟体的莲花瓣、八卦符等，一看就不一般。可如今，钟是不能再敲了，因为科学家说它有点氧化。没错，只能摆着看看了。

不过您不用伤心，到天津地界里，咱还能听见鼓楼的钟声。公元 2001 年 9 月 28 日，鼓楼复建工程正式完工。楼体 27 米见方，重檐歇山顶。您看它的白栏杆、青砖墙、木作、彩绘、脊兽全仿明清同类建筑而成，境界达到了。关键是重铸一口大钟挂上了，三吨多沉呐。嗯，名副其实的洪钟！

（八十四）苍岩山桥楼殿

"千丈虹桥望入微，天光云彩共楼飞。"实在巧夺天工，观者无不称奇。万丈高楼平地起，跑去山头盖楼的从来都不多。到目前为止，全国共计发现三座悬空寺，它们分别为：山西恒山的悬空寺，青海北山的北禅寺和苍岩山桥楼殿。

大清康熙六年，朝廷对桥楼殿实施了一次维修，当时立碑做记，其中有这么句话："不知何时许建桥梁于两壁之间……迩来偶遭火劫，顿成灰烬"。也就是说，古时修苍岩山桥楼殿不是一回两回了，最初谁在此突发奇想还不知道。

桥楼殿不孤单，它跟前还有万仙堂、梳妆楼、天王殿、关帝庙、公主殿等众多建筑物，它们都是福庆寺的庙产，只不过桥楼殿地理位置较为特殊。福庆寺始建于隋朝，初名兴善寺。隋朝建都西安，而且存续时间终究不长，他们怎能想到苍岩山这等偏远地界，还不远万里来修座庙呢？人们找到过一篇元朝旧碑记，谜底随之出现了："苍岩旧无兰若。隋文帝女，尝患厉风，闻此中石井，旱不涸，水不溢，给用不竭，可已此疾，遂舍其侧，以供饮食汤沐。久之，病良愈，固弃家为佛子……"。

上段文字意思说：隋文帝的宝贝公主生病了，久治不愈。后来听说苍岩山有口井，井水能医治疑难杂症，于是前来山中调养。神了，过段时间果然痊愈。为了答谢苍天救命之恩，公主决定在苍岩山出家了。公主在此，大举修庙还不就成了正常事了。

转至北宋大中祥符年间，也就是宋神宗赵恒当政时期，又逢太平盛世。据说人们丰衣足食，偷鸡摸狗的坏人都少了，各地大牢竟然无贼可关。一旦世道好了，皇上愿意相信是佛祖赏光，以至于僧僧道道们日子都好过。于是有两个僧人胆大起来，给皇上递了个折子，要求光复隋朝兴善寺。经过一番扩建，兴善寺规模形制大幅度超越从前，此后更名福庆寺。

如今，桥楼殿里头，佛、菩萨、十八罗汉等，各路神仙都有，有的单独成像，有的则以壁画形式存在。遍山的白檀树，百转千回的鸟鸣，众山环抱的甘陶湖，还有统一朝向南阳公主祠的古柏……苍岩山一步踏一景。

（八十五）承德木兰围场

清代皇家猎苑木兰围场，全世界最大的古代皇家猎场。木兰围场位于河北省东北部承德市。公元 1681 年，康熙皇帝在承德划出一块狩猎场，为训练八旗兵不忘骑射之用。

木兰，意为"哨鹿"，含有勾引的意思。即学公鹿的叫声勾引母鹿出来，然后将其俘获。其实学鹿叫不丢人，头上佩戴鹿犄角才可笑呢。装的人模鹿样，全是为狩猎成功呗。满族人曾经是骑马打天下的，所以老辈人都有钻林子抓野兽的情结。自从木兰围场圈起来以后，每年秋天由皇帝带队、王公大臣、八旗精兵都前往，训练观光两不误，史称这项活动为"木兰秋"。清康熙到嘉庆年间，共计进行"木兰秋"一百零五次。届时谁得来的猎物多，皇上有奖。

天低山近，水蓝草青的木兰围场，曾经是两个蒙古王的封地，转手送给康熙爷了。说是大清康熙年间，俩王爷陪着皇帝去郊游，中途他们跟皇帝商量：我们手里有块地皮，面积大约一万平方公里。虽说地界不算大，可那里给养特丰盛，所以兽多鹿肥狍子壮。我们老哥俩受用不起，看来只有您才和它般配。皇上一听，赶紧看看去吧，果然很满意就收下了。在康熙爷的规划下，木兰围场内设七十二个小型的"围"。

那些年秋季一到，八旗子弟进了木兰围场，撒欢儿折腾。但是清政府挺有环保意识，人家不主张赶尽杀绝。当年有个不成文的规定：抓着母兽和幼崽一律放走，因为它们还需要长大，或者繁衍后代呢。

"将军泡子"是木兰围场境内一个比较大的水洼子，名字叫得挺响亮。您走近看看，天上飞的、地上跑的，全围在泡子沿儿上喝水。其实，原来本没有将军泡子，后来它不仅离奇地出现了，而且再也没干涸。

那时漠西蒙古有个准噶尔，首领噶尔丹。他们据守伊犁地区，物资储备挺充足。七想八想，是不是我也可以混个皇帝当当呢？沙皇俄国大鼻子背后挑唆，"就凭您的实力！大清国算什么呀，您不当皇帝算是屈才了。"噶尔丹这就心驰神往，齐掇齐掇人马冲过来了。

他先打外蒙古，再打新疆南部地区，后脚还扬言：过不了几天，你们的黄河就是我饮马的水槽子！公元1685年，噶尔丹先生赶着好几万峰骆驼已经跑到了承德。结果，康熙爷御驾亲征，荷枪实弹立马迎过来了。骆驼这种动物，个儿大胆小。再说，好歹它是肉做的，哪能跟枪支弹药比嘛。一遭清军的火炮齐鸣，震天的响动，骆驼们立刻惊慌撤退了。妈呀，我的"兵"没了，噶尔丹撒丫子也跑。可能是炮火太猛烈了，挪开大炮的时候就瞧见地上冒出一巨型大坑，这就是"将军泡子"的雏形。赶明儿老天爷给灌上水，齐了。

（八十六）壶口瀑布

黄河壶口，位于山西、陕西两省交界处。因而山西省临汾市有个壶口镇，陕西省有个壶口乡。黄河水呼啸而来，行至山陕之地，两崖岩石峭立，它的脚步刹不住了。细看那条通道，窄窄的好像茶壶嘴，于是得名"壶口"

中华民族曾经有个轩辕黄帝，他生活的年代应在公元前2500年左右。黄河岸边是黄帝的家乡，他在这里纺纱织布，捕鱼，种庄稼，研制交通工具……总之黄帝做出很多开先之功，并令其世代传扬下去。

差不多与黄帝同期，黄土高原升起又一颗明星，就是炎帝。他们精诚合作，使得黄河流域成为我国农耕文明的发祥地。历史前进过程中，黄帝后裔相继建立了夏、商、周三个朝代。中国人自称是炎黄子孙，也就从这来的。黄土地是老百姓的命根子，黄河水是咱的母亲河，黄色则被誉为"中国色"。紫禁城的黄瓦，封建皇帝的黄龙袍，其实都想沾点老祖宗的贵气。

北魏郦道元著《水经注》，提到壶口："禹治水，壶口始"。按郦先生的说法，壶口应是大禹治水时用来疏导洪水的泄洪道，人工开凿的。传说大禹外出治水十三年，期间三过家门而不入，媳妇生孩子也没看一眼。这就是中国人心中的大禹，他舍了小家，却谋得后世子孙的幸福。

话说尧帝时期，黄河成了重灾区。洪水泛滥，老乡们家园被毁，土地无法耕种。为了拯救苍生，尧帝面向天下征求理水高手。然后"鲧"临危受命，到黄河治水去了。古书说，"鲧"是一种大鱼。既然人可以取个鱼名，十有八九天生不怕水。却没想到，鲧治水九年，丝毫未见成效。后话说，鲧干活缺乏技巧，他就知道堵。大坝伸到云彩里了，还没堵住呢。得了，这个死脑筋，流放羽山反省去吧。

至于鲧到羽山之后是否想通了工作上的失误，没下文了。但是据传说，鲧死的时候，他肚子里冒出一个孩子。那孩子长大后子承父业，继续治理黄河水患。似乎冥冥中接到了父亲的旨意，这回他不堵水了，转而采用疏堵结合的方式。发狂的黄河水终于安静下来，有的汇入了其他河湖，有的自觉流到了农田周围……治水那尊神就是大禹，后成为夏朝的第一代君王。

"混出昆仑衍大流，玉关九转一壶收"。壶口瀑布是壶口最著名景观之一，流瀑宽度大，水呈土黄色，水位落差大，气势相当壮观。壶口瀑布往南，大约 65 公里开外，晋陕峡谷南端最深处有块吉祥地，那就是龙门峡。由于山势阻拦，形成此地"龙门三跌水"的特殊风貌，流水湍急。

（八十七）山西晋祠

晋祠位于山西太原市西南悬瓮山麓，是集中国古代祭祀建筑、园林、雕塑、壁画、碑刻艺术为一体的唯一而珍贵的历史文化遗产，也是世界建筑、园林、雕刻艺术中心。

晋祠位于太原市区西南 25 公里处的悬瓮山麓，为古代晋王祠，始建于北魏时期，是后人为纪念周武王次子姬虞而建，北魏以后，北齐、隋、唐、宋、元、明、清各代都曾经对晋祠进行重修扩建。

晋祠是具有几十座古建筑的中国古典园林游览胜地，素以雄伟的建筑群，高超的塑像艺术闻名于世。人们常说："不到晋祠，枉到太原。"所以到了太原，如果不去晋祠看看是一定会后悔的。

"不到晋祠，枉到太原。"一语绝对不是凭空而言的，晋祠是真正值得一游的名胜古迹之一，尤其是晋祠的建筑更是神话般的创造，难老泉、侍女像、圣母像被誉为"晋祠三绝"，如此说来，不看"晋祠三绝"，也就枉到晋祠了！

当然，除了"晋祠三绝"，晋祠中的金人台也是不容错过的，四尊铁人姿态英武，因铁为五金之属，人称之为"金人台"。西南隅的铁人，铸于北宋绍圣四年（1097年），已有八百多年的历史，不但保存完整，而且神态威武，销明甲亮，颇为独特。据说，一年夏天特别炎热，身披铁甲的西南隅铁人忍受不了，独自走到汾河边，只见汾河滔滔而流，怎么过河呢？铁人正在着急，忽见从上游不远沿岸边驶下一条小船，铁人赶忙上前招呼，要船家把他渡到对岸。船家慢腾腾地说："渡你一人，人太少，再等等有无旁人。"铁人一急，赶忙说道："你能渡过我一个，就算你有能耐啦！"船家看了看铁人说："你能有多重，一只船不止装一人，除非你是铁铸的。"话一落音，一语道破了铁人的本相。瞬间，铁人立在汾河边，纹丝不动。船家抬眼一看，面前立着一位铁人。多眼熟啊！嗬！可不是嘛，是晋祠的铁人。船家不敢怠慢，急忙找了一些乡亲，把铁人抬回金人台。圣母勒令手下将领，把铁人的脚趾上连砍三刀，表示对铁人不服从戒律的惩罚。今日的铁人，脚上还留着连砍三刀的印痕。

晋祠就是这样一处伴着无数传说故事的神话般胜地，山环水绕，古木参天，在如画的美景中，历代劳动人民建筑了近百座殿、堂、楼、阁、亭、台、桥、榭，历史文物与自然风景荟萃一起，使游人目不暇接，流连忘返。

（八十八）呼和浩特昭君墓

内蒙古呼和浩特市南大黑河畔昭君墓，又称"青冢"，蒙语意为"铁垒"。其始建于西汉时期，距今已有两千余年历史。昭君墓主体高达33米，底面积约13000平方米，是中国现存最大的汉墓之一。

昭君出塞，走到了内蒙古大青山。自她到来之后，中国北部边境安定了好一阵子。这一位大义凛然的奇女子，可叫内蒙古人民动了心了。所以大青山跟前，曾经建起了大大小小十余座昭君墓。如今大黑河这座，可看作是昭君文化的完好呈现。

落雁美人王昭君，乳名皓月，祖籍湖北。相传，汉元帝刘，选妃子，王昭君应召入宫了。不过皇帝的媳妇数不清，昭君一直身居后宫无人问津。或者说皇帝才不敢亲近这个女子呢，因为她脸上有颗"丧夫痣"。其实皇帝都没见过昭君，只不过画师的一幅肖像画彻底打消了他对这个美人的念头。

有一年，匈奴单于呼韩邪来晋见汉元帝，皇上想找几个女伴载歌载舞迎宾。王昭君能歌善舞，当时她主动要求参与这次活动。我的天呐，哪儿来的大美人，皇帝和单于都看傻了。呼韩邪开门见山，要求汉皇将昭君赐给自己，作为和亲对象。此女子皮肤凝白，看不出丝毫的"丧夫相"啊？事后追究责任，追到那个画画的头上了。因为王昭君性格太直，不讨好画师，于是被画成了那样。但皇帝后悔已经来不及了，只好痛心疾首地送走了大美人儿。

娶媳妇嫁闺女，总是喜忧参半的事情。王昭君虽然自愿出使匈奴，然而山高路远，在古人看来还是异常悲壮的。为了弥补心灵的创伤，人们更愿意相信：昭君本是仙女下凡，她下嫁单于，是来化解民族矛盾的。出塞一去几万里，路真的不好走。相传途中遇到一群大雁，其中一只溜号，向下看了一眼。就听"扑通"一声，

呼和浩特昭君墓

它掉在了王昭君面前。"落雁"仙子就是这么来的，大雁都为她的美色而吃惊。

一日到了黑河边，昭君好容易见到了未来的丈夫。可是没说上两句话，突然间狂风怒号，漫天飞沙走石，眼前已无路可走了。单于陪着昭君停下来歇息，昭君为他弹了一曲琵琶歌。乐声悠扬入天际，您再看头顶：云开雾散，彩霞当空，草都绿了，百灵鸟也和弦欢唱……此情此景使得单于和匈奴人民大悦，决定就在黑河边定居下来。

地理知识大博览

中国名胜

（八十九）台湾淡水河

淡水，是一个山水秀丽充满历史的小镇。它沿淡水河而建，素有"台湾威尼斯"之美称。淡水河可说是台北市的"母亲河"，它是台北早期市街的生命"脐带"，而且是今后整个台北市发展的动脉。

淡水河是台湾岛上第三长的河流。从台湾地区地形图上看，淡水河流域处在群山环抱的台北盆地之中。淡水河犹如一条银色飘带，将台北盆地装点得分外妖娆。

淡水河全长 159 千米，流域面积约 2726 平方千米。在历史上，它曾是台湾地区唯一可以通航的河道。当时的淡水河上，帆樯林立，"淡水风帆"是当时台湾北部的一处著名风景。在清朝乾隆初年，乘帆船渡海来台者，多溯淡水河而上，至道光年间，盛极一时，这里成为台湾北部与福建往来帆船汇集之地。那时帆船可以从淡水上溯至台北市以及台北县的新庄、板桥直至桃园县的大溪镇一带。19 世纪中期~19 世纪末期，位于淡水河河口处的淡水镇，已发展成为台湾地区北部最繁华的港口，淡水与台北市之间的河道可通小型汽轮，小木船则可溯至大溪，因而也促使大溪镇由一个山区集散地迅速发展成为商港。当地丰富的物产，如稻米、茶叶、樟脑等，从这里源源不断地运送出去。据 1892 年~1897 年的统计，在这一段时期内，约有 300 多艘帆船来往于淡水沿岸各码头之间，这些帆船中的 1/3 都要在大溪码头停泊。因而，在 19 世纪以前，淡水河是台湾地区唯一的水运航道，也是台湾全省唯一被称为"河"而不叫"溪"的河流。后来，由于人们在淡水河流域大面积地毁林开荒，以及在淡水河沿岸山坡开辟茶园，引起淡水河流域内土壤被侵蚀和自然环境生态变化，致使淡水河夹带的泥沙冲积物越来越多，堆积在下游和出海口一带，航道逐渐淤塞，淡水港再也不适宜停泊轮船，往昔的舟楫之利，再不复见，"淡水风帆"成为历史。如今，人们在淡水河上看到的，只有水上人家的点点渔帆。

淡水河两岸山清水秀。下游的台北盆地，人口稠密，物产丰富，是台湾地区北部重要的农业区。著名的农业灌溉系统桃园大圳、石门大圳等均取自于大汉溪石门附近的水源，并利用这些水源灌溉着中坜、桃园、新庄一带的农田；瑶公大圳的水源引自新店溪，这座大圳主要负责灌溉台北市、松山一带以及台北县中和、板桥一带的农田。

那一块块整齐的稻田，一条条灌溉引水渠道，纵横交错，展示出一幅秀丽恬静的田园画面。几百年来，淡水河滋润着两岸的土地，哺育了千百万人民，使流域内三县一市的城镇得到发展。

（九十）新疆五彩湾

五彩湾就像是一幅色彩纷呈的现代派绘画，一座高达 30 多米的五彩山岗端立其

间，整个造型就像一个身着彩衣、面东而视的沉静美人。其旁另有一峰，稍矮，也酷似少女，与其浑然一色，相偎相依，就像在渴盼着远归的亲人。

千彩古堡五彩湾位于新疆昌吉州吉木萨尔县城北，乌鲁木齐西北 35 千米处，是一片茫茫戈壁荒漠中罕见的五彩缤纷的世界，素来以怪异、神秘、壮美而著称，充满了奇丽的色彩。它处在准噶尔盆地东南部广大的沙漠地带，地质历史上是个古湖盆区，由于气候冷热干湿的周期性变化和地壳运动的震荡变化，这里沉积了各种鲜艳的湖相岩层，逐渐形成了五彩湾的天下奇观。

五彩湾的形成，是大自然伟力淋漓尽致的体现。由于地壳运动，在这里形成极厚的煤层，后几经沧桑，覆盖地表的沙石被风雨剥蚀，使煤层暴露。在雷电和阳光的作用下，裸露在外的煤层发生了剧烈的燃烧，待燃烧殆尽之后，再经亿万年风蚀雨剥，就形成了这光怪陆离的自然景观。由于烧结岩堆积，加之各地质时期矿物质成分含量不同，致使这一带连绵的山丘呈现出以赭红为主、夹杂着黄白黑绿等多种色彩。

五彩湾又称五彩城，是由于其状如城郭一般的壮观。五彩城方圆约 3 平方千米，是由深红、黄、橙、绿、青灰、灰绿、灰黑、灰白等多种色彩鲜艳的泥、页岩互层构成的低丘群。经年风雨将其分割成一座座平顶的彩色山梁，切割成一座座孤立的小丘，岭谷之间的比高一般在 10 米~30 米，高者亦可逾 40 米，酷似麦垛、金字塔；有的虽仍连成峰丛状，但是山坡则布满了道道沟纹，酷似堡垒、殿堂、亭阁……景色绚丽多姿，令人目不暇接。

五彩湾在一日中的景色各不相同，随着阳光的变化而改变，充满诗情画意。清晨的时候，朝阳初升，山谷中雾气缭绕，那些被阳光镀亮的彩色山丘显得更加玲珑剔透，秀雅而多姿。中午的时候，准噶尔盆地阳光猛烈，五彩的山岭在阳光下仿佛一团烈火，似乎是在熊熊燃烧。黄昏的时候，阳光变得柔和起来，色调也成了金黄，在落日余晖的映照之下，五彩湾显出一种柔和的美丽，所有的色彩都搭配得天衣无缝。置身于五彩湾，令人感觉自己像是走进了一幅画，一幅由大自然亲手调色执笔的抽象派艺术杰作。

（九十一）吉林长白山天池

长白山天池及其周围地区，是松花江、鸭绿江、图们江三江之源。天池水面海拔2189.7 米，最深处达 373 米。长白山风光奇绝，它那完整的垂直景观和原始生态系统是典型的大自然综合体，是中国最大的自然保护区之一。

如果说有一个地方比巴比伦的空中花园更能让人忘怀尘世，如登天境，那就是长白山上的空中湖泊——天池。

长白山天池深锁于云山雾海之中，池水清澈寒冷，相传是七仙女沐浴的地方，其中还有一个美丽的传说。相传长白山上居住着一个残暴的喷火魔王，无人能够降伏。

一个名叫吉利的姑娘请求天庭的帮助，王母送她一块千年寒冰。姑娘抱着寒冰钻进了魔王的肚子，魔王爆炸了，长白山头被炸开一个缺口。吉利被王母收作了女儿，她思念人间，降下瑞雪将长白山头覆盖，又用雨水填满山口形成了湖泊。

天池水如此寒冷，让人不禁怀疑如何能做沐浴之用，这也正是天池的神奇之处：古书上称天池之水"冬无冰，夏无萍"，这是由于池内有多处温泉，形成了几条著名的温泉带，水温常保持在 42℃，隆冬时节热气腾腾，冰消雪融。温凉水之间界限分明，互不侵犯，天池因此得了个"温凉泊"的美名。在温泉处泡浴，如果不小心过界限一步，马上就会感受到彻骨冰寒的滋味。

此外，长白山中还有大小几十处温泉，聚龙泉是其中水量最大、分布最广、水温最高的，被誉为"长白山第一泉"。聚龙泉位于长白山北坡、长白山大瀑布下约 1000 米处。

走进温泉区，热气扑面而来，只见泉水从岩石的裂隙汩汩涌出，喷出口大者如碗口，水声响亮，小者粗如手指，细流涓涓。水色浊黄，周围的岩砾、砂石被染成红褐黄绿、深浅不一的颜色，在氤氲的水气中，闪烁着五颜六色的光芒。

其实，长白山是一座处于休眠期的火山，曾经有过 7 次大喷发，1702 年的喷发——也是最后一次喷发之后，火山口积水形成了湖泊，形成的就是如今我们看到的天池。天池是由长白山火山喷出的物质堆积在火山口周围所形成的湖泊，是中国最大、最深的火山口湖，形状大致呈椭圆形，周长约 13 千米。围绕着深碧池水的奇妙白石上，仿佛覆盖着千年不化的积雪。

围成天池的浮石有一个缺口，池水漫溢，从缺口中流出来，蜿蜒流淌约 1000 多米，从悬崖劈空泄下，形成了著名的长白山大瀑布。大瀑布流下的水汇入松花江，成为松花江的一个源头。

天池水中原本无任何生物，除了水之外，只有巨大的岩石。但近几年突然出现了一种冷水鱼——虹鳟鱼，此鱼生长缓慢，肉质鲜美。另外，还有人称曾在池边见过不明身份的生物在水中游弋。不明生物的传说使得天池的美丽之中又加上了几分神秘色彩。

（九十二）新疆天山天池

天池风景区湖面呈半月形，面积约 5 平方千米。湖水清澈，晶莹如玉。四周群山环抱，绿草如茵，野花似锦，有"天山明珠"盛誉。

天山天池是神话与现实的分界点，它隐藏在博格达峰的群山之中，古称"瑶池"，即传说中西王母宴请周穆王之地。西王母与天宫王母的形象在神话中重合后，瑶池又成了众仙宴饮的所在。湖边有一株巨大的榆树，相传是王母降伏水怪的碧玉簪——"定海神针"。

其实，它是位于博格达峰山腰中的天然湖泊。天池海拔 1980 米，面积约 5 平方千米，湖面呈半月形，长 3400 米，最宽处约 1500 米，湖深数米到上百米不等。湖水清澈，四周群山环抱，绿草如茵，野花似锦。挺拔苍翠的云杉、塔松漫山遍岭，遮天蔽日。雄伟的博格达主峰突兀插云，峰顶的冰川积雪闪烁着皑皑银光，与天池湛蓝碧绿的湖水相映成趣，构成了这个高山平湖绰约多姿的自然景观。

与长白山天池不同，天山天池在地质学上属冰碛湖，是第四纪冰川运动的产物。这里群山环抱、碧水蓝天，雪峰雄伟挺拔，倒影在池水中，湖光山色，浑然一体。站在池边眺望，眼前满山苍松叠翠，远处白雪皑皑，山脚下野花遍地，毡房点缀，羊群如珍珠洒落在绿茵上。景色错落有致，如诗如画。

天池脚下，还有东西两个小天池。西小天池是天池湖水透过地下湖坝粗大的冰碛物渗漏下来的泉水，在山嘴交汇的低洼处形成的一个积水深潭。东小天池是人工水坝的产物，池上的天池瀑布犹如银练飞泻，颇有几分"大珠小珠落玉盘"的韵味。

环绕天池的群山，是一座座资源丰富的"百宝山"。这里有牧场、林场、鹿苑，雪线（多年积雪区的下界）上还生长着雪莲。松林里出没着狍子，遍地长着党参、黄芪、贝母等药材。山壑中有珍禽异兽，湖区中有鱼群、水鸟，众峰之巅有冰川水资源，群山之下埋藏着铜、铁、云母等丰富的矿藏资源。

西北山后有铁瓦寺、南天门等寺院。东山有王母娘娘庙及山洞，还有高达 100 米的瀑布奔流直下。博格达峰倒映湖中，山水交融，浑然一体，景色优美诱人。

（九十三）福建土楼

隐藏在福建崇山峻岭之中的 8000 多座土楼独具特色，有圆形、八角形、方形等多种形状。这些土楼的规模和造型都是人类建筑史上的奇迹，充分展现了建筑的魅力。

用最古老的方式建造的规模庞大的福建土楼，以其悠久的历史、奇特的风格、巧妙的构筑、恢宏的规模，被誉为世界民居建筑的奇观。

福建土楼是以土作墙而建造起来的集体住宅，其形状有圆形、半圆形、椭圆形、方形、四角形、五角形，还有交椅形、畚箕形等，各具特色。其中以圆形的——也称圆楼或圆寨最为著名，也最引人注目。这种土楼分布于闽西和闽南客家人居住的地方，是客家人传统的民居建筑，体现着聚族而居的民俗风情。土楼的最大特点在于造型大，属于集体住宅区。大型住宅有 2 圈~3 圈，环环相套。土楼有着一般民宅所没有的优点，因为土楼墙壁较厚，不易倒塌，既可防震、防潮、防盗，还能起到保温隔热作用，冬暖夏凉。

土楼是客家人的传统居所。"客家"并不是一个少数民族，而是汉民族的一个支系。2000 多年来，中原地区的汉人因逃避战乱、饥荒、迫害或因政府迁调而大量南迁。相对于迁入地区的原居民而言，他们是客，因而被称为"客家人"。在南迁和开发中国南方山区的过程中，客家人形成了刻苦勤俭、开拓进取、重教崇文、念祖思亲的客家精神。客家民居——土楼，别具特色，是客家文化的重要特征之一，主要以围龙式围屋、城堡式围楼和四角楼最为典型。

福建土楼主要分布在闽西、闽南的永定、南靖一带。早在 1900 多年前，中原一带历经战乱，举族南迁的客家人，几经辗转，来到闽西南一带的山区，为避免外来冲击，他们不得不恃山经营，聚族而居，用当地的生土、砂石、木片建成单屋，继而连成大屋，进而垒起厚重封闭的土楼。楼内凿有水井，备有粮仓，如遇战乱、匪盗，大门一关，自成一体，万一被围也可数月之内粮水不断。土楼高大、厚实、壮阔，加上冬暖夏凉、防震抗风的特点，成了客家人代代相袭，繁衍生息的住宅。

福建土楼中，最为出名的是永定土楼。永定现存有土楼 23000 多座，其中历史最悠久的达 1200 多年。永定土楼从古代至新中国成立前，是居住在永定地区的客家人自卫防御的坚固楼堡。土楼用土石夯筑，不用钢筋水泥，但牢固如石。土楼的大门用 10 厘米厚的杂木制成，外钉铁板，有的楼门上还装有防火水槽。圆形土楼一、二层不开窗户，只在内墙开窗，从天井采光，便于狙击入侵之敌。土楼最高层处还设有瞭望台，以便了解敌情。永定土楼中，比较典型的土楼有振成楼、承启楼和遗经楼。振成楼位于永定区湖坑乡洪坑村，占地约 5000 平方米，分内外两圈。外圈 4 层，每层 48 间，按八卦图形设计，每卦 6 间，一梯楼为一单元。卦与卦之间筑有防火墙，以拱门相通。

承启楼位于永定区古竹乡高头村，建于清康熙四十八年（1709）。全楼结构为三圈一中心。外圈 4 层，高 11.4 米，每层设 72 个房间；第二圈 2 层，每层设 40 个房间；第三圈为单层，设 32 个房间。中心为祖堂，全楼共计 400 个房间。整个建筑面积为 5376.17 平方米，被称为"圆楼之王"。

土楼是中国古代文化的精品。每一座土楼，都是一件建筑学上的杰作，也是一方民俗文化的高度浓缩，它体现了客家人的勤劳、智慧和创造力，是客家文化的骄傲。

（九十四）广东开平碉楼

开平碉楼源于明朝后期，随着华侨文化的发展而鼎盛于 20 世纪初，是融中西建筑艺术于一体的华侨乡土建筑群体，其建筑风格中西合璧，千姿百态。

在广东开平乡村广袤的田野上，存在着一个奇特的景观。在这里，一座座欧式古典风格的小楼与中国南方农村的传统土屋交错在一起，形成中国绝无仅有的乡间景色。1800 多座保存完好的碉楼，见证了一个多世纪以来开平的风雨沧桑。这就是举世闻名的开平碉楼。

开平碉楼是一种集防卫、居住和中西建筑艺术于一体的乡土建筑群体，尽管在用材、风格上各有差异，但开平碉楼都有一个共同的特点，即门窗窄小，铁门钢窗，墙身厚实，墙体上设有枪眼；碉楼顶层多设有瞭望台，配备了早期的枪械、发电机、警报器、探照灯等防卫装置。每一个碉楼，都是一个小小的坚固堡垒，保卫着主人的生命与财产。

开平碉楼的建筑风格多式多样，装饰艺术千姿百态，堪称建筑史上的杰作。这些大大小小的碉楼，有中国传统硬山顶式、悬山顶式，也有欧洲不同时期的建筑形式、建筑风格，如哥特式、罗马式等等。

开平碉楼是开平侨乡的当地居民为了保护自己的家园而建造的，它的兴起，与开平的地理环境、历史条件以及过去的社会治安密切相关。开平地势低洼，河网密布，每遇台风暴雨，常有洪涝之忧。加上其所辖之境，原为新会、台山、恩平、新兴四县边远交界之地，向来有"四不管"之称，社会秩序较为混乱。因此，清初即有乡民建筑碉楼，作为防涝防匪之用。到了民国，军阀割据，匪患猖獗，社会治安极度混乱。而开平因山水交融、水陆交通方便，同时有大批侨眷、归侨生活于此，财产相当丰厚，因而就成了土匪抢掠的重要目标。于是开平乡内风声鹤唳，人人自危，稍有风吹草动，人们就收拾金银细软，四处躲避，往往彻夜难眠。在这种情况下，开平人民不得不积极应对，这其中，碉楼的修建使用是作用最为明显的。

开平碉楼样式各异，建筑材料也是各不相同，大体上共分为 4 种：钢筋水泥楼、青砖楼、泥楼和石楼。钢筋水泥楼多建于 20 世纪二三十年代，整体采用钢筋水泥式的现代架构，建筑非常牢靠结实。青砖碉楼是以青砖为主要建筑材料修筑而成的碉楼。有些青砖碉楼其实就是泥楼，只是外表多加了一层青砖，也有些则在内部加入钢筋水泥，增强碉楼的强度。泥楼包括泥砖楼和黄泥夯筑楼两种。泥砖楼是将泥做成泥砖晒干后用作建筑材料。为了延长泥砖的使用寿命，外部会抹上一层灰沙或水泥，用以防御雨水冲刷，从而起到保护和加固的作用。黄泥夯筑的碉楼是用黄泥、石灰、砂、红糖按比例混合拌成作为原料，然后用两块大木板夯筑成墙。这样夯筑而成的黄泥墙，一般有近半米厚，其坚固程度可与钢筋水泥墙相比。石楼则是用山石或鹅卵石作建筑材料所修建起来的碉楼，这种碉楼数量极少，主要分布在大沙等采石较为方便的山区。

号称"开平第一楼"的瑞石楼，坐落在开平市蚬冈镇锦江里村后左侧，是开平市内众多碉楼中原貌保存得最好的一座碉楼。楼高 9 层，占地 92 平方米，钢筋混凝土结构，牢固非常。人们坐车从公路经过，老远就可以看到它在竹丛树林背景的衬托下高高耸立的雄姿。它不仅仅在高度上傲视群楼，外观上也极具特色。瑞石楼是中西建筑风格完好结合的典型，不同的层次凸现出不同的西方建筑艺术风格，而楼主还着意在窗框、窗楣图案和 6 层围墙外墙的图案、灰雕中加进了一些中国传统建筑文化的因素。二者结合起来浑然天成，相得益彰，丝毫也不显得生硬突兀，体现出高超的建筑思想。

如今匪患横行的时代早已过去，人们不再需要一个坚固壁垒来保障安全了，但碉楼却仍然牢牢屹立在开平的土地上，用锈迹斑斑的铁门和伤痕累累的楼壁诉说着历史的沧桑。

（九十五）安徽屯溪老街

屯溪老街仍然保持着宋代建筑风格和明清街衢风貌，茶楼、酒肆、书场、墨庄林立，匾额旗招，古风犹存。

屯溪老街坐落在安徽省黄山市中心地段，镶嵌在青山绿水之间。北依四季葱茏的黄山，南伴终年如蓝的新安水。老街已有数百年历史，全长832米，宽5米~8米，是目前中国保存最完整的，具有宋、明、清时代建筑风格的步行商业街。

历史上，屯溪是由新安江、横江、率水三江汇流之地的一个水埠码头发展起来的。老街的西端即老大桥，在桥头紧连的一段曲尺形街道，原名八家栈，就是老街的发祥地，也是屯溪的发祥地。老街的形成和发展，与宋徽宗移都临安（即今日的杭州）有着密不可分的联系。外出的徽商模仿宋城的建筑风格在家乡大兴土木，所以，老街被称为"宋城"。元末清初，一位名叫程雄宗的徽商在老街兴造了47所店铺；清朝初期，老街发展到"镇长四里"；清末，屯溪茶商崛起，茶号林立，街道从八家栈不断延伸，形成老街的规

安徽屯溪老街

模。如今步入老街，依然宛如到了宋明时代。街道狭窄幽深，街上的路面是清一色的褐红色麻石板。街道两旁鳞次栉比的店铺叠致有序，全为砖木结构，粉墙黛瓦。窗棂门楣有砖雕木刻，技艺精湛；屋与屋之间是高高的马头墙，构成了徽派建筑的群体美。整条街道，蜿蜒伸展，首尾不能相望，街深莫测，是中国古代街衢的典型走向。老街内宽窄不一的巷弄，纵横交错，构成鱼骨架状，交通十分方便。老街的店铺多为几进，狭窄幽深，但是内有天井采光。整个建筑体现了典型宋明徽派的民居风格与特征，所以老街又被称为"宋街"。

如今老街恢复了原有的老字号店铺。如"同德仁"是清同治二年（1863）开设的中药店，已有130多年的历史，开辟了古董一条街、文房四宝一条街。"徽州四雕"产品及徽派国画、版画、碑帖、金石、盆景等随处可见。古老的徽州文化在老街展现着它耀眼的光彩，老街的魅力倾倒了国内外的旅游者和影视界，老街成了天然摄影棚。

（九十六）江苏周庄

九百余年的悠远历史，九百余年的文化底蕴，构成了江南水乡"小桥、流水、人家"的独特风貌。旖旎的水乡风光，特有的人文景观，传统的建筑格局，淳朴的民间风情，令人神往，令人流连，周庄无愧于江南水乡古镇的典范。

"江南好，风景旧曾谙，日出江花红胜火，春来江水绿如蓝，能不忆江南。"白居易的一阕《忆江南》，让古今多少人对江南的秀丽风光神往不已。江南之美，就美在江南的水。周庄，是一个汇集中国水乡之美的地方。

周庄属江苏省昆山市，地处沪宁经济走廊，北距昆山市区 30 千米，东距上海市区 60 千米，西距苏州市区 38 千米，交通便捷方便。

周庄地域春秋时期至汉代有"摇城"之说，相传吴王少子摇封于此，在镇郊太师淀中发掘到的良渚文化遗物，也证明了这一点。周庄镇旧名贞丰里，北宋年间（1086），周迪功郎信奉佛教，将良田 200 亩捐赠给全福寺作为庙产，百姓感其恩德，将这片田地命名为"周庄"。但那时的贞丰里只是集镇的雏形，与村落相差无几。1127 年，金二十相公跟随宋高宗南渡。迁居于此，此地人烟才逐渐稠密。元朝中叶，颇有传奇色彩的江南富豪沈万三之父沈佑，迁居周庄，因经商而逐步发迹，使周庄出现了繁荣景象，由原来的小集迅速发展为商业大镇。沈万三利用白蚬江西接京杭大运河、东北接浏河的优势，出海贸易，将周庄变成了一个粮食、丝绸及多种手工业品的集散地和交易中心，使周庄的手工业和商业得到了迅猛的发展，主要产品有丝绸、刺绣、竹器、脚炉、白酒等。

周庄环境幽静，建筑古朴，虽历经 900 多年沧桑，仍完整地保存着原来的水乡集镇的建筑风貌。全镇 60% 以上的民居仍为明清建筑，仅有 0.47 平方千米的古镇有近百座古典宅院和 60 多个砖雕门楼，周庄民居，古风犹存，最有代表性的当数沈厅、张厅。同时，周庄还保存了 14 座各具特色的古桥，它们共同构造了一幅美妙的"小桥、流水、人家"的水乡风景画。周庄还被评为国家历史文化名镇、国家 4A 级景区、国家卫生镇和国家小城镇建设示范镇。2000 年周庄荣获联合国人居中心授予的"迪拜国际改善居住环境最佳范例奖"。周庄古镇已被列入联合国世界文化遗产备选名单。

周庄有着悠久的历史和厚实的文化积淀，加上自然环境独特，形成了不同一般的水乡民俗风情，源远流长的吴文化，滋育着周庄这方古老灵秀的水土，周庄的乡情、习俗、风物，弥漫着江南水乡历史文化的古朴情调与淳浓韵味。阿婆茶、摇快船、斜襟衫，还有吴侬软语，让人品不尽、看不够、道不完……

周庄四面环水，犹如泊在湖上的一片荷叶。南北市河、后港河、油车漾河、中市河，四条井字形的河道将古镇分割，形成八条长街。粉墙蠡窗的房屋依水而筑。

周庄历来文人荟萃。历史上曾出现过进士、举人 20 余名，有的官至太尉。西晋文学家、大司马东曹掾张翰（字季鹰）、唐代文学家刘禹锡、陆龟蒙都先后寓居于此，尚有部分遗址。著名文学社团"南社"社员的住宅，也还保留着30多处，其中有叶楚伧、王大觉、费公直、沈体兰和柳率初先生的旧居，陈去病先生祖居遗址，以及南社成员饮酒吟诗集会的"迷楼"等。

黄昏时分，一弯新月撒下银辉，尼龙纱一般地笼罩着南湖，给四周平添了几分诗意。盈盈碧水摇晃着夜泊的渔舟，不知从哪儿传出的幽婉乐曲，与点点灯光一起泻入夜空，撩拨着人的心弦，这就是周庄给人们带来的美的韵味。

（九十七）靖江王城

广西桂林城区中心，有一座明朝老王府，其主人就是当年的靖江王。首代靖江王朱守谦，明太祖系朱元璋的侄孙，也是这座王城的缔造者。大明朝270余年里，先后有十一代，14位靖江王住进了靖江王府。

大明朝建立之初，朱元璋的策略是，该封王封王，该分地分地。我喂饱了您各位，别给我造反最好。于是姓朱的都美了，去向全国各地当他们的土皇帝。公元1376年，明洪武九年，朱守谦正式获封靖江王，到桂林享福去了。

靖江王府脚下这块地皮，曾是宋代铁牛寺庙产，元朝还是庙，只不过改叫大国寺了。铁牛寺风水好，相传宋高宗赵构，元顺帝妥欢铁木尔，二位登基之前都在跟前的独秀峰潜伏过。"潜龙之地"禁不住好多人惦记，一朝朱守谦成了"地头蛇"，忙不迭推庙修府。好家伙，王府南北中轴线直指独秀峰，满院高大房屋。谨遵《周礼·考工记》的指示：靖王府"左祖右社，前朝后庭"修个全和，除了比北京那个紫禁城小，其他不差啥了。

朱守谦生于1361年，也就是说，封王那会儿他才十五岁。功名利禄来得太突然，那无知少年好像有点膨胀了。咳，当街调戏良家妇女，结果被人告了状。有辱门风，丢人丢大了。朱元璋听说这件事，气不打一处来，直接就给免职了。可是终究是自家人，改了还是好同志。

朱守谦不长命，三十出头就没了。1400年，建文帝任上，朱守谦之子朱赞仪，表现不俗。嘿，能干又谦虚，重新启用没错。于是，靖江王封号失而复得。明成祖永乐元年，朱赞仪重回桂林靖王府。再往后，这家子没出什么大差错，相继涌现了：朱佐敬、朱相承、朱规裕、朱约麒、朱经扶、朱邦宁、朱任昌、朱履焘、朱任晟、朱亨嘉等十四位王爷。眨眼到了1650清顺治，明朝旧将孔有德"窝里反"，打到桂林来了。此刻，朱亨嘉突然看懂了世态炎凉，未等逐客令下来，人家自赴绝路了。

孔有德其人，明末清初武将军，祖籍辽宁铁岭，当兵之前曾经做过矿工。孔有德有野心，他想过自立门户，所以领导过起义军。但眼见成不了气候，于是他想借树乘凉，这时投到毛文龙门下。当年"山东三矿徒"，就是指：孔有德、毛文龙和尚可喜三位。孔有德挺活泛，发现后金政权有后劲，他又去投降了。期间不仅辗转各地抗明，还救过皇太极的命，所以清朝很得待见他。孔有德牺牲后，全家只有一位幸存者，就是女儿孔四贞。孝庄皇后念四贞孤苦，干脆认作干闺女，封号和硕公主。

（九十八）厦门鼓浪屿

厦门本岛西南，隔海望着厦门市区，那座遍植鲜花，树很绿、天很蓝、水很清的离岛，就是"海上花园"鼓浪屿。鼓岛面积很小，只有 1.87 平方公里那么大。可是，这小岛上自然与人文胜景完美结合，诸如：皓月园，"移花"台湾宝岛的菽庄花园，郑成功将军设卡的日光岩，林巧稚妈妈的毓园等，叫您总也看不够。

鼓浪屿旧名"圆沙洲"，绰号"圆洲仔"，明朝正式改称"鼓浪屿"了。因为这个小岛的西南角上，有块会响的大礁石。每到涨潮时，它都会受到浪花的冲击，继而发出万鼓雷动的声响。它就是"鼓浪石"，鼓浪屿因它而得名。

苦命的鼓浪屿呀，早在清末时就被"多国大部队"给占了。就说 1842 那年，鸦片战争刚结束，老外蜂拥而上，他们贪图鼓浪屿的风景，也想借贵地发笔小财。一时间英、美、法、日、德、西、葡、荷等十三国，将领事馆戳在了鼓岛上。与此同时，商人、教士、不法分子纷纷登岛。有倒买倒卖的，也有倒卖人口的，总之不干正事的居多。不过客观地说，"公共租界"里也留下了不少异国的公用或民用地面建筑物。要不然鼓岛能叫作"万国建筑博物馆"嘛。

鼓浪屿万石岩上，到处是奇异石头，其中有个"象鼻峰"。它那样子真像大象喝饱了水，然后长鼻子向天要将水再喷出去。象鼻峰下有块"锁云石"，它脚下就是峡谷。据说云彩到了"锁云石"边上都会守住脚步，绕几圈才走，景色好极了。

可是大明朝末年，锁云石上出了件事。据《厦门志》记载："沿涧上行至一石门，镌'锁云'二字，即郑成功刺郑联处也。"这个定远侯郑联，有说是郑成功同辈兄长，近日又考证说，郑将军应唤他声叔叔才对。甭管叫啥，反正已经被大义灭亲了。您说骨肉相连，多揪心的事儿啊！不过郑联真学坏了，他是成心祸国殃民呀。

这不大明朝末年，清兵都泛滥了，陆地要防卫，海防也得防。危难之时，郑联出任定远侯，其后厦门归他管了。可是自从拥兵厦门岛，这位大爷对百姓苛刻极了，人们提起他就咬牙。一日，郑成功也到了厦门，对郑联所作所为有些耳闻，劝多少回也不管用。后来他便变本加厉，不但涂炭民生，还要举旗反明。无药可救不知好歹，郑成功一狠心，为民除害了。

（九十九）柳州风雨桥

广西壮族自治区柳州市三江县古宜镇，再往北行二十公里，程阳风雨桥就在眼前了，它脚下流淌的是林溪河。程阳风雨桥又名永济桥、盘龙桥，它是侗乡众多风雨桥中保存最完好、体量最大的一座。此桥兴建于 1916 年，桥身为木石结构，桥长 64.4 米，宽 3.4 米，高 10.6 米。

桥上有廊，有亭子，是侗乡风雨桥独具的特色。三墩、四孔、五亭和十九间桥廊，大致勾画了程阳风雨桥之面貌。旧年风雨桥，不论多宽多长，桥身都不用一钉一铆，各个部件全靠木楔子连接。因为桥上亭廊可供过往行人躲避风雨，故得名风雨桥。

相传很久很久以前，程阳境内有个侗家山寨，总共也就十几户人家，大家住在半山腰，相处很和睦。山寨里有对年轻夫妻，两个恩爱有加，无论做什么都形影不离。您看如果上山砍柴，丈夫挑着沉重树枝，妻子就背一担草；如果种庄稼，丈夫推犁，妻子就牵牛，连鸳鸯鸟都羡慕他们。而且这妻子长得好看极了，据说每回夫妻俩经过小桥，河里的鱼也都会跳出水面来看看她。

天有不测风云，有天早起，夫妻二人又携手出去劳动。走过那条每天必经的林溪河，前脚迈上桥，突然间河水猛涨，狂风肆虐。丈夫紧紧抓着妻子的手，但总显得力气不够。过一会水退风消，丈夫往身边一看，心爱的妻子不见了。来不及多想，"扑通"一声，他就跳河了。咳，怎找也找不到。乡亲们闻讯，也纷纷赶来帮忙。会水的大小伙子全出动了，翻遍了林溪河流域几十里，还是没找到。

其实他们压根儿没法找到，因为漂亮的妻子被螃蟹精给拐走了，关进了它的妖洞。八爪螃蟹多难看，所以它不傻，摇身一变成了一个玉树临风的公子哥。螃蟹精美言道："嫁给我吧美人，我会对你好的，您看我这洞府全是金银财宝……"不料螃蟹精磨破了嘴皮子，美人只是哭。妖怪受不了了，索性现出原形，企图逼婚。螃蟹精歇斯底里的诅咒，以及陌生女子凄厉的哭声，这时顺着林溪河的水向远方传去，恰巧被一条小花龙听见了。

啊！这螃蟹又在作恶！小花龙怒不可遏，决定教训它一下。邪不胜正，螃蟹精被打败了，妻子被小龙送出水面。人们还来不及说声谢谢，小花龙已经腾空飞走了，还不时回头张望林溪河。

为了纪念善良的小花龙，侗乡人决定在林溪河上修一座新桥，还在桥栏杆、柱子等处刻上龙的图案。为了今后过桥人不再承受风吹雨淋之苦，人们还在桥上设置亭廊等。据说新桥落成那天，小花龙回来了，它在空中架起七彩虹。所以，这桥也叫回龙桥。一传十，十传百，整个侗乡都迷上了回龙桥。

（一〇〇）广州宝墨园

广州市番禺区沙湾镇紫坭村，那个宝墨园，是一座建于清末的岭南园林。其园区最初占地五亩，目前已扩容到 130 多亩。今有治本堂、宝墨堂、清心亭、仰廉桥、紫洞舫、龙图馆、千象回廊、罗汉老松等景观。

宝墨园本作为附属工程兴建的，因为它东侧原来有个院子，院子缺个花园。您看那邻居家姓包，所以庭院叫作包相府，确切地说是为了纪念大宋清官包青天而建。一桩铡美案，要了驸马爷陈世美的命，从此，包拯这个名字享誉全中国。后来又上演一出"铡包勉"，亲侄子也没了。所以人送外号"包黑子"嘛。其中有两重含义：一，坏人恨他太较真儿；二，亲人嫌弃他六亲不认。

包拯，字希仁，今安徽合肥人，公元999年北宋咸平二年出生。二十八年之后，他成了大宋天圣朝的进士。光耀门楣了不说，按说也立刻就能安排工作。但包拯没去，因为给他分到外地了，而家中父母年事已高行动不便。这么着，直到三十六岁那年，他才正式走进职场。因为工作经历不够，先头就做个县太爷。

包子有肉不看褶儿。由于工作表现出色，包拯很快升官了，这就到了广东省出任肇庆知州。新官来了，底下难免有人嘀嘀咕咕，想要讨好包拯。这不嘛，有人送来一方精美的端砚。肇庆旧名端州，端砚就是他们的土特产，不仅质地坚实细密，而且手工造诣超高，一度羡煞各位收藏家。端砚、湖笔、徽墨、宣纸，并称"文房四宝"四绝，时年都是皇家特供。所以，以往有个不成文的规定，每年往朝廷送端砚之前，历任端州知州都会令造砚作坊加个班，在保证贡品数量之余再加工一定量的端砚。一来，将来贿赂京官，带上好看；二来，当传家宝也不错。

包拯也没能"幸免"，您看有人遵循惯例，给他送端砚来了。真不知包黑子几只眼，几句话就给驳回了。更离谱的是，府衙里平日研墨那块旧端砚，他竟然登记造册，交给国库了。

大宋护法神包拯，工作上几乎顺风顺水，走出端州又要高升一步了。他乘船离开端州时，老百姓真舍不得，几乎全城出动到岸边为包大人送行。该走还得走啊，不巧的是途中风雨大作，一行人不得不趴在船底躲避。这时包大人摸摸肚皮，觉着硌得慌。翻出来一看，天呐，又是端砚！当时有随行人员就解释了：包大人别急，这算不得贿赂，十有八九是刚才为您送行的端州百姓悄悄塞进来的。包拯依旧黑着脸，举手就给丢入江中，砚台眨眼就没影了。然后，江面风平浪静……

（一〇一）广州白云山

风景胜地白云山，广州人民眼中的"人间仙境"。白云山不仅风光好，历史气息同样浓郁。白云山的"白云松涛"，白云山的"云山锦秀"，还有山中的白云寺、能仁寺、弥勒寺、白山仙馆等旧迹，它们让这座山心怀满满的。

白云山有个白云洞，据说洞中曾有人修成了仙。就说秦统一中国后，原先山高路远的岭南地区也有人管了。任嚣出任当时南海郡尉，并在白云山下建了一座番禺城。可是，周边人烟稀少，番禺城空荡荡的。为了解决有城无人的窘境，不得不与人口稠密地区实施调配，其后不少北方人来到白云山脚下。乍看景色优美，人们还挺高兴。

然而没过多久，番禺城闹起了瘟疫，不分老幼兵民，说倒下就倒下。哎哟造孽了，大老远给老百姓迁来，如今……任大人急的直转圈。

这天，番禺城来了位道士，自称郑安期，打东海而来。可是眼看全域人都病的东倒西歪，谁还关心外来的道士啊！不过有好心人劝他：赶紧走吧，这个地方活不了了。谁知，道士挺死心眼儿，他不但没走，还爬上白云山选中了白云洞，看样子打算长住了。就说郑安期住进白云洞，在边上找到一眼清泉，他想过去喝口水。这时泉边冒出一个小孩，

广州白云山

长得真精神，也不知是谁家的。没等郑先生开口，娃娃先说话了：白云山上采仙草，一士留得一城人。然后小孩不见了，正道士一刻不停歇，没日没夜采草药，然后熬汤送给老百姓喝。在他的努力下，番禺城终于恢复了生气。

农历七月廿五那天，郑道士决定再为番禺人采一回药。虽然现在人们都生龙活虎了，自己能够安心离开，但是最好留下一些富余采药，以备不时之需。草药不是遍地生长，这些天郑道士为采药攀岩越岭，疲惫极了。咳，今日一去再就没回来。听说是失手掉下了万丈深渊，随之番禺城内，人们看到白云山方向升起白云一朵。云朵越升越高，化作仙鹤展翅飞走了。

郑道士可谓是功德圆满，回归天庭了。为了后辈人永远记住安期的恩德，人们在山上建了云岩寺，并在寺中筑有"安期飞仙台"。云岩寺边上有一块大石头，孤零零还挺突出，它就被命名为"鹤舒台"。

如今，每到农历七月廿五，也就是郑期生飞天的日子，广州市民还会争相到访白云山云岩寺，来祭拜这位善良的道士。

（一〇二）增城何仙姑家庙

八仙中唯一的女性何仙姑，俗名何名琼，老家增城小楼镇。所以，小楼人为仙姑修了家庙，取个好听的名字叫"小楼仙源"。目前，寺中存有仙姑殿、庙顶仙桃、仙姑井、三忠、八仙堂等新老遗迹。每年三月初七仙姑诞和八月初八的仙姑得道日，是仙姑家庙最热闹的日子。

宋金对立时期，中国涌现了一支特别生动的神仙团队，共计有仙八位，女性只占

其一。说起"八仙过海"各显神通，那个老故事可谓是家喻户晓。据说，有一次八仙相聚蓬莱山，蓬莱阁下喝起了小酒。蓬莱山太美了，酒不醉人人自醉，不一会他们全都晕晕乎乎了。这时铁拐李提议，哥几个出海游玩去吧。好啊好啊，醉仙们一拍即合。

但是，渡海不能划船，想要过去就要凭借自身的道法。这有什么，您看汉钟离带个头，扔出他的芭蕉扇，然后轻轻一跳，躺在扇面上飘走了；何仙姑紧随其后，荷花落水，万道霞光升海面，仙姑也坐在荷花芯儿飘远了；铁拐李骑着酒葫芦；吕洞宾的剑；张果老的驴；曹国舅的玉快板；韩湘子的笛子；蓝采和的花篮，反正都使上了。这八位得意扬扬地横渡东海，也不顾神仙守则，引来虾兵蟹将集体围观。

这种招摇过市的行为，四海老龙实在看不下去了，于是龙王相约而来，想制止这种不合神道的行为。嘿，八仙不听劝。这样一来，龙王爷生气，八仙更气。先是互相嘀咕，后来发展到动手了。我的老天爷，众仙打架斗殴也很没面子呀。幸好观音菩萨路过，出面调解，这事儿不了了之。

有人相信世间真有何仙姑，虽然她不见得有本事徒手渡东海吧，曾经修炼法术确有其事。您看除了广州增城何仙姑，还有扬州何仙姑，湖南何仙姑等，总之人们争着和仙姑攀亲。还有一种推测，说何仙姑曾经是唐朝宫女，后来年纪大就还俗了。咳，自力更生要吃饭，如今指什么活着呢？思来想去投奔道教，到了江西南城县麻姑山"陵洞天"修行去了，最后修成正果。唐朝大书法家颜真卿还特地撰了一篇《麻姑仙坛记》，刻成碑文留纪念呢。

湖南人民则说，何仙姑是古永州人。小时候人见人爱，有回与妈妈出门，路上有人送了个桃子给她吃。打这以后，那孩子开始水米不进，但面容依旧红润如初。后来人们发现，小姑娘长本事了。这么说吧，谁家丢了牛，她能帮着找；谁家办喜事，她能掐算黄道吉日；甚至举子应考都找她问卜前程……日后此种案例多不胜数，"仙姑"声誉也就传开了。

（一〇三）三亚崖州古城

出三亚市城区西行约四十公里，崖州古城到了，现名崖城镇。三亚古称"崖州"，所以它地界里的古城就叫"崖州城"。时年秦统一中国，开始推行郡县制，于是全国被划分成四十余个郡县，其中桂林、南海和象郡在南方。崖州就归"象郡"管辖。

崖州古城自南北朝始建，宋朝以后历代不疏于管理，纷纷前来设置州、郡、县等行政机构，以至于千年崖城积淀了极其丰富的历史文化。崖州古城的城墙周长约 2270 米，高 8 米上下。这道墙早年曾经是土坯堆的，南宋给改成砖砌，其后元、明、清三朝、墙一代比一代坚固了。大清道光年间，古城形制基本确定，东西南北各开一门、分别是：阳春门、镇海门、文明门和凝秀门。您看城外有护城河，城门口设吊桥。城内则修了御敌楼、月城谯楼等防御设施。

唐朝时期，崖州还被当作海角天边呢，所以一旦有官员遭受贬谪，都往此地发配。意思是将他们丢到最荒凉的地方，多吃苦多受累。据不完全统计，历代宰相以上级别的重臣，竟有十四个到崖州"蹲守"过。崖城因而得名"幽人处士家"。

崖州城古时以黎族百姓居多，他们心灵手巧，纺织技艺高超。后来许多"犯错误"的文人墨士被打发过来，又给崖州带来了很好的学风。再加上地缘靠海，崖州渐渐呈现兴隆之势。"弦诵声黎民物庶，宦游都道小苏杭。"歌舞升平，丰衣足食，景色赛苏杭，据说这就是明朝崖州城的喜人景象。

南宋时期，崖州织绣交易红火，都传到黄浦江边了。所以有个上海姑娘，想方设法到崖州看看，她想要向当地人学习先进的纺织技术。那个年轻女子就是黄道婆，她十八岁随着一条商船到的崖州。那时候江浙沪一带都不好过，黄道婆很小就被卖给地主，天天挨打还吃不上饭。一日她看到地主婆身穿崖州锦缎满院子招摇，黄道婆心里如同竖起了灯塔。

咱不是羡慕地主婆有钱，咱是敬佩那巧夺天工的技艺。意志力有时很伟大。这天决心已定，黄道婆连夜逃出地主家，直奔黄浦江边……没钱买船票，她就偷偷溜进一艘货船，藏进了一个小角落。路上"库保员"夜巡，黄道婆到底被发现了，差点让人家当成"大盗贼"给丢到海里。好在船主动了恻隐之心，使得她终于成功到了崖州。

黄道婆在崖州四十余年，学了真本事，晚年返回老家"乌泥泾"，大概位于今上海松江区境内。其后她以毕生所学回报家乡百姓，据说当年"乌泥泾"的被子特抢手。

（一〇四）儋州东坡书院

为了缅怀苏东坡被贬古琼州那段时光，儋州人民兴建了东坡书院。历经近千年岁月流逝，这座老书院依然维系着当年风貌。园中有水有鱼，有红联，还有宋濂的碑刻，唐伯虎的画……

要说苏东坡先生还真是"没记性"。回想宋神宗年间，他卷进"乌台诗案"，就是由于说话不小心。宋哲宗任上，他还是我行我素，不知讨好众位难缠的同事们。这不公元1097年，苏东坡又贬了一次，发配琼州，也就是海南岛了。也没啥大问题，就是他曾经写过的"反诗"被翻出来了，百口莫辩。

到了琼州岛，苏东坡成了芝麻官，也无人待见。先是分了宿舍，后与顶头上司闹矛盾，宿舍不让他住了。好歹海南岛气候宜人，于是苏先生跑到椰子林里，盖了草房住下了。因为海南人也称椰子为"桃榔"，所以他的新居就命名为"桃榔庵"。

尽管官老爷都挤兑苏东坡，可是老百姓爱他，或者说好心人都爱他。一来二往，儋州当地很多读书人与苏东坡往来日盛。有黎姓兄弟看不下去了，觉着先生住得太委屈，执意帮忙盖房。太好了，苏东坡和小儿子苏过，总算有了栖身之所，另外也便于他以文会友。

苏先生给新居取名字，瞬时间想到了《汉书·扬雄传》，其中不是有"载酒问字"之典嘛。就说西汉史官杨雄，也是才高八斗身无分文，跟自己差不多。时年，扬先生有一爱好，他嗜酒如命。于是经常有陌生好学者，提着酒葫芦来拜望他，边喝酒边切磋。此事流传下来，后世用来比喻慕名登门拜访名师。挺好，我这几间屋就叫"载酒亭"了。一朝苏先生住进来，"载酒亭"便热闹非凡，汉族和黎族很多学子都来听他传道授业。

苏东坡在儋州时日已久，看哪都亲切。您看他头顶黑色乌角巾，出没于桥头河边，以明"隐士"身份。入乡随俗的苏轼还别出心裁，扯下椰子叶编成帽子戴。不过有一天，老苏"出洋相"了，街坊四邻都围着他看。好吗，头顶着"椰子壳"就上街了。先生，您脑袋上是什么东西呀？苏轼很泰然：这是我的"椰子冠"。稀罕，人们摸摸看看，指指点点。为给自己解围，苏轼立即赋诗一首："天教日饮俗全丝，美酒生林不待仪。自漉疏巾邀醉客……"现场有人听懂了，有人没懂，有人不懂装懂，反正都散了。其实苏先生无非想说：我这"椰子冠"也不比他们的乌纱帽差，老苏我活开了。

（一〇五）海南岛五指山庄

海南岛中部名山五指山，是海南全岛最高峰，其最高海拔约 1867 米。海南五指山多石，山中有一处凸起，状若佛指的峰峦，所以得名五指山。山中动植物品类一应丰富，据说全中国 20% 以上的动物品种，都能在五指山看到。

五指山脚下五指山市，城市以山命名，群山卫护城市，两个相得益彰。五指山市堪称"绿色生态"城市之典范，境内森林覆盖率高达 75%，单木本植物就有 1400 多种。这是个冬暖夏凉的好地方，一月间平均气温差不多 17℃，而七月流火天，五指山市内平均气温才 26℃。温润多雨，依山傍水，也为这个城市赢得了"天然别墅"和"翡翠城"之美誉。

据说很久以前，海南岛就是个孤岛，岛上一马平川，东头能望到西头。岛上也没啥人，直到有一天，一对小夫妻来了。您看丈夫阿古和妻子阿姑，两个人相敬如宾。阿古和阿姑很勤劳，没有工具就造工具，没有吃的就采野果。土地开垦好了，夫妻俩取出平原上带来的种子播种下去。辛勤的努力没有白费，她们终于盼到了可喜的收成。后来这家人相继添了五个儿子，一家七口和和美美地生活。

但是劳动工具终究不够先进，终究家里人口太多，终究海岛上的土地不那么肥沃……就这样，待五个大小伙子长大了，就算一家人拼命干活，也只能勉强填饱肚子。日思夜想，七个人每天就在愁苦中入睡。可是有天夜里，阿古爸爸说什么也睡不着，于是走到屋外闲逛。此时就觉着一道白光划过，阿古面前多了个人。定睛一看，原是位须发皆白，面若童子的老者，看样子有话要说。然后阿古听明白了，老人告诉自己，我们这个小岛土地很肥沃，只要你们肯出力，将来会有好日子过的……

不知过了多久，儿子们发现老爸不见了，出来寻找。好吗，他靠着大树正打盹儿呢。"爸爸爸爸，我们回家了"。"好，回家回家，可累坏我了。"您说干了一天活，晚间还出来遛弯儿，他能不累嘛，所以，到家之后，阿古倒头就睡着了。第二日大清早，阿古爸爸"蹭"的一下坐了起来，他推推妻子，又推推儿子们："快起来，你们快起来。"大家迷迷瞪瞪都被吵醒了，在阿古爸爸带领下出门劳动。

可是，今天不种庄稼，一个劲儿地往地下刨。您猜挖出啥了？一把锄头和一把剑。噢，果然有仙人指引，有了这把锄头，我们就能更好地开垦良田，宝剑也能用来惩奸除恶。后来，阿古一家七口就用锄头在岛上开荒，轻轻刨一下就能长出一片好庄稼……宝剑一直没用上，于是阿古爸爸走的时候，儿子们将宝剑放在了父亲身旁。

（一〇六）大理苍山

云南大理境内，有苍山与洱海，山刚水柔相映成趣。苍山又名点苍山，位于云岭山脉之南。它北起大理白族自治州洱源县，南到下关天生桥，期间有：云弄、沧浪、五台、莲花、白云、鹤云、三阳、兰峰、雪人、应乐、观音、中和、龙泉、玉局、马龙、圣应、佛顶、马耳、斜阳十九座山峰，由北而南排开。

苍山十九峰，座座巍峨伟岸，海拔统统高于3500米，其中马龙峰最高，海拔约4122米。苍山之水，于峰峰之间奔流而出，形成神奇的十八溪，它们各自都有好听的名字，例如：梅溪、桃溪、万花溪、双鸳溪、莫残溪、阳南溪……

可谓高处不胜寒，所以苍山高海拔的山峰之顶，终年白雪皑皑。"苍山雪、洱海月、上关花、下关风"，这就是传说中最美的风花雪月。

苍山蝴蝶泉，它原来的名字一点也不诗意，叫无底潭。相传无底潭边曾经住着老樵夫父女俩，就是张老爹和雯姑。有一天，父女俩一同上山砍柴，这时就听见"呦呦……"的哀叫声一阵阵传来。父女二人循声找过去，发现一只小梅花鹿，拖着受伤的脚，还在艰难地乱撞。"壮士不要射箭，求您放过它吧！"听见雯姑的恳求，紧随其后的猎手放弃了瞄准。

其实猎人并不是很坏，只是他要靠打猎活着。看到雯姑那么心疼小鹿，猎人不仅不再继续伤害，还送了些药粉帮小鹿疗伤。雯姑将小鹿带回家中，精心照顾。通话中，雯姑得知，猎人名叫霞郎。两个年轻人很快走到了一起，无底潭就是他们约会的地方。雯姑心灵手巧，您看她亲手绣了一幅"百蝶嬉戏图"，作为送给霞郎的信物。

当年大理城有个国王，极其好色，到处寻找人间美女。一日找到了无底潭边，执意要将雯姑抢走。在一场力量悬殊的较量之后，雯姑被兵丁带走，张老爹则被活活打死了。机灵的小鹿趁乱溜走，它磨破了蹄子，跑遍苍山各个角落，终于找到了霞郎……

待霞郎来到无底潭边，看着那个七零八落的家，什么都明白了。不行，我一定要

救出雯姑妹妹！霞郎在王府外徘徊数日，终于找机会混了进去，并且摸到了关押雯姑的监牢……那日，国王闲来无事，又想调戏雯姑，结果发现人没了。赶紧给我追！士兵们快马加鞭，雯姑和霞郎怎能跑过他们呀。好容易望见了无底潭，二人再也无路可逃了，于是相拥跳进了一潭深水。这时，天空突降暴雨，闪电像锤子一样砸下来，吓得追兵抱头鼠窜。从那以后，无底潭旁每日彩蝶翩翩舞……

（一○七）宜宾蜀南竹海

四川省南部宜宾市境内，有蜀南竹海。北宋诗人黄庭坚曾畅游竹海，并题名约：万岭箐，因而万岭箐也成了蜀南竹海的代名词。竹海景区总面积 120 平方公里，其主要景观大致位于 44 平方公里的核心区域内。

蜀南竹景区内，现已发掘景点一百二十多个，知名的有：天皇寺、天宝寨、仙寓洞、青龙湖、七彩飞瀑、观云亭、翡翠长廊、茶化山、花溪，等等。七万多亩，五十八种竹子，还有竹林内外的溶洞、湖泊、瀑布……让这一片翠绿天下闻名了。

话说火神祝融和水神共工打起来了，祝融赢了共工。然后，共工恼羞成怒，一头撞向了不周山，擎天柱就塌了。这么一来，天河水奔流直下三万尺，老百姓遭殃了。女娲娘娘发现灾情后，立即着手补天救命。用啥补呢？五色小石子嘛，补上去就成了美丽的五彩云霞。可是小石子很小，天上的窟窿很大。

有回娘娘一失手，丢了一颗红色的。它就掉在了宜宾地界内，后来成了光秃秃的"万岭山"。

您看天庭有个金鸾仙子，一日她站在南天门向人间张望，突然发现了寸草不生的万岭山。不好不好，生活在那石头山下的人们，日子一定不好过。那，我去到那里，送他们一片绿荫吧……然而玉皇大帝家教太严，他迅速觉察家里"缺神"了，"哼、不守规矩，竟敢擅作主张，赶紧给我抓回来问罪！"

金鸾仙子被抓回来了，关进了天庭大牢。瑶箐仙子被派去负责看守金鸾。瑶箐是南极仙翁的闺女，心地非常善良。听了金鸾被抓被关的全部经过，瑶箐实在不能看着不管，于是她趁着仙翁老爹睡着了，偷出了天宫"通行牌"。在瑶箐仙子的护送下，金鸾一路无遮无拦，顺利离开了大牢，迈出了南天门。

小神永远斗不过如来佛，瑶箐和金鸾两仙子很快"双双落网"。您看给仙翁急的直跺脚，眼泪都快掉下来了。南极仙翁的闺女犯了案子，这件事立马炸开锅了。众神一分析，这俩孩子也没啥大错，何苦呢？再说老仙翁那是多好的神呀，咱不能不帮他。于是他们不惜以下犯上，集体给二位仙子求情去了。玉皇大帝就是爱冲动，回头想想也是的，正愁没台阶下呢。得，我顺水推舟，送众位这个人情了。不过，死罪可免活罪难逃，就罚她们俩到"万岭山"受苦去吧。如果哪一天，"万岭山"绿波映照了九天，也就是她们返回天庭的日子……

好好好，两位仙子互相看看，调皮地眨了眨眼，喜悦之情不胜言表。可是南极仙翁又难过了，他舍不得闺女下凡呀，却又不敢公开抗命。咦，有主意了！闺女快来，带上老爸这把七星拂尘，它灵着呢，扫哪儿哪儿是绿的……

（一〇八）仁寿魁星阁

眉山奎星阁位于仁寿县城东，小小的东凤山之上。它始建于清乾隆年间，咸丰年间毁，同治年间复建，当时有不少父母官都参与了这个工程。奎星阁一阁镇群山，东面另有千里沃野，晚霞当中格外"招摇"。届时，您可登上顶楼，俯瞰一整个仁寿县。

其实魁星阁的兴建，早年是一种非常普遍的现象。因为各地文人都想沾魁星的光，中个状元什么的。魁星主管文运，与文曲星差不多，只不过差着级别。魁星在人间的影像总是张牙舞爪，被画得不太好看。但是他那支笔太神了，科举士子的名字一旦被点中，往后文运官运皆亨通，否则费再大的劲也考不上。所以，古时书生上考场之前，都要到魁星阁拜拜。

唐宋之际传下一个老规矩，就是皇宫大殿前台阶正中先留白，其后雕上龙和鳌龟的图案。哪年科考一结束，状元郎进殿面圣之前，都有资格从石阶中部走上去，并且在鳌头上停留一会儿。所以说，"魁星点斗，独占鳌头"，就这么来的。当然了，您要想独占鳌头，必须先过了魁星这一关。可谓"任你文章高八斗，就怕朱笔不点头"嘛。

都说"魁星"诞生于唐朝，他原本也是世间人，后来功德圆满才调到上天做官去了。上天之前他也是个秀才，聪明极了，十里八乡都知有那么个大才子。可是才貌不能两全，以至于"聪明秀才"没长好看，或者可以说特别不好看。正因如此，"丑秀才"文考数次，成绩拔尖，但一到面试就被考官退回来了。

有一年，地方上官爷开面儿，心想还是让他通过吧，好歹是个人才。至于皇上找不找茬儿？咱也管不了了。乡试——会试——殿试，这回要成了，就成为"天子门生"了，"丑秀才"盼这天眼都快绿了。

大殿之前，皇上主考，先给考生们相个面。来到"丑秀才"跟前，皇上差点跌倒了。我的天呐，五官不端正不说，脸上还坑坑洼洼，另外他一只脚也是瘸的……没法形容了。皇上暗自嘀咕，赶明儿这要做了官，有损我大国神威呀?! 边上陪考的看出了皇帝的心思，于是贴着耳朵安慰：皇上，这位学识棒着呢，要不您试试他。好，那也只能这么办了。

皇上问："您那脸怎解释，凹凸不平的?"丑秀才答："坑坑洼洼可盛星斗。"有意思，皇帝又问："腿呢，怎么还是瘸的?"丑秀才答："一脚跳龙门，独占鳌头。"皇上兴致上来了，忍不住追问："以你之见，如今天下谁的文章最好?"丑秀才："天下文章属吾县，吾县文章属吾乡，吾乡文章属舍弟，舍弟请我改文章。"呵，聪明圆润，他不中状元谁中状元! 皇帝现场就批了。

（一〇九）镇远古镇

镇远古镇位于贵州省东部，四周皆山，河水蜿蜒，以"S"形穿城而过的舞阳河将小镇分为两个小城，北岸为旧府城，南岸为旧卫城，远观颇似太极图。这个有着"太极古镇"之称的小镇却有着 2000 多年的历史，占据了中华文明的一半历史！

镇远古镇隶属于贵州省黔东南苗族侗族自治州，处于贵州高原东部武陵山余脉的崇山峻岭之中，素有"滇楚锁钥、黔东门户"之称，是一座古老而又年轻的城市。

据史书记载，镇远古称"竖眼大田溪洞"，属"鬼方"。从夏到商，世居着荆、梁二州的西南，泛称"荆蛮"。宋绍定元年，公元 1226 年，赐名镇远州，"镇远"这一名称从此沿用到今天。

镇远是中国山地贴崖建筑文化博物馆。城内古街古巷曲径通幽，石桥城垣错落有致，碧水晨雾姿态万千，春江渔火诗意盎然，有雄伟奇特、蜚声中外的青龙洞古建筑群和明清古民居、古巷道、古码头、古城垣等 160 余处。

镇远有"欲通云贵，先守镇远"之说，历史战争远古烟尘，日本战俘在此洗心革面、立地成佛，从此"和平村"成为日本反战同盟"和平使者"的再生之地；古城垣建有战神庙、城墙、烽火台、堡屯、炮台等军事体系堡垒。

镇远是"山雄水美"之地，雄伟绝壁石屏山宛如雄狮昂首挺胸，姿势岿岿傲然，碧水如诗舞阳河如一条凝碧的玉带，呈"S"型蜿蜒贯通全城，山水城浑然一体倒影成画，构成了太极图上的石屏巨镇，形成了"九山抱一城，一水分府卫"的独特风貌，被中外游客誉为"东方威尼斯"。

镇远古城占地 31 平方公里，古城有八大会馆、四洞、八祠、九庙、十二码头与府卫古城垣、吴王洞、四宫殿、古全井、古戏楼等名胜古迹近 200 多处。

还有风景秀丽的舞阳河，神秘幽邃的高挂河和吴敬梓笔下《儒林外史》中描龙神嫁妹（铁溪景区）之地。有人说"镇远是一幅画"，是一幅"朴素中见珍奇，淡雅中显神韵"的水墨画。镇远古镇的山水迤逦，风光迷人，大自然为镇远造就了舞水清、山峰秀、峡谷幽、溶洞奇、瀑布美，使它深深地吸引着中外游人。

（一一〇）奉节白帝城

居高临下白帝城，长江北岸著名古城，准确位置在重庆奉节县瞿塘峡口一座小岛之上。白帝城原名子阳城，为西汉末年一割据势力所建，城主名曰公孙述。

早在西汉末年，王莽篡权称帝，而其手下大将公孙述则去向四川称王称霸去了。新莽一朝并无太强的王气，遍天下都是高举反对大旗的。所以公孙述在四川过得挺好，越来越得意，甚至想要消灭王莽，自己做皇帝了。策马扬鞭到了瞿塘峡口，他深知此

地地势奇险，难攻易守，可以作为储备军力的大本营。

　　果然不虚此行，往那岛山上一站，即使很远很远的地方飞过一只麻雀，它都逃不过哨兵的眼。向跟前老乡们一打听，公孙述又听说一件奇闻，就说：山头有口白鹤井，井口常年冒出白雾，好像一条白龙那样，"好，正合我意，"这奇闻从公孙述嘴里传出去，更玄了，您听他那套说辞：瞿塘峡口有"白龙出井"，这就是公孙述日后登基成龙的前兆。既然老天爷都这么"定了"，公孙述就大大方方到了瞿塘峡，公元25年自称"白帝"，所以他的城池就叫"白帝城"。城下那座没名的小山，也改名叫"白帝山"了。

　　公元36年，刘秀异军突起，结果公孙述没打得过光武帝，从此销声匿迹了，"白帝城"也在战火中化成了一把灰。可是白帝城附近的老百姓都挺怀念公孙述的，因为他称帝的那十几年里，虽然全国各地都在打仗，白帝城却偏安于长江水，没怎么受到打扰。这么着，大家给修了座"白帝庙"，将公孙述像请进去供奉。

　　时至三国鼎立末叶，蜀国已经不成了。那天刘备参与"夷陵之战"，结果又打了败仗，心情极度压抑低落，自觉无颜再见群臣。遥望当年白帝城，刘备爬了上去，打算就隐居在此地了，还修了永安宫。不久之后，刘备便没了，听说是抑郁死的。

　　心想自己快不行了，刘备最放心不下的就是宝贝儿子刘阿斗了，那孩子……咳，将他

奉节白帝城

托付给丞相诸葛亮，也算当爹的尽到责任了。这就是有名的"刘备托孤"，正发生在旧日"白帝城"地界里。

　　公孙述这人是个争议焦点，尽管地方上小有作为，可统治阶级看不起他，认为这个人是个想篡权夺位的野心家。所以大明朝的时候，"白帝庙"不见了公孙述。与之相反，明朝对刘备等人赞赏有加，认为他们相互团结友爱，有情有义。这么着、刘备、关羽、张飞、诸葛亮等人，均被请进了"白帝庙"。可是物是人非，"白帝庙"的名字却没改。

　　如今的白帝城，已是明代建筑群了。您看城内有明良殿、武侯祠、观景亭、望江楼等老房，城外则是景色如画的长江三峡。

（一一一）成都杜甫草堂

成都老城西门外，浣花溪水旁边那个如今很著名的院子，就是杜甫草堂。时年为躲避"安史之乱"的祸患，杜先生曾在此居住四年左右。期间是杜甫创作高峰期，传世作品二百四十余首，如《蜀相》《茅屋为秋风所破歌》等等。

杜甫是个大才子，可恨学成后满腹经纶总找不到用武之地。实在受不了怀才不遇之苦，杜先生决定毛遂自荐。挺好，赶上唐肃宗李亨刚接班，倒是乐意启用有才学的人。这么着，杜甫不仅入朝，而且被安置到长安城以西凤翔镇，官至左拾遗了。

所谓"拾遗"就是陪在官员身边管查缺补漏的人，工作职责跟秘书差不多，若是您没点真才实学可当不了这差。论学识，杜甫富富有余，可是他眼里揉不得沙子，跟皇上也敢对着干，想说啥就说啥，哪管你三七二十一。那回宰相房琯迎战叛军，结果因指挥方式老套而打了败仗。唐肃宗不问青红皂，给老房贬了。按说这事儿与杜甫关系不大，即使关系大他也管不起。可是杜先生义愤填膺地给皇上递了封折子，为房琯辩护。

上头认准的事情，您老杜一个小拾遗瞎搅和什么呀？这次真给皇上气晕了，当即决定降职查看。"得，杜先生，凤翔水浅容不下您，您华州歇着去吧，做个小参军得了。"还好华州不远，它与凤翔隔着一个长安城，在东边。古华州今天还在呢，只是改叫华县了，已划入渭南市辖区内。人生这段际遇，又让杜甫写下了著名的"三吏"和"三别"，将一干子社会黑暗现实描绘得淋漓尽致。

杜"参军"都干点啥呢？咳，整个一杂工，什么秀才考试、村官选举，龙王爷不下雨都归他管。书生怀才不遇，古时是件很悲愤的事。所以杜甫到华州之后，心情极度压抑，快得抑郁症了。伤心伤情文也伤，《瘦马行》就是杜先生伤心之作，您听诗中所述："东郊瘦马使我伤：骨骼碑兀如堵墙。绊之欲动转欹侧，此岂有意仍腾骧……"唉，一匹骏马变得骨瘦如柴的，啥时候能再奋蹄疾驰呢？

杜甫四十八岁之后，唐王朝的盛年也切切实实走到尽头了。安禄山和史思明穷追猛打，官军节节败退，饥荒开始大面积蔓延。饭都吃不上了，谁还当官呀。长安城都不保了，空有个唐都之名。这么着，杜甫毅然中断了仕途生涯，带着家人一路走走停停，最后到了成都。到底是天府之国呀，鱼米丰足，气候宜人，杜先生终于能够安安稳稳写诗了。您听您听："好雨知时节，当春乃发生……"——《春夜喜雨》。哎，若不是年景平和，诗人眼中断然是看不到"好雨"的。

不料，巴蜀之地也乱了，突然杀出个武将军严武，看似挺有前途的。老杜到底有点壮志未酬的心境，他投奔严武，又一次去官场蹚浑水……"万里悲秋常作客，百年多病独登台。艰难苦恨繁霜鬓，潦倒新停浊酒杯。"——《杜甫·登高》。这就是先生留给世人的最后绝唱。

（一一二）大足妙高山

重庆大足妙高山，位于县城之西大约 22 公里，季家乡境内。妙高山上有妙高寺，寺外有两个著名的石窟，一个叫佛洞，另一个叫作猫猫岩。两个洞穴内，大洞套小洞，其中存有大量佛像。

妙高山"佛洞"之内有个"三教窟"，释迦牟尼佛祖，还有道士和儒家大师，全在这一洞中，近在咫尺地端坐着。中古有过三教寺，也是儒释道三家共处一间寺院。但类似眼前这种近距离相处之情形，实属罕见。

"一岩峭翔，势若雄飞，俗呼口鸡公岭，甚奇特。不数武，中开一径，两石旁峙，恍然若门……所谓'大和尚三千五，小和尚不胜数'者，荡然无复存焉矣。"云雾蒙蒙，山石峭立，竹子翠生生的绿，妙高山这番景象历年没变，只是妙高寺数不清的和尚早已不见了踪影。

古话说："元妙凯，苏姓，泸州刺史、弃官遁空门、建寺于大足妙高山顶，人呼为妙高祖师。圆寂后，肉身不坏。"这段话的意思是，妙高祖师苏妙凯，元朝人，还在泸州做过刺史，但后来出家了，而且成为得道高僧。

其实据相关资料显示，妙高寺宋朝已有，只不过在元朝扩大了规模也出了名。到底谁来开山？有种说法认为是南宋宰相冯揖。冯先生，字济川，法号不动居士，是位好官。他在泸州任职期间，不断地为民请命，老百姓也积极劳动，四处安宁祥和。冯大人死后，也就"安睡"在妙高山了。

妙高山威名远扬，最先还是以景色著称。大元朝的时候，苏妙凯宁可不做泸州长官，也要归隐妙高山。苏大人做官那些年，也是德高望重之人。所以，即使他躲进山林，还是有不少人爬山来拜访。有天，贵州贵阳有人求见，说是姓韩，大名韩均。见面一看一问，敢情这韩先生了不得，原先也曾做过三品大员，只不过现在退下来了。冯、苏、韩、三位殊途同归，妙高山蓬荜生辉了。

韩均到了之后、不惜倾尽家底，说是："捐金数百，复铸铜像，延于此山，乃捐已俸，购地数文……建阁于山之巅。"总之就是重修妙高寺呗。但是，韩均对妙高寺工程有要求，他跟妙高祖师说了：一，不可伐树；二，不可毁坏自然景观；三，寺院要修的体面；四，最要命的是，出的钱恐怕不够。相当于没米下锅，您说这怎么办呢？谁知，妙高祖师不慌不乱，点点头走了。

这天夜里，妙高祖师走到院子中央，口中念道："三千诸佛云中现，十万梁木泸州来，妙高钟鼓天天鸣，神并运木夜夜开。"有佛光临，木头白来，香火长盛不衰。据说大师的前两个愿望都实现了，庙中香火也的确兴盛了很多很多年。

（一一三）拉萨"二昭"

拉萨小昭寺位于古城之北，它崛起于公元七世纪中叶，为纪念文成公主进藏而建。近在咫尺的大昭寺，则是当年藏王松赞干布另一位妻子，尼泊尔尺尊公主入藏后建成。大小两昭寺建筑工艺精美，至今仍被信众视为朝拜佛祖的神圣殿堂。

西藏是一块神奇土地上，高原、险峰、江水、它们共同生长在这片大地上。公元七世纪，少年英雄松赞干布统一藏区，建立吐蕃王朝，定都逻些城，逻些就是今日的藏传佛教圣地拉萨。西藏自治区首府拉萨，地处拉萨河北岸，至今已有一千三百多年历史。

拉萨是进出西藏的交通要道，著名的贡嘎机场和拉萨火车站，都在它的市境之内。这座城市海拔三千六百五十米，空气稀薄，大气透明度通常很好。大多数日子，只要踏上拉萨的土地，您就可以沐浴到温暖的太阳光。

早在大唐贞观年间，松赞干布遣使至长安，请与大唐联姻。贞观十五年，在江夏王李道宗和藏使的陪同之下，文成公主出长安前往吐蕃。松赞干布在古柏海亲迎，携公主同返逻些城。文成公主汉名李雁儿，她美丽聪慧，并且对佛教有浓厚的情感。您看，拉萨城的众多寺院，几乎都与松赞干布、文成公主、尺尊公主三人，有着千丝万缕的联系。

公元 631 年，藏历的铁兔年的逻些城，一座宏伟宫殿拔地而起，红宫居中，携两翼白宫，巍巍楼宇，煞是壮观。一千三百年，可以让一座佛教圣宫富甲天下。清帝赦封历世达赖的金册、金印、金银铜雕、壁画等珍贵文物，都在布达拉宫之内，见证着人民群众没有断裂的虔诚信仰，见证着汉藏之间无法割舍的民族情谊。

文成公主进藏，与她同来的还有大唐的书籍、乐器、绢丝、种子，以及一尊释迦牟尼佛祖的十二岁等身坐像。巧合的是，尼泊尔尺尊公主的嫁妆里，也有一尊释迦牟尼等身坐像，应是佛祖八岁时的坐像。为了恭迎佛像圣驾，松赞干布决定，他要在逻些城兴建两座寺院。日后，大昭寺和小昭寺相继落成。大昭寺在南，小昭寺在北。

大昭寺算得上拉萨古城中心最醒目的建筑，寺前的汉藏会盟碑是它永久的标志。千年以来，无论阴晴雨雪，朝圣拜佛，五体投地，磕长头而不起的信徒，从未离开过大昭寺门前。大昭寺前，酥油灯房里，万盏酥油灯经年常明。如果佛祖亲临人世间，他一定会感受到大昭寺的暖意。

（一一四）西藏古格王朝

古格王朝遗址是一座高原古城，位于阿里札达肥札不让区象泉河畔的一座土山上，占地约 18 万平方米，整个遗址建筑共有房屋洞窟 300 余处、佛塔（高 10 余米）3 座、寺庙 4 座、殿堂 2 间以及地下暗道 2 条，分上、中、下三层，依次为王宫、寺庙和民居，曾经有过七百年灿烂的文明史的古格王朝，它的消逝至今仍是个谜。

古格王朝遗址坐落于阿里札达县扎布让区境内，在象泉河的南岸，距离县城有 19 公里，建在一座高 300 多米的黄土山上，这里曾经是古格王朝的宫堡。这座宫堡从 10 世纪至 16 世纪经过了 16 代古格国王不断的扩建、由王宫、庙宇、碉楼、佛塔、洞窟组成，规模非常的庞大。

古格王朝是在公元 10 世纪前后，由吐蕃王朝末代赞普朗达玛的重孙吉德尼玛衮在王朝崩溃后，率领亲随逃往阿里建立起来的。10 世纪中叶至 17 世纪初，古格王朝雄踞西藏西部，弘扬佛教，抵御外侮，在西藏吐蕃王朝以后的历史舞台上扮演了重要的角色。据说在 1630 年，这个曾经有过 700 年灿烂的文明史的古格王朝，由于古格同宗的西部邻族拉达克人发动了入侵战争，就此灭亡了。

古格王朝的雕塑非常有名，多为金银佛教造像，其中被称为"古格银眼"的雕像代表其最高的成就。古格王朝的石刻宝库是古城的围墙，城墙角设有碉堡，当年虽是作防御之用，但却是战争与艺术融为一体的结晶。墙上有 4502 件线刻造像石和藏梵文经咒的玛尼石刻，几百年的风霜雪雨，使得大部分已脱落于墙脚。多少年来斗转星移，大自然给它印上了五颜六色，更丰富了画面的艺术魅力，真是一个大型玛尼石刻展。另一种石刻是刻在椭圆形的鹅卵石上，因这里离狮泉河很近，河里卵石应有尽有。

古格王朝的遗址中还有六座庙、殿、即红庙、白庙、轮回庙、枕布觉庙和王宫殿、集会议事殿。其中红庙、白庙、轮回庙内还遗有丰富多彩、栩栩如生的壁画，壁画的主要内容是释迦牟尼和其父净食王的画像，吐蕃赞普及其王子的画像，还有古格王朝国王和臣属们的画像。在古格王朝的遗址中，遗存最为完整，数量最多的就是壁画。

遗址的周围还有古格王朝时期用于战争的盔甲、马甲、盾牌等遗物。值得一提的是，古格王朝时期的一条水渠故道，至今还遗有部分用石块垒成的残墙。

古格王朝遗址是一座规模宏伟、面积浩大的高原古城，以其神秘的历史气息吸引着人们前往的脚步。

（一一五）新疆香妃墓

香妃墓坐落在新疆喀什市东郊 5 千米的浩罕村，是一座典型的伊斯兰古建筑群，也是伊斯兰教圣裔的陵墓。陵墓始建于 1640 年，据说墓内葬有同一家族的五代 72 人。传说埋葬在这里的霍加后裔中，有一个叫伊帕尔汗的女子，是乾隆皇帝的爱妃，因为她身上有一股常有的沙枣花香，人们便称她为"香妃"。香妃死后由其嫂苏德香将其尸体护送回喀什，葬于阿帕霍加墓内，因此人们将这座陵墓称作"香妃墓"。

有一天晚上，清朝的乾隆皇帝做了一个梦，梦见一位来自西域、骑跨黄龙的仙女，一手捧着镀金白玉天印，一手拿着钢枝银叶金瓣花，腾香雾驾彩云来到自己面前，自

称是奉真主之命嫁于陛下为妃。乾隆皇帝喜不自胜，顿时笑醒，马上派人速往西域寻访。

话说寻妃的人马到了新疆喀什噶尔后，当地的百姓正在蜂拥围观什么。领队大臣在马上一看，只见一个维吾尔女子，左手捧着一个盛满酸奶的土陶碗，右手握着一把喷香扑鼻的沙枣花，骑在道旁的一堵土围墙之上，喜笑颜开地向热闹处探望。大臣们不由得一愣，再细端详，这女子年方二八，美艳绝伦；胯下所骑的围墙恰如黄龙，左手盛奶的陶碗也正好像镶金白玉印，右手所握的沙枣花岂不正是铜枝银叶金瓣花！正与皇上梦中所见的一样。

新疆香妃墓

这可真是天从人愿啊！得来全不费功夫。将女子带回京城后，乾隆大喜过望，因为她体透沙枣花香，封赐为"香妃"倍加恩宠爱恋。从这以后，"香娘娘"的美名便不胫而走了。

但是好景不常在，香妃后来因为不服京城的水土，又思乡念亲心切，被送归故里省亲，途经内蒙古呼和浩特的时候因病而去世，当地群众为之立祠祭奠，之后又护灵扶柩长途跋涉，回归喀什噶尔安葬。

这位香妃安葬的地方就是常说的"香妃墓"，据说墓内葬有同一家族的五代72人。第一代是伊斯兰著名的传教士玉素甫霍加。他死后，其长子阿帕克霍加继承了父亲的传教事业，成了明末清初喀什伊斯兰教"依禅派"著名大师，并且一度夺得了叶尔羌王朝的政权。他死后也葬于此，由于他的名望超过了他的父亲，所以后来人们便把这座陵墓称为"阿帕克霍加墓"。因为香妃死后由其嫂苏德香将其尸体护送回喀什，也葬于阿帕霍加墓内，因此人们又喜欢将这座陵墓称为"香妃墓"。

"香妃墓"就像是一座富丽堂皇的宫殿，高40米，由门楼、小礼拜寺、大礼拜寺、教经堂和主墓室5个部分组成。陵墓高大宽敞的厅堂里，筑有半人高的平台，依次是香妃家族五代72人大小58座坟丘，香妃的坟丘就设在平台的东北角。

（一一六）青海塔尔寺

塔尔寺位于青海省西宁市西南25公里处的湟中县城鲁沙尔镇。塔尔寺又名塔儿寺，得名于大金瓦寺内为纪念黄教创始人宗喀巴而建的大银塔，藏语称为"衮本贤巴林"，意思是"十万狮子吼佛像的弥勒寺"。

青海塔尔寺坐落在湟中县鲁沙尔镇西南隅的连花山坳中，是中国藏传佛教格鲁派（黄教）六大寺院之一，也是青海省首屈一指的名胜古迹和全国重点文物保护单位。塔尔寺的具体由来，还得从藏传佛教格鲁派（也就是黄教，俗称喇嘛教）的创始人宗喀巴说起。

相传，宗喀巴 1357 年藏历 10 月 10 日诞生在"宗喀"，所以人们喜欢尊称他"宗喀巴"。宗喀巴从小就很聪明，3 岁的时候进夏宗寺受近事戒；7 岁入夏琼寺受沙弥戒，在那的时候随高僧端智仁青学经 9 年；16 岁离开了夏琼寺，徒步赴卫藏学法，朝拜了各派的名寺，遍访了高僧名师们，刻苦研习法学；29 岁在雅隆地区南杰拉康寺受比丘戒；34 岁时对佛教密乘教典、灌顶诸法都已经有了很深的造诣，并且会到处去给人讲经或讲法。

时间一晃而过，宗喀巴离家赴藏一心学法已经过去了多年，他的母亲香萨阿切非常想念自己的儿子，让人给他捎去自己的一束白发，想告诉他自己已经白发苍苍，希望他能回来看看。但是，宗喀巴为佛教事业决意不返，给母亲和姐姐各捎去一幅用自己的鼻血画成的自画像和狮子吼佛像，并在信中写道："要是能在我出生地点用 10 万狮子吼佛像和菩提树为胎藏，修建一座佛塔，就像和我见面一样。" 1379 年，他的母亲与众信徒按宗喀巴的意愿，用石片砌成了一座莲聚塔，这便是塔尔寺最早的建筑物。1577 年在这座塔的旁边建了一座明制汉式佛殿，称弥勒殿。因为先有的塔，之后才有的寺，所以人们便将二者合称为塔尔寺。

塔尔寺初建于明嘉靖三十九年，已有 400 多年的历史。整个寺院是由众多的殿宇、经堂、佛塔、僧舍组成的一个汉藏艺术相结合的辉煌壮丽建筑群。该寺依山错落而建，其中以八个塔、大金瓦殿、小金瓦寺、花寺、大经堂、九间殿等最为著名。

塔尔寺中诸佛殿装饰的堆绣、壁画和酥油花，被人们称为艺术"三绝"，这其中又以酥油花最为有名。每年的农历正月十五日，是塔尔寺一年一度的酥油花灯会，到那个时候，喇嘛们会将精心制作的酥油花摆到寺外广场，让成千上万的人们来观赏。许多人为了一睹酥油花的风采，不辞辛苦，千里迢迢来到塔尔寺参加灯会。

（一一七）西安曲江池

旧年西安境内曲江两岸，山青水绿，生态涵养极好，以至于周边地界几乎被古人开发殆尽了。例如曲江池、小雁塔、芙蓉园，苦寒窑，还有秦二世陵寝等等。如今此地已形成，占地 1500 余亩的城市景观带。

曲江池的兴起，应可上溯到秦汉时期。虽说叫作"江"，实则曲江更像个天然湖泊。秦朝曲江水量丰沛，边上那块区域也因水得名，称为隑洲。依山傍水建的宜春苑嘛，著名的秦属皇家离宫。后来汉武帝看一眼曲江水，无意就发现它的堤岸挺特别，那曲曲弯弯不圆不方的。好，往后御赐其名"曲江"！新朝要有新气象，于是汉朝将原

有宜春苑进行改造，建成了"宜春后苑"以及"乐游苑"两座御苑。

付出和回报总是形成正比的，因为开发保护得当，曲江风景区人文景观不断丰富，自然环境也没遭受污染。所以唐朝政府更加青睐它了，很舍得在片区里投钱。您看他们筑墙修渠，还造大雁塔，一时间曲江池水域面积已阔达千亩。

因为风景优美，开放力度大，唐时曲江畔魅力四射，也据此传下很多美谈。例如，秀才中举要来曲江摆一场"杏林宴"；三月三上巳节，文学爱好者们也要相聚曲江。吟诗作对……还一位著名中过古代奇女子，人家在曲江边一守就是十八年。此女正是王宝钗，她要等的则是上了战场，断了音讯的薛平贵。

就说小雁塔跟前有条沟，老年间名叫武家坡。沟边没啥风景，除非怕跌进去摔个鼻青脸肿，要不然谁路过也不多看它一眼。然而，一个疲惫不堪的旧窑洞，让武家坡出了名了。这不嘛，洞上有字，写的"古寒窑"，窑洞前还建着庙。咳，爱情简直太神奇了，它能让人吃不香睡不着，还能让人忘了身份地位等身外之物……

此一时彼一时吧，曾经强大的盛世王朝终于也步入了落寞红尘。唐朝末年局势动荡之际，曲江池备受摧残。咳，房也毁了，树也不绿了……好生凄凉。不过，您也用不着伤心，因为咱有人民政府呢。您看现在的曲江池，已经建成遗址公园了。咱有意识地呵护着周边一应文物古迹，最大可能再现了南湖、唐城墙、汉武泉、宜春苑、凤凰池、曲江流饮等历史文化景观之风貌。曲江池边武家坡，当年薛夫人苦守那"寒窑"也还在呢。还真够窄巴的，二百斤以上的同志休想顺利通过。王宝钗是个好女人，事迹值得标榜。所以人们还在窑洞外给修了座"思夫亭"，给盖了五间"贞烈殿"呢。

哪天您走到跟前摸摸大殿的红柱子，踩踩窑洞地面……然后您就能感觉到人间有真情的绝妙境界了。

（一一八）西安大唐芙蓉园

大唐芙蓉园位于古都西安大雁塔之侧，是中国第一个全方位展示盛唐风貌的大型皇家园林式文化主题公园。早在历史上，芙蓉园就是久负盛名的皇家御苑，今天的大唐芙蓉园建于原唐代芙蓉园遗址上，以"走进历史、感受人文、体验生活"为背景，展示了大唐盛世的灿烂文明。

大唐芙蓉园，坐落在古都西安曲江新区、西邻大雁塔、北靠海洋馆、南依唐城墙。它的历史源远流长，兴起于秦汉时期，繁盛于隋唐，下启于明清，是中国历史上久负盛名的皇家御苑。

众所周知，西安曲江是中国古代园林及建筑艺术的集大成者，秦时在此开辟了皇家禁苑——宜春苑，并建有著名的离宫——宜春下苑。

转眼到了隋朝，大兴城倚曲江而建，隋文帝猜忌多疑、迷信风水，大兴城东南高西北低，风水倾向东南，后宫设于北侧中部，在地势上总也压不过东南，有人提出应该采取"厌胜"的方法进行破除。如把曲江挖成深池，并隔于城外，圈占成皇家禁苑，成为帝王的游乐之地，这样就能永保隋朝的王者之气不受威胁。开皇三年（公元583年）的时候，隋文帝正式迁入新都。隋文帝恶其曲，觉得不吉利，于是命令高颖（隋文帝宰相）为这个皇家园林更换新名，更曲江为"芙蓉园"。

到了隋炀帝的时代，黄衮在曲江池中雕刻各种水饰，臣君们在曲池之畔享受曲江流饮，把魏晋南北朝的文人曲水流觞故事引入了宫苑之中。

到了唐朝的时候，唐玄宗又对曲江进行了大规模扩建，使其盛况空前绝后，达到了其园林建设的顶点。这就是大唐芙蓉园的整个历史。

大唐芙蓉园分别从帝王文化区、女性文化区、诗歌文化区、科举文化区、茶文化区、歌舞文化区、饮食文化区、民俗文化区、外交文化区、佛教文化区、道教文化区、儿童娱乐区、大门景观文化区、水秀表演区十四个景观文化区，集中展示了唐王朝一柱擎天、辉耀四方的精神风貌，璀璨多姿、无与伦比的文化艺术。园内的主要景点有紫云楼、凤鸣九天剧院、御宴宫、唐市、芳林苑、仕女馆、杏园、诗魂、唐诗峡、曲江流饮、桃花坞等。

（一一九）西安半坡遗址

西安半坡遗址也就是半坡遗址博物馆，现位于陕西省西安市东郊灞桥区浐河东岸，是黄河流域一处典型的原始社会母系氏族公社村落遗址，属于新石器时代仰韶文化，距今6000年左右，是黄河流域规模最大、保存最完整的母系氏族公社村落遗址。

半坡遗址是黄河流域一处典型的新石器时代仰韶文化母系氏族聚落遗址，在距今5600-6700年之间。该遗址是在1953年春发现的，共发掘房屋遗迹45座、圈栏2处、窖穴200多处、陶窑6座、各类墓葬250座，以及生产工具和生活用具约近万件文物。

1958年在遗址上建成半坡遗址博物馆，是中国第一座史前遗址博物馆。半坡博物馆陈列面积约4500平方米，分出土文物陈列、遗址大厅和辅助陈列三部分。

出土文物陈列由第一展室和第二展室组成，两个陈列室陈列的是从遗址中发掘出来的生产工具和生活用品。可以分为石器类、骨器类和陶器类。主要展出半坡遗址和姜寨遗址出土的原始先民使用过的生产工具、生活用具和艺术品等，包括石斧、石铲、石刀、刮削器、敲砸器、箭头、磨盘、纺纶、骨锥、骨刀、骨针、鱼钩、鱼叉、陶钵、陶盆、陶碗、陶罐、陶甑以及尖底瓶等，此外还有陶哨、人头、鸟头、兽头等艺术品和一些装饰品，在半坡遗址出土的二十二种刻画符号也展示在陈列室中。

遗址大厅是原始村落的一部分。房屋建筑早期是半穴式，即一半在地下，以坑壁为墙，露出地面的一半盖上屋顶，这种房屋既低矮又潮湿。到原始社会晚期，人们才在地面砌墙，并用木柱支撑屋顶，这种直立的墙体及带有倾斜的屋面，已形成了后来我国传统房屋建筑的基本模式。遗址中还有一条长300多米、深约5米、宽约6米的大鸿沟，是护卫村落的防御工事。遗址中有公共的墓地，还有储藏物品的地窖和公共仓库等。

辅助陈列有第三、第四两个展室，主要举办一些与史前学相关的专题性展览。这些融知识性、趣味性和艺术性为一体的展览受到了中外游客的广泛称赞和欢迎。

半坡母系氏族村是半坡博物馆陈列的延伸。妇女是半坡人中的主要生产力，母系氏族村依据考古发掘资料，将珍贵的遗产从地下搬到地上，立体地再现人类母系氏族社会。

（一二〇）可可西里

蒙语"神秘的美丽少女"；藏语"美丽的青色山梁"，译作汉语都是一个意思，那就是"可可西里"。今藏北"羌塘草原"，青海昆仑山以南，以及新疆同青藏交界地带，都是可可西里。可可西里就是青、藏、新三省区之间，那一块高山台地，它总面积有4.5万平方公里那么大，平均海拔超过4500米。

目前中国已经建成的，面积最大、海拔最高、野生动物资源最为丰富的自然保护区屈指可数。但是，可可西里算一个。由于自然条件恶劣，可可西里并不适宜人类长期居住，所以它还有个名字叫"生命禁区"。或许正因为人类难以介入，可可西里才成了"野生动物的乐园"。

可可西里自然保护区只是"可可西里"的一部分。偌可可西里之内还包含了："西藏羌塘自然保护区"，"新疆阿尔金山自然保护区"和"新疆北昆仑自然保护区"以及"青海三江源自然保护区"几大版块。

相传可可西里有两个月亮。其中一个是普通的，另一个则是又大又圆的"红月亮"，它低低地贴近了长江北源楚玛尔河的水面。走近可可西里，当地的老妈妈会告诉您：月亮是纯洁、真爱和平安的象征。相传有一个夜晚，可可西里的藏羚羊集体出动，它们奋力呼喊楚玛尔河的红月亮。然后，红月亮爬上了高不可攀的雪顶。

可可西里是藏羚羊最理想的栖息地，这个精灵群体曾经无人打扰，好好地繁衍生息。然而，从十八世纪的某一天开始，可可西里的平静好像一下子被打破了。一时间，盗猎者蜂拥而至，开始了一场灭绝人性的屠戮。他们想要攫取藏羚羊的绒毛，然后制成围巾，拿到欧美、印度等地贩卖。据说，当年的一条"羊绒披肩"可以卖到五万美元天价。在高额利润的驱使下，只在很短的时间内，可可西里的藏羚羊由十五万只锐减到五万只不到。

听说当年拿破仑刚找了个新情妇，名叫约瑟芬。为了讨好亲爱的"阿芬"，他买了很多"羊绒披肩"送给她。

到了20世纪90年代，仍有不知死活的盗猎者出没可可西里，屡屡对藏羚羊实施伤害。当时有个人为此焦虑到了极点，他就是任青海省治多县委副书记的索南达杰。为了阻止盗猎者的疯狂行动，索书纪长年累月地带着他的巡查队奔波于可可西里的各个角落。期间，他们挨过打，受过冻，但从未想过放弃。1994 年 1 月 18 日那天，索书纪亲自押送一伙落网的盗猎分子。然而途中"罪犯"企图潜逃，悲剧终于发生了……年仅四十岁的索南达杰永远地倒在了月亮湖畔，走时仍保持着半跪持枪的瞄准姿势。

（一二一）甘肃嘉峪关

甘肃省嘉峪关市，往西行约五公里，真正的"嘉峪关"就到了。它是明长城西端点，号称万里长城第一雄关，也是古"丝绸之路"必经之地。嘉峪关始建于公元 1372 年，大明洪武五年。其后 168 年里不断修缮维护，使得嘉峪关不仅形制保持完好，更永保"万夫莫开"之势。

嘉峪关又称"中外钜防"，或者"河西第一隘口"。它是在祁连山脉高山上修建起来的，在当时那种技术条件下，施工极为不易。话说明武宗朱厚照正德年间，要对嘉峪关进行维护，各行各业工匠来了不少，其中包括一位姓易的师傅。当时人们就议论，说易师傅是"神算子"，任何工程只要经他双眼一过，用多少工料一目了然。这话当然也传到狠毒的监工耳朵里了，但是他才不信呢。这不嘛，故意跟易师傅找茬去了："听说您都神了，怎么着给算算吧。"易师傅稍稍想了一下："回官爷，这次工程共计需要城砖 99999 块。好，就照您说的备料，到时多了或者少了……"

监工每天看着，待工程竣工后，他乐了，因为有块城砖剩下了，心想这回又能折磨人了。您看他美滋滋地就来找易师傅了："怎么着神仙，您说是私了还是公了？"易师傅："的确剩了一块砖，昨夜被神仙放在西侧瓮城门楼子跟前了。"恶监工"少跟我装神弄鬼，要不认罚，要不等死，您选一样吧？"易师傅说："神仙说了，那余出的一块叫作'定城砖'，您如果搬走它，城楼便会立刻塌掉。不信您现在就可以试试？"做贼心虚呀，恶监工一听，灰溜溜地走了，从此见到"定城砖"就绕着走。

修长城的城砖，完全不像民间盖房的砖头，它们体积特大。听说都是山石凿成的，每块长两米，宽半米，厚度差不多三十公分。即使工匠们能凿出整齐的条石，运输也是个大问题，一匹马都运不走几块。眼瞅着到了大雪封山的季节，匠人们愁死了，一旦现场石料供不上，大家伙脑袋就要搬家。人们每天长吁短叹，几乎等着找阎王爷报到了。

一天干活的时候，忽然觉着山峦颤抖，匠人们惊得不轻，遂举头向天空望去。"云中谁寄锦书来？"您看那白云朵朵突然化作白雾，紧随山形倾泻下来，然后祁连山好像戴上一条白"围巾"。奇观持续数秒，骤然消失了，山野平静如初。接着人群中有人警醒了，只听他高喊着：快，大家快去取水！天冷了，水会结冰，石头顺着冰道可以下山……后来，人们在嘉峪关关城跟前修了庙，那里的神仙就是天下"百工"的祖师爷，您要想学手艺活，必须拜拜他老人家。

（一二二）甘肃天水伏羲庙

甘肃省天水市有条伏羲路，路边有座伏羲庙，它是我国现有规模最大、保存最完整的纪念伏羲氏的古代建筑群。

天水伏羲庙始建于明朝，本名太昊宫，俗称人宗庙，就是中华老祖先的庙。整组院落深大四进，今存：戏楼、牌坊、山门、仪门、先天殿、太极殿、钟楼、鼓楼、来鹤厅等古建筑。另有新建朝房、碑廊、展厅等配套设施。

伏羲大帝，远古三皇之中的太昊皇帝，一度被民间誉为"百王之先"，因为他是见诸中国古文字记载的仅有的几位先王之一。就说很久以前，盘古大人用他的巨大身躯撑开了天地，只有远眺大地之上寂寞的山川河岳。直到有一天，一位漂亮的女子出现后，人世间也将要发生翻天覆地的变化。此女就是华胥氏，西阳九河河神的女儿，她感到无聊，遂跑来"雷泽"游玩。关于"雷泽"这个地方具体属于

天水伏羲庙

哪个省份？有说在山西永济南边，也有说就是山东菏泽东北不，近年来一直争执不清。

人间真有西洋景，玩着玩着，华胥氏都着迷了。这时她发现前方地面有个大坑，说深不深，形状好像人的脚掌。再看不出什么端倪，华胥氏决定跳下去一探究竟。然后不得了了，双脚一落进坑中，只觉得眼前五彩云霞缭绕，接着就没了记忆……也不知过多久苏醒过来的，随之有个小生命开始在华胥氏腹中孕育。原来她真的踩到"神物"了，地上那个坑就是雷神留下的大脚印儿。其实对于这件事，学界已将其划入"感生神话"，也就是远古先民对许多未知自然现象的独特解释方法之一。

要说当妈不容易呢，这回华胥氏迎来一个"懒宝宝"。待到十二年之后，终于从妈妈肚子里出来了。尽管他前面表现出一定的懒惰情绪，但这个孩子生来就聪明，聪明极了。天和地怎么来的？太阳星星怎么转的……？没他思虑不到的事情。当年那个小孩，后来成了我们的始祖伏羲大帝。您看他长的还挺不一般，生的人面龙身。

若是细细回想，远古时另有一神，与伏羲大帝相貌近似。谁呢？女娲娘娘，她是人面蛇身。不是一家人不进一家门，伏羲大帝与女娲始祖两位是亲兄妹嘛。当初大地荒芜，他俩不自觉就担负起创造人类的使命了。各自找一个爱人结婚，养育很多很多孩子，那时是办不到的。这可如何是好？不如我们试问天意吧。于是两兄妹登上了昆

仑山，因为昆仑山很高，站在山巅就能摸到云彩。

到达昆仑山顶那一刻，伏羲对天呼喊：如果您同意我二人成婚，就让云烟聚在一起；您若不允，就让它们各自散开吧。老天爷很快回了话，因为漫天云朵都聚在一处了。有了天帝的指引，伏羲女娲听命，从此结为夫妇，确保大千世界的繁衍生息。就在这年正月儿里，大地芸芸众生就开始生长了。初一，鸡来了；初二，狗来了；初三是猪；初四羊；初五牛；初六是马；初七那天，人诞生了；初八，地上生出了五谷。

（一二三）银川西夏王陵

宁夏银川市西郊外，约35公里处的贺兰山东麓中段，是古羌族西夏王朝帝王陵寝所在地。陵区总占地53平方公里，共计有9座帝陵，以及253座陪葬陵。西夏帝王陵素有"东方金字塔"之称，它是中国境内迄今为止发现的规模最大、地面遗址保存最完好的古代帝王陵之一。

宁夏银川市西郊外，约35公里处的贺兰山东麓中段，是古羌族西夏王朝帝王陵寝所在地。陵区总占地53平方公里，共计有9座帝陵，以及253座陪葬陵。西夏帝王陵素有"东方金字塔"之称，它是中国境内迄今发现规模最大、地面遗址保存最完好的古代帝王陵之一。

相传很久以前的古时候，宁夏西部一马平川，无遮无拦的。人们生活在这片平原里，喝着黄河水，日子过得挺安稳。可是有一天，黄河水突然泛滥，而且异常浑浊起来。然后，老百姓喝不上水，庄稼泡在水里，房屋被冲毁，眨眼间已是民不聊生。

可怕的洪水当中，有一家三口被冲散了。那家的孩子名叫贺兰，年纪小，求生欲望强。您看小贺兰抱着一截树干漂呀漂，若干天之后，他终于被一位白胡子爷爷给救了。待到贺兰醒过来，就像看见亲爷爷一样，扑在老人家怀里就哭。老爷爷摸着贺兰的头，一边安慰，一边跟他聊："好孩子，说说将来的打算吧。"贺兰说："我想拯救乡亲们。"老爷爷："好孩子，知道黄河为啥咆哮不止吗？……"原来就是有条恶龙钻进了黄河水中。

然后，白胡子爷爷送给贺兰一个小瓶子，其中盛着五色土壤。按照他的指引，每次恶龙露出脑袋，贺兰就撒一点"五色土"。恶龙最终被制服，贺兰也永远地倒在了地上，而他倒地之处则升起起一座山脉，那就是贺兰山。

公元十一世纪初年，大西北"党项羌"在贺兰山脉建立了自己的封建王朝，国号"大夏"，都兴庆府，也就是今日宁夏回族自治区银川市。1038~1227年间，西夏共历十代帝王。其统治疆域最大时"东尽黄河，西界玉门，南接萧关，北控大漠，地方万余里"，总面积83万平方公里。也就是说，今宁夏、甘肃大部、内蒙古西部、陕西北部、青海东部、新疆东部及蒙古共和国南部的广大地区，都曾是西夏大帝国辖区。"三分天下居其一，雄踞西北两百年。"您看西夏帝国前半段，与北宋、辽朝并立，中后期则与南宋和金朝平分天下。这个王朝的建立，对时年我国西北地区的局势稳定，及当地社会经济、文化的发展做出了十分积极的贡献。

（一二四）甘肃西千佛洞

西千佛洞位于敦煌市区西南 35 公里处、党河北岸的崖壁上，因为地处敦煌莫高窟（俗称千佛洞）之西而得名，与莫高窟仅隔一道鸣沙山。现存洞窟 16 个，大都为北魏时所开凿，只有其中 9 个窟可以观赏。

甘肃省敦煌境内还有一个石窟，位于鸣沙山的西端，莫高窟的西端，敦煌城的西端，也开凿在党河河谷西岸的悬崖峭壁上，因此，被人们称之为"西千佛洞"。

西千佛洞的始创年代应该早于莫高窟，至少应该与莫高窟属于同一个时代建造，西千佛洞的规模虽然小，但是风光绮丽，环境幽雅。石窟内艳丽夺目的壁画、妙趣横生的故事、神态逼真的佛像，更是给这世外桃源蒙上了一层神秘的面纱，使这块佛教圣地溢彩生辉，引人入胜。

石窟的结构、彩塑、壁画艺术风格等与莫高窟体系非常相近，因而也成了敦煌艺术的一个组成部分。

西千佛洞现存的 16 个石窟，其中 1-3 窟为唐窟，4-8 窟为魏窟，16 窟为晚唐窟，这 9 个洞窟保存较好，其他几个多有坍塌，壁画也剥蚀不清，时代难以确认。一般认为洞窟属于北魏至宋代所凿。保存较好的 9 个石窟中，中央大多有中心座，座四周凿龛，内塑佛像，四壁多绘贤劫千佛、佛跌坐说法图、佛涅槃像。中心座和四壁的佛像下，绘有金刚、力士像。

敦煌西千佛洞在近 1000 年的岁月里，受到了自然和人为的破坏，使得这座古老的艺术宝库损失非常惨重，直到 80 年代初，这里依然荒凉破败，有的洞窟摇摇欲坠，随时都会坍塌。近年来，对洞窟进行了全面的修缮和加固，使面临崩塌的崖体和洞窟稳固坚定，使古老的石窟焕发了青春，粮美的艺术得到了有效的保护。

这里白杨参天，松柏苍翠，桃红柳绿，鸟语花香，如同世外桃源般美丽。洞窟前边的党河古道虽然已经干涸，但是有一条晶莹清澈的涓涓小溪，叮叮咚咚，在窟前缠绵而去，好像为古老的石窟弹奏着美妙的乐曲，吸引着人们。

（一二五）终南山

陕西省鄠邑区终南山北麓，老牛坡上有三口古泉，汩汩不息上千年了。据说这泉水原来没有名字，泉边还有座没名的古庙。

大明朝末年的一天，意想不到的事件发生了。就说终南山无名古庙里，突然出现一位姑娘，并自行在那小庙落发为尼。要说是乱世逼的，也没啥奇怪。可那是一个太美的姑娘了，貌若天仙一样。这样一个漂亮尼姑在庙中，此事如同春雷炸响，霎时在附近村子传开了，远近很多好事者争相上山看美女。

可是，任凭您好心也好，歹心也罢，谁也没从姑娘嘴里问出半句话来。例如姓啥叫啥？家在何方……？您看她只是每天扫院子，敲木鱼儿，要不就给观音菩萨跪着。或许是个聋哑人吧？也别为难她了。不过到底是姑娘好看呀，人们还是乐意远远跑过来瞄上她一眼，天天有人来。

哪知就在清军入关，崇祯皇帝吊死在北京景山当天。终南山的"天仙小尼姑"飞升了，挨在三眼泉水旁，面朝南方，双手掌心向上，自然落于腹前……模样真像平日打坐一样。唉，可惜了这张漂亮脸蛋，乡里乡亲都挺惋惜的。到咱鄠邑区两三年了，也不知您是谁？家世如何？蒙冤了还是怎么着？算了，往后就称这泉水为"阿姑泉"，以此证明您曾经来过吧。

洛阳牡丹赛天仙，这话早就传开了。可是阿姑泉周边方圆三平方公里，牡丹苑才是真正牡丹王国呢。而且专家都说了，终南山是中国牡丹发祥地！有证据吗？当然，话说孙悟空惹祸了，被玉皇大帝给召上了天庭。然后玉帝欺负猴哥孤陋寡闻，老让他干些杂七杂八的事情。有天，掌管牡丹的神仙在他的牡丹园赏花，都看陶醉了。哟，不知人间牡丹开得可好？一张望不要紧，发现地上竟然没有牡丹。不成不成，如此美景不能独享，我要将牡丹花送到凡尘中去。跟王母娘娘一商量，说叫"孙猴子"护送她们下凡吧。

君命难违，该走的走，该送的送，孙大圣这就带着牡丹姊妹们一同奔赴人间广土。至于具体在哪里停下？玉皇大帝没说。不过游山玩水猴哥拿手，火眼金睛哪儿瞅不见呢。好好好，目标锁定，鄠邑区终南山！此番牡丹下凡，带队的是白牡丹仙子。路上孙大圣只当捧着一束花，也没顾上跟人聊天。可是连日这猴哥大闹天宫，牡丹仙子对他早有耳闻，认为他心肠好，生性耿直又活泼，天上很少见这么纯真的神仙。待到终南山落了脚，牡丹身着一袭白衣，化作人形出现在孙大圣面前……

然后，每到人间四月，终南山牡丹花就会盛开。届时，三百多种牡丹，十好几万株，黄色、绿色、红色、乌玉色，带冷光的蓝，同株异色的二乔……占齐了九大色系的牡丹花，将鄠邑区扮得美美的，熏得香香的。

（一二六）香港大屿山

香港大屿山，中国大陆亦称其"大濠岛"，通常视为珠江口外万山群岛的一部分。大屿山位于香港西南，是全港最大的一座岛屿，陆地面积约147平方公里，超过香港本岛达80%以上。大屿山形式狭长，大致上27公里长，9.5公里宽，岛上最高峰凤凰山，高约934米。

南宋地理总志《舆地纪胜》："大奚山：在东莞市海中，有三十六屿，居民以渔盐

为生"。南宋有个"大奚山",此山由三十六座大小岛屿组成,其中就包括大屿山和香港本岛,此地居民多靠打鱼为生。大屿山曾经还有过许多名字,如大崙山、大鱼山、大渔山、大庾山、南头岛、屯门岛、大蚝山,等等。直到大清道光年间,"大屿山"一名才作为官称,固定下来。

据考古发现推断,早在石器时代之前,大屿山已经住上人了。这不,他们留下的有陶罐,渔具,还有打架的兵器。史前石刻也有一些,只不过很难看出是什么意思。东晋末年那会儿,内地有一支起义军出现兵败迹象,被朝廷追的一路难逃。这么着,他们渡海到了大屿山,并且成功躲过追兵,就此安定下来。当年起义军首领名叫卢循,其后他就率其残部开发大屿山,后来岛上渔业及制盐最为昌盛。

南宋年间,朝廷看到了盐业的暴力,企图实施市场垄断。于是,以往的盐商大多沦为"私盐贩子",列入严厉打击对象的名单。公元 1197 年,宋宁宗庆元三年,大奚山盐民不满政府制裁措施,闹起义了。咳,结果非常悲惨,大屿山古老制盐业也从此萧条下去。意想不到的是,南宋末年竟然有两位皇帝流亡到大屿山,即:宋端宗赵昰和宋幼主赵昺。离开大屿山没多久,赵昺就被抱着跳海了嘛。

天坛大佛是大屿山的宝。您看那佛祖坐南面北,右手齐胸稍向前倾,五指微曲,掌心朝北。这个著名的手势叫作"无畏印",表示有意祛除人间一切苦难。而佛之左手自然平放,接近左腿膝盖内侧,掌心对天,指端微微下倾。这种佛态称作"与愿印",表示佛祖会顺应民意,尽量满足人们的要求。

二百六十级石级,直通大佛脚下。其实,在您登上大屿山之前,从四面八方都能发现岛上的大佛。这里有全球最大的室外青铜佛祖造像,通高 26 米有余,整个制作历时 12 年,基座占地 6567 平方米,耗资六千多万港元。咱这佛爷总重二百五十多吨,一身挂着四千多斤金子呢,科技含量很高。因为大佛莲花宝座底下那个座儿,是仿造北京天坛祈年殿基座而筑成的。所以,大佛另有"天坛大佛"之名。

大屿山宝莲寺,香港四大禅林之首,天坛大佛就是它的镇寺之宝。

(一二七)新竹城隍庙

城隍爷是道教神仙,它的前身就是古代的水庸神。所谓"城"原指土筑高墙;"隍"则指没有水的"护城河",它们都是古人用来保卫辖区居民的一种手段。城隍爷就是一城之主,小到惩凶除恶,大到护国安邦。鉴于这尊神责任重大,所以老百姓没少给他老人家修庙。

所谓"新竹城隍爷,北港妈祖婆",台湾民众对城隍爷的崇拜可见一斑。新竹城隍爷又称都城隍,也就是各地城隍的领袖,因而这庙门的香火从清代一直旺到了今天。您看新竹黑脸城隍爷,留长胡子,脑袋顶着"理阴赞阳"匾额一方。这意思是说本老爷有本事沟通上下界。"铁算盘"是城隍老爷的不败法器,留着秋后算总账的。这不嘛，文武判官，还有长得不太喜人的神仙部将，都在一室坐着，颗颗法眼闪金光。

相传城隍也有退休接班这一说，只要您有潜力，到时自会被提拔。话说清朝初年，山东有个宋秀才，他赶上了。当天老宋不舒服，躺床上睡的迷迷瞪瞪。突然间出事了，只见一匹"白额马"驮着一位官爷远远朝自己奔来，官爷手中还握着一纸公文。怎的了，我好像没犯啥事儿？这时官爷已到跟前，开门见山就通知宋秀才："劳烦您跟我走一趟，参加考试。"秀才蒙了："我考什么试？"……最后老宋被拖上了马。

眨眼工夫，考场到了。好家伙，庄严肃穆，考场金碧辉煌，应该不比殿试气氛差。考生只有两个，但考官有十多个。其中一个考官被老宋认出来了，他就是三国美髯公关羽。老宋倒吸一口冷气，不知自己是中邪了还是怎么了？这就发下卷子了，题目曰："一人二人，有心无心。"请以此做文章一篇。

新竹城隍庙

万里挑一俩秀才，都是一等一的人才，那文思如泉涌的。您看没多会儿，都交卷子了。考官们仔细阅读，待到传阅一遍，他们开始交头接耳，然后频频点头。"有心为善，虽善不赏；无心为恶，虽恶不罚。"这话说得不错，听着厚道。那就您了宋秀才，想不想做城隍爷啊？啊，原来我被接到了阎王殿?！尽管我只是个秀才，死了却还有官做？也够荣幸的。不成不成，家中还有七旬老母。这么着，宋秀才也不来虚的，一方面他千恩万谢，但同时也道出了自己的难处。没想到神仙们还挺通情理，答应他先行回家侍奉老母，之后再来赴任即可……殊不知宋秀家里都已乱了套了。等他睁眼一看，一家老小对着自己痛哭流涕。原来为了考城隍，他都"死"三天了。

（一二八）澳门妈祖阁

澳门妈阁庙始建于公元1488年，大明弘治元年，位于澳门东南部。此庙俗称妈祖阁，也叫天后庙。它背山靠海而建，身后还有百尺断崖。历尽五百年风雨沧桑，澳门妈祖庙今存大殿、弘仁殿、观音阁等建筑。

道教女神妈祖，也称天后娘娘、天妃娘娘，主管航海事物。相传此神能够预知吉凶，常常出其不意，帮助航海中的商人和渔人化解危难。因而中国近海地区，甚至东南亚一带，都有供奉妈祖的习俗。关于妈祖的身世，民间有传说，说她实际上原本就是普通人家的闺女。哪里的人呢？福建湄洲人，家里给取名叫林默娘。但是，这孩子

生出来就不一般，她不会哭，到满月了也没哭一声。嗯，"默娘"就是这么来的。不会哭还不是奇事呢，关键是默娘有特异功能。说是她长大以后，就像观音菩萨一样，常常出现在海面上，拯救遇险的航海人。

其实林家也是靠海活着，所以默娘的爸爸和哥哥时常要相伴出海去。天有不测风云，那年就出了事了，途中遭遇大风浪，默娘父兄双双被困。人生有命，富贵在天，最后只有林爸爸被"救"回来了。一家子擦干眼泪，心想亲人虽然没有了，好歹让他"身归故里"吧。这么着，默娘出海寻兄去了。您猜怎么着？远远望见海面上金光一团，然后很多很多鱼托着林兄……后来这事儿传开了，传到了南宋高宗赵构耳朵里。高宗皇帝认为太值得表彰了，所以他决定敕封林默娘为"灵惠昭应夫人"。树立一个榜样挺不容易的，最好让更多更多人知道。这不嘛，元世祖册封的"护国明著天妃"；明成祖册封的"弘仁普济天后"；清康册封的"天上圣母"……这些荣誉称号都给了林默娘，也就是我们敬爱的妈祖娘娘。

早在公元十五世纪，葡萄牙人首度登上了澳门岛。当时他们不知身在何处，撞见老乡赶紧比比画画咨询："这里是什么地方啊？"老乡一头雾水，答："MACAU"，也就是澳语妈祖庙的意思。葡萄牙人自以为听懂了，从此以后，他们就称澳门为"MACAU"。

澳门人与妈祖十分有缘，民间相传，她老人家是随着闽人的船队来的。就说很久以前，有福建客船将往澳门行驶，当时船上还搭乘了一位老奶奶。那回行船特别顺利，一晚上就开到澳门了。可是船只靠岸之际，老奶奶无端消失了。自那以后，澳门有了妈祖的保佑，商人和渔民出海都很少发生事故。

（一二九）澳门玫瑰圣母堂

"圣母堂"相当于基督教门下，天主教派，信徒朝拜圣母的教堂。澳门至今遗留多座圣母堂，时刻提醒我们很多形形色色的外人、洋人曾经来过，同时将不一样的文化信仰带到了岛上。澳门岛中部望德圣母堂，俗名"疯堂庙"，因为跟前曾经有座收治麻风病人的"传染病医院"。

澳门港玫瑰圣母堂，又称板樟堂或多明我堂。该教堂始建于1687年，系天主教的"明我会"教士设立。玫瑰圣母堂主奉的"花地玛"圣母，在葡萄牙人心中神圣无比。"玫瑰堂"内今存有许多油画和雕像，上帝耶稣基督之像也在其中。

伟大的圣母玛利亚，也就是上帝耶稣的妈妈。据基督教福音书所述：上帝耶稣圣灵是种在玛利亚妈妈肚子里的一颗种子，然而当时玛利亚还没正式结婚呢。那不是古罗马帝王奥古斯都统治的时代嘛，那个王想要搞清楚自己辖区内究竟有多少人口？人们是不是都规规矩矩地生活在自己的城市里……？于是，很多得力助手被派出去考察罗马境内人口分布状况，玛利亚和未婚夫约瑟也在公差队伍里。

外出途中，玛利亚接到天使的通知，说是："上帝"马上要降临人世了，而且由您负责将他生育下来。那时恰逢到了约瑟的老家"伯利恒城"，不巧周边所有旅馆都住满了，搞得"夫妻俩"只好寄宿马棚里。然后，耶稣就诞生了，有人说是在马槽子里，也有人说是草垛上，反正确切消息拿不准。两人给孩子取名耶稣，核心意思是"救世主"。关于耶稣出生的日子，有一种说法是：12 月 24 日零点，所以第二天过"圣诞节"庆祝。

您看人家添丁进口挺高兴的，可是当时的犹太大希律王怒不可遏，他发誓要杀掉这个新生儿。为啥呢？因为据希律王推测，"伯利恒城"刚刚出生一个未来的犹太王，他即将对自己的地位造成威胁。这还得了，玛利亚连夜带着耶稣逃亡。嗨，希律王还没来得及杀掉耶稣，自己先行死掉了。这样一来，耶稣一家得以返回以色列，并在"拿撒勒城"定居下来。

老话说得好：吃得苦中苦，方为人上人。天主耶稣还是被钉死在残酷的十字架上，但是后来他又活过来了，终于成长为天底下基督教徒的领袖人物。

（一三〇）日月潭

台湾地区南投县鱼池乡水社村境内有一池美丽的湖水，它就是盛名昭著的日月潭，也是台湾唯一一个天然湖泊。这一湖水来自玉山和阿里山之间断裂带，因为那处低洼盆地总会积攒用不完的自然水。

日月潭湖面海拔 760 米，水面面积约 9 平方公里，平均水深约 30 米。群山拱卫一潭净水，俯瞰如圆月投井。日月潭中央，有个小岛悄悄浮出水面，它的名字叫作"珠子屿"。您看"珠子屿"之北，湖形浑圆如日；珠子屿之南，湖形弯如月牙。日与月相依相伴，这就是"日月潭"一名的由来。

日月潭那么漂亮，周边地界那么宜居，它很久之前却从未被人们发现。相传直到很久以后的一天，奇迹终于发生了。那日，有山民组织了一个狩猎队，结伴上山寻找野味来了。哪知刚一进山，他们就惊呆了，因为从没见过那么肥的鹿！而且它是白色，相当罕见。于是猎户们摩托拳擦掌，都想逮住又白又胖的鹿。那好，我们比赛吧，现在分头行动。

您看三天三夜过去了，猎手们相继回到约会地点，一个个垂头丧气。咳，大白鹿忽隐忽现最后踪影全无，它是不是飞上天了？不过碰头会开完了，也非一无所获，因为有人反映说：他在找鹿过程中，发现了一块巨大的"蓝宝石"。在哪儿在哪儿？赶紧带大家去找吧。山路崎岖迷乱，所以又过了好几天，人们终于发现了"蓝宝石"的踪影。咳，上当了，原来那是"日月潭"。

一点收获没有，大队人马悻悻而归。回去和老族长聊起白鹿，聊起巨大"蓝宝石"，琢磨逗老人家开开心。没想到啊，族长动心了，坚决要进行实地考察。谁知那么

不巧，一行人就快到了潭边，天空却突然阴暗下来。只见一道火光入水，眨眼工夫亮光全无。

您猜怎么着，原来是一对恶龙发现了"日月潭"，然后想要独占这人间美色。为了防止外人靠近，它们俩将太阳和月亮咬下，丢进了潭水。完了完了，没有阳光普照，台湾岛昼夜不分，永远漆黑一片。不久之后，富饶的宝岛之上，无人声，无鸟叫，庄稼和花草树木一日日枯萎下去……

当年阿里山脚下，有对年轻的恋人，哥哥名叫"大尖"，妹妹叫"水社"。两人曾经每天载歌载舞，快乐的让人羡慕。出事儿那天，他俩在黑暗中被困在了一处，好歹互相还能说上话。大尖哥哥说："妹，我真不甘心，咱的家园和爱情，就这么被妖精毁掉了！"水社妹妹道："哥，既然它们能藏起日月，我们就能找回来！"

由于什么也看不见，两人跌跌撞撞，只能靠耳朵辨别恶龙所在的位置。也不知过了多久，大尖和水社终于被异样的声音吸引了，那话语有点阴森，有点诡异。不信您听："我们还是趁早将岛上的人杀光吧！"另一个声音应承道："一定要杀！如果他们发现了阿里山底下的金斧头和金剪刀，我们就没命了。"啊，我们有救了，大尖和水社忘记了伤痛，激动得心都快跳出来了……

最后，大尖和水社成功斩除了两条恶龙，然后将太阳和月亮抛上了天空。但从此"日月潭"不圆了，它一边像日，另一边像月。于是日月潭边最近的两座大山，分别叫作：大尖山和水社山。日子太平下来，高山族邵族人来到日月潭边栖息下来，世代经营着这片肥美的水土。

（一三一）阿里山

宝岛名山阿里山，位于台湾地区嘉义市以东，约75公里处。其山海拔超过两千米，景区内冬暖夏凉，气候极其宜人。阿里山有五宗奇观，那就是：日出、云海、大森林、落日霞光和山间盘曲的公路。

相传阿里山原本没有如此之高，其实是许多许多金银珠宝垫底，它才一日日成长起来，如今，它年年岁岁都会变高一点。就说阿里山还是座小山的时候，山脚下住着一位阿冬爷爷。有天爷爷在小溪边放羊，突然发现草丛中有一个"蛋"，那圆圆的蛋色彩斑斓，可漂亮了。一定不是鸡蛋，但是啥动物的蛋能够这样光彩照人呢？算了，不管那么多，阿东爷爷太喜欢这个奇异的蛋了。回家路上，老爷子还暗自念道：说不定是个"凤凰蛋"，到时孵出一只小凤凰可美了……

冬爷爷到了家，左看右看想给"凤凰蛋"安顿下来。噢，有办法了，就请鹅妈妈帮忙孵化吧。您看大鹅自己有五个蛋，差不多一个月过后，五只嫩黄嫩黄的小鹅相继破壳而出。可是"凤凰蛋"还是没动静，冬爷爷等的好心急呀。小鹅出生后第九天——"凤凰蛋"终于生出了一条"小蛇"，花花绿绿的。原来是你呀？虽说冬爷爷有点失望，他还是悉心照料着这个小生命，想等它长大了放归山林。

过几天爷爷发现，"花蛇"长犄角了，还长了一嘴胡子，周身生出五彩鳞片。它原来是条龙！难过的是，龙越长越大，家里已经没办法养活它了。于是冬爷爷跟龙商量："阿里山有个大山洞，要不你去那里住吧？会舒服一点的。我会每天送猪血去给你吃。"冬爷爷信守诺言，每日给龙送猪血吃。

日子一天天过去，有回龙正要游出洞口迎接冬爷爷。这时它忽见一团"红光"闪过，张嘴就扑了上去。结果悲剧瞬间发生了。其实龙看到的"红光"并不是猪血，而是一个红衣小姑娘，那是邻村瞎奶奶的小孙女。事情传到冬爷爷耳朵里，他举着菜刀就冲进山洞，恨不得一刀砍死闯祸的龙。谁知龙已经做好了赴死的准备，眼泪汪汪等着冬爷爷发落呢。知错能改善莫大焉。看到龙这副模样，冬爷爷的刀"哐当"一声掉在了地上……但是犯了如此大错，龙一定要受罚的，最终它咬断了自己的尾巴，从此成了秃尾巴龙。为了更好地弥补自己的过失，龙去给瞎奶奶做儿子了，发誓为老人家养老送终。自那以后，龙每天要潜回海龙宫，带很多很多珠宝回来，埋进阿里山。这也是阿里山不断长高的秘密。

也有人说，很久以前的阿里山并不漂亮，它只是一座光秃秃的石头山。那"秃山"脚下住着一名年轻的猎人，名字叫阿里。有回阿里在打猎途中，发现一只老虎在欺负两个姑娘和一只孔雀，于是舍身相救。其实那两个姑娘不是凡间人，她俩是天宫的仙女，骑着孔雀偷跑出来的。而老虎则是玉帝派来的，就为了惩罚两位仙女。阿里多管闲事，惹恼了玉帝，所以被雷击致死，死后化成了阿里山。两位仙女伤心欲绝，她们化成姊妹潭陪在阿里山身边。

（一三二）黄大仙祠

香港特别行政区九龙半岛东北部，有庙名曰黄大仙祠，又名"啬色园"，始建于公元 1945 年。其整组建筑金红相间，彰显饱满正统的"中华色"。除了主神"黄大仙"，观音菩萨、关二爷、吕洞宾、孔子等神仙圣人也被请进来。可谓儒、释、道一家亲。

大仙祠外立着巨大牌坊一座，额上书："赤松黄大仙祠"六大字。"赤松"即赤松山，也就是黄大仙得道之地。此山果然有迹可循，就在今浙江省金华市境内。尽管建成年代较晚，黄大仙祠却是香港最有名、香火最旺的庙门了。庙里常年门庭若市，烧香拜佛的老百姓，几乎给神仙家门槛都磨低了。说是"有求必应"嘛，特灵。尤其大年初一那天，港民争着抢着来给黄大仙点燃"头炷香"。果真您抢到了，那真是无上荣幸和吉祥。

其实香港黄大仙祠这炷香，应是广州摘来的，年头可不短了。您看广州的黄大仙祠，1899 年就建起来了，那还是大清朝的事儿呢。一晃到了二十世纪初年，时局变得异常复杂。当时，"广州大老爷"陈炯明是个崇尚科学的人，坚决整治辖区内封建迷信

泛滥的问题。于是黄大仙祠被列入黑名单，庙门也保不住了。消息很快传到了香港，那些在港居住的广东籍老乡都坐不住了。"黄大仙"是咱的福星，咱不能眼看着他老人家受难呀？辗转到了1915年，由梁仁庵，梁钧转父子二人牵头，"赤松仙子"黄大仙之神像、神签等法物先行登上了香港岛。

刚一开始搞得还挺神乎，不知根底的轻易不让拜祭黄大仙。可是一来二去，大仙还是在香港岛出了名。禁不住群众千呼万唤，黄大仙这才被"请出来"，成为大家伙共同的神。又过几年，有崇拜者请求"黄大仙"指点：您老人家到底想住哪儿啊？噢，喜欢"啬色园"。不怕不怕，这就给您腾地儿。"啬色园"原是几位信道的商人集资修建的，平日他们研习道法都会到园中来。现在物尽其用，乐得送给黄大仙了。

"黄大仙"到底何许人也呢，竟然如此受到众人爱戴？大仙俗名黄初平，东晋人，祖籍浙江兰溪，法号赤松仙子，终以悬壶济世流芳万代。就说黄大仙成仙之前，原本是个小羊倌。大仙十五岁那年，信了神仙的话，藏进赤松山修道去了。谁给领走了呢？说是拜了南岳真人"赤松子"为师，所以黄大仙法名"赤松仙子"嘛。黄大仙有个同门师姐，那就是炎帝最小的女儿"女娃"。

家里不见了黄初平，一别就是四十多年，他哥黄初起找他都快找疯了。士别三日当刮目相看。久别重逢之日，初平俨然已不是初平了。您看这哥俩一见面，黄大仙手一挥，赤松山遍山石头变成好几万头"大白羊"，就送给哥哥了。后来哥俩一同修道，为乡亲们做了不少好事。

如今，每年正月初一至十五，黄大仙祠都要办庙会，这是答谢过去一年里大仙对众生的佑护。农历八月二十三日，黄大仙祠还办庙会，因为这天是他老人家的生日。届时您来看吧，整个九龙半岛人山人海。

第六章　中国地理之谜

一、先民遗风的未解之谜

（一）楼兰古国是什么样子

　　楼兰，一个动听的称呼，犹如少女芳名。楼兰遗址在罗布泊西岸，今天新疆的若羌县。现在看来是满目凄凉、寸草不生之地，天上没飞鸟，地上没走兽。曾经在此地的楼兰古国有什么样的神秘，在其中发现的3880年前的"楼兰美女"是谁？让我们一起来探寻。

　　公元6世纪唐代高僧玄奘取经回来路经楼兰，所见为"城廓岿然，人烟断绝"。可知这时候，楼兰已经是个空城了，仅剩下雄伟的城廓。随着自然的变迁，7世纪楼兰古国所在的整个罗布泊都变成荒漠，楼兰古国也湮没在千里黄沙中，一度被人忘却，人们甚至怀疑历史上是否曾有过这个国度。时间一年又一年，尘封的王朝丝毫没有向世人展示她美丽容颜之意，不断地在身上累积厚厚的尘土。

　　1900年，瑞典探险家斯文赫定率领一支探险队来到塔克拉玛干沙漠的罗布泊一带。由于带路的向导爱尔迪克的迷路，他们在孔雀河下游偶然发现一座神秘的古城遗址。第二年，这支队伍再次来到这片不毛之地。这次探险，他们揭开了世界考古史上楼兰文明的序幕。经过数天的发掘，在古城找到钱币、陶器、丝织品、粮食，以及几十张写有汉文的纸片、100多片竹简和几管毛笔。通过与中国历代有关楼兰古城的文献做比较，考古学家认为这些文物都属于楼兰文明，从而确定这座被湮没的古城就是楼兰。埋在沙漠中的古城终于重现于世！

　　一个充满神秘色彩，并略带伤感的文明也由此向世人敞开心扉。通过那依然严整的古城建筑遗址，数量众多的石器，做工独特的铜铁器，充满异域风情的饰品以及饱经沧桑的古代文书，楼兰将昔日的繁荣昌盛再现于世。

　　令考古工作者费解的是，楼兰古国是如何从一个繁华的城邦湮没于沙漠中，并最终成为一所神秘的死城的？楼兰在消失了 1000 多年后，究竟发生了怎样的变化？"青海长云暗雪山，孤城遥望玉门关。黄沙百战穿金甲，不破楼兰终不还。"这是著名的唐诗《从军行》。在这首诗中，楼兰作为一个重要的军事目标出现。事实上，楼兰是汉代西域的一个小国家，它位于塔克拉玛干沙漠的东部。据说，它曾经是一个繁荣富庶的国家，地理位置优越，地处"丝绸之路"要道。中国古代文献中也有关于楼兰的许多记载，最早的是司马迁的《史记》。这些记载，大部分来源于张骞通西域经过楼兰回国后的叙述。汉代的一条丝绸之路要经过楼兰古国，楼兰也因此成为中原与西域各国交通往来的枢纽。到汉朝时，它改名鄯善国，成为西域重镇；三国时期，成为魏属国；西晋时期，封鄯善王为归义侯；到了公元 4 世纪，为零丁国所灭，至此，楼兰在历史上消失了。从 1901 年斯文赫定的初次发掘，到 1980 年中国考古学家的最新考察，这一系列活动都初步再现了楼兰古国的灿烂文明景象及其对沟通中西文化所起的重要作用。在遗址上发现的文物中，有许多古币，比如中国汉代的五铢钱，还有大量的器具用品，如丝织品、陶器以及漆木器。令人惊奇的是，竟然有公元初就已经被广泛使用的佉卢文，并且有希腊、罗马的艺术品，还有流行在中亚撒马尔罕、布哈拉一带的用率利文字书写的纸片残件，波斯的地毯残片，以及具有罗马、波斯风格的壁画等等。所有这一切都无可辩驳地说明了楼兰古国在中西文化交流中的枢纽地位。

为了唤醒那沉睡已久的楼兰古城，开辟楼兰文明考古的新时代，1979 年，我国新疆考古研究所组织了楼兰考古队，进驻楼兰古城。在这里，出土了 4000 年前的楼兰女尸，发掘出了古城的建筑遗址，以及大量的石器、铜铁器、饰物、文书等等，往昔楼兰的繁荣仿佛又展现在人们的面前。

其中，最为著名的就是"楼兰女尸"。在通往楼兰的古老通道上，有一大批古墓，几具完好的女尸就排放在一座座奇特而壮观的古墓里。这些女尸脸庞不大，下颏尖圆，高鼻梁，大眼睛，双眼微闭，神态安详，几乎个个是年轻貌美的姑娘。她们赤裸的身体用毛织毯包裹，由起连接作用的骨针或木针点缀着，足下为做工精良的短统皮鞋。她们头上戴着帽檐为红色的素色毡帽，几支色彩斑斓的雉翎点缀其上，其美貌可想而知。同时，墓中还出土了大量的器物，有木器、骨器、角器、石器、草编器等。其中木器还有盆、碗、杯和锯齿形刻木。为什么这些女尸在这里沉睡了千百年还保存得如此完好？这些女尸是些什么人？这都有待于人们去深入地研究和考证。

与此同时，楼兰古城的建筑风格和技术也引起了人们的广泛注意。古城遗址东西长 335 米，总面积 10 万平方米。城墙采用夯筑法建造，大概是由于地域相近的原因，它与敦煌附近的汉长城相似。城墙的四方还有城门，城内有石砌的渠道。城区以古渠道为中轴线，分为东北和西南两大部分。东北部以佛塔为标志，西南部以"三间房"为重点，散布着一些大小宅院。

其中，东北部佛塔的外形如同覆钵，与古印度佛塔有几分相似。在佛塔附近，考古队发现了木雕坐佛像和饰有莲花的铜长柄香炉等物品。同时，许多钱币以及来自不同国家和地区的物品也被发掘了出来。这一系列发掘从理论上验证了这里曾是"丝绸之路"上贸易的中继站，有过辉煌繁华的昨天。

楼兰古国遗址

西南部的"三间房"遗迹，是楼兰古城中用土垒砌的唯一现存的建筑遗址。考古人员在此清理出织锦、丝绢、棉布和小陶灯等物，还发现了一批比较完整的汉代文书。历史学界从文书的内容上判断，这里曾是一座个官署。在三间房西南的宅院遗址里，考古队清理出了大量的生活用品，如木盘、木桶，以及许多家畜的骨头等。这些具有重要生产和生活作用的器物，都在无声地诉说着这里昔日的文明和沧海桑田。

无论楼兰留给了我们多少珍贵的遗迹、多少令现代人叹为观止的不可多得的美丽，那曾经水流清澈、水土肥美的可人绿洲，曾经令世代楼兰人眷恋的心灵家园，最终还是被无情的黄沙吞噬了。难道楼兰古城的消失真的是一个现代人不可推测的神秘力量所为？事实恰恰相反，从出土文物来分析这个问题，考古学家指出，这一问题应当和富有神秘色彩的罗布泊联系起来考察。古楼兰国气候湿润、植被繁茂，汉魏时期的罗布泊就位于古楼兰遗址附近，当时北面的孔雀河与南面的车尔臣河都汇入了塔里木河，然后经库鲁克河在楼兰城注入罗布泊，罗布泊湖水孕育了楼兰城的文明。但是，由于塔里木河流水携带大量泥沙沉积湖中，湖底逐渐淤高，终于使塔里木河无法流入而另择流道，从而导致了罗布泊的干涸。4世纪时，由于罗布泊向北移动，使得楼兰城水源枯竭、树木枯死，往昔兴盛的城邦面临着死亡的威胁，城内的居民们纷纷弃城远走，寻觅新的水源，而楼兰古国也随之渐渐消失。除了河流改道、罗布泊缩小以至迁移造成了楼兰古国的消失之外，也有不少研究者猜测人为因素与社会环境的影响也是一个重要原因。古楼兰的废弃以及城邦周遭的沙漠化产生，直接与当时的居民兴修水利迫使孔雀河、塔里木河南流进行灌溉，造成了孔雀河、塔里木河改流不再流入罗布泊相关联。由于中国历史上战争频繁，各民族的纷争不断，这也对当地人们生产生活产生了重大影响。或许出于这种原因，楼兰古城最终如同其他湮没在荒漠之中的城市一样，告别昔日的辉煌而消失了。

以上种种论述虽然提出了有关楼兰古城及其所代表的楼兰文明的一些假设，但是，关于楼兰王国的衰退以致湮没的谜底并没有真正揭开。楼兰古国的居民究竟是哪个民族？在楼兰衰落后，他们迁居何处？他们的后代又在何方？至今仍无人能够解答。

（二）新疆 "原始村落" 之谜

新疆于田县是古代丝绸之路要冲。张骞第一次出使西域，归途经昆仑山麓到此。从于田县越过克里雅河，就是塔克拉玛干大沙漠深处的所谓 "原始村落" 大河沿村。

对于这一神秘所在，在外界早就有种种传闻。据说大沙漠中有一个与世隔绝的小村落，那里是个 "世外桃源"，村民过着刀耕火种兼狩猎的生活。还有人说那里湖波荡漾，鸟兽成群，居民以捕鱼为生。人人都是宽衣广袖，走路翩翩起舞，张口以唱代说，个个丰衣足食，怡然自得……这个村子叫达里雅布依，汉语意思是大河沿村。"原始村落" 的人们究竟处于怎样的生活环境和生存状态呢？这对每个知道它的人都具有极大的吸引力。

沿着克里雅河东岸大道，向下游走到 135 千米的地方，已经没有路了。在岸边郁郁葱葱的胡杨林中，有一建筑群落，叫艾沙克玛札。到克里雅河下游末端，沿着洪水漫溢过的新旧河床，就到了克里雅人生活的一望无际的胡杨树林带。这个村庄处于塔克拉玛干深处茂密的胡杨林带，居住着 160 多户 700 多名维吾尔族人。属于田县加依乡管辖，距于田县城 300 多千米，沿途沙丘起伏，人迹罕至。居民的粮食和日用品全靠骆驼、毛驴运输，从县城到大河沿村要走 8 天，若要去最边远的人家，还要走 400 多千米曲曲折折的沙丘路。这里的居民居住十分分散，只有村委会附近有几户相隔一二千米的人家，大多数人家要相距五六十千米。他们具有自己独特的方言和生活习惯，很少与外界联系。由于生存环境和物质条件的限制，一二百年来这里的人们始终保持着自己特有的生活方式和风俗习惯。

1896 年 1 月，斯文·赫定曾闯进这个人迹罕至的大河沿村。斯文·赫定沿着古木参天的河岸，一直走到克里雅河的尽头，发现这里不仅有成群的野骆驼在奔跑，而且也是大批野猪的乐园。据说当时有 158 名牧人在这里放牧，根据斯文·赫定的观察，这些人 "各自都不相往来，政府的权力也达不到他们。他们生活在一个和外界不相通的沙漠小岛上，成为半野人"。

在 1959 年政府派人找到他们之前，这里还过着与世隔绝的桃源式生活。这个村庄以克里雅河床为界，分为卡鲁克和加依两个部落，世代以牧猎为主，不谙稼穑，甚至不知五谷为何物，也没吃过瓜果蔬菜和糖果。

如今，汽车已出现在密林深处，半导体收音机响亮的声音传遍了这古老的村落。他们仍过着俭朴好客的生活，无论谁从远方或近处来，他们都以家中仅有的食物待客。这里的人们以食羊肉和面饼为主，面饼大得出奇，如锅盖一般，有的甚至有 10~20 千克重。这种面饼用麦面或苞谷面做成，不用发酵，埋在木炭火中烤熟，然后拍去上面的尘土即可食用了。吃羊肉，或用木炭火烤全羊，或用红柳枝为扦烤羊肉串，风味独特。他们除在洪水季节能喝到河里的甜水外，人畜饮用的都是咸苦的渗坑水。大河沿人居住的房屋很简陋，以圆木排列成墙，上盖房顶，形似木笼。一般人家都有这么二三处大木笼房子，很少有院墙。这里没有偷盗凶杀之类的犯罪，生活清贫却很安然。政府曾希望他们迁到农村去，但没有人愿意，他们已经习惯于大森林和大沙漠中的无拘无束的生活。这里的居民并不是老死不相往来，而是以串亲访友为最大乐趣。

在党中央、国务院的亲切关怀下，1989年成立了中共达里雅布依乡党委和乡人民政府，从此，明在文明走进这片神秘之地，达里雅布依人由游牧走向定居。

（三）山西为何多"大院"

散布山西的百年民宅知多少？由于经历了明末清初一系列战争的破坏，现存的山西明代宅院较少，而保存较完整的大多是清代山西商人的豪宅，如清代金融中心祁县、太谷、平遥几县，交通沿线上的阳泉、介休、灵石、襄汾等地，除了对外开放的几处宅院群落之外，还有许多散落的老宅院，有些甚至藏在深山之中，有待于进一步认识和开发。

明代的经济政策对河东盐商和泽潞冶铁商人最为有利，明代晋商的代表当属晋南盐商和泽潞铁商。清代以旅蒙商人和票号商人最为风光，清代山西富商大多是集中在晋中一带的票商和贸易商人。这些大商人都曾经建筑了豪华富丽的大宅子。遗憾的是，他们当年的大宅子在兵燹战火和社会动荡中已化为乌有。

随着明代手工业、商业的蓬勃发展，平遥城内作坊四起，商贾云集。商品经济的发展，推动了建筑业的发展和建筑工艺水平的提高。清代中叶以后，平遥城里的票号典当业迅速兴起，更加丰富了城市建筑的内容，新兴的商家都在扩建具有更多功能、更强商业竞争力的店铺；凭经商而发迹的人们，大兴土木，城乡民居建筑的质量和档次因此迈上了一个新的台阶，华美宏大、匠心独运的建筑散落在繁华的市面上，遍及平遥城的大街小巷中，在明代城墙的护卫中，富商大贾的宅院林立街头巷尾，成为平遥古城献给人类的珍贵文化遗产。

平遥城里现存的四合院达3000多处，其中完好者有400多处。规模较大的十几处古宅老院，包括有日升昌票号第一任总经理雷履泰于道光年间在城内上西门书院街的宅子，有西门外的冀升在明清两朝几百年间陆续修建扩建的鲤鱼跃龙门院子，有天成亨票号首任总经理侯王宾在沙巷街的老院子，有侯王宾之子侯殿元的"七间七檩"宅，有与日升昌争辉的蔚盛长票号掌柜和遵濂的旧居，有清末民初平遥城里有名的"兴隆义"布庄、钱庄的东家赵大第的院子，有晚清平遥最有名气的文人王沛霖的宅第……这些古宅老院，就是明清众多山西宅院的最好注脚。

等级制度是中国封建政治体制中最显著的特点，与此相对应的宫殿、庙宇、住宅文化也充分地体现出这个特点。山西宅院中的等级观念的体现，可谓是淋漓尽致。山西宅院多为左右对称的正偏结构，正院上高下低，中庭开阔，尊卑有序，等级分明。

正院宽敞，正房高大，厢房低于正房，也小于正房。

以太谷曹家宅院为例，正院都是四合院，正房必设在正院里，正房的屋顶比厢房高，台阶比厢房也多一两级，账房院与主人居住的屋舍相比，就要低矮简陋得多。账房不论是正房还是厢房，门前大多不设台阶，即便筑台阶也只是一级台阶而已，以示其地位低主人一等。偏院则是紧靠正院厢房墙壁修建的一排低矮的东西房，供佣人、保镖、厨子们居住。偏院院子狭长，通往正院的门闩都安装在正院的一面，这样主人可以随时到下人住处走动察访，下人则不得随便出入正院。在晋中的几个商家大宅院里，这样的格局都是非常突出的，充分体现出封建社会的等级观念和礼制要求。

台阶或踏道也因居住者的身份而有差别。宋人李诫的《营造法式》中，对台阶有专门的尺寸规定："造殿阶基之制，长随间广，其广随间深，阶头随柱心，外阶之广，以石段，长三尺，广二心，则方三寸五分，其上下叠涩，每层露棱五寸，束腰露身一尺，用隔身版柱，柱内平面作起突壶门造。""造踏道之制，长随间之广，每阶高一尺，作二尺踏，每踏高五寸，广一尺，两边副子各广一尺八寸。如阶高四尺五寸至五尺者三层，高六至八尺者五层或六层，皆以外周为第一层，其内深二寸，又为一层，至平地，施土衬石，其广同踏。"这种营建法式虽然是为宫廷建筑而设置，但到明清时期，已经广泛用于民间的豪华宅第。从山西宅院里，就可以看到这样的规格尺寸。直观地看，就是主人居处的台阶级多、阶宽、台高，下人居处的台阶低下简陋，也就是通常说的什么等级的人，住什么等级的房。

明清山西宅院的庭院大都是方砖墁地，方砖的尺寸规格多为三四十厘米见方。等级越高的建筑，铺地的要求也越高。铺砌地面时，工匠须严格遵守磨砖对缝的要求，有的还要在砖缝中挂上油灰。油灰的主要成分是白灰和桐油，以保证地面的牢固耐用。考究的地面在铺砖之后，还要涂刷几遍生桐油，保持表面光滑美观。明间的中线上须用整砖，不可以对缝。而在游廊或室外铺地时，除了中线上必须用方砖之外，边上可以配砌小砖，院里十字甬路的中线上要用方砖，边上也可铺设小砖以纾解一下等级制度建筑的沉重压迫感，营造轻松活泼的氛围。年年岁岁生长在大院砖缝中的小草，只是沿随着循环往复的自然生长规律，对院落的兴衰和主人的变易，或许早已淡忘。

封建时代遵行男尊女卑的纲常观念，"唯女子与小人难养"的旧观念在山西宅院建筑中打上了深深的烙印。小姐的绣楼通常修建得低矮狭窄，虽说是精致小巧，却也有旧时不许女子出人头地、女子个性不得张扬等传统说教隐喻其中，束缚女性的三纲五常、三从四德在宅院建筑中得到充分体现。太谷的曹家宅院将绣楼缩进几尺，以限制闺阁中人的视线，从建筑上阻断她们的左顾右盼，禁锢她们的思想，这也是封建时代对于女性的要求，遵从礼教，淹没个性，忍让退缩，随父随夫。歧视女性的建筑文化，即使到了民国仍然没有大的变化。如定襄河边阎锡山故居中，被主人珍视一生的五妹子的绣楼就建在一个视线非常狭窄的地方，虽说五妹子来此居住的日子屈指可数，但从房屋收缩、低矮简陋的格局看，仍然没有摆脱女性从属的可悲地位。

明清山西宅院建筑中，对风水也是颇为讲究的。建院前，先请风水先生堪舆选址、起根脚、上梁时，要祭拜天地、鸣炮示庆，墙腿刻"泰山石敢当"，或者在门前立一石敢当，房后立一避邪镇妖之物，以求得心理上的平稳安慰。祁县乔家宅院从一号院的院门向里走时，地平线逐一抬高，至尽头的正屋，还要修建几级踏步，既迎合了风水术中"前低后高，子孙英豪"的说法，又符合建筑物的内在要求。明清时的山西许多民居建筑物，多为负阴抱阳、背山面水的特点，背山可以迎纳阳光和温暖气流，面水可以迎接夏日的凉风，向阳可以采纳良好的日照，缓坡可以避免淹涝之患，建造良性循环的小气候。这既有科学的一面，也有媚俗的成分充斥其中。

自宋代以来，阴阳五行、八卦风水说在北方极为流行，住宅的平面布局很大程度上依五行八卦决定，如宅子的地势如果与四神相应，最为吉祥，可以增福添寿。古代神话中，青龙、白虎、朱雀、玄武称为道家四灵，分别代表东西南北四个方位和青白红黑四种颜色。古人认为，东为上为阳，西为下为阴，左（东）青龙、右（西）白虎，前（南）朱雀，后（北）玄武。"宁让青龙高三头，不让白虎压一筹"，所以风水里就有"东高西低，阴不压阳"之说。而且还强调建筑物的后部气势要高，东边青龙有流水，西边白虎有道路，前有朱雀把门，后有玄武镇守，这样的宅子才算是福宅。

基址确定之后，还要请风水先生相宅。风水先生根据建房者的生辰八字，决定住宅中轴线的角度，先用罗盘定准正南正北向，再向左或向右调偏一定角度，叫作抢阳或抢几分阳。这是说主人的命不够硬，朝正南建房，恐承受不起，普天之下只有皇宫才可以朝正南开门。一经确定正院、正房的位置和尺寸，其余厢房、倒座房、偏院各房就可依照一定的程式递减，全院的格局也就基本上确定了。"仁者乐山，智者乐水"这一圣人教诲，早已渗透到几千年中华文化的方方面面，选择宅基地的首要标准是背山面水，宅主人既要享受仁者的崇高，也要享受智者的惬意。这种选择，既是地理的原因，也有生活方便的考虑。

（四）神秘的"女儿国"

有一块神秘得像谜一般的土地，有一个深邃如梦幻的湖泊，那就是滇西北高原的泸沽湖，这里世代居住着摩梭人。在那里，无论是一棵树一座山或一片水，无不浸染着女性的色彩，烙印着母亲的情感。于是它又被人们称誉为"当今世界唯一的母系王国""大山深处的伊甸园""上帝创造的最后一方女人的乐土"。那里已经成为一个现代人嘴里的神话、一个世人津津乐道的乌托邦。

泸沽湖被人们称为"女儿国"，其最神秘之处就在于"走婚"二字。情爱生活，在那里是天经地义的事情，所以，又有人说那里是"爱的乐园"。千百年的岁月在那里缓缓流去，在庞大的母系部落中，摩梭儿女仍然乐此不疲地走在那条古老的走婚路上。走婚这种习俗，在泸沽湖北边的四川摩梭人中被称为"翻木楞子"，是指男子在夜间翻越木楞房的壁缝，进入钟爱女子的花楼。

每到黄昏，脉脉夕阳的余晖铺在女神山上，当蜜一样的晚霞在天边闪耀时，归鸟的翅膀驮着湖光山色飞倦了，层层山峦铺满了阴影，夜晚即将笼住蓝色的梦。届时，在山边，或在湖畔弯弯的路上，你常常会看见那些骑马赶路的英俊男子。他们戴着礼帽，脚着皮靴，腰间别着精美的腰刀，跨着心爱的骏马，怀里揣着送给姑娘的礼物，也揣着足够的自信和一腔情思，朝情人家悠悠走去。

千万别以为他们可以大摇大摆地进入女方家的木楞房内，拴马、喂马，然后来到火塘边，那是会被人笑话的，因为时机还不够成熟。他只能在村边的草地上放马、遛马，等待黑夜的来临，夜晚才是属于他任意风流的时光。

当夜色浓浓地笼罩大地，群山间的夜鸟东一啼西一鸣，月儿弯弯挂在树梢，随露水渐渐重起来，虫鸣声声草丛里，寒星在空中稠密起来，人们都进入了甜蜜的梦乡，属于情人们的时间才刚刚来临，骑马的汉子才能走近姑娘的花房。如果姑娘很痴情于小伙子，并早有约定的暗号，那进入花楼就简单多了。因为约定的信号发出，姑娘会来为他们开门。按着约好的暗号，或怪鸟鸣叫，或长虫独吟，或夜猫啜泣，或丢颗石子在屋顶，姑娘就会打开花楼之门。但是，如果双方的恋情还不到火候，姑娘为了表示自己的毅力或考验男子的本事，是不会主动开门的，门栓和门杠可能还加了码。那么，小伙子要进入恋人的住所就困难了，因为一般摩梭家都是四幢木楞房拼成的四合院。如果实在没有办法，那小伙子就只能翻墙而入了，将整个人贴在姑娘家的木楞壁上，那道走婚的门，却始终不为他敞开。他还得防着恶狗，不然走婚不成反被犬咬，那会成为传遍几个寨子的笑话。可是，聪明的小伙子们还是有办法的。白天，他们从山上捡来已开裂的松果，把饭团揉进松果的裂缝内，等恶狗一来就将松果丢给它，那笨狗就不哼不叫，只顾去啃那个松果了。在它啃又啃不完，吃又吃不到什么之时，小伙子便已来到了门口。摩梭人家的大门都是用很大的木板制作的，开门时会发出嘶哑的怪声，小伙子早已备有一点香油，将油倒入门轴上，经香油润滑，门就不会再发出"警报"。第三步，腰刀派上了用场，里面的门杠和门栓，用腰刀从门缝中拨开，他就能进去了。走婚这一种充满了某种艰辛，但又融注着浪漫气息的婚姻形式，并非无根之木，它有自己独特的文化背景。在泸沽湖畔的摩梭人中，历来实行的是母系大家庭的家庭模式，血缘以母系计，财产由母系血统的亲人掌管和继承，家庭中只有母亲的母亲及舅舅之类，还有母亲的兄弟姐妹和女性成员的孩子们，而没有叔伯、姑嫂、翁媳之类的成员。这样的格局必须靠走婚制度来维系。家中的男子每到夜间就到情人家过夜，第二天黎明时分又回到自己的母亲家，所生育的孩子归女方家抚养，他们只承担抚养自己姐妹的孩子的义务。所以，在家庭中，他们（即舅舅们）的地位仅次于母亲，在这样的家庭中实行"舅掌礼仪母掌财"，男女情侣间，没有太多的经济联系，除了互相赠送的一些定情物，并没有共同的财产。他们并不成立自己的小家庭，双方之间只有情感的联系，一旦感情破裂，男的不再上门夜访，或女子不再开门接待，这段情缘就算了结。双方也没有怨言和仇恨，因为他们不必为经济发生纠纷，也不必为孩子的抚养起纠葛。孩子历来由女方家庭承担抚养教育义务，从不依靠父亲一方。分开后的男女仍可以寻访自己中意的情侣。

男女青年在恋爱时，先是秘密的，随着感情的加深，才公开来往。一旦公开来往，就不必再像前面提到的那样守夜，而是在黄昏时就可以进入女方家，共进晚餐，还可与她们家人一起劳动。无论男女双方是什么地位，有什么样的名声或来自何家族，长辈从不干涉。因为有钱有权也罢，家庭显赫也罢，都要一样实行走婚，他们走婚后，财产和名声仍属于两个各自的家庭，与他们当事人没有太多关系。所以，他们只注重双方的感情。

在灿烂的星空下，在泸沽湖清波的荡漾中，人们仍在歌唱着历史，歌唱着爱情；仍在夜幕中信誓旦旦，在黎明时各奔东西。对外人而言，他们只能是一个谜团，因为，只有在那里才生长那种爱情，泸沽湖永远是一个爱的乐园。

（五）仙字潭石刻是"仙人"的题字还是先民的刻画

仙字潭石刻是"仙人"的题字，还是先民的刻画？

华安县苦田村，位于福建省漳州市北 34 千米，九龙江支流汰溪的北岸。在葱葱郁郁的山岭中，点缀着富有民族风格的圆形民居。蜿蜒在山脚下的汰溪之水十分清澈，在此处折而东流，形成一个较大的河湾。而被人们称呼为"仙字"的古刻，就镌刻在汰溪旁这些赭红色的山岩上。这些仙字潭岩刻、岩画刻于临水的石壁上，人们以为"仙人题字"，故名由汰溪形成的河湾为"仙字潭"。岩画分布在长约 30 米，高约 2.5 米~5 米的石壁上，从西向东依次分为数组，以人面像、舞蹈以及其他人物活动为主，图像中还散布着各种符号。

华安岩刻相继被发现，并引起人们的广泛地关注。它们大多分布于福建南部九龙江下游及其以东地区，除了上文中提到的仙字潭外，没有大面积多图形的地点，一般是在孤零零的一块岩石上刻石作画。包括石井岩画，有 5 个大小不等的圆形凹穴；石门坑岩画，磨刻在山上路边的一块孤石上，画面最右边是套在一起的两个蹄印形，下边是 11 个蹄印；草仔山岩画，磨刻在一块孤石上，由 5 个蹄形组成，还有数蛇形图案；官畲岩画，刻在孤石上，由 7 个大致表现蹄印和动物形的符号构成；蕉林岩画，多刻在一块块巨石上，反映了蛇的题材；高安岩画，由大小均等的 11 个圆穴组成，可能是星象图；湖林脚印岩画，有男女足迹各一个，相距约 1 米……

福建境内被称为"仙字"的 12 处遗迹公布以后，"仙人题字"刻石就成为人们关注的热点。考古学家、历史学家、民俗学家以及美术史研究专家纷纷云集此地，对这些奇怪地看不懂的"天书"进行破解。尤其对于华安仙字潭刻石，到底是"仙人"的题字，还是先民的刻画，学术界中争论纷纷。这也使得华安石刻成为最有影响的闽地文物。

华安岩刻，相比较它们所处的峭壁、悬崖，这些字刻显得是那么平整。根据当地乡老的传说，这些"仙字"是"天公"早已经准备好的。这古老的传说，实在是十分离奇。因为根据古书《漳州府志》中的记载，说早在唐朝的时候，就有人将汰溪边这些仙字的拓本拿到了洛阳，当时唐朝的大儒学家韩愈是尚书郎，他看过这些拓本之后说，他竟然认识这些字，并且指称那是上苍关于祭祀神仙的诏令。可是后来漳州主修地方志的文官却始终不明白，为什么韩昌黎能够有这么大的本领，认出这些字的面目，他们在志书中也发出了疑问："韩公何所据？"

古文字学的学者根据古代的文献书籍记录，做出了种种推断。有人认为，那是吴部落的酋长在战胜了夷部落、越部落、番部落三个部落之后，为了记录自己的功勋而作的岩刻；有人说，这些仙字潭上有象形字、大篆、苗文、闽文等历代的文字；有人认为，那些文字是台湾高山族最早的文字记载；还有人认为，那是蛮王和妻子以及被俘虏的敌部落酋长的写真像……举证的人们都能够言之有理，并且常常旁征博引。于是，本来就充满着传奇色彩的仙字潭石刻，就更加神秘了。

然而，许多美术学史家、考古学家和文物学者则发出了不同的声音。他们斩钉截铁地认为，仙字潭的石刻，不是字，而是画，并且这些画是分布在世界各地的各种奇特的岩画中的一种。

岩画研究学家试着将仙字潭石刻中的图案，和图案化最鲜明的广西花山岩画，以及人物图案最鲜明的连云港将军崖上的岩画进行了对比，从而指出在仙字潭石刻中有岩画成分。这样，他们得到了一个结论：仙字潭石刻中的所有内容，都可以在太平洋地区的香港东龙洲、台湾的万山以及内陆的内蒙古、宁夏等地找到相互进行对照的画面。

仙字潭的石刻中，最突出的也最多的就是"舞人"。在大约有180平方米的变质岩的悬崖上，舞人几乎分布在每一处地方。福建境内，反映人们的生活的岩画较少，而仙字潭的石刻则是以人物为中心的。其中，第一组中的舞人是最为热烈、狂放的。第一组的石刻，位于整幅画面的最西侧，高0.8米，宽0.3米。画面上方的人物手臂，一只向上伸举、一只向下扬出，两腿呈弓步。这种舞蹈者的形体和舞姿，在很多岩画中都可以看到，是一种常见的舞蹈动作，图案化十分鲜明。

仙字潭石刻中的舞者形态各式各样：双臂上举；一臂上举，一臂卡腰；一臂折肘下垂；双臂下扬做蹲步……甚至有双手持棍棒的各种姿势的舞者，千姿百态。他们往往戴着各种颈项饰品，通常以两个圆点表示。有的画面中，杂在舞者中间标志着一些数字，表示舞者的人数。尤其令人注目的是，在舞蹈的行列中，还有不少兽面和无头的人体，以及众多的圆形的坑穴，有鲜明的祭祀的意义。

然而，我们这难以否认，仙字潭石刻中的图案和符号确实又存在文字的性质。这些符号除了有着象形、表意以及比较固定的间架结构之外，也存在着保存和传达信息的功用，至少我们可以说，它处在图像和文字之间的过渡时期。

"是字，还是画"的学术之争，把仙字潭的传奇推向了新的研究领域。

"仙字"还是一个扑朔迷离的谜，等待人们去破解。

（六）《河图》《洛书》是上古的无字天书吗

《河图》《洛书》都是中国上古时期传下来的神秘图案。关于它们的传说是易学史上争论最多、最复杂、最混乱，但同时又是内容最为丰富的问题。

相传在我国远古的伏羲氏时代，有一个丑陋的怪物游到黄河边上的城市孟津，背上负着一块刻有一幅古怪的图案的玉版。这个怪物大得吓人，吃了百姓们的稻谷和庄稼，最后竟然开始生吞人类。伏羲听到这件事，带着利剑来到河边要斩除这头妖怪，妖怪打不过伏羲，跪地求饶，自称是黄河里的龙马，并将背上的玉版献给了伏羲。由于它是来自黄河的宝贝，伏羲称这张图为"河图"，后来，伏羲还按照《河图》做出了"八卦"，可以用来推算历法，预测吉凶等。

到了大禹治水的时候，有一次大禹在洛河引水疏通河道，从干涸的河底浮出来一只可以驮起百十人的巨龟，大禹认为这是一只通灵神龟就将它放生了。不久后，大龟腾云驾雾再次来到洛河，将一块光芒四射的古老玉版献给大禹，上面同样有一些神秘的文字和图画，大禹将这块玉版命名为"洛书"。传说在《洛书》上有 65 个红字。后来经过大禹反复揣摩，整理出历法、种植谷物、制定法令等 9 个方面的内容，古人又根据这九章大法，整理出一本一直传至今日的科学法典《洪范篇》。

上述这些传说在我国最古老的典籍《周易》《尚书》《论语》中都有记载。其中比较可靠的是《周易》中的系辞篇，里面是这样记载的："河出图，洛出书，圣人则之。"这与上述传说十分吻合。直到宋代，朱熹解《周易》时，还曾派他手下的学者蔡元定去四川，用高价才在民间收购到了华山道士传出的《河图》《洛书》等，都是由一些圆圈点构成的图形。另外，还有一个可信的证据是在现在洛宁县长水一带有"洛出书处"石牌两块。1987 年，安徽含山县凌家滩原始社会末期墓葬中出土大量的玉片和玉龟，据专家考证是距今 5000 年无文字时代的原始的洛书和八卦图。

据说《河图》《洛书》在古代出现的时候都有普通人无法识别的文字，但后来都慢慢地散佚，现在人们经常看到的两幅图是宋时朱熹的《易学启蒙》中的，因为有图无字又神秘难解，人们把它们叫作"无字天书"。其中《河图》是用黑白环点示数、排列成图的。即一六居下，二七居上，三八居左，四九居右，五十居中。而"洛图"也只有用黑白环点示数的图。有人形容它"戴九履一，左三右七，二四为肩，六八为足，五环居中"。关于河图洛书上的这些神秘的图案，自古以来无人能破译。

早在春秋战国时期，《河图》《洛书》已经开始与天命、阴阳、占卜等有关了。孔子周游列国不得意时悲叹说："鸟不至，河不出图，吾已矣夫。"那时就已经有老子、孔子写的关于天命的书《河洛谶》各一种。在两汉时期的算命文献中，《河图》《洛书》更复杂和神秘了，共有《河图括地象》《河图始开图》等37种，《洛书甄曜度》《洛书灵准听》等9种。宋时出现的河图洛书又加进了新的内容，是融天文、人体、阴阳、象数为一体的易学图像，是一种理念的阴阳消长的坐标图，暗喻的范围非常广泛。

对《河图》《洛书》的解释非常之多，有些人认为它是古人对天象的观察活动的记载。原因是有关河图的记载最早曾见于《尚书·顾命》篇。记载周康王即位时，在东边厢房有：大玉、夷玉、天球、河图。后人就认为《河图》是测日晷仪与天象图标，这些实物在当时是测日观天察地的仪器，在古人眼中带有神圣和神秘的性质，因而才有可能和代表古代王权威严的古玉器陈列在一起。还有根据《魏志》中说的"宝石负图"是一幅《河图》《洛书》的八卦综合图，看上去像罗经盘，磁针居中，外面围着八卦，最外层为二十八宿。所以这些《河图》是古代测量太阳的晷仪时根据日影来画出的；而《洛书》则是张天文图，用来概括天文的原理。还有人认为西安半坡出土的石板上用锥刺的圆点排成的等边三角形图案是它们的原型。但这还不过是一种有一定联系的设想，还无法看出这种图案与《河图》《洛书》的起源有什么联系。

西南电子技术研究所退休高工杨光和儿子杨翔宇发现，"洛书"的核心"十"字与墨西哥发现的"阿兹台克"历石中心人像的"十"字、金字塔俯视图中心的"十"字完全吻合。他们提出"洛书"是外星人遗物，"河图"则描述了宇宙生物的基因排序规则，而"阿兹台克"历石则是外星人向地球人的自我介绍。

各种关于《河图》《洛书》的说法都还没有真正找到依据，《河图》究竟是一个什么样的图案，《洛书》究竟是一些什么样的书写符号呢？《河图》《洛书》的原型是什么？古人又是如何按《河图》《洛书》画出八卦的？还有待科学的进一步解答。

（七）这些岩画是遥远的古代遗留吗

我国考古工作者在内蒙古狼山发现了一些远古时代的岩画。其中一幅画让人百思不得其解，上面画着两个桃子形状的东西，中间偏上方有两个圆圆的小洞，有点像人的两只眼睛，不过，如果这是张人脸却又不见鼻子和嘴巴。在这张"脸"的上方和周围画着很多的球状体，星星点点，纷纷洒洒，有人说是宇宙中的星星，也有人说是飞行器，自天而降。所以，很多人干脆把它称为"天神图"。

在韩乌拉山峰下东边沟口的岩画上，也发现了一些奇异的人头像。其中有一幅人头长着一张方嘴，两只圆眼睛，脑袋上还布满了线状物，就像古人形容的"怒发冲冠"。有人说是头发，有人说是天线，在画中还刻着"大唐"两个字。为什么写上这两个字呢？如果这指的是这些岩画的刻画年代的话，为什么不画佛也不画道呢？要知道，在唐朝，宗教画是非常流行的啊！这到底画的是哪一家的神灵呢？

无独有偶，考古工作者在宁夏贺兰山东麓也发现了一批稀奇古怪的远古岩画，共约 300 幅。其中北侧一块距离地面 1.9 米的岩壁上画着一幅人像写意画令人过目难忘。这幅画高 20 厘米，宽 16 厘米，头朝向西南方向，戴着一个又大又圆的密封式头盔，头盔与紧身连体套装浑然一体。头盔中间有一个圆形孔洞，也许是观察窗。整个头部就像是现代戴着头盔的宇航员。奇怪的是古代不可能有宇宙飞船，古人也不可能看见过今天的宇航员，那么，他们的灵感是怎么得来的呢？

事实上，类似这样的岩画不止在中国，在世界范围内都屡有出现。在非洲撒哈拉大沙漠中，欧美一些国家的考古学家在恩阿哲尔高原的丁塔塞里夫特也发现了一些神秘的人头画像。这些画中的人戴着奇特的头盔，衣着也臃肿可笑。刚开始学者们都不知道这幅画是什么意思。直到美国人造飞船上天，人们才恍然大悟。原来，撒哈拉沙漠岩画上人头上戴的奇特头盔正是现代宇航员的头盔！而这些画中人穿着得非常臃肿的服装也酷似现代宇航员的宇航服！我们不禁要问同样的问题，非洲的这些远古人类又是从哪里得来的艺术灵感呢？这是人物写真呢还是远古人类虚构出来的？如果真是人物写真的话，这些撒哈拉沙漠居民真的见到过天外来客吗？

在古代交通不发达的条件下，世界上的许多民族和地区都不约而同地留下了如此怪诞的图案，这不是能用"实属巧合"这类话能搪塞过去的。自古以来，全世界各个民族都有关于天神们开天辟地的神话传说，除了反映远古人类的艰难创业历程，是否也反映了人类祖先对于古代天外来客的原始记忆呢？也许，正是原始人类对这些具有高度文明的天外来客充满了崇拜，把他们当作神来膜拜，并把他们的形象画在了石壁上。

这些岩画真的是对天外来客的记忆吗？恐怕这个谜一时还无法解答。

（八）红山文化女神庙里的女神是谁

1983 年 10 月，在辽宁省建平、凌源两县交界处的牛河梁，考古学家发现了又一处红山文化祭祀遗址，推测其原来是一座女神庙，出土一件面涂红彩的泥塑女神头像，头高 22.5 厘米，面宽 16.5 厘米，形体与真人相当。这是迄今为止新石器时代陶塑遗物最重要的发现。牛河梁红山文化"女神庙"遗址的发现，大约分属 5 或 6 个个体的女神像的陶塑残块。尤为珍贵的是神庙主室西侧发现的接近真人大小的彩塑女神像，肢体虽已残碎，但头部基本完好，较为完整的还有肩臂、乳房、手等。在此以前还在喀左东山嘴红山文化的祭祀遗址中发现了两个小型孕妇塑像。据研究，女神庙已残碎的女像可能也与孕妇像一样同属坐姿，女神头部两眼都用圆形玉石镶嵌，更显生动。这 3 尊女神像虽有大小的不同，但显然都是原始崇拜的偶像。红山文化年代跨度约略相当于仰韶文化时代，距今已 5000 多年。

红山文化是距今五六千年前，一个在燕山以北、大凌河与西辽河上游流域活动的部落集团创造的农业文化，因最早发现于内蒙古自治区赤峰市郊的红山后遗址而得名。

红山文化全面反映了我国北方地区新石器时代的文化特征和内涵。其后，在邻近地区发现有与赤峰红山遗址相似或相同的文化特征的诸遗址，统称为红山文化。已发现并确定属于这个文化系统的遗址，遍布辽宁西部地区，几近千处。20 世纪 80 年代中期，对辽西东山嘴牛河梁红山文化女神庙、祭坛、积石冢等进行了一系列的发掘。喀左县东山嘴遗址坐落在山梁顶部中央，面向东南，俯瞰大凌河开阔的河川。这是一处用大石块砌筑的成组建筑遗址，呈南圆北方、中心两侧对称的形制。南部圆形祭坛旁出土的陶塑人像中，有在我国首次明确发现的女性裸像。

与东山嘴相距仅三四十千米的凌源、建平两县交界处，分布着大规模红山文化遗迹，包括牛河梁女神庙、祭坛、积石冢群。牛河梁居大凌河与老哈河之间，为东西走向的山梁。这一带地理环境优越，红山文化遗存密集；以高高在上的女神庙及广场平台为中心，十几个积石大冢环列周围，并且都和远处的猪头形山峰相呼应，形成一个互为联系的祭祀建筑群。目前，发掘工作限于局部，但女神庙已出土大量泥塑人像残块，可辨别出至少分属 6 个人像个体。其中最小的如真人一般大小，主室出土的大鼻大耳竟是真人的 3 倍。泥塑人体上臂、手、乳房等，与泥塑禽兽残块以及彩绘庙室建筑构件、墙壁残块等，无一不是杰出的艺术作品，而一尊较完整的人像头部，尤为雕塑佳作。头像结构合理，五官比例准确，表情生动逼真，她不仅是我国文明黎明时期艺术高峰的标志，也是亿万炎黄子孙第一次看到的 5000 年前用黄土塑造的祖先形象，对中华文明起源史、原始宗教思想史的研究具有极其重要的意义。女神庙全长约 22 米，宽约 2～9 米，主体建筑长 18.4 米。庙由多室组成，主室为圆形，左右各有一圆形侧室。主室北部为一近方形室，南部似有三室相连，成一横长室；左右对称，主次分明，布局严谨而又有所变化。这种建筑格局，作为中国建筑的传统延续了几千年，已可追溯到此。所以这座女神庙不仅是中国最早的庙，亦可称为东方建筑之祖。

1983 年秋季，牛河梁女神庙被发现。1984 年，经国家文物局批准，考古工作者对女神庙进行了正式发掘。尽管女神庙的出土是人们翘首以待的事情，但当它真的被挖掘出来的时候，其建筑遗存的完好程度、结构的复杂性，尤其是女神像的规模和精湛的雕塑技艺还是让人大吃一惊。牛河梁遗址由女神庙、祭坛和积石冢等 16 个地点组成，占地约 50 平方千米。女神庙位于牛河梁诸道山梁的主梁之上，其地位的重要性从地理位置上也得到了表现。女神庙和其北部的大型山台是牛河梁遗址的主体。山台地势平稳，系人力加工所为，南北东西各长 200 米，四周砌以石墙，极似城址。引人注意的是，神庙与山台的走向完全一致，说明应是一个整体。在山台北侧也发现有塑像残片和建筑物架，说明另有一座神庙与女神庙以山台为中心呈南北对称分布，从而构成一台（或者也可以说一城）两庙的建筑群体结构。女神像发现于 1984 年 10 月 31 日的上午。一位参加发掘的考古队员后来回忆说，根本无法找到一个恰当的词来表达那时的心情。是欣喜若狂吗？显然不是。当女神像被一点点剥离出来的时候，人们都屏住了呼吸，整个工地悄然无声，只有小铲和小刷子剥离泥土的声音在沙沙响着。当女神头像完全显露出来的时候，辽宁省博物馆的摄像师不失时机地把这激动人心的瞬间定格在胶片上。后来，这张照片被题为"5000年后的历史性会面"。照片上，女神坦然而镇定地注视着5000年后的人们，嘴角带着一丝若有若无的微笑？

牛河梁红山文化女神庙是中国首次发现的远古神殿，其遗址中文化内涵与宗教遗存的丰富程度都是任何其他遗址所无法比拟的。它的发现，对中国史前宗教及文明起源的研究都有着非同寻常的意义。女神被有些人称为"中国的维纳斯"，但是这个维纳斯究竟代表何方女神，她究竟从何处以什么样的身份来主持着古老的红山文化？有人从历史古籍神话传说里查找女神的庐山真面目：《帛书》简述了伏羲、女娲氏族的形成及历史贡献。说伏羲、女娲是中华各族的共祖，并不是神话。公元前7704年伏羲卒于桐柏鸡公山。女娲代立，时年52岁。伏羲二世、三世皆听命女娲，女娲死后葬于风陵渡。辽宁牛河梁（红山文化）女神庙中宫内端坐着一位比真人大3倍的裸体女娲娘娘，两边是龙凤巨型陶塑，四周坐满站满最小也与真人大小一样的裸体女神（有的还是孕妇），她们可能是历代黄帝、少昊、颛顼等氏族的母系祖先。也有人从女神所处的环境及女神庙的历史痕迹考察她的身世归属。但是作为无语的历史，女神的微笑如同蒙娜丽莎的微笑一样等待后人更加精确的解读。

（九）良渚文化为何有众多玉器

良渚文化是我国长江下游太湖流域一支重要的古文化，因1936年原西湖博物馆施昕更先生首先发现于余杭区良渚镇而命名，距今5300~4000年。

经过半个多世纪的考古调查和发掘，初步查明在余杭区良渚、安溪、瓶窑3个镇地域内，分布着以莫角山遗址为核心的50余处良渚文化遗址，有村落、墓地、祭坛等各种遗存，内涵丰富，范围广阔，遗址密集。20世纪80年代以来，随着反山、瑶山、观山等高台土冢与祭坛遗址的发掘，以大量殉葬精美玉礼器为特征的显贵者墓地被发现，以及莫角山大型建筑基址的被发现，表明良渚文化是中华五千多年前文明程度最高和最具规模的地区之一，良渚遗址堪称东方文明圣地。

良渚文化最著名、最有特色的就属它的玉文化，是中国玉文化的源头，并且一开始就显现出不凡的艺术魅力。良渚文化为何在五千年前就有如此出众的玉文化？先民们为何要雕琢那么多玉器，他们又是如何雕琢的？其中有许多谜等待解答。

有人说是因为装饰，美化生活的原因。

中国玉文化源远流长，玉在人们心目中有着崇高的地位。玉，一般晶莹剔透，即使有少量瑕疵，也是"瑕不掩瑜"，其石料很稀有，因此也非常珍贵。玉石还不能称为"玉"，要经过匠师的精心雕琢，成为具有各种内涵的玉器，正所谓"玉不琢，不成器"。玉有太多美好的品质，因此就往往把具有高洁品质的人和玉相联系。可以证实东周和春秋战国时期就形成了，把玉当作自己（君子）的化身的礼仪。贵族、士大夫佩挂玉饰，以标榜自己是有"德"的仁人君子。"君子无故，玉不去身。"君子必配玉，玉只可配君子。汉许慎在《说文解字》中说，玉，石之美兼五德者。所谓五德，首先指玉的5个特性，即坚韧的质地、晶润的光泽、绚丽的色彩、致密而透明的组织、舒扬致远的声音。然后是比附人的五个美德：仁、义、礼、智、信。

装饰生活、美化自己是人的天性，远在9000多年前，生产水平极端低下的山顶洞人，在闲时也不忘磨制骨器、石头制作项链等装饰品。7000年前鱼米之乡河姆渡的先民也是如此，在选石制器过程中，有意识地把拣到的美石制成装饰品，打扮自己，这就揭开了中国玉文化的序幕。在距今四五千年前的新石器时代中晚期，辽河流域，黄河上下，长江南北，中国玉文化的曙光到处闪耀。而最为著名的便是良渚文化出土的玉器。良渚文化玉器种类较多，典型的有玉琮、玉璧、玉钺、三叉形玉器及成串玉项饰等。这些玉器都造型精致，刻有各式图案，有很强的装饰作用，特别是成串的玉项饰。所以说良渚文化出现如此多优美的玉器，是出于装饰生活的原因不无道理。

另一种说法是，良渚玉器大量产生，不仅仅是装饰，而是有更深的文化内涵。把玉作为装饰品反而是更后的事情了。此说的证据是从良渚玉器本身情况来说的。

良渚玉器以体大著称，显得深沉严谨，不是很适合随身佩戴的装饰，是否用于装饰住所还没能考证，但在当时生产力并不发达的情况下，是否会产生这样的需求还是值得商榷。

最能反映良渚琢玉特色的是形式多样，数量众多，如使人高深莫测的玉琮和兽面羽人纹的刻画。良渚玉琮系软玉雕琢而成，从外观看呈外方内圆、上大下小形，每个面的转角上有半个兽面，与其相邻侧面转角上的半个兽面组成一个完整的兽面。这些物品充满神秘气息，现在看来其形状和图案也是令人惊异，隐隐透出一股凉气。这些玉琮的用途应该是与宗教祭祀、财富权力有关。战国《周礼》书中曾有"苍璧礼天""黄琮礼地"之说法。东汉郑玄注"璧圆像天，琮八方像地"，都说明玉琮与对鬼神的崇拜相关。

因此他们认为良渚玉器更深的文化内涵是对鬼神的敬畏，是用于祭祀的神器，由此衍生出"玉"被作为权力的象征。这一点从后来的"玉"的地位可以反证，"玉"不仅仅作为装饰，作为美好品质的象征，在中国文化上，从一开始就更多的是作为具有神圣地位的、能显示权力的神器。

长江中下游一直就有神秘的巫术文化传统，楚国文化强烈的巫术气息，可能就是从此地久远的文明——良渚文化继承的。有人认为，良渚文化就是以"蚩尤"为首领的部落的文化，据考证良渚文化时期已经有初步的政权，可以称为良渚古国。后被中原炎黄部落为首的青铜文化所打败，共同汇入中华文明之中。从历史上看，良渚文化时代的玉文化不仅没有随良渚文化的衰亡而消失，反而被后来的夏、商、周三代王朝全面继承下来，成为古代中华文明最具特色的内容。夏、商、周三代从良渚文化继承的玉文化，包括一些具体的礼器，如象征王权的军事统帅权的玉钺，祭祀天地的玉琮、玉璧、玉圭、玉璜等；甚至连玉琮上那个表征良渚文化宗教信仰系统的神人兽面纹，都被夏、商、周王朝全面继承下来，成为三代礼乐文明的重要内涵。

良渚文化是神秘而又辉煌的，其为何有如此多的玉器，主要是因为装饰，还是因为祭祀尚不能明确，不过良渚玉器形制奇特，肯定包含着先民神秘的思维。

（十）塞外彩色陶罐来自何方

在乌鲁木齐南郊乌拉泊水库旁的一座古墓中，曾出土了一件彩色单耳小陶罐，罐高 14.8 厘米，口径 9.5 厘米，底径 5.5 厘米。这是一件敞口短颈、鼓腹圆底的陶罐，在颈腹间还有一宽带状的单耳。陶罐为手制，外涂一层土红色的陶衣，陶衣上通体涂绘暗红色的花纹。陶罐颈部是上下两排三角形花纹，腹部为上下两个三角形花纹演变而成的勾连的涡卷纹，耳柄上绘有斜纹方格网状纹，口沿内壁还绘有一圈带纹。整个陶罐制作精巧，色泽艳丽，纹饰醒目，是一件美丽的原始艺术品。令人惊异的是在哈密哈拉墩地区和乌鲁木齐南山阿拉沟地区的古墓中，均发现了同样的陶罐。这是古代哪个民族的创造？陶器上彩绘的三角纹、涡卷纹表现了什么？这些问题令人百思不得其解。

彩色单耳小陶罐

其实，提起彩陶，人们马上就会联想到著名的仰韶文化。瑞典著名的地质学家安特生在当时征求农商部以及中国地质调查所的同意，并且与河南渑池县政府联系，取得当地政府的支持。安特生一行于 1921 年 10 月第三次奔赴仰韶，进行正式的挖掘工作。此次发掘从 10 月 27 日开始到 12 月 1 日结束，历时 35 天。这是安特生在中国进行的最大和最详细的发掘工作，其影响直至今日。安特生把这些远古人类遗存命名为"仰韶文化"。由于仰韶文化的主要特征就是彩陶，因此人们也把仰韶文化称之为"彩陶文化"。这在中国历史上还是第一次运用现代科学的"文化"概念取代了传统史学的神话传说。

距今 6000 多年的半坡彩陶上就绘有鱼纹、蛙纹等动物花纹，更有宽带纹、三角纹等几何形花纹。在生产力还十分低下的远古时代，人们何以制造和绘饰与那个时代极不相称的彩陶文化，至今仍是个谜。面对琳琅满目的彩陶文化，我们为其灿烂的风采所倾倒，也因此迷茫不解而困扰。彩陶文化的研究者总结出彩陶的种类繁多，比如倒三角纹、大倒三角形的网状纹，还有倒三角纹演变而成的涡纹、竖条纹、平行短纹、树枝纹、弧线纹、棋盘格纹等。另外，研究者也发现很多地方的出土陶器上的花纹样

式及其构造方法上都比较类似，那么，世界上是不是存在着一条彩陶文化带？是不是在新石器时代晚期，有一支以彩陶文化为代表的先进农业集团由西向东进入了中国的黄河流域，然后这条线也就在中国境内绵延开来，形成了从新疆到中原的彩色陶器文化？英国考古学家赫伯森先生推论："彩陶文化的传播路线应该是由西向东的，源头是中东的两河流域，因此在中国的西部特别是新疆地区一定会留下传播痕迹，很有希望发现相同的彩陶。"事实上新疆塞外彩色陶器的发掘呼应了这一推论。

民俗学专家告诉我们，在古代，人们对墓穴的朝向的选择，往往是一个民族认为自己民族的来源之所的方向，表示对于远古时期故土的怀念。而通过观察总结可以我们知道，半坡遗址中所有的墓穴都朝向西方，同属于仰韶文化的北首岭、姜寨、横阵、元君庙、史家等史前遗址的墓穴朝向也与半坡相同。在位于河南西南部的淅川发现的仰韶文化遗址中，墓穴的朝向为西稍微偏北，而郑州和洛阳地区仰韶文化遗址中的墓穴，朝向基本上是西稍微偏南。而与仰韶文化关系紧密的齐家文化范围内的甘肃永靖县史前人类遗址，其墓穴分为南北两片，南部墓穴99座，朝向全部西偏北，而北部墓穴29座，朝向一律正西，也是以西为主。而新疆察吾乎沟、罗布泊、焉不拉克、艾丁湖、苏巴什、巴里坤草原、伊犁河谷地区、阿拉沟等地发现的彩陶文化墓穴的朝向，也都是朝向西方。那么如果民俗学家所总结的可以与彩陶文化现象相合并的话，彩陶的文化迁徙方向是不是就可以被认为是从西到东的？但是这些也只是猜测和推论而已，并不能确切地说明什么结论。在新疆发现的彩陶作为一种文化的代表或者最先昭示，它必然带给我们广阔的空间去接近曾经的辉煌与智慧。

（十一）禹王碑书写的是什么

禹作为一个做出多方面伟大贡献的英雄，因为制服了史前大洪水而受到人们的崇拜，特别是为治水，三过家门而不入的精神深深打动了后人。因此关于他的神话传说也很多。

相传大禹开山制服洪水后留了一块碑竖立在衡山岣嵝，山峰上，但人们一直没有找到它。据记载，早在唐代德宗时期，著名文学家韩愈、刘禹锡等就听说过衡山有禹王碑的事了。由此可见，最迟在唐代德宗以前，禹王碑就早已竖立在衡山上了。据说，韩愈曾游览衡山，但没有亲眼看到禹王碑。他在《岣嵝峰》一诗中写道："千搜万索竟何有？森森绿树猿犹悲。"同时，刘梦得却记述"祝融峰上有'神禹铭'古石，琅玕姿秘，文蝌虫形"，肯定此碑实有之，独异好古者搜索不得，遂致疑以传疑："岣嵝何须到，韩公浪自悲。"

直到南宋宁宗嘉定五年（1212），有一个名叫何致的人游览衡山，在樵夫的指引下，终于找到了这块禹王碑。他照原样拓描下来，回到长沙，摹刻了一块碑竖立于岳麓山。从此，岣嵝峰的禹碑名扬四海。据描述，碑面宽110厘米，高184厘米，共77

字，每字径约 17 厘米。

据学者研究，这篇碑文既不同于甲骨钟鼎文，也不同于籀文蝌蚪文，很难辨认，杨慎释文也只是一说，难做定论。据古代传说，大禹为了寻求治水方法，日夜奔波于三山五岳，后来，大禹在南岳衡山梦见苍水使者，在仙翁的指点下，获得有治水方略的金简玉书，终于制服了洪水，有些人便根据此神话传说猜测：禹王碑正面所刻 77 个奇字就是大禹记述的有关治水方略的内容。但传说毕竟是传说，要揭开石碑的真正面目还要依靠科学。据明代学者杨慎等对禹王碑的考译，全文 77 字，有两层意思，一是舜命禹去治水；二是禹治水历尽千辛万苦，累弯了腰，长年泡于水中，连汗毛也掉了，最后治平了九州洪水。还有其他学者考证过，结果大同小异。

许多学者认为，一个人有天大的本事，也不可能创造如此复杂的汉字。目前史学界、书法界普遍同意一种观点：汉字是远古时代的先民们在长期的生产、生活实践中，逐渐积累，几经约定俗成后，为人们共同认识、使用而创制的。但为何其字形奇怪，既不像大篆，更不像小篆，也没有一点甲骨文的痕迹。无论如何仅凭这些文字是考证不出其内容的。

禹王碑至今仍是一个无法彻底揭晓的谜，它涉及远古历史及古文字发展问题，只有等待哪一天像甲骨文样大量发现，才有可能通过相互对照来解读。

（十二）西周微刻甲骨文之谜

1976 年，考古工作者在陕西省岐山县凤雏村发现了西周初年的甲骨文。据研究，刻有微型文字的甲骨共有 293 块，大都是周文王晚期到周康王初期的作品。这些刻在甲骨上的文字细若发丝，需要借助 5 倍以上的放大镜才能辨清。在当时的条件下竟能刻写出这么小的字，简直让人难以置信！一团迷雾笼罩在考古学界：这些文字是怎么刻上去的？

2002 年，考古工作者在陕西城固县宝山村商代遗址烧烤坑出土了一枚距今约 3000 多年的铜针。铜针首端又尖又细，末端还有一个微小的针鼻孔，孔径仅有 0.1 厘米。其做工精致，让现代人为之惊叹。这个铜尖针是做什么用的？有人认为，这样的铜针就是用来微刻甲骨文的。

那么，微刻出这么小的文字让别人怎么看呢？甲骨上的文字是需要借助数倍以上的放大镜才能辨别得出的！但即使没有放大镜，也不能说明当时就没有办法微刻出这么细小的文字。因为有些人的视力是可以超过常人数倍的。今天选拔飞行员的标准，其中一条就是要求视力必须超过常人。另外，现代医学研究发现，患有某些眼疾的人如中心性网络膜炎晚期、黄斑部病变结痂前期等，看东西会比实物大数倍。西周时期有没有人得这些病，我们不得而知，但也不能排除这种可能性。事实上，古人的视力究竟怎样，我们真的一无所知。在美洲丛林中有一个与外界接触较少的部落，他们竟然能用肉眼看见人造地球卫星！这是否说明，原始人类比现代人类的眼睛要好得多呢？

还有一个问题，这些微刻出来的甲骨文有什么作用呢？又是刻给谁看的呢？据专家研究，这几百片甲骨文所记载的内容多是周与商王朝的关系，商王的狩猎以及占卜之类。有人认为，这些内容之所以要微刻是因为关乎"军事机密"。众所周知，商王朝是被周王朝取而代之的，在灭商之前周人必须进行一番长期而又秘密的准备工作。这些工作除了发展势力，访贤任能，研究周与商的关系，对商王行踪进行侦察也是必不可少的。这种记录当然属于国家机密，必须严格保密，所以聪明的周人就想到了微刻的办法。

当然，微刻的办法可能是想出来的，也可能是偶然发现的。如果是想出来的，那说明微刻技术在当时就已经存在了，周王只需要任用一些微刻能手就行。但也许当时并没有什么微刻技术，只是那些专门负责占卜及观察天象等职责的巫史在长期思想高度集中的状况下视力得到了提高或者出现了眼疾，从而恰巧发生了看东西比实物大几倍的事情，于是微刻出这些甲骨文也就是自然的事情了。

在科技并不发达的古代，人们是怎么完成如此精细的工作的呢？至今尚无定论。

（十三）长沙楚墓帛画中的妇人形象是谁

1949 年春天，湖南长沙市东南郊陈家大山楚墓出土了一幅帛画，距今 2200～2300 年，是目前世界上发现的年代最早的帛画之一。帛画高约 28 厘米，宽约 20 厘米，画面中部偏右下方绘一侧身伫立的妇女，身着卷云纹宽袖长袍，袍裾曳地，发髻下垂，顶有冠饰，显得庄重肃穆。在她的头部前方即画的中上部，有一硕大的凤鸟引颈张喙，双足一前一后，作腾踏迈进状，翅膀伸展，尾羽上翘至头部，动态似飞。画面左边自下而上绘一只张举双足、体态扭曲向上升腾的龙。由于长期埋葬在地下，帛画出土的时候显得比较灰暗，几乎难于辨认。于是也就出现了新旧临摹版的差别之说。早在 20 世纪 50 年代初，郭沫若就根据当时的旧的临摹版本进行过研究，先后在《人民文学》上发表过两篇文章，论述帛画在我国文化艺术史上的地位。郭沫若认为妇人左上方的一兽一禽为夔（古代传说里的独角兽）和凤，并把帛画定名为"人物夔凤帛画"。画中妇人的身份，郭沫若未做更明确的考证。

20 世纪 80 年代以来，通过对原画的重新鉴定，加上另外一些年代相近的帛画相继出土，不少专家学者多次撰文对帛画的主题思想以及它的用途做出了迥异的研究结论。如《江汉论坛》1981 年第一期发表的熊传新的《对照新旧摹本谈楚国人物龙凤帛画》一文，认为帛画的结构和布局有上中下三层，上层为天空，左上方的兽是我国古代神化了的龙，而不应该是夔。作者认为画中妇人即墓主人的画像。美术史家金维诺也支持这种看法，他在《从楚墓帛画看早期肖像的发展》中，认为这些画上的中心人物均为死者本人是可以肯定的，并认为此类帛画是我国肖像画的滥觞。

但是帛画人物里的妇人究竟是谁？她的身份和地位究竟是什么？她的各种姿势确切的是要表达什么意思？这些还仍然是未解的谜，期待更进一步的考证和解读。

（十四）勾践剑和夫差矛为何在相邻的地方出土

吴越之地，自古便以冠绝天下的铸剑术著称。在吴、越两国所铸青铜器中，兵器既精且美。春秋中晚期，随着吴越对外军事扩张的需要，其兵器铸造业也呈现出空前发展、繁荣的状态，因此，"吴矛越剑"不仅为时人所艳羡，其美名还流传千古，为历代所称道。

越王勾践剑出土于 1965 年 12 月，剑出土时，装在黑色漆木剑鞘内，剑与鞘吻合较紧。剑身寒光闪闪，毫无锈蚀，试之以纸，20 余层一划而破。可见史书记载的"夫吴越之剑，肉试则断牛马，金试则断盘盏"不是虚妄之语。剑全长 55.6 厘米，剑格宽 5 厘米，剑身满饰黑色菱形几何暗花纹，剑格正面和反面还分别用蓝色琉璃和绿松石镶嵌成美丽的纹饰，剑柄以丝线缠缚，剑首向外翻卷作圆箍形，内铸有极其精细的 11 道同心圆圈。剑身一面近格处有铭文两行 8 字，为鸟篆，释读为"越王鸠浅（勾践）自乍（作）用铨（剑）" 8 字。

越王勾践剑经检测得出其主要成分为铜、锡、铅、铁、硫、砷等元素，各部位元素的含量不同。剑脊含铜量较多，韧性好，不易折断；刃部含锡高，硬度大，非常锋利。脊部与刃部成分不同，采用了复合金属工艺，即先浇铸含铜量高的剑脊，再浇铸含锡量高的剑刃，使剑既坚韧又锋利，收到刚柔结合的良好效果。剑格含铅量较高，这种材料的流动性较好，容易制作剑格表面的装饰。另外，在剑格、剑茎和剑身上所饰的菱形几何形黑色暗纹含硫化铜，有利于防锈，是当时一种先进的独特工艺，这也许就是该剑保存至今 2000 余年而毫无锈蚀的原因之一。该剑上的 8 字铭文，刻槽刀痕清晰可辨，是铸后镂刻而成，而非铸就。铭文为鸟篆，笔画圆润，宽度只有 0.3~0.4 毫米。越王勾践剑集当时各种先进的青铜冶铸技术于一体，代表了当时吴越铸剑技术的最高水准，制作之精湛，可谓鬼斧神工。

提及勾践剑，不禁使人想起"卧薪尝胆"这段史实。公元前 494 年，夫差领精兵伐越，大战于夫椒，越军被击败，勾践仅以五千甲兵退保于会稽山上，屈辱求和，卑身事吴。

勾践则表面上臣事于吴，背地里苦身焦思，发愤图强，伺机复仇。史载他平常置苦胆于座，坐卧即仰胆，饮食亦尝胆，时时提醒自己勿忘会稽之耻。公元前 473 年，勾践终灭吴，夫差自杀身亡。

"卧薪尝胆"的历史已经过去很久，但勾践这种矢志不移的精神却一直鼓舞后人自强不息，奋发向上，因此 1965 年越王勾践剑的出土格外引人注目。1983 年 11 月在湖北省江陵县的楚墓又出土了吴王夫差矛。越王勾践剑和吴王夫差矛都出土在当年的楚汉之地湖北，有什么巧合吗？

有些考古学家和史学家认为是礼赠和赏赐的缘故，由于吴越出宝剑，故在吴越两国与其他国家的交往中，被作为赠赐的贵重礼物而到了楚国。"季札挂剑"的著名典故，就是以剑礼赠外邦之君的一个例子。有些学者则认为是出于战争和掠夺的原因，战争是古代文化传播的重要纽带，吴矛越剑作为一种文化的象征或者战后的战利品，也随着战争来到了当时的楚国。还有人认为，楚越有姻亲，楚惠王之母系越王勾践之女，所以作为陪嫁品的勾践剑留存于楚。当然也不排除有其他可能，比如民间流失到楚国，毕竟当时的国家那么小。历史已远去，勾践剑和夫差矛的"相逢"仍然有待于考古学家的进一步考证。

（十五）传国玉玺流落何方

玺是中国古代封建帝王的宝印。而传国玉玺在所有的宝玺当中无疑是最为宝贵的，有关它的传说几千年来也无不充满了神秘的色彩。这枚玉玺之所以称为"传国玺"，与历史上赫赫有名的秦始皇有关。

自卞和发现和氏璧后，它一直是楚国王室的重器，后来楚王将它赏赐给了大臣。之后，和氏璧下落不明。后来，和氏璧流传到了赵国。这块和氏璧在赵国时还引出了一场著名的历史剧并留下了一个成语"完璧归赵"。后来秦灭赵国，和氏璧最终还是落到了秦王手里。秦始皇把和氏璧定为传国玺，令丞相李斯在玉上刻"受命于天，既寿永昌"，希望代代相传，没想到在秦二世手里就亡了国。刘邦进咸阳后，子婴"上始皇玺"，刘邦称帝"服之，代代相受"，又把"秦传国玺"御定为"汉传国玺"。到了西汉末年，外戚王莽篡位。当时的皇帝刘婴才两岁，传国玺由汉孝元太后代管。传国玉玺再一次失踪是在东汉末期。那时政局动乱，汉少帝连夜出逃把传国玉玺落在宫中，等他回来时，传国玉玺已经不见了。不久，长沙太守孙坚征讨董卓时，在洛阳城南甄官井中找到了这枚传国玉玺。

从这以后一直到唐代，随着政局的动荡和少数民族的南下，传国玉玺不断易主。唐高祖李渊得到传国玉玺后，把"玺"改称为"宝"。传国玉玺最终在历史上失踪是在五代。从宋太祖时，就再也没有人见到过这块刻有"受命于天，既寿永昌"的传国玉玺。

不过，有关发现传国玉玺的记载却不绝于书。如北宋绍圣三年（1096），咸阳段义在河南乡挖地基盖房时，竟挖出一"背螭纽五盘"的玉印。经十多名翰林学士鉴定，为"真秦制传国玺"。清朝初期，据说宫中藏有一枚刻着"受命于天既寿永昌"的玉玺。可是，这枚被当时人称为传国玺的玉玺却遭到乾隆皇帝的冷落。皇帝都认为是假的，看来这枚所谓的传国玉玺也是伪造出来的，并不是真正的国宝。

那么，真正的传国玺流落何方呢？直到现在也没有发掘出来。

（十六）银雀山汉简是谁人所制

1972 年 4 月，在银雀山西汉一号墓和二号墓中发掘出土了以《孙子兵法》和《孙膑兵法》竹简书为主要内容的先秦古籍，震动国内外，被誉为中国当代十大考古发现之一。

发掘地点位于山东省东南部的临沂市，临沂历史悠久，文化灿烂。市区东南有两座山岗，相传古代两地均遍布一种灌木。此木春夏之交，鲜花盛开，花形似云雀，东岗为黄色，西岗为白色，故得名为金雀山和银雀山。两岗已被定为省级重点文物保护单位。自 1970 年以来先后发掘墓葬百余座，出土了大批珍贵文物，现已在银雀山西南麓建成了我国第一座汉墓竹简博物馆。

银雀山汉简数量之多，保存之好，令人惊奇。墓主人是什么身份，为何藏下这么一大批并不容易存放的竹简，而且使其能千年不腐？

有人说，墓主人肯定是个将军。因为发现的竹简都是兵书，其中还有失传已久的、人们不断争论是否曾有过的《孙膑兵法》。秦始皇焚书，使得先秦文献付之一炬，后世人们只能不断寻求散落在民间的文献，每一次发现都激动人心。《孙膑兵法》在其他文献中都有相关介绍，可是却一直没有找到原文，人们都开始怀疑其真实性，直到两千年后，现代人方有幸看到这部书。特别是《孙子兵法》和《孙膑兵法》同墓出土，失传了近两千年的《孙膑兵法》重见天日，解决了历史上关于孙武与孙膑其人其书的千古论争。由于《孙膑兵法》的失传，致使孙武与孙膑、《孙子兵法》与《孙膑兵法》的关系混淆不清。后人或说《孙子兵法》源出于孙武，完成于后人；或说《孙子兵法》是孙武和孙膑两人所为；再者认为孙武即孙膑，是一个人。竹简兵书的出土，证实了孙武仕于吴，孙膑仕于齐，分别是春秋和战国人，孙膑乃孙武之后世子孙，二人各有兵法传世。

《孙子兵法》是中国古典军事文化遗产中的璀璨瑰宝，是中国优秀文化传统的重要组成部分，其内容博大精深，思想、逻辑缜密严谨。它大约成书于春秋末年，作者为春秋时期伟大军事家孙武。该书自问世以来，对中国古代军事学的发展产生了巨大而深远的影响，被人们尊奉为"兵经""百世谈兵之祖"。历代兵学家、军事家无不从中汲取养料，用于指导战争实践和发展军事理论。三国时著名的政治家、军事家曹操第一个为《孙子兵法》做了系统的注解，为后人研究运用《孙子兵法》打开了方便之门。《孙子兵法》不仅是中国的谋略宝库，在世界上也久负盛名。8 世纪传入日本，18 世纪传入欧洲。现已被翻译成 29 种文字，在世界上广为流传。英国著名军事理论家利德尔向人透露，他的军事著作中所阐述的观点，其实在 2500 年前的《孙子兵法》中就可以找到。他也确实对孙武及其著作深感兴趣，不仅为《孙子兵法》英译本作序，还在自己的得意之作《战略论》前面大段引述孙武的格言。1991 年海湾战争中，美国海军陆战队军官都奉命携带一本《孙子兵法》，以便在战场上阅读。

《孙子兵法》历代都有著录，而银雀山汉墓出土的竹书《孙子兵法》为迄今最早的传世本，真实地再现了作者的思想。后代传下的版本有多处改动，未能体现原貌，多是后人附会上去的，因此此次发现具有重要的历史意义。

银雀山汉简兵书的内容，除了鼎鼎大名的《孙子兵法》《孙膑兵法》外，还有《为国之过》《务过》《分土》《三乱三危》《地典》《善者》《五名五恭》《起师》《奇正》《将义》《六韬》《尉缭子》《守法守令》等篇；论兵的篇章有《将败》《将失》《十问》《略甲》《兵之恒失》《观法》《程兵》《将德》《将过》《曲将之法》《雄牝城》《五度九夺》《积疏》《选卒》《十阵》等，可以说就是个古代军事文献博物馆，如果其墓主人不是从军的将军，又如何会专门收集如此多的兵书。其次，有能力收藏如此多的文献，这个人肯定具有比较高的地位，有财力去收藏，猜测墓主是个将军是有道理的。

另一种说法认为墓主可能只是个普通人而已。墓地留下的材料除了一批珍贵的古书外，实在太少了，我们几乎看不到作为将军应有的富丽、奢侈的随葬品，而且连兵器等随葬物品也没有发现。所以，有人就认为，墓主人是个藏书家。从汉简上书写的字体可以推断，藏书时间可能是汉初，而且说是秦末也未尝不可。这段时间社会动乱，民生凋敝，几乎没有人会去特意藏书。从随葬品看，汉墓主人又没有什么显赫的身份，与大批藏书不符。那为何墓主又有众多书呢，有可能是其祖上传下的，为免于被战火烧毁，于是埋入地下。据考，竹简可能比墓主更早就放置墓中了。

银雀山是我国先秦典籍的博物馆，虽然保存这份珍贵材料的人不知是谁，但我们仍然感谢他的馈赠。

（十七）泰山无字碑是何人所立

在山东泰山玉皇顶玉皇庙门前有一块石碑。石碑高约 6 米，宽约 1.2 米，厚约 0.9 米。碑顶上覆盖有一黄白色的石块，碑面上没有任何文字。就是这样一块形制古朴的石碑，千百年来却一直受到人们的争议。

围绕这块石碑，人们争论的焦点是究竟是何人立下了这块石碑。《史记·秦始皇本纪》记载："上邹峄山，立石，与鲁诸儒生议，刻石颂秦德。议封禅望祭山川之事。乃遂上泰山，立石封词。"从以上文字记载可以看出秦始皇确实曾在山东泰山立下过一块石碑。所以明清两代就有不少人附会这块石碑为秦始皇所立。那么，泰山的这块无字碑真是秦始皇所立吗？细细研究我们可以发现此说漏洞百出。首先，《史记·秦始皇本纪》中说秦始皇在泰山立的是一块有字的碑，而绝不是我们现在看到的没有任何文字的碑。也许有人会说这块碑原来是有文字的，只是由于历经千年的风吹雨打，字被剥蚀殆尽而已。但是，现在看来，现存的无字碑并没有人们想象中的风化得那样很严重。

而且，这块石碑在宋代时已经被称为无字碑，秦二世所立的石碑在宋代都还能辨识出 146 个字，如果无字碑当真为秦始皇所立，那么到宋代剥蚀得一字不存是无论如何也说不过去的。

泰山无字碑

看来，泰山无字碑确实并非为秦始皇所立。那么会是谁呢？有人又提出了另一种推测，认为是西汉武帝所立。元封二年，即公元前 109 年，汉武帝登上泰山，"泰山之草木叶未生，乃令人上石立之泰山颠。上遂东巡海上，四月还至奉高，上泰山封"。汉武帝在泰山顶上立过碑是事实。同时，史书上也只说"立石之泰山颠"而没有明确说过曾经在碑上刻写过文字，这与现在的无字碑刚好吻合。所以很有可能，泰山的这块无字碑说是汉武帝立的。明末清初的学者顾炎武也认为无字碑就是汉武帝立的。不过，为什么汉武帝不在石碑上刻字高歌他的文治武功呢？原来，据史料记载，有这样一个规矩，即不是开国皇帝，就没有资格在泰山刻石记号。像汉武帝般雄才大略的人会甘心就此留下一生的遗憾吗？

到目前为止，大多数学者倾向于泰山石碑为西汉武帝所立，虽然仍有一些谜团尚未解开。要使这个千古谜团大白于天下，还有待后人的进一步探索。

（十八）杭州的建城纪年之谜

杭州是我国著名的七大古都之一，在历史上占有举足轻重的地位，和其他古都比起来，它还是一个年轻的城市，这是为什么呢？

资料里寻芳踪

从现有的历史资料里我们可以发现，现在的杭州建成只有两千多年历史了，与其他古城相比，还算是年轻的城市。在两千二百多年前，现在杭州所处的位置还是一片碧波荡漾的江水，那两千多年前的杭州城又建在哪里呢？

杭州建城纪年的断代问题一直以来困扰着史学家，此外杭州建城纪年是什么时候也还没有确切的时间。

中国自古城市建设就有一定的建制和样式，特别是在公元前 201 年，汉高祖下令：天下所有县邑都需要建城池。从此，城垣就成了中国古代城市标志性特点。

现代，我们要确定一个城市的建城纪年，也就是这座城市建成的最早时间。"杭

州"最早始于公元前221年秦始皇统一中国之时,但建城时间却是公元591年的隋朝,是隋朝重臣杨素依凤凰山所建之城。如果按这个时间推算,杭州城也不过有1400年的建城历史。

难道秦朝时只定了"杭州"城名而没有建城?但秦朝没有,到了汉高祖时,他可是令天下所有的县邑都必须筑城的,难道当时钱唐古县仍没落成?

灵隐寺旁觅线索

最早有关杭州的文字资料现于南朝宋文帝时期(距今1670多年),当时的钱唐县令刘道真将他所见到的古钱唐县遗址写了下来,"昔(钱唐)县境逼近江流,县在灵隐山下,至今基址犹存。"从这句话的意思可以看出,当时的古钱唐遗址也已经废置,但遗址的痕迹还是能辨认出来的。

找到这一遗址就能确定当时钱唐县的具体位置。根据刘道真的描述,人们在灵隐寺的周边寻找线索,但是尽了很大努力之后,仍无收获。最后专家根据地质情况判断:灵隐寺附近狭窄的盆地内是不适合建筑城池的。但专家根据"县在灵隐山下"这条线索,推断秦汉时期的钱唐县应该在西湖群山之中,并划出了大致范围。但直到今日,刘道真所描述的旧城墙遗址仍未找到。

钱塘江畔核对古代地标

在搜索无果的情况下,又有专家根据刘道真"昔(钱唐)县境逼近江流"这句话推断出:秦汉时期的钱唐县不是在西湖边,而是在钱塘江旁。并结合郦道元所著的《水经注》找到了古代地标,那就是转塘东南方向的狮子山和包山。通过对比,专家得出结论,秦汉时期的钱唐县很有可能建在转塘、凌家桥一线以西的丘陵地区。

这位专家运用了各种科学勘察手段,结合严谨的现场考察,理论上似乎完美地解决了古杭州城位置的疑问。但是,近几年地质学和考古学家对这片区域进行考察时却找不到有力的证据支持他的观点。因为在这片丘陵地区莫说秦汉时期的建筑遗迹,就连汉代的遗迹也几乎找不到。

钱塘江畔虽然有古代地标,但却不能指引后人寻找到旧杭州城,看来想识别杭州旧城的真面目,还得后人继续去寻找、去论证。

(十九) 谜一样的哥窑

中国除了四大发明之外,还有很多发明对世界文明做出了贡献,比如瓷器,这是我国劳动人民智慧与技艺的完美结合体,也是令世界人民惊叹的物品,以至于中国和瓷器在英语单词中都是"china"。

宋朝时期,瓷器发展进入了空前繁荣的阶段,当时中原大地上有五大名窑,它们分别是钧窑、汝窑、官窑、哥窑、定窑,从这里出产的瓷器代表了当时的最高水平。这里出产的瓷器不仅进贡到宫中,而且还出口到国外,为宋朝积累了大量的财富。当时，主流瓷器都以表面光亮、造型优美为卖点，而唯独哥窑是例外。你第一眼看到哥窑瓷时会怀疑这件瓷器是不是刚刚掉在地上过，因为整个瓷器遍布"裂纹"。在人们挑选瓷器时，如果上面有裂纹肯定不会被人喜欢，但哥窑瓷器并非制作过程中失误而造成的，这恰恰是哥窑瓷器与众不同之处。制作瓷器的匠人都非常了解，在瓷器烧制过程中难免会产生裂纹，而哥窑的匠人们恰恰掌握了瓷器在烧制过程中开裂的规律，故意设计了这种工艺给自己的瓷器贴上了"防伪标签"，而经过精心炼制的哥窑瓷因为独树一帜、纹路精美，所以成为不可多得的精品。人们给这些纹路起了"冰裂纹"或"金丝铁线"的雅称，因为工艺复杂，成品率很低，数量比元青花瓷还少，所以件件都是稀世珍品。

造型精美的哥窑瓷是在哪里烧制出来的呢？有关哥窑窑址一直以来是人们苦苦追寻的目标，因为只有找到窑址才有可能还原哥窑瓷炼制的工艺，使这一艺术精品重现人间，但是寻找工作一直没有进展，成为悬案。专家在寻找过程中，形成了不同的观点：（1）哥窑应该在浙江省龙泉市，因为明代史书上曾有过记载，说在南宋时期这里曾建有两座瓷窑，一处是哥窑，另一处是龙泉窑，但这个说法得不到现代专家的认可。因为史书记载相对模糊，另外在对龙泉市陶瓷窑址进行挖掘时虽然出土了带有裂纹的瓷器，但对比哥窑瓷就会发现，两者的形状、釉彩和胎制都存在很大差别。所以专家认为这只能说明龙泉市确实烧制过带有裂纹的瓷器，但它不能算是哥窑瓷。（2）哥窑在江西吉安市，史料记载，这里曾有一座"碎器窑"，也称吉州窑，但目前没有找到这座窑的遗址，也不能确定它是否就是哥窑瓷遗址。（3）哥窑在杭州，明朝有一本史说明确指出哥窑用土全部取自杭州凤凰山下，那么哥窑就应离此地不远，最大的可能就在杭州城。（4）哥窑是现在的江西景德镇，明、清时期，景德镇也曾仿制过哥窑瓷，两者相似度非常高，由此学者断言，江西景德镇就是哥窑旧址，否则做不出与哥窑瓷相似度这么高的瓷器。

直到目前，哥窑的具体方位仍是各说各有理，没有定论。

知识小链接

哥窑是文献中记载的宋代五大名窑之一，历来受到收藏家、鉴赏家、考古学家等专家学者的重视和关注，对哥窑的课题研究从未间断且方兴未艾。然而迄今未找到其确切窑址。哥窑瓷器非常珍贵，据统计，全世界大约有一百余件，远少于元青花瓷的存世数量。

（二十）"杏花村"在何处

"清明时节雨纷纷，路上行人欲断魂。借问酒家何处有？牧童遥指杏花村。"这是杜牧诗中描写的景象，虽然诗中并没有渲染杏花村有怎样的景色，但也勾起了人们的好奇：杏花村在何地？

山西汾阳杏花村

这个观点得到了大多数人的认同，因为山西汾阳市以北有个杏花村，历来以产美酒名扬天下，历代文人墨客也都在此留下许多诗篇碑刻，其中杜牧的《清明》是最具代表性的诗篇。按理说，这个杏花村的身份当是确定无疑了，可是事实并非如此，专家学者又找到了几处疑问：（1）杜牧一生并未去过山西，它怎么可能在此找酒家？（2）汾阳气候寒冷，清明还没到下雨的时节，怎么会出现"雨纷纷"的景象呢？看来，山西汾阳杏花村并非杜牧诗中的"杏花村"。

安徽贵池区杏花村

还有一种观点认为安徽贵池区杏花村应该是杜牧笔下的"杏花村"。这个杏花村在贵池区西南方，历来也是以酿酒闻名于世。杜牧曾任贵池地方官，期间它把在贵池的游历经过都写了下来，所以《清明》很有可能就是在这个时期所著。不过，这个观点也经不住仔细和推敲。（1）从《清明》这首诗的时间来看，杜牧已经上任半年有余，作为当地父母官，他难道还需要向牧童询问杏花村的去处？（2）古代的官员，很少有人会亲自去买商品，这样看来，这个杏花村也存在问题。

江苏宜兴杏花村

在江苏宜兴也有一个杏花村，而它是否就是杜牧笔下的"杏花村"呢？杜牧晚年仕途并不顺利，他在罢官后就到湖州定居，常常到离湖州不远的宜兴观光，还经常在宜兴十里碑暂住。据当地县志记载，十里碑附近有个村落，四周种满了杏树，所以它是否出现在《清明》中呢？但是，这里不曾有过酿酒的经历，所以牧童也不会指向这个杏花村。

以上三个"杏花村"看似都有道理，但又经不起细细和推敲，看来杜牧笔下的杏花村之谜还一时难以解开。

知识小链接

"清明时节雨纷纷，路上行人欲断魂。借问酒家何处有？牧童遥指杏花村。"这首晚唐著名诗人杜牧特写的七绝《清明》，脍炙人口，历来受人称道。但诗中的"杏花村"却众说纷纭，或云在山西的汾阳，或云在安徽的池州贵池。

（二十一）汉委奴国王印是真的吗

1784年，在日本北九州地区博多湾志贺岛，一农夫在耕地时发现一枚刻有"汉委奴国王"5个字的金印。金印为纯金铸成，长宽各2.3厘米。这一发现震惊中日两国，因为如果是真的，它将证明中日远在汉代就有密切交流。而这对日本的意义更大，因为当时日本是相当落后荒蛮之地，社会还处于奴隶制早期，他们的历史还没有专门的史官记录，几乎不可考。这次发现可以说明他们在很早就有能力出海到达大汉国。

对中日交往作明确记载的是在《后汉书·东夷列传》："建武中元二年（57）倭奴国奉贡朝贺，使人自称大夫，光武赐以印绶。"但这是否就是东汉光武帝赐给倭奴国王的那一枚印，日本学术界始终有争论。有人认为此印应为东汉光武帝所赐主印，即真印说。史书记载有此事应该不假，而且中国还发现了一枚"滇王印"可以作为此印的佐证。西汉时，夜郎古国及滇国均为西南夷中的强国，汉武帝为打通通向西域的商路，派使臣去滇国。滇王臣服汉室，汉武帝赐其"滇王之印"。除上刻"滇王之印"四字与日本出土的"汉委奴国王"不同外，其他无论从外观、尺寸、字体形状等以及质地均同于日本的那一枚。

有人认为是日本人自己所刻，即假印说；还有人认为是日本人仿刻，即伪印说。这些看法，起始之因就在金印上所刻的是"委"而不是"倭"字。据《三国志·魏志·倭人传》对倭奴国的记载："旧百余国，汉朝有朝见者，今使译所通30国。"这就是说，日本有100余个部落国，到三国时，已逐步合并为三十国，由邪马台国女王卑弥呼统治。据日本学者考证，这个"倭奴国"应读为"倭"的"奴国"，它就是《魏志·倭人传》所述女王治下约三十国之一的"奴国"，位于今九州福冈市附近。为何印章上却是"委"字。而且要说明当时日本使者是否来过中国还要有更多的证据，不能仅凭史书上的一句话和一枚难辨真伪的印章，但这方面的材料却又只有这些。

这枚印章到底是不是真的呢，还不得而知，有待更明确的中日交流方面的记录。

（二十二）乾陵石像为何没有脑袋

乾陵是唐朝高宗李治与其皇后也就是后来成为一代女皇的武则天的合葬墓，位于今陕西省乾县的梁山上。乾陵除了武则天陵墓前的"无字碑"令人百思不得其解外，乾陵中的无头石像也为有关专家们出了一道不大不小的难题。

所谓乾陵中的无头石像，是指排列在乾陵朱雀门两侧的石人群像。东边有29尊，西边有32尊，每尊石像都与真人一样大小，看打扮好像是来自异域他邦的外国使臣，只是他们的头颅全部不翼而飞。

那么，为什么石像上的头都神秘失踪了呢？对于这个谜题，人们是仁者见仁，智者见智。有的人认为，那是八国联军干的。他们看见这么多个国使臣竟然这么恭恭敬敬地守立在中国皇帝面前，感到是奇耻大辱，于是乒乒乓乓把石像头都砸了个稀巴烂。可是史书上并没有提到过八国联军来过这里！

还有人根据文献记载，认为在明朝末年，乾县大面积流行一种可怕的瘟疫，死者不计其数。老百姓中普遍有一种看法，认为是乾陵中的这些外国使臣和洋人在作怪，只有让他们的脑袋搬家，才能拯救整个县。于是大家就商量着把所有石像的头都敲碎了。

在明朝人李梦阳笔下还有这样一个故事，说乾陵的石人在太阳落山后都纷纷变成妖怪为害人间，在村里践踏田地，贪吃猪牛，无恶不作。老百姓气不过，抢起锄头把石像头都给砸了。

还有一种说法，极富现代眼光，认为后人觉得这些石像肯定是价值连城的宝贝，就想方设法把这些石像的头给弄下来了。

总之，乾陵石像为何好端端地没有了头？那些石像头到底哪里去

乾陵无头石像

了？这个问题仍需要我们努力去探索。或许，在不久的将来，这个谜就能大白于天下。

（二十三）武则天无字碑之谜

在今陕西省乾县西北的梁山上，有一座气势宏伟的皇陵——乾陵。乾陵是唐高宗李治及皇后即一代女皇武则天的合葬墓。乾陵东西两侧矗立着两块各高 6 米左右的墓碑，西面为"述圣碑"，碑文为武则天所撰写，歌颂着唐高宗的生前业绩，而东面就是举世闻名的无字碑。

武则天，中国古代唯一的一个女皇帝。郭沫若称她为"奇女子"。但就是这样一位曾经在中国历史上叱咤风云的女子，死后却没有依照惯例在其陵墓前树碑立传，以表彰其生前的功绩。为什么生前活得轰轰烈烈，死后却自甘沉寂呢？

有人说武则天自小就冰雪聪明，智慧过人。立一块无字碑就是她别出心裁的表现。她认为自己功德无量，无法用文字来表述，取《论语》中"民无德而名焉"之意，故立一无字碑。

也有人认为武则天立无字碑并非是夸耀自己，恰恰相反，是她在晚年时幡然醒悟，自感罪孽深重，无脸述字。当其还为昭仪时，就与王皇后和萧淑妃钩心斗角，最终把她俩活活整死；当上皇后后，又施展出泼辣的政治手腕，培养党羽，消除异己，连长孙无忌也被逼自杀；登上帝位后，更是实行"铁血"政策，任用酷吏，滥施刑罚，残酷镇压反对势力，杀害了大批唐臣。特别是她改李唐为武周，大逆不道，愧对列祖列宗。

还有一种折中的说法，那就是武则天有自知之明，知道时人对她看法不一，议论颇多，于是干脆遗言留下无字碑，"是非功过，留与后人评说"。

近年来，对武则天的无字碑又有新说，认为无字碑的碑文可能埋在了地宫里。因

为无字碑的阳面已经打上了方方正正的格子，似乎已经做好了镌刻碑文的准备。

孰是孰非，至今还是一个谜。

（二十四）明代古海船有多大

明代开国几十年后，中国广州等沿海的大都市发展得十分繁荣。在经济获得良好的发展之后，发展海外交通和海外贸易已经是十分迫切的事。明成祖也想利用对外活动，展示自己的实力，并建立自己的声望。因此，远航活动就势在必行了。要航海就要有能经受大风大浪的海船，明代能造出巨型海船吗？答案是肯定的，因为郑和七次下西洋都使用了巨型海船，并顺利出访远在地球另一边的国家。

不过据史书描述，郑和用的船却不是一般的大，而是惊人的大，明代真的能造出这样的船吗？

在郑和下西洋的船队中，有5种类型的船舶。第一种类型叫"宝船"。最大的宝船长44丈4尺，宽18丈，载重量800吨。这种船可容纳上千人，是当时世界上最大的船只。它体式巍然，巨无匹敌。它的铁舵，须要二三百人才能举动。第二种叫"马船"。马船长37丈，宽15丈。第三种叫"粮船"。它长28丈，宽12丈。第四种叫"坐船"，长24丈，宽9丈4尺。第五种叫"战船"，长18丈，宽6丈8尺。

人们从这些原始记载里了解宝船的概貌，可是疑问也就从此产生了。船到底有多大？这是难解之谜。有的研究者把马欢记述的宝船尺度换算成现代公制，因明代的1尺相当于今天的31厘米，故宝船竟长达138米、宽为56米，这种巨型的木帆船，其排水量估计在3万吨左右，比现代国产万吨货轮还要大得多！宝船规模如此之大，引起了国内外学者的浓厚兴趣，这样在研究中便产生了一个疑问：如此大的"宝船"在明代可能出现吗？

第一种观点，有人相信史籍中关于宝船尺度的记载，他们认为，从历史渊源、明代生产技术水平、中国以及世界造船能力来看，出现郑和宝船那样的奇迹，并不是不可能的。汉朝时，我们已经是世界上最强大的海洋大国。我们的海上"丝绸之路"已经延伸到了波斯湾。中国是有航海传统的国家，郑和下西洋，不是一个偶然，而是一个必然，它是在我们前面航海传统上的延续。

郑和下西洋也需要造那么大的船，一是装载官军及应用物资的需要；二是装载赏赐品和贸易物资的需要；三是"欲耀兵异域，示中国富强"的需要。由此可见，不单是远洋航行的需要，特别是明朝政治上的耀兵、经济上示富的需要，促使郑和下西洋建造起这么大的船舶来。

郑和宝船与当时的其他船舶和现代船舶相比较，是很宽的。宽的船体对航行速度不利，为什么用于远洋的郑和宝船却如此之宽呢？原来，当时船舶均由木材建造，作为远洋航行的船只，就需要随带大量的人员和食品以及应付各种需要的财物，也就是

说需要大的载重量和众多的舱室，而要增大载重量和舱室，就需要增加船长和船宽。

第二种观点，认为《明史》没错，船的大小却不同。他们说《明史》记载宝船尺度是可信的，只是其使用的尺度不一样。其使用的度量尺度与明代通用的尺度不同，明代通用尺寸 1 尺相当于现在的 31 厘米，而量古船的尺度为更古老的"七寸"尺，这种尺在上古是通行的，相当于 20 多厘米。不过即使这样，古船也是大得惊人，充分说明我国造船业的先进。

第三种观点，认为不会有那么大的船。他们认为，如果按照《明史》对古船的描述，古船大到超越现代万吨巨轮的程度，这显然不可能，因此，只能是史籍中的记载发生了错误。真正的史书已经被毁，《明史》本身的真实性受到怀疑，而且古人也一直有夸大的传统。

他们引用了南京静海寺出土的郑和下西洋残碑，碑文里说郑和船队为 2000 料或 1500 料的海船，据此推算，这种船只能是十几丈长宽而已。因此，郑和下西洋所乘宝船的尺寸，颇有可能是：长 18 丈，宽 4.4 丈，在明代有可能出现这样大小的船，但也不可能造得太多。

明代能否造出这么大的海船还有待考证，但我国当时的造船、航海技术是一流的，这一点却是不容怀疑的。

（二十五）太平天国窖藏珠宝

在中国江苏省南京市，有一处举世闻名的古代建筑遗址，这就是太平天国天王府旧址。虽然这里的大部分建筑都遭到了破坏，但每天仍有许多人前来参观。100 多年前的那段血雨腥风的历史虽然早已过去，留给人们的思考却还没有结束，其中让许多学者特别关心而又百思不得其解的问题是：太平天国的窖藏珠宝埋于何处？

1853 年太平天国攻占南京，在此建都，并改南京为天京。当时盛传洪秀全和天国的新贵在这里聚敛了大量的财宝。1864 年 7 月天京陷落，湘军从天京的各个城门蜂拥而入，对整座天京城进行了三天三夜的搜查，其中天王府被曾国荃和萧孚泗率先洗劫，府衙甚至民宅内的一切财物，连同几万名女俘，被一并掠去。但是，历来"洪逆之富，金银如海，百货充盈"的传闻，使他们远不以此为满足，他们认为一定还有更多的财宝被藏在某个未知的地方。

据说曾国荃抓到李秀成后，一直逼问他天京窖藏珠宝的下落。没过多久曾国藩也从安庆赶到南京，两兄弟软硬兼施，希望能从李秀成处获知宝藏的所在。李秀成被较晚处死，这可能也是原因之一。李秀成虽然最后投向曾氏兄弟，但关于太平天国天京的窖金一事，终因诸多原因而被搁置。

然而太平天国在天京藏有窖金却确有其事。虽然湘军纪律严明，规定"凡发掘贼馆窖金者，报官充公，违者治罪"，但天京被攻破后，仍有少量窖金被兵丁发现后私吞。据《能静居士日记》卷十二记载："另有其余死者寥寥，大半为兵勇扛抬什物出城。或引各勇挖窖，得后即行纵放。"上元人孙文川的《淞沪随笔》手抄本里也有"城中四伪王府以及地窖，均已搜掘净尽"的记载，但他说的可能是斗筲金银，而关于大宗窖金的下落则鲜有著述提及，给后人留下一个疑团。

据一些当时流传的文本记载，南京从前有个叫蒋园的富丽堂皇的大花园，园主姓蒋，绰号"蒋驴子"。据说他本来只是一个靠毛驴贩运货物的商贩，因为一次偶然的机会，得到太平天国忠王李秀成的赏识，得了个"驴马车三行总管"的官衔。天京被围后，"宫中顷有急信至，诸王妃等亦聚金银数千箱令载，为了埋藏其物"。《红羊佚闻·蒋驴子轶事》的记载则说"有金银数千箱，命驴往，埋于石头山某所"。蒋氏后来成为近代金陵巨富就是凭此起家的。但这显然也只是传说，蒋园并不是靠太平天国的金银建成的。

20 世纪初，关于这件事情的传闻很多，而且各执一词，此事即成为疑案。民国初年，据一些南京士绅报告，"洪氏有宝藏在某处，彼亲与埋藏"，一些辛亥元勋"皆以旦夕可以财为期"，由此起了贪心，雇人掘宝，结果却一无所获。

南京解放时，有人听信传闻放干了蒋园中的湖水，但仍丝毫不见洪秀全窖金的踪影。

一般说来，农民领袖由于阶级本性的原因，出于一种小农心态，是很爱金银财宝的。他们绝不肯轻易将财物送给他人，而是将它们保存起来，这样，窖藏就成了首选。传说翼王石达开在部队被困大渡河时，曾将大批宝物窖藏；阶王谭体元 10 万将士大败于广东嘉州（梅州）城南铜鼓嶂、大田等地时，也曾将一批宝物深埋地下，这些都引起了后人对天京窖藏的极大兴趣。

那么，太平天国窖藏的珠宝到底在哪里呢？

一种可能如曾国藩向皇帝所奏报的，确实没有窖金；另一种可能是确有窖金，但被湘军掠夺殆尽。据《能静居士日记》记载，萧孚泗"在伪天王府取出金银物资，即纵火烧屋以灭迹"。曾国藩兄弟的收获当然也不少，当时的《上海新报》对此曾有报道说"官保曾中堂之大夫，人地三月初间由金陵回籍，护送船只约二百数十号"，窖金或许就包括在这些搜刮之物中。如若天京窖金的数量真如传闻所说之巨，它是不可能被湘军全部挖走的，因此极有可能还有更多的窖金因埋藏巧妙至今没有被人发现。

（二十六）长寿之乡之谜

是不是生活条件越优越的地方，人们的寿命就越高呢？其实两者并没有必然的联系。国际自然医学会曾经宣布：厄瓜多尔的比尔班、欧洲的高加索、巴基斯坦的罕萨、中国新疆的南疆和广西的巴马瑶族自治县为全球五大长寿之乡。这五大长寿之乡都没有处在经济发达的地区，有的甚至是非常贫困的山区。

就拿中国的两个世界级长寿之乡来说，它们都属贫困山区，而一直作为国家重点扶持的典型贫困县的巴马县，却高居世界长寿乡村之首。1990 年 9 月全国第四次人口普查资料表明：巴马县 224043 人中，70 岁以上的有 7523 人，80 岁以上的老人有 1972人，百岁以上的寿星有 66 人。每 10000 人中就有 3 名"超级寿星"，属世界绝无仅有。

这个现象真的非常有趣。也许，贫困并不总是意味着偏僻落后、穷山恶水、愚昧疾病。贫困和长寿也有什么联系吗？让我们深入巴马地区看一看。

巴马地区是举世闻名的"石山王国"，平均海拔 300～600 米，最高的塔云山达1216 米，境内峰峦叠嶂，怪石峥嵘，岩石裸露，洼地密布，形成星罗棋布、大大小小的"弄场"数千个，素有"千山万弄"之称。年降水量 1600 毫米，"暴雨一来土冲光，雨过天晴旱死秧。"

20 纪 80 年代以来，这一带大部人均纯收入在 200 元以下，半数以上的人尚未解决温饱。在这种穷乡僻壤，连基本的生存条件都有困难，还能长寿吗？

在巴马，最有名的贫困之域和长寿之乡就是西山乡。全乡总面积 150 平方千米，耕地仅占 2.8%，人均口粮 105 千克，人均收入 169 元。据说大部分人尚未解决温饱，已经达到温饱的也不富裕。

奇怪的是，在这一带却多出寿星，据说在深山弄场里有，附近寨子里更多。长寿的人多不在山上，而是聚居于山下那些山间洼地的底部。一个几百平方米的洼地，从洼底到山顶，往往有二三百米，大部分山民从小到老就同这些山山洼洼相伴。开门就见山，出门就爬坡，日出而耕，日落而归，入夜而宿。寨子里有一位壮族女寿星，名叫杨美香，是年 105 岁。她曲着身体，匍匐走路，显得有些营养不良，但坐卧吃喝自如，据说她一顿能吃两碗饭，还拌有火麻油炒菜。她有 5 个儿女，大女儿年过 82 岁，小儿子也有 72 岁，生活都能自理，还能劳动。据了解，一般的百岁老人，从年幼就参加生产劳动，每天闲不着，干活可达 10 个小时以上。直到晚年，也能从事轻微的劳动。日子过得基本够吃，生活水平一般处于全省平均线之下，同发达地区相比，差距甚大。长寿老人大都为人善良，待人热忱，性格随和，不大喜大悲，或伤神动怒，甚至遇重大刺激，也是泰然处之。

在这贫困、封闭、交通不便，但却宁静、幽雅、山清水秀的石林洞乡，主产玉米、黄豆，还有红薯、水稻、豌豆、小米、火麻、芭蕉等食用作物，菜类有南瓜苗、南瓜、黄瓜、竹笋、苦马菜、红薯嫩叶。食油常用火麻子油、油茶子油、黄豆油。这里值得特别一提的是火麻子与火麻油。当地的人们介绍，用火麻子喂鸡，蛋大，黄红，味道鲜美，火麻油吃了养身。据有关专家化验，火麻子含有油酸、亚麻酸、亚钠酸等多种营养物质和微量元素，且易溶解于水，便于为人体吸收，具有很强的抗衰老功能。当地作为主粮的玉米，富含维生素 D、维生素 E 和胡萝卜素，营养价值亦高于其他产地的。壮族、瑶族和汉族人还喜欢喝用当地粮食酿造的一种土酒、用名贵中药蛤蚧泡制的蛤蚧酒等补品，至于它们同长寿的关系还有待进一步探索。由于长期贫困、封闭，当地人民过着清茶淡饭一杯酒的简朴生活，少吃大鱼大肉，更不暴吃痛饮，一场欢喜一场愁，这些都是长寿所忌讳的。

除此之外，山区气温低，云雨多，利于避暑；林木葱茏，空气洁净；气压低，可增强人体呼吸功能；日照紫外线强，又可为空气消毒杀菌，且为人们提供天然维生素D；尤其是山地多瀑布、喷泉、雷雨和闪电，使空气"电离"，而形成有"长寿素"之称的负离子等。在巴马一带，这些基本的"长寿"条件都具备。

健康的生活方式和放松的心态恐怕也是人们普遍高寿的重要原因。比起嘈杂的城市，这里除了鸡犬之声相闻、壮族男女对歌而外，听不到高音喇叭的嚣叫和机器车辆的轰鸣，更没有现代工业的污染和"文明社会"的种种公害与弊病。人们贫而忘苦，困而忘忧，超越红尘，与世无争。"世外桃源"式的生态环境，和谐的人事关系，有劳有逸的生活节奏，岂不促进身心健康，人当然活得快乐长久了！

（二十七）川藏地区星形碉楼的困惑

在西部四川与西藏接壤的地区，从来都不缺少神秘的色彩，比如下面要介绍的星形碉楼，就被神秘的光环所笼罩。

这些碉楼零散地分布在川藏地区的高原上，显得那么孤独与冷傲，它无视世间的繁华，静静地矗立在这片净土之上。这些建筑建于何时，又是什么人所建，在当时可称得上是"摩天大楼"的建筑又做何用？一个又一个问题接踵而至，困扰着专家们。

如果只用文字描述这些建筑会太过苍白，只有身临其境，你才能发现它的独特之处。一群碉楼排列在一起，借着落日的余晖，映射到我们眼帘的是一幅壮丽的异域图画，它甚至可以与欧洲的古堡相媲美。

我们发现，这些碉楼的样式并非统一的，不仅有四四方方的，也有五角、六角、八角，甚至十三角的。而每座碉楼都可称得上是建筑杰作，整体严谨，每面墙面都如同刀劈斧砍一样整齐，墙壁牢固光滑，虽然经历了风霜雪雨和各种地质灾害的洗礼，它们仍然孤傲地挺立着，有的虽然发生了倾斜，但却坚强地屹立着，决不倒下；有的发生了坍塌，身边长满了杂草，但倒塌的身躯却为狐狸、老鼠等小动物提供了遮风挡雨的地方。

四川马尔康附近有一些最大最高的星形碉楼，它们有的是八个角，有的是十二个角，为什么这些独特的建筑一直以来被中西方学者所忽略呢？

这些异于中原的碉楼形制自然引起了专家学者们的注意，自它被发现那天起，就有学者对它产生了兴趣。在成都，虽然有人对碉楼有研究，但它毕竟是一个附属的事物，是人们在研究一些地区建筑时，顺带提到这种具有一定作用的建筑，所以没有人专门对碉楼进行系统的研究。我国最新出版的《中国民族建筑》，提及碉楼的部分，也是寥寥几笔，不过书中倒是提到了一座位于马尔康的星形碉楼，据说这座碉楼建于

1887 年，可见它的历史并不长，那为什么有这么多碉楼的出现，却没有文字记载呢？

当地的一些文化工作者，和 19 世纪兴起的青藏探险工作人员都知道，被誉为"民族走廊"的川藏地区有一些古碉堡，奇怪的是，这些大型建筑群居然在地图上从未标注过，好像从未有人关心过这种风格迥异的建筑的存在，没人知道它始建的年代，更没有人对它进行专门的研究。

或许在当时，碉楼是一种比较常见的建筑，所以没有人刻意去研究它，只是在现代人眼里，数量这么庞大的碉楼群是独一无二的，所以才会引起人们的好奇心。

现在川藏之间通了公路，人们驱车行驶在这条悠长的道路上时，路两旁不时会出现一两座高大的碉楼，它们有的三十多米，有的高达五十多米，就像一个个标志性建筑，静静地屹立在这里，它们像一个个姑娘，等待人们挑开罩在它脸上的面纱。

> **知识小链接**
>
> 碉楼是一种特殊的民居建筑特色，因形状似碉堡而得名。在中国分布具有很强的地域性。其形成与发展是自然环境与社会环境综合作用的结果。它综合的反应了地域居民的传统文化特色。在中国不同的地方，人们出于战争、防守等不同的目的，其建筑风格、艺术追求是不同的。其中，最具特色的碉楼以藏区高碉和广东开平碉楼为典型代表。

（二十八）再看泰山无字碑

在东岳泰山山顶玉皇殿门外，有一块高 6 米、宽 1.2 米、厚 0.9 米的石碑，石料白中透黄，令人奇怪的是，它通体没有一处字迹，所以人们称之为"无字碑"。为什么要在泰山顶上立这样一块石碑？这石碑又是谁立的呢？专家们有不同的说法。

秦始皇所立

一种说法是秦始皇灭六国统一天下后所立，立碑还与秦始皇下令焚书有关。清乾隆皇帝在一首诗中这样描写："本意欲焚书，立碑故无字。"但仅凭乾隆一行诗句显然不具有说服作用。司马迁在《史记·秦始皇本纪》中记载，始皇二十八年，即公元前 219 年，秦始皇又一次走上了出巡之路，"……乃遂上泰山，立石封祠祀……刻所立石，其辞曰：皇帝临位，作制明法，臣下修饬。二十有六年，初并天下，罔不宾服。亲巡远方黎民，登兹泰山，周览东极……"，这说明秦始皇在泰山上确实立过石碑，但是他所立的石碑是刻有文字的。秦始皇焚书事件发生在始皇三十四年，即公元前 213 年，所以时间上也不吻合。

风化说

有人指出，石碑立在山顶之上，常年遭受风吹日晒，字迹应该是被风蚀殆尽，所以成了无字碑。这种说法显然不能成立，因为从无字碑上看，它的表面风化并没有到将字迹消去的地步，而且"无字碑"这一称呼是在宋朝时期延续下来的，那么，在同一时期秦二世所立的石碑在当时还能辨认出一百多字，这一说法也站不住脚。

汉碑说

还有一种观点是石碑于汉武帝时所立，汉元封元年，即公元前 110 年，武帝登泰山封禅。公元前 109 年初，一行人到达泰山。《封禅书》载："泰山之草木叶未生，乃令人上石立之泰山巅。上遂巡海上，四月还至奉高，上泰山封。"从这段话可以明确得知汉武帝在泰山上立过碑，但是，史书上只记载汉武帝在泰山之顶立过碑，却没有说明刻字内容，从"刻所立石"一句中也能看出汉武帝所立是无字碑。而且武帝立碑的位置与现在的无字碑高度吻合。根据古代帝王传下的规矩，非开国皇帝，是无权在五岳之首的泰山立有年号的石碑的，因此汉武帝只能立碑，却不能刻字。不过，这一规矩在秦朝时就已经打破，秦二世胡亥并非始皇，他即在泰山立下有字石碑，石碑上留下的是丞相李斯篆书镌刻，所以刚愎自用的汉武帝完全会效仿秦二世，在泰山顶上立碑，为自己歌功颂德。所以认定无字碑是汉武帝所立还缺乏有力的证据。

无字碑的秘密就像它本身一样，因为没有一丝线索，所以让人无法揭开它身上的谜团。

知识小链接

无字碑，也称白碑或通俗地称没字碑，指无字的石碑，为碑刻中的一种独特现象。无字碑的出现多由于一些主观和客观的历史原因，比如因为墓主的好与不好无法言说；比如最初带有预留性质而最终没有完成；也可能原先有字，因为一些自然和人为的原因变成无字等。

（二十九）寻找美丽的"桃花源"

在中学课本里我们都会学到陶渊明的《桃花源记》，"复行数十步，豁然开朗。土地平旷，屋舍俨然。有良田关池桑竹之属，阡陌交通，鸡犬相闻……"这么美的地方究竟在何处呢？

陶渊明是一千五百多年前晋宋时代的诗人，他写了一篇旷世美文《桃花源记》，在文中他描写了一个恍若人间仙境的世外桃源，留给后人无限的遐想，后世历代都不乏有心之人寻找文中的这块仙境，但是每每都无功而返，人们不禁要问了，这是诗人描写心中幻想的地方还是真实存在的地方？

有人从陶渊明的家乡开始寻找蛛丝马迹，首先在陶渊明的家乡庐山某山谷中就有一处被称作桃花源的地方。也有人指出，在安徽古徽州的黟县也有一座桃花源，而且这里的武陵岭、武陵村与陶渊明在《桃花源记》中的描述也有几分相似。但更多的人认为陶渊明描写的桃花源应该是湖南常德市的桃源县。不论孰真孰假，至少说明"桃花源"的真实性是不容置疑的。

自从陶渊明写出《桃花源记》之后，桃花源成为文人墨客心中理想的境地，湖南桃花源不论是否真是陶渊明笔下那个地方，也同样吸引了很多名人前来游历，这里更留下孟浩然、李白、韩愈、苏轼等大家的足迹。如今，当地政府更把这里打造成一个旅游品牌，每年都吸引了数以万计的游客前来观光。湖南桃花源依山傍水，风景秀丽，一条桃花溪把人们的思绪带到仙境中去。沿溪水前行，有一片桃林，这仿佛就是《桃花源记》中描写的"中无杂村，芳草鲜美，落英缤纷"。向桃林深处走去，沿古桥过去，就会发现一个洞穴，从洞穴中穿越，只十步之遥，就能真实还原《桃花源记》中描写的那样，眼前"豁然开朗"。不论是"土地平旷"千丘田，还是"屋舍俨然"的豁然轩，都与文中描写的一模一样。

关于这个地方还有一段动人传说。相传秦始皇修建万里长城，在天下广征徭役，有一个男人带着两个宫女和一位老妇人一起逃到了这里。他们在这片荒芜之地组建了家庭，男耕女织过上了世外桃源般的生活，后来，他们的子孙不断壮大，并在这里建起了村落，世世代代幸福地生活在这里。

据当地的史料记载，这里早在汉朝时期就已经是远近闻名的名胜了。当时它的名字还不叫"桃源"。到北周时期，陶渊明写下著名的《桃花源记》之后，人们才发现这里与其文中的描写的景致并无二致，于是后来人们慢慢将这里称作了"桃花源"。

到了唐朝，政治稳定，经济发达，政府投入巨资对桃花源进行了开发修建，桥梁、亭台相继建成，并向外扩展了40多万平方公里的土地。这次修建，桃花源景区基本定型，而到宋朝经过进一步的修葺，从沅江畔到桃花山已经形成一个庞大的景区。

但不幸的是，桃花源在历史上也曾遭受过两次严重的火灾，一次发生在元末，一次发生在明末。两场大火几乎烧毁了桃源中所有的建筑，而我们现在所能看到的是清朝光绪年间，由当地县令余良栋组织重建的，在这次重修中，余良栋还专门吩咐匠人修建了一所陶渊明祠堂，并按照《桃花源记》中的描述，最大限度地还原文中原貌，如问津亭、延至馆、穷林桥、水源亭、豁然轩、高举阁、寻契亭、既出亭、问路桥等都真实地还原了出来。

到了现代，桃花源景区又进一步扩大，继续开发了桃仙岭、桃源山、桃花山、秦人村等景观，景区已经达到150多平方公里。

研究桃花源的学者发现，陶渊明笔下的桃花源究竟在哪里已经不重要，重要的是受陶渊明的熏陶，每个人的心目中已经有了自己的桃花源。

（三十）圣洁之地——香格里拉

　　一直以来，"香格里拉"只闻其声不见其面，究竟"香格里拉"在何处？恐怕没人回答得上来，只知道它是一处神秘、圣洁的净土，更是人们心目中的世外桃源。

　　"香格里拉"是藏语"心中明月"的意思，是一种人们心目中天堂般的生活方式。英语单词中也有"ShangriLa"一词，意思和我国的"世外桃源"一致。

　　很久以来，人们只知道香格里拉，但它在什么位置却不得而知，直到20世纪90年代，人们才确定中国云南的迪庆就是传说中的香格里拉，2001年，迪庆也正式更名为香格里拉市。

　　香格里拉坐落于中国三江风景区中心地带，附近被巍峨的太子雪山、白芒雪山、哈巴雪山以及有云南第一高峰的"卡格博峰"所环绕，气候宜人。放眼环顾四周，只见几处高峰全都白雪皑皑，再配以清澈宁静的湖水，这不就是人间仙境吗？

　　只有身在香格里拉，你才能切身体会到什么是享受生活，这里的牧民悠然地在碧绿的草地上放牧，牛羊牧马们低头静静享用着鲜嫩的绿草。

　　也许和这里清新的空气、没有污染的生活环境和平和的心态有关，生活在这里的人普遍都身体健康，而且很少有疑难杂症，所以人们都很长寿。许多游人一来到这里就再也不想坐上返回的汽车了。香格里拉是有灵性的，或者说是受了什么神奇的力量庇佑，据说，凡是香格里拉的居民走出这块土地就会快速衰老。这一现象引起科学家们的兴趣，他们来到这里希望找出这里居民长寿的秘密。他们先后勘察了当地的饮用水、饮食喜好、地表磁场等指标，但得出的答案都不足以解释人们长寿的原因。

　　香格里拉第一次被人们所了解是因为美国作家詹姆斯·希尔顿于1933年出版的一本书，在这本《消失的地平线》中，作者向人们描绘了一个天堂一样的地方。可是人们并不认为世界上有这么一片净土，他们更相信这是作者为了需要而艺术加工出来的地方。这本书出版后非常受欢迎，人们心目中的田园生活也被唤起，于是美国和欧洲都兴起了"寻找香格里拉"的热潮。

　　然而第一个找到香格里拉的并不是欧美人，而是一个新加坡商人，他在迪庆发现，这里和希尔顿所描述的地方几乎一模一样。但是，希尔顿是个伟大的旅行家，他一生去过很多美丽的地方，因为他在书中并没有明确写出香格里拉的具体位置，所以直到今天，还有一部分人对香格里拉是否真实存在表示怀疑。

也有一部分人认为，西藏古典传记中"香巴拉"才是真正的香格里拉。典籍中"香巴拉"被描绘成一个被雪山环绕、天地一片纯净的地方，还有几尊黄金制作的佛塔屹立在不同的地方，这个描述和希尔顿所描写的地方也有几分相似之处。

但是不要忘了，《消失的地平线》的作者希尔顿先生写这本书的目的，就是唤醒人们对大自然的热爱，从这个角度讲，小说中的"原型"究竟是迪庆还是香巴拉已经不重要了。

> **知识小链接**
>
> 香格里拉的理念就是各民族和睦相处，不被种族、信仰、习俗所界阈；人与自然和谐相处，对自然索取节制，以一种适度作为行为准则建立起来的文化秩序。它的重要意义在于体现了人类高度理性的人文文化永恒主题：和谐、自然、发展。

（三十一）阿尔泰山通天石人是何人所立

阿尔泰山脉位于中国新疆维吾尔自治区北部和蒙古西部，是中国最宏伟的山脉之一，山脉一直延伸至四个国家。

阿尔泰山风景秀美，山下是优良的牧场。近年来，山上分散着的一些奇怪的石头引起了专家的注意。这是一种被称为闪长岩的石头，这种石头含有多金属成分，吸引人们的并不是它所含的金属，而是许多石头上刻着人脸，从已经被风化侵蚀变得斑驳的印记上可以看出，这些画像年代已经非常久远了，是什么人将印记留在这些黑色的石头上的呢？

专家沿着阿尔泰山继续向北行进，在喀纳斯风景区一处叫阿贡盖提的草原上，它们又发现了十几座古朴的石人。

石人很早就已经被当地人所熟知，除了天山和阿尔泰山之外，向东一直到蒙古国和南西伯利亚草原，以及我国内蒙古部分地区、中亚腹地的里海和黑海沿岸也能发现类似的石人。它们可谓是跨国存在的一道风景线，这些石人有什么意义？

现在生活在阿尔泰山附近的居民由几个少数民族构成，而这几个少数民族都没有立石人的习俗，因此，石人肯定是古代其他族人留下来的。

古时候，阿尔泰山附近的草原上先后曾有鬼方、塞种、匈奴、突厥、回鹘、蒙古等民族生活过，常年的战争使这些民族过着居无定所的游牧生活，那么谁会是这些石人的创作者呢？

据当地人讲，每个石人的背后都有一个墓葬，所以专家就把这些墓葬当作突破口。可现实情况却不容乐观，因为保存完好的石人和墓葬太少了，所以为了保护文物的需要，考古工作者只能进行抢救性挖掘，将那些被盗或被破坏的墓葬重新清理，所以很难找到有价值的线索。

游牧民族不像汉族对埋葬很重视，他们的葬俗非常简单，所以墓穴不像汉人那样严密，风化现象非常严重，仅从墓穴里很难找到直接证据，所以鉴定石人身份困难重重。

在寻找直接证据的同时，也有专家从历史典籍中寻找蛛丝马迹。功夫不负有心人，在《周书·突厥传》中，有这么一条，突厥人死后有"于墓所立石建标"的风俗，从这短短的一句话中，专家们找到了突破口，说明这些石人很有可能是古代突厥人所立。另外，在《周书·突厥传》中，也有相关描述，说古代突厥人尚武好战，死后要"图画死者形仪及其生时所经战阵之状"，意思是说，石人刻画的就是墓主人生前的光辉形象。在 20 世纪，蒙古国也出土了一些立有石人的古墓葬，从墓中的碑文上可以看出，墓主人确实是突厥贵族。

阿勒泰市文管所里陈列着几尊保护相对完好的石像，从石像刻画的特征上看，其与古代突厥人十分吻合，比如右手执杯、左手握剑，这是典型的突厥武士的形象。杯子是权力的象征，只有贵族才有权力饮酒，而剑则是尚武精神的象征。专家表示，古代突厥人立这些石人的作用可能认为它有通灵的作用，即人死了之后，他的灵魂会转移到石人身上，只要石人在，他的灵魂就将长存下去。

从武士石人的身上我们也能找到古代突厥人的生活特征，但是令人匪夷所思的是，石人的造型远远不止武士这一种。比如人们还发现了一种黑石头人像，这种石人的选材异于其他石人，雕刻的形象也不是武士，应该属于更早的民族。

20 世纪中叶，考古学家们就已经发现了这个问题，随着调查的深入，工作者们在一处人迹罕至的地方发现一大片古墓葬群，根据发现的位置，考古专家将之命名为切木尔切克墓葬群，其中一个墓葬前，有五尊石人排列在墓的东侧，这些石人所用的石材都是黑色岩石，石人的脸廓清晰，可以看出眼睛呈圆形，面颊上刻有三角状纹饰，更罕见地出现了一尊女性石人形象。

考古工作者在这里挖掘了三十多座墓葬，并出土了一些文物，其中一种橄榄形的陶罐引起了人们的注意，这种造型奇特的陶罐上刻有弧线形的波纹，这种陶罐是卡拉苏克文化的典型用品，而卡拉苏克文化存在于公元前 1000 年，而突厥人则生活在隋唐时期，它们之间有上千年的代差，所以这些黑石人不可能是突厥人遗留下来的。

这又让专家陷入了迷茫之中，在 3000 多年前，又是谁制作了这些石人呢?

知识小链接

阿尔泰山脉位于中国新疆维吾尔自治区北部和蒙古西部。西北延伸至俄罗斯境内。呈西北—东南走向。长约 2000 千米，海拔 1000~3000 米。中段在中国境内，长约 500 千米。森林、矿产资源丰富。"阿尔泰"在蒙语中意味"金山"，从汉朝就开始开采金矿，至清朝在山中淘金的人曾多达五万多人。阿尔泰语系从阿尔泰山得名。

二、山川湖泊未解之谜

（一）长江的源头在哪里？

长江是中国第一大河，古代称为"江"，又称"大江"，它流经青海、四川、重庆、云南、湖北、湖南、江西、安徽、江苏等省区，在上海市入东海，流域内共有742个市县，总人口近4亿，流域总面积180余万平方千米。

我国有关长江源头的探索经历很长。最早的文字记载见于《尚书·禹贡》，其中有"岷山导江"之语，意思是说长江发源于岷山脚下。这当然不够确切，但那时岷山和中原地区天隔地阻，能得出这种认识已经是很不简单了。

明崇祯九年（1636），大旅行家和地理学家徐霞客经过4年的云贵之行，得出金沙江是正源的结论，虽然他并未探索到源头，但却为探索源头指明了方向。

清朝初年，对于长江源头开始有了官方组织的实地考察活动，大体摸出了江源地区的水流脉络，绘制出了在当时来说很具水准的地图。稍后有专著如齐召南的《水道提纲》谈到金沙江的上源通天河是长江的上源。但对于长江最上游众多支流的细节却长期模糊不清，而这恰恰是决定长江源头的关键所在。

新中国成立后，有关长江源头的说法才趋于一致。1976年，国家曾组织专家考察长江源头地区。考察得出的结论是长江源头五大河流中，沱沱河最长，约375千米，当曲长357千米，并据此确定发源于各拉丹冬雪山的沱沱河为长江源头。

目前国内外采用的长江长度就是20多年前测定的。那次测定的结果表明长江的长度超过了美国的密西西比河，是世界第三大河流，仅次于非洲的尼罗河和南美洲的亚马孙河。

一般确定大河源头的标准，除"河源唯远"外，还有"水量唯大"和对应于河流主方向等标准，因此有一些人，包括地理学、测绘学的研究人员，对于把沱沱河作为长江正源持保留看法。因为当曲的水流量是沱沱河的5~6倍，流域面积是沱沱河的1.8倍；另外，长江入海口江面宽阔，与海水的界限也难以确定。

2000年，中国科学院遥感应用研究所研究员刘少创对长江长度重新测量后发现，长江长度为6211.3千米，比公认的6300千米短了80多千米。

同时，刘少创还测量出了长江各分段的长度：当曲360.8千米、沱沱河357.6千米、通天河787.7千米、金沙江2322.2千米、宜宾以下2740.6千米。

据此，刘少创提出长江源头新说，他认为发源于唐古拉山北麓的当曲（"曲"在藏

语中是"河"之意）是长江的源头。

以往人们通常使用航空影像地形图来进行河流长度的测算。当年参与考察的水利部长江水利委员会专家石铭鼎说，长江源头水流散乱，哪里才是正源在学术界一直众说纷纭。而且，当年他们使用近百幅比例尺为 1：100000 的地形图在老式计算机上进行计算，测量时起点、终点定在哪里以及选用地图的比例尺大小都会影响到结果的准确性。

此次，刘少创领导的课题小组是利用卫星遥感技术来测量长江长度的。课题小组利用由美国地球资源卫星拍摄、分辨率达到 30 米的近 40 幅覆盖长江干流的卫星影像，根据最近陆地资源卫星影像获得的遥感数据和过去的地形数据，沿河道的中心线，对长江正向量测了三遍，又反向量测了三遍，经计算机多次运算和几何纠正，测算长江源头地区 5 条河流的长度后得出结果：当曲长 360.8 千米，比沱沱河还要长 3.2 千米。当曲源头位置在东经 94°35′54″，北纬 32°43′54″，海拔 5042 米。从这里算起长江最长。2000 年 9 至 10 月，刘少创赴长江源区，对沱沱河和当曲进行实地考察，验证了上述结论。

那么，长江又"短"在哪里呢？

计算表明，长江源头长度差异仅 3 千米。长度"缩水"的部分主要不在源头，而是在长江的中下游。刘少创认为，这是一个很复杂的问题，长江河道的主泓线经常会发生变化，有的地方会有截弯取直，影响到测量的准确性，但是最主要的原因还在于测量技术的改进和起止点的不同。

国家重要地理数据的更新是个引人注目的问题，具有非常重要的意义。以珠穆朗玛峰高度为例，我国在 1966 年、1975 年、1992 年、1998 年和 1999 年先后 5 次对珠峰高度进行了测量，每次除了能够得到新的数据，也同时推动了大地测量理论与技术的发展。

（二）黄河源自何方？

黄河横亘中华大地，是中华民族的摇篮，也是世界古代文化发祥地之一。黄河中游是广大的黄土高原地区，由支流汇入大量泥沙，使河水呈黄色，故名黄河。

黄河发源地究竟在哪里？在 5000 多年的历史长河中，我国人民曾对黄河的发源地进行了多次探索。然而，限于当时的科学水平和各方面的条件，一般都只能到达星宿海一带。历史文献中记载星宿海"小泉亿万，不可胜数，如天上的星"。星宿海，藏语叫"错岔"，意为花海子，是大片沼泽及许多小湖组成的低洼滩地。这里的水中散布着或堆形或块状的密密的短草，枯叶烂根年年积累，形状像表面松软的沼泽地带，走在上面，非常容易下陷。其实"星宿海"并不是真正的黄河源。新中国成立后，政府曾多次派出河源勘察队，寻找河源。

青海南部高原水系错综，河流纵横，有"江河源"之称。长江和黄河仅巴颜喀拉山一脉之隔，直线距离 200 多米。究竟黄河河源在哪里，学术界一直争论不休。20 世纪 50 年代初期，普遍认为约古宗列曲为黄河源。目前主要有两种看法：一种认为黄河多源，其源头分别是扎曲、卡日曲和约古宗列曲；另一种意见认为，卡日曲全长 201.9 千米，是上述三条河流中最长的，应定为正源。

黄河的河源地区既没有龙门激浪洪波喷流的气势，也没有壶口飞瀑巨灵咆哮的声威，只有潺潺细流蜿蜒而来，穿越坡地、草滩和沼泽，绕行于巴颜喀拉山的群峰之间，河水散乱，难以辨认主河道。

黄河的藏语名称叫"玛曲"，即孔雀河之意。当地人们根据黄河河源周围有众多小湖的地理景观，每当登高远眺，数不清的大小湖泊宛如繁星落地，恰似孔雀开屏，冠以孔雀河的美名，的确恰如其分。

黄河的河源地区气候酷寒。8 月里就似数九隆冬，年平均温度不足 14℃，一年只有 7 天绝对无霜期。即使在一天之内，晴阴风雪变化之快也令人难以置信。

黄河在内蒙古自治区托克托县以上为上游，河道长 3400 多千米，大致自刘家峡以上属青藏高原范围。由于高原整体抬升和河流下切作用强烈，黄河上游峡谷众多。万里黄河上的第一个峡谷是位于星宿海盆地和约古宗列盆地之间的茫尕峡谷，该峡谷东西延续 18 千米，谷宽 500 米~1000 米，谷底和山顶高差 100 米~200 米，黄河通过峡谷的流量为每秒 1.6 立方米。刘家峡是黄河在青藏高原的最后一个峡谷，风刀雨剑砍削石壁，形成 12 千米长的通道，活像人工开凿的水渠。如今，一座巍峨挺拔的大坝矗天而立。坝高 147 米，围成的大水库全长 65 千米，总库容 57 亿立方米。远看水面浩瀚，雾水茫茫，仿佛碧波仙女披着一层薄纱。

当然，黄河上游最著名的还要算龙羊峡。在这里，黄河劈开近百里长的峡谷，两岸壁立千仞，悬崖耸立高达 700 米。河谷深窄，水面宽仅四五十米，峡谷内天然水面落差 225 米。

龙羊峡水电站是黄河上游水力发电梯级电站的龙头。高原峡谷人烟稀少，在这里建电站工程量小。而且，黄河愈往上游，水土流失愈轻微，河水泥沙含量小，不会出现由于泥沙严重淤积不能蓄水的问题。

（三）扑朔迷离的太湖成因

美丽的太湖位于风景如画的江苏无锡，古称震泽，是我国长江中下游五大淡水湖之一，水面达 2400 平方千米。

太湖的水域形态就像佛手，作为江南的水网中心，太湖蕴藏了丰富的资源并孕育了流域内人们的繁衍生息，自古就被誉为"包孕吴越"；历代文人墨客更是为之陶醉，留下了许多脍炙人口的诗句。太湖风光秀丽，物产富饶，附近的长江三角洲河网纵横，湖荡星罗棋布，向来是中国的鱼米之乡。太湖四周群峰罗列，出产的碧螺春名茶与太湖红橘，在古代就是朝廷的贡品。太湖里还富有各种各样的水产品，其中的太湖银鱼，身体晶莹剔透，肉质细嫩，是筵席上的美味佳肴。

然而，就是这样一个兼具秀丽风景和浩渺壮阔气派的饮誉中外的太湖，关于它的成因，直到今天还争论不休。

早在 20 世纪初，我国地理学家丁文江与外国学者海登施姆就认为，是大江淤积导致了太湖的形成。他们指出，在 5000 年前江阴为海岸，江阴以东、如皋以南、海宁以北，即包括太湖地区在内都是长江淤积的范围，这是最初对太湖成因所做的理论上的描述。

无锡太湖

发展到 20 世纪 30 年代，由于在湖区地下发现有湖相、海相沉积物等，所以学术界对太湖的形成有了较成熟和系统的看法。著名的地理学家竺可桢与汪胡桢等提出了潟湖成因论，潟湖论在以后又不断被充实进新的内容。德国人费师孟在 1941 年提出，经太仓、嘉定外冈、上海县马桥、金山漕泾，直至杭州湾中的王盘山附近，为一沙嘴组成的冈身，是公元 1~3 世纪的海岸线。以后经对位于冈身的马桥文化遗址下的贝壳碎屑进行碳-14测定，基本上公认冈身是 6000 年前的古海岸线。

华东师范大学海口地理研究所的陈吉余教授等在总结前人研究的基础上，发展和完善了潟湖论。该论点主要依据太湖平原存在着海相沉积来推断，认为因长江带来的大量泥沙逐渐在下游堆积，使当时的长江三角洲不断向大海伸展，从而形成了沙嘴。以后沙嘴又逐渐环绕着古太湖的东北岸延伸并转向东南，与钱塘江北岸的沙嘴相接，将古太湖围成一个潟湖。后来又因为泥沙的不断淤积，这个潟湖逐渐成为与海洋完全隔离的大小湖泊，太湖则是这些分散杂陈的湖群的主体，又经以后的不断淡化而成为今日的太湖。

近年来，随着对太湖地区地质、地貌、水文、考古和文献资料等方面的不断研究，尤其是几十处距今 5000 年~6000 年前的新石器时代遗址，以至汉、唐、宋文化遗物的发现，许多研究者对潟湖论中所存的问题提出了质疑。认为在海水深入古陆地的过程中，虽然是一边冲蚀，一边沉积，但这种情况对于整个古陆地来说是不平衡的，有的地方虽有潟湖地貌的沉积，但它不具整体意义。因此，潟湖论虽然可以解释太湖平原

的地形和地质上的海湖沉积，但难以解释何以在太湖平原腹地泥炭层之下以及今日湖底普遍有新石器遗址与古生物化石的存在，同时这也与全新世陆相层的分布范围不符。许多人因此提出，太湖平原大部原为陆地，所以古代居民能够在上面聚居生存。

人们推测，大约在 6000 年~10000 年前，太湖地区是一片低平的平原，人们曾经在这里生活和居住过。由于地势较低，终于积水成湖，人们还没有来得及搬走他们的家当，就被洪水淹没了。

至于太湖这片洼地的形成，他们认为和这里的地壳运动有关。太湖地区可能一直是一个地壳不断下沉的地带，由于地势低洼，从四面八方汇来的流水不能及时排出去，自然就形成了湖泊。

太湖的"平原淹没说"还没有得到更多的传播和响应，又一种成因说突然出现了。最近，一批年轻的地质工作者们，用全新的观点来解释了太湖的形成。

他们大胆地假设，可能是在遥远的古代，曾有一颗巨大无比的陨石，从天外飞来，正好落在太湖的位置上。也就是说，偌大的太湖竟然是陨石砸出来的！他们估计，这颗陨石对地壳造成的强大冲击力，其能量可能达到几十亿吨的黄色炸药爆炸产生的能量，或者等于 10 万颗在日本广岛上空爆炸的原子弹的能量。

提出"陨石冲击"假说的年轻人，列出了如下几个方面的证据：

第一，从太湖外部轮廓看，它的东北部向内凹进，湖岸破碎得非常严重；而西南部则向外凸出，湖岩非常整齐，大约像一个平滑的圆弧，与国外一些大陆上遗留下来的陨石坑外形十分相似。

第二，研究者在调查中发现，太湖周围的岩石岩层断裂有惊人的规律性。在太湖的东北部，岩层有不少被拉开的断裂，而西南部岩层的断裂多为挤压形成。这种地层断裂异常情况只有在受到一种来自东北方向的巨大冲击时才会出现。

第三，研究者还发现，成分十分复杂的角砾存在于太湖四周，在显微镜下观察这些岩石，其中还可以看到被冲击力作用产生的变质现象。另外，他们还在太湖附近找到了不少宇宙尘和熔融玻璃，这些物质只有在陨石冲击下才会产生。

由以上的证据，他们推断，这颗陨石是从东北方向俯冲下来的。由于太湖西南部正好对着陨石前下方，冲击力最大，所以产生放射性断裂，而东北部受到拉张力的作用，形成与撞周方向垂直的张性断裂。由于陨石巨大的冲击力，造成岩石破碎，形成成分混杂的角砾岩和岩石的冲击变质现象。

可见，目前对太湖的成因还没有形成统一的认识，但所有这些不同的观点，都有助于推动人们做进一步的调查和研究。随着不断地深入探究，相信人们最终一定能揭开扑朔迷离的太湖成因之谜。

（四）大明湖形成之谜

大明湖位于山东省省会济南市内，旧城之北。大明湖呈东西长、南北狭的扁矩形，南面紧邻济南市中心区。湖周长4千米多一点，面积46.5公顷，约占济南旧城的1/4。

济南市位于鲁中南山地北部与华北平原的交接带上，北面有黄河流过，南面紧接泰山的前山带。所以这座城市正好处在一个凹陷中，而大明湖正居于凹地的底部。虽然只是一个天然的小湖泊，但却以其美丽可爱而蜚声国内。一般而言，在城市里有一个封闭式的湖非常罕见，其成因肯定是非常特殊的。大概从什么时候起、在怎样一种情况下形成的这个美丽湖泊，我们还无法确定。

大明湖是一个由泉水在低地上汇集所形成的湖泊，湖水源主要靠南侧山麓的泉水补给。以前济南的名泉如趵突泉、黑虎泉、珍珠泉、五龙潭泉四大泉群的水或直接或间接汇入湖中，今天这些泉水大多数已经不再补给大明湖的水源，仅有珍珠泉、芙蓉泉、泮池、王府池诸泉仍注入湖内。湖水从东北隅汇波门流出，会合护城河水，流入北面的小清河，注入渤海。

这种特殊的现象，在我国还不多见，大概只为济南这样的"泉城"所特有。古时候，济南被称为"泉城"——"齐多甘泉，甲于天下"。这个古来著名的泉城究竟有多少泉水？过去说它的城内外有72处，其实远不止此数。据新中国成立后实地调查，仅在济南市区就有天然泉水108处。诸泉汇聚于地势低下的城北，形成一片广大的水域。今天这片水域的许多部分已填塞成为市街，而大明湖是留下的最大水面。济南为何如此多泉，这同它的水文地质条件有关。

科学家们认为，泉水跟倾斜的岩层也许有很大关系。济南处在石灰岩和岩浆岩这两种不同岩性的构造接触带上，这恰好为泉水形成和出露提供了有利条件。济南的南面有绵延的小群山，如千佛山等都是由厚层的石灰岩构成的，岩层略向北倾。石灰岩层内大小溶洞和裂隙很多。山地降水渗入地下，积蓄在其中，积蓄的水多了就顺着倾斜的岩层和裂隙向北流动，当流到济南北面时，遇到了组成北面丘陵的不透水岩浆岩的阻挡，便停滞下来，成为承压水，它一遇到上面地层薄弱的部分便冒出地面，成为大大小小的涌泉。而大明湖所在地正是济南北部最低洼处，众泉汇聚，所以成为湖泊。

大明湖在历史上变化很大。北宋以后，由于人类活动频繁，生态有所恶化，古大明湖已逐渐埋塞，现在的大明湖是由古大明湖东面的一片水域，即历水陂演变而来的。在新中国成立前，社会的动荡和贫困使大明湖黯然失色，失修的湖内多为杂乱的湖田，湖边为坍塌的泥岸，岸边道路泥泞不堪。中华人民共和国成立后，疏浚了湖底，用石头砌成湖岸，对环湖大道及各种建筑都进行了修整。此外，还添设了新景点、新设施，又恢复了"四面荷花三面柳"的风貌，这样，这处著名的游览胜地重新焕发出青春的光彩。

（五）黄果树大瀑布的成因是什么？

黄果树瀑布群是中国贵州省境内一处以瀑布、溶洞、石林为主体的独特风景区。

位于镇宁布依族苗族自治县境内。白水河流经此地，因山峦重叠，河床断落，多急流瀑布，奇峰异洞，黄果树附近形成九级瀑布。黄果树瀑布是其中最大的一级，瀑布高74米，宽81米，集水面积达770平方千米，是中国最大的瀑布，也是世界著名的瀑布之一。

黄果树瀑布群是大自然的产物。黄果树瀑布发育在世界上最大的华南喀斯特区的最中心部位，这里的地表和地下都分布着大量可溶性的碳酸盐岩，区域地质构造十分复杂；加上这里位于亚热带湿润季风气候的南缘，水热条件良好，形成打帮河、清水河、灞陵河等诸多河流。它们在向下流经北盘江再汇入珠江时，对高原面进行溶蚀和切割，加剧了高原地势的起伏，从而形成了各种各样绚丽多姿的喀斯特地貌。由于河流的袭夺或落水洞的坍塌等原因，形成了众多的瀑布景观，黄果树瀑布群便是其中最典型、最优美的喀斯特瀑布群。

由于黄果树瀑布群的瀑布不仅风韵各具特色，造型十分优美，而且在其周围还发育许多喀斯特溶洞，洞内发育有各种喀斯特洞穴地貌，形成了著名的贵州地下世界，具有极大的旅游观光价值。

黄果树大瀑布是黄果树瀑布群中最为知名的瀑布，它位于镇宁布依族苗族自治县城关镇西南约25千米，东北距贵阳市150千米。最新测量结果表明，黄果树大瀑布高为74米，宽达81米。因此，黄果树大瀑布水量充沛，气势雄壮。漫天倾泻的瀑布，带着巨大的水流动能，发出如雷巨响，震得地动山摇，展示出大自然一种无敌的力量与气势。巨量的水体倾覆直下，又形成了大量的水烟云雾，使得峡谷上下一片迷蒙，呈现出了一种神秘的色彩。瀑布平水时，一般分成四支，自左至右，第一支水势最小，下部散开，颇有秀美之感；第二支水量最大，更具豪壮之势；第三支水流略小，上大下小，显出雄奇之美；最右一支水量居中，上窄下宽，洋洋洒洒，最具潇洒风采。黄果树瀑布之景观，随四季而替换，昼夜而迥异。

黄果树大瀑布还有二奇；一曰瀑上瀑与瀑上潭，是为主瀑之上一高约4.5米的小瀑布，其下还有一个深达11.1米的深潭，即瀑上潭。瀑上瀑造型极其优美，与其下的黄果树主瀑形成了十分协调的瀑布组合景观。二曰水帘洞，其为主瀑之后、瀑上潭之下、钙华堆积之内的一个瀑后喀斯特洞穴。

水帘洞高出瀑下的犀牛潭40余米，其左侧洞腔较宽大清晰，并有三道窗孔可观黄果树瀑布；右侧因石灰华坍塌，洞体仅残存一半，形成一个近20米高的岩腔。水帘洞不仅本身位置险要，而且洞内之景颇有特色。然而，长期以来，由于进洞道路艰难危险，除少数探险者敢冒险进洞游览之外，一般游人是很少进去的。下面的犀牛潭，其深达17.7米，在黄果树大瀑布跌落的巨量水流冲击下，激起高高的水柱，若游人不小心从水帘洞中滑入犀牛潭，则非常危险。

游人在水帘洞中观赏美景时，往往会想到自己正处在瀑布之下，巨量的水体正从头上压顶而过时，不禁会产生一种难以名状的压抑感，甚至是一种恐惧感，仿佛洞内的岩壁会随时被压垮倾覆，随时会跌落下来一般，以致不敢久留。只有当走出了水帘洞时，看到洞外一片明亮，灿烂阳光下，翠竹簇簇，婆娑起舞，林木葱茏，树叶扶疏，才不觉松了一大口气，精神为之一振。

那么，黄果树大瀑布如此壮美的景观又是怎样形成的呢？对于黄果树大瀑布的成因问题，可谓是众说纷纭。有人认为它是典型的喀斯特瀑布，由河床断陷而成；有人则认为是喀斯特侵蚀断裂——落水洞形成的。还有一种说法是，黄果树大瀑布前的箱形峡谷，原为一落水溶洞，后来随着洞穴的发育、水流的侵蚀，使洞顶坍落，而形成瀑布。由于一个瀑布的形成过程与瀑布所在河流的发育过程紧密相关，故探究黄果树瀑布的形成过程须与白水河的演化发育历史结合起来考虑。这样，就可以把黄果树瀑布的发育过程大致分成 7 个阶段，即前者斗期、者斗期、老龙洞期、白水河期、黄果树伏流期、黄果树瀑布期和近代切割期。其形成时代大约从距今 2700 万年～1000 万年的第三纪中新世开始，一直延续至今，经历了一个从地表到地下再回到地表的循环演变过程。

（六）真的存在"天池怪兽"吗？

矗立在我国吉林省东南部中朝两国交界处的长白山，是一座多次喷发的中心式复合火山。火山喷出的炽热岩浆冷却后堆积在火山口周围，形成一个圆锥状的高大火山锥体。锥体中央的喷火口，形如深盆，积水成湖，即闻名遐迩的火山口湖——长白山天池。

天池水面海拔 2194 米，面积 9 平方千米，湖内深达 373 米，平均水深 204 米。它的水温终年很低，夏季只有 8℃～10℃。从科学的常规看，这里自然环境恶劣，地处高寒，水温较低，浮游生物很少，水中不可能有大型生物。

然而，1962 年 8 月，在有人用望远镜发现天池水面有两个怪物在互相追逐游动。1980 年 8 月 21～23 日，人们再次目睹了水怪。21 日早晨，作家雷加等 6 人在火山锥体和天文峰中间的宽阔地带发现天池中间有喇叭形的阔大划水线，其尖端有时露出盆大的黑点，形似头部，有时又露出拖长的梭状形体，好似动物的背部。9 点多钟，目击者们又一次见到三四条拖长的划水线，每条至少有 100 米长，这样的划水线，如果没有快艇的速度是不会形成的。翌日早晨，五六只"水怪"又突然出现在湖面上，约 40 分钟后才相继潜入水中。23 日，5 只怪兽又出现在距目击者 40 多米的水面，这回人们清楚地看到，怪兽头大如牛，1 米多长的脖子和部分前胸露出水面。水怪有黑褐色的毛，颈底有一白底环带，宽约 5～7 厘米，圆形眼睛，大小似乒乓球。惊慌的目击者边喊边开枪，可惜都未击中，怪兽潜水而逃。

此后，人们又分别在 1981 年 6 月 17 日和 9 月 2 日再次目睹了怪兽。《新观察》的记者还拍下了我国唯一的一张天池怪兽照片，证明怪兽确实存在。

然而，对天池水坚持否定态度的人认为，天池形成的时间并不长，最后一次喷发（1702）距今只有二三百年，是不可能有中生代动物存活的，况且池中缺少大型动物赖以生存的必要的食物链，无法解释此类大动物的食物来源。

1981年7月21日，朝鲜科学考察团在池中发现一只怪兽，他们依据观察和摄影资料，判断怪兽是一只黑熊。而中国一位科学工作者提出质疑，认为人们所见的水怪与黑熊的形态有很大区别，且黑熊虽然能游泳却不善潜水等，因此并不能解释"天池怪兽"之谜。

于是有人又提出"怪兽"很可能是水獭。水獭身体细长，又善潜水，可在水下潜游很长距离。它为了觅食而进入天池，被人们远远看见，加上光线的折射，动物被放大，于是成了人们传说中的"天池怪兽"。

还有一种观点认为，天池中常有时隐时现的礁石从水中浮现，也如动物一样有时露头伸出水面，有时沉入水中。还有火山喷出的大块浮石，它在水中漂浮，在风吹之下也一动一动地在水面浮动，远远看去，也如动物一样在水中游泳。

难道许多目击者产生的都是同一错觉吗？如果不是，天池怪兽又是什么呢？它又是如何演变来的呢？

（七）自贡何以成大批恐龙的"集体墓地"？

20世纪70年代初，地质部第二地质大队科技人员黄建国等人在四川自贡大山铺的公路旁裸露的岩石层中，意外地发现一处生物化石，后来经过考证，确认这就是恐龙化石。从此以后，中国考古专家云集这片丘陵僻壤，从中发现了大片连绵的化石脉，因此认定此必是化石宝库。

1977年10月，一具40吨重的完整的恐龙化石展现在目瞪口呆的人们面前。两年后，一个石油作业队在附近山坡炸石修建停车场时，"炸"出了一幅令人惊心动魄的景象：恐龙化石重重叠叠堆积一片……世界奇观出现了，一座巨大的恐龙群族"殉葬地"重见天日。

经初步发掘，在大山铺出土恐龙化石300多箱，恐龙个体200多个，比较完整的骨架18具，极其难得的头骨4个。这些珍品引起国内外科学家的浓厚兴趣，他们纷纷前来进行实地研究，希望能解开恐龙生死存亡的千古之谜。

从大山铺恐龙化石来看，恐龙并非都是庞然大物。此地当时有长20米、重40吨的"蜀龙"，也有仅长1.4米、高0.7米的鸟脚龙。它们无论大小，都不显得笨重，而且精力旺盛，行动敏捷。

恐龙的智力也比较发达：剑龙类的脑智商平均值为0.56；角龙类为0.8左右；属肉食性的霸王龙和恐爪龙则超过了5，想来是因为它们要捕食素食性恐龙，没有较高的智力是不行的。尽管恐龙的体温比现代哺乳动物要低些，调温体制要差些，但它们不冬眠，没有羽毛，活动速度超过每小时 4.8 千米，所以科学家们认为它们是热血动物，而不是像蛇、蜥蜴一样的冷血动物。

据测算，这些恐龙是在 1.6 亿年前就被埋藏在地层里，在缺氧条件下，经泥沙、岩石的固结、充填、置换等石化作用，而形成现在所见到的化石。那么，是什么原因使恐龙集体死亡于此呢？

有学者认为，大约在 7000 万年前的白垩纪末期，地球又发生了一次强烈的地壳活动。四川盆地继续隆起，浅丘开始出现，水枯林竭。从海水中隆起的四川盆地形成了得天独厚的自然环境，而自贡地区当时是一个大汇水池，于是恐龙漂集于此，直到死亡。

也有人认为，在白垩纪末期，整个地球发生了广泛性寒冷，日夜温差增大，季节交替出现。习惯热带环境的恐龙，不能像蛇、蜥蜴那样进行冬眠，又不能像毛皮动物那样躲进山洞避寒，因而这些地球霸王们受到了大自然的酷寒"惩处"。

关于恐龙在此"集体死亡"的原因说法甚多，比如有人认为是天外一颗超行星爆炸后，其强光和巨大宇宙射线引起恐龙的遗传基因突变而致灭绝。还有一种理论认为，是一颗小行星撞入地球的大海之中，使海水升温，并掀起 5000 米高的巨浪，使恐龙被埋入泥沙之中。另有专家认为，大山铺恐龙化石里砷含量过多，可能是恐龙吃了有毒的植物而暴死并堆积在一起。

以上诸论争讼不已，更给恐龙死亡之谜蒙上了一层神秘的面纱。

（八）杭州西湖是怎么来的？

在我国有多个以"西湖"命名的湖泊，其中尤以杭州西湖最为有名。"杭州之有西湖，如人之有眉目也"，可见西湖在文人眼里到了秀色可餐的地步，那么西湖是怎么形成的呢？

1. 筑塘成湖说

古时候人们就认为西湖是与大海相通的，这一说法也得到现代地质学者的肯定。在刘宋文帝时，钱唐县令刘道真在《钱塘记》引述了早在东汉时期，当地郡议曹华信带领当地百姓修筑了"防海大塘"，西湖和海隔开，从此单独成湖，这一说法代代相传直到今天，十分具有可信度。

2. 火山爆发形成说

1909 年日本地质学专家石井八万次郎来到杭州，以独到的观点提出了自己的看法。

因为西湖的南、西、北面均有群山环绕，而唯独东面是平原，西北的葛岭、宝石山均有凝灰岩成分，且山体上有大量火山岩的流纹。

而宝石山上的火山痕迹更加明显，它的山体上留存着一条清楚的火山通道。科学家经过测算，发现这个火山通道向南延向西湖，通道面积2000平方米。所以他们断言，在1.3亿年前的侏罗纪晚期，在西湖附近爆发了强烈的火山喷发，岩浆外流，地壳下陷，火山口最后变成洼地，以后逐渐形成了湖泊。

3. 由泄湖形成

竺可桢先生是我们近代著名的科学家，他在1921年也对西湖进行过勘测，他的看法是西湖是由泄湖演变而来的。

竺可桢先生站在现代科学的角度分析西湖的形成，并否认了石井八万次郎的火山形成说。竺先生的说法得到了地质专家章鸿钊先生的支持，并对其部分观点做了适当补充。之后高平、朱庭祜等先生也都认可了这一说法，认为西湖原是东海海湾，由于江潮挟带大量泥沙在此地堆积，最终把西湖与大湖彻底隔绝。

魏嵩山从《史记·秦始皇本纪》中找到了理论依据，《本纪》中有"其时当始于东汉"一句，认为这是西湖与海隔绝形成的内湖。林华东先生对主张西湖是筑塘成湖说的观点提出质疑，他认为当时华信所筑的"防海大唐"，其功能是为了防御海浪冲蚀内陆海岸，在吴山与宝石山建这么庞大的堤防作用有点被夸大了，它倒是和我们现在的水库作用差不多。

吴维棠先生用仪器在西湖岸边钻孔采样，样本取自四米深的地下，在这个样本中，吴维棠测得一些富有有机物的黑质土样，其中包含植物的残体。经过碳-14年代测量，它的形成距今2600年左右。随后又在白堤锦带桥两侧各钻取一组样本，这组样本的炭化程度相当高，有10~50厘米的泥炭层，它的形成距今约1805±136年。泥炭层的下面是青灰色粉砂质黏土，同样富含有机物和炭化的植物残体，又经过进一步分析，发现这些植物是由黑三棱、眼子菜等陆上浅水生植物构成。这充分说明在几千年前，西湖还是一片沼泽地。所以吴维棠先生推断：在西汉以前，西湖非但不存在，就连杭州城也大部分是沼泽地。

徐建春则不认同，他认为西湖早在春秋时代就从海湾中脱离，并演化成陆地上的内陆湖，所以说西湖是由于建坝与大海隔离的说法是值得商榷的。西湖根本不是在汉朝时期形成，而是在春秋时代就已经沼泽化，后来经过人为的挖掘最终成湖。他推测，在7000~6500年前，当时的海面比现在要高，杭嘉湖平原的西侧，有一条经湖州、德清、余杭然后在杭州流入杭州湾的河口湾，这一河口的宽度与现在的杭州湾不差上下。后来随着泥沙的不断沉积，特别是钱塘江出海口形成喇叭状，涌潮开始出现了，从而使沿江一带比南陆还高，太湖往南到杭州湾的河口湾开始变窄，许多水被截留了下来，最终形成湖泊。除西湖之外，杭州的下湖、古荡、临平湖、泛洋湖、白洋湖都是在这一时期、同一种原因形成的。

西湖究竟是怎么形成的？各路专家各执一词，仔细分析又各有道理，看来要认清西湖形成的原因，还要做进一步的研究。

（九）阳朔湖泊的生死轮回

　　湖泊也有生死轮回吗？且每三十年作为一个轮回，即每三十年就失踪一次。这种现象让人百思不得其解。对湖泊生死轮回的研究将成为我们在研究湖泊工作方面的新课题。湖泊也会死而复生吗？这让人听起来感觉匪夷所思，但是这种会死而复生的湖泊的确是存在的。

　　俗话说："桂林山水甲天下，阳朔山水甲桂林。"在我国广西阳朔县的美女峰下，有一个占地面积为三百亩的犀牛湖，湖面澄碧，鱼蟹游弋。

　　据村中老翁谈及，清朝同治戊辰（1868）年 3 月 17 日水涨一次，为时四天。民国 29 年（1940 年）6 月 17 日，水又暴涨。当天，天气晴朗，水突然由岩穴涌出来，顷刻之间，水涨到三尺深，没到三天，村落田间，一片汪洋，俨如泽国。当时，正值早稻成熟季节，发水之初，村中长老有经验者，知道洪水不会在短期内消退，急令村民抢割稻子。此事曾轰动一时，由各地闻讯来观洪水者，络绎不绝。

　　然而，1987 年 9 月 30 日，湛蓝的湖水却突然全部消失，只留下了湖底的淤泥。人们大惊失色。据当地人回忆，此前一个月，犀牛湖附近地下曾发出"隆隆"之声，湖水水位同时也略有降低，但湖水仍保持两米左右的深度。在 1987 年 9 月 29 日一夜之间湖水突然变得荡然无存。犀牛湖约三十年失踪一次在阳朔县志中早已有过记载。

　　那么，湖水奇异的生死轮回现象的奥秘何在呢？据有关人士分析，目前有这样一种解释：桂林山水均由可溶性石灰岩组合而成溶柱、溶峰、溶洞、溶湖和地下暗河纵横交错，密布其间。犀牛湖位于群山环抱之中，是个溶湖，湖水来源于地面流水、天落水和地下水，河水的去路是通过湖底的溶孔流入暗河，另有一部分湖水自然蒸发而消失。每当暴雨之际，湖水夹带着大量泥沙堵塞了溶孔，经年累月积下的大量雨水长期被积压在山中的地下通道，不能顺利流入暗河里，水量越多，压力也越大，而暗河的排水条件受阻，这样，积水受到压力增大的影响，就会突然从洞口猛泄而造成喷泉的现象。而经过一段时间后，当排泄速度加快，而来水不足时，压力便渐趋正常，暗河也就处于正常的流量，泄出的水也就重新迅速归入暗河而向江河中流去。

　　据分析，水量的积聚，湖底溶孔的被堵，都有一个渐变的过程。同样道理，水的压力减轻和溶孔被疏通，也是渐变的，而这整个过程的完成，大约需要三十年。因此，犀牛湖水的消涨也是大约三十年一次。当然这一现象要受到诸如气象、地面和地下水流及人为等因素的影响，其周期并不是绝对的。有人设想，若将湖底溶孔堵死，湖水或许将永不消失。

阳朔湖泊起死回生、周而复始的现象非常耐人寻味，到目前，科学家们还没有找到其大约三十年一轮回的真正原因。因此，阳朔湖泊生死成了一个未解之谜，还有待于人们去探讨。

（十）五彩湖为什么水色美丽斑斓？

五彩湖宛如人间的一道五色彩虹，把大自然装点得更加美丽动人，在浩海茫茫的大自然中竟然有如此奇观，实在叫人对自然奇观称赞不已。那么，是什么造就了如此美丽的五彩湖呢？

在我国，有许多美丽的五彩湖，这些五彩湖的神奇之处吸引了许多旅游观光者以及气象、地质学家好奇的眼球。

沿藏新公路西进，从拉孜往西走 210 公里，在 21 道班再向北走约 130 公里，翻过一个山口，眼前豁然开朗，闯入你视野的是一个开阔的直径约有 40 公里的山间小平原。对面山下，在晃晃的云气中，若隐若现，犹如山脚的一条白色条带，飘飘荡荡与白云相连，这一幕幕变幻着的壮观景象都来自五彩湖。若是红日高照，阳光灿烂，景色便更加迷人。远看五彩湖，色彩分明，白、黄、红、绿、蓝，层带清楚，越到近处越明显，偶尔白云缭绕，仿佛仙境一般。

那么，是什么造就了如此美丽的五彩湖呢？有关人员认为，形成五彩湖的原因可能是由于阳光透过林梢洒向湖面，湖水明澈如镜，倒映出林梢的绚丽色彩；加上湖底的石灰岩层次高低不同，有深有浅，本身颜色有别；再加上水里的水藻，反射上来，就形成了极为丰富的色彩。

有人认为，西藏高原是世界上最高的高原——青藏高原的一部分。高原上植被稀少，人烟寥寥。太阳辐射强度大，大气格外清新，能见度十分高，天晴干旱日多；天空又总是蔚蓝色的，故从 40 公里远处就能清楚地看到五彩湖，在酷阳强烈曝晒下的湖面，水蒸气上升；尤其是湖畔的石膏和盐层，在耀眼的阳光反射下，远看五彩湖就像笼罩在白色的云雾之中。

还有人认为，以上这种奇特的五彩湖景观，完全可以从西藏的地质、地貌、地层等地理状况去解释。青藏高原过去是大海，欧亚板块和印度板块多次激烈地碰撞后，隆升和断陷了该地区，形成内陆的构造湖。因此，在湖畔周围不仅有代表第三纪的红土层，还有代表第四纪的黄色土和因长期干旱强烈蒸发后的石膏和盐层；由于板块碰撞大地变形后断裂和构造凹陷形成的构造湖，又产生因水深浅的绿色和蓝色，于是就形成了美丽的五彩湖。

此外，四川西北部的岷山，绵亘千里，雪山和森林之间，镶嵌着许多秀丽的"明珠"。有的湖泊，湖水泛映出红、橙、黄、绿、蓝等五种色彩，十分绚丽，仿佛是个童话世界。

岷山北坡南坪的九寨沟，被两边雪山和原始森林夹峙着，那雪水汇成的清溪，顺着台阶般的岩沟，层迭流泻，时而奔腾飞溅，时而汩汩流淌，把九寨沟108处断崖洼地连成了一长串彩色明珠和一道道瀑布。108个湖泊有大有小，最大的长七公里，宽三百米。湖水都很清澈，雪峰和翠林的倒影，交相掩映，大小游鱼，历历可数。

岷山南坡松潘黄龙寺风景区的五彩湖，就更奇特了。从山腰到山麓，有一条宽几米、长七公里多的岩沟，溪水沿着山坡蜿蜒而下，在阳光映照下，仿佛一条金黄色的彩带在漂动，两端都有成串明珠般的五彩湖。湖床是乳色和米黄色的石灰岩，宛如精美玲珑的玉石雕刻。它们形状千姿百态，有的像葫芦，有的像壶、盆、钟、鼎，有的像莲瓣、菱角，水色五彩纷呈，滢红、漾绿、泼墨、拖黄，艳丽如锦。人们用手捧水，又变得无色而透明了。

五彩湖，水色变幻多端。从山腰俯瞰，仿佛一个色彩斑斓的水晶宫。水面上，有的地方显露出海蓝色，有的地方呈现着翠绿色，有的地方辉映成橙黄色。人们以石击水，那荡漾起的涟漪，反射出粉红色和雪青双色波光，向四周扩散开去，宛如一道道美丽的彩虹。

五彩湖到底成因如何呢？哪个原因是其形成的最根本原因呢？期待着科研人员对五彩湖进行进一步研究，早日解开五彩湖形成之谜。

（十一）哈纳斯湖怪究竟为何物？

哈纳斯湖是一个充满神秘色彩的地方，这里景色宜人，到处充满了神秘感，哈纳斯湖水怪就是一个十分饶人兴趣的话题。

横亘在新疆北部的阿尔泰山雄伟壮观，其主峰友谊峰终年被冰雪覆盖，是我国海拔最低的现代冰川之一，哈纳斯湖就位于风景秀丽的友谊峰南坡，面积约25万平方公顷的哈纳斯国家保护区内。

哈纳斯湖起源于友谊峰冰川，曾经历过三次大的古冰川作用。冰川留下了大量的积水，形成了哈纳斯湖，并留下了数以千计的湖群。哈纳斯湖呈弯月状，湖区四周群山环绕，东西两岸陡峭处是浩瀚的原始泰加林海，北端入湖三角地带是沼泽草甸，天鹅、大雁、黑颈鹤等珍禽游乐于此。哈纳斯湖水随一天中光线角度不同，颜色不断变化，一年中随季节不同也会出现水质变化引起变色现象，因此又被称为"变色湖"。哈纳斯湖最令世人关注的并非因为它的颜色变化，而是湖中的"湖怪"。

图瓦是当地的一个民族，这个民族世代以来尽管从小在湖边长大，却从不敢到湖中捕鱼、游泳和划船。据当地图瓦人的民间传说，哈纳斯湖中有巨大的怪兽，能喷雾行云，常常吞食岸边的牛羊马匹，这类传说，从古到今，绵延不短。近年来，有众多的游客和科学考察人员从山顶亲眼观察到巨型大鱼，成群结队、掀波作浪、长达数十米的黑色物体在湖中慢游，一时间把"湖怪"传得沸沸扬扬，神乎其神，又为美丽的哈纳斯湖增加了几分神秘的色彩。

据说，早在1931年，就有一位牧民看到有十几条硕大的鱼形怪物在湖面上下翻腾。19世纪末，还有个俄罗斯人在湖中捕获到一条巨鱼，有几吨重，十几米长。

难道，这里的"湖怪"和英国尼斯湖的"湖怪"类似吗？

1987年7月，新疆环保科研所派出一只考察队来到了哈纳斯湖，在此之前新疆大学的一支考察队也已来到此地。据新疆大学考察队的有些队员说，他们在湖里发现了一条有北京212吉普车那样大的巨鱼。7月24日，新疆环保所考察队员登上了湖边的骆驼峰，从峰顶上的一个八角亭向湖面上望去，湖面突然像有一团团的红褐色水藻漂浮着，一个拿着望远镜的队员喊道："那是大鱼！"队长连忙接过望远镜仔细观察，原来，那些看似红褐色的水藻团的东西真是大鱼。在望远镜中，鱼头上巨大的眼睛清晰可见，到了中午，这些巨鱼竟然聚集了六十多条。据他们估算，鱼头宽度大约有1米至1.5米，鱼体长10米以上，最大的鱼有15米长，重量约在两吨左右。这次发现极大地振奋了考察队员的情绪。为了捕捉巨鱼，他们专门做了两个巨型鱼钩，放上羊腿和活鸭，企图能捉到实物，但没有成功。

哈纳斯湖水中生长哲罗鲑、细鳞鲑、江鳕、阿尔泰姆、西伯利亚斜鳊等珍稀鱼类。特别是著名的哲罗鲑，体长可达两至三米，重达几百公斤，因鱼体呈淡红色而被俗称大红鱼。大红鱼是典型的淡水冷水性食肉性鱼类，性情十分凶猛，人们曾在六千克重的大红鱼腹中发现过两只野鸭。这种鱼可长得很大，1984年曾捕到一条重达三十八千克的大红鱼。这样大的鱼在高纬度的高山湖泊中存在，在世界上实属罕见。哈纳斯湖中巨型鱼的发现，引起了国内外从事鱼类研究的科学家们的关注，也引起了人们的极大兴趣。

据一些专家经过考察推断，所谓湖怪其实是那些喜欢成群结队活动的大红鱼。大红鱼就是巨型的哲罗鲑。这是一种生长在深冷湖水中的"长寿鱼"，其寿命最长可达二百岁以上，而且行踪诡秘，没有经验的人是很难捕捉到它的。

当地的图瓦人并不相信这种说法。在他们的传说中，湖怪能吃掉整头牛。但湖怪到底长什么样，谁也说不清。他们的前辈还有过两次捕捉湖怪的尝试，但都以失败而告终。所以至今图瓦人不到湖里打鱼，也不在湖边放牧。

但是，有关人员又提出了异议，他们认为哲罗鲑一般身体不过两三米，据历史记载最大的体长也不过3.73米，体重最多为500多公斤。而考察队员看到的湖中巨鱼比这种鱼的正常体积大了好多倍。因此，水怪就是大红鱼的可能性就这样被排除了。

那么，这个可怕而神秘的水怪不是哲罗鲑又会是什么呢？这个问题给科考人员带来了很大的迷惑，因此，哈纳斯湖水怪至今仍然是一个难以解开的谜。

（十二）飞沙为何不落月牙泉？

在敦煌市鸣沙山群环抱的一块绿色盆地中，有一泓碧水形如弯月，这就是月牙泉。历来清泉沙漠共难容，但是月牙泉却像一轮新月一样镶嵌在黄沙之中数千年，至今泉水清澈，味美甘甜。

月牙泉位于甘肃省河西走廊西端的敦煌市。敦煌是古代丝绸之路的名城重镇，在漫长的历史长河中，曾经创造了辉煌的历史。月牙泉因其形状酷似新月而得名，古称"沙井"，又称"药泉"，是著名的"敦煌八景"之一，得名为"明泉晓澈"。

月牙泉南北长约100米，东西宽约25米，泉水东深西浅，最深处约5米，有"沙漠第一泉"之称。月牙泉处于鸣沙山环抱之中，但水质甘冽，澄清如镜。而流沙与泉水之间仅数十米。遇烈风而泉不被流沙所淹没，地处戈壁而泉水不浊不涸。古人云"泉映月而无尘""亘古沙不填泉，泉不枯竭"，这种奇特的景象被誉为"天下奇观"。泉内生长有眼子草和轮藻植物，南岸有茂密的芦苇。相传泉内生长有铁背鱼、七星草，专医疑难杂症，食之可长生不老，故又有"药泉"之称。据说，月牙泉早在汉代就已经是旅游胜地，唐代时期这里还有船只，泉边

月牙泉

有庙宇。泉南岸原有一组别致的建筑群，从东向西计有娘娘殿、龙王宫、菩萨殿、药王洞、雷神台等百余间。各主要殿宇有彩塑百尊以上，所绘壁画数百幅。重要殿堂均悬置匾额、碑刻，如"第一泉""别有天地""半规泉""势接昆仑""掌握乾坤"等，古刹神庙常年香火旺盛。史载，汉元鼎四年（公元前113年），汉武帝得天马于渥洼池中，后人疑月牙泉即汉渥洼池，遂立一石碑曰"汉渥洼池"。"四面风沙飞野马，一潭之影幻游龙"。这更为月牙泉增添了无限的魅力。

对于月牙泉千百年遭遇强烈大风却不被风沙所掩埋的原因有许多的说法。有人认为，这一带可能是原党河河湾，是敦煌绿洲的一部分，由于沙丘移动，水道变化，遂成为单独的水体。因为地势低，渗流在地下的水不断向泉中补充，使之涓流不息，天旱不涸。这种解释似可看作是月牙泉没有消失的一个原因，但却无法说明因何飞沙不落月牙泉。还有人说是特殊的地质构造形成了月牙泉，但是如何"特殊"却没有说清楚。

关于月牙泉的形成还有很美丽的传说，一则传说唐文成公主进藏和亲，唐太宗送

给她一面镜子，让她想家的时候只要拿出来一照，家人的容貌就会出现在镜子里。文成公主到了大漠以后，十分想家，便将镜子拿出来，但是谁知道镜子里除了文成公主的愁容外，什么都看不到。惆怅之际，文成公主就将镜子扔了。镜子在空中被雷雨击破，一半落在鸣沙山，形成"月牙泉"，一半落在新疆，形成了"天池"。

还有一则传说是汉朝大将李广利征伐大宛国，取得天马回归。行至鸣沙山下，口渴难忍，李广利引刀刺山，不见泉涌，正在焦急之际，忽见观音驾到，手执净水瓶，倒出数滴仙水，念动咒语锁住沙龙，才形成了现在的月牙泉。

有关月牙泉的传说还有许多，人们在惊叹月牙泉神奇的同时，虽然无法解释其成因，但也许让月牙泉一直保持它的神秘是更好的选择。

（十三）金沙江为何拐弯？

我国的地理奇观数不胜数，这些奇观体现了大自然的无比神奇之处，金沙江在虎跳峡大拐弯又是中国地理的一大奇观。

金沙江是中国长江上游的名称，一般是指青海玉树市巴塘河口到四川宜宾市岷江口之间的长江上游，而宜宾以下的才被正式称作长江。金沙江全长 2308 千米，流域面积 34 万平方千米，落差达 3300 米。金沙江古称丽水，以盛产金沙而得名。

金沙江和怒江、澜沧江等大河在青藏高原的东北部发源，然后几乎彼此平行地一齐向南流淌，在青藏高原东侧切成几列深邃的平行河谷。而在河谷之间，就是一条条大致平行的高山，这就是我国有名的横断山脉。在这三条河流中，金沙江最靠东边。起初，金沙江也是由北向南流的，江面一直平缓宽阔，江面宽达五百米，水流缓慢。可是当流经云南省境内的石鼓村北时，江流突然折转向东，而后又转向北，在只有几千米的距离内，差不多来了一个 180° 的大拐弯。金沙江流过石鼓村以后，坡度骤然加大，江水在只有几十米宽的深谷中呼啸奔腾。就好像大量的水突然从高处跌落进细细的管子里，江水蓄积已久的势能在这里得不到释放，只好在悬崖壁上来回碰撞，水流一下子变得奔涌澎湃，激起高达六米的巨浪。江两岸，一边是玉龙雪山，一边是哈巴雪山，从江底到峰顶落差三千多米，形成世界上最壮丽的峡谷。这段峡谷就是大名鼎鼎的"虎跳峡"。

那么，金沙江为何要在此拐弯呢？千百年来，万里长江第一弯曾使许多到过这里的旅行者迷惑不解，就是世世代代居住在江边的居民们也弄不清这到底是怎样形成的。多年来，这个问题吸引了无数的科学家和地质学家们来此进行实地考察和研究，期望得到答案。

经过相关研究人员对金沙江的河流形态进行研究后，有人提出了一种比较流行的看法，即从前金沙江并没有今天的大拐弯，而是和怒江、澜沧江等一起并肩南流。就在金沙江与它的伙伴们一起南流的时候，在它东边不远的地方，还有一条河流由西向东不停地流淌着，科研人员给这条河流起了个名字叫作"古长江"。急湍的古长江水不断地侵蚀着脚下的岩石，也不断地向西伸展着。时间一长，终于有一天，古长江与古金沙江相遇了。古长江地势比起古金沙江要低得多，于是滔滔的金沙江水受到古长江谷地的吸引，自然掉头向东。于是，金沙江就成了长江的一部分。这种现象，在地貌学上有一个名词，叫"河流袭夺"。

尽管这种说法不少人表示支持，但是，也有人提出了异议。他们认为，这里根本就没有发生过古长江与古金沙江相互连通的河流袭夺事件。今天的金沙江之所以会发生这样奇怪的拐弯，只不过与当地地壳断裂有关。可是，金沙江的大拐弯是发生在几十万年以前甚至更早的地质现象，谁也没有亲眼看见过金沙江是如何因地壳断裂而突然转向的。另外，年代又距离我们那么遥远，不管袭夺也好，还是沿着一条断裂带流淌也好，当时留下来的遗迹，已经被无情的风雨侵蚀得面目全非了。

以上的两种观点看似各有道理，但是几经沧桑巨变，金沙江又怎么能耐得住岁月的磨砺呢？无论如何，金沙江在虎跳峡拐弯也正是大自然这位巨星级工匠师经过精心设计打造出的地理奇观，也正是如此，人们才更加对大自然的神奇充满了敬畏感。

（十四）南海魔鬼三角

人类对海洋的了解仍然十分地有限，也对海洋的许多神秘现象无法解释。南海，是我国的领海。这里也有一个类似百慕大的"魔鬼三角"。

1975 年，有美国学者提出地球上存在着十二个"魔鬼三角"区：百慕大、日本本州南部、夏威夷至美大陆间的海域、地中海及葡萄牙沿岸、阿富汗、非洲东南部海域、澳大利亚西部海岸、新西兰北部海域、中南美洲东部、东南太平洋东部，在南极北极各一个。这些魔鬼魔区区域呈直等距离分布，因此地球被分成二十个等边三角形，"魔鬼三角区"就在三角形的结合点上。而且南、北半球的"魔鬼三角区"均位于纬度 30 度线上；以精确的 72 度经度间隔均匀环绕地球分布；以相同的角度向东倾斜。但是几年以后，这个理论就遭到了挑战：因为人们在不属于十二个"结点"的南海也发现了"魔鬼三角区"。

南海是我国三大边缘海之一，北接中国广东、广西，东面和南面分别隔菲律宾群岛和大巽他群岛，与太平洋、印度洋为邻，西临中南半岛和马来半岛，为面积三百五十万平方公里的深海盆。南海的"魔鬼三角"的顶点是：西为香港、东为台湾、南为菲律宾吕宋岛，面积约十万平方千米。

这片水域之所以被称为"魔鬼三角"，是因为这里发生了许多莫名其妙的沉船事件。

1979 年 5 月，菲律宾货船"海松号"正安全地行驶在南海海域，一切都显得十分正常，但是就在这时，马尼拉南港"海岸防卫队"无线电控制室内，突然收到一个紧急讯号，"海松号"在台湾以南、吕宋岛以北海域遇险，接着便失去联系。事后，有关方面进行了大规模地搜索，但是毫无结果，上千吨重的"海松号"以及25名船员就此失踪。1979年12月16日，由菲律宾马尼拉驶往台湾的"安古陵明号"货轮也在这片海域神秘地失踪了。1980年2月16日，当东方航运的"东方明尼克号"改良式货轮航行到香港和马拉尼附近时，东方航运公司马尼拉办事处的通讯控制室中，接到了这艘货轮发出的求救信号后，就与之失去了联系，船上三十名船员全部失踪。

不到十个月的时间里，就有三艘船先后离奇沉没。人们发现在南海失踪的船只和"百慕大魔鬼三角"有许多的相似之处：其一，事出突然，都没有预兆；其二，失踪的船只没有留下任何的痕迹，就连碎片也找不到；其三，船员也都失踪无影，连尸体都打捞不上来。

而南海这片魔鬼三角区并不是在现代才被发现，早在七百多年前，南宋周去非所著《岭外代答》一书中就有记载："海南四郡之西南，其大海曰交趾海，中有三合流，波头喷涌，而分流为三，其一南流，通道于诸藩国之海也；其一北流，广东、福建、浙江之海也；其一东流，人于无济。苟入无风，舟不可出，必瓦解于三流之中。"大意是南海中的交趾海域有东、南、北三股合流，海上无风，也会波浪翻滚，船只无法前行，结果往往酿成灾难。这种说法是否正确，目前还没有定论。但是魔鬼三角区的谜团却吸引了专家们的兴趣。

有人从星象变化影响出发，认为当太阳、地球和月球三体成一线时，或者月球、地球与一个强宇宙射电源星体成一线时，能对地球产生各种物理效应，会引起地球局部地区瞬间的引力增大，南海"魔鬼三角区"正处在这个"引力点"上，是巨大的引力导致船毁人亡。

还有人说南海地形本身就很危险，那里不仅岛屿众多，而且海底地形复杂，险象环生，这也可能造成船只沉没。

也有人说在南海存在一个"外星文明基地"，失踪的船只和船员实际上是被外星人"劫持了"，才出现生不见人，死不见尸的离奇现象。

当然也有人认为南海的"魔鬼三角"并不神秘，他们从洋流因素出发。在南海海域，有沿岸流、南海环流、南海暖流以及从巴士海峡进来的黑潮分支，加以台风和季风交替引起的海洋涡旋、上升流频繁出现，具有形成海难的基础条件。如果这么解释的话，南海"魔鬼三角区"并没有什么神秘可言。

此外，还有人提出磁场说、海啸说等，不一而足。但各种观点都有漏洞，南海的"魔鬼三角"为何如此可怕，还有待科学界进一步研究。

（十五）北京平谷地下古暗河流淌了15亿年吗？

北京是一座历史悠久的古城，在这里有着数不清的历史秘密和地理迷局。

有人说北京平谷发现了一条长为1500米的暗河。河水最深处3米，最浅处1米，暗河流经的地方点缀着众多的形态各异的石花、钟乳石和石笋，据说这条暗河已经流淌了15亿年。

北京平谷的村民在摩驼山抓獾时无意间发现了一个石洞，石洞中的山洞之间都是互通的。经过专家的勘探和测量推测，摩驼山的腹中很可能隐藏着一个长度在1500米左右的地下暗河。

专家说从这里的地理以及地质构造整体分析来看，整个背面的水很可能是以暗河的形式流入到金海湖的。而且从水文条件看，这里也有溶洞景观，并且也听到过水声。所以，地下存在暗河的可能性非常大。但是专家没有说这条暗河已经流淌了15亿年。

那么，暗河流淌15亿年的说法究竟从何而来？据介绍，15亿年的说法来自"京东大溶洞"。在京东大溶洞的相关介绍上，说京东大溶洞发育于中元古界长城系高于庄组白云岩地层，距今大约15亿年，由此号称"天下第一古洞"。而京东大溶洞到摩驼山大约只有不到10公里的路程，也正是京东大溶洞的关系，所以当地人认为摩驼山也应该有15亿年的历史。因为"京东大溶洞"和摩驼山是一个山系，自然如果有暗河存在也就流淌了15亿年。

但是有人提出异议，认为"京东大溶洞"的一些介绍并不够客观。岩石年龄和溶洞的年龄根本是两回事，中国以及世界上所有的溶洞绝大部分都是在新生代的第四纪即距今200万年以后形成，大于100万年的不多；形成于15亿年前的溶洞是根本不存在的。

既然"京东大溶洞"15亿年的历史并不客观，那么，摩驼山腹中的地下暗河流淌了15亿年的说法似乎就更加蹊跷，从常理上来说，整个地球的形成距今也只有四十六亿年，而华北底层虽然较老，但最多也只到18亿年左右。要形成溶洞，至少要在碳酸岩的条件下形成，碳酸岩的主要成分是碳酸钙，容易溶解。岩溶、洞溶都是在这种环境下才能形成。而平谷在北京的东边，它的底层有寒武系的地层、奥陶系地层，都是很年轻的地层，大约距今4亿年到6亿年之间。要形成溶洞，那就比地层要年轻得多了。从这一常识来看，要形成那么久远的暗河是不太可能的，但并不代表这条暗河不存在。

（十六）长江为何又称"九江"？

长江是中国第一大河，古名又称"九江"。流经西藏、四川、云南、湖北、湖南、江西、安徽、江苏等省区，在上海汇入东海，流域共有742个市县，总人口近4亿，总面积180余万平方千米。有雅砻江、岷江、沱江、嘉陵江、乌江、湘江、汉江、赣江、青弋江和黄浦江等支流。

长江是亚洲、中国第一长河，全长6403千米；它发源于青藏高原唐古拉山脉，是

世界第三长河，仅次于尼罗河与亚马孙河。水量也是世界第三。2001 年，中国科学家测出长江的准确长度是 6211.31 千米。但是在古代长江并不叫长江，而是被称为"九江"，一直到唐朝还有人称之为"九江"。那么长江为何称为九江呢？

一种观点认为长江之所以称为"九江"，是因为在两湖找出九条支流，以说明所谓的"江流九派"，所以称长江为"九江"。但也有人反对这种说法，在《禹贡》一书载"九江孔殷，沱潜既道，云土梦作义"，其九江中包括了在四川境内的支流和湖北境内的云梦，所以他们说"九江"并不是单指两湖和江西的九条支流。

另一种观点认为是长江上游的九大支流：岷江、大渡河、金沙江、沱江、嘉陵江、黔江、湘江、汉水、赣江汇合成了长江，所以长江称为"九江"。但在《增补幼学故事群芳》中却记载："江之发源岷山，总括汉泗沅沣。"接下去作者还引郭景纯《江赋》中的句子："郭景纯江赋云，总括汉泗，兼包淮湘，并吞沅沣，汲引沮漳。"这样看来，长江为何古代称为九江又模糊了。

长江流经青海省、西藏自治区、四川省、云南省、湖北省、湖南省、江西省、安徽省、江苏省和上海市十个省、区、市，流域面积 180 多万平方千米，占全国面积的 1/5，为何在古代长江称为九江呢？这还真是个谜团。

关于长江的源头自古也有两种说法：一种是"江河同源于一山"，即长江和黄河都发源于巴颜喀拉山，长江发源于南麓，黄河发源于北麓。另一种是长江发源于可可西里山。源流有两支：南支木鲁乌苏河，北支楚玛尔河。1976 年夏和 1978 年夏，长江流域规划办公室先后两次组织江源调查队，深入江源地区进行了详细地实地考察，查清了江源水系和源头情况。长江上源位于昆仑山和唐古拉山之间，这里河流众多，较大的有楚玛尔河、沱沱河和当曲三条。其中无论流域面积或水量都是当曲最大，根据"河源唯远"的原则，确定了沱沱河为正源。南源当曲，北源楚玛尔河。江源地区，海拔六千米以上的雪山就有四十多座。气温低，四季如冬。年降水量 200 毫米～400 毫米，且以降雪为主。7 月份的平均气温低于 0℃，只有白天在太阳的强烈辐射之下，气温才能达到 0℃ 以上，冰雪融水形成的涓涓细流就成为长江的最初水源。但是也有人提出不同的意见，应如何确定长江的源头，也许每个人都有不同的标准，那么答案也就不同了。

（十七）黄果树瀑布是如何形成的？

黄果树瀑布从断崖顶端凌空飞流而下，倾入崖下的犀牛潭中，势如翻江倒海。瀑布对岸高崖上的观瀑亭上有对联曰："白水如棉不用弓弹花自散，虹霞似锦何须梭织天生成"，这是对黄果树瀑布的真实写照。

黄果树瀑布位于贵州省安顺市镇宁布依族苗族自治县境内的白水河上，它以当地一种常见的植物"黄果树"而得名。黄果树瀑布宽 30 米，落差 66 米，流量达每秒

2000多立方米。黄果树瀑布以奇气势雄伟、连环密布的瀑布群而闻名于世，并享有"中华第一瀑"的美赞，也是世界著名的大瀑布之一。

据测量，黄果树瀑布实际高度为77.8米，其中主瀑高67米；瀑布宽101米，其中主瀑顶宽83.3米，分布着18个瀑布，形成一个庞大的瀑布"家族"，被世界吉尼斯总部评为世界上最大的瀑布群，列入世界吉尼斯纪录。其中，黄果树大瀑布是黄果树瀑布群中最为壮观的瀑布，是世界上唯一可以从上、下、前、后、左、右六个方位观赏的瀑布，也是世界上有水帘洞自然贯通且能从洞内外听、观、摸的瀑布。徐霞客曾赞叹道："捣珠崩玉，飞沫反涌，如烟雾腾空，势甚雄伟；所谓'珠帘钩不卷，匹练挂遥峰'，俱不足以拟其壮也，高峻数倍者有之，而从无此阔而大者。"

但是，黄果树瀑布如此壮观的景象是如何形成的呢？对于黄果树瀑布的成因，历来说法很多。有人认为它是喀斯特瀑布的典型，是由河床断陷而成的；有人则认为是喀斯特侵蚀断裂——落水洞式形成的。还有一种看法认为是由落水洞坍塌形成了黄果树瀑布。一些学者认为黄果树瀑布前的箱形峡谷，原为一落水溶洞，后来随着洞穴的发育，水流的侵蚀，使洞顶坍落，而形成瀑布。他们还说，一个瀑布的形成过程是与瀑布所在的河流的发育过程紧密相关的，故黄果树瀑布的形成过程应与白水河的演化历史结合相考虑。那么，黄果树瀑布的形成过程就可以分成七个阶段：前者斗期、后者斗期、老龙洞期、白水河期、黄果树伏流期、黄果树瀑布期和近代切割期。其形成时代大约从距今两千七百万年至一千万年的第三纪中新世开始，一直延续至今，经历了一个从地表到底下再回到地表的循环演变过程。

但也有人反对上面的说法。黄果树瀑布究竟是怎么形成的，看来还需要进一步研究。

（十八）为什么"水往高处流"？

俗话说"人往高处走，水往低处流"，这虽然是俗语，但却是客观的规律。水受到地球的引力自然会向低处流。但是，尽管这个规律适应于绝大多数的事物，也有一些超乎寻常的事情与此相悖。

近些年来，地球上出现了很多神奇的地方，如中国有著名的沈阳北郊"怪坡"。这些神秘地带不遵循客观规律玩起了"小把戏"：树林向一个方向倾斜；物体倾斜落地；人行走而步履稳健。更神奇的是，物体可以自动向坡上运动，甚至出现了水往高处流的情况。这些地理现象明显违反了牛顿的引力定律，令人费解。实际上这些神秘现象是由一种"垂直转向"的心理幻觉造成的。

迷路、转向、搞错了东南西北的现象我们都很熟悉，它是我们凭感觉认为的方位和实际方位偏离时产生的一种幻觉。"垂直转向"是在一定的情况下，我们认为的垂直方向显著地偏离了实际的垂直方向即重力的方向。地球上的这些神秘地带的神奇现象，都是在一种"坡上坡"的环境之中，发生了"垂直转向"而产生的。

到一个新地方、新城市，我们常常有一种感觉，那就是搞不清方向，不知道东南西北，因此很容易迷路。好多人在新地方会觉得太阳不再从东边升起，西边落下。当然我们不能因为自己的感觉就说在这个地方的太阳和自己家中的不一样，只能说自己"方位转向"了。为什么我们会"转向"呢？原来我们身体里没有像鸽子和企鹅那样的天然"指南针"，不能靠地球磁场自动识别方位。因此日常生活中我们对方位的判断，完全靠周围景物的相对位置。天空上的太阳、月亮、星星，地面上的山川、村庄、田地、树木以及城市的街道、建筑都被我们用来判断方位。在我们熟悉的地方，我们认识周围的景物，知道我们的相对位置，所以不容易方位"转向"，也不容易"迷路"。当我们到一个新城市，常常急于搞清东西南北方位，我们需要建立一个坐标系，把周围景物的相对位置搞清楚。但是我们不熟悉那里，不能靠它们的相对位置辨别方位，如果是阴天或晚上，看不到太阳，东西南北的坐标系就建不起来。这时候我们失去了坐标轴，就只能凭印象把头脑中的坐标轴加在新地方。当我们头脑中印象的坐标轴和实际偏离时，就出现了"方位转向"。

地球表面一点的垂直方向是地心和该点的连线方向，该点和重力的方向一致。真正的"下"是沿重力的方向，"上"就是和重力相反的方向。我们所说的"垂直转向"是指在一定的情况下，我们判断的垂直方向明显偏离了重力的方向。我们通常说：天为上，地为下，实际上并不准确。

平常，我们很少"垂直转向"，而且它与"方位转向"有所不同。因为我们判断垂直方向的能力比判断方位的能力强得多。由于重力吸引，我们能感觉到上、下方向。然而，这种感觉并不是非常准确。另外我们绝大部分时候靠视觉，而并不是根据周围景物判断垂直方向。除了我们直立的身体，树木、建筑物都是垂直参照物。我们更信赖的是脚下的地平面，和它垂直的方向就是垂直方向。当周围的环境造成我们依据视觉判断的垂直方向和重力方向严重偏离，同时我们的感觉又不能够纠正时，就会发生"垂直转向"。"垂直转向"是造成地球上神秘地带的心理原因。但是造成这种"垂直转向"需要一定的地质、地貌环境。

科学家们通过一系列的实验研究推断出，神秘怪坡实际上是一种特殊的地貌组合，我们称之为"坡上坡"。它包括两个坡，即一个"大斜坡"上有另一个"小斜坡"，"大斜坡"与"小斜坡"坡向一致，"小斜坡"的坡度明显小于"大斜坡"。当这种地貌组合处于一定环境，"小斜坡"附近的人把"大斜坡"当成真正的地平面，从而产生错觉发生"垂直转向"，把"小斜坡"的坡顶当成坡底，从而使"小斜坡"的坡向颠倒了。因此我们所看到的现象是"水往高处流"。

解开怪坡之谜，"水往高处流"也便见怪不怪了。我们可以利用怪坡的怪现象创造出有利于人类生存和生活的新环境，从而为人类的发展开启一道新窗口。

三、美丽奇幻的自然之谜

（一）乐业天坑群

天坑，在地质学上又叫"喀斯特漏斗"，因其形状酷似漏斗而得名。目前，全世界的天坑的数量并不多，但在中国已经发现了四个，即重庆奉节县内的小寨天坑、四川兴文县的小岩湾天坑、重庆云阳县的龙缸天坑和广西乐业天坑群。而乐业天群是世界上目前发现最大的天坑。

1998年国土资源部在中国广西壮族自治区百色地区乐业县进行土地资源调查时，发现了一种世界罕见的地质奇观——喀斯特漏斗群，又称乐业天坑群。2001年4月，对乐业天坑进行考察的科考队宣布在同乐镇和花坪乡二十多平方公里的范围内，发现白洞、天星洞等二十多个天坑，也是世界已发现的最大的天坑群。最大最深的天坑叫大石围天坑，深达613米，南北走向宽420米，东西走向长600米，周边为悬崖绝壁，底部有大片原始森林和山上的原始森林相连接。

在此之前，全世界已经在俄罗斯、澳大利亚、巴布亚新几内亚发现了类似的天坑。而在中国近年也发现了三个约300米深的坑。但这些天坑和乐业天坑比起来根本就是小巫见大巫。

乐业天坑四周都是险峻的峭壁，因此乐业天坑形成了一个巨大的竖井。天坑底部则是一片人类从来没有涉足过的极为罕见的原始森林，面积达到几十平方公里，森林里有溶洞群、地下河流相通，专家们认为，这里极有可能会发现一些已经被认为是绝迹的动物，如洞螈、盲鱼等。它们是两种生活在地下河流中的远古动物，视力退化。目前只在斯洛文尼亚曾有发现。

在这些天坑群中，有许多神秘的现象让科学家一时还没有找到答案。如大石坑变幻莫测的环境，据当地的居民说，只要有人下到大石围底部，或将石头滚入坑中，就会引起剧烈的天气变化。原本晴朗的天气会忽然变得乌云密布，雷雨交加。这些说法是否准确，还有待进一步证实，但是有考察队考察乐业天坑时就遇到了这种情况。大石围为何会出现这种骤变的天气，至今仍然是不解之谜。在大石围中还有一个难解的谜团，那就是那里到处是错综复杂的暗河。有记者报道说在大石围发现了两条奇特的暗河，暗河中发现了盲鱼等稀有物种，而两条地下暗河一冷一热，温度相差3度~5度，是什么原因造成这种情况，目前还没有答案。

大石围的附近还有一个莲花洞，洞中发现了大小不一的岩溶莲花盆达二百多个，

还有无数的"穴珠"。莲花盆是一种石钟乳，因其形状酷似舒展于水面的睡莲而得名。专家认为，莲花盆是因岩石被水溶蚀后形成的，而穴珠是碳酸钙在一定的地质条件下附着在某一内核上形成的钟乳石珠，其成因与珍珠相似。莲花洞为什么有如此众多的莲花盆和穴珠，其生长的条件是什么，这些问题还有待专家进一步研究。

而最绝的还要算白洞天坑，除与其他天坑一样具有地下原始森林与地下暗河外，还与相隔1.1公里外的天星冒气洞相通，形成了一种自然界最奇特的呼吸奇观，即一边洞口出气，另一边洞口吸气。从洞口冒出的白烟，在几百米外都能看得清。冒气洞为什么会冒气而其他的天坑洞穴却没有这种景象，专家暂时还无法解释。而正午时分，阳光可以直射到冒气洞洞底，形成一道壮观的光柱。洞口周围的树枝摇动起来，飘落的树叶不仅不会掉入洞中，反而会向上飞舞。

另外，天坑群中是否还有未发现的天坑？在这片神奇的崇山峻岭下面，是否还有正在继续坍塌的溶洞在某一天突破崩陷，成为新的天坑呢？这些问题还有待进一步考察。

那么乐业天坑群是如何形成的呢？有专家认为，这可能是因为地下暗河长期腐蚀造成巨大地下空洞后引起地表大面积坍塌所致。

在天坑群中的另一奇特地貌是百朗大峡谷，与大石围的地下暗河相通，峡谷长约四公里。谷中洞穴有千奇百怪的钟乳石和生物化石。据考察人员称，在天坑中还生活着国家二类保护动物——鼯鼠，也叫"飞猫"，其依靠前后腿间宽大的蹼翼可在绝壁间、山峰间或树木间滑翔飞行，整个身子长达1米，大者重达3.5公斤。考察队伍还在大石围天坑群区域内还发现了国内年代最早、最完整的大熊猫头骨化石。专家据此认为，在很久以前，乐业天坑群区域曾是大熊猫繁衍之地。

随着科考队不断地进入乐业天坑群进行科学考察，我们相信，揭开乐业天坑群的神秘面纱的日子为期不远了。

（二）中国"百慕大"

世界上最神秘的地方也许就是众多周知的"百慕大三角"，但是，但是后来人们又发现了许多和百慕大一样神秘的地方。在我国，也有一个"百慕大"。

世界各地似乎都有很多神秘难测的地方，也是人类至今没有完全了解的地球秘境。中国作为一个文明古老的国家，它的秘密更是数不胜数，如素有中国"百慕大"之称的黑竹沟就是一个著名的谜团。

黑竹沟位于峨眉山西南约一百多公里处，面积约一百八十多平方公里，它是四川盆地与川西高原、山地的过渡地带，所以黑竹沟的地理位置特殊，自然条件复杂，生态原始。也就是这里，曾出现过数次人畜进沟神秘失踪的现象，给人一种神秘莫测之感，也产生了众多的令人费解的谜团，让人目瞪口呆。因此黑竹沟才得到一个名字

——中国的"百慕大"。那么，黑竹沟曾经发生过哪些让人匪夷所思的事情呢？

纬度之谜：黑竹沟所处的纬度和百慕大三角、埃及金字塔相似，就是被探险家称为的"死亡纬度线"——北纬30度。这一纬度涉及了全球许多著名的谜团。北纬30度这些谜团彼此之间是否有一些细微的关联呢？黑竹沟和这些谜团是否也有某种联系呢？

人畜消失之谜：川南林业局、四川省林业厅勘探队，部队测绘队和彝族同胞曾多次在黑竹沟遇险，其中三死三伤，二人失踪。据当地的彝族长者介绍，1950年，国民党胡宗南残部三十余人，仗着武器精良，穿越黑竹沟，入沟后无一人生还，因此，这里留下了"恐怖死亡谷"之说。而人进去后是怎样失踪的，至今还是个谜。还有传说只见枪不见尸体的，但是有人认为这只是讹传。他们解释说不见尸体是因为黑竹沟中有很多含有极高铁量的玄武岩，它使磁场异常，造成了指南针磁针偏转，从而出现指南针指示的方向可能是暗河或悬崖的情况，人一不小心摔入就会丧命，因此，也就极有可能找不到尸体。但是曾经有那么多人进入黑竹沟，为什么不是失踪、受伤就是死亡呢？不可能人人都跌进悬崖或暗河中吧？

野人之谜：据说1974年当地的村民曾亲眼见到高约两米，浑身长满黄褐色绒毛的野人，后来当地群众多次发现了它的踪迹，称它为"诺神罗阿普"，意为"山神的爷爷"。但是，至今也没有发现这个野人现在究竟生活在哪里，黑竹沟发现的野人也就变成了谜团。而在黑竹沟有一个地名被称为"野人谷"。"野人谷"为何得名的呢？这里曾经常出现过野人吗？这还需要进一步调查。

幽谷奇雾之谜：黑竹沟因为地形独特，植被茂盛，雨量充沛，湿度大，因此这里经常是迷雾缭绕，浓雾紧锁，使人有如坠仙境之感。但雾气也使黑竹沟内阴气沉沉，神秘而让人不敢深入。黑竹沟的山雾千姿百态，清晨常常紫雾弥漫，连最近距离的物体也无法看清；到了傍晚则烟雾滚滚，雾气时动时静，忽前忽后，忽明忽暗，变化万千。据当地彝族人讲，进沟要轻声细语，否则会突然出现青雾，将人畜卷走。这些山雾为何有这么多的变化呢？会突然出现的"青雾"又是什么呢？可以将人畜卷走的只能具有超强的风力，难道"青雾"不是雾，而是卷着雾气的"风"？

动植物之谜：这里的怪事可谓是多得数不胜数。我们都知道熊猫是吃竹子生活的，但在黑竹沟里的大熊猫吃的却是山羊、猪牛等肉类食物，它们经常下山跑到彝家山寨吃这些家畜。有人说熊猫下山吃羊等动物，是因为熊猫本身不为人熟悉的生活习性和迁徙规律造成的。

据说这里有亚洲很少会出现的黑豹，彝族猎手就曾经抓住过一只黑豹。这里的植物也十分丰富，攀爬在古杉上的野藤，有的高达八十多米，直径三米，如展开的大伞。黑竹沟还有许多受到国家保护的植物，如洪桐、水青树。在黑竹沟中更有罕见的"花熊猫"，它是黑白相间，花纹呈圆形的植物，有人说它是植物中的"稀有珍品"。

黑竹沟为什么会有这么多名贵的植物呢？这些植物又是从何而来，在黑竹沟扎下根的呢？是由古人带来这里栽种的吗？

总有一天，黑竹沟的谜团会被解开，黑竹沟也将为我们展现出一片原始的自然风光。

（三）神奇的神农架

笼罩神秘色彩的川鄂神农架，其中蕴含着无数千奇百怪的事物，奇山异水争趣、珍禽怪兽频现等自然奇观不胜枚举，让每个带着好奇心去探寻神秘的人流连忘返。

神农架是中国的一块神秘之地，位于川鄂交界地带，丛林密布。它的面积达 3200 多平方千米，素有"华中屋脊"之称。在神农架传说最多的就是野人。

从古至今，有着大量关于野人的传说和记载。早在唐朝时就有人见过神农架野人。史书上也时有记载。20 世纪七八十年代，有探险队发现了野人的毛发、脚印，甚至还发现了野人住过的窝。后经研究表明，那些"野人"毛发是至今我们未曾发现的奇异动物的毛发：它不仅区别于非灵长类动物，也与灵长类动物有区别；更令人吃惊的是有接近人类头发的特点，而且更接近白种人头发的特点，但又不尽相同。

古人类学家还在神农架山区发现了距今有两万多年的早已绝迹的古猿化石。其身高超过两米，是一种介于人和猴子之间的高级灵长类动物，被命名为"巨猿"。有人猜测神农架野人就是它的后裔。但是按照现代生物学观点，一个物种倘若要生存繁衍，其种群数量不能低于一千只，否则就有灭种的危险。如果神农架的野人也存在这么多的话，那么不要说发现，就是活捉几只都可以。可是到现在为止，人们却一只都没有捉到过。是野人的数量少？还是根本不存在呢？也有人说神农架野人是"人猿杂交"的物种而非野人。

传说神农架有一种驴头狼身的怪兽，当地人称其为"驴头狼"。据说，它的体形跟毛驴差不多，头部很像驴，却长着像狼那样的利爪，是一种凶猛的食肉动物。20 世纪曾有猎手打到过，但可惜已尸骨无存。现在世界上其他地方虽然都不存在这种驴头怪兽，但在远古时代，这种动物确实存在，学名叫作"沙犷"，主要存在于距今七百万年至四百五十万年前。这种动物的头部和身体有些像驴，但脚上却生有很锋利的爪。如果说它是与驴类相似的动物，那它长着如此锋利的爪做什么用呢？它到底是食肉动物还是像驴一样的食草动物呢？人们百思不得其解。有人认为，虽然动物学家都把"沙犷"当作已经灭绝的史前动物，但由于神农架特殊的地理和生态环境，动植物群类非常丰富，与"沙犷"一起存在的动物，如金丝猴、苏门羚等，在别的地区都已经灭绝了，但在神农架却依然生存着，因此，可能有少数残存的"沙犷"在这块土地上生存下来，栖息在人迹罕至的深山密林之中。从目击者的描述和脚印看，有专家认为"驴头狼"很可能就是"沙犷"。"驴头狼"真的是史前动物吗？至今还是个谜。

神农架还有一个冷热洞，洞内冷热分割明显。当地人称为"冷暖洞"。当站在冷的一边时，寒气逼人；而站在热的一边时，则是温暖如春。冷暖两边相隔不过是一条线，但温度却相差 10℃以上。是什么原因造成如此大的温差呢？有人认为，洞中温度低是正常的，而温度高的一边可能是由于它的下面有温泉，使上面的土地受热散发热量。但是根据常理，这种热量应该是均衡扩散的，不可能相差 10℃，也不可能有一条很明显的冷暖分割线。还有人经过对洞口结构的研究，认为由于洞口构造比较奇特，冷热空气在洞口相交，相互融合，构成了一道空气屏障，故而产生了这种奇怪的现象。具体哪种说法更为准确，至今尚无定论。

此外，神农架还有众多的秘密让人们惊叹。位于神农架的宋洛乡有一处冰洞，在洞外温度达到 28℃以上时，洞内开始结冰，山缝里的水沿洞壁渗出，形成壮观的冰帘。但当天气转冷的时候，洞内的冰反而开始融化了。到了严寒的冬季，洞内的温度比洞外还要高。为什么会有这么奇异的洞呢？科学家暂时还没有解释出来。

神农架地区，有座戴家山，山上有一块奇异的土地。每到 2 月、8 月晴天的中午，这块地里就会发出一束耀眼的白光，刺得人睁不开眼睛。这束光照在对面相隔二百多米的山上，竟比太阳光还要明亮。白光不定时地照射过来，每次大约持续两分钟左右。很多人都见过这种一奇景。如此怪现象，至今仍令人费解。

神秘的神农架带给我们太多的惊奇，总有一天人们会揭开神农架的所有秘密。

（四）谜中谜——山西宁武

当我们阅读中国名山大川时会发现，它们都蕴藏着许多神秘的现象，它们是古老的大自然带给我们的神奇礼物，是古代的先人们谱写的神话之歌。山西宁武就是这样的一个地方，在这片神奇的土地上，我们发现了许多让人惊叹的景观。

山西晋南宁武县是一块充满谜团的地方，当你踏上这片古老的土地时，就会被这些谜团深深地迷住，但却百思不得其解。

1. 万年冰洞

1955 年，在海拔两千多米的管涔山人们发现了一个万年冰洞，但是以宁武县的气候条件，根本不能结冰，但是洞内的冰柱却四季不化，冰洞内永远保持着零下四度。即使是闷热的夏天，洞内依然寒气逼人。经地质专家鉴定，该冰洞形成于新生代第四纪冰川期，距今已有一百万年的历史。

据清乾隆《宁武府志》记载，这里火山数百年都处于活跃状态。虽为地下煤自燃，但山的阳面为火山，山阴面为冰洞，形成了两个截然相反的景观并存的奇特景象，至今也没有人能够解释其中的原因。

现在已经开发出的冰洞距地面有一百多米，冰洞里有着大自然的鬼斧神工：冰瀑、冰钟、冰帘、冰笋、冰人、冰花，玲珑剔透，晶莹夺目。

这座冰山是怎样形成的呢？为何能够保持百万年之久？在史籍上并没有记载，专家也毫无头绪。没有人知道这个谜团何时解开。

2. 远古栈道之谜

在管涔山深处的凤翔山悬崖峭壁上，有一条远古栈道，据考证，这条栈道至少在唐代时期就出现了。起初人们发现在悬空寺附近的悬崖间吊着一根可以随风摆动，历经千年不坏的木头柱子，当地称之为"摇摆柱"，后来经过考证，原来是古栈道遗留下来的一部分。至今"摇摆柱"仍在悬崖间飘摇。

这是在北方发现的唯一古栈道遗迹。长达四十多公里。它是做什么用的呢？传说汉高祖刘邦兵走平城，靠的就是这条栈道。那么，古栈道的修建时间可以追溯到西汉时期。一种说法认为由于这里庙宇众多，且都建于山顶，所以栈道是为了连通多座山峰上的寺庙而筑。但这条栈道究竟建于何时，其真正目的又是什么就没有人知道了。

3. 宁武天池

宁武天池位于山西省宁武县东部管涔山东南马营山区，是我国三大高山天池之一。也是华北地区唯一的天池群。宁武天池在古代也被称为祁莲池，唐代曾在这里设立天池牧监，为朝廷饲牧军马，故又称马营海。

天池面积0.8平方公里，水深10米左右，蓄水800万立方米，形成于新生代第四纪冰川期，距今有300万年的历史。据记载，天池水"阴霖不溢，阳旱不涸，澄亭如鉴"。传说，每当树叶将要飘落湖面时，就由灵鸟叼去，故湖水清澈可鉴。宁武天池从古至今都是人们避暑观光的旅游胜地。最著名的是被古人题名为"天池锦鳞"或"天池霞映"的绝景，它位列宁武古八景之首，当红日映照在天池中时，金光四射，池水通红，耀眼夺目。

在宁武人眼，天池是一池圣水，它旱不涸，涝不溢。天池海拔千米以上，据考证湖底及周围没有一个泉眼和太多的径流，这万顷碧波之水来自哪里？成为宁武景观中又一个自然之谜！

在历史上，人们一直将宁武天池与隋炀帝联系在一起，据说隋炀帝曾经在这里修建了一座宏伟壮观的行宫，史称"汾阳宫"。传说汾阳宫金溪辉煌、规模宏大，殿宇楼阁、水榭歌台、栈道回廊、应有皆有。但是也有人质疑隋炀帝在天池修建过行宫的说法，认为只是一种传说。那么，隋炀帝是否真的在天池建造过气势恢宏的行宫呢？而隋炀帝为何又选择在这里修建行宫呢？

在清版《宁武府志》记载："汾阳有天池，在燕京山即管涔山上，周过八里，俗名天池，曰祁连池。隋开皇（公元581年至600年）建祠池上，祈祷多应。"虽然这里的"祠"并非指代行宫，但是足以证明宁武天池在隋朝时就受到统治阶级的青睐了。在《宁武县志》中还记载："隋炀帝大业三年（公元607年）四月北巡过雁门关，八月癸已入楼烦（今宁武、静乐一带），十一年（公元615年）五月避暑汾阳宫……，是隋文帝杨坚于开皇年间始建，坐落于天池边。"据说，隋文帝曾经在宁化古城建立"隋王宫"，后来行宫被洪水淹没，现在在当地仍流传着"水漫隋宫"的传说，它和汾阳宫在历史上被称为"上行宫"和"下行宫"。但到今日，人们已经看不到两座行宫的旧日风采了。

不久前，有学者在天池边上发现了一种等级很高的琉璃滴水构件，而这种建筑材料只有古代的皇宫才能使用，因此，专家判断，这极有可能就是建造汾阳宫的建筑材料。但是中国秀丽的山河那么多，为何隋炀帝会选择天池这样一个小湖边劳民伤财地修建这样一个宏大的行宫呢？况且，这里山势险要，并不利于大队车马队伍出行，粮食补给也十分不便。有专家分析说这与宁武天池的地理位置有关。宁武连接塞外，一直是兵家必争之地，历代王朝都曾在这一代修筑过长城，但是依然烽火不断。而且天池还是避暑胜地，更是隋朝的"发迹之地"（杨坚时任晋王时，杨广为并州总管），在这里建造行宫也符合隋炀帝"好大喜功，喜游猎"的性格。但是汾阳宫究竟毁于什么年代呢？目前还有待进一步考证，不过在《宁武府志》中记载："隋恭帝义定元年（公元617年），校尉刘武周杀太守王仁恭，袭破楼烦，进据汾阳宫，取宫人以赂突厥，自命国号无兴。"说的是隋朝后期一名叫刘武周的叛将，带兵攻破当时的楼烦城，杀死太守并进占汾阳宫，掳宫女敬献突厥。虽然并未对其血洗汾阳宫做出详细描述，但证明从那个时代开始，汾阳宫就由兴盛走向衰败了。

4. 芦芽滴翠

史书记载"芦芽山，山前有荷叶坪，山后有林溪山，右有神林山，连镇诸州，逶迤数百里。最上一峰突入霄汉。五月飞霜，千载凝冰……时或山上雨而山下晴。其树木、梵宇、厅泉怪石乃与五台山肩齐名者也。"芦芽山，因形似"芦芽"而得名。海拔2739米，似一尊巨人手擎利剑直插云霄。这里峰峦重叠，簇拥大小二百多座山峰，沟壑纵横，崖沟跌宕，溪水淙淙，有大小瀑布三十余处。山峰尖峭，怪石嶙峋，林木茂密。每有云雾萦绕，雄峰突兀，如同青翠的芦芽破土而出，生机勃勃，鲜嫩欲滴，引人入胜。雨后日出，芦芽墨绿色的山体，还会变换出一种火红的色彩，偶尔也可遇到状似"法轮"，五彩斑斓的"芦芽佛光"。从古至今，历经天灾人祸，但是卢芽山的绿色却奇迹般地保存了下来，成为黄土高原上一块罕见的绿洲，但是它究竟如何在无数次的劫难中生存下来，却没有人可以解释清楚。

中国有许多的名川秀水，无不蕴藏着令人着迷的秘密，这也显示了中国古老大地的神奇。有人说一个没有秘密的国家是缺少神秘美的，所以也许许多谜团不被解开才是完美的。

（五）千年未解的黔南四谜

我国是一个山河众多的国家，而蕴藏其中的谜团也就多得数不胜数。黔南，就是一个拥有着很多秘密的地方，直到今日，人们也没有为那些谜团找出合理的解释。

神奇幽美的贵州黔南隐藏着一幅幅绝美的画卷和传奇。黔南，也流传着许多不可知的世界之谜，1995年《中国旅游报》向世界公布重金悬赏可以破译黔南四大之谜的人。一时之间，黔南四谜成为人们谈论的焦点，探险家的"宝地"。黔南之谜概括为：一首千年古歌的预言；情感植物"风流草"；奇怪的冷热洞；惊人相似的图腾柱。

千年古歌的预言：这首古歌是"石笋对石鹅，脚踏乌江河，哪人识得破，金银用马驮。"为了探寻古歌中所预言的无尽宝藏，曾有无数的人前来寻找，但都是无果而终。直到20世纪90年代，地质工作者终于发现了这里蕴藏着丰富的磷矿资源。在没有先进的探测仪器的远古时代，这首神奇的千年古歌为什么能预言今天的丰富磷矿资源？预言家又是谁？

情感植物"风流草"：三都水族自治县都江一带生长着一种植物，当地人叫它"风流草"。这种草会在歌声中展枝抖叶翩然起舞。更为奇妙的是，"风流草"只听得懂水族青年唱的情歌。有人分析说，"风流草"像人一样善解风情，能够识别情趣，是一种生命智能植物。而有的植物学家则认为，"风流草"的枝叶中含有一种能够感受音频的物质，情歌旋律优美，"风流草"正好能感受情歌的音频，当它接收到这种信号后，就能产生共鸣和振动。然而，究竟"风流草"为什么只会随着情歌翩翩起舞，至今仍无定论。

奇怪的冷热洞：三都水族自治县都江镇境内有一个奇异的山洞，人在洞中行走，上身如在盛夏时节热得大汗淋漓，而下身却如处冰窟，冷得发抖。为什么同一洞内温差如此之大？有专家认为岩洞中的地面是一个大吸热体，由于山洞空间气流的流动，贴近地面的温度就很低，而距离地面越远温度也就越高。一些地质学家则认为，洞中地表岩石与洞顶岩石结构截然相反，地面岩石是一种奇特的"冰石"，而洞顶岩石却具有释热功能，因而形成了这种温度反差。但为什么两种不同构造的岩石会如此巧合地聚集在同一洞中呢？

惊人相似的图腾柱：在荔波县瑶山瑶族墓地上，矗立着一根根雕刻着原始粗犷花纹的图腾柱，柱顶是一只展翅欲飞的大鸟。这种瑶族人膜拜的图腾柱，与美洲印第安人的图腾柱非常相似。值得研究的是，地处偏僻大山深处的瑶族人与印第安人从古至今没有任何往来，是什么神奇的力量使他们的图腾崇拜如此接近？有的学者就认为，瑶族与印第安人同是山地民族，鸟与兽都是他们生活中的重要内容，加上相似的环境氛围形成了相似的山地文化，因而产生了这种图腾崇拜的巧合。反对巧合论观点的人从一些考古中提出论据，在印第安人与瑶族的原始遗物中也有不少相似之处，从而他们提出了印第安人与瑶族在很久以前同属一支的可能性。由此推测出印第安人可能就是由中国的西南长途跋涉至美洲的。

（六）自贡大山铺的恐龙公墓

在世界上的一些地方，人们发现了大量恐龙遗骸集中埋在了一起，这些地方就被人们称之为"恐龙公墓"。恐龙公墓是一种自然现象，不是人为形成的。世界上比较著名的恐龙公墓是比利时伯尼萨特禽龙墓、加拿大阿尔伯达尖角龙群葬墓、美国古斯特的腔骨龙墓、中国四川自贡大山铺恐龙墓、中国内蒙古恐龙公墓。

在四川省自贡市有一个恐龙化石集聚区，叫自贡大山铺的"恐龙公墓"。它以恐龙化石埋藏丰富和保存完整著称于世。但是这个"恐龙公墓"是怎么形成的呢？很多的科学家都做出了猜测，但是又都缺乏充分的理由。

1. 成都地质学院岩石学教授夏之杰提出，这些恐龙是死后被原地埋葬的。他说在一亿六千万年前，大山铺地区是一个河流交织的地方。而且这里的气候也十分温和，使得这里成了一个极适宜恐龙生存繁衍的地方，大量的恐龙生活在这片植被茂密的滨湖平原上。但是，这些恐龙们可能由于吞食了含砷量很高的植物，中毒而死，并被迅速地埋在较为平静的砂质浅滩环境里，后来又

自贡恐龙博物馆

有新的恐龙尸体压在以前死去的恐龙尸体上，这样层层叠落，才形成了这么庞大的恐龙化石群。但是没有人知道当时的大山铺地区植被含砷量是多少，能够致使恐龙猝死的砷含量又是多少，分析一种恐龙化石中的含砷量是否又能代表所有的恐龙呢？这些问题都还没有被研究出来。

2. 有人认为大山铺的恐龙是在异地死亡后被搬运到本地区埋藏下来的。因为这些恐龙化石较为完整的才三十多个，只占总数的五分之一。发现较多的是比较零碎破散的恐龙上肢，很像经搬运后被磨蚀得支离破碎的样子；同时越是接近上部岩层，小化石越多，并具有从南到北依次从多到少的分布规律。下部岩层则几乎都是体躯庞大的蜥脚类恐龙，保存都不完整，很明显是经过搬运后的结果。另外科学家还发现大山铺发现的砾石均位于化石层的底部，从其特征判断是经过搬运的产物，可能与恐龙化石群的形成有密切关系。

多数的科学家认为，大山铺"恐龙公墓"中大部分化石是搬运后被埋藏下来的，也有少部分为原地埋藏，因此这是一个综合两种成因而形成的恐龙墓地。但是这里除了在陆地上生活的恐龙外，还有能飞行的翼龙和在水中生活的恐龙，而这些恐龙的生活习性完全不一样，为什么它们也会被葬在一起呢？最关键的问题是，谁将这些恐龙从别的地方搬到了这里？有人说可能是食肉恐龙，为了掩藏食物才将它们杀死的恐龙埋藏在这里，以用来在干旱的年代解决食物短缺。也有人说是恐龙的同类将死去的同伴尸体拉到这里进行掩埋的。还有人说是外星人杀了这些恐龙埋葬在这里的。更有人说是古人类杀死了它们。究竟是怎么回事，还有待研究。

（七）白天突然会变黑

虽然现在的科学技术在不断地进步，但是仍有许多神秘的现象至今无法解释，但也正是这种未知的事物激励着人们去探索。

同一天内出现两次黎明在我国的古书上曾有过记载，古人称之为"天再旦"。1987年，有学者对此做出了解释，是由于发生了日全食，才导致已经明亮的天空又变暗。当日全食过后，天空就出现了第二次黎明。但是在没有发生日全食的时候，"天再旦"也会发生。

1994年的一个秋天，在我国的班吉境内，万里无云，晴朗的天空忽然变得一片漆黑，伸手不见五指，人们惊恐万状，好像天要塌下来一般。一个多小时以后，黑夜才渐渐散去。

而白天突然变成黑夜不仅在我国发生，全世界几乎都曾出现过此现象。1884年4月21日白天，英国普雷斯顿地区突然一片漆黑，大约二十分钟后，天又一次亮了。后据科学家调查，那天该地并没有异常现象，当时天上没有云彩，地上也没有浓烟遮日。1980年5月19日上午10点钟，美国新英格兰垦区突然变得一片漆黑，像进入茫茫黑夜一样，这种怪现象一直持续到第二天黎明。据科学家调查，那天既没有发生日全食，也没有龙卷风现象。

为什么白天会突然变黑？这种神秘的黑暗究竟从何而来？科学家对这一现象众说纷纭，莫衷一是。

有些科学家猜测，天空出现两次黎明的现象可能与小流星有关。当某一颗小流星飞临地球的上空时，遮住了部分阳光，造成地球上部分地区白天突然出现暂时黑暗的现象；待小流星飞离后，该地又恢复了光亮。所以该地才出现了这种的现象。

还有一些科学家猜测，天空出现两次黎明的现象可能与另一种神秘的天体——微型黑洞有关。宇宙中有一种看不见的黑色天体，它的体积趋向于无穷小而密度却是无穷大。这种天体有"吞食"周围一切物体的本领，任何东西靠近它，都会被它"吞食"掉，就连速度高达每秒30万公里的光线，也会被它"吞食"。一般黑洞都是由恒星演化而成的。恒星到了晚期，内部的"核燃料"全部耗尽，在自身的引力作用下，不断坍塌，坍塌密度达到一定程度时，它就成了黑洞。1971年，墨金索教授猜测，在宇宙中可能有许多微型黑洞，它们是在宇宙诞生的初期形成的，或许这些微型黑洞，至今仍在宇宙中漂移着。当某一颗微型黑洞漂移到地球上空时，它就会把附近的阳光"吞食"掉，因而造成地球上一部分地区的白天突然变成黑夜。等它飘离地球上空后，这部分地区就恢复光亮。这也就出现了"天再旦"现象。

但这些看法只是推测而已，还没有被证实。为什么在没有发生日全食的时候，同一天内也会出现两个黎明的现象呢？这个问题尚需科学家进一步考察。

（八）青藏高原的移动之谜

青藏高原是素有"世界屋脊"之称，它的周围有许多山脉，大多数呈从西北向东南的走向，其中南部的喜马拉雅山脉中的许多山峰名列世界上前十位，而喜马拉雅的主峰珠穆朗玛峰是世界上最高的山峰。

青藏高原是位于中国的西南部。面积约240万平方公里，平均海拔4000米~5000米，也是世界上最高的高原，有"世界屋脊"之称，常被科学家们与南极、北极相提并论，称作地球的第三极。青藏高原东连云贵高原和四川盆地，西达万山之宗的帕米尔高原，北邻中国内陆沙漠地带，南眺热带亚热带风光的印度大平原。

青藏高原的四周都是大山，南有喜马拉雅山，北有昆仑山和祁连山，西为喀喇昆仑山，东为横断山脉。高原内还有唐古拉山、冈底斯山、念青唐古拉山等。高原内部被山脉分割成许多盆地、宽谷。同时是长江、黄河、澜沧江、怒江、森格藏布河（印度河）、雅鲁藏布江以及塔里木河的发源地。

自古以来，青藏高原就是一个神秘的地方。如今，科学家在GPS卫星定位系统的帮助下，惊异地发现青藏高原竟然以每年7毫米~30毫米的速度整体向北和向东方向移动。

尽管这种移动的速度十分缓慢，仅属于毫米级，但在几百万年的地质运动中，这个移动量所产生的结果是十分巨大的。

那么是什么原因造成了青藏高原的移动呢？它又会给地球和人们的生活带来怎样的影响呢？

青藏高原位于地质历史上古地中海大洋岩石圈消亡地带，是研究洋—陆转换、陆—陆碰撞、造山过程、全球变化和全球大陆动力学等一系列重大理论问题、建立地球科学新理论、新模式的关键地区，故而也被喻为"打开地球动力学大门的金钥匙"。

青藏高原地壳活动幅度相对比较大，而且这个高原地区的隆升、漂移活动是比较激烈的，地震活动也比较多。这种现象在中国其他地区或者其他高原都是少见的。1991年，中国地震局地震研究所GPS研究室开始利用GPS全球卫星定位系统对青藏高原地区进行监测。据最新监测结果表明，青藏高原南部的拉萨地块以每年约 30 毫米的速率向北东 38 度推移；中部的昆仑地块以每年平均速率 21 毫米的速度向北东 61 度推移；再向北到祁连山地块，以每年 7 毫米~14 毫米的速率向北东约 80 度推移。也就是说青藏高原整体正以每年 7 毫米~30 毫米的速度向北和向东方向移动。

有学者认为迫使青藏高原移动的重要原因是印度洋板块向北运动引起的挤压，除此之外还有地热等多方面的原因。

中国地球物理学会主席、中国工程院赵文津院士曾发表文章《破解青藏高原的东移之谜》，对青藏高原向东移动的原因做了解释。赵文津院士从球面数学的角度出发，他认为，处于高纬度的两个相邻地块分别沿其重心所在经度线向低纬度做南北方向的离极运动时，由于经度线间的距离不断增大而逐渐相互分离。反之，处于低纬度的不相邻两地块分别沿其重心所在经度线向高纬度做南北方向的向极运动，由于经度线间的距离不断减小而逐渐相互靠近，最终导致青藏高原向东移动。

青藏高原虽然向东向北整体移动，但其速度并不一样，这样是否会造成青藏高原本身解体呢？有专家解释说青藏高原本身就是由许多地块构成的，如昆仑地块等，每个地块的方向和活动性都不一样，这也就造成了速度不一致。还有，高原本身就是断裂的，所谓高原解体也是无从谈起。

青藏高原的这种移动会造成地块触动和断裂以及造山运动等多方面影响，同时地震活动有可能增加。而青藏高原一直移动下去的结果会怎样？是否会产生新的地形地貌？它又会给这个地区乃至整个中国大陆的生态和气候环境带来什么变化？专家说从板块移动的角度来看，喜马拉雅山是印度洋板块和东亚板块底部相互挤压形成的。如果青藏高原板块向东向北移动，肯定会对喜马拉雅山的高度产生影响。至于这种缓慢的移动对于气候的影响，则是一个相当漫长的过程。

由于人们所关心的这些问题太复杂了，所以专家很难轻易下某种结论。青藏高原移动究竟会对地球产生怎样的影响，这个问题还有待科学家的进一步考察和研究。

（九）黄土高原的黄土从哪里来？

雄伟壮丽的黄土高原绵亘千里的景象蔚为壮观，几千年来无数文人墨客在此吟诗作画。人们在赞叹之余，不禁要问：黄土高原上的黄土到底来自何处呢？

中国西北部的黄土高原东到河北省与山西省交界的太行山，西至甘肃省乌鞘岭和青海省的日月山，南到渭河谷地关中平原以北的广大地区，北至长城，约占中国国土面积的 1/20。

黄土高原海拔约为 1000~1500 米，高原上的黄土主要是一种未固结、无层理的粉沙。厚厚的黄土完全掩平了这里先期形成的地形，土层厚度达 30~50 米，最厚的地方甚至超过了 200 米。黄土由西北向东南方向逐渐变薄，颗粒由粗变细。这种黄土地貌在世界上许多地区都能看到，如欧洲、南北美洲的有些地方就分布着黄土，但面积和厚度却无法与中国西北部的黄土高原相提并论了。

黄土富含钙质结核及易溶盐，石英、云母、长石、电气石、角闪石、绿帘石等许多细粒矿物是黄土的主要成分，约占70%，余下的部分则是黏土矿物。如此大面积的黄土是从哪儿来的呢？它又是怎样形成的呢？

地质学家为了解释这些问题，综合运用地层、古生物、古气候、物质成分与结构及年代学等领域的知识进行研究，提出了20多种黄土形成的假说。现在影响较大的有4种学说，它们是水成说、残积说、风成说及多成因说。这4种学说的主要分歧点是黄土物质的来源及黄土本身的属性等问题。

大多数学者都赞同风成说的观点。特别值得一提的是，鲁迅先生也支持这种观点。鲁迅先生在一篇地质逸文中这样写道："中国黄土高原为第四纪初由中亚沙漠独藉风力，扬沙而东形成，并引起河水变黄成为黄河。"现代学者以大量的事实为基础，分析了黄土物质的基本特点后，得出结论说中国大面积的沙漠可能是黄土源，并且认为搬运黄土物质的主要动力是风力。黄土高原的形成的形成过程是地质历史中一种综合的地质作用过程，存在着物源的形成、搬运、分选及堆积成土这三个不同的阶段。

地质学家认为，在第三纪末或第四纪初的后半期时，今天的黄土高原所在地气候潮湿多雨，河流及湖盆众多，各种流水地质作用盛行。在河水的作用下，低洼盆地中堆积了基岩山区中大量的洪积、冲积、湖积、坡积及冰积物，松散沙砾及土状混合堆积变得越来越厚，黄土物质因此有了生长的基础。

在距今大约120万年前的第四纪后半期，气候发生了全球性的变化，气候急剧变冷，由潮湿变为冷干，新的冰期到来。中国西北部地区在西伯利亚—蒙古高压气流的影响下，冷空气长驱直入，并受祁连山的影响分为两支，一支转向东南，构成西北风进入鄂尔多斯地区；另一支向西南构成东北风进入塔里木盆地和柴达木盆地。与此同时，来自蒙古的西风及西伯利亚的西北风分别进入中国新疆东北地区的准噶尔盆地。堆积在基岩山区的部分堆积物及盆地中的松散物质被强大的风力重新扬起，随风漂流、搬运、分选，然后分别沉积下来。日复一日，年复一年，各种堆积物越来越多，今天西北地区的砾漠、沙漠和巨厚的黄土堆积也就逐渐形成了。

另外三种关于黄土形成的假说，影响并不太大。水成说认为，流水作用使得黄土由不远的物源区搬迁堆积而成；残积说则认为基岩风化就地成土，导致了黄土的形成；而多成因说则认为黄土是上述几种因素共同作用而形成的。

时至今日，尽管4种假说都有一定的道理，但风成说还是在学术界占有绝对的优势。但是若要否定水成说、残积说等假说，也没有足够的证据。近几年，多成因说又重新抬头，向风成说提出了挑战，并且它也似乎比其他假说更为合理。孰是孰非，还很难分辨。究竟黄土高原之谜何时才能揭开呢？这只能寄希望于科学家的研究了。

（十）干旱的新疆可能再成海洋吗?

新疆维吾尔自治区位于中国西北部，是一片神奇的土地。巍峨的昆仑山、天山和阿尔泰山高高耸立；黄沙似海的塔克拉玛干和古尔班通古特大沙漠静静地躺在那里。可是，又有谁会想到，在很久很久以前，这个有着高山和沙漠的地方竟然是浩瀚的古地中海的一部分?

自然界的这一沧桑巨变，早在中国古代时，就已被我国学者们发现了。宋代著名科学家沈括在太行山东侧山石中发现蚌壳化石时，便据此做出了先前这里曾是一片汪洋的论断。在现代地质学中，这些化石是记录历史变迁的最佳载体，了解新疆的过去正是凭借这些动植物化石。

远古时候的新疆与现在迥然不同。在 5 亿年前的寒武纪，新疆既没有昆仑山、天山和阿尔泰山，也没有塔里木和准噶尔两大盆地。新疆东北和东南有两片古陆，西部是一片汪洋大海，称"塔里木海盆"，也叫"塔里木海"，由于两片大陆夹着一片海洋，使得整个塔里木海盆看上去像一个朝西开口的大喇叭。当时有许多原始的小动物生活在海里，其中要数三叶虫最为常见。在地壳变动中这些三叶虫被沉积物掩埋，经过自然界的长期作用，最后变成了化石。现在，这种化石在新疆的许多地方都能找到。

距今大约 3 亿年左右的石炭纪，新疆海域的范围进一步扩大。当时，除了北面的阿尔泰山和南面的阿尔金山一带岛状山地已屹立在海面上，整个新疆几乎全都淹没在海水之中。新疆北面是准噶尔海盆，也叫"准噶尔海"，这里的海水主要来自东部；新疆南面是塔里木海盆，这里的海水主要来自西面。而深深的天山海槽则位于这两个海盆中间。由于中间没有多少阻隔，南北两个海盆当时可能是沟通的。根据推算，那时的新疆海域面积十分广阔，大小相当于现代的黄海和东海面积之和。

在那个时期，一些原始的鱼类其实和现代鱼类的样子已十分相似，只是各种器官的功能还很不完备。此外，珊瑚、带贝壳的腕足动物、海百合等也已十分普遍。在海滨地带和海岛上，许多今天已经灭绝的植物，如亚鳞木、星芦木、羊齿、轮木等蓬勃生长。地质历史时期有几个气候最温暖、湿润的时期，石炭纪便是其中之一。良好的气候条件导致当时的动物空前繁盛，可以想象那时的新疆海域欣欣向荣的情景：蔚蓝的海水拍打着岸边礁石；浅水处，珊瑚争艳，鱼儿戏水；海滨地带，高大的树林在微风吹拂下欢乐地哗哗响着。真是生机盎然，令人向往。

到了石炭纪晚期，新疆的海水开始消退，塔里木海盆的东部已抬升成为陆地。新疆海域面积从那时起就开始不断缩小。

2 亿年前是二叠纪，新疆海陆变迁在这一时期最为剧烈。大约 2.3 亿年前，又一次强烈的地球构造运动拉开了帷幕，地质史上称之为"华力西运动"。新疆在这次构造中出现了大规模的海退，海域面积急剧缩小。到二叠纪末期，新疆大部分已上升为陆地，只有最南边的喀喇昆仑山和东昆仑一带仍在海中。当时新疆已初具今天的规模，北面出现古阿尔泰山，中间是古天山，南面有古阿尔金山和古西昆仑山；古塔里木盆地和古准噶尔盆地也初步成形。这又一次的沧桑巨变使得新疆由海变陆。

二叠纪后，大约有 6000 万年的时间，新疆的海陆形势没有改变。那时，仅仅是古地中海的北部边缘有海水，而且很浅，且时进时退，其声势和规模已完全不能与昔日相比。新疆的再次改变发生在 1.4 亿年前的白垩纪到 3600 万年前的早第三纪。在这一时期内，塔里木盆地西部又经历了一次较大的海进。海水由西边的阿里莱海峡侵入，和田河以西塔里木地区首先被淹没。海水一直往东推进，最后进入东塔里木区，库车一带也浸入了海中。这可能是我国西部的最后一次海进。当时的海水约深 100 米，不算太深，并且东西不平衡，西部略深些，愈往东愈浅。在这个时期的海水中，体积微小的介型虫和有孔虫，比如形如小卵石、表面光滑的玻璃介，两侧长有突瘤的土星介及图片状币虫、圆片虫等是海水中的主要生物。大量海生物死后，其遗体掩埋在沉积物中，经过反复的物理化学变化，最后变成了石油。

早在第三纪以后，一次强烈的地质构造运动——新构造运动开始重新设计地球的样子了，地球的大部分地区因此又发生了一次沧桑巨变。正是因为新构造运动，地球上才出现了高山、盆地、大海和湖泊，并且与现在的布局大致相同。

新疆也受到了新构造运动的影响，自早第三纪以后，海水退尽，出现了帕米尔高原，阿里莱海峡封闭了起来。自此，新疆始终保持着大陆的形式，海水再未进过新疆。由于新构造运动的影响，青藏高原海拔升到了 5000 多米的高度。帕米尔高原、天山、阿尔泰山也都相继隆起，塔里木盆地和准噶尔盆地变为封闭的内陆盆地，新疆真正成为欧亚大陆的腹地。由于大陆性增强及气候变干，塔里木盆地和准噶尔盆地中出现了成片的沙漠，现代自然景观开始形成。

既然新疆历史上有过漫长的海洋时期，那么从现在的情况看，新疆还有可能再成为海洋吗？地质学家指出，随着地球历史的演进，并不排除这种可能性。当然，对人类来说，这个时期太过漫长了。只有得到更多、更深刻的科学数据，人类才能充分地了解地球历史的变迁，也才能预见到它的陆海变迁规律。

如今新疆的沙滩戈壁，不仅是一座天然的古地中海博物馆，而且是一个巨大的昔日海洋的迷宫。我们的探索只是揭开了冰山一角，它将永远吸引着一代又一代的科学工作者对其进行探索。

（十一）长城的两端到底在什么地方？

长城是中华文化的瑰宝、人类文化的财富。"不到长城非好汉"这句话更是每个中国人耳熟能详的名言。现在长城不但是中国人心中的圣地，而且世界各地的人也对它敬仰不已，只要提到中国，便会想起中国的万里长城，只要来到中国，就一定要去万里长城。中国的长城号称万里，实是当之无愧，并无疑义，但长城的两端到底在什么地方却有着不同的说法。因为长城的修筑前后历经2000多年、很多长城并不是绵延不绝连在一起，以及早期修筑的颇多损坏，以致对长城两端所在地的认识出现了不同的意见。

第一种说法是据《史记·蒙恬列传》载："秦已并天下，乃使蒙恬将三十万众北逐戎狄，收河南（今内蒙古河套以南），筑长城，因地形，用险制塞，起临洮，至辽东，延袤万余里。"这句话表明了秦始皇修建长城的两端，即临洮和辽东。秦始皇修的长城其实包括三段，东段起于现在内蒙古德化县内，向东基本上是沿着今内蒙古和河北交界处蜿蜒东行的。进入辽宁以后，折向东南，一直延伸到朝鲜境内的平壤大同江北岸。其终点即是所谓的"辽东"。秦始皇长城的中段，从东至西由内蒙古兴和县，北依阴山，南靠黄河河套，西抵乌兰布和沙漠北缘。西段长城，经考察西起甘肃省岷县，循洮河东岸向北至临洮县、兰州，再东折至榆中县。

专家认为今天的岷县就是秦朝时期的临洮县，是秦万里长城的西边起点。现在其遗址旁树立着一块碑，写的却是"战国秦长城遗址"，原来在春秋战国时期各诸侯国都修过长城，秦国也不例外。这一段从临洮起点的长城就是秦昭王时修建的，后来秦始皇加以修缮。可惜的是，经过时间的侵蚀，我们很难相信西起临洮的这一段长城是否存在过，因为几乎看不到绵延于山川田野的城墙。为了探访秦朝是不是在这修过长城，有人几十年来走遍这里的每一个角落，寻找昔日的长城，并且找到了很多秦代遗物，不过这并不能证明修长城之说，因为这一带本来就是秦朝活动区域，找到一些秦遗物并不能说明问题。

第二种说法是万里长城东端到辽东，西端为现在新疆罗布泊地区。此种说法是基于汉代所修筑的长城之上的。汉朝时期，北方游牧民族匈奴强大起来，不断在汉朝边境滋事，为此，汉高祖刘邦亲征匈奴，但却以惨败结束，被围困了七天七夜，后来用谋士陈平的策略，才得以逃脱。在匈奴威胁下，汉初国力衰弱，只得年年给匈奴交纳大量贡品，以求平安，但边境的骚乱并没有完全停止。经过汉初几代皇帝的休养生息政策后，汉武帝时国力空前强盛。于是汉王朝不再唯唯诺诺，而是主动出击，派遣大将卫青、霍去病等率军多次给予匈奴巨大的打击。经过一系列战争，打通了甘肃经河西走廊到新疆罗布泊的交通要道，并使西域各王国臣服于汉朝的统治。

汉武帝在军事进攻的同时，还着手另一项工作即是大规模修筑长城。汉武帝有四次大规模的修筑，第一次在公元前127年，在击溃盘踞在此地的匈奴后，将防御匈奴的北方边界推进到今内蒙古阴山南麓的原秦始皇长城一线。第二次在公元前121年，夺得被匈奴占据的河西走廊，而后几年修筑了由今甘肃省永登县至酒泉的长城，东面与秦始皇所修长城相接。第三次在公元前111年，用了两年时间，修筑了酒泉至玉门关段的长城。最后一次修筑长城是在公元前104~前101年，修了玉门关至新疆罗布泊段的长城。

　　那么，长城的西端是否应该认为是在罗布泊呢？汉代在河西走廊到罗布泊的这段长城和我们一般概念中的长城不同，只有相隔的城墩、烽火台，而它们之间缺少相连接的城墙。不过其功能却是相同的——驻防，互相通报敌情。如果不认为是长城，那么这条千里屏障又如何称呼。

　　第三种说法是长城分别是东到山海关，西到甘肃的嘉峪关。这两座雄关修建得气势磅礴，至今保存完好，又经过多次修复，一东一西相互对峙，所以被认为是万里长城的两端。此说其实是明长城的两端。明代是最后一个大规模修筑长城的朝代，在其统治的200多年中几乎从没停止过长城的修建，因为明朝有着更为严重的边患。在周边众多实力强大的政权的压力下，明朝为求得安宁与和平，只得年年用大笔银子在崇山峻岭中铺就一条坚固的防线。朱元璋建立明政权，占领北京，推翻元朝的统治。此时的元政权并没有被消灭，而是退出了北京，回撤到今长城以北，仍有东至呼伦贝尔湖，西至天山，北抵额尔齐斯河及叶尼塞河上游，南到现在长城一线的广阔地域。而且元政权的统治者并没有完全死心，而是时时不忘收复失地，重主中原。在陕西、甘肃、辽东都有不服从明政权的规模庞大的军事政权，时刻让明朝统治者寝食难安。明代中后期，北方女真族政权兴起，更是成为明朝廷的心腹大患，这时修建长城的工程也更为浩大。

　　还有人认为万里长城的东端并不是山海关，而是辽东鸭绿江畔。只是因由山海关到辽东一线修筑比较简陋，到现在基本被损坏，所以认为万里长城是明代修筑得比较精良的嘉峪关与山海关之间一段，其两端是这两座雄关。

　　万里长城的两端到底在什么地方、以什么时候的为标准来定，众说纷纭，至今尚无定论。

（十二）罗布泊是游移湖吗？

　　罗布泊位于新疆塔里木盆地东部，面积约3000平方千米，湖面海拔768米，是我国仅次于青海湖的第二大咸水湖，由于河流改道和入湖水量变化，湖面逐渐缩小。沿岸盐滩、荒漠广布，人们虽然经多次考察，但还是没有找到罗布泊的确切位置，于是科学家们对罗布泊是否是游移湖产生了争论。

　　酷热、干旱、风沙、陡崖、盐滩，使得人们不能接近罗布泊，多少年来一直被称为"死亡之路"。历史上曾有许多中外学者试图冲破层层阻碍穿越大沙漠，完成对罗布泊的考察，然而许多人都是壮志未酬甚或是魂断沙漠。就是仅有的几次成功考察，却又在罗布泊确切位置上产生了分歧。

　　最先引起罗布泊是游移湖争论的是俄国探险家普热瓦尔斯基，他在1876年曾到罗布泊位于塔里木河口的喀拉和顺境内，比我国地图所记的位置还要往南，纬度大约有1°之差，而且，他所见到的湖泊是一片淡水湖，芦苇丛生的大沼泽地，聚集着成千上万的鸟类。而北罗布泊的水都已干涸，变成盐滩，十分荒凉。

普热瓦尔斯基认为，罗布泊从形成时期起，它的位置和形态就随着充水量的变化而南北变动着，有时偏北，有时偏南，有时水量很多，有时则很少，甚至干涸。

瑞典的斯文·赫定到罗布泊地区考察，也认为罗布泊游移到喀拉和顺去了。斯文·赫定还推测了罗布泊游移的原因，他认为罗布泊游移是由于进入湖中的河水（塔里木河）夹带着大量泥沙，泥沙沉积在湖盆，使湖盆抬高，导致湖水往较低的方向移动。过一段时期后，被泥沙抬高露出的湖底又遭受风的吹蚀而降低，这时湖水又回到原来的湖盆中。罗布泊像钟摆一样，南北游移不定，而且游移周期可能为 1500 年。

罗布泊

但也有人认为罗布泊从来就不是个游移湖。卢支亭先生认为罗布泊由于受湖盆内部新构造运动和入湖水量变化的影响，在历史上常出现积水轮廓的大小变动，此种变动本来是一种自然的历史演变过程，而不能称之为游移湖或交替湖。

中国科学院新疆综合考察队地貌组通过对罗布泊进行实地调查和卫星照片分析，证明罗布泊从第四纪以来始终没有离开过罗布泊洼地，虽然由于各个历史时期的气候变化、古代水文条件的改变以及最新断块运动而导致其水量的涨缩，但它始终是在湖盆内变动，湖水从未超湖盆范围以外的湖面。

罗布泊在水面涨缩变化过程中，除了最重要的结构因素、古代水文因素，还有人为因素。进入阶级社会，一些河道的改道总是以人的因素为主的，特别是干旱少雨的塔里木河、孔雀河下游的改道，如果不与社会联系起来，从人与自然的相处上面寻找原因，是难以找到正确的答案的。

从目前看，以上两种说法似乎各占其半，势均力敌，不管这个谜底究竟是什么，我们都应该好好思考，如何不要让短期的人为行动破坏自然的规律，怎样做才是对自己、对自然、对子孙负责的行为。

（十三）湖北铜绿山矿冶遗址开始于何时？

中国古代的许多矿冶技术曾在世界遥遥领先，而有关我国古代这方面技术的记载以明代科学家宋应星的《天工开物》记载得最为完备最为系统。不过，这本书也是仅限于作者个人的见闻和经历，所以里面的内容都很简略，不可能全面反映我国古代在矿冶技术上的成就。实际上，我国古代的矿冶技术的成就远远超出了我们现代人的想象，近二三十年来的考古发掘就证明了这一点。

在距离湖北大冶县城 3 千米的铜绿山上发现了一处 2000 年前的古铜矿遗址，该时期相当于我国春秋末期至战国初期。铜绿山，据《大冶县志》记载，"山顶高平，巨石对峙，每骤雨过时，有铜绿如雪花小豆点缀土石上，故名。"其奇特的地貌和遍地盛开的莹蓝色铜墙铁壁草吸引着历代矿工来这里开发铜矿资源。铜绿山古铜矿遗址是迄今为止已经发掘的古铜矿中生产时间最长、规模最大的一个。

在这个遗址中，考古工作者发掘出大量用来支护井壁的圆木，采矿用的铜斧、铜锛、铜凿、木槌、木铲、铁锤、铁锄以及运载工具藤篓、木钩、麻绳等，另外还发现了少量陶罐等生活用具。

在距离开采地不远的东北坡，考古工作者们又发现了古代炼铜遗址。"共发掘出了外形、结构基本相同的炼铜炉九座，炼铜炉上还设有炉基、炉缸和工作台。炉基用沙石、黏土等细细夯筑而成，台基内还设有风沟；炉缸在发掘出来的时候已经残破不堪，据鉴定，为高岭土等耐火材料筑成；而炉身经历千年都已坍塌；工作台用黏土、矿石垒筑在炉侧，台面高于炉缸底部。"在这些炼铜炉内残留着数量不等的炉渣，而附近的渣坑中的炉渣堆积竟高达 1 米多，据有关专家粗略估计，此矿区遗存的炉渣至少在 40 万吨以上！对这些炉渣中的含铜量进行测验的结果更是让有关专家大跌眼镜！因为在三号炉西侧发掘出的粗铜其含铜量为 93% 以上，而炉渣的含铜量仅为 0.7%！对大冶湖边出土的铜锭进行铜含量测定，竟为 91.86% 在距今 2000 年前的古代，提炼铜的技术已发展到如此高超的地步！

在我国春秋战国时期开采冶炼技术已如此发达，说明我国古代劳动人民对金属的认识更为久远。事实也是如此，古代奇书《山海经》就已经比较详细地记载了战国以前矿业开发的情况，书中曾经明确提出当时的产矿地有 167 处，其中有铜矿 52 处。春秋战国时期进一步发展，其规模不断扩大，如《管子·地数》记载道："凡天下名山五千二百七十二，出铜之山四百六十七山"。从这两组数据中，我们可以真切地看出这时矿冶业发展得多么迅速！

我国人工冶铁开始于什么时候也同样是一个悬而未决的问题。地质学家章鸿钊认为是在春秋战国之间；历史学家范文澜力主东周时期已经有了铁器，并从古体铁字的一种写法推猜东方的夷族最早掌握了炼铁技术；而另一历史学家李亚农则认为早在西周就已经有铁器了，赞成这一观点的还有郭沫若先生。

放眼世界，人类掌握冶炼技术的年代更扑朔迷离。据说，在苏联的瓦什卡河岸上发现了一块稀有金属的人造合金，制造年代为距今 10 万年前！在秘鲁高原考古学家发现了一件铂制装饰品，要知道，熔化铂必须要有 1800℃的高温熔炉！

这些现象该如何解释呢？有志于此的人可以去进一步探索。

（十四）台湾岛形成之谜

美丽的宝岛台湾是我国的第一大岛，这是众所周知的事实，然而涉及台湾岛的成因，答案却现在还没有确定。在学术界对此持有三种不同的说法，都各有自己的道理。

一种看法是，台湾地层与大陆属于同一结构，在地质年代新生代的第四纪前即距今100万年前后，它本是大陆的一部分，同大陆连接在一起，最多是一个半岛。第四纪后因地层变动，局部陆地下沉，出现了台湾海峡，使台湾成了海岛。持这种看法的人还指出，即使出现了海峡，澎湖列岛南部同福建陆地之间，直到5400年前，还有一条经过台湾礁的陆地联系着，而澎湖与台湾的陆地联系则一直维持到距今6200年前。

有人还从研究台湾的史前文化来证明上述见解的正确性。人们在台东长滨乡八仙洞发现了旧石器时代的文化遗址，那里出土的石制品有6000余件，都与祖国大陆（特别是南部地区）出土的旧石器时代的石制品，无论在制作技术或基本类型上，都没有多大的差别。

此外，人们在淡水河流域还发现，那里出土的赤褐色粗砂陶器与福建金门县出土的黑色和红色陶器在刻纹等方面很相近，可能属于同一类型。这些自然只能以两边曾是以陆相连来说明。支持这种看法的人，还从台湾古代动物化石方面来加以证明：有人在台湾西部发现了许多大型哺乳类动物，如象、犀牛、野牛、野鹿、剑虎等的化石，这说明早在距今100万年左右，有大批动物从大陆别地移到原属大陆的台湾。也有人在考察野生植物后指出，台地野生植物和大陆上的野生植物相比，大多相同或相近。据统计，台湾洋齿类以上的野生植物达3800多种，其中有1000种与大陆完全相同，等等。

另一种看法认为，台湾是东亚岛弧中的一个环节，它的形成与东亚岛弧的形成、发展，有着密切的关系。所谓东亚岛弧即指东亚大陆架与太平洋西部海沟之间的岛弧，包括千岛群岛、日本群岛、琉球群岛、台湾岛及其附近小岛、菲律宾群岛等。东亚岛弧的形成，是以东亚褶皱山系的出现为标志。而东亚褶皱山系的出现则是由于以下因素造成的：在地壳运动中，东亚大陆架一方面受到来自大陆方向的强大挤压力，另一方面又受到巨大而坚硬的太平洋板块的阻抗，于是在它前沿形成了一系列东北—西南方向排列的山脉，就是东亚褶皱山系，当它露出海面时，便构成了东亚岛弧。单就台湾来讲，是由于地壳运动的结果，产生褶皱、隆降而奠定了其地质基础。

这大约是在地质年代中生代的三迭纪的事，距今差不多有2亿年。此后在很长时间里，这里又为海水所淹没，直到新生代早第三纪的始新世即距今约4000万年时，地球上最近的一次造山运动即喜马拉雅运动，使台湾及其附近小岛再次受到造山运动的影响，又发生多次的地壳运动，台湾大部分地区因受挤压褶皱而上升，大约在新生代晚第三纪的中新世即距今 1000 万~2000 万年时，又重新被海水淹没，只有高耸的中央山脉突露出海面，后来长期在山脉的两侧集起大量的沉积物。

接着在地质年代新生代晚第三纪的上新世即距今二三百万年前，造山运动又再一次剧烈进行，中央山脉再度挤压上升，其两侧也褶皱成山，显露出海面，这就是中央山脉以东、台东山脉以西的玉山山脉、阿里山山脉，最终形成了台湾的现代地形。因为越是靠近太平洋，受到太平洋地块的阻抗越大，褶皱山脉的山势越高耸，所以台湾的地势比起内陆的福建等都要高峻。正因为这样，台湾岛的东边比西边陡峭。

还有一种说法，认为在地质年代新生代的第四纪以前台湾同大陆是分开的，第四纪以后有过合在一起的时候。这是因为，第四纪更新世前期即距今 100 万年左右，由于地壳上升的变动和地球上气候变冷的影响，沿海地区出现了陆地面积扩大的情况，那时候台湾海峡的海水可能几乎退干，成了陆地，于是出现了台湾同大陆连成一片的局面。后来到了更新世后期，地球上气候转暖，海水上升，陆地减少，台湾海峡再次出现，台湾同大陆又被隔开。以后又再相连、相隔，如此经过了多次反复。自然相隔的时间很长，而相连的时间也不很短。台地的大型哺乳动物就是在两地相连时从大陆进入台湾的，而人类史前文化，也是在两地相连时一部分人从大陆带进台湾的。

这三种说法，到底哪一种正确？也许，这个问题更难回答，因为这三种推断听起来都很有道理，作为未解之谜尚待探索。

（十五）南海诸岛会不会沉没？

在中国辽阔的南海海域，星罗棋布地分布着 200 多个礁、滩、暗沙和岛屿，这就是有名的西沙、南沙、东沙、中沙珊瑚礁区，统称"南海四沙"。它们犹如颗颗璀璨的明珠散落在海面上，是中国的宝贵领土。但近来却有人提出，这些美丽的明珠也许会沉没，由此引发了众多人士对此问题的探索。

要弄清南海诸岛的沉浮问题，首先得了解它们是怎么形成的。1 亿年前，地理状况与今天有着很大的区别。当时亚欧板块十分广阔，南海诸岛就属于它。那时，南海还不是海洋，而是河流纵横、层峦叠嶂的陆地。山上的岩石多是 6 亿年以前形成的。沧海桑田，岁月巨变，在距今 7000 万~8000 万年前，由于太平洋板块向西俯冲，亚欧板块和印度洋—澳大利亚板块相互碰撞，这块古老的陆地在猛烈的撞击下四分五裂，海水也随之浸入，一个比较浅的陆表海环境就此形成了。对于它的裂开和洋壳出现的类型，目前有两种不同的看法，但时至今日还不能准确地解释究竟是板内裂谷型还是弧后拉张型。地质学家们为了弄清这个问题，正在不断地探寻，假以时日，或许能找到更加完善的解释。

在距今 6700 万年进入第三纪以后，这里分裂的地形得到了改变，海洋消失，又重新成了陆地。不过此时的地形已经变成丘陵、平原相间，湖泊众多，而不再是山峦起伏、重峦叠嶂了。到距今 3000 万年前后，随着构造活动的加剧，这块陆地东北—西南向裂开，海水大规模自南而北浸入，今天的南海就初步形成了。当然，当时海水的深度和海岸线的范围都远不如今天，此时的岛屿和水下礁石大多是由那些由古老岩石组成的丘陵和高地形成的。现今南海诸岛的基底岩层则是由千百万年来沧桑巨变所产生的沉积物所形成。

南海四沙礁区如今有 50 多个岛屿，其中大部分都是在末次冰期阶段形成的。在距今 1.5 万~1.8 万年时，岛屿的规模和数量和今日相比要大得多，后来许多岛屿都因冰后期海平面上升而被淹没了。因此，珊瑚礁便成了南海诸岛中大部分岛屿的物质来源。在风、浪、流的相互作用下，岛屿在礁面上堆积而成，属于沉积作用的产物。以往，由于弄错了南海诸岛中一些岛屿沉积物的成因，因此有人根据这些岛屿的海拔高度，推断出近 10000 年以来南海诸岛始终在上升。甚至有人认为，南海诸岛以每年 1 厘米的速度在上升。

科学家们经过认真考察后，认为事实刚好相反，南海诸岛其实一直都处在沉降状态。而且根据目前所获得的资料分析，南海诸岛沉降的速度随着不同的地质历史时期的更迭而改变。从总体上看，沉降速度随着时间的推移变得越来越快。人们还发现，南沙和西沙的珊瑚礁台地，都是顶面小、基座大，呈宝塔形逐步缩小的规律，这同时表明了礁岛的一个特点，即珊瑚礁总体上是一种海浸礁。现今岛屿沉积物的下部都沉浸在水下，而这些沉积物本来形成于冰期，如果真像某些人认为的那样岛屿处于上升阶段，就应该裸露在水面上。

更有说服力的是，西沙的石岛全部沉积物都是风成的。这些沉积物是在陆地环境时形成的，在海平面上升和沉降的复合作用下，这些风成沉积物的底界越沉越深，以致最终沉浸在水下 18.68 米处。如果将海平面上升幅度和沉降速度看作同等重要的因素来计算，那么现在南海诸岛的沉降速率应该在每 1000 年 12 厘米以上。因此，如果今后海平面不出现大的下降，那么，南海诸岛的岛屿面积不仅不会增加，反而逐渐缩小。

目前，就人们找到的证据而言，南海诸岛应该是在下沉。然而这不是最后的结论。对于科学探索者来说，南海诸岛究竟是上升还是下降仍然是一个谜。

（十六）渤海古陆大平原会再次浮出水面吗?

渤海是我国的一个内海，位于辽宁、河北、山东、天津之间，是个半封闭的大陆架浅海。面积 7.7 万平方千米，平均水深约 18 米，最深处也不到 100 米。

说渤海曾是一个地势坦荡、一马平川的大平原，依据是什么呢? 地处渤海东部的庙岛群岛就是最有力的证据。当渤海尚未形成时，庙岛群岛曾是平原上拔地而起的丘陵地带，山丘高度约 200 米。当时气候寒冷，由于强劲的西北风和冷风寒流互相作用，致使渤海古陆平原上飘来了大量的黄土物质。风沙不仅填平了古陆上的沟壑，而且还堆起了山丘，如今庙岛上独具特色的黄土地貌仍依稀可辨。黄土中有许多适宜寒冷气候的猛犸象、披毛犀和鹿等动植物化石。这些动植物化石表明，当时渤海古陆平原生机勃勃。10000 年前的大平原上草地茫茫，人们可以想象，当时猛犸象漫步河畔，披毛犀出没其间，鹿群相互追逐，古人类尾随其后伺机捕杀的景象。这是多么富有生机的一幅古人类生活写照图啊！

在 20 世纪 70 年代初，一块从渤海海底捞起的骨头引起了考古学家的注意。经过仔细研究，这块毫不起眼的骨头被确认为披毛犀的牙齿。披毛犀身披褐色粗毛、鼻子上长着两根短角，生活在寒冷的苔地平原或是在草原上。渤海海底发现的披毛犀牙齿，使学术界对渤海的过去有了新的认识，并且开始了对渤海地形地貌的历史的研究。人们认为，渤海在遥远的过去曾是一块裸露的大陆，因为陆生的披毛犀是无法在海水中生存的。古生物学家认为，可能在晚更新世纪末期，距今 10000 年前，生活在北国的披毛犀到达渤海古陆并向南迁移。

也就是说，在距今 10000 年前，由于冰川范围的扩大，原先最深处也不过 80 米的古渤平面一下子下降了 100~150 米。渤海地区因此一度完全裸露成陆，形成了一片平坦的大平原，许多动物的家园。在距今大约 12000 年的时候，渤海古陆平原再次沉入了海底。这是因为当时全球气候变暖，冰川融化，海平面大幅度上升，渤海平原逐渐被水淹没，曾在渤海平原上奔腾不已的黄河、滦河和辽河，也随着海水重新浸入渤海古陆，成为渤海的一个组成部分。

近年来，海平面变化的问题又引起了人们的关注。有人认为海平面将会上升，有人则不这么认为。同样，人们对于渤海海平面的升降也持不同看法。有人说，海平面会上升，部分陆地会被淹没。然而也有人说海平面会下降，渤海平原会再次出现。彼此都有支持各自观点的理由。

据《滦州志》记载，1820 年渤海西部的一个较有名的小岛——曹妃甸的面积约 8 平方千米。到 1925 年之后，潮水和海浪不断地冲击小岛，大片土地坍入海中。如今，曹妃甸已基本沦入海内，找不到踪影了。然而，黄河口的情形却截然相反。从 1855 年以来，岸滩不断拓宽和淤高，潮间带的宽度，每年拓宽数十米，久而久之就形成了 1300 多亩新土地。在渤海湾及莱州湾，由于许多泥沙来自黄河并不断沉积，岸线也不断向海中淤涨。

如今的渤海，由于各方面的条件错综复杂，变化也因此十分复杂。海岸线有进有退，变化完全相反，并且这种完全相反的变化还将继续下去。

那么，曾一度繁荣的渤海古陆大平原，会重新露出海面吗？这是大自然留给我们的一个谜，随着时间的推移，总有一天会被解开的。

（十七）西湖的前身是海湾吗？

"欲把西湖比西子，浓妆淡抹总相宜。"历来为人们认作美的化身的西湖，究竟是怎么形成的？对于这个问题，至今学术界仍各持一端，争执不下。而弄清楚西湖形成之谜对西湖的现在和未来发展都有重要价值。

一种说法认为西湖是由于筑塘而形成的，这是古今比较一致的看法。西湖本与海通，东汉时钱塘郡议曹华信为防止海水侵入，招募城中人民兴筑了"防海大塘"，修成后，"县境蒙利"，因之便连钱塘县衙门也迁来了，这就是今日杭州市的前身，西湖从此与海隔绝而成为湖泊。历代学者都承袭此说，流传至今。

1909 年，日本地质学者石井八万次郎提出，是火山爆发喷出岩浆阻塞海湾从而形成西湖。

我国著名科学家竺可桢通过详细调查研究，认为西湖原是一个潟湖，否认了石井八万次郎的推断。他认为，西湖本来是一个海湾，后由于江潮挟带泥沙在海湾南北两个岬角处（即今吴山和宝石山）逐渐沉淀堆积发育，最后相互连接使海湾隔绝了大海而形成潟湖。

魏嵩山先生根据《史记·秦始皇本纪》记载，公元前 210 年秦始皇东巡会稽，"至钱唐，临浙江，水波恶，西百二十里从狭中渡"，认为当时（杭州附近）的钱塘江水面仍相当辽阔。而《汉书·地理志》所载"武林山，武林水所出，东入海"，则更清楚地表明直到西汉时期西湖仍为海湾，杭州市区尚未成陆。因此，魏氏确信刘道真《钱塘记》所载华信筑大塘之事，认定西湖与海隔绝成为内湖，时间应当是在东汉。

林华东先生对"西湖是因为东汉华信筑塘成功后才形成"的说法提出异议，认为倘确有华信筑"防海大塘"，其功能也应是防御海潮冲击吞没陆地的捍海塘，认为东汉华信筑防海大塘时，内侧地带早已成陆，筑塘是为保护陆地不被海水吞没，而不是促成西湖的成因。林氏主张最迟在东汉之前，西湖就已形成。

吴维棠先生从西湖东岸望湖饭店地下四米深的钻孔采样中，发现有一黑色富有机质和植物残体的粘土层，通过碳-14 年代检测得知在距今 2600 年左右。白堤锦带桥两侧的五六米深处的钻孔中，有一炭化程度较高的泥炭层，厚 10 厘米～50 厘米，用其上部的标本作碳-14 年代测定，为距今 1805 年左右。泥炭层之下是青灰色粉砂质粘土，富有机质和炭化的植物干枝，孢粉分析结果，有黑三棱、眼子菜等陆上浅水生植物，表明当时西湖已是沼泽。据此估计，西湖在春秋时代已经沼泽化。在疏通西湖的时候，工人们曾发现一些石器和战国至汉代的铁斧，很可能是人们从事渔猎生产活动失落的。因此，吴维棠先生推断：在西汉前，杭州非但不是海湾，连海湾成陆后遗留下的残迹湖（西湖）都已沼泽化。这就无怪乎《史记》《汉书》《越绝书》等古籍中，只记及钱塘县和别的湖泊，而没有古西湖的记载。

尽管至今人们还不能清楚地知道西湖的成因，但随着研究的深入，相信科学家会给我们一个满意的答案。

（十八）风动石之谜

东山岛位于福建省东南部，古称铜山，是著名的海滨风景区。东山岛的闻名，除了美丽的热带海滨风光外，还因为岛上有一块奇石——风动石，它被誉为"天下第一奇石"。

风动石，危立于铜山古城东门海滨。石高 4.73 米，宽 4.57 米，长 4.69 米，重 200 多吨，外形像一只雄兔，斜立于一块卧地盘石上，两石吻合点仅有几厘米见方。当海风从台湾海峡吹来的时候，强劲的风流会使风动石微微晃动，让人觉得其岌岌可危，可风停后，风动石也随之平稳如初了。

风动石不仅在风的吹拂下会摇晃，而且人力也能使其晃动。如果找来瓦片置于石下，选择适当的位置，一个人就能把这硕大的奇石轻轻摇动起来。此时，瓦片"咯咯"作响，顷刻间化为齑粉，奇石摇动的轨迹清晰可见。

1918 年 2 月 13 日，东山岛发生 7.5 级地震，山石滚落，屋倒人亡，可风动石却安然无恙。"七七事变"后，日军企图搬走风动石，日舰"太和丸"用钢丝索系于风动石上，开足马力，可多条钢丝索被拉断了，风动石却纹丝未动，最后日军只得放弃这一企图。

风动石历经沧桑，依然斜立如故。这块奇石是怎样形成的呢？至今是个难解的谜。

（十九）钱塘涌潮"有信"与"无信"之谜

浙江省的钱塘江涌潮以其浩渺壮观而闻名于世。在涌潮的强度上，钱塘江潮在世界大河中数一数二；在潮景的变化上，是其他任何河流所无法与之相比的。当涌潮在天边出现的时候，如同素练横江；等涌潮长驱直入来到眼前的时候，又有万马奔腾的气势，那种雷霆万钧、锐不可当的力量给人无比强烈的视觉冲击。

"一年一度钱江潮"的说法是不科学的。它给不了解情况的人一个错觉，以为钱塘江潮一年只有一次。其实钱塘江在每个月都有两次大潮汛，每次大潮汛又有三五天可以观赏涌潮。钱塘江河口和杭州湾位于北纬 30°~31°之间。就天文因素而言，除南岸湾口附近属非正规半日潮外，其余部位的潮汐均属半日潮，即一日有两次潮汐涨落，每次涨落历时 12 小时 25 分，两次涨落的幅度略有差别。潮汐是有"信"的，到了该来的时候就一定来，绝不会爽约。那么涌潮为什么会这么有规律呢？

我们知道，地球上的海洋潮汐是海洋水体受天体（主要是月亮和太阳）引力作用而产生的一种周期性运动。潮汐的涨落有一定的规律，中国人早就认识了这一自然现象。阴历每月有两次大潮汛，分别在朔（初一）日之后两三天和望（十五）日之后两三天，而在上、下弦之后的两三天则分别为小潮汛。每年 3 月下半月至 9 月上半月，太阳偏向北半球时，朔汛大潮大于望汛大潮，且在大潮期间日潮总是大于夜潮；而在 9 月下半月至次年 3 月上半月，太阳偏向南半球时，情况刚好相反，朔汛大潮小于望汛大潮，大潮期间的日潮也总是小于夜潮。愈接近春分和秋分，这种差异愈小；愈接近夏至和冬至，这种差异愈大。就全年而言，则以春分和秋分前后的大潮较大。至于这两个时期的大潮哪个大，则有 19.6 年的周期变化，其中一半时间春分大潮大，另一半时间秋分大潮大，两者的差别也由小逐渐增大，然后又由大逐渐减小。

　　风对潮汐传播也有很大影响。钱塘江涌潮若得到东风或东南风相助，将更为壮观；若遇西风或西北风，将大大逊色。因此，阴历七月望汛的大潮常常胜过阴历八月望汛大潮，俗称"鬼王潮"。阴历八月初、九月初的大潮胜过阴历八月望汛大潮的机会也很多。实际上，一年最壮观的涌潮并不都在阴历八月十八日。宋代陈师道"一年壮观尽今朝"的说法，只不过是当时已形成阴历八月十八日观潮的风气而已。

钱塘江涌潮

　　钱塘江涌潮是东海潮波进入杭州湾后，受特殊的地理条件作用所形成的。江道地形的影响特别大，不仅使涌潮景千变万化，而且使涌潮抵达沿程各地的时间受到明显影响。在南宋之前，整个钱塘江和杭州湾平面轮廓呈一顺直的喇叭形，潮势直冲杭州以上。吕昌明量定的杭州四时潮候图便是针对当时情况制定的。自北宋末期，江道开始变弯，杭州的潮势开始衰退，至明末清初江道首次靠近盐官，海宁潮势远胜于杭州，杭州的潮候大大推迟，吕昌明量定的四时潮候图已不适用于杭州，却大体上适用于海宁。20 世纪 60 年代后期开始大规模治江围涂，人为地加速了河口演变过程，江道形势又发生了巨大变化，沿江各处的潮势也随之而异，不仅杭州的潮候进一步推迟，海宁盐官的潮候也有所推迟。

　　潮汐既然是海洋水体受天体引力作用而产生的一种周期性运动，那么它应该是周而复始、永不误期的。钱塘江涌潮为海洋潮波在钱塘江河口这种特殊地形条件下的特殊表现，当然也应遵守这种规律，可是从唐代以来的记载中看，钱塘潮涌却多次失期。潮水为什么该涨的时候不涨，不该涨的时候反而巨浪滔天呢？这里恐怕跟钱塘江河口的地理有密切的联系。

　　钱塘江涌潮既然是东海潮波在钱塘江河口特殊地形条件下的特殊表现形式，就必然要受河口地形条件变化的左右。上述涌潮失期现象全部发生在杭州。唐朝以前，钱塘江江道顺直，潮头直冲杭州，故而杭州上下，潮势强劲。后因杭州湾北岸逐渐北退，南岸则向北淤涨；而杭州至海宁间江道又由南向北移，河道由直变弯，长度增加，涌潮也随之下移。随着历史的发展，江道的演变，杭州的潮势便有所衰退。另外，钱塘江河口的泥沙主要来自大海，涨潮流中挟带着大量泥沙，落潮时部分泥沙淤积在河口段，靠每年汛期上游来的山水将泥沙往下冲移。一旦遇上雨少天旱，山水流量小的年份，便造成河口江道淤塞，妨碍潮波传播。当江道淤塞较严重时，涌潮便不能到达杭州。所以，涌潮失期并不是没有产生涌潮，而是传播受阻，到不了杭州。

近二三十年内，涌潮失期现象也常有发生。不仅杭州市区，而且赭山、乔司一带也曾出现过。杭州附近曾连年发生涌潮打翻船只，甚至涌潮冲上岸掀翻汽车的事故。1976 年开始，钱塘江山水偏少，加上 1978~1979 年连续干旱，海宁八堡东面江心的沙洲北移，甚至同北岸相连，江道在这里又形成了一个大弯，涌潮不仅传播不到杭州，连海宁盐官镇的涌潮也大为减弱，以至于来观潮的中外游客乘兴而来，败兴而去，感叹"海宁观潮名存实亡"，"只有人潮，没有涌潮"。其实，只要地点选择得当，仍可以欣赏到颇佳的涌潮。

一般说来，涌潮总是有规律地在钱塘江上出现，但有的时候由于受复杂的环境因素的影响，偶尔会"失信"于人，这也是钱塘江潮最令人捉摸不定的所在。

（二十）"世界屋脊"青藏高原曾经是海洋吗？

众所周知，青藏高原不仅是世界上最高大的高原，同时也是世界上最年轻的高原。它的面积约 250 万平方千米，平均海拔超过 4500 米。青藏高原由自南向北绵延不绝的一系列山脉构成。巍峨的喜马拉雅山、冈底斯山、念青唐古拉山耸立在青藏高原的西南部，中间是喀喇昆仑山、唐古拉山，北面则是广阔的昆仑山、阿尔金山和祁连山。

青藏高原有世界上最高的山峰——珠穆朗玛峰。全世界海拔超过 8000 米的山峰共有 14 座，都位于青藏高原。青藏高原雄踞地球之巅，确实无愧于"世界屋脊"的称号。青藏高原上有许多美丽的风景：无数蔚蓝色的湖泊镶嵌在广阔的草原上，雪峰倒映其中，美丽迷人；岩石缝里喷出许多热气腾腾的泉水；附近的雪峰、湖泊在喷泉的映衬下显得格外耀眼。青藏高原的大多数山峰都覆盖着厚厚的冰雪，许多银练似的冰川点缀在群山之中，这些冰川正是大江、大河的"母亲"。发源于此的有世界著名的长江、黄河、印度河和恒河等，它们都从此汲取了丰富的水源。柴达木盆地是青藏高原地势较低的地方，但海拔也有 2000~3000 米。

人们在为这瑰丽景色发出惊叹之余，不禁会问：青藏高原是怎么形成的？它原本就是这个样子吗？

可能我们难以想象，如今世界上最高的青藏高原曾经被埋在深深的海底，而且，喜马拉雅山至今也没有停止过上升。对 1862~1932 年间的测量结果进行分析就会发现，其许多地方以平均每年 18.2 毫米的速度在上升。如果喜马拉雅山始终按照这个速度上升，那么 10000 年以后，它将比现在还要再高 182 米。

在青藏高原层层叠叠的页岩和石灰岩层中，地质学家们发掘出了大量的恐龙化石、陆相植物化石、三趾马化石以及许多古代海洋生物的化石，如鹦鹉螺、三叶虫、珊瑚、笔石、菊石、海百合、苔藓虫、百孔虫、海胆和海藻等的化石。面对这些古代海洋生物化石，地质学家们的思绪也回到了遥远的地质年代。早在二三亿年前，青藏高原曾经是一片汪洋大海，它呈长条状，与太平洋、大西洋相通。后来，由于强烈的地壳运动形成了古生代的褶皱山系，海洋随之消失，古祁连山、古昆仑山产生，而原来的柴达木古陆相对下陷，变成了大型的内陆湖盆地。经过 1.5 亿年漫长的中生代，长期的风化剥蚀使这些高山逐渐被夷平。高山上被侵蚀下来的大量泥沙则全部沉积到湖盆内。

地壳运动在新生代以后再次活跃起来，那些古老山脉因此而剧烈升起，"返老还童"似的重新变成高峻的大山。现今世界最高山脉所在的喜马拉雅山区在距今 4000 多万年前是一片汪洋大海。这里原本是连续下降区，厚达 1000 米的海相沉积岩层深积于此，各个时代的生物也埋藏在岩层中。随着印度洋板块不断地北移，最终与亚欧大陆板块撞在了一起，这个地区的古海受到严重挤压，褶皱因此而产生。喜马拉雅山脉从海底逐渐升起，并带着高原大幅度地隆起，"世界屋脊"从此屹立于世。

高原的强烈隆升，对亚洲东部的自然地理环境产生了深刻的影响，高原大地形的动力作用和热力作用改变了周围地区大气环流的形势。经气象学家研究得知，夏季，高原的存在诱发了西南季风，使我国东部的夏季风能长驱北上，给广大地区带来充沛的降水；冬季，高原的存在产生了西伯利亚高压，强大的冷空气又足以席卷南部广大地区。如果我们把高原与其周围低地相比较，便可以看出它们的显著差别。高原南部的印度阿萨姆平原为热带雨林地带，而高原北部却是极端干旱的温带荒漠；高原东缘与亚热带湿润的常绿阔叶林地带相接；其西侧毗连着亚热带半干旱的森林草原和灌丛草原地带。青藏高原恰恰处在这南北迥异、东西悬殊的"十字街头"上。高原强烈隆升的结果，使气候愈来愈寒冷干燥，并且愈往中心地区愈明显，由隆升前的茂密森林过渡到了今天的高寒荒漠。相比之下，高原东南边缘变化最小，至今仍然保存着温暖湿润的森林景观。

（二十一）世界上最大的峡谷——雅鲁藏布大峡谷

一提起世界上最大的峡谷，人们就会说是东非大裂谷。现在，经科学考证后，证明这种观点是错误的。因为科学家发现，实际上中国的雅鲁藏布大峡谷才是世界上最大的峡谷。

大家都知道，雅鲁藏布江是世界上最高的河流。"雅鲁藏布"是藏语，它的汉语意思就是"天河"。雅鲁藏布江发源于青藏高原西部，它由西向东日夜不停地奔流。滔滔江水横贯青藏高原西南部，被西藏人民赞为"母亲河"。在喜马拉雅山和冈底斯山、念青唐古拉山之间有一块宽为 5~10 千米的谷地，它就是西藏的主要耕作区——雅鲁藏布江谷地。

人们对这条河进行科学考察时发现，它的沿途有许多河流汇入，这些河流的汇入增大了雅鲁藏布江的水量。江水在东经 95°附近有个大拐弯，巨大的水流将这个地方冲出了一段大峡谷。这段峡谷又长又深，举世罕见。这一发现引起了众多科学工作者的兴趣。后来，又有许多人来到这里，许多新的发现不断被公布于众。

雅鲁藏布大峡谷的自然景观壮丽旖旎。从海拔 500 米高的地方到 5000 米高的区域内，分布着从极地到赤道的不同气候带，使来到这里的人们有不同的环境体验。雅鲁藏布江之所以有如此独特的风光，主要是由于它是印度洋南部的暖湿气流进入青藏高原的主要通道。

雅鲁藏布大峡谷有着丰富多样的气候资源。海拔 1100 米以下是常绿季风雨林地区，这里的平均气温在 16℃~18℃。在这里，热带的花木果树和亚热带的植物以及喜阴的农作物都能健康生长。海拔 1100~2400 米的地区年平均气温是 11℃~16℃，是常绿半常绿阔叶林地区，这里适宜亚热带经济作物和湿热带果树的生长。海拔 2400~3800 米处的气温下降为年平均 2℃~11℃，是亚高山常绿叶林带，这里生长着青稞、油菜、冬小麦、马铃薯等耐寒农作物。另外，这一区域还是用材林的生产基地。3900 米以上气候十分寒冷，湿气重，只能生长一些草。因此，这里成为适宜夏季放牧的优质高原牧场。

这里的生物资源十分丰富，品种多样。其中，维管束植物有 3768种，是整个西藏高原植物总数的 2/3；大型真菌有 680 余种，占西藏真菌总数的 78%；鸟类有 232 种，占西藏鸟类总数的 49%。此外，还有两栖爬虫类动物 31 种，昆虫 200余种。

雅鲁藏布大峡谷

这里的水能资源也十分丰富。因为这里地势高，多峡谷悬崖，重峦叠嶂，水流至此十分湍急，遇到悬崖时就形成了许多落差大的瀑布。这里水能资源总贮量约有 1 亿千瓦，占全国的 1/7。大峡谷地区又被誉为"天然冰库"。因为这里冰雪资源极为丰富，拥有面积超过 4800 平方千米的现代冰川。

从 1994 年 4 月 13 日开始，中国科学家开始对大峡谷地区进行多次的科学考察和论证，最终证实世界上最大的峡谷是中国的雅鲁藏布大峡谷。它的核心峡谷河段最深达 5383 米，平均深 5000 米，长达 496.3 千米。这几项指标又刷新了两项世界纪录。1998

年 10 月 18 日，国务院批准命名该峡谷为"雅鲁藏布大峡谷"。

1998 年 10 月至 11 月，"1998 年中国雅鲁藏布大峡谷科学探险考察队"成立。这次考察和以往考察的不同点在于，这是第一次徒步考察这个新发现的大峡谷。从该地区的大渡卡开始行程，到峡谷腹地墨脱县的邦博结束，全程约 240 千米。这中间有大约 100 千米的地区是无人区，那里河底陡峭，常有野兽毒虫出没，树木乱石密布，基本上没有道路，为行程增加了许多困难和危险。这次探险考察也因此成为 20 世纪末人类探险史上的一次壮举。这次考察的成果，也为 21 世纪人类对雅鲁藏布大峡谷的开发利用提供较为翔实的科学资料。

（二十二）神奇的高原地热现象

在雄伟的冈底斯山和念青唐古拉山山下，常常能见到山峰白雪皑皑，山脚热气腾腾，蓝天雪峰的背景与冉冉升起的白色汽柱交相辉映，蔚为壮观。在青藏高原范围内共有 1000 余处地热区。以西藏南部的地热带为最强盛。青藏高原地热资源之丰富，类型之复杂，水热活动之强烈为全球罕见。

南起喜马拉雅山，北抵冈底斯山和念青唐古拉山，从西陲阿里向东经过藏南延伸至横断山脉折向南，迄于云南西部的强大地热带的形成，和年轻的喜马拉雅造山运动密切相关。我国科学工作者把它叫作喜马拉雅地热带。在这条地热带内有热水湖、热水沼泽、热泉、沸泉、汽泉和各种泉华等地热显示类型，还有世界上罕见的水热爆炸和间歇喷泉现象，是什么原因导致了这些现象呢？

在喜马拉雅地热带内一共找到 11 处水热爆炸区，其中以玛旁雍热田最为典型。据目睹者介绍，1975 年 11 月在西藏普兰县曲普地区发生了一次水热爆炸，震天巨响吓得牛羊四处逃散。巨大的黑灰色烟柱冲上天空，上升到大约八九百米的高度，形成一团黑云飘走。爆炸时抛出的石块直径大的达 30 厘米，爆炸后 9 个月，穴口依然笼罩在弥漫的蒸汽之中。留下了一个直径约 25 米的大坑，称为圆形爆炸穴，穴体充水成热水塘，中心有两个沸泉口，形成沸水滚滚、翻涌不息的湍流区。泉口温度无法测量，但热水塘岸边的水下温度已高达 78℃。

水热爆炸是一种极其猛烈的水热活动现象，爆炸后地表留下一个漏斗状的爆炸穴，穴口周围组成的环形垣体堆积物逐渐流散，泉口涌水量慢慢减少，水质渐清，水温降低。水热爆炸通常没有固定的时间和地点，前兆不明显，过程也很短促，约在 10 分钟以内，因此只有少数人碰巧目睹过这种奇特的地热现象。

有人认为，水热爆炸属于火山活动的范畴，这是因为目前仅有美国、日本、新西兰和意大利等少数国家发现过水热爆炸，但几乎都出现在近代火山区内。然而，青藏高原上的水热爆炸活动和现代火山似乎没有什么联系。它是在以岩浆热源为背景的浅层含热水层中，当高温热水的温度超过了与压力相适应的沸点而骤然汽化，体积膨胀数百倍所产生的巨大压力掀开了上面的盖层而发生的爆炸。高原上水热爆炸的规模较小，但同一地点发生水热爆炸的频率却较高。如苦玛每年四五次，有的年份则多达20余次。这种罕见的高频水热爆炸活动说明，下覆热源的热能传递速率大，爆炸点的热量积累快。从地热带内其他各种迹象判断，这个热源可能是十分年轻的岩浆侵入体。19世纪末叶以来，涉足高原的任何外国探险家都没有报道过这里的水热爆炸活动，已经发现的水热爆炸活动大都发生在20世纪50年代以后，它们形成的垣体中也不见泉华碎块，这不仅说明这些水热区形成的年代较新，而且还暗示这里作为热源的壳内岩浆体很年轻，正处在初期阶段。

西藏是目前我国境内发现间歇喷泉的唯一地区，共有间歇喷泉区三处。高温间歇喷泉是自然界一种奇特而又罕见的汽水两相显示，它是在特定条件下，地下高温热水做周期性的水汽两相转化，因而使泉口间断地喷出大量汽水混合物的一种水热活动。相邻的两次喷发之间，有着相对静止的间歇期。

冈底斯山南麓的昂仁县搭各加间歇泉区位于多雄藏布河源，海拔大约5000米，共有四处间歇喷泉，都坐落在高15~30米的大型泉华台地上。最大的一处泉口直径只有30厘米，泉口东面有直径两米的热水塘由一条裂隙连通。这个间歇泉活动比较频繁，每次喷发高度由一两米至十余米不等。喷发延续时间也很不一致，短的一瞬即逝，长的可达10余分钟。每次较大的喷发来临之前，泉口及旁边的热水塘的水位缓缓抬升，随后泉口开始喷发，水柱自低而高，然后回落。有时则经过几次反复才达到激喷，汽水柱一下子上升到10米左右，持续片刻后渐渐下降，有时则又回折，几经反复直至停息。其中有一次特大喷发，随着一声巨响，高温汽、水流突然冲出泉口，即刻扩展成直径2米以上的汽、水柱，高达20米左右，柱顶的蒸汽团不断腾跃翻滚，直捣蓝天。

这种奇特的、交替变幻的喷发和休止，决定于它奇妙的地下结构和热活动过程。间歇喷泉通常位于坚固的泉华台地上，其下有体积庞大的"水室"和四周的给水系统，底部有高温热水或天然蒸汽加热，还有细长喉管直达地面的抽送系统，酷似一个完整的天然"地下锅炉"。随着水室受热升温，汽化上下蔓延，至水室内具备全面沸腾的条件时，骤然汽化所产生的膨胀压力通过抽送系统把全部汽水混合物抛掷出去构成激喷。水室排空后重又蓄水、加热，孕育着再一次喷发。

位于拉萨市西北90千米的羊八井盆地海拔4200米左右，也是典型水热爆炸类型的热田之一。这里一些巨大温泉和热水湖蒸汽升腾而成高10余米的几座白色汽柱，十分壮观。

羊八井地热田的发电潜力为17.9万千瓦，如果全部开发出来完全可以满足拉萨市及其附近地区的电力需求。

西藏地热之谜仍有待于进一步研究。

（二十三）"冷热颠倒"的中国地温异常带

每当数九寒冬和酷热的盛夏来临之际，爱幻想的人们总渴望能有一个冬暖夏凉的地方。虽然春夏秋冬的变换是一种规律，但世界如此之大，无奇不有，在这个地球上竟有一部分幸运的人居住在冬暖夏凉的"地方"，这就是辽宁省东部山区桓仁县境内被人们称为"地温异常带"的地方。这条"地温异常带"一头开始于浑江左岸满族镇政府驻地南 1.5 千米处的船营沟里，另一端结束于浑江右岸宽甸县境内的牛蹄山麓。整个"地温异常带"长约 15 千米，面积约 10.6 万平方米。

夏天到来时，"地温异常带"的地下温度开始逐渐下降。在气温高达 30℃ 的盛夏，这里地下一米深处，温度竟为零下 12℃，达到了滴水成冰的程度。

入秋后，这里的气温开始逐渐上升。在隆冬降临、朔风凛冽的时候，"地温异常带"却是热气腾腾。人们在山后的山冈可以看到，虽然大地已经封冻，但是种在这里的农作物却依然是蔓叶壮肥，周围的小草也还是绿色的。有人在这个地方平整了一块地。在上面盖上塑料棚，在棚里种上大葱、大蒜，蒜苗已割了两茬，大葱长得翠绿。经过测定，发现在这个棚里的气温可保持 17℃，地温保持 15℃。在这小冈上整个冬春始终存不住雪。

还有一个具有这种特性的地方——位于河南林县石板岩乡西北部的太行山半腰海拔 1500 米的"冰冰背"。在这里，阳春三月开始结冰，冰期长达 5 个月；寒冬腊月却又热浪滚滚，从乱石下溢出的泉水温暖宜人，小溪两岸奇花异草，鲜艳嫩绿。

自然界的气温变化取决于太阳的光热，随着地球的公转，当它和太阳距离缩短时，太阳辐射给地球的热能就会增加，使地球变热、变暖。反过来，地球就变凉、变冷。这样就形成了春夏秋冬。而这些奇异的土地却打破了这一自然规律，出现了神奇的现象，这引起了很多科研人员的注意。他们中有些人认为，这里的地下有寒热两条储气带同时释放气流，遇寒则出热气，遇热则出冷气。他们还认为，在这种冷热异常的地带，它的地下可能有庞大的储气结构和特殊的保温层，在这特殊的地质构造之中产生的大气对流导致了这一奇异现象。还有人认为，这个地下庞大的储气带的上面带有一个特殊的阀门，冬春自动开闭，从而导致这种现象的、产生。但这些分析都只是推论而已，地温异常带到底是如何形成的、这里的地质结构有什么与众不同，还需要科学工作者进一步考证。

（二十四）现代冰川之谜

现代冰川有很多独特的景观，如冰蘑菇、冰塔林、冰桥、冰针、冰芽，还有迷人的冰川湖泊，阴森可怕的冰隧道，绚丽壮观的冰水喷泉和幽深迷人的冰洞。它们到底是怎么形成的呢？

我国是世界上山岳冰川最多的国家，青藏高原地区分布最为集中，面积达 34000 多平方千米，约占全国冰川总面积的 80%。青藏高原的冰川可分为两大类，以丁青—嘉黎—工布江达—措美为界，东侧属海洋性冰川，西侧属大陆性冰川。海洋性冰川靠丰富的降水而存在，冰川运动速度快，进退幅度大。而大陆性冰川主要依赖于低温而存在，冰川运动速度缓慢。

珠峰地区纬度低，太阳辐射强。冰川表面局部的小气候差异，造成冰面差别消融，形成许多奇丽的景色。其中，冰蘑菇是大石块被细细的冰柱所支撑，有的可高达数米。冰桥像条晶莹的纽带，连接着两个陡坎。冰墙陡峭直立，像座巨大的屏风，让人生畏。冰芽、冰针则作为奇异美景的点缀，处处可见。最令人迷惑的还要数那千姿百态的冰塔林了。珠峰北坡绒布冰川上，发育有 5.5 千米长的冰塔林带。乳白色的冰塔拔地而起，一座连一座，高达几十米。有的像威严的金字塔；有的像肃穆的古刹钟楼；有的像锋利的宝剑，直刺云天；有的像温顺的长颈鹿在安详漫步，个个晶莹夺目。难怪人们都说，进入冰塔林，就把自己置身于上苍的仙境了。

在冰川发育地区，多姿的冰川湖泊景色更是迷人。有在冰川表面如蜂窝状的冰杯群；有呈长条状的冰面湖；有冰川末端的终碛堰塞湖。冰川湖泊的颜色也不尽相同，有乳白色，有蔚蓝色，也有褐黄色。随着气候的冷暖变化，冰川湖不时地打扮着自己，或大或小，或是碧水粼粼的湖面，或是明镜般的冰层。民间传说，冰川湖的水是圣洁的，仙女在冰川湖里洗澡，天马在冰川湖里饮水。在一些大的冰川湖里，还有着丰富的渔产资源，这些鱼也被藏民尊为"圣鱼"。

除上述冰川类型外，青藏高原上还有冰帽和平顶冰川。这种冰川像个盖子，覆于平顶山或冰碛平台上，其面积有大有小。祁连山脉特贴拉山的果青古尔班冰川，面积达 55 平方千米，是我国目前已知的最大平顶冰川。

高原地区的冰川主要分布于西昆仑和西喀喇昆仑山区、喜马拉雅山区、横断山区、祁连山区等地。其中以西昆仑、西喀喇昆仑山区的冰川最多，规模最大。世界第二高峰乔戈里峰北侧的音苏盖堤冰川长约 42 千米，为我国目前已知的最大冰川。在喜马拉雅山区的南北坡发育着两种不同性质的冰川，南坡为海洋性冰川，现代雪线高度达海拔 4500 米，冰舌末端可伸至海拔 3000 米；北坡的冰川属大陆性，雪线最高达海拔 6000 米，冰舌末端可伸至海拔 5100 米。横断山区、念青唐古拉山和喜马拉雅山东段是海洋性冰川发育最集中的地区，冰川分布的最南界为北纬 27°。另外，在祁连山地和唐古拉山地也有较大面积的冰川。

珠峰地区悬冰川最多，其规模较小，面积一般不超过 1 平方千米，冰的厚度为一二十米。顾名思义，这种冰川的特征是冰川的末端悬挂在陡坡上，远远望去，成排的悬冰川就像一块块白色的盾牌挂在陡峭的山坡上。悬冰川一般是在古冰川残留地形上发育起来的。古冰期时，支流冰川向主流冰川汇集，由于主、支流冰层厚度、运行速度、冰蚀能力的差异，冰川主谷被强烈下切，支谷不得不悬于山腰上。现在，由于冰川规模缩小，主流冰川得不到足够的供给而退缩或消失，支流冰川仅能依贴于陡坡上，并时常因下端崩落而发生冰崩。

珠峰地区规模较大的冰川就是冰斗冰川，它们分布在山顶附近或分水岭两侧。在风化作用和冰蚀作用下，山地被切割，山岭被削成尖利的角峰、刃脊。角峰、刃脊间则为斗状的山坳，像一把巨大的座椅，冰川就发育在坐椅中。冰斗冰川的形状近似于卵圆形，有的近似于三角形，向冰川出口处缓缓倾斜，有些冰斗冰川向山谷推进，呈条带状伸展，成为山谷冰川。在冰川集中的地区，往往是几条山谷冰川相连，像条条玉龙盘绕于山间。

在冰雪消融的暖季，冰川表面的河流遇到冰裂隙，就潜入地下变成冰下河流。冰川融水穿凿冰层，塑造出深不可测的冰井、冰漏斗，阴森可怕的冰隧道，绚丽壮观的冰水喷泉和幽深迷人的冰洞。冰洞一般出现在冰舌末端，洞口像古城的拱门，它是冰下河流的出水口。在冰雪消融旺盛的季节，洞口水流汹涌，使人难以接近。只有在断流时，人们才能去欣赏那"水晶宫"。这里冰钟乳、冰笋、冰柱比比皆是。冰洞内光怪陆离，有些地方洞中有洞，大小不一；有些地方枝枝杈杈，像个谜阵；有些地方深不可测，似无尽无头。

冰川是重要的淡水资源。高原地区冰川冰的储量约 1800 立方千米，是巨大的固体水库。高原上的冰川融水是大江、大河、湖泊的重要补给水源，我国西北干旱区的河西走廊就是利用祁连山的冰川融水浇灌农田的。

（二十五）"雪的故乡" 喜马拉雅山之谜

"喜马拉雅"一词来自梵文，原意为"雪的故乡"。它全长 2400 千米，宽 200～300 千米，主脊山峰平均海拔达 6000 米，是地球上最高而又最年轻的山系。

高耸挺拔的喜马拉雅山脉东西横亘，逶迤绵延，呈一向南凸出的大弧形矗立在青藏高原的南缘。喜马拉雅山系由许多平行的山脉组成，自南而北依次可分为山麓、小喜马拉雅山和大喜马拉雅山三个带。大喜马拉雅山宽 50～90 千米，地势最高，是整个山系的主脉。

位于中尼边境中部的喜马拉雅山，雪峰林立，有数十座海拔 7000 米以上的山峰。在这一地区，海拔 8000 米以上的极高峰也比较集中，仅在我国境内的就有 5 座，即珠穆朗玛峰、洛子峰、马卡鲁峰、卓奥友峰和希夏邦马峰。它们和境外的干城章嘉峰、马纳斯仟峰、道拉吉里峰及安那鲁纳尔峰等海拔 8000 米以上的山峰共同组成整个喜马拉雅山系的最高地段。

喜马拉雅山脉的南北翼自然条件差异显著，动物和植物的种类组成截然不同。这种悬殊的自然景观十分奇特，让人不得不惊叹大自然的造化之功。以喜马拉雅山脉中段为例：中喜马拉雅山的南翼山高谷深，具有湿润、半湿润的季风气候特点。在短短几十千米的水平距离内，相对高差达 6000~7000 米，垂直自然带十分明显。

海拔 1000 米以下的低山及山麓地带是以婆罗双树为主的季雨林带。海拔 1000~2500 米的地方为山地常绿阔叶林带，与我国亚热带的常绿阔叶林类似，主要有栲、石栎、青冈、桢楠、木荷、樟、木兰等常绿树种。林木苍郁，有多种附生植物及藤本植物杂生其间。森林中常可见到长尾叶猴、小熊猫、绿喉太阳鸟等，表现出热带、亚热带生物区系的特点。

海拔 2100~3100 米的地方为针阔叶混交林带，主要由云南铁杉、高山栎和乔松等耐冷湿、耐干旱的树种组成。植物组成具有过渡特征，随季节变化而作垂直的迁移。海拔 3100~3900 米的地方为以喜马拉雅冷杉为主的山地暗针叶林带。森林郁闭阴湿，地面石块及树木上长满苔藓，长松萝悬挂摇曳，形成黄绿色的"树胡子"。林麝和黑熊等适于这种环境，喜食附生在冷杉上的长松萝。冷杉林以上为糙皮桦林组成的矮曲林，形成森林的上限。

森林上限以上，海拔 3900~4700 米的地方为灌丛带。阴坡是各类杜鹃组成的稠密灌丛，阳坡则是匍匐生长的暗绿色圆盘状的圆柏灌丛。海拔 4700~5200 米的地方为小蒿草、蓼及细柄茅等组成的高山草甸带。再往上则为高寒冻风化带及其上的永久冰雪带。

中喜马拉雅山北翼高原上气候比较干旱，没有山地森林分布。在海拔 1000~5000 米的范围内生长着以紫花针茅、西藏蒿和固沙草等为主的草原植被，组成高山草原带。这里的动物多为高原上广布的种类，如藏原羚、野驴、高山田鼠、藏仓鼠、高原山鹑、褐背地鸦等。海拔 5000~6000 米的地方为以小蒿草、黑穗苔草等为主的高寒草甸以及坐垫植被带。主要动物有喜马拉雅旱獭、岩羚羊和藏仓鼠等。海拔 5600 米至雪线（6000 米）间寒冻风化作用强烈，地面一片石海，只有地衣等低等植物，形成黄、橙、绿、红、黑、白等各种色彩，组成独具一格的图案。

喜马拉雅山脉的东、中、西各段也有明显差异。东段比较湿润，以山地森林带为主，南北翼山地的差异较小；西段较干旱，分布着山地灌丛草原和荒漠；中段地势高耸，南北翼山地形成鲜明对照。

喜马拉雅山的顶峰终年白雪皑皑，在红日映照下，更显得晶莹剔透、绚丽多彩；一旦漫天风雪来临，它就被裹上一层乳白色的轻纱，犹如从茫茫太空中飘来的一座玉宇。

千百年来，生活在喜马拉雅山区的人们，利用河流切穿山脉的山口地带，南北穿行。喜马拉雅山区的农业开发历史约有 600 多年。

人们在河谷阶地和缓坡上开垦耕地，修筑梯田，他们把耕地分成"巴莎"（上等地）、"夏莎"（中等地）和"切莎"（下等地）等类别，开挖渠道，引雪水灌溉，种植青稞、燕麦、玉米等作物，在长期的生产实践中，积累了丰富的经验。他们根据高山冰雪消融引起的河流水量的变化，来判断气候的变化。他们看山影，观候鸟，观察报春花发芽、生叶和开花等物候现象，来掌握播种时节，安排田间管理。这些丰富的经验，对于发展喜马拉雅山区的农牧业有很实用的价值。

山体呈巨型金字塔的珠穆朗玛峰巍然屹立，为群峰之首。最先发现和熟悉这一世界最高峰的是我国的藏族同胞和尼泊尔人民。18世纪初，中国测量人员测定了珠穆朗玛峰的位置，并把它载入1719年铜版印制的《皇舆全览图》。

为了攀登珠穆朗玛峰，从1921～1938年，英国人在北坡进行过多次尝试，但都没有成功。1953年5月29日，人们首次从南坡登顶征服了世界最高峰，其中一个是尼泊尔谢尔巴族人，另一个为新西兰人。1960年5月25日，我国登山队王富洲等三人第一次从北坡登上珠穆朗玛峰，在世界登山史上写下了光辉的一页。

（二十六）珠穆朗玛峰变矮之谜

在我们的课本中，曾经写有这样一句话：珠穆朗玛峰是世界最高峰，每年以0.01米的速度"长高"。但是实际上，珠穆朗玛峰是在逐年变矮，那么是什么原因导致珠穆朗玛峰变矮的呢？

珠穆朗玛峰简称珠峰，又意译作圣母峰，尼泊尔称为萨加马塔峰，位于中华人民共和国和尼泊尔交界的喜马拉雅山山脉之上，终年积雪。是亚洲和地球第一高峰（太阳系最高峰是海拔27000米的火星奥林匹斯山）。珠穆朗玛峰一向是被誉为地球第三极的高峰，高8848.13米，在小学地理课本里也早就有关于珠穆朗玛峰的标准描述："珠穆朗玛峰由于处于印度板块与欧亚板块的碰撞地带，每年依然以1厘米的速度'长高'"，但是令人惊讶的是，据科学家监测，事实并不是这样的，珠穆朗玛峰的高度目前正在逐年下降，在过去的33年里，它的高度下降得惊人。

据记载，早在1966年，中国第一次成功测量珠峰的雪面高程值为8849.75米。1975年，科学家测出珠峰峰顶雪面的高度为8849.05米，减去当时测量得到的峰顶0.92米的雪深，最终得出珠峰高度为8848.13米。我们目前对珠穆朗玛峰高度的描述，一直沿用的是当年监测出的高度8848.13米。

随着测量技术的不断进步与完善，我们的测量手段和技术也越来越精准。过去30余年里，中国科学家利用天文、重力、激光测距、GPS等先进的技术手段，对珠峰的高程值进行了先后五次越来越精确的测量。1992年，科学家所测得的珠峰雪面高程的最终计算值是8849.04米，而1999年第五次观测的结果则下降为8848.45米。1999年的观测值和1966年相比少了1.3米，所有的这些测量资料显示，珠穆朗玛峰的确是在逐年变矮。

那么，珠穆朗玛峰变矮的原因是什么呢？被誉为亚洲和地球第一高峰的珠峰怎么会变矮呢？这个问题引来了许多科学家们的关注，他们期待早日找到珠穆朗玛峰变矮的原因。

有的地质学家认为，珠峰变矮的原因可能是印度板块和欧亚板块的运动发生了变化导致的。由于印度板块仍在向北推进，仍然是形成青藏高原及其周围地区强烈变形的主要动力来源。而且珠峰地区在印欧板块推动下的整体抬升过程中呈波浪式的起伏，上升的速率并不是均匀恒定的。虽然科学家得出了珠峰地区上升的速率不固定的结论，但却恰恰说明了珠峰抬升的趋势没变。

珠穆朗玛峰

也有人提出异议，他们认为珠穆朗玛峰变矮的原因不是板块间挤压造成的，而是由于气候变化导致的。珠峰顶部在短期内降低如此剧烈，肯定不是地壳运动的结果，只能从冰川对气候的响应去解释。他们提出，由于全球气温上升，加速了珠峰顶部的积雪由雪到冰转化的过程，冰川的密实化过程加快，从而导致冰面的降低。实际上，从1992年开始的珠峰顶部急剧降低时期正好对应于气候急剧变暖时期。但是全球气温总体来说从1966年到1975年是冷期，20世纪70年代到1992年之间既有冷期又有暖期，所以按照每一年的气温与珠峰下降幅度一一对应有困难。想得到更确切的结论，必须有珠峰每年冰雪层的厚度变化和气温变化的详细数据，完整地取得这些数据目前还有困难。

还有人提出冰雪密实可能是导致珠峰变矮的罪魁祸首。"密实化"是指一个积雪转变为冰层的过程，它有两种物理机制，一种是在气温高的情况下，雪在白天化成水，晚间气温降低，再变成冰；另一种就是雪层不断变厚，底层雪在不断增加的压力之下变成冰。如果气温升高，雪变成冰的速度就会相当快。但是珠峰峰顶常年温度都在零摄氏度以下，所以绝对不可能是降雪先溶解成水再冻成冰。珠峰顶部积雪的密实过程无疑是第二种密实过程。虽然珠峰顶的积雪不会融化成水，但气温升高仍可以加速密实化过程，而变成冰后冰层的厚度相对于原来雪层的厚度是减薄的。假如从前20年的积雪才能变成冰，温度升高后密实速度加快，现在可能只需10年或者5年雪就会变成冰。可是一个"密实化"却并不能彻底揭开珠峰"变矮"之谜。科研人员指出其实积雪密实过程中有很多细节说不清楚。比如温度升高时，到底有多少雪融水的残余就无法观测计算，一点没有融化的干雪和略有融化的湿雪压实过程也并不一样。气温升高后，雪片晶体之间有一点轻微的融水残余都会加速密实化过程，但就珠峰顶上总体积雪来说是不会发生融水的。

那么，珠穆朗玛峰上的积雪厚度到底是多厚呢？科学家们也对此纷纷探讨。1975

年我国科学家测量珠峰峰顶的雪深是 0.92 米，可是意大利登山队用测杆观测到的雪深数据是 2.5 米。据此，相关研究人员认为使用普通的办法是不能测得雪的真正厚度的，更不要说冰的厚度。他们提出珠峰顶部冰雪厚度要远大于 2.5 米，可能在 10 米到几十米之间。经过研究，得知珠峰顶部以岩面为主，如果将雷达放置在冰雪层上，向下发射电波，可以检测出冰雪层的确切厚度，但由于条件限制，从来没有人将雷达背上珠峰进行测量。此外在峰顶的冰雪层上用冰钻钻至底部，也可测出冰雪层的确切值，但也没人做过此类测量，所以珠峰顶部的冰雪层的具体厚度依然是个谜。

那么，珠穆朗玛峰变矮会不会是珠峰顶部冰雪层有物质损失造成的呢？可是是什么物质损失了呢？又是什么原因造成了这种物质的损失呢？对此，有关的研究人员提出了自己的假设：由于珠峰顶部不是一整条冰川，长期的气候演变，使珠峰顶部冰雪形成了一个相对稳定的层面，近三十几年气候变暖，这一层面经过密实化后降低得比较快。珠峰顶部出现降雪后，大风吹雪的情况会经常出现，特别到了风季，风速每秒高达到三四十米，所以降雪难于在珠峰顶部积累。只有天气稍好、风速较小时，才会有一点积累，大部分降雪还是会被风都吹走。这或许能解释峰顶物质流失的问题，但是这种说法仅仅是一种假设，并没有找到真正的科学证据来证明这种假设的正确性。

目前，对于珠穆朗玛峰的高度变矮的问题的研究还在继续进行着，解开珠穆朗玛峰变矮的原因还有待于科学家们的进一步研究。

（二十七）迷雾环绕的丹霞山

丹霞山是我国著名的风景名胜区，风光迷人。丹霞山由红色沙砾岩构成，以赤壁丹崖为特色，地质学上以丹霞山为名，将同类地貌命名为"丹霞地貌"。丹霞山使之成为世界上同类特殊地貌的命名地和同类风景名山的典型代表，但同时也隐藏着许多美丽的谜团，至今无人解开。

丹霞山位于广东省韶关市境内仁化县，是广东四大名山之一（其余三座名山是罗浮山、西樵山、鼎湖山），也是国家级重点风景名胜区，国家地质地貌自然保护区，被誉为"中国红石公园"。在距今 1.4 亿年至 7000 万年间，丹霞山区是一个大型内陆盆地，受喜马拉雅造山运动影响，四周山地强烈隆起，盆地内接受大量碎屑沉积，形成了巨厚的红色地层；在距今 7000 年前后，地壳上升而逐渐受侵蚀。距今 600 万年以来，盆地又发生多次间歇上升，平均大约每万年上升 1 米，同时流水下切侵蚀，丹霞红层被切割成一片红色山群，也就是现在的丹霞山区。丹霞山海拔 408 米，远看似染红霞，近看则色彩斑斓，许多悬崖峭壁，挺拔秀丽，风景旖旎。故有人赞叹："桂林山水甲天下，不及广东一丹霞"。丹霞山隐藏着许多的秘密，其中有七大谜团至今无人能解。

1. 丹霞山之名的由来

丹霞和丹霞地貌虽然闻名于世，但是丹霞山这一名字究竟起源于何时呢？在《山海经》《淮南子》《水经注》中都没有关于"丹霞山"的记载。虽然在《山海经·南次三经》中记载"……又东五百里，曰丹穴山，其上多金玉，丹水出焉，而南流注于渤海。"但是丹霞山并不是江河的源头，流经丹霞山的锦江更不是注入渤海，可见，丹霞山和丹舟山是两个地方。

最早记录丹霞山这一地带的，是北宋重和元年（公元 1118 年）邓嘉猷《广东通志·山川略》中的《锦江岩记略》，有"仁化南隅有崖岩，在缥缈间，石纹四时改易，五色俱备……故名锦石岩"的记载。后来，北宋蒙天民的《锦石岩龙王灵感记》、明朝王宾的《重修锦石岩》等都是以"锦石岩"命名此地的，并未见过用丹霞山为地名的。古文中记载"丹霞山"这一名字则是在清顺治二年（公元 1646 年）李永茂买下丹霞山前后。李永茂的弟弟李充茂作的《丹霞山记》："……丹霞山之名，不自今日始也，自伯子（李永茂）至，而人人知有丹霞焉。"这是最早记录"丹霞山"这个名字的古文。但是李充茂对丹霞山名字起于何时，没有准确界定。根据李充茂的记载，在他们来到丹霞山前，已经有了丹霞山的山名。

但在清同治十二年（公元 1873 年）的《仁化县志》中《丹霞山水总序》又说："……传说丹霞山为'烧木佛地'，李公（李永茂）不忍更改其名。"这里所说的"烧木佛"是说当时邓州丹霞山天然禅师在惠林寺遇天寒，就焚烧木头佛像来取暖的故事。而李永茂的故乡就在邓州丹霞山。于是，李永茂就用邓州的"丹霞山"来命名仁化的"丹霞山"。也就是说，丹霞山的名字是李永茂所取的。

这与李永茂的弟弟李充茂的记载持相反的观点，有关单位还曾经调查过李永茂的家乡邓州是否有丹霞山，调查结果显示，邓州没有丹霞山。所以，李永茂命名丹霞山这一说法的依据并不充足。

那么，丹霞山的称谓究竟开始于什么时候呢？最早出现"丹霞"二字的是明朝伦以琼的《锦石岩》诗第二首，开句有"水尽岩崖见，丹霞碧汉间"的诗句。在明崇祯七年（公元 1634 年），诗人殉家行有诗刻在锦石岩梦觉关的石壁上，诗中有"丹霞烟留处，黄粱秀未曾"的句子。此时，距离李永茂买下丹霞山只有 12 年。但有人说以上两处诗名中出现的"丹霞"并不能作为地名解，而只能当作是"红色的云霞"解。如果是这样的话，那么明天启七年（公元 1628 年）凌云写的《宿丹霞》，则是将丹霞山当作了地名。其时间还是在李永茂买下丹霞山之前。

因此，丹霞山这个名字大概出现在李永茂买丹霞山之前的明代，但是究竟出现于何时，因何而得名，还是一个谜团。

2. 燕岩神钟之谜

在丹霞山的大石山风景区，有一座山寨叫燕岩，海拔 603 米，是丹霞山的第二高峰。燕岩山山势雄伟，悬崖峭壁巍峨险峻。在燕岩山山腰险峻处，有一处叫作"燕岩庙"的寺庙。据说，从前这座庙香火鼎盛，香客四时不绝，暮鼓晨钟，曾响彻岩头、河富一带的村庄原野。

关于燕岩神庙还有一个美丽的传说。传说天神派下一对仙女姐妹来此地的西竺岩、燕岩塑造菩萨像，她们约好，谁最先完工谁就陪王母娘娘去瑶池仙境。姐姐选择了低矮易上的西竺岩，妹妹只好攀上燕岩庙，由于燕岩庙是一块清幽之地，妹妹很快就将菩萨的塑像建造好了。后来，妹妹一边铸造神钟，一边学起鸡叫来，急得姐姐仓促间马虎了事减了工序，结果，燕岩庙的菩萨造得比天竺庙的要好看些，而且燕岩的菩萨还会唱歌。以后有了"燕岩庙的菩萨会唱歌，燕岩庙的神钟会应和"的传说。据说，当年燕岩山下，每当夜深人静的时候，就真的有呜咽凄婉的唱和。

据说，燕岩神庙的那口神钟十分神奇。传说它能自动发声似呜咽一般。据当地人回忆，该钟油黑锃亮、非铜非铁，钟顶有几个孔洞，互相通连，与悬挂神钟的钟蒂（钟座）又相衔接，和别处寺庙的钟不一样。有人猜测可能就是这几个不一样孔洞，与钟身、钟蒂构成一个气流回旋的谐振腔体，在一定风向贯穿下铿然发声。而燕岩庙坐落于在半山绝壁之中，岩洞与山谷相对，四时风大气流湍急，这口神钟挂在庙前，自然吞风引气、呜咽作声。

但是在后来，燕岩岩庙被废弃，僧尼也都陆续还俗出走。1987年，这口神钟被人收走了，燕岩神庙"菩萨神钟相唱和"的谜底，也因为没有了实物变成了一个永久的谜团。

3. 龙蟠虎卧之谜

丹霞山锦石岩下的悬崖峭壁上，在高约50米的地方，刻着苍劲的四个大字："龙蟠虎卧"，每个字五尺见方，阴刻行书，字体雄浑有力，是清代韶州人邹宗尧所书。在绝壁腾空的悬崖上誊字刻石，现在人都没有办法，当时的工匠是在地上搭台还是从半山的锦石岩垂篮操作，就不得而知了。而这"龙蟠虎卧"又有什么深意呢？

有人认为邹宗尧刻写这几个大字的初衷大概是因为锦石岩连通四个岩洞内壁的"龙鳞片石"。这些锦石岩随四季变换颜色，真若一条藏头匿尾的长龙盘踞在锦石岩的岩洞中，这也成为古往今来令人称绝的景观。尤其是后来被发现的翔龙湖，它就像一条飞龙缠绕在山峰下。翔龙湖也是到目前为止，全国水面图形近似于翔龙的唯一景观。"蟠龙"隐藏在丹霞山中，这引起了人们无限的遐想，是印证了古人独到先知的眼光，抑或古人早就曾在丹霞山看到了什么？悟出了什么？

虽然"蟠龙"出现，但是虎踪却很难寻。丹霞山内虽然有白虎岭、伏虎岩、老虎寨等地名，但其形态却与虎的形状相距甚远。后来，探险者们在丹霞山密密的丛林中寻找到了阳元石、阴元石、天仙桥、连理枝、守寨爷爷和天然禅师墓庐，却没有找到类似老虎形态的石头。不过，丹霞山无人涉足之处还很多，古人或许曾见过的"卧虎"，只不过隐藏于我们还未踏入的地区。

随着丹霞山进一步的开发和探索，我们相信，总有一天"龙蟠虎卧"的含义会被完全地破译出来。

4. 丹霞山悬棺之谜

据《仁化县志》记载：仁化县地处岭南，古代居民属于"百越族"。春秋时期，仁化县隶属百越，战国时期，隶属扬越。秦始皇时期属陆梁。在秦始皇三十三年（公元前214年），包括仁化的粤北地区才隶属秦帝国的南海郡。秦朝灭亡以后，百越族的首领赵佗占据岭南桂林郡、南海郡、象郡三郡，建立南越国，自称南越王，并在仁化的城口镇构筑关隘"古秦城"，以北拒汉武。直到公元前111年，南越国才归顺汉朝。因此，在汉代以前，丹霞山一直是百越族的领地。

按照百越族的习俗，为了防止死者的尸体被野兽侵袭，他们采用的是悬棺葬仪。就是将死者的棺木放在人迹罕至的高崖绝壁凿洞中。而丹霞山就是百越族悬棺葬的首选宝地。

据当地人说，大石山、丹霞山、韶石山中都有关于高岩峭壁"墓洞"的传说。传说一些洞口曾出过朽棺木板，洞内有骨头、瓦罐……但是时到今日，人们也没有发现丹霞山悬棺的踪迹。

百越族归汉以后，百越文化也逐渐融于楚、汉文化的大流之中，改悬棺为土葬了。因此，丹霞山的悬棺葬仪已经绝迹。而丹霞山所处之地多雨，悬棺多被腐蚀，再加上人为的破坏，即使有幸存下来的悬棺，也藏于丹霞山险峻之处。百越族的悬棺今在何处，留给人们的是一声永远的慨叹。

5. 丹霞山藏宝之谜

在丹霞山广泛流传着许多关于宝藏的传说："金银有三挑，不用锄头不用锹，就怕火来烧"，"崖是有红光，金碗响叮当，馋死发财郎"……

这些传说让人们纷纷猜测丹霞山藏着巨大的宝藏。有人说在某一个岩洞内藏着古代盗匪抢来的宝藏，有人说在战乱时期某地主在丹霞山藏了无数珠宝……引得许多人前来丹霞山寻宝，但都是失望而归。

丹霞山有宝藏并非是无根据之说。丹霞山自唐宋被开发以来，经历了六个朝代。在战乱时期，丹霞山以其崖高路险，易守难攻或成为地方官家富户的避难所，或成为兵匪盘踞的营地。在这些错综复杂的斗争中，有人在丹霞山藏宝也是极有可能的。

虽然人们并未在丹霞山发现任何宝藏，但是探险者却发现了国家重点保护植物白桂木、银钟花、绿毛红豆、巴戟和秀丽椎。1998年，人们还在翔龙湖找到了国宝级的活化石——桫椤木。从这些方面来看，丹霞山确实藏有珍宝。

6. 金童玉女之谜

在丹霞山还有一个美丽的传说：玉女和金童相恋，他们在'仙人洞'苦修了千万

年，本可以成仙，不想糊涂的玉帝听信了谗言，一道金牌又令他们在凡间清守戒律。他们想不通，从此不再修行打坐，干脆逃出洞外，躺在锦江边永远诉说着绵绵情话。

当人们站在仁化县城的高岗或楼顶上远眺时，就可以看到"玉女拦江"，她秀美的身姿实在令人叫绝。就在玉女拦江对岸，从长老峰、海螺峰、宝珠峰直到僧帽峰，一线山脉轮廓清朗，活脱脱一个"金童仰卧"的图像：长老峰是头颅，依次是颈、胸、腹、腿，最后僧帽峰俨然成了金童的脚掌，线条流畅，形象逼真。他和玉女头挨着头，依偎着柔软如带的锦江，正述说着没完没了的悄悄话……

但是"仙人洞"又在何处呢？在仁化董塘镇的懒树下村，有一个石灰岩大溶洞，这被人们称之为"仙人洞"。据说曾有人爬进过，辗转一天，才从仁化镇的新东村大坑底洞口爬出。后来，又有人进入，言及洞中景况，石笋钟乳琳琅满目，进洞门即有两条蟠龙，张牙舞爪，稍进依次有八仙厅、地下河、银河滩、松木石、大蟒石、玉帝殿、金童玉女……还有一处白色透明的水晶宫。但在20世纪70年代，"仙人洞"一带开了个石场，洞口就在长年的开炮采石中崩塌了，以后又被石渣废土填埋，几经沧桑，山势地貌已面目全非，当年的勘查者也已不辨方位，这处地下迷宫就此埋灭了，仙人洞也成了一个谜团。

美丽的丹霞山，它的谜团何时才能被解开呢？

（二十八）鸟吊山为什么会变为"鸟的地狱"？

美好的传说，加上造物之手创造的奇观，给鸟吊山上类似百鸟朝凤的神奇鸟会，增添了不少颇具人文色彩的奇情妙趣。鸟吊山为什么会成为鸟儿的地狱成了一个千古之谜。

在云南西部，大理北边有一座神奇的山，这座神奇的山坐落在云南西部洱源县境内，位于洱源县城西南约二十公里。每年农历八九月间，各种鸟类成群结队，盘旋于凤翔、灵鹫诸峰，多至数万只。当地人在山坡上燃起篝火，鸟儿就会被火光吸引，着魔似的在火堆周围飞翔、盘旋，甚至冲进火堆。即使人们用网捕捉，用竹竿扑打，鸟儿也不会飞走。这座山就是鸟吊山。

据统计，全国现已发现的鸟类有1170多种，而云南就有770多种，其中有的属于世界稀有品种。这些鸟类，有的是常年以云岭为家的留鸟，有的是适时来访的候鸟，还有南北迁徙途经云南的旅鸟。据科学工作者们的考察，旅鸟从北至南经过云南的路线主要有二：东面由四川盆地溯金沙江河谷而上，沿乌蒙山脉向南飞；西边是由青藏高原顺横断山脉南下，沿哀牢山红河河谷南迁。滇西洱源县的鸟吊山，就是其中著名的中途站之一。

关于鸟吊山，还有一个非常凄美的传说：凤羽坝，四面山岑环抱，是个柳叶形的长条坝子，自古以来，就是个美丽富饶的地方。住在这里的乡亲，手勤脚快，肯下苦力，因此，庄稼茂盛，特产富庶，大家都过着吃饱穿暖的好生活。可是后来，坝子里出了个恶毒的赵土司，仗着官府势力压榨百姓，把百姓的牛羊统统归为己有。弄得百姓叫苦连天，走投无路。

这时，坝子东边天马山脚下，住着一对小两口，男的叫春生，女的叫桂花。他俩眼看着大家被逼得无法活了，心里非常气愤，便挨门串户把人们喊到一起，商议对付赵土司的对策。后来，他们一直赞同把赵土司家的粮房打开把自己的粮食拿回来。大家定下主意，即刻带上扁担、镰刀，一窝蜂地冲进赵土司的家。百姓们人多势众，打开了粮房，挑的挑，背的背，就把粮食拿了回来。

赵土司事先哪料到会出这事，一时抵挡不住，只急得像热锅上的蚂蚁团团转。等到大家走散了，他便调集兵马，跑到四乡去捉拿百姓，把男女百姓一串串拴了回来。桂花也被拴来了。赵土司一眼看见她生得美貌，叫人把她放了，喊入内房，威逼她做自己的小老婆，并口口声声地说："和我成了家，何愁没吃没穿！"桂花吐了他一脸口水，骂道："乌鸦梦想配凤凰。"赵土司恼羞成怒，就叫人把她关进了土牢。

等到第三天半夜，春生手拿一把闪闪发光的刀，悄悄摸进了赵土司的牢房，救出了桂花，连夜向别处逃去。

赵土司哪能把到嘴边的肉丢掉，马上派人追赶。一直追到坝子东边的天马山上。把春生和桂花层层包围了起来。春生顽强拼斗，但因寡不敌众，眼看陷入绝境，小两口便双双吊死在天马山上。赵土司一见，还不甘心，叫人用干柴烈火烧了这对夫妻的尸体。霎时烈火熊熊，火花四溅，从劈劈啪啪的爆炸声里，突然飞出一对金凤凰，拍打着翅膀飞过凤羽坝子，一直往罗坪山山顶飞去。

这对金凤凰飞到罗坪山山顶，不幸碰上了一场大风雪，又冻死在山上。金凤凰死后，又化作两朵彩云，雌凤凰化作一朵彩云飞向北方，雄凤凰化作一朵彩云飘向南方。两朵彩云飞呀飞，飘呀飘，每到阴历七八月间的夜晚，悠悠伸长，又联结在罗坪山顶上。一到彩云结合，千禽百鸟便从很远的地方飞来，凭吊这对死去的金凤凰。这个山头便被称作鸟吊山。

《南诏野史》亦说："（唐）高宗显庆二年，凤鸣于浪穹罗浮山，乃改名为凤羽山。"这时节，当地居民，从四面八方的村寨赶来，上山猎鸟；青年们亦邀朋呼伴，借机唱曲对歌，观看"百鸟朝凤"奇景。满山人群，如同过节。待夜雾弥漫，月色暗淡，人们点燃成百个火堆，顿时火光四射，鲜红的火焰飘扬天际，雾气呈现五光十色。群鸟先后破雾冲下，扑向火光，猎者张网以待，有的人一夜可捕数百只。从捕获的品种看，多非本地所产，如大雁、灰鹤、鹭鸶等等，多数不识其名。大者如羊，小者似蝶。近些年来为保护鸟类，此捕鸟行为已被禁止。前人对此捕鸟多有惋惜，有《凤山鸟吊》诗云："凤德哀时谩群辉，应怜羽族不知机。鸟为吊山山吊鸟，火光透处是重围。"

早在我国北魏时期，郦道元老先生就将人间胜景百鸟聚会写进了他的传世名著《水经注》中："……有叶榆县（今云南大理市），县以北八十里有鸟吊山，众鸟千百，为群其会……俗言凤凰死于此，故众鸟来吊，因名鸟吊。"

后来，我国明代大旅行家、地理学家徐霞客，曾专程来凤羽考察，并将考察所得录入到他那赫赫有名的《徐霞客游记》里。

凤山鸟吊的现象，史志多有记载。道光《浪穹县志》"凤山微异"条载："每岁七八月，众鸟千百为群，翔集此山，奇毛异羽，灿烂岩谷，多非滇产，莫可指名。亦一异事。土人伺夜燃火取之，内有无嗉者，以为哀凤不食也。频年示禁，卒不能止。"北魏郦道元的《水经注》，是6世纪以前，我国最全面、最系统的综合性地理著作，其中就记有：叶榆县"西北八十里，有吊鸟山，众鸟千百为群共会，鸣呼啁晰，每岁七八月至，十六七日则上，……雉雀来吊，夜燃火而取之，其无嗉不食，似特悲者，以为义鸟，则不取也。俗言：凤凰死于此山，故众鸟来吊，因名吊鸟。"看来，一千四百多年前，洱源的鸟吊山，就已知名于世。

1958年秋天，鸟吊山旁山坡上一幢房屋失火，恰好是五月有雾的夜晚，扑救不及，熊熊火光吸引了许多鸟儿飞来，在火光附近徘徊飞翔，人们这下才知道原来此地是一处可以烧火打雀的山。从此之后，年年秋季都有人来此打鸟。据说"文革"期间曾有一夜打死的鸟类用麻袋装，整整装了七辆手扶拖拉机的历史记录。

候鸟在长途迁徙过程中，有许多休息站，鸟吊山是其中之一。那么鸟儿为什么会在鸟吊山出现这样的现象呢？有关生物学专家曾经对鸟吊山的这一奇怪的现象进行过深入的研究，有人提出鸟类迁徙飞行是以地面山川流、海岸线或空中的月亮、星辰为导航标志。迁徙鸟类大多数是白天觅食休息，夜间飞行。月明星稀、天气晴朗之时，飞行高度高，飞行速度也较快。当阴雨天或大雾弥漫之时，飞行高度降低，飞行速度减慢。特别是大雾弥漫的夜间鸟类因迷失方向，便有趋光习性，它们会朝着光源飞行。云南秋季常受季风控制，滇东受东南季风，滇西受西南季风影响，它们分别从印度洋和北部湾带来大量水汽，遇到高大山体，气流抬升，气温下降，夜间多在山腰山顶地带冷凝成雾，持续到次日清晨方散去。在这种情况下，鸟类就会迷失方向，如果有光源出现，它们便会急不可待地飞向前去。此时它们很容易被人们燃起的火引诱捕捉。

尽管答案好像很明确了，但是像鸟吊山这样气候的地方肯定还有不少，那么为什么其他地方却没有这样的情况发生呢？看来，以上的说法并不能完全用来解释鸟吊山是鸟儿地狱的原因。其真实原因还有待于人们的进一步研究。

（二十九）"恐龙山"为何盛产恐龙蛋？

西峡盆地是世界罕见的恐龙蛋化石群。1993年，我国河南西部南阳的西峡县出土了五千多枚恐龙蛋。而在这以前，人类总共才发现了五百多枚恐龙蛋化石。为何恐龙"钟情"于西峡盆地呢？

自1993年在河南西峡县发现恐龙蛋以来，迄今为止已经出土了三万多枚恐龙蛋化石。而如今这一数字又将被翻新。专家推测，在西峡一处约五万平方公里的山地，可能蕴藏着 15 万枚恐龙蛋化石，种类达到二十多种。此外，还有大量的恐龙骨化石和古生物化石。因此，西峡县将是世界上最大的恐龙化石聚集的地区，这片山地被称为"恐龙山"也是当之无愧的了。

2008 年，西峡县阳城乡赵营村的村民修路的时候，在公路沿线发现西峡独有的恐龙蛋化石——"西峡巨型长形蛋"。这些"西峡巨型长形蛋"单枚蛋长 37 厘米至 50 厘米，成圆圈状围成一窝，每窝在 26 枚至 40 枚之间。而在公路沿线两公里范围内就发现有二十多窝这样的恐龙蛋化石。同时发现的还有树枝蛋、戈壁棱柱形蛋等十多种恐龙蛋化石。专家推算，仅仅在赵营村，"西峡巨型长形蛋"的蕴藏量可能不少于五千枚，加上其他种类的恐龙蛋化石，总蕴藏量将超过两万枚。

从西峡出土的恐龙蛋化石来看，这些恐龙蛋分布面积很大，在西峡县的各个地方几乎都能发现恐龙活动的遗迹。另外，恐龙蛋的埋藏相当集中，原始状态保存的都较为完整，且数量之多，举世罕见。

学术界普遍认为西峡盆地是我国迄今发现的年代最早的恐龙蛋化石地，时代大约为中生代白垩纪早期，距今一亿年左右。从现场观察，化石埋藏层倾角约 50 度，这可能是受新构造运动的影响所致。

西峡县为什么会有这么多的恐龙蛋化石呢？"恐龙山"又有着怎样的地理条件，来吸引数量如此之多的恐龙来此产蛋呢？专家推测可能是由于西峡山气候温和，雨量适中的条件适合恐龙的生存，且西峡山内的河流众多，也就不缺少水源这一重要条件。另外，由于恐龙不会孵蛋，它只能靠阳光的温暖来让它孵化恐龙蛋。因此恐龙一般都会寻找阳光充足，又接近水源的地方进行繁殖，而西峡就是适合恐龙繁殖的场所。也有人说化石埋藏层倾角约 50 度，并不是造山运动形成的。而是恐龙产蛋的地方原本就是坡面，它们是为了让蛋受到更充足的阳光照射。西峡是个盆地，它境内的山地和山岭起伏的坡度都很大，其自然坡度为 33°（西峡县最高海拔是2212.5 米，最低海拔是海拔 181 米），也就是说西峡的坡面也是吸引恐龙来产蛋的原因，但这只是一种猜测。

那么又为什么会有这么多种类和数量的恐龙蛋呢？专家说恐龙是爬行动物，而现在的不少爬行动物会像海龟一样专门去一个地方产蛋，然后再去别的地方生活。恐龙中的某些种类也是这样的，它们的产蛋地都是环境比较适宜的西峡，所以到了繁殖季节，恐龙们会从各个地方赶来产蛋，日积月累，就形成了壮观的恐龙蛋化石集聚区。而"恐龙山"则可能被恐龙们认为是西峡中最黄金的产蛋地带，这就是为什么专家说"恐龙山"有大约十五万枚的恐龙蛋的原因了。

（三十）五岳是指哪几座山？

"岳"在春秋前原是掌管大山的官吏职称，尧时分掌四方外事的部落首领就叫

"岳"。后来把主管四岳的官吏与岳官驻地的大山名称统一起来了，便出现了代表四方大山的"四岳"。据道教典范《洞天记》记载"黄帝画野分州，乃封五岳。"但是这五岳是哪五座大山却一直众说纷纭。

五岳是指我国的五大名山，通常人们都认为五岳就是指东岳泰山（山东，海拔1532.7米）、南岳衡山（湖南，海拔1300.2米）、西岳华山（陕西，海拔2154.9米）、北岳恒山（山西，海拔2016.1米）、中岳嵩山（河南，海拔1491.7米）。但是这只是传统的说法，五岳究竟是哪五座山峰，历来争议颇多。

《尚书》中只有东西南北四岳之称，而无中岳之称。在《史记·五帝本纪》中记载，尧巡守四岳之地，询问四岳之官时只提到了东岳泰山，其他三岳却没有记载。但在《史记·封禅书》中又有关于其他三岳的记载："岁二月，东巡狩，至于岱宗；五月巡狩至南岳，南岳，衡山也；八月巡狩至西岳，西岳，华山也；十一月巡狩至北岳，北岳，恒山也，皆如岱宗之礼。"在此之后，太史公司马迁又加了一句："中岳，嵩高也"，"昔三代之君皆在河洛之间，故嵩山为中岳，而四岳各如其方。"此时，五岳的概念才较为明确地出现。

最初提出五岳的见于《周礼·大宗伯》和《大司乐》，但是并未指出五岳是哪五座山。《史记》将五岳定义为：泰山、华山、恒山、衡山、嵩山。但《尔雅》上记载五岳是河南华，河西岳，河东岱，河北恒，江南衡。就是指黄河南面的华山，西面的岳山（今陕西陇县西南），泰山，恒山，衡山为五岳。《周礼·大司乐》上记载的五岳也是这五座山。但是另一种说法也出现在《尔雅》中：泰山为东岳，华山为西岳，霍山为南岳，恒山为北岳，嵩山为中岳。霍山在安徽霍山县，又叫天柱山。注《周礼·大宗伯》则据《尔雅》的这一说，以泰、华、霍、恒、嵩为五岳。为何两本古籍中都会有矛盾的说法呢？

邵晋涵在《尔雅正义》中解释说："冀州之霍山，与泰、衡、华、恒，唐虞之五岳也；华、岳、泰、恒、衡，周之五岳也；泰、衡、华、恒、嵩山，汉初相承之五岳也，泰、华、霍、恒、嵩，武帝所定之五岳也。"鹗《求古录札记》则认为："岱（泰山）、衡、华、恒、霍太（霍太山在今山西霍县东南三十里），唐虞夏之五岳也；岱（泰山）、衡、华、恒、嵩，殷之五岳也；岱（泰山）、衡、华、恒、吴岳，周之五岳也。"

但顾颉刚在《汉代学术史略》中认为秦始皇时还没有"五岳"的概念。秦始皇统一中国后，以崤山为界，将其东边定五座名山：太室、恒山、泰山、会稽、湘山；将其西边定七座名山：华山、薄山、岳山、岐山、吴山、鸿冢、渎山。而今的"五岳"分散于东西。《史记·封禅书》中记载："天下名山八而三在蛮夷，五在中国（中原）。中国（中原）：华山（今陕西）、首山（今山西）、太室（今河南）、泰山（今山东）、东莱（今山东）。"这些地方都是皇帝常游的地方，但是这些地方并没有按汉代疆域的实际情况来划分，所以汉武帝就重新对五岳进行了定义：以太室为中岳，泰山为东岳，安徽的霍山为南岳，华山为西岳，恒山为北岳，以来显示国土的强大。但是安徽的位置离汉代的疆域还有一段距离，汉武帝为此又将湖南的衡山定为五岳之一。

由于史书的记载不同，至今对五岳的争论也没有停止过。看来，这一问题还有待进一步研究。

（三十一）天门山六大古谜

天门山是张家界永定区海拔最高的山，距城区仅8公里，因自然奇观天门洞而得名。天门山古称嵩梁山，又名云梦山、方壶山，是张家界最早载入史册的名山，主峰1518.6米，1992年7月被批准为国家森林公园。

天门山位于湖南省张家界，距城区仅8公里。天门山的历史文化积淀很深厚，因此天门山一直被当地人民奉为圣山、神山，更誉为"湘西第一神山"和"武陵之魂"。然而，越是著名的风景越是拥有数不清的谜团，也正是这些谜团造就了天门山的神秘和传奇，其中最让人百思不得其解的是天门山六大古谜。

1. 天门洞开之谜

天门山名字的由来就是源于天门洞。据说公元263年，天门山的千米峭壁上突然崩塌出一个巨大的穿山石洞，如同传说中通往天庭的南天门，当时的皇帝认为这是吉兆，就把这座山封为了天门山。

天门洞是世界最高海拔的天然穿山溶洞，它南北对穿，门高131.5米，宽57米，深60米。关于天门洞的成因，地质学家认为是溶洞被雨水溶蚀，产生小的溶洞，这些小溶洞后来又连接在一起，因为无法承受溶洞上面石体的重量，最后崩塌，形成天门洞。但是天门洞如果真是溶洞被溶蚀所致，那么天门的石壁，包括天门洞的地面，就不可能是很平坦的状态，而是应该有明显的溶

天门山

洞进裂之后的坑洼，岩石不可能平展地崩出洞外。所以，"天门洞开"的成因仍然是个谜。

2. 天门转向之谜

七八十年前，站在张家界市区河边的南码头可以清晰地看见雄奇壮观的天门洞，而今天在原地只能举目见山而不见洞了，如果还想要观看天门洞就要到四公里之外的

大庸桥。传说天门洞所转到的方向都是"风水"极好的地方，这也更为天门洞蒙上了一层神秘的色彩，也被人赋予为吉祥的象征。

3. 天门翻水之谜

天门洞的左侧是光滑的绝壁，在干旱的季节里，一股洪水能忽然凭空狂涌，从万丈绝壁怒泄而下，啸声如雷，地动山摇，极为壮观，这就是"天门翻水"奇观。而在平时，即使下过滂沱大雨，也不会出现水从峭壁上流下的现象。天门翻水造成的瀑布比委内瑞拉的安赫尔瀑布的 1054 米的落差还要大 400 米，但是这样的奇观要十几年甚至几十年才发生一次，每次持续的时间也非常的短暂。

而天门翻水之所以被称为"谜"，是因为瀑布都有源头，但是天门翻水的瀑布却找不到源头，每次翻水都是凭空从地下冒出一股水来。如果说是洪水，洪水一般发生在雨季，但是天门翻水都是发生在大旱季节，所以至今人们也没有找到天山翻水的真正原因。

4. 鬼谷显影之谜

鬼谷子是战国时期人，本名叫王诩，民间称为王善老祖。他是我国历史上的著名人物，"诸子百家"之一，是纵横家的鼻祖，也是位卓有成就的教育家。苏秦、张仪、孙膑、庞涓都是他的门生。这位奇才、怪才，曾经在天门山鬼谷洞内隐居修炼。据清朝道光时的《永定县志》记载，此洞内为幽深的石室，下有清泉流淌，鬼谷子曾经居此修习《易经》，石壁上还保存着甲子篆文。后有勇闯鬼谷洞的探险家曾偶然间用相机拍下了洞内石壁上一个酷似古代老人的头像，其面容清癯，头挽高髻，下巴微翘，五官清晰，与世间广为流传的鬼谷子头像有异曲同工之妙。又有人再去探洞时，曾特意在此处拍摄照片，冲洗出来却是一片空白。这一次"鬼谷显影"，是偶然巧合，还是上天有意的安排？

5. 野拂藏宝之谜

野拂，是明末农民起义军领袖李自成手下的大将李过，其出家后法号为"野拂"，他曾经追随李自成南征北讨，战功显赫。抗清失败后，李自成败退出京城的时候，曾经将国库中的金银财宝掠夺一空，意图日后东山再起。后与野拂一同隐居在湖南石门的夹山寺。李自成圆寂以后，野拂登上了天门山出家，以伺机起兵。然而随着时间的推移，东山再起变得不可能，野拂渐渐绝望了。传说野拂在临死前将这些宝藏分散埋藏在了天门山上几个隐秘的地点。数百年来，在巨大利益的诱惑下，不知有多少人进山寻宝，但是都空手而归。这些财宝究竟被藏在哪里，谁也不知道。那么，是否被野拂花掉了，还是这些财宝都用来赈济当时的穷苦人民了，又或许他留给了其他反清的组织？总之，野拂临死也没有对那些财宝的用途和下落做出交代。

6. 天门瑞兽之谜

在中国古代的神话传说里，独角瑞兽被描述为身有双翼，瞪目怒吼，神态威猛，名曰辟邪，是为人驱除邪魔，带来幸福平安的神兽。也有人说它是能吐玉书的圣兽，更有说它能在日月飞翔，是天上的星宿，代表着神灵的不容亵渎。在天门山当地人的心目中，天门山顶的独角瑞兽能驱魔辟邪，庇护一方水土，还能给人带来好运，有幸目睹它的人能百毒不侵，家和财旺。然而，这不仅仅是一种传说，有记载表明，有人看到过天门山的瑞兽。

在 20 世纪七八十年代，曾有人偶然在天门山的原始森林看到独角兽出没，这种动物长得非常接近中国古代流传下来的瑞兽图形，身形与老虎类似，带着红彤彤的颜色，头顶的正中间有一只弯弯的独角。这头独角兽非常警觉，发现有人看到它，立刻掉转身体钻入树林深处去了，发现它的人没带相机，也不敢追进森林搜寻踪迹，而它在天门山顶的出现则更加渲染了天门山千变万化、离奇诡异、神秘出尘的气氛，与天门山的终年云雾缭绕恰成神意仙境，从而成为天门山的又一亘古之谜。

（三十二）庐山出现过第四纪冰川

庐山位于九江以南，庐山市以西。耸峙于长江中下游平原与鄱阳湖畔。自东北向西南延伸约 25 公里，宽约 15 公里。东西两侧为大断裂，山体多峭壁悬崖，相对高度 1，200~1，400 米。主峰汉阳峰海拔 1，474 米，山势雄伟。传周代有匡氏兄弟七人上山修道，结庐为舍，因名庐山，又称匡山、匡庐。

1931 年，李四光教授在庐山发现一些第四纪冰川的沉积物，后来他又进行了几次考察，最后认为这些沉积物是冰川作用的结果。后来李四光教授在一篇学术演讲《扬子江流域之第四纪冰期》中论证庐山出现过第四纪冰川：他认为庐山平底谷、王家坡 U 形谷、悬谷、冰斗和冰窖、雪坡和粒雪盆地具有明显的冰山地貌特征，庐山北坡的全部地区在冰期形成了一个巨大的粒雪场。另一方面，从冰川堆积出发，他说庐山上下都堆积了大量的泥砾，庐山平底谷、王家坡 U 形谷、悬谷等山谷都布满了红色黏土及巨大的砾石，有的泥砾层甚至分布在分水岭上。在这些砾石中，有的直径长达 1 米~2 米，被风化较小，砾石夹杂着黏土组成长丘，成扇状分布于庐山和鄱阳湖之间的平缓地带。而泥砾中的黏土颗粒细腻均匀，有的砾石表面甚至有很清晰的擦痕，几乎很难辨认出是残积物，泥砾堆积距离庐山最远的达六千米之远，这不是流水能够形成的。但是假若用冰川来解释上面的情况，则都可以解释得通。

但当时国际上认为在第三纪以来，中国的气候过于干燥，缺乏形成冰川的足够降水量。因此李四光的观点没有得到当时其他学者的认同。英籍学者巴尔博根据对山西太谷第四纪地层的研究认为，华北地区在第四纪时只有暖流、干湿气候的变化，并没有冰期发生过。他还认为长丘是侵蚀形态而非堆积形态，砾石的圆形是边棱已被风化的结果。1935 年，中国科学家也分别对长江流域和珠江流域的新生代地层进行考察，考察结果也否定了庐山曾有过冰川。

但是李四光一直在努力寻找冰川证据，1936 年，他在黄河也发现了冰川遗迹，更加证明庐山有过冰川时期。经过多次调查，他在著成的《冰期之庐山》中不仅进一步肯定庐山的冰川地形和冰碛泥砾，也提到了在玉屏峰以南所发现的纹泥和白石嘴附近的羊背石。

但是在 20 世纪 60 年代，反对庐山出现过冰川的人列出理由：其一，"冰碛物"不一定是冰川堆积，其他地质作用如山洪、泥流都可以形成；其二，地形方面，庐山没有粒雪盆地，王家谷等地都不是粒雪盆地，而且山北"冰川"遗迹遍布，何以在山南绝迹？其三，庐山地区尚未发现喜寒动植物群，只有热带亚热带的。

而赞同李四光观点的人虽然逐条驳斥，但并没有拿出更多的有力证据来证明。"不识庐山真面目，只缘身在此山中。"也许，总有一天我们会找到所有问题的答案。

（三十三）天下奇秀——武当山

武当山是著名的山岳风景旅游胜地。胜景有箭镞林立的七十二峰、绝壁深悬的三十岩、激湍飞流的二十涧、云腾雾蒸的十一洞、玄妙奇特的十石九台等。武当山不仅以自然风景闻名天下，它独有的宏伟壮丽的古建筑更是世界罕见。那些古代建筑风格和特色令人叫绝，同时也奇得叫人费解。

武当山又名太和山，仙室山，古有"太岳""玄岳""大岳"之称，位于湖北省西北部丹江口市境内，是我国著名的道教圣地之一。其面积古称"方圆八百里"，实测有 300 多平方公里。东接历史名城襄阳市，西靠汽车城十堰市，南依原始森林神农架林区，北临大型人工淡水湖丹江口水库。武当山不仅风景秀丽，而且还拥有悠久的人文历史，因此武当山被誉为"亘古无双胜境，天下第一仙山"。武当山同时也是国家重点风景名胜区，武当山古建筑群被列入《世界文化遗产名录》。武当山还是武术之乡，它孕育了道家武术流派——武当拳、武当太极剑。秀丽的武当山，除了美丽的风景外还有许多神秘的谜团。

1. 金殿之谜

武当山古建筑群规模宏大，气势雄伟。据统计，从唐朝至清朝共建造庙宇五百多座，历代皇帝都把武当山道场作为皇家家庙来修建。明朝永乐年间，大建武当，史上有"北建故宫，南建武当"之说，一共建成 9 宫、9 观、36 庵堂、72 岩庙、39 桥、12 亭等 33 座道教建筑群，面积达 160 万平方米。明嘉靖三十一年（1552 年）又进行扩建，形成"五里一庵十里宫，丹墙翠瓦望玲珑。楼台隐映金银气，林岫回环画镜中"

的建筑奇观，现存较完好的古建筑有129处，庙房1182间。这些林立的古建筑如同一幅美丽的山水画，有着许多的谜团。

位于武当山天柱峰顶端的大岳太和宫，俗称金顶，其建筑分布在海拔1500米上下约两公里长的建筑线上，它包括金殿、紫金城、朝圣拜殿、皇经堂、天云楼、三天门、九连蹬等现存建筑和遗址87500多平方米。其中金殿建造于明朝，高5.54米，全部是用铜铸鎏金仿木构建筑。金殿外围四周，在千仞危岩之上，建有紫禁城。它又名红城、皇城，因金殿在上而得名。始建于明永乐十七年（1419年）。城墙高达数米，周长1.5公里，呈椭圆形环绕天柱峰巅，由每块重达五千公斤的条石筑成。从里面看墙体向外倒，从外面看墙体向里斜。这种视觉上的差异，古人是怎么做到的呢？这真是让人百思不得其解。而且这条墙体没有浇铸任何混凝土和钢筋，数百年来这座墙体一直坚固无比。更令人费解的是在公元1412年动工时，当时的人们是用什么工具将这五千多公斤重的条石运上千仞危岩呢？这真是一个谜团啊！

金顶上的金殿建于1416年，高5米多，宽也5米多，殿面宽与进深均为三间，四周立柱十二根，构成重檐庑殿式屋顶。地面以上紫色石纹墁地，殿内供塑真武大帝坐像。左侍金童捧册，右侍玉女端宝；水火二将，执旗捧剑拱卫两厢。金殿遍体镏金，

武当山

无论瓦作、木作构件，结构严谨，合缝精密，虽经五百多年的严寒酷暑，至今仍辉煌如初。来金殿游玩的人都会看到金殿内长明不灭的神灯。据说即使殿外狂风大作，殿内神灯的火苗仍不会摇动。大殿自建成到2006年的590年间，神灯从来没有熄灭过。有专家做过考察，认为整个金殿在修建之初就充分考虑了大殿热胀冷缩的系数，铜殿在焊接上技艺高超，毫无铸凿痕迹，三面密不透风，殿内空气不能形成对流，风到殿口又被反弹回去，所以殿外狂风暴雨，殿内神灯仍可不闪不摇。神灯的供油系统，在大殿的夹墙内，信士捐赠的油料倒进去以后，一次可容千余斤，可供神灯十余年长燃不灭。

在金殿的屋脊上装饰着许多的鎏金的铜龙、凤、马、鱼、狮等。在这些鎏金饰物中，有一匹金马，它全身发黑，传说每到夏季它会吐出雾气，飘向空中化为紫霞，同时还有马长嘶的声音，人称"海马吐雾"。有专家解释说由于金马内部是空的，里面充满了湿度较高的气体，当雷雨到来之前，武当山变得闷热，冷热空气交替剧烈，外加日光暴晒，金马体内的空气受热膨胀，就从金马的口中吐出来，但是热气一遇到外面

的冷空气，就会凝结成水雾，看上去就像海马吐雾一样。金马的长嘶声，是因为上下交替的气流与马口相互摩擦而产生的。

金殿的另一种景观也让人拍案叫绝。每年夏季雷雨季节，武当山就会出现雷击金殿的奇观。当雷电划破长空，如利剑直劈金殿。刹那间，金光万道，直射云霄，其景惊心动魄，神奇壮观。有人解释说"雷火炼殿"也是一种自然现象。武当山山峦众多，受热不匀，气候多变，金殿其实充当的是导电体，很多带电积雨云都朝金殿运动。当达到一定距离时，云顶与金顶上的尖角之间形成了巨大的电位差，使空气电离，拉成弧线，即闪电。同时强大的电弧使周围的空气剧烈膨胀而爆炸。于是电弧发生变形而成了火球，并发出惊天动地雷鸣，即"雷火炼殿"。但是无法解释的是雷火炼殿之前，金殿除鎏金部件外，一些生了锈的铜铸件、铁栏杆、一经雷火，瞬间变得金光闪闪，如同被用除锈剂擦拭过一般。究竟为何，还有待人们进一步研究。

2. 飞蚁朝顶

在武当山有两道动物奇观：雀不漫顶和飞蚁朝顶。据明代《太和山志》记载，武当山有种奇怪的鸟，有着褐色的羽毛、金色的嘴、青色的脚和红色的爪，它能叫出"宫、商"和鼓瑟的音，所以人们称之为武当山音乐鸟。但是这种鸟无论怎么飞都不会飞过金顶，似乎金顶之上就是它的禁区。因此这种现象被人们称作是"雀不漫顶"。而与"雀不漫顶"相反的是"飞蚁朝顶"。

据说当秋天来临时，就有许多飞蚁排成一条黑色的长龙围绕着金顶飞翔，时刻还变换着动作。"飞蚁朝顶"几乎每年都会发生，其数量无法计算。据专家考证，"飞蚁朝顶"与武当山的气候和建筑有关。由于武当山"七十二峰朝金顶"的独特地理特点，使得地层水分蒸发沿着山体上升，形成了一个由众多低小山峰向最高峰天柱峰金顶聚拢的水蒸气流场，由于水蒸气上升形成引力，飞蚁们也便会随着引力从四面八方向天柱峰聚集，这是地形和气象的作用。但是为何上升气流只带来了飞蚁而很少有其他种类的昆虫呢？这个谜团还有待进一步研究。

3. 龙头伸岩

南岩宫又名独阳岩、紫霄岩，是道教所称真武得道飞升的"圣境"。南岩峰岭奇峭，林木苍翠，上接碧霄，下临绝涧。南岩宫的主建筑"太乙真庆宫"，全部用石头做成，镶嵌在悬崖绝壁之上。石殿旁有一个龙首石，又称龙头香，龙头伸出绝壁 3 米，上宽约 40 厘米，高约 2 厘米，凌空翘首，惊险无比。龙头上设有一个香炉，龙头正好朝向金殿。过去常有人登上龙首烧香求神，也因此常发生跌下深谷丧生的惨事。到清代康熙年间，在此立了一个"南岩禁止龙头香碑"的石碑，人们就不能再去敬龙头香了。

龙首石位置之险要堪称一绝，尤其当云雾缭绕时，石龙时隐时现，仿佛在仙山琼阁中飘荡。数百年来，人们纷纷猜测古人们是用什么办法将巨石抬到悬崖上，在半悬的空中又是如何雕刻这活灵活现的石龙的？

石龙向外伸出 3 米之多，其重量约有 19.5 吨，古人是如何将巨石抬到悬崖上呢？有学者认为是两种办法：一是用绳子和绞车从悬崖下绞上来，二是在岩石上修筑一半路，在悬崖上再雕琢一半的栈道，总宽应有 12 米，人能行走，方能抬过来。但这些只是推测而已。

石龙的雕塑者也一直是个谜，直到 1981 年考古学家在石殿脊背上的悬崖峭壁中发现一些字样："永乐十年四川石匠、高手吴天林……"人们才得知是四川石匠吴天林带着众多的人建造出来的。

4. 金顶隐像

有人发现太和山顶有一个天人合一的隐性玄武神像，从天空中下看紫禁城似龟甲的边沿、巨龟在天上游荡，一股彩云缠绕在龟身，仿佛是银蛇纠合巨龟，狮子峰苍峦突出昂立云端，似巨龟之头翘首天穹，呈现出一幅天地人合一的玄武神像。当天空晴朗无云时，眺望太和山顶，你会发现金殿坐于龟背之上。这种隐像在武当山紫霄宫中也存在，有人说武当山紫霄宫建筑群与其周围的山势地形是根据人体坐像故意安排而成的，建筑和山势构成坐像的头上戴冠，嘴边胡须，手合腹前，远看与真武大帝十分相似。武当山上隐像在历史上没有遗留下任何的资料，直到 2000 年才被人发现。没有人知道在古代，石匠们是怎么规划设计出这么神奇的景象来的。

5. 武当神木如何飞来

在武当山紫霄大殿中，供奉着玉皇大帝、真武祖师、金童、玉女、执旗捧剑护法灵官等道教众神，但是令人们费解的是，在这些众神之中，竟然还供奉着一根极其平常的杉木，更奇怪的是它被供奉在大殿左侧中央这个重要的位置上，这让人们百思不得其解。

关于这个杉木还有一个传说。据说明初有一片森林，林中的树王是一个"精灵"，它一直想让人们发现它的特殊材质，但是工匠们每年却都没有选用它，这棵树王就悲愤而死了。玉帝可怜它的非凡才干，就指路武当，说那里正在修建玉虚大殿，可以去试一试。但是当树王来到武当以后，才发现玉虚大殿早已竣工，它一急就昏了过去，一头栽倒在紫霄殿前的月台上。此时，道长正在举行大殿落成仪式，忽见空中飞来一杉，知是有神降临，于是忙率道众就地叩拜，并将飞来杉奉到太殿供万人瞻仰。

当然这只是一种传说。在明洪熙年间武当山道士任自垣编撰的《大岳太和山志》其第十三卷中记曰："神留巨木，敕命隆平侯张信，驸马都尉沐昕，兴建武当宫观材木采买十万有奇。"

也就是说，武当山各宫观用材是经武昌从全国调运的。因为虽然武当山在明朝也是松杉茂密，但由于是"神山"，草木皆不敢动。志书还记载，在永乐十一年十一月十日，当明朝官员运输棺木经过黄鹤楼时，看见一巨木立于江中，只露出一点头。众人大惊，派人去探寻，发现水深五丈五尺，而木头却长四丈，悬于水中。众人将其用绳子锁在船舶上，船竟然不费力地走着，于是人们就认为这是上天给武当山预备的木料，后来朝廷下令将它定为玉虚宫之梁，受万代敬仰。但是后来玉虚宫毁于战火，只剩下这么一截"神木"，就被供奉在大殿左侧中央这个重要位置。

上面两种解释都是传说，武当山为何供应"神木"也许将是一个永远的谜团吧。

武当山神奇的谜团留给世人无尽的遐想，作为中华民族的一块瑰宝，令人永远神往！

（三十四）忽明忽灭的"佛灯"

"佛灯"一向被列为千百年来难以解开的谜，对于这个神秘"佛灯"的来源，目前许多的科研人员还正在深入地研究之中……

峨眉山、青城山、庐山，有一种共同的奇特的自然现象——佛灯或称圣灯、神灯，千百年来，闪烁变幻的佛灯、神灯作为一种罕见的自然奇观，使这几座风景名山更为遐迩闻名，吸引了无数人前往览胜探谜。

佛灯，又称圣灯。在没有月光的夜里，漆黑的山谷内，冷不丁会出现几十到数百点荧荧的火光。火光时亮时暗，时高时低，时大时小；一会儿聚集在一起，一会儿又四处分散。

至今青城山上清宫旁还有神灯亭，所谓的神灯就出现在对面的大面山。如果登临峨眉山金顶，幸运的人能看到舍身崖下的圣灯；庐山观佛灯的地点在大池旁的文殊台。这些地方偶遇月隐之夜，山下黑漆漆的幽谷间，会倏然涌现荧荧亮光。亮光时大时小，时聚时散，忽明忽灭，忽左忽右，或近或远，好像一盏盏灯笼。"灯"的颜色是白色或青色，有的时候微带绿色。僧道们都说这是过路的神佛手提灯笼穿行在天地之间。

古今有很多人对佛灯做出了自己的解释和猜测。清朝蒋超亲眼看到过佛灯之奇，还特地在《蛾眉山志》中撰写了一篇（《佛灯辨》）："若佛灯一事，或云是古木叶也，或云是千岁积雪精莹凝结也。余疑之，而未敢遽信。……爱是暝钟初息，沙弥来报灯现。余急趋顶上，乍见一二荧荧处，犹然诸说横据胸中。未几，如千朵莲花，照耀岩前，有从林出者，有从云出者，有由远渐近，冉冉而至者，殆不可数计。始叹耳闻不如目睹也。"当蒋超看到美妙绝伦的佛灯时，以前听到的各种解释都浮现在脑海中，究竟该信哪个，恐怕他自己也没有了主意。

范成大《青城行记》："夜有灯出四山，以千百数，谓之圣灯。圣灯所至，多有说者，不能坚决。或云古人所藏丹药之光，或谓草木之灵者有光，或又以谓龙神山鬼所做，具深信者，则以为仙圣之所设化也。"有人说佛灯是丹药发出的，有人说是草木搞的鬼，有人说是鬼神所为，总之没有确定究竟是什么造成的。

据《庐山志》记载，早在一千多年前就发现了这种神异的灵光，但那时只能将这种现象传为一种神话。由于最早出现佛灯的地点是在天池山文殊台下，古人便以为是文殊菩萨的化现之光。南宋时在天池山上建有天池寺，诗人周必大游山时来寺住宿，当夜他便在山上看到半山腰间忽明

佛灯

忽暗，飘忽不定地出现了许多如繁星闪烁的火光。他即将这一难得遇见的景象记叙下来，那灯火"闪烁合离，或在江南，或在近岭，高者天半，低者掠地"。"天池佛灯"从此有了正式记载。最为可靠的是五百多年前的明代学者王守仁，也在天池寺留宿时看到了佛灯。写下了著名的《文殊台夜观佛灯》一诗。诗云：

老夫高卧文殊台，拄杖夜撞青天开，

撒落星辰满平野，山僧尽道佛灯来。

无论是周必大还是王守仁或者其他人，他们都没有也无法对佛灯的来历做出解释。与周必大同时代的朱熹怀疑是"地气之盛"。而另一位学者王延珪认为是"唐会昌中，二僧藏金像于锦绣谷腾溢而出之祥光"。

直到近代，关于佛灯的研究才有了一些进展。人们对于佛灯的解释也众说纷纭，不一而论。

有一种说法认为，"佛灯"是山下灯光的折射，有人说是星光在水中的反射，还有人说它们就是大萤火虫在山间飞舞，还有人猜测山里蕴藏着会发光的矿石，更多的人认为"佛灯"就是磷火，即民间所说的"鬼火"。山里面千百年来死去的动物骨骼或含磷地层中的磷质，跟空气中的水分发生化学反应，产生了磷化氢和五氧化二磷气体，这些气体在空气中十分容易自燃，加上它们比空气轻，就会随风飘动。另外，这些气体燃烧时光比较弱，自然只有在没有月光的夜间才能见到。

大多数的科学研究者不同意佛灯就是磷火的说法。他们认为磷火大多是贴着地面缓缓移动，不可能像有的目击者说的那样，高得在半空中和云在一起。再说磷火的光亮度不高，庐山文殊台和青城山神灯亭的海拔都在一千米以上，峨眉山金顶的海拔超过三千米，这么高的地方，看到山下的磷火是不可能的。

还有人提出佛灯是"云层对星光的反射"所致。从事气象学研究的研究人员从理论上阐述了自己的见解：庐山云海对光线的反射率为20%～78%（100米到500米厚层积云），天空中一等星星光经反射后变成了二等星或三等星，二等星变三等或四等星，

其余类推。平时人的肉眼能看到的颗数与云层的大小、位置和运动有关，多则几百颗，少则几十颗甚至几颗。而且云层在运动，被它反射的星光也在动，造成忽明忽暗，时聚时散，神秘莫测。依据这种特点，佛灯的出现一般是在无月的条件下才会产生。

以上这种说法有一定的理论依据，但形成佛灯的原因以及与其他自然因素的必然联系，似乎还未完全解释清楚。在这几座山中，能够出现"佛灯"的地理条件的地方有很多，但是，为什么只有庐山的文殊台、青城山的神灯亭、峨眉山的金顶这三个地方才会出现佛灯呢？这种现象又该如何做出解释呢？因此，佛灯之谜虽然有各种推断，但是仍然没有翔实的证据来解释这个原因。

（三十五）蒙顶山上的"人脸"

北纬 30 度是一条神秘纬度线，蒙顶山就在此纬度线附近。同样，有人在蒙顶山的卫星图上发现了一个神秘的"人脸"。

蒙顶山位于四川雅安县，北纬 30°6′，而在北纬 30 度有很多神秘莫测的东西，蒙顶山也不例外。有人在浏览卫星地图时发现：在卫星地图上，蒙顶山的阴面呈现出一幅奇特的图案。图案长 10 公里，高 4 公里，左边是一只麒麟，右边是一个带着羽毛头冠的武士，整个图案几乎覆盖了整个蒙顶山的阴面。从空中看去，这副图案就像罗马武士的上半身，有手、鼻子、眼睛、帽子，还有一个冠，另外还有一个看上去像麒麟坐骑的动物。这些人类的五官和图画究竟是怎么形成的呢？是人工开掘的？还是外星文明的产物？它会不会和北纬 30 度的这些谜团有联系？

一种猜测是人工开掘的。蒙顶山在茶文化中具有独特的地位，早在西汉时期，"茶祖"吴理真就在这里种植茶叶。那么会不会是古人为了祭祀茶神等原因人工开掘制造的呢？但是这个图形面积有几十平方公里，就算人工开掘的话，如此巨大的工程量也不现实。那又是什么原因呢？另一种看法是卫星地图的某种误差造成的。但地质专家觉得卫星地图上显示的那个神秘图形应该是真实存在的，因为雅安地区是中国三个方向的地质构造带的交点。所以雅安区的地质构造非常的复杂，也具备了出现特殊的地貌的基础条件，但是还需要科学调查才能下结论。第三种看法是有人说蒙顶山有个陨石坑，那么这个陨石坑会不会与神秘图形有关联呢？但据地质专家考察，这个地带并没有陨石坑形成的地形地貌条件。

最后，经过认真考察，卫星图上的这个神秘图案在雅安山是真实存在的，人们先后发现了神秘图案的头等。在蒙顶山上有一个整个山脊上唯一没被树木挡住的缺口，就能看到神秘图案的头发。专家称奇特图案是长年雨水冲刷形成的。麒麟和人像身体的线条都可以用地质构造自然形成的巧合来解释。由于蒙顶山主要是容易被流水侵蚀的沙砾岩地层，所以地质专家假设，那些图案上看起来像是头发的褶皱，应该是长年的雨水冲刷形成的冲沟。这么一大片很深的冲沟呈现一种辐射状的排列，理论上，在它的下面应该有一条河流，由这些冲沟流下来的雨水汇集而成。能否找到那条河流，将是揭开头发部位奇特地形成成因的关键所在。而事实上，有关研究人员真的在山梁中发现一条蜿蜒流过的小河。因此，"麒麟武士"的"头发"是下雨后水流冲刷形成的可能性非常大。据名山区当地的气象专家介绍，雅安地形非常独特，它背靠青藏高原，前边是四川盆地，印度洋来的大量暖湿气流，进入雅安境内后受到青藏高原的阻挡，被迫爬升，当爬升到约 1500 米高度的时候，暖湿气流内的水气碰撞增大，形成雨滴落下，所以云非常多，雨非常多。而蒙顶山上的雨日更多，一年可达 300 多天，在这么巨大的降水量下，形成图像上的众多冲沟自然不成问题。但也有人指出冲出这么规则的图案似乎也太"巧"了。

还有人认为是神秘的力量形成了蒙顶山的"人脸"形状。究竟如何，还有待专家们的进一步研究考察。

四、令人费解的奇观之谜

（一）奇特的建筑——悬空寺

我国古代信仰佛教，历史上留下许多精关的寺庙建筑，而悬空寺无疑是其中一朵奇葩，它的魅力何在呢？

1. 建筑奇迹悬空寺

悬空寺坐落在山西恒山，它是金龙峡风景区一处重要的人文景观。与其他寺庙相比，它没有恢宏的建筑群，建筑面积也非常小，但是它的特别之处在于其建在悬崖峭壁之上，历经大风大雨、地震山崩，可它像牢牢粘在山上似的，屹立不动。它有什么神奇的力量？人们对这个问题十分好奇，并不断在探寻其中的奥秘。

2. 悬空寺的传说

相传很久以前，悬空寺也是建在平地上的，因为庙小，所以寺庙里只有一老一小两个和尚，老和尚负责每日诵经修禅，小和尚则负责打扫卫生和做饭。忽然有一段时间，老和尚发现小和尚回来得迟了，每天早上出去，天黑才回来，一问才知，小和尚每天出去都会和一个白白胖胖的小男孩玩耍，这一玩就忘了时辰。

老和尚闻言，心中立马产生了疑惑，这荒山野岭的，前不着村、后不着店，除了这座小庙哪儿有什么人家！那这个小孩儿又是从哪儿来的呢？老和尚想着想着，突然想到了千年人参，他听说千年人参精会变化成白白胖胖的小男孩，然后跟小孩子玩耍，这千年人参可是好东西，人只要吃了就能成仙。老和尚为了得到这棵千年人参，便给了小和尚一根针和一团红线，哄骗小和尚再和小胖孩玩时把针别在他的衣服上。小和尚不明就里，于是就照做了。老和尚一路跟着红线真的找到了一棵千年人参，他大喜过望，把人参刨出来带回了寺院，并点上火开始蒸起人参来。他怕小和尚知道内情，并叮嘱小和尚不能掀开蒸笼。小孩子好奇心都大，他越这么说，小和尚越想知道里面蒸的是什么。于是，小和尚趁老和尚不在时偷偷掀开了蒸笼。他赫然发现里面躺着的不正是跟自己玩耍的小胖孩嘛，他知道受骗了。于是拿筷子想要把小胖孩夹出来，但一夹小胖孩就断成两截，并变作了人参。小和尚夹起一块尝了尝，真的美味无比，就把人参吃了个精光。

等老和尚返回厨房想取人参时，发现人参早已经被小和尚吃光了，他大怒，操起面杖就要打小和尚，小和尚撒腿就跑，跑着跑着忽然腾空而起，竟然飞了起来。不仅如此，整座寺庙也跟着向天上飞去，很快，脚下的山川变成万丈深渊，老和尚一不留神就跌进了深渊中，随后寺庙停在了半山腰，这就是后来的悬空寺。

3. 悬空寺揭秘

当然，这只是神话传说，不过恒山地区却流传着一段有关悬空寺的民谣：悬空寺，半天高，三根马尾空中吊。"马尾"指的是连接阁楼栈道和岩石的三组红木，每组有10根，三组共30根，每根红木长约十几米。从外表上看，悬空寺就建在这些红木上，可能会有人认为是红木支撑着这个建筑。但实际上这些红木是可以晃动的，而且这些红木直径都很纤细，不足以支撑整个建筑。

如果不是这些红木，那又是什么支撑了这座寺庙呢？科学家们经过分析，找到了令人信服的答案。

考古学家研究后发现，悬空寺所有楼阁和栈道下都有直径50厘米的横梁，整个悬空寺共用了27根横梁。这些横梁有两米深入岩山之中，留有一米在外，专家认为就是这些横梁支撑了悬空寺。古代工匠善用于一种叫"錾"的铁质工具，用它在岩石上打孔，然后把横梁插入其中，就起到了关键的承重作用。不过，这一说法也遭到了质疑，因为质疑者不相信仅凭27根横梁就能承受几十吨重的建筑，况且悬空寺每天接待游客数以万计，怎么能承受得了呢？专家给出的解释是，在悬空寺楼阁下还有立木，它们在横梁下面提供了支撑，在整个悬空寺下面共有22根这样的立柱。

如果真是这样，这些木头经过了怎样的处理，能经受得住一千多年风吹日晒、虫蛀雨蚀而不坏？专家们认为，这些木头都是当地盛产的铁杉木，这种木材最适合用于建筑和造船，而且在投入使用前都会用专门的桐油浸泡，这样的木头可以不受虫蛀雨蚀，用这样的木料就能支撑悬空寺千年屹立山崖而不倒。

知识小链接

　　悬空寺又名玄空寺，是国内仅存的佛、道、儒三教合一的独特寺庙。恒山悬空寺始建于1400多年前的北魏王朝后期，历代都对悬空寺做过修缮，古代工匠根据道家"不闻鸡鸣犬吠之声"的要求建设了悬空寺，是中国古代建筑精华的体现。寺内有铜、铁、石、泥佛像八十多尊，寺下岩石上"壮观"二字，是唐代诗仙李白的墨宝。

（二）沙漠中的一泓弯泉

　　在我国西北的荒漠里，坐落着著名的景点——敦煌石窟，和它一样有名的，就是离它不远的月牙泉。

　　在绵延的沙漠里，这一弯泉水实在太珍贵了，如果玉门关是西北的一世英雄，那月牙泉就像一个温婉的少女静静地守护在他的身旁。美丽的月牙泉自然少不了动人的传说。相传月牙泉是一位美丽的南国少女变成的，因为她的情郎来到边漠守城，她就不远万里来到这里寻觅自己的爱人，可是一路走来她实在太累了，所以没等见到心上人就栽倒在一望无际的荒漠里。她倒下的瞬间，沙漠里就多了一条弯弯的月牙泉。

　　月牙泉有很多传奇之处历来被人们津津乐道，比如敦煌遗书中就记有："鸣沙山中有井泉，沙至不掩……绵历古今，沙填不满。"古诗中也有对它的描写，比如："银沙四面山环抱，一池清水绿漪涟。""四面风沙飞野马，一潭云影幻游龙。"千百年过后，西北最重要的边陲关口已经不再是军事重地，许多名城重镇、关隘哨卡被黄沙无情地掩埋，这里也不再有往日的繁华与喧嚣。尽管这里的风沙很大，任何东西都抵御不了黄沙的侵蚀，但月牙泉却能始终如一地保持原来的面貌，就像有一双神奇的手把黄沙挡在几米之外。月牙泉另一个神奇之处就在于它千百年来始终没有枯竭，这里天气炎热、干燥，水分蒸发量很大，月牙泉却能不惧这干旱的气候，不能不让人对大自然叹服。

　　月牙泉处于鸣沙山脚下的小盆地中，四周被沙丘环绕，泉水形成的水面南北宽54米，东西长300米，泉沿朝南凹，向北凸，东西两端则逐渐变窄至尖尖状，从空中俯瞰，整个水面像是一轮弯月，故名月牙泉。泉水弓背对应的是高约200米的沙山主峰，南面是一片开阔的沙土台地，这片台地上修建有庙宇、道观等建筑。泉的两边有沙枣树、榆树等植物，它们蔚然成林，是沙漠中难得的绿洲。

　　为什么月牙泉能千年不枯呢？这还得从它独特的地质构造说起。原来，在泉水的底部有一断层储水构造，是一个典型的古河湾风蚀残留湖，因为四周被沙山环绕，所以不受风蚀的影响，加上月牙泉处于特殊的地理位置，河流渗漏的地下水都汇集于此，鸣沙山下又有含水层位置较高的地下暗河，这条暗河水量充沛，不受气候的影响，月牙泉就是受了它的滋养，常年涟漪荡漾，不枯不竭。

敦煌地处西北的大风口，这里经常刮很大的西南风，由于月牙泉附近非常潮湿且周围有植被，近处有起伏的沙丘，远处又有更高的沙山，所以远处的沙子刮不到泉边，近处有高大的植被和建筑阻挡，所以沙子更近不了月牙泉。北面山脚下的泻流沙被卷到鸣沙山上，所以北面的沙子也是无可乘之机。

月牙泉是怎么形成的呢？人们对月牙泉起源的解释有四种：

一是古河道残留湖。认为月牙泉是附近党河的一段古河道，很久以前，党河改道，大部分古河道被流沙湮没，仅月牙泉一段地势较低，由于地下潜流出露，汇集成湖。湖水不断得到地下潜流的补给，因而不会枯竭。20 世纪 50 年代测量，月牙泉水面东西长 218 米，南北最宽处 54 米，平均水深 5 米，最深处 7 米有余。

二曰断层渗泉。认为月牙泉南侧有一东西向的断层，断层上盘抬高了地下含水层，下盘降到附近潜水面时，潜流通出成泉。

三曰风蚀湖。即原始风蚀洼地随风蚀作用的加剧，当达到潜水面深度时，在新月形沙丘内湾形成泉湖。由于环绕月牙泉的沙山南北高，中间低，自东吹进环山洼地风会向上方走，风力作用下的沙子总是沿山梁和沙面向上卷，因而沙子不会刮到泉里，沙山也总保持似脊似刃的形状，这才形成沙泉共存的奇景。

四曰人工挖掘。认为月牙泉形状与半轮新月惟妙惟肖，好似人工刻意修饰的结果，加之古籍中有"沙井"的记载，既然称井，必须是人力劳作的结果。

知识小链接

敦煌是甘肃省酒泉市辖的一个县级市，是中国的国家历史文化名城。敦，大也；煌，盛也。敦煌位于古代中国通往西域、中亚和欧洲的交通要道——丝绸之路上，曾经拥有繁荣的商贸活动。以"敦煌石窟""敦煌壁画"闻名天下，是世界遗产莫高窟和汉长城边隍玉门关、阳关的所在地。

（三）莫高窟里的万道金光

上文我们讲过了西北敦煌的一处美景——月牙泉，下面我们再来认识一下敦煌另一个标志性景观——莫高窟。

莫高窟可称得上是我们历史遗留下来的一份宝贵文化遗产，它是我国内容最丰富、保存最完好的石窟艺术宝库。它集建筑、雕塑和绘画为一体，是充满浓郁中国特色的艺术珍品。联合国教科文组织于 1987 年 12 月 11 日将莫高窟列入世界文化遗产名录。莫高窟远离中原，一直以来就像蒙着一条神秘的面纱令人向往，它也有许多奥秘令人不解，这其中尤以万道金光最引人注目。

你可以选择一个雨过天晴的日子，在空气清新的早晨或黄昏，驾车从敦煌城出发，沿安敦公路向东南方向行驶，你会发现几十千米外莫高窟的位置出现了一道迷人的自然景观。只见远处的三危山在太阳的照耀下，放射出万道金光。

这一奇特景象历来被人们津津乐道，许多人都慕名前来观赏。在我国历史典籍里也有相关描述。像唐朝圣历元年李怀让所写的《重修莫高窟佛龛碑》，就记有："莫高窟者，厥初秦建元二年，有沙门乐僔，戒行清虚，执心恬静，尝杖锡林野，行至此山，忽见金光，状有千佛，遂架空凿岩，造窟一龛……"文中提到的山即是三危山，所造的龛像，应该是千佛洞中开凿最早的一批洞窟。

我国历史上还有一本以记载山川地形为主的著作《尚书·禹贡》，其中有"窜三苗于三危"的记载，可见在新石器晚期三危山就有人类活动了。在《都司志》一书中专门对"三危"做了解释：此山之"三峰耸峙如危欲坠，故云三危"。这就是三危山名称的由来。登上三危山山顶，东面能看到安西城，西面敦煌一屋一树尽收眼底，所以它在古时又有"望山"之称。

对于莫高窟出现的佛光，科学界给出了两种不同的解释。第一种解释是三危山质地是砂浆岩层，属玉门系老年期山，海拔约 1846 米，山上岩石多呈赭黑相间的颜色，岩石中富含丰富的石英矿，由于山岩特殊的结构，加上山上草木不生，所以在大雨洗涮后，经太阳余晖的照射，山上就能映出一道道五彩缤纷的颜色。

第二种解释是莫高窟修造在鸣沙山东麓的断崖上，崖前有条溪流，叫大泉河，河东侧的三危山和西侧的鸣沙山隔空相对，形成夹角。在天气晴好的早晨或傍晚，落日的余晖穿透空气，投射在鸣沙山上，鸣沙山的一侧又把余晖反射回去，形成万道金色的光芒，这就是人们形容的"夕阳西下彩霞飞"的壮丽景象。

两个答案都有一定的科学道理，它们都是在特殊条件下形成的自然现象，究竟两者哪个更客观，又或者是两者共同的结果，还需要科学工作者进一步研究。

知识小链接

莫高窟俗称千佛洞，被誉为 20 世纪最有价值的文化发现，坐落在河西走廊西端的敦煌，以精美的壁画和塑像闻名于世。它始建于十六国的前秦时期，历经十六国、北朝、隋、唐、五代、西夏、元等历代的兴建，形成巨大的规模，现有洞窟 735 个、壁画 4.5 万平方米、泥质彩塑 2415 尊，是世界上现存规模最大、内容最丰富的佛教艺术圣地。

（四）大雁塔为什么是倾斜的？

大雁塔是古都西安的象征，平日里，大雁塔都显得端庄宁静，但 1996 年全国媒体争相报道的一则新闻打破了这里的宁静。

这则新闻报道的正是大雁塔，说它目前塔身倾斜幅度已经达到 1010 毫米，并且塔身也在持续下沉。这座已经屹立了上千年的古建筑难道就要寿终正寝了吗？那么又是什么原因导致了大雁塔的倾斜？这精确到毫米的倾斜数据又是怎么计算出来的呢？

大雁塔是我国著名的塔楼式建筑，也是中国仅存的一座仿木结构楼阁式砖塔。它原名慈恩寺塔，位于古都西安慈恩寺内。慈恩寺始建于隋朝年间，原名无漏寺，公元648年唐太子李治为追念其母后文德皇后将该寺扩建，建好后，唐玄奘也从弘福寺迁往慈恩寺，并在这里用19年的时间翻译了74部印度佛经，并创建了佛教慈恩宗。慈恩寺从此声名大噪，香火不断。

慈恩寺塔修建之时只有5层，高不足60米，是以西域佛塔为原形修建的。最初的慈恩寺塔并没有持续多长时间就倒塌了，现存的大雁塔是于武则天长安年间（公元701—704年）重建的，这次共建了七层，高64.517米。

大雁塔这个名字是从《慈恩寺三藏法师传》中得来的。相传在古印度揭陀国有一座寺庙，有一天，一群大雁飞过寺院，其中一只大雁离开雁群并掉了下来摔死在寺院内。庙里的僧众认为这只大雁是佛祖的化身，于是就为其修建了一座塔，称之为雁塔。对于西安大雁塔，民间也有很多传说，有的说是受仙人点化修建的；也有说唐玄奘在西天取经途中路过沙漠，口渴难耐却找不到一滴水，眼看就要渴死，忽然一只大雁落了下来，并带领唐玄奘找到水源。回到东土之后，唐玄奘为了报答大雁的救命之恩，才上报朝廷修建了大雁塔。还有一种说法是唐玄奘在一处戈壁滩迷了路，眼看带来的水和食物就要用尽，恰得一大一小两只鸿雁降落，玄奘忙施礼表明身份，并和大雁说如果能带自己走出困境，回到中原后一定为其修塔感谢。鸿雁答应了玄奘的请求，为了兑现诺言，玄奘回到长安没多久就主持修建了大小雁塔。

大雁塔倾斜不是现在才发生的，历史资料显示，在康熙年间，当地的史料中就有大雁塔向西北方向倾斜198毫米的记录。1941年，国民政府又对大雁塔进行了测量，发现它的倾斜度有扩大的趋势，已经由原来的198毫米增加到413毫米。这个倾斜度也还能被人接受，因为工匠们都知道，古塔十有九斜，因为它比一般建筑都高，又要经历大风，所以塔身倾斜在所难免。可是到如今倾斜度已经达到1010毫米，这就让人难以接受了，照此速度下去用不了多么时间它就会倒塌了。这让人联想到当年的法门寺，当年法门寺的真身舍利宝塔就是因为倾斜而坍塌的。

专家们也在思考一个问题，为何短短100年间大雁塔的倾斜幅度会变化得这么快？

专家们认为大雁塔倾斜是由两个原因造成的：（1）大雁塔本身设计结构的原因。首先，塔基不均衡，结构缺乏整体性，水流的排放性能也不尽如人意；其次，大雁塔已经是有着千年高龄的"危楼"了，内部很多材料都已经老化，所以倾斜加快。

（2）大雁塔周围的环境被破坏造成。在西安城的地质结构里，有四个像漏斗状的下沉结构，像这样的地质结构是不适合修建高大建筑的。但在古代人们缺乏相应的科学技术，所以将大雁塔正好建在一个下沉带的边缘。外加西安城市建设需要挖土、采水，致使地表下陷，所以大雁塔倾斜得也越来越快了。

这个问题现在已经引起有关部门的高度重视，为了更好地保护这座有着千年历史的文物，西安市政府已经开始着手治理景区周围的环境，弥补由于地下水开采造成的地表下陷问题。可喜的是，从2006年起，大雁塔倾斜问题已经得到有效控制，专家认为，如果不出现大的意外，经过处理后的大雁塔可以延长千年的寿命。

> **知识小链接**
>
> 2008年5月，陕西省社会科学院宗教研究所所长王亚荣表示，和陕西法门寺宝塔下有地宫一样，西安大雁塔下可能也藏有千年地宫。由此推测玄奘自印度取经归来后，所带回的珍宝有可能藏于大雁塔下的地宫内。

（五）小雁塔不倒有何奥秘

上文讲过了大雁塔，下面我们再来讲讲发生在它的"小兄弟"小雁塔身上的故事。

小雁塔始建于唐朝景龙年间，原名荐福寺塔，具有浓郁的唐代建筑风格。整座塔给人一种古朴、挺拔、庄严之感，在同类建筑中也是出类拔萃的。它不仅具有漂亮的观赏价值，它在历史上上演的"四裂三合"的传奇故事更是被人津津乐道。古时候，科学欠发达，人们无法理解其中的物理知识，所以想当然地把它想成是神力的作用，更把它的分分合合看成是昭示世运盛衰、预兆吉凶的预言。所以在西安流传过"动乱之年塔缝开，大治之年塔缝合"的谚语。这给小雁塔披上了一层传奇的色彩。

小雁塔经历多次大地震而不倒，历史上记载过的著名大地震有明嘉靖三十四年（1556年）的华县大地震，据推测，当时的震级达8级，强度高达11度。史料中对这次地震的惨状有详细的描写，而西安处于重灾区，地震摧毁了城里所有的房屋，夺去城中1/3人口的性命。地震过后，放眼望去一片残垣断壁，西安仿佛成了空城，但是小雁塔却依然屹立在原地，在四周空旷的条件下，显得更加突出。这次强地震虽然没有摧毁小雁塔，却也让它受了点"小伤"，塔身遭到了一定的损坏。

20世纪90年代，科学家们对小雁塔展开了科学考察，专家们经过仔细观察发现，小雁塔的塔基另有乾坤，塔基的土层不仅很深，而且向四周扩散，以塔基为中心四周60米都是这种厚实的土层。塔基的正中央则由坚硬的青条堆砌而成。然后在青条石之上又加盖了三米高的台基，然后才在这之上构筑小雁塔塔身。有了如此扎实的地基，小雁塔在遇到地震时就不会下陷，向四周扩散的地基也会吸收一部分冲击波，有效地保护了地震对小雁塔的冲击。可见我国古代建筑技术是多么精湛。

除了地震不倒之外，小雁塔如果墙体受损还有自动弥合功能这就更让人匪夷所思了。小雁塔北门有一处石刻，上面有这样一条记载：明成化二十三年（1487年）这里也曾发生过一次大地震。"塔自顶至足中裂尺许，明澈如窗户，行人往往见之。"这说明小雁塔塔身被震开一条一尺宽的裂缝，可以想象这条裂缝已经把小雁塔一分为二。

神奇的事情发生了，34年后，也就是正德十六年（1521年）这里又发生一次地震，小雁塔竟又合拢了，连裂缝的痕迹都不明显。

在以后的历史中，这神奇的一幕又频频上演，最近的一次是在民国时期，小雁塔已经第四次开裂，但这次开裂时间过长，一直到1965年才被人为加固成原来的样子。开开合合总有一天会让小雁塔倒塌，基于这个原因，民国政府为它量身定做了一个钢箍，钢箍牢牢把小雁塔塔身束缚住了，从那以后，小雁塔再没开裂过。

有学者认为，西安城的地面在历史上就出现过开开合合的现象，小雁塔开合也许就跟这有关系。地壳在运动中会对地面产生一种力，然后就会出现地裂、塔裂、地合、塔合的现象，这些力因为作用在不

小雁塔

同的物质上会产生不同的现象。地震发生时，作用力很强，所以瞬间能让塔身产生裂缝。但合拢过程就慢得多了，它的幅度小、持续时间长，所以人们不易察觉，说它突然合拢其实是不科学的。

然后又有人提出了疑问，为什么同样在西安城，同样的地震，只有小雁塔塔身会出现开合现象，而其他建筑或塔就没有类似现象呢？

知识小链接

小雁塔在唐、宋朝时期一直叫"荐福寺塔"，至于"小雁塔"之名，则和"大雁塔"的名称有关。公元652年（唐代永徽年间），朝廷资助在长安大慈恩寺内西院建造用于安置玄奘由印度带回的经籍的佛塔，此塔名雁塔。公元707年（唐代景龙年间），朝廷资助在荐福寺内修建了一座较小的荐福寺塔。后来，因塔形似雁塔并且小于大雁塔，故荐福寺塔又叫作小雁塔，而大慈恩寺塔又叫作大雁塔，一直流传至今。

后来人们在研究过历史资料后发现，小雁塔总是在大震时裂开，而在强度小的时候复合。这个现象是不是跟小雁塔的自身构造有关呢？人们把焦点对准了小雁塔门窗洞口的设计上。唐代修建的塔都有一个显著的特点，那就是门窗洞口设计在上下垂直线上，南北两边各有一条垂直线，这样正好把小雁塔一分为二。从科学角度讲，这种设计方式很不合理，因为遇到地震时，这里就成了最薄弱的地方，它之所以没有完全

裂开完全是受了地基的影响。结果真的如此吗？相信科学会给我们一个满意的答案。

（六）大明湖神奇的镜子

去济南要看三大名胜，其中尤以千佛山和大明湖最为有名。

千佛山与大明湖相距不足八千米，可是两者却能上演一出精彩的"佛山倒影"，也就是说千佛山的影子能清楚地倒映在几千米远的大明湖中。

几百年前，晚清著名学者刘鹗来到济南观光，他发现这一奇观后赞叹不已，于是就把他看到的一切写进了《老残游记》里：到了铁公祠前，朝南一望，只见对面千佛山上，梵宇僧楼，与那苍松翠柏，高下相间，红的火红，白的雪白，青的靛青，绿的碧绿……正在叹赏不绝，忽听一声渔唱。低头看去，谁知那明湖业已澄净的同镜子一般。那千佛山的倒影映在湖里，显得明明白白。那楼台树木格外光彩，觉得比上头的一个千佛山还要好看，还要清楚……

刘鹗的描述可谓生动传神，真实地还原了大明湖的景致。每年大明湖都会吸引数以万计的游人前来欣赏这一胜景，可惜的是"佛山倒影"如同海市蜃楼，不是谁都能有幸目睹的。这一奇景对自然条件要求很高，要在空气清新、能见度高、湖水清澈平静的仲秋或初春才有可能出现。也正是这个特点，大多数游客只能乘兴而来、失望而归，甚至有人对它的真实性提出了怀疑。民国著名的国学大师胡适先生曾于1922年专程去济南看"佛山倒影"，因没有看到，所以写文章批评这是刘鹗杜撰出来的。

胡适先生因自己没有看到就说这一景观不存在未免过于武断，因为不仅在清代，再往前推几百年，就连元、明时代的文学家也在诗文中歌咏过"佛山倒影"的壮丽景色。金代诗人元好问在《泛舟大明湖》就写道："看山水底山更佳，一堆苍烟收不起。"明朝万历年间历城知县张鹤鸣也是精通诗文的文人骚客，他常用白描的写法描述看到的景物，让人读了有身临其境之感。他在一首《游湖十绝》中这样描写：

佛山影落镜湖秋，湖上看山翠欲流。

花外小舟吹笛过，月明香动水云舟。

明代诗人刘敕所写的《大明湖》用词更受后人推崇："倒影摇青嶂，澄波映画楼。"清代诗人王初桐也写有"平涵千亩碧，倒见数峰青"的佳句……可见"佛山倒影"是真实的，而且目睹过它的人还不在少数。

和胡适先生同一时期的著名文学家郁达夫在济南时就有幸目睹过"佛山倒影"，后来他专门写了一篇游记，其中写道："大明湖的倒影千佛山，我倒也看见了，站在历下亭的后面东北堤旁临水处，向南一望，千佛山的影子了了可见……"

文学大师季羡林先生就是山东人，他有一段时间曾在济南求学，他也亲眼看见过"佛山倒影"。他回忆说：我忽然见（不是看）到离开这二三十里路的千佛山的倒影清晰地映在水中，我大为惊喜。记得刘铁云《老残游记》中曾写到在大明湖看到千佛山的倒影。有人认为荒唐，离开二十多里，怎能在大明湖中看到倒影呢？我也迟疑不决。今天竟于无意中看到了，证明刘铁云观察得细致和准确，我怎能不狂喜呢？

为什么相距七八千米外的影像能出现在大明湖呢？当初胡适先生否认这一奇观时也曾想到这个问题。千佛山只是一个海拔 185 米高的小山，湖与山之间有密林、有街道、有高楼，为什么水中独独只有千佛山的影子？如果我们用光的折射原理来解释，却又那么牵强，也许就是因为解释不清楚，所以大明湖"佛山倒影"才具有更独特的魅力吸引着人们去探寻。

> **知识小链接**
> 大明湖是济南三大名胜之一，是繁华都市中一处难得的天然湖泊，也是泉城的重要风景名胜和开放窗口，闻名中外的旅游胜地，素有"泉城明珠"的美誉。它位于济南市中心偏东北处、旧城区北部。大明湖是一个由城内众泉汇流而成的天然湖泊，面积甚大，几乎占了旧城的四分之一。市区诸泉在此汇聚后，经北水门流入小清河。现今湖面 0.46 平方公里，公园面积 0.86 平方公里，湖面约占 53%，平均水深 2 米左右，最深处 4 米。

（七）护珠塔为什么斜而不倒？

意大利的比萨斜塔因为塔身倾斜却不倒而闻名于世，但是我国的护珠塔却有过之而无不及，因为比萨斜塔倾斜度为 5°16′，而护珠塔的倾斜度已经达到 6°52′。

护珠塔坐落于上海市"松郡九峰"的最高峰天马山上，是北宋元丰二年（1079年）兴建的，距今已过九百多年。这是一座七层高的八角形砖木结构的楼阁式宝塔，历史上也曾称之为宝光塔。清乾隆五十三年（1788 年）因火灾将其内部木质结构烧毁，所以引起塔身倾斜。

塔式建筑在我国历史悠久，其建筑模式也有一定讲究，比如说为使宝塔更坚固和平整，塔的砖缝里要填上一枚铜钱，据说这还有镇妖驱邪的目的。后来，有人为了获得砖缝中的铜钱，就把塔砖一块一块抠出来，以致底层 1/3 的砖都被掏空了。这样护珠塔的支撑力被破坏了，所以造成了塔身的倾斜。

但是这座已近千年的古塔，在最近 200 年里屡遭磨难，它既被大火焚烧过，塔基也被破坏掉，而且发生了严重的倾斜，可是为什么它能始终屹立不倒呢？这让人们百思不得其解。

古时候的人对科学认知远没有现代人丰富，他们总会把一些奇异的现象与神话联系在一起。护珠塔也不例外，传说塔的旁边有一棵银杏树，它是 500 多年前松郡九峰的辰山仙人彭素云种植的，这棵树的枝叶很有特点，就是全部朝西伸展，而护珠塔就在这棵树的西方。后来银杏树枯了，但它的神力并没有随之消退，依然在托举着护珠塔，所以护珠塔不倒是它的原因。当然，这只是人们一个美好的幻想，不是真实的原因。有建筑学者认为这与古代建塔的工艺有关。古时候人们在建造大型建筑时，都会使用糯米浆和桐油搅拌来黏合土砖，这种泥浆的黏合强度非常牢固，像万里长城所使用的泥浆也是采用的这个方法，据专家称，这种泥浆的黏合强度甚至超过现在的水泥。护珠塔用这种优良的黏合剂配以优秀的砌砖工艺，使整座塔仿佛是一体式设计。虽然塔身有所倾斜，但只要塔基牢固，它就不会倾倒。

但是也有专家提出了不同看法，他们认为护珠塔不倒是地质原因造成的。护珠塔建在天马山沉降不均匀的地基上，东南方向土质软，而西北方土质却较硬，所以塔身向土质较软的东南方倾斜。江浙一带沿海，多刮东南风，护珠塔所处地方空旷，常年接受强劲的东南风的吹拂，在一定程度上起到支撑的作用。

更令人不解的是，在 200 年前的乾隆年间遭受过大火都没使护珠塔摧毁，在随后的 200 年间，它周围的许多建筑都因承受不住强风暴雨而倒塌；1984 年，上海更经历了一次地震，可是护珠塔依旧安然地屹立在原地，虽然倾斜但不倒塌，是什么神力在支撑着它？人们也在不断地寻找其中的答案。

> **知识小链接**
> 护珠塔又称宝光塔。位于上海市松江区天马山中峰。因塔身倾斜，故又称斜塔。天马山是"云间九峰"第八峰，为九峰中最大的一座。圆智教寺是九峰中较大的一座佛寺，始建于唐大中十三年（公元 859 年）。原在华亭县城西南，五代晋天福年间（公元 936—942 年）道水灾坍塌，遂迁到山上。宋代又扩建。寺后有护珠塔，宋元丰二年（1079 年），为棋云山的许大全建造。淳祐五年（1245 年）重修。

（八）太姥山上的谜团

太姥山是福建著名的旅游景点，其秀丽的景色吸引了无数的旅游观光者。太姥山有着丰富的自然景观，但同时又有许多谜一样的地理构造吸引着人们的目光。

1. 神奇的一线天

神话中传说尧时老母在此种兰羽化成仙，为纪念她，就把这座山称为太姥山。太姥山有一处非常险要的景观——"一线天"，它是在一处山崖的裂缝中形成的一条山路，从山下朝上望去，就如同一条窄线一样。其实这样的景观在我国名山中并不少见，但太姥山的"一线天"是最具代表性的，它集多、窄、险、奇于一体。它最宽处有一米，最窄处不足一尺（约 33 厘米），足见其"窄"；道路落差大，高低起伏不平，足见其"险"；洞壁上多处夹峙着山石，给人以随着掉落之感，足见其"奇"。在太姥山

上，一线天洞、通天洞、七星洞、蓝溪涧洞以及葫芦洞等几处，以"一线天"景观最为著名。

专家们对太姥山众多的"一线天"的形成原因提出了几个看法。太姥山的"裂隙洞"都呈"井"字分布，所以有专家提出了造山运动说；但也有人根据"仙人锯板"景观的特点，提出了是流水长期冲刷切割形成的观点。

2. 嵛山岛三个天湖之水来源之谜

太姥山下辖 12 个岛屿，嵛山岛就是其中之一，它也是十二岛中风景最优美的。2005 年，《中国地理》杂志将大嵛山岛评为"中国最美的十大海岛"之一。

嵛山岛上分布着三个淡水湖，它们是"大天湖""小天湖""九猪拱槽"，人们又根据它们水面的形状，称之为"日、月、星"三湖。湖水清澈甘洌，湖水丰盈，总蓄水量达 160 万立方米。每遇到大旱，附近的居民都到这里来取水。大嵛山岛的三个淡水湖在干旱时节水却不会枯竭，那它的水源又发自何处呢？民间和专家们各有一套理论，这也给嵛山岛平添了几分神秘的色彩。

淡水湖的形成同样有多种版本的说法：

（1）水陆相连说

这种说法的提出和古老的传说有关。传说一年大旱，太姥娘娘眼看百姓因缺水而生活困难，于是心生悲悯，招来龙潭洞里的小白龙，把太姥山上的泉水引至大嵛山岛，并照日、月、星的样子变出三个湖蓄水，这里的百姓这才得救。按照现代人的理解，这就是在陆与岛之间铺了一条管道，使得陆地上的水通过管道流到岛上。但是这一说法经不起推敲，如果两者之间有"连通器"的话，那么岛上三个湖水的高度应该是一致的，可事实并非如此，而且大旱之年，陆地上的水源枯竭，但岛上三湖的水却不会。

（2）天然蓄水说

有人根据海岛的地貌提出了天然蓄水说。嵛山岛的地貌像是一个巨大的"凹"字，中间低四周高，于是形成天然的蓄水湖。有专家根据嵛山岛的面积和当地的降水量，推算出岛上的降水量是三个湖总蓄水量的 20 倍，除了扣除那些流不进湖中的水，那也是三个湖总蓄水量的 20 倍。可新的问题又来了，首先专家只计算了岛上的进水量而没有计算流向大海的出水量；其次没有计算岛上居民和游客生活用水的消耗量；三是按照这种方法，低洼处的"小天湖"理应是蓄水最多的湖，可事实却恰恰相反，它的蓄水量是三个湖中最少的。

（3）海雾凝水说

大嵛山岛一年多半时候都雾气缭绕，岛上的植被上常常挂满露珠，这都是因为海雾形成的。海雾在植被上凝结成水珠，水珠再聚合流入地下，最后补给了三个湖。这种说法虽说有一定的道理，但是海雾每天能凝聚多少水却算不出来。

3. 通海洞之谜

太姥山有一条通向大湖的洞，名曰通海洞，有关它的传闻也是迷雾重重。嘉庆年间《福鼎县志》上记载，当时有一个小沙弥来到洞内打探，后来神秘失踪，三个月之后，尸体在山脚下的海面上被发现。此后，又有多个进洞探秘者相继失踪。清朝时，当地的知县命人将洞口封死，并在封洞的大石上手书"镇海塔"三个字。传说中，这个洞是东海龙王小女儿的洞府，她喜欢安静，自己一人在洞中抚琴自娱自乐，如果谁一旦进洞打扰了她，她就会将擅闯者投进无底深渊。

为了了解洞内真实的情况，地质学家用科学仪器对洞内的情况做了勘察，结果发现洞底有一个垂直的断裂带，太姥山本身靠海，所以这个洞有可能通律大海。洞中发出美妙的琴声可能是泉水滴到石壁和地面上发出的。当然这只是人们的推测，真实情况还须进一步考察证实。

4. 石英砂之谜

太姥山上石英砂的含量非常大，山顶的摩霄峰含砂量更是出奇地高，石英砂像是均匀地撒在了山顶一样，太阳一照就能发出点点光芒，所以这片相对平坦的山顶也叫"金沙滩"。这些石英砂的成分和山脚下的海滩上的沙粒相似，所以，山顶的砂石不是人为所成。因为在该地初设县时，第一任县令傅维写的《游太姥山记》上就写了他的所见所闻："摩霄之绝顶颇平衍，石室、石船、金沙滩、天柱石、仰天湖皆在焉"，可见当时金沙滩就已经存在了。

那这些金砂是怎么出现的呢？有人认为是造山运动太姥山从海底升上来形成的。如果是这样的话，砂粒中应该可能找到海洋生物的遗迹，但是目前还没有发现任何线索。又有人说这是岩石风化的结果，这也说不通，因为太姥山主要由花岗岩构成，其硬度仅逊于金刚石，这么硬的石头是很难风化的。

太姥山有太多的谜团在等着人们去破解……

> **知识小链接**
>
> 太姥山位于福建省东北部，在福鼎市正南距市区 45 千米，约在东经 120° 与北纬 27° 的附近。挺立于东海之滨，三面临海，一面背山。主峰海拔 917.3 米。它北望雁荡山，西眺武夷山，三者成鼎足之势。相传尧时老母种兰于山中，逢道士而羽化仙去，故名"太母"，后又改称"太姥"。闽人称太姥、武夷为"双绝"，浙人视太姥、雁荡为"昆仲"。

（九）北京古城墙上的缺憾

读者朋友们对北京紫禁城一定不陌生，现在被称为故宫的明清宫廷建筑代表了中国建筑的艺术精华，可是在这么严肃的地方也存在缺憾，这是怎么回事呢？

1. 古城缺憾被发现

故宫是我国迄今保存最完整的大型古代建筑，它始建于明朝永乐四年（1406年），后经明清两代的多次扩建，形成现今的规模。故宫分内朝和外朝两个建筑群。明清时期的帝王在处理国家事务时都会在外朝进行，帝王办公和家眷休息的地方则在内朝。故宫的建筑结构复杂多变、样式高度统一、木质结构精巧，反映了中国建筑的高超水平。

按正常思维，皇城应该有棱有角，四四方方，城墙都是平行的，四周有角，可事实真是这样吗？美国曾在20世纪80年代发射了两颗高精度卫星，并对北京城进行了拍摄。通过这些卫星图像，我们可以清楚地看清紫禁城内城城墙的情况。内城是沿德胜门、安定门、朝阳门、崇文门、宣武门、阜成门、西直门围成的，虽然大多数城墙、城楼早已被现代化的建筑所取代，但由于原城墙在构建时有非常坚实的墙基，所以卫星在多波段扫描时，还是能将原来的旧址清楚地还原出来。人们在研究这些图片时发现了一个有趣的现象，就是四面城墙组成的并不是四四方方的矩形，只有东北、东南、西南三个方向围成直角，而西北却是抹角，为何要独缺一角呢？各领域的专家对这个问题进行了讨论，提出几种不同的看法。

2. 不一样的看法

有人认为这跟明朝开国皇帝朱元璋有关。朱元璋在打天下时，曾采纳部下"高筑墙，广积粮，缓称王"的建议并最终取得胜利。后来他感到"非深沟高垒、内储外备不能为安"，于是命令心腹大臣刘基、姚广孝设计内城样式。刘、姚二人经过反复设计、修改，然后将定型的设计图上报给朱元璋。朱元璋细细审看过之后，认为不妥，他的意见是："自古筑城虽有一定规矩，但根据我的经验，凡事切莫墨守成规，《礼记》云：'规矩城设，不可欺以方圆。'我看还是改动一下为好。"于是拿起笔来，把西北角给抹了去，所以明朝建设城池都有一个特点：四角缺一角。

还有一种说法，明朝初年，燕王朱棣携军师刘伯温和姚广孝负责修建北京城，刘伯温和姚广孝在设计图纸时眼前都出现了八臂哪吒的幻影，于是两个人都把哪吒的模样画了出来，眼看姚广孝就要画好，忽然飞来一阵风，把哪吒的衣襟给掀了起来，他也照此画了出来。最后建城时，朱棣下令：东城按刘伯温的图样画，西城按姚广孝的图样画，因为姚广孝画哪吒的衣襟时被掀起一角，所以德胜门到西南门那一块就成斜的了。当然，这只是民间的传说罢了，不足为信。

除了以上两种说法外，一些历史学家和考古学家都站在各自的学术立场上提出了不同的看法。近代，又有一些地质专家提出这样的看法：西北角的城墙在设计之初原本也是直角的，但是，这个直角正好建在地质断裂带上，由于地质活动，西北角城墙经常出现大的裂缝或是倒塌，这样一来大大增加了皇城的危险性，于是，后来才把这个角改成抹角。这样就能避免因断裂而影响城墙安全的隐患了。

奇怪的是，这种有违常理的建筑风格在明清两代历史书籍上都只字未提，留下的大多是流传于民间的传说，所以留给我们太多的猜测，专家们也希望能通过某种途径，抽丝剥茧，最后还原历史的真相。

知识小链接

紫禁城是中国明、清两代 24 个皇帝的皇宫。明朝第三位皇帝朱棣在夺取帝位后，决定迁都北京，即开始营造紫禁城宫殿，至明永乐十八年（1420 年）落成。依照中国古代星象学说，紫微垣（即北极星）位于中天，乃天帝所居，天人对应，是以皇帝的居所又称紫禁城。

（十）深埋于地下的开封古城之谜

我国历史悠久，特别是在中原地区，曾经建造了一座又一座的城池，有些随着岁月的流逝被掩埋在黄土之中……

1. 古城被发现

开封城里的人们都听说过这个传说，在自己脚下 3～12 米深处，上下叠压着六座古城池，所以市井中也有"开封城，城摞城，地下埋有几座城"和"开封城摞城，龙亭宫摞宫，潘杨湖底深藏几座宫"的传闻。它们中有曾经的古都，也有重要城市，事实真是如此吗？这个问题一直吸引着考古工作者们，他们期望有朝一日能让这些掩埋在地下的城池重见天日，再现其往日的辉煌。

这些传闻是有文献资料做依据的，可惜的是很久以来都没有物证来证实。到了近代，随着科考技术的进步，开封地下古城的真实性终于被人们所证实。1981 年，开封市的考古工作者经过多年挖掘发现，如今的开封市地下确实上下叠压着六座古代城池，经鉴定，证实这六座城池从上到下分别是战国时期魏国的大梁城、唐代的汴州城、五代及北宋时期的东京城、金代的汴京城、明代的开封城、清代的开封城。

2. 地下古城能否开发

地下存在古城已经被正式确认，新的问题又来了，这些古城能不能开发，让其重见天日？

我们先从最下面的大梁城说起，它的位置在地表以下 12～14 米处，汴州城则位于地表 10 米处，东京城位于地表下 8 米处，金汴京城在地表下 6 米处，明开封在地表下 5 米处，清开封城最近，但也在地表下 3 米处。

为什么开封城会一城摞着一城呢？这就要从开封身边的大河——黄河说起。黄河是著名的悬河，在古代，黄河经常发大水，黄河沿岸的城池经常被淹，开封城也不例外，常常是冲毁再重建，所以在地下埋的也都是些墙体的根基，而不是完整的城墙等建筑。

3. 开发中遇到的难处

在这些历史建筑中，州桥是其中最受关注的。这座有着 1200 多年历史的州桥是北宋都城汴梁的重要建筑，它横跨汴河、贯通皇城，现在在开封市中山路还能找到它的遗迹。它毁于明朝末年的一次黄河决堤，桥身被埋在地下四米处。宋代名家孟元老在其所著的《东京梦华录》对州桥的样貌进行了描述："州桥，正名天汉桥，正对于大内御街。其桥与相国寺桥皆低平，不通舟船，唯西河平船可过。其柱皆青石为之，石梁石榫楯栏，近桥两岸皆石壁，雕镌海牙、水兽、飞云之状。桥下密排石柱，盖车驾驭路也。"当时它是汴京八景之一。

1984 年 8 月 17 日开始，开封考古工作者对中山路下的州桥进行了挖掘，由于桥身上方现在都是大型建筑，所以只能在地下测得它的大小。这座桥南北长 17 米、东西宽 30 米，孔高 6.58 米、拱跨 5.8 米，在测得数据后，工作人员又遗憾地将其掩埋了，希望有朝一日能将其整体移到地上。

开封离黄河很近，由于地势低于黄河，所以造成地下水位相对较高。如果要开挖地下城，如何避免水害成了大难题。另外，现在旧城上已经被现代化的都市所取代，如果开挖势必要搬迁一部分城市建筑，这对于一个中等城市来说，基本上是不可能完成的。

知识小链接

开封古称东京、汴京（亦有大梁、汴梁之称），简称汴，有"十朝古都""七朝都会"之称。开封是清明上河图的原创地，有"东京梦华"之美誉，开封是世界上唯一一座城市中轴线从未变动的都城，城摞城遗址在世界考古史和都城史上是绝无仅有的。北宋东京开封是当时世界最繁华、面积最大、人口最多的大都市。

（十一）千佛碑的脚印是谁的

四川省新都区宝光寺内的千佛碑刻造于南北朝梁武帝大同六年，距今已有 1400 多年，堪称国内稀有而珍贵的佛教之物。更为奇特的是，这个寺庙里有一个巨大的脚印，而脚印的来历至今是个谜。

宝光寺千佛碑的佛像高约 5 厘米，双手合十，坐于莲台，纵横有序地排列在高 175 厘米，宽 65 厘米，厚 14 厘米的碑身四面，足有 1000 之数。碑正中有一穹隆状龛窟，内刻有一佛（释迦牟尼）、二菩萨（文殊、普贤），佛祖正襟危坐，菩萨侍立两旁。

碑下楞端为东、南、西、北四大天王，手执法器，勇武威严。碑额中心为接引佛，佛座下刻二力士，佛左右刻"双龙盘缀"，两条舞龙形体矫健，首尾相接，别有神韵。

就在此碑碑额的接引佛下，刻有一只脚印。别看它只有 17 厘米长，如按碑上佛像的比例折算，是相当大的。刻制佛的大脚印，在我国并不多见。据成都昭觉寺清康熙年间石刻的《释迦双迹灵相图》题记所述，释迦牟尼在逝世前，曾站在大石上对弟子阿难说：我现在即将涅槃了，特别留下这双脚印，200 年之后，将有无忧王（即公元前 3 世纪统一印度的阿育王）到这里来弘扬佛法。

可见，许多佛教圣地刻制释迦牟尼双脚印的目的，是希望佛教教义广被天下，世代相传。但是，宝光寺内千佛碑上刻的是单脚印。就单脚印而言，国内其他地方尚未见到，据我国东晋高僧法显在其所著的《佛国记》中说，现今斯里兰卡中南部的圣脚山山顶，有一只长约 1 米的脚印，乃是释迦牟尼来此说法时留下的，这是一只左脚印，而千佛碑上刻的却是只右脚印，这是偶然的巧合，还是有别的含义和来历，这个谜一直没有人能够解开。

（十二）千古疑谜——佛灯

在我国庐山、青城山、峨眉山等地，每当月隐之夜，山下黑沉沉的幽谷间，会突然涌现出十到数百点荧荧火光，火光闪烁变幻。古人把它们看成是过路神灵或仙佛手提灯笼穿行在天地之间，这便是所谓的佛灯，又称圣灯、神灯。

据载，历代看到佛灯的人很多，许多文人骚客也为此留下了很多诗篇，其中著名的有南宋诗人范成大的《最高峰望雪山》，明代学者王阳明的《文殊台夜观佛灯》等。其实，佛灯现象并不常见，即便住在庐山几十年的人也很难看到一次，这就给研究者带来了重重困难，因而它成了一个至今悬而未决的千古疑谜。

1961 年秋，我国著名地理学家竺可桢在考察庐山后，特地将佛灯作为庐山大自然的三个谜题（佛灯谁点燃？庐山云雾为何有声音？庐山雨为何自下往上跑？）之一，向庐山有关研究所提出来，希望科学家能认真予以研究。

据记载及目击者的描述，佛灯的颜色有白、青、蓝、绿等色，很像天上的星星，而且，在山上看，佛灯主要在山下，高度很低，忽明忽灭，闪烁离合。

根据上述佛光的几点共性，有的研究者认为它很可能是山下灯光的折射，还有人认为是星光在水中的反射，也有人说是一种大萤火虫在飞舞，更有山中蕴藏镭或金等发荧光的矿石的推测。然而最普遍的解释是磷火说，认为佛灯即民间所说"鬼火"，系山中千百年来死去的动物骨骼或地层中所含的磷质，与空气中的水分发生作用，产生磷化氢和四氧化二磷气体，它们在空气中极易自燃，因比空气轻而随风飘动，故有闪烁离合的景象。由于磷化氢燃烧时光不强，所以必须是在没有月光的夜晚才能看到。

但也有人认为，磷火说的漏洞也很多，一是磷火多贴着地面缓缓游动，不可能飘得很高，更不会"高者天半"或"有从云出者"；二是磷火的光很弱，庐山文殊台和青城山神灯亭的海拔皆在 1000 米以上，峨眉金顶海拔超过 3000 米，不可能看得那么清楚。

1981 年 12 月 14 日，庐山云雾所收到海军航空兵老飞行员郭宪玉的来信，他对佛灯的来源提出了一个全新的看法，认为它是"天上的星星反射在云上的一种现象"。他说，夜间无月亮时在云上飞行，飞机下面铺天盖地的云层就像一面镜子。从上往下看，不易看到云影，只能看到云反射的无数星星。飞行员在这种情况下易产生"倒飞错觉"，就是感到天地不分，甚至会觉得是在头朝下飞行。从而联想到天黑的夜晚，若有云层飘浮在大天池文殊台下，把天上的群星反射下来，就有可能出现佛灯现象。由于半空中的云层高低不一，飘移不定，所以它反射的荧荧星光也不是固定的，也许在这个角度反射一片，在那个角度就反射另一片，从而映出闪烁离合、变幻无穷的现象。

然而，这种云反射星光的现象应该是相当普遍的，而佛灯却并非每处高山都能见到，唯独在青城山主峰高台山顶的上清宫旁的神灯亭、峨眉山的金顶睹光台和庐山大天池的文殊台才会出现，可见这一说法也不足以定论。

那么佛灯的机制又是什么呢？它与庐山等所处的地理位置又有什么关系呢？这还需进一步研究。

（十三）乐山卧佛是自然形成的吗？

乐山大佛举世闻名，它依山体雕琢而成，通长 71 米，是世界上最大的石刻弥勒佛坐像。然而，鲜有人知的是，乐山大佛所在的凌云山及与其相依的乌尤山、龟城山连在一起，仿佛一座更加巨大的卧佛。

1989 年 5 月 11 日，广东省顺德区冲鹤乡 62 岁的潘鸿忠老人到四川乐山游览。当他乘船返回时，偶然地回首对岸古塔，见塔的周围正搭架重修。此时天气晴好，山水云天颇具画意。于是他举起了照相机，拍了一张风景照。5 月 25 日，回返家乡的潘先生将照片拿出来看，友人们都称赞不已。潘先生也在一旁审视，当看到那张古塔风景照时，他突然感到照片中山形恰如一健壮男子仰卧，细看头部，更是眉目传神。老人兴奋不已，示以众人，无不称奇。潘先生将此照印制多份，寄往有关部门。一天，四川省文化厅文化通讯室甘德明收到了潘先生拍摄的乐山巨佛照片。这位从事文化事业几十年的老人，手执照片，禁不住地叫出声来："这不的的确确是一尊卧佛吗！"从照片上看去，实有一巨佛平平静静地睡躺在江面上，仰面朝天，高突的前额，圆润的鼻唇，四肢皆备。尽管如此，但是仅凭一张照片并不能确实其事，甘德明决定前去进行专门考证。

随后，一支由甘德明等人组成的乐山巨佛考察队出发了。考察队首先向潘老询问了拍照的时间、地点，及当时的情景。经过一个月的仔细考究，终于在名曰"福全门"的地方照下了巨佛身影。据考察者认为，唯有此地才是最佳的观赏地点。从乐山河滨"福全门"处举目望去，清晰可见仰睡在青衣江畔的巨佛的魁梧身躯，对应着湍流的河水，巨佛似乎在微微起伏。那形态逼真的佛头、佛身、佛足，分别由乌尤山、凌云山和龟城山三山联襟构成。

仔细观察佛头，就是整座乌尤山，其山石、翠竹、亭阁、寺庙，加上山径与绿荫，分别呈现为巨佛的卷卷发鬓、饱满的前额、长长的睫毛、平直的鼻梁、微启的双唇、刚毅的下颌，看上去栩栩如生。

再详视佛身，那是巍巍的凌云山，有九峰相连，宛如巨佛宽厚的胸脯，浑圆的腰脊，健美的腿胯。

远眺佛足，实际上是苍茫的龟城山的一部分，其山峰恰似巨佛翘起的脚板，好似顶天立地的"擎丘柱"，显示着巨佛的无穷神力。

总观全佛和谐自然，匀称壮硕的身段，凝重肃穆的神态，眉目传神，慈祥自如，令人惊诧不已。全佛长达 4000 余米，堪称奇绝。

然而，更令人称奇的是那座天下闻名的乐山大佛雕像，恰恰耸立在巨佛的胸脯上。这尊世界最高最大的石刻坐佛，身高达 71 米，安坐于巨佛前胸，正应了佛教所谓"心中有佛""心即是佛"的禅语，这是否为乐山大佛所暗示的"天机"呢？

乐山巨佛作为旅游重要景观可确定无疑了。那么，它是怎么形成的呢？这是留给世人一个大大的谜。现在有一种推断：据《史记·河渠书》记载："蜀守冰凿离堆，辟沫水之害。""冰"者即为李冰，是中国古代著名水利工程师都江堰的创建者，"离堆"就是乌尤山。那么，应该在 2100 多年前古人就凿开麻浩河，造就了巨佛的头。唐代僧人惠净为乌尤山立下法规：任何人不得随意挪动和砍伐乌尤山的一石一草一树一木，代代僧众都视此为神圣不可违犯之法规。因而才保证了乌尤山林木繁茂，四季常青，使"佛头"千年完美无损。民间曾传说，唐代观音菩萨的化身叫"面然"，就是指"乌尤大士"之意。那么，是否那时人对乌尤山即是"佛头"已有所悟了呢？

但据研究乐山大佛文化和文物部门的专家们介绍，迄今为止，还没有发现和听说关于巨佛的文字记载和民间传说。那么，巨佛是纯属山形地貌的巧合吗？但为何佛体全身人工的刀迹斧痕比比皆是呢？又为什么在 1200 多年前的唐代开元年间，海通法师劈山雕琢乐山大佛，偏偏选中了凌云山西壁的栖鸾峰，并雕在巨佛心胸处呢？

当今，乌尤寺的僧人，身居佛中却未知巨佛，一经点破，再看乌尤山，竟犹灵佛所致。

除了巨佛形成之谜以外，再就是"福全门"之谜了。据四川省文化厅考察组报告说，要看到楚楚动人的巨佛身形，其最佳位置只有一处即"福全门"。其他任何一处观赏的效果都不是最好，或是看上去身首异处；或是佛头不清；或是佛身不全。是不是先人故隐"玄机"，以"福"喻"佛"，其寓意指唯在此处，才可观赏到巨佛全身的"佛全门"呢？

如今到乐山观光巨隐睡佛的游人络绎不绝，不仅国内如此，而且国际游人已开始慕名而来，尤其是考古学者，更是兴趣盎然，期待他们终有一天能解开巨隐睡佛之谜。

（十四）麻浩佛像之谜

所谓崖墓，就是凿山为室，整座墓穴宛如一件巨大的石雕。麻浩岩墓博物馆就藏身于乐山凌云山南麓。麻浩佛像在一号墓中。

这座一号崖墓宽 11 米，高 3 米，深达 29 米。在墓道门枋上，有一尊浮雕佛像，佛像宽 30 厘米，高 40 厘米，结跌坐，高肉，佩顶光，线条流畅，造型古拙。经鉴定，属于原雕，也就是说这尊佛像雕刻于距今已有 1800 多年的东汉时期。

佛像貌不惊人，但其久远的历史，却包含着一个难解的谜：乐山地区的早期佛教究竟来自何方？

佛教传入中国，一般公认是东汉明帝永平年间（58~75），称为"释教之源"的洛阳白马寺就建造于那个时期。我国开始有佛教造像，是在汉献帝初平年间（190~193）这比麻浩岩墓的佛像起码要晚了近 30 年。我国著名的佛教造像，均晚于麻浩佛像：云冈石窟晚了 300 年，龙门石窟晚了 300 多年。一般公认佛教是沿着"丝绸之路"自西向东传入中原的，可是位于"丝绸之路"必经之地的敦煌莫高窟也比麻浩佛像晚了 200 年。那么麻浩佛像何以起始这样早呢？

乐山地处四川西南，在秦汉时期，属于边陲地带。然而恰恰在这里发现了中国早期的佛教造像，并且不只一尊；据说在众多的东汉岩墓中，已发现了六七尊，这不能不使人从另外的途径探寻乐山地区佛教的传入渠道。

据历史记载，东汉光武帝刘秀的儿子楚王刘英崇奉浮屠，因此有人推测佛教传入中国可能还另有一条途径，即从古印度经海路传到中国的吴楚。巴蜀和楚地被长江一水相连，巴蜀文化受楚影响很大，那么，乐山地区早期的佛教是不是从这条渠道传入的呢？

还有人根据张骞出使西域的历史记载，推测远古时期有一条从印度经我国云南直通蜀地的"身毒道"。张骞从西域归来，说在大夏（今阿富汗境内）见到了蜀布和邛竹杖，得知是从身毒（古印度）买来的，又得知身毒在大夏东南数千里，在邛西 2000 里。为此，公元前 122 年，汉武帝派出 10 余批人去寻求通往身毒之路，但都因洱海附近的昆明部族的阻拦而没有成功。

据说，现在已有人论证了远古身毒道的存在，它比著名的"丝绸之路"还要早100多年。那么乐山地区早期的佛教是不是从这条渠道传入的呢？

（十五）莫高窟万道金光之谜

敦煌莫高窟是我国内容最丰富、保存最完好的石窟艺术宝库。石窟艺术是建筑、雕塑、绘画三位一体的统一整体，是实用性和艺术性有机结合的完美的立体艺术。1987年12月11日，联合国教科文组织世界遗产委员会将莫高窟列入世界文化遗产清单。

敦煌有不少谜，莫高窟出现的万道金光就是其中之一。

雨过天晴、空气清新的清晨或黄昏之时，如果从敦煌城驱车沿安敦公路向东南而行，就会被几十里以外的三危山呈现的奇特景象所吸引。只见这座陡然崛起、劈地摩天的大山之巅，在朝阳或落日余晖的照耀下，放射出五彩缤纷的光芒。

莫高窟的这种奇特景象，千百年引来无数人的瞩目。最早记录这一现象的，是唐朝圣历元年（698）李怀让的《重修莫高窟佛龛碑》，碑文记载："莫高窟者，厥初秦建元二年，有沙门乐僔，戒行清虚，执心恬静，尝杖锡林野，行至此山，忽见金光，状有千佛，遂架空凿岩，造窟一龛……"文中所指的山即三危山，所造的龛像，就是敦煌千佛洞最早的洞窟。

我国最早记载山川地形的《尚书·禹贡》中就有"窜三苗于三危"的话，可见早在新石器晚期，这里就有人类活动了。据《都司志》"三危"条下注释：此山之"三峰耸峙如危欲坠，故云三危"。三危山也由此而得名。若登上山巅，可东望安西，西尽敦煌，山川树木，尽收眼底，所以古来又有"望山"之称。

对于莫高窟的佛光，科学界存在两种解释。第一种解释是，三危山纯为砂浆岩层，属玉门系老年期山，海拔高度约1846米，岩石颜色赭黑相间，岩石内还含有石英等许多矿物质，山上不生草木，由于山岩成分和颜色较为特殊，因而在大雨刚过、黄昏降临空气又格外清新的情况下，经落日余晖一照，山上的各色岩石便同岩面上未干的雨水及空气中的水分一齐反射出五彩缤纷的光芒，将万道金光的灿烂景象展现在人们眼前。

另一种解释是：莫高窟修造在鸣沙山东麓的断崖上。崖前有条溪，在唐代叫"宕泉"，现今叫大泉河，河东侧的三危山与西侧的鸣沙山遥相对峙，形成一夹角。傍晚，即将西落沉入戈壁瀚海的落日余晖，穿透空气，将五彩缤纷的万道霞光洒射在鸣沙山上，反射出万道金光，这正是我们有时看到的"夕阳西下彩霞飞"的壮丽景象。

无论是出现在三危山，还是鸣沙山两个方向的所谓"金光"，都是一种在特殊条件下的自然现象，究竟何种解释更为客观，有待进一步探研，揭示谜底。

（十六）扶风法门寺地宫之谜

1. 法门寺的历史与发掘

法门寺是我国著名的古刹，位于陕西省扶风县城以北的法门镇。法门寺始建于东汉。据史料记载，古天竺（今印度）国王为弘扬佛教，各地分葬佛祖释迦牟尼的真身舍利，于是在世界各地建塔，法门寺即是其中之一，并以珍藏佛指舍利而闻名于世。

1939 年修整时，法门寺寺院殿宇焚毁殆尽，仅明代修建的砖塔独存。1981 年，因雨积水，明塔半边倒塌。政府拨款重建寺塔，并整修了殿宇。相传法门寺塔下藏有佛祖释迦牟尼的一节手指骨舍利，因此寺塔又尊称大圣真身宝塔，所以当 1987 年清理塔基时，佛指舍利成了万众瞩目的焦点。

考古工作者非常小心地除开黄土，发掘到法门寺塔下地宫后室的藻井大理石盖，透过西北角的裂缝，当手电筒的光照进去的时候，反射出了一道道耀眼夺目的金光。推开地宫两扇厚重的石门，于 1987 年（佛历二五三一年）5 月 5 日凌晨 1 时，正是农历四月初八，释迦牟尼佛祖的诞辰，考古工作者发现了供奉于地宫的佛陀真身舍利。整座地宫结构复杂，用材讲究，雕饰精美。在目前全国已发掘的塔基

法门寺地宫

地宫中是独一无二的。这种三室制的地宫，显然是模拟人间埋葬皇帝的最高规格的墓室构筑的。

2. 法门寺出土的文物

法门寺塔地宫出土的遗物约 170 余件，可分为两大类：一是 4 枚佛指舍利；二是为供奉舍利而奉献的物品。奉献的物品有金银铜铁器、瓷器、玻璃器、珠宝玉器、漆木器、石质器、杂器以及大量的纺织品和货币。由于都是唐代皇室贡奉的物品，所以数量大、等级高，鉴文内容丰富。仅金银器就有 121 件，与佛教有关的造像和法器有菩萨像、香案、舍利棺椁、宝函、阏伽瓶、锡杖、如意、钵盂等；日常生活用具有盆、盒、茶箩子、碗、碟、香炉、香囊、茶碾子、笼子、盐台等。这批金银器是长安的文思院和江南地区制造的。文思院是专为皇室制作金银器的手工业作坊，是当时工艺水平最高的制造所。江南地区在晚唐也是制作金银器的主要地区，都曾向朝廷进献过金

银器。出土的石刻有石碑、灵帐、阿育王塔等，其中记述了奉献物品的名称、数量、器重以及奉献者的名衔等，使我们确切了解了出土器物的名称，使以往一些不确切的称谓得以纠正。出土的 19 件琉璃器，是中国与西亚交通和文化交流的物证。

所有的出土文物都与塔中瘗埋的舍利有关，如捧真身菩萨，是全国数以万计出土文物中独一无二的稀世珍品。菩萨原置于地宫中室的东北角，完好地盛放在银棱檀香木盝顶宝函之中。菩萨头戴化佛花蔓冠，花蔓冠边缘串饰珍珠。上身袒露，双手捧着上置发愿文的鎏金银扁荷叶形银盘，下着羊肠大裙，单腿跪于莲座上，通身装饰珍珠璎珞。菩萨手捧的金匾呈长方形，匾栏上贴饰 16 央宝相花，匾上錾文："奉为睿文英武明德至仁大圣广孝皇帝，敬造捧真身菩萨永为供养。伏愿圣寿万春、圣枝万叶、八荒来服、四海无波。咸通十二年辛卯岁十一月十四日皇帝巡庆日记。"通观全像，菩萨与像座构成一个完整的曼荼罗，即密教的坛场。唐懿宗咸通末年，迎法门塔佛指舍利入宫内，即置于菩萨双手捧着的荷叶形盘内，供帝后嫔妃们顶礼膜拜，所以称为"捧真身菩萨"。懿宗登基后，内忧外患，于是想通过迎佛骨来缓和阶级矛盾和安定政治局面。咸通十四（873）年三月二十三日，从法门寺地宫中迎出舍利，经安福门送入宫内，放置在捧真身菩萨双手捧持的荷叶盘上供养。因此，这尊捧真身菩萨既是唐代最隆重崇佛的产物，也是唐代最后一次迎佛骨的见证。它的历史价值还在于是迄今为止唯一有皇帝名号的文物。

3. 佛指舍利探秘

据历史文献记载，我国境内曾有四大名刹供奉释迦牟尼真身舍利。岱州五台及终南五台之舍利，在唐武宗会昌年间灭法时敕令毁坏；泗州普王寺之舍利也于清康熙十九（1680）年沉入洪泽湖中，此三寺的真身舍利已无法见到。唯有法门寺地宫是目前国内得以保存释迦牟尼真身舍利的地宫。地宫于唐懿宗咸通十五（874）年封闭直至这次发掘，1113 年间从未被移动过。这次发掘共发现佛指舍利 4 枚。据唐释道宣《集神州塔寺三宝藏通录》记载，显庆五年（660）春三月，敕取法门寺舍利往洛阳宫中供养，"皇后（武则天）舍所寝衣帐直绢一千匹，为舍利造金棺银椁，数九重，雕镂穷奇"。

法门寺所收藏的佛指骨舍利，极其受到历代信佛帝王的尊崇与信奉，在唐代时更是达到了狂热的程度。自唐太宗以降，朝廷多次加以殊礼，据唐宪宗敕命撰写的《佛骨碑》中所记载："太宗特建寺宇，加以重塔；高宗迁之洛邑；天后荐以宝函；中宗纪之国史；肃宗奉之内殿；德宗礼之法宫。"唐贞观五年（631），唐太宗开启塔墓，以舍利示人。舍利出土之时，瑞光四射，四方民众，蜂拥寺内，同观佛光。从此，震荡大唐朝野达 200 多年之久的"佛骨旋风"拉开了序幕。

第二次奉迎佛骨发生在唐显庆五年（660），唐高宗李治一生信奉佛法，对于"三十年一开闭，开则五谷丰登，兵戈自息，天下太平"的礼迎佛骨之事自然热衷。敕令将佛骨从法门寺迎请到东都洛阳，并由道宣律师主持法事。在由法门寺经长安到洛阳的数百里路途中，僧俗士民络绎不绝，翘首踮足，急欲一睹佛骨风采。这次礼佛活动时间很长，规模很大：佛骨在京师供奉了4年之久才送回法门寺，并敕令为舍利建造了九重金银棺椁，以为供奉，皇后武则天也施舍了衣帐、直绢1000匹。

第三次奉迎佛骨是在武则天称帝后的武周长安四年（704），武则天早年为妃嫔时，曾被迫迁出宫中，削发为尼，度过了一段黄卷青灯的孤苦年华，便和佛教结下了缘分。于是，崇佛的高潮再度掀起，一时之间，烧指顶缸者争先恐后，舍财投宝者不计其数，种种香花鼓乐、华盖幡幢，如海如潮，盛况空前。

第四次礼佛发生在唐肃宗上元元年（760），"安史之乱"尚在继续，国难当头，唐肃宗临阵奉佛，希望止息兵戈，社稷安宁。这次迎奉佛骨的时间和规模都比前几次小得多，气氛也很不同，"道俗瞻恋，攀缘号诉，哀声振薄"，一派三界火宅、众苦煎熬的悲戚景象。

第五次奉迎佛骨在唐贞元六年（819），当时的唐朝处于"藩镇割据"的局面。藩镇诸将，胡族甚多，尤崇佛教。唐德宗的奉佛之举，或许正是为了笼络这些地方实力派吧！

第六次奉迎佛骨是在唐元和十四年（819），唐宪宗派专使往法门寺，将佛骨迎入宫供养三天，然后率皇室人员及文武百官一一礼拜，并交京城佛寺轮流供奉。唐宪宗的这一举动震动京城，王公士庶奔走相告，"焚顶烧指，千百为群；解衣散钱，自朝至暮；转相仿效，唯恐后时；老少奔波，弃其业次"。整个长安城掀起崇佛狂潮。这使刑部侍郎、著名文学家韩愈十分忧虑，奋笔写下《谏迎佛骨表》上奏皇帝。他拍着胸脯慷慨激昂地表示：假如佛陀真能显灵，施人祸祟，那么所有的灾祸都由我韩愈来承担，上天作证，决不反悔。崇佛极深的唐宪宗哪能接受韩愈的逆耳忠言，一怒之下，要将韩愈处斩。众宰臣苦请从宽，最后韩愈得免死罪，但被贬到当时边远瘴疠的广东潮州。

迎请佛骨最为铺张的莫过于唐咸通十四年（873），第七次迎取佛骨。是年春，唐懿宗诏令大德高僧数十人恭迎法门寺佛骨，朝中百官纷纷上疏劝阻，但唐懿宗却说：只要能见到佛骨，死也心甘了。为了奉迎佛骨，在皇帝的亲自安排下，长安倾城出动，官民齐做准备，从长安到法门寺的100千米之间，车马昼夜不绝，沿途都有饮食随时供应，称"无碍檀施"。

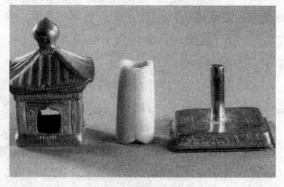

法门寺佛指舍利

沿途制作数以万计的浮图、宝帐、香舆、幡花、幢盖、幢伞。其中用金银宝物制成的宝帐香舆，用孔雀鹬毛装饰宝刹，宝刹小者高一丈，大者二丈高，抬一座宝刹要用轿夫数百人。迎请佛骨的仪仗车马，由甲胄鲜明、刀杖俱全的皇家禁军导引，文武大臣护卫，名僧大德供奉，长安各寺僧众拥戴，成千上万善男信女膜拜，音乐沸天，旌旗蔽日，绵亘数十里。长安城里的豪富还在每条街上用绸缎结扎成各式彩楼，并饰以珠玉金宝，五光十色，巧夺天工。同时，他们还施舍钱物，号为无遮会，争奇斗富，场面之盛令人叹为观止。唐懿宗亲往佛寺，恭迎佛骨入城，并顶礼膜拜，泣不成声。在奉迎佛骨的日子里，召请两街供奉僧人内，赏赐金银布帛，还把佛骨迎入皇宫内道场，设金花账、温情床，铺龙鳞之席、凤毛之褥，供奉三日然后送出，先后安放于安国寺、崇化寺，宰相以下文武百官竞相布施金帛供奉。由于皇帝带头迎拜佛骨，长安城内虔诚的佛教徒更是如痴如醉。在这场规模空前的迎请佛骨活动中，君臣士民皆激动不已，沉浸在宗教狂热之中。除皇室、百官、豪富争施金帛外，长安城内各坊里百姓组织社团，凡居民无论男女长幼，每人每十日捐钱一文，积钱无数，法门寺地宫内的稀世珍宝，大多是唐懿宗迎请佛骨送归时奉献的。然而，唐懿宗在大张旗鼓奉迎佛骨的第二年便死去了，唐僖宗继位登基后，立即诏令将佛骨送回法门寺，在仪式上也大大从简，远没有迎出时那番热闹了。饱经流离、生逢衰世的百姓，呜咽流涕，执手相谓："六十年一度迎真身，不知何日能再见。"

4. 法门寺文物与茶文化

自唐代起，茶艺广为盛行，茶具也是各种各样，美不胜收。烹茶、啜饮呈礼仪化、规范化和艺术化，特别是陆羽的《茶经》问世后，越来越多的人开始饮茶。陆羽因此也被奉为"茶神"。法门寺地宫中出土的多种茶具，虽配套不甚严格，但仍可作一组器物，它们各专其用又互相配合，为我们认识晚唐饮茶方式提供了重要的实物资料。

地宫出土的鎏金镂空鸿雁纹银笼子，通体镂空，纹饰鎏金，两侧口缘下铆有环耳，环耳上套置提梁，上有银链与盖顶相连。笼子底部边錾"桂管臣李杆进"六字。

唐宋饮茶，烹煮时可先将茶团饼碾成茶末。因此碾是烹茶的重要器具。《茶经》里说茶碾用木制，讲究的则用银制。地宫出土的鎏金鸿雁流云纹银茶碾子，浇铸成形，纹饰鎏金，通体作长方形，由碾槽、辖板和槽座组成，碾槽嵌于槽身之中，底部弧形，便于碾轴反复运行。槽身两侧饰天马流云纹。与碾子配套使用的是碾轴，地宫出土的鎏金团花纹银锅轴，錾文"锅轴重一十二两"，浇铸成中间粗壮、手执处渐渐锐小的圆杆，两端刻花。碾出的茶末要过箩。箩细则茶浮，粗则水浮。因此，对箩孔的粗细有一定的要求。地宫出土的鎏金飞天仙鹤纹壶及门座银箩子，钣金成型，纹饰鎏金，箩外底錾有铭文。茶箩为仿木制的箱匣结构，由盖、身、座、箩、屉五部分组成，残存的纱箩极细密，反映这时茶末颗粒已很细。这组茶具上多处刻有"五哥"字样。僖宗

李儇为懿宗第五子，册立为皇太子前宗室内以"五哥"相称。这组茶具是僖宗供奉的，茶是佛前供奉品之一，因而奉献茶具是在情理之中的。

此外，还出土有蕾纽摩纹三足架银盐台、壶门高圈足银风炉、鎏金四出花纹银箸、鎏金银龟盒等，它们分别用作盛盐、鼓风、拨炭、贮茶等。总之，法门寺地宫出土了一整套晚唐时期的饮茶用具，如此齐全的配置，在我国尚属首次。对研究唐代饮茶史，其重要意义是不言而喻的。

（十七）丹丹乌里克千年古画描绘的是什么？

唐代高僧玄奘在《大唐西域记》中记下了自己去天竺（今印度）取经途中的所见所闻，里边记载着许多奇闻轶事。千万不要以为这些故事是玄奘胡编乱造的，因为近代考古已经发现了这些神话传说的实物证明，这就是沉寂了 1000 多年之久的丹丹乌里克的千年画图。

丹丹乌里克位于新疆维吾尔自治区和田东北部塔克拉玛干沙漠深处，玉龙喀什河畔。其遗址散落在低矮的沙丘之间，一群群古老的建筑物在沙漠中半露半掩着，残垣断壁随处可见，呜咽的风沙似乎在向人们诉说着昔日的辉煌。丹丹乌里克在唐代称梁榭城，属于当时的于阗国，是当时一个非常重要的佛教文化中心，印度文化源源不断地从外面注入，与当地文化和大唐文化相互融合，相生相长，形成了自己特有的文化风格。今天在那里发现的许多古代文书（有多种文字）、钱币、雕刻、绘画等文物，就有力地证明了这一点。

20 世纪初，英国考古探险家斯坦因发现了几幅珍贵的唐代木版画和壁画，在世界美术界曾经轰动一时。这就是《鼠神图》《传丝公主》和《龙女图》。抛开其绘画风格和艺术价值不论，单就说其竟能与《大唐西域记》的某些记载完全一致，就够神奇的了。

先说《鼠神图》。据《大唐西域记》记载：于阗国都城西郊有一座鼠壤坟，传说里面的老鼠个个大如刺猬，领头的是一浑身金银色的硕鼠。但人们只是听祖辈们说过，谁也没有真正见过。有一次，匈奴数十万大军进犯于阗，恰巧就驻扎在了鼠壤坟旁。可怜于阗国小人少，只有数万兵力，哪里抵挡得住！于阗国王急得像热锅上的蚂蚁，实在走投无路，想起了传说中的神鼠，于是抱着侥幸心理摆出供品，向神鼠祭拜了一番。晚上，国王果真梦见一巨鼠，建议他第二日出兵，并许诺说必助其一臂之力。第二天交战时，匈奴军的弓弦、马鞍、军服之类不知什么时候都被老鼠咬断了，这样一来，自然丧失了战斗力。于阗军队大获全胜。为了感谢神鼠，国王就下令建造了神祠来供奉它。木版画《神鼠图》就画着一个头戴王冠的鼠头人身像，在其身后还放射着椭圆形光环，威风凛凛地坐在两个侍从中间。或许，这就是传说中的鼠王吧！

木版画《传丝公主》画的是一个贵族模样的唐代妇女。只见她戴着高高的帽子，帽子里似乎藏有什么东西。在她两边都跪着侍女，左边侍女左手还指着贵妇人的帽子。画板的一端画着一个篮子，装满了葡萄之类的小圆物。另一端还画着一个多面形的东西。这幅画是什么含义呢？它想向我们讲述怎样的故事呢？结合《大唐西域记》这个谜就水落石出了。原来，画上的贵妇人是唐代的一位公主，被皇帝许配给了于阗国王。于阗国那时没有蚕丝，国王于是恳求公主带蚕种过来。可是，当时中国严禁蚕丝出口，怎么办呢？这位聪明的公主就把蚕种藏在了帽子里，顺利出了关。如此说来，那画中篮里装的根本不是什么葡萄，而是蚕茧，而另一端画的则应是用来纺丝的纺车。相传这位公主是第一个把蚕桑业介绍到于阗的人，这么重要的人物和事件在艺术上有所表示是很合情合理的事。

关于《龙女图》的故事就更加充满浪漫色彩。与之相佐证，《大唐西域记》里有一则《龙女索夫》的记载。传说在于阗城东南有一条大河，原本浩浩荡荡，奔流不息，哺育着于阗国无数的农田。可不知怎么回事，河水有一次竟然断流了。这可把百姓们害苦了。听说这与河里的龙有关。国王于是在河边建了一座祠庙来祭祀，果真出现了一龙女，说她丈夫死了，以致如今无依无靠。要是国王能送她一个丈夫，水流就可以恢复。国王同意了，选了一个臣子，穿着白衣骑着白马跃入河中。从此，河里的水真的就再也没断流过。了解了这个故事，再来欣赏这幅被称为古代东方绘画艺术杰作的壁画就不觉得怪异了。壁画的正中画着一名头梳高髻的裸女，佩戴着项圈、臂钏、手镯，身段婀娜多姿，亭亭玉立于莲花池中。左手抚乳右手置腹，欣喜而又羞涩地回头俯视着脚下的一个男童。这名男童也是赤身裸体，双手抱着裸女的腿，并仰视着她。根据古代佛教绘画神大人小的处理方式，很明显，裸女应该是龙女，而男童是她向人间求婚得来的新夫。

实物与史料获得惊人的统一，这在考古学上已不是什么新鲜事。但有的学者仍持有异议。他们认为绘画内容的解释应该从佛教故事中寻求，而不能只停留于当时的世俗生活中。木版画和壁画的内容真是《大唐西域记》里所记载的内容吗？至今谁也说不清楚。

五、神奇的地理现象之谜

（一）为什么没有乌鸦在孔林落脚

山东曲阜的孔林是一座有着几千年历史的人工园林，景区内树木参天、苍桧翠柏，按说是鸟儿栖息的好地方，结果却没有鸟儿在这里落脚。经过大量的研究后，"气味说"成为一种比较能令人接受的科学解释。

我们已经知道孔林里栽种着许多奇花异草，珍稀古树，其中像楷树、桧柏、槲树等都是能散发出异味的树种，特别是晚间散发出的味道更浓，乌鸦对这种气味特别敏感，所以就会躲得远远的。

于是专家们猜测，正是这些树木散发的气味驱赶了乌鸦。还有证据说，位于孔林西面的一些古树在"文革"特殊时期遭到砍伐，后来又栽上了杨树，偶尔会有乌鸦降落在杨树上栖息，看来"气味说"是有一定根据的。不过这种说法现在仍没有得到科学证实。特别是在我国其他地方同样有栽种不同树木的园林，但从来没有听说过有任何一个园林出现过这种情况，可是这里却见不到一只乌鸦，这是怎么回事呢？

离孔林不远是另一个文物保护单位——孔庙，如果说当地乌鸦少的话，这里却有成群的乌鸦嬉闹栖息，为什么乌鸦总是绕过孔林呢？孔林也叫至圣林，是孔子死后孔家后人的墓地，整个景区占地两万余平方公里，园内栽种着十万余种树木，奇花异草更是数不胜数。相传孔子死后，"弟子各以四方奇木来植，故多异树，鲁人世世代代无能名者"，就是到了现代，仍有很多树木连植物专家也叫不出名来。这里古木成荫，百鸟齐鸣，唯独不见一只乌鸦前来造访，所以也就有了"乌鸦过孔林须绕行"的说法，这是怎么回事呢？

1. 孔子与三千乌鸦兵的传说

相传孔子在周游列国时，路上遇到一只被猎人用箭射杀的乌鸦，孔子下车亲手埋葬了这只乌鸦。孔子这一举动被其他乌鸦看在了眼里，它们决心报答孔子。有一次，孔子从外地返回家乡，路上遭遇劫匪，就在孔子危在旦夕的时候，黑压压的一群乌鸦从天而降，很快歹人就被这些乌鸦啄散，孔子这才安全地返回到家中。这就是传说中三千乌鸦兵救孔子的故事，孔子去世后，这些乌鸦兵仍然世世代代地守在孔庙守护着孔林，从而形成"孔庙乌鸦成群，孔林乌鸦不栖"的神奇现象。

2. 气味说

当然上面的传说在现在看来没有科学依据，所以很多学者也试图从科学的角度破解其中的奥秘。但这些都不了了之了，所以"气味说"似乎缺乏科学依据。

乌鸦不栖孔林作为一个特殊的自然现象，吸引着多个领域的科学家们的目光，相信在他们的努力下，总有一天这个谜底会被揭开。

孔林属全国重点文物保护单位，又称至圣林，孔林是孔子及其后裔的墓地。它坐落在曲阜城北，占地 3000 余亩，是我国规模最大、持续年代最长、保存最完整的氏族墓葬群和人工园林。孔子死后，弟子们把他葬于鲁城北泗水之上，当时的埋葬习俗还是"墓而不坟"（无高土隆起）。后来随着孔子地位的日益提高，孔林的规模越来越大。1994 年 12 月被列入《世界遗产名录》

（二）石壁见水显图之谜

四川历史悠久、风光秀丽，素有"天府之国"的美誉，这个人杰地灵的宝地自然能人辈出。

四川省仁寿县有一个叫黑龙滩的水库，这个水库依山而建，在这座山崖上有一个神奇的景观——"泼水现竹"壁画，被称作蜀中第一奇景。据考证，这幅壁画绘于1071 年-1073 年间，距今已有九百多年历史，这幅壁画见水后依然画面如新，实在是神奇。

1. 壁画所在的位置

壁画画于黑龙滩北端的龙泉山上，在龙泉山一处巍峨的悬岩上刻有苍劲的"龙岩"两字，东南方向离二字 30 米开外处有一处紫色的石壁，石壁上有一石窟，石窟中端坐一尊大佛。石窟上方偏左侧有一部分凹进去的石壁，神奇的壁画就绘于此处。当人们用水泼在上面之后，很快就会显现出"泼水现字"几个大字，从落款处可以得知这些字写于"乾道五年"。在石窟右上方泼水后，出现的是一幅墨竹图，只见竹干亭亭，枝叶栩栩如生，尤如实景一般。

据历史资料显示，"怪石墨竹"的作者叫文同，字与可，又称笑笑先生，是北宋梓州永泰县人，他和清朝郑板桥一样，独爱画竹，不仅如此，他还种竹、写竹，一生与竹子结下不解之缘。仁寿（现称陵州）县志记载："文同北宋熙宁四年知睦州后，在龙岩写怪石墨竹，两壁摩崖隐隐有光。怪石墨竹既无墨迹，又无雕镂痕，用水涤石，画面犹新。"

2. 见水现图的疑问

为什么历时九百余年之后，字画还能依旧如新？是作者用了特殊的笔墨吗？相传文同先生还真是用了特制的墨，那墨所用的原料除了松烟、煤烟之外，还放入了一种鱼的尿液，然后用铜制的炼炉熬制，才炼得历经千年不褪色的墨来。当地老百姓对这个奇观又有另外一种说法，龙岩所处位置较为特殊，山崖顶上长满了参天蔽日的大树，岩下的水蒸气共同保护了壁画不受风化影响。更有人说，是文同的表弟——宋代著名文学家苏东坡在密州任职期间，从徽州买来特制的"房墨"赠予了他，而文同就是用这种稀有的"房墨"绘制的壁画。经现代科学化验，"怪石墨竹"所在的紫色岩石，含有化学元素钾，钾的化学特性活泼，能与水发生反应，并生成氢氧化钾，氢氧化钾遇到龙岩泉水就会显出墨蓝色，这是不是龙岩壁画见水显图的真正原因？现在仍然没有定论。

（三）石头怎么会流血

在南京明故宫的午门，有一块很是引人注目的石头，这就是大名鼎鼎的"血迹石"。"血迹石"在中国不止一块，它们各有各的神奇之处。

1. 南京的渗血石

明朝故宫的午门里就有一块奇怪的"血迹石"呈青灰色，上面夹杂着一团团绛褐色的斑纹，看上去像是鲜血渗到了石中。传说这块石头还和五百多年前发生在这里的方孝孺血溅宫门事件有关。

方孝孺是浙江宁海人，又称正学先生，是明初著名的大学问家，但又是保守的儒家文化的代表，以愚忠著称于世。

1402年，当时的燕王朱棣率军从北京一直打到南京，并一举攻克南京城，迫使建文帝自焚而亡。随后朱棣称帝，也就是明朝的明成祖。当时方孝孺在文人圈中的名气相当大，明成祖就有借方孝孺笼络读书人为自己正名的想法，于是下了一道圣旨，邀方孝孺进京任职。不料方孝孺誓死不从，并大骂朱棣窃取皇位，朱棣大怒，想用灭十族的酷刑迫使方孝孺就范，怎耐方孝孺视死如归，最后明成祖真的命人灭了方孝孺的十族，这里面包括他的朋友和学生，这次事件被砍头的有八百多人，这在历史上也是一桩千古未闻的血案。相传血迹石就是沾染了方孝孺的血而留下的。

2. 苏州渗血石

除明故宫的血迹石外，在苏州虎丘也同样有一块渗血的石头，被人称作千人石。它又有什么来历呢？相传千人石下就是吴王阖闾的坟墓。吴王阖闾生前就征用大量劳力修建了自己的坟墓，他怕工匠们泄露其中的机关布置，于是在坟墓建好后，把匠人们挨个在千人石上斩首，血水渗入石头。每当下雨之后，血水就会渗出来，像是对世人控诉吴王的残暴。

血迹石里真的存有大量的血液吗？如果答案是肯定的话，为什么历经千年之后，血水还没有流干？

3. 渗血石的成因

其实这是人们借以历史事件牵强附会的一种想法，事实上血迹石都是沉积岩，而沉积岩大多又是石灰岩构成的。石灰岩形成于海底，是三亿多年前大量含有钙质的古生物的遗体沉积形成的。在这期间，海中的氧化铁和氧化锰也参与进来，并形成了绛褐色的团块和条纹，成为石迹石。随着地壳的运动，形成山体的一部分。最后又被工匠开采出来当作建造宫殿的材料，实际上它和血液是没有关系的。

流血现象只出现在动物身上，当动物皮肤受到伤害，毛细血管就会渗出血来。可是有的石头也会流血，你相信吗？

（四）这里的沙丘会唱歌

大自然的造化千变万化，有时我们不得不在它面前俯首叹服。

1. 歌唱的沙丘

我国拥有几处世界闻名的鸣沙景观，如甘肃敦煌市的鸣沙山、新疆哈密市的鸡沙山、宁夏中卫市沙坡头区的沙坡头和内蒙古达拉特旗的响沙湾。其中内蒙古自治区的响沙湾最有名，它位于包头市内约五十千米，地处库布齐沙漠。

说到这里我们要交代一下什么是响沙，顾名思义响沙就是能发出声音的沙子，有的地方又称其为鸣沙。从外观上看，响沙湾的沙丘和其他沙漠的沙丘并没有什么两样，都呈弯弯的新月形，高约 50 米，坡度不超过 40°。众所周知，白天沙漠的温度是非常高的，特别是炎热的夏季，经过太阳的暴晒，库布齐沙漠的地表温度能达 50℃ 以上。如果赤脚走在上面脚底都会被烫伤，就是穿着鞋子，沙子如果钻进鞋里，同样会烫伤足底。所以在景区内的一些沙丘上都铺设了软梯，当顺着软梯走到山顶后，再从沙丘上乘坐特制的滑板滑下去时，滑板两边就能听到阵阵的响声。这种响声不是单一的，有时像机械的轰鸣声，又时又像空竹发出的呜呜声，有时甚至还能发出蛙鸣声。总之，随着滑行速度和重量的不同，发出的声音也不一而足。有时声音非常响亮，就连身在十几米外的游客都能听得清清楚楚。

2. 沙丘唱歌的原因

人们都在疑惑，为什么响沙湾的沙子能够"歌唱"？在当地流传着一个传说，很久以前这里曾有一座宏伟的喇嘛庙。有一天，这里狂风大作，遮天蔽日的沙子把喇嘛庙整个埋了起来，并形成一座沙山。喇嘛庙里还有很多正在诵经的喇嘛也同寺庙一起被埋在了地下，所以我们听到的响声就是喇嘛们念经、击鼓的声音。当然这只是一个传说，毫无科学根据，那站在科学的角度该怎么解释这一现象呢？

实际上科学界对这一现象也没有定论。有些科学家认为响声的出现是几个因素共同作用的结果。第一是地貌，响沙的沙丘呈新月形，而沙丘的对面是一座小山，小山和沙丘之间还有一条季节性的河流，这一要素在我国其他响沙景点也同样存在。

第二是湿度，科学家发现，如果空气中的温度增加，则鸣沙不再响，比如在下过雨之后再去滑沙，就不会听到任何响动。宁夏的沙坡头就是由于植被的增加让当地温度增加，失去了鸣沙这一奇景。但是沙子太过干燥同样会让鸣沙成为哑巴，像敦煌的鸣沙山，因为月牙泉的泉水日渐枯竭，同样失去了鸣沙的能力。所以湿度也是响沙的一个重要因素。

第三是沙层的厚度也会影响到响沙。响沙湾的沙子下面有一层比较硬的砂砾岩，沙丘顶部和底部可能因为沙层厚度不均，所以滑板在这两个部位都不响，唯独在沙丘中部是鸣沙最响的部分。

第四是沙子本身的原因。凡是有响沙景观的沙丘，沙子的颗粒大小都相当均匀。组成沙子的成分有石英、长石、黑云母等矿物质，当沙粒大小均匀时，沙子之间的空隙就能储藏空气，这是形成声音的重要因素。沙丘顶端的坡度过大，沙层薄，存储的空气不至于发出声响；底层的沙层又过于平缓，发声条件不是很好。所以只有几个原因共同作用下的沙丘中部才能发出多种多样的声音。所以远道而来的旅客只有了解了响沙的特性后，才能领略到这一神奇现象，如果惧怕沙漠的炎热，而选择雨后或天气凉爽的时候前往，则只能抱憾而归了。

> **知识小链接**
>
> 作为世界上沙漠面积较大、分布较广、沙漠化危害严重的国家之一，中国沙漠化面积已经达到 262 万平方公里，占国土面积的 27%，而且还有扩大的趋势。

（五）奇怪的冷热洞

我国地域广阔，奇山异洞举不胜举。有这么一个山洞，它脾气多变，时而寒冷刺骨，时而又热浪滔天，是什么原因造成它多变的性格的？

要体会这个洞穴的神奇就要来到湖北著名的原始景区——神农架。神农架的名气可谓国内外驰名，相信读者朋友们也对它早有所耳闻。在神农架景区有一个彩旗村，冷热洞就在这个村的附近。

冷热洞位于海拔 1500 米的半山腰，整个洞长 5 千米，山洞里面空间宽大，可以容纳两万余成年人。冷热洞的洞口指向南方，立于洞口，放眼望去全是铁坚杉郁郁葱葱的颜色，洞内呼呼的风直往外冒，让人不觉产生敬畏感。

据当地人讲，观赏洞内奇景最好选择春、夏两季，即使在炎热的三伏天，只要脚踏进洞口就能感到寒气刺骨，如果你以为冷热洞只会在夏天变得阴冷就错了。

之所以说冷热洞神奇，是因为在其5千米的洞内不同地段可以体会到春、夏、秋、冬四个不同季节的温度。游客在脚刚踏入洞口的时候首先会体会到冬天的阴冷，一直往前走不了多远，忽一阵热浪袭来，让人措手不及，仿佛突然从冬季来到夏季。不仅如此，冷热洞还可以称作干湿洞，为什么这样讲呢？在这个洞里除了冷热分明之外，还一边湿一边干，而且两处的温度也是界限分明。夏天来到湿的地方，会感到凉爽怡人，心清气爽，而站在干的地方则浑身燥热难耐，好像置身于炎炎烈日之下；冬天，站在湿的一边，则是从脚冷到头顶，一阵刺骨的寒意，站在干的一边，则又有如沐春风、温暖舒适的感觉。

要想体会冷热洞的神奇，只看文字描述是苍白的，你必须亲自来到此处，才能切身体会到大自然的造化。但遗憾的是，虽然冷热洞洞长5千米，但有一半的空间都是狭窄的，所以人们无法探知洞内深处的秘密，也许造成洞内冷热分明的神奇力量就来自于洞内深处。

孕育冷热洞的神农架本身就充满了谜团，在这里有野人的传说，各种奇花异草，很多外界没有的生物，这些东西无不吸引着人们好奇的目光。

冷热洞内的天然景观也很丰富，像形象逼真的石笋、石柱、石鼓、石帘等，都让游客流连忘返。而洞内冷热交替的奇景，更是刺激了人们一探究竟的欲望。

很多人对冷热洞的现象感到惊奇，实际上，地域辽阔的中国不止神农架有这样的奇观。以喀斯特地貌最为丰富的贵州也有一个神奇的冷热洞。和神农架的冷热洞横向变换不同，贵州的冷热洞是纵向变化，形成上下两层不同的温度，游客置身其中，会有上身温暖舒适、下身冰凉刺骨的感觉。

地质科考人员曾多次深入贵州的冷热洞，期望揭开冷热洞的温差之谜。研究人员在进洞之前，下身穿了厚厚的棉裤，上身则光着膀子。进洞之后没多久，光着膀子的上身已经大汗淋漓，而穿着厚厚棉裤的双腿却冻得受不了。根据这个特点，大多数专家认为冷热洞中的地面具有吸热功能，是洞中流动的空气造成上层温度高、下层温度低的奇特景象。但这一说法又不足以解释神农架冷热洞的现象。

也有一些地质学家坚持另一个观点，他们认为冷热洞之所以会形成温差，是洞中岩石结构不同造成的。洞内地表岩石是一种冰冷的岩石，能吸收热量；而洞顶的岩石又是一种能释放热量的岩石，于是洞内就形成了"上热下冷"的奇特效果。在神农架的冷热洞，同样存在两种不同的岩石，所以就形成了洞内两个阶段的不同温度。

但是也有人认为这一说法不够严谨，因为放下神农架冷热洞不说，单就贵州的冷热洞而言，洞内上下这么规律地分布着两种不同的岩石也未免太巧了，单靠自然的力量不足以完成这个工作。

直到现在，有关冷热洞的谜团也没有一个世界公认的解释。

> **知识小链接**
>
> 南非钻石洞：这座位于南非的钻石矿曾经出产了 3 吨的钻石，形成了一个 1097 米深的大矿坑。1914 年，这座钻石矿因为被挖掘殆尽而关门大吉。如今，这座绿树环绕的矿中已经不可能看到钻石的踪影了，但其中是否还会有其他秘密，就要依靠感兴趣的人们自行去开发了。

（六）一遇地震就流血的老龙洞

前面我们讲过了一种遇雨水就流"血水"的渗血石，现在我们再来讲一个一遇地震就流血的洞穴。

1. 美丽的老龙洞

四川省渠县境内有一个老龙洞，它是泥岩裂隙式溶洞，该洞全长 500 米左右，洞宽 1~18 米，高 3~5 米，水深 1~20 米。洞内坚硬的岩石经过水的侵蚀、冲刷和磨砺，形成了各种石花、石柱和石钟等天然景象，其规模宏大，表面光洁，仿佛用翡翠玛瑙雕刻而成的稀世珍宝，洞内两侧七彩斑斓，图案优美，线条流畅，像是一幅幅抽象画，所以这里又有"地下卢浮宫"和"水上画廊"的美誉。

2. 美丽的传说

老龙洞这个名称还跟一段有趣的传说有关：古时候，在龙潭乡白水溪旁住着一户李姓的人家，它们靠种田维持生技。老汉、老婆婆都两鬓斑白，干不了太多的体力活儿，所以田里的重活儿都是他们的儿子李昂来做。这个李昂不仅一表人才，而且学识渊博、孝顺父母。有一年，京城开科取士，李昂便想进京赶考。正当这时，他的父亲却突然离世，为了照顾年迈的母亲，李昂放弃了考取功名的念头，在村子旁边开了一个私塾，招收了很多家贫念不起书的弟子，教他们读书写字，深得百姓爱戴。后来李昂误食了一颗药丸，结果化身为青龙消失在了暗河里，从此这里就有了老龙洞。

3. 奇异的现象

老龙洞的传说已经够传奇了，可是更加让人称奇的是该洞能在地震时流出红色的血水。

据当地的村民讲，近代中国发生的几次大地震中这里都曾流过血水。像唐山大地震、台湾大地震，就连远在印尼的海底地震发生时，老龙洞都出现过这种现象，这么奇怪的现象是什么原因造成的呢？

专家翻阅了古代资料发现，古代地震时老龙洞就有吐血的记录。于是专家们推断，我国青藏高原是造山运动的结果，四川盆地在远古时期本来是在海底，经过地球板块运动和造山运动的影响，四川盆地抬出了水面，并形成了以盐矿为主体的岩石。渠县老龙洞周围的矿质是石灰岩，经过长年累月的水侵蚀之后形成了溶洞，溶洞深入地下，水流也跟着流到地下形成了暗河。读者朋友应该知道，发生日全食时，是月球离地球最近的时候，月球的引力直接影响地球上的潮汐，地下水层也会受到影响。

有的溶洞是非常深的，有的地方会有硫磺，当地下水与非常热的硫磺相遇时会酸化，这些呈强酸性的水与土壤或岩层内的铁矿产生锈蚀，水也变成了褐黄色。这些水的密度要高于一般的水，所以它一直沉淀在地层底部。当月球靠近地球时，岩浆也会跟着月球的引力而变得活跃，这些褐色的酸性水会在压力下被挤出地面。看到这种深颜色的水，可以将其理解为地下正承受着非常大的上升压力，邻近地区将会发生或已经发生地震；如果老龙洞的血水是喷涌而出的，则表示地下的岩浆活动非常活跃，高强度的大地震即将来临。

知识小链接

西伯利亚"钻石矿陷阱"：这个世界上最大的钻石矿位于西伯利亚，矿坑深度超过525米，直径超越1200米，在它的周围，一辆庞大的巨型卡车也会显得格外渺小。这个矿坑非常深，呈旋涡状，里面埋藏着大量的钻石。但是，这笔诱惑极大的财富却更像是一个"陷阱"，曾经有一些直升机被吸入坑洞中杳无踪迹，所以这个钻石矿坑附近至今仍有一个禁航区。

（七）地震后地上长白毛

前面我们讲过了地震后流血水的山洞，下面再来看一个地震后地上长白毛的地方。

这奇观现在已经看不到了，要想了解这件稀奇的事还要从古籍中找线索。打开地震历史资料，我们可以找到很多地震后地上生白毛的记载。比如公元535年12月"都下（南京）地震生白毛，长二尺"；公元548年10月，江南地震也有同样现象；公元788年3月，"京师（长安）地震生毛，或黄或白，长尺余者"；832年3月、1180年6月、1475年5月，苏州、北京、松江等不同地方都同时记载了地生白毛的景象；1749年5月，江苏常州发生地震，记载显示"生白毛，细如发，长尺余"；1499年5月、1502年、1505年10月，我国各地又陆续出现地震之后"白毛遍地"的现象；1506-1510年间，云南、浙江、河北三省也发生了地震后出现"地生白毛"的事情；1691年

4月，福建省某地区发生地震，史书记载"泥土生毛"；1785年3月，福建省再次出现"福建南安地震生毛"的记载，这次地震之后，就再也没有其他震后地上生白毛的记载了。

现代的地质学家对史书上记载的这一现象十分好奇，通过仔细归纳，他们发现了几个有趣的现象：一是这种记载多出现在南方各省份，北方地区没有出现过类似的记载；二是发生在春夏时节的地震才会出现这种现象；三是长出的毛以白色为主，个别地区出现过黑、黄、红色的毛；四是也有一部分地生白毛的现象，但之前并没有地震发生；五是这些现象多发生在古代，现代几百年来都没有相关记载。

虽然缺少现实依据，但是几百年的历史资料不会说谎，也就是说地震后长白毛的现象在以前是真实存在的。但是这种白毛是什么东西呢？为什么现在发生地震之后却看不到这种现象呢？长出的白毛又是什么样子，什么成分的？因为没有实物研究，这些问题还无法解答。有专家推断这些白毛应该是一种竖起的丝状物，可能是地震发生时地表摩擦产生的静电引起的。

现在只有等待机会，再遇到这种情景时才能做进一步的研究和说明。

> **知识小链接**
>
> 震前动物有前兆，群测群防要做好。牛羊骡马不进圈，老鼠搬家往外逃。
>
> 鸡飞上树猪拱圈，鸭不下水狗狂叫。蜜蜂群鸟迁家忙，大猫叼着小猫跑。
> 冬天蛇蛙早出洞，鸽子惊飞不回巢。兔子竖耳蹦又撞，鱼儿惊慌水面跳。
> 家家户户都观察，综合异常做预报。

（八）这里是矮人的国度

我国地域辽阔，人们因为生活水平和饮食习惯的不同，造就了人的高矮胖瘦的不同。像北方人身高普遍比南方人要高。现在我们就一起走进一个矮人国，看看那里的人又有什么样的故事。

1. 都是矮人的村落

我们要讲的矮人村位于四川省西部一个偏远的地区，这里有个村庄，凡是这个村的村民，个头都比别村的人矮许多。全村的人如果集合在一起，就像一群小学生站在一起一样。这个现象引起了国家相关部门和四川省的重视，他们专门派了专家前来调研，经过一系列的研究化验，发现这里的村民并不是因为侏儒症而个头矮，其真正原因就连专家也答不上来。

这个矮人村叫阳鸣村，位于四川资中县境内的一个山区。听这里的老人讲，"矮人村"并不是有史以来一直存在的，而是20世纪三十年代之后，这里出生的人才莫名其妙患上了矮人症，直到今天再没有一个人的身高超过一米以上。这里的村民普遍身高只有80厘米，最矮的只有40多厘米，就连幼儿园的孩子都比他们个头高。

据乡镇工作人员介绍，20世纪60年代，该村人口约为120人，现在只有110人。村子修建在几座大山的山谷中，他们平时依靠种田为生。矮人村的村民因为个头太矮，很难找到"般配"的对象成家，所以村里有很多"孤寡、单身"的村民。有的村民成了五保户，只能靠政府来养老。

2. 矮人成因的调查

是谁在这里施展了"魔法"，停止了村民的生长呢？

从医学角度讲，人体生长是由脑垂体分泌的生长素决定的。由于生理条件不同，会导致人的生长素分泌水平的不同，如果生长素分泌不足，就会出现生长缓慢或停止生长的现象，身材就会比常人矮小。据"矮人村"的村民介绍，他们小时候的生长发育和其他孩子没什么不同，可是奇怪的是，等他们长到五六岁时就再也不长个儿了。

如果人长不高令人奇怪也就罢了，在"矮人村"生长的一些农作物也同样"袖珍"，于是人们把目光转移到村中央一口20世纪20年代开采的水井上。省、市派出了多学科的专家到此对井水做了细致的化验，化验结果是水中的钙、磷等各种微量元素远远低于正常的水源。于是，村民就把长不高的原因归罪于这口水井。

为了改善阳鸣村村民的精神面貌，政府部门共出资十几万元为该村修建了蓄水池，从附近的水库中引水供村民们使用。但过了一段时间，村民们仍没有长高的迹象，直到这条管道破损之后，村民们就又开始饮用那口井的井水了。

让阳鸣村的村民停止生长的魔咒真的出自井水吗？阳鸣村的村民们正翘首以盼，希望早日找到元凶。

知识小链接

侏儒症是由一种基因疾病引起的，会导致短小的身材和骨骼不成比例地生长。据调查，每年有400名严重的侏儒症儿童由正常身高的父母生下。尽管任何一对夫妻都有可能生下侏儒的孩子，但侏儒夫妻有80%的机会会生下和他们有一样症状的后代。

（九）会开花的"石钟乳"

开花是植物孕育繁殖的必要经过，可你见过会开花的石头吗？

1. 白云洞的奇异花

据地质学家研究，崂山白云洞早在 5 亿年前的中寒武纪就已经形成了，是我国北方罕见的洞穴景观，洞长 4000 米，最大的洞厅有 2170 平方米。

白云洞共有 5 个洞厅，并已对游客开放，这些洞一个套着一个，一个厅连着一个厅，根据其景象变化，人们为它们依次起名为"人间""天堂""地府""龙宫""迷乐"。五个洞各有各的特色，各有各的亮点。在这些洞厅里，因碳酸盐沉淀而形成的石钟乳、石笋、石幔、石帘、石瀑布、石帘花等景观比比皆是，造型栩栩如

崂山白云洞

生。其中最有代表性的是"节外生枝""线型石管"和"彩色石幔"，这些景观如葡萄，似珍珠，这在我国其他溶洞中是很少见到的。

2. 蟠龙洞的"宝石花"

我们再来到广东云浮蟠龙洞，这里也有可以媲美白云洞的石花。蟠龙洞最有代表性的景观当数洞内岩壁上自然生长出的"宝石花"了，这些石花晶莹剔透，如水晶雕刻一般，形态万千、熠熠生辉。这些石花造型之逼真在世界其他各国是很难见到的，所以在 1987 年《国际洞穴年会》上，蟠龙洞被协会定为"世界三大石花洞"之一。

更令人称奇的是，石花并没有定型，而是仍在不停地生长，它们仿佛并不受地球重力的影响，而是向四周节节开花，就像人的头发不停地向外生长，成为真正意义上的"永不凋谢的花"。

3. 美丽的银狐洞

祖国首都北京的房山区也有一个溶洞，它就是著名的银狐洞。洞内同样有数不清的石漫、石盾、石蘑、石旗、石笋、鹅管等钟乳石奇观，此外还有罕见的石菊花、石珍珠等悬垂于洞顶的钟乳石。这些都还不是最有特色的，这里的一个长近两米、形似狐狸的大形晶体才是吸引人们前来的主要景观，经国内外专家的鉴定，这种形态逼真的动物形象还是首次发现，可称得上中华瑰宝，所以此洞也被以银狐洞命名。

对"银狐"的成因，专家们给出了不同的解释：一种说法是由于雾喷凝聚而形成

的；另一种说法是银狐外的丝绒般的毛状晶体含有某种物质的水，矿物水经渗透凝结而形成。两种说法各执一词，没有定论。

> **知识小链接**
>
> 钟乳石，又称石钟乳，是指碳酸盐岩地区洞穴内在漫长地质历史时期和特定地质条件下形成的石钟乳、石笋、石柱等不同形态碳酸钙沉淀物的总称，钟乳石的形成往往需要上万年或几十万年时间。由于形成时间漫长，钟乳石对远古地质考察有着重要的研究价值。

（十）自动向上滑动的怪坡

我们在向上爬坡时都会感到比走平地时吃力，可有这么个坡，当车辆向上行驶时可以暂停发动机，车辆会自动向上滑行，实在令人称奇。

这种怪坡在中国还不止一处，但它们有一个共同的特点，上坡容易下坡难。明明是从坡下向上走的车辆，却可以不靠外力自动向上行驶，很多长年开车的司机朋友也琢磨不透其中的道理。

1990 年 4 月，在沈阳市东部山区的一个山坡下开来了一辆车，这辆吉普车由两个年轻人驾驶，当车到了坡下之后，司机打算暂时把车停在这里，他钥匙一拧，就把发动机停了。奇怪的事发生了，吉普车竟然自动缓缓向坡顶走去，不一会儿就来到了坡顶。这让两个人大感意外，于是又把车开到坡下想看看是怎么回事。试验的结果和上次一样，不用发动机车就能自己向坡顶走去。

在山东济南，也有一个与之类似的怪坡，这个怪坡位于济南经济学院以南 1.5 千米处。发现这个怪坡也属偶然。有一次，一辆汽车走到坡下突然熄火，怎么也发动不了汽车，就在检查原因的时候，司机突然发现汽车缓慢地向坡上驶去，司机不敢相信自己的眼睛，又试了几次都是同样的结果。这一发现被公布后，很多司机朋友前来试验，结果都发生了这种现象。于是当地人给这种现象起了一个形象的名字——"倒行逆驶"。

在河南汝州市以北 9 千米外也有一个怪坡，这个叫"姊妹怪坡"的小坡并不长，但是车辆停在坡下就能自己向高处走，不仅如此，如果遇到下雨天，地面上的雨水也会顺着坡道向高处流。

不仅我国，在国外也曾报道过类似的怪坡现象，这是一种什么样的力量在作用呢？

首先"重力位移"说被提出来，所谓重力位移就是在这些坡上，由于某种不得而知的神秘力量的推动，车辆的重力点发生位移，导致汽车下坡不走，却能自动上坡的奇怪现象。当然，这种说法不能被科学家接受。而就是提出这种说法的人，也说不出

这种神秘力量是什么。

也有人认为是怪坡上的磁场变化导致了这种诡异的现象。他们相信在怪坡的顶端有一种非常强的磁力，汽车在坡下时就被磁力吸到了坡顶。而下坡时，又因为被磁力所吸引，所以下坡反而困难。如果真的是磁力的原因，为什么对不同的物体会产生不一样的结果？

还有一种"错觉说"被科学界所认同。持这种观点的人认为，这些坡实际上并没有魔力，只是人们的错觉把上下坡颠倒造成的。因为很多怪坡的旁边都有一个起伏更大的坡，人们走到怪坡前时，就会用旁边更大的坡度做参考，所以就成了视觉上的误差。

"错觉"说好像可以解释怪坡之谜，但是，并不是每一个怪坡旁边都有可参照的山坡，所以这一说法同样遭到了人们的质疑。一些地质工作人员也曾用专门的仪器对怪坡进行了勘测，发现它们确实有货真价实的坡度，车辆也确实是向上滑行。

李政道是知名的物理学家，就连他也无法解释这个神奇的现象，于是他开玩笑地说，谁如果能解决这个怪坡之谜，拿下诺贝尔奖将不是问题。世界上的怪坡数量不少，很多人都慕名前往体验自动上坡的乐趣，所以很多怪坡成了旅游胜地。

> **知识小链接**
>
> 位于安徽省马鞍山市濮塘镇玉泉景区内的"怪坡"全长约 150 米，坡度约为 35°，是国内最长的怪坡。路口，立着一个白色石碑，正面写着"怪坡"两个字，背面有相关介绍：车倒爬，水倒流。在坡道下方马路中央有一个金属点，在金属点往上至石碑处就是怪坡的主要坡段。

（十一）能预报天气的水井

水井只是为了提供饮水和灌溉的基础设施，但有的水井却另有用途，比如说能预报天气，你听说过吗？

我们要讲的这口水井位于江西省安远县的下龙村，这里有两口水井，分别设于村头和村尾，两井间隔 840 多米。据老人讲，这两口水井已经有约 500 年以上的历史了。

下龙村的这两口井从外观上看与其他地方的水井并没有不同，但是这两口井却是长方形的布局，村头的水井长 1.6 米，宽 1.2 米；村尾的水井长 1.2 米，宽 1.8 米，两口井都是用大青石堆砌的。

怎么通过水井观察天气呢？据村民介绍，要想通过古井辨识天气，就要在傍晚时同时观察两口水井的水质，因为预报同一种天气，两口水井的水质截然相反。比如村头水井的水质如果非常混浊，第二天可能就是阴天；村尾水井的水质如果混浊，那么第二天就是大晴天。反过来，如果村尾水井的水非常清澈，那么第二天就会是阴天；村头水井的水如果清澈了，那么预示着第二天就是晴天。

下龙村的村民世世代代都是通过这两口水井的水质来预知天气情况的。这种奇怪的水井不止下龙村有，远在贵州省石阡县的葛荣村也有一口能知天气的水井。

这口水井也有一百多年的历史了，在村里没有通自来水之前，这口井一直是该村饮用水的来源。据村民介绍，要想预知未来几天的天气，就要通过观察井水的清浊度来判断。而且天气不同出水量也不同，如果有一天井水突然激增，说明未来天气将会有大的变化。此外，如果井水清澈见底，那么未来几天都是以晴天为主；如果井水浑浊，那么就会有雨水降临。

无独有偶，在四川省蒙顶山上有一口"法力无边"的水井更让人们百思不得其解。据说蒙顶山的山顶上有一口水井，水井上还有一个井盖，如果有人掀开井盖，不出多久，就会电闪雷鸣、风雨大作。

一些专家听到这个奇闻都非常感兴趣，于是特意赶来一探究竟。这天，是个风和日丽的好天气，专家们一同来到蒙顶山上，对这口水井进行实验。专家们把井盖打开，抬起头等待电闪雷鸣那一刻，可是天空依旧艳阳高照，并没有传说中的狂风大作，可是过了二十多分钟，天气突然阴沉下来，不一会儿就下起了雨。

这口水井原名甘露井，后改名为古蒙泉，这口水井建于西汉年间，迄今已有两千多年的历史。据当地人讲，蒙顶山上原住着一条青龙，这条龙经常兴风作浪，给当地降下连天暴雨，水灾让百姓苦不堪言。村民为了镇住这条恶龙，就修了一口漂亮的水井，青龙看到后就以水井为家，人们就在井口加了井盖把青龙困于井下。井盖一旦打开，青龙就会蹿出来祸害百姓。

当然，这只是迷信传说，不足以说明古蒙泉为何会招来雨水。但是这一传说说明很久以前这口水井就有"呼风唤雨"的本事了。科学家们对这一现象也是百思不得其解，只能猜测下雨是跟掀井盖时发出的声音震动有关。古蒙泉在海拔很高的山上，人们在掀开石头井盖时会引起振动，振动传到天空中飘浮的云层中就会引起降雨。还有科学家认为这一现象本身就是一个巧合，没有什么研究价值，理由是蒙顶山所处的四川雅安市本身就是多雨湿润的城市，就算人们不掀动井盖，这里的雨也常常不期而遇。

这些有神奇本领的水井就这样静静地端立在原来的位置，它们的神奇也吸引着游人前来一睹究竟，但它们为何会有如此神奇的本领，现在也没有一个准确的说法，也许这就是它们独特魅力的所在。

知识小链接

我们通常所见的水井水位都是低于地面的，可是在江西南康区十八塘乡群丰村却有一口怪井，水位竟然高出地面一米多。这口井直径 80 厘米，井水清澈见底。开凿这口井的段先忠说，4 月，他准备挖一个 10 米深的井，没想到刚刚挖了 4 米，井水就不断冒出来，用水泵抽也抽不干。看到水涌出来，挖井的师傅便往井下放井箍。井箍放到靠近地面的时候，水已经超过了地面。现在这口井的地面上加放了三个井箍，水位已经高出地面一米多，可井水仍然不断往上冒，经常溢出井箍。

（十二）堪称惊奇的土地

土地给我们的印象都是用来种种粮食、种种花草，无非是用来种植植物的，可当你看了下面的土地后，会对它有一种认识。

1. 能种出香稻的水田

石柱土家族自治县位于四川省一处海拔 1200 米的地方，在该县悦来乡寺院村土家寨有几块能种出香稻的水田，让人看了啧啧称奇。这里共有五块田具有这样神奇的能力，五块田合起来约有两亩，它们分布在数百亩梯田中，从外貌上看和其他稻田无异，但在同种、同播、同样的管理下，却能长出不同的稻米。更令人称奇的是，不管选用什么样的稻种，在这五块地里生长产出的都是香稻，而且这几块田地不惧旱涝，种出的稻米一直比周围田地里的稻米质量要好许多。石柱寺院香稻自汉代起就已经远近闻名，作为巴蜀的特产，每年都会精心挑选一批上等稻米作为贡品献给皇宫御用。

2. 不断喷射奇特香味的土地

在我国还有一处神奇的土地，这块土地本身就能释放香气，在国内外都实属罕见。这块土地位于湖南省洞口县门镇清水村西，土地面积约 50 平方米。这块不大的土地像是撒了香料一般，不断地喷射出奇特的香味，但当你走出这块地一米之外时，就再也闻不到香气了。当地群众介绍说，这块地被称为"宰神仙香地"，香气一年四季不会间断。有人猜测地下一定埋有宝物，但挖了很深也没见任何宝物出现。这里的香气并不是均匀的，像早晨太阳微露时，土地散发的香气是最浓的；正值中午时，土地散发的香气又变得很淡，阴天、黄昏和雨后香味也会变浓。这种香气非常特别，但又与花香截然不同，有人推测可能是地下某种矿藏产生的香味，但土质中什么微量元素能散发香味，现在科学界还没有记载。

3. 能不播种就收获的神奇土地

湖北省兴山县香溪口是王昭君的故里，在这里有一块面积约 200 平方公里的土地，最近出了名。

平日里这块土地生都生长着灌木，当地人每年冬天都会放火烧掉这些杂草。第二年春天，几场春雨过后，这里就能生长出碧绿的油菜。这下附近 20 多个村庄的村民们就享福了，他们每户可以收获油菜籽 60 多公斤，基本上能满足一年的生活用油。一位老村民介绍，他从小就吃这里的油菜，上几辈人应该也是。1935 年这里曾发过一次大水，坡上的植物都被连根卷走，土都被冲掉了一层，可是第二年，油菜照样生长。据当地人讲，这和王昭君还有关系呢。传说昭君被选召入宫时，在这里种下菜籽，并希望油菜能"连发连发连年发"，结果这些油菜果然能连年生长。

> **知识小链接**
>
> 土是尚未固结成岩的松软堆积物，主要为第四纪的产物。土与岩石的根本区别是土不具有刚性的联结，物理状态多变，力学强度低等。土由各类岩石经风化作用而成。土位于地壳的表层，是人类工程经济活动的主要地质环境。土与岩石都是工程岩土学的研究对象。

（十三）沸腾的井水

读者朋友们都知道，水只有烧开达到沸点时才会沸腾，但是有这样几口水井，里面的水无时无刻不在沸腾，它们的背后隐藏着怎样的玄机呢？

1. 神秘的沸腾井

在江苏丹阳延陵镇九里村有一处名胜称作季子庙，季子庙东南约百米的地方有六口古井，这六口井排列于村子的一个河塘边，每口井相距不足几米。青石的井沿上留下了历代村民取水时绳索的磨痕。向井内望去，会发现每口水井内的井水都在翻涌沸腾，其中三口水井的水质很清，清似矿泉；另外三口水井的水质又很浊，浊似泥浆。伴着沸腾的井水，像珍珠一样的水泡也随水花翻涌。水塘沿着水井的一侧也有气泡不断地冒上来，所以村民称这个塘为"沸井塘"。

2. 不同味道的井水

虽然有三口水井的水质很混浊，但并不影响饮用，更为奇怪的是，距离这么近的几口井，水的味道还不一样。有的像啤酒、有的像饮料，还有的如放了调料一样发出苦味和辣味，难道水井下面有一个天然的调料源？

对于这种奇怪的现象，专家们给出的解释是，它们的味道之所以不同，主要是由于水里的化学成分不同造成的。别看几口水井离得很近，但其中水来自不同的支脉，所以造成它们的味道各不相同。

3. 成因的猜想

（1）身处岩石断裂带

南京师范大学的一位专家对这几口水井进行了实地的考察，他认为"沸井"处于岩石的断裂带上，地层中可能含有具有高挥发性的氟化物、氮化物、硫化物等的气体。这些气体会渗出地表。

（2）是汪洋留下的痕迹

东南大学的一位教授却有不同的意见。他认为远古时"沸井"周边曾是一片汪洋，海洋生物生长茂盛。后来，水面缩小，这里成了沼泽滩地。在漫长的地质演化当中，大量动植物被埋进地层，经过物理作用之后，形成大量的二氧化碳和甲烷气体，这些气体在地层深处，顺着土层渗出水面就形成了"沸井"。

> **知识小链接**
>
> 地热是来自地球内部的一种能量资源。地球上火山喷出的熔岩温度高达 $1200℃\sim1300℃$，天然温泉的温度大多在 $60℃$ 以上，有的甚至高达 $100℃\sim140℃$。这说明地球是一个庞大的热库，蕴藏着巨大的热能。这种热量渗出地表，于是就有了地热。

（十四）阴森的"魔鬼谷"之谜

"魔鬼谷"位于青海省，它的可怕之处是，每当有人或牲畜进入后，谷中就会降雨，然后造成人或牲畜的伤亡。是什么可怕的力量在摧残着进入谷中的生灵呢？

在我国西北边陲有一个长 100 千米、宽 30 千米的狭长谷地。它东起青海省茫崖镇，西至新疆若羌县境内的沙山，谷地海拔 3200 米左右，谷内绿草丰沛，是一个很好的天然牧场。但是看似平静的峡谷却被人冠以"魔鬼谷"的称号，当地人都不敢贸然前往，因为曾有许多走进峡谷的人再也没有出来。有关"魔鬼谷"的传说在当地也已经流传了几千年：当黑云笼罩山谷的时候，就会伴有电闪雷鸣，点点的鬼火也会忽闪跳跃，死去的牧民的鬼魂也在悲惨的哭泣。这就是"魔鬼谷"名字的由来。

传说是有根据的，"魔鬼谷"在天气晴朗的时候除了空旷无人之外，并没有什么可怕之处。但是，一旦天气阴沉下来，紧跟着就会电闪雷鸣，此时如果人们还没有撤出魔鬼谷的话，就很容易遭到雷击，届时将会尸骨无存。

科学考察人员在勘探了当地的环境以后，推测这里并没有什么鬼怪在作祟，而是由于容易遭受雷击所致。原来，这里有许多火山喷发后形成的具有高磁性的岩石，还有众多铁矿和石英岩，这三者结合组成了一个巨大的地面磁场。由于受到昆仑山的阻挡，潮湿的空气在魔鬼谷中汇集，所以很容易形成雷电云，这些云带着大量的电荷在空中构成强电场。

当空中的电场和地面的磁场相互作用后，就形成了雷电现象。由于谷中没有高大的建筑和树木，所以人和牲畜就成了容易受电击的对象。在谷中，夏秋两季有50多天会发生雷电现象，是昆仑山其他地方的六倍。

虽然这位地质学家提出的猜测具有一定的科学性，但是不足以揭开"魔鬼谷"之谜，因为到目前为止，还没有任何人能穿过这条山谷，更没有一个活着的人描述过在山谷中的遭遇，在没有细致的考察和取样前，还不能妄下结论。

> **知识小链接**
>
> 魔鬼谷西起若羌境内的沙山，东到青海省内的布伦台，全长100千米，宽约30千米，海拔3000~4000米。谷地南有昆仑山主脊高耸入云，北有祁连山阻隔着柴达木盆地。这里经常会发生诡异的电闪雷鸣，并伴有大量的牲畜死亡，被当地人称为"魔鬼谷"。

（十五）魔鬼城是怎样一个地方？

我国幅员辽阔，在祖国各地都有非常奇妙的地理现象，下面我们再来认识一个隐藏在荒漠中的神奇之地。

在我国新疆准噶尔盆地有一处荒漠，在这个异域之中矗立着一座高大宏伟的古城堡。从它斑驳的城墙上可以看出它历史的久远，古堡中街道的印迹清晰可辨，古老的民房也排列整齐。这个古堡可以容纳很多人，但是却没有一个人生活在这里，所以当地人称它为"魔鬼城"。

20世纪初，有一支外国探险队走进了新疆准噶尔盆地，一天傍晚，一座宏伟的古堡渐渐清晰了起来，当它们走近一看，发现这座古堡建筑完整，街道、城墙、民居一应俱全。城内还有一座宝塔，可是这么宏伟的城市里却找不到一个人。探险队非常兴奋，他们以为自己有了新发现，并准备第二天继续对这座古堡进行勘探。

第二天，等他们睁开眼睛再看这座城的时候不由得大失所望。眼前哪里还有古堡的踪影，这不过是大自然雕刻的一件作品罢了。

这座城位于准噶尔盆地的中部偏北，克拉玛依市东北的乌尔木镇附近，蒙古语中

称它为"苏努木哈克",哈萨克语称它为"萨依但克尔希",两者翻译过来都是"魔鬼城"的意思。"魔鬼城"整体面积约 60 平方公里,所处位置海拔 300~400 米。城内"建筑"全部呈赭红色,城内平时人迹罕至,阴森异常,而且不时还会传出阵阵哀鸣,不禁使人毛骨悚然,所以它便有了"魔鬼城"的称谓。

自从外国探险队发现它的位置之后,又有无数探险者来到这里。有关"魔鬼城"的文字记载也开始出现在媒体上。20 世纪末,有一对外国夫妇慕名而来,它们原本打算在城堡内过夜,然后第二天再进行探险。但是他们没有坚持到第二天天亮就连滚带爬地逃了出来,他们脸色苍白,对接应的人说:"太恐怖了,那种声音简直让人难以忍受!"

他们形容的那种恐怖的声音,实际上就是"魔鬼城"独有的"哭声"。我们站在地理角度上看,"魔鬼城"正好处于中国大风最多的地区。每当狂风大作的时候,呼啸的狂风就会席卷整个城堡,风吹过的地方,各种意想不到、闻所未闻的声音响彻城内,让人毛骨悚然,不寒而栗。特别是在傍晚和暴雨来临之前,整个"魔鬼城"上空笼罩着厚厚一层乌云,各种丘陵若隐若现,在呼啸的风嚎中更显得狰狞可怕。

是什么原因造就了"魔鬼城"谜一样的面貌呢?有人认为,"魔鬼城"里有许多沉积岩相互叠加形成的沉积岩层,这些沉积岩长年裸露在空气中,白天遭受着烈日的炙烤,晚上又遭受寒气的侵蚀,冷热的交替让岩石在热胀冷缩中开裂、成孔。这些沉积岩的属性并不相同,有的质地坚硬,有的却很柔软,遇上大风就容易风化。我们可以想象一下狂风骤起的情形,"魔鬼城"还处于风口前沿,当狂风吹过沉积岩的时候,那些干裂的岩石缝隙和石孔就能发出像哨子一样的尖叫声。整个城内分布着不计其数的"哨子",所以就会产生各种各样的声音。虽然城内"乐器"很多,但它们奏响的不是悦耳的音乐,而是鬼哭狼嚎般的叫声。

整个"魔鬼城"内的景象全部呈赭红色,这又是什么原因造成的呢?有专家认为准噶尔盆地曾经有一段时期非常炎热,这种情况一直持续了整个地质时期。岩石在长期的高温烘烤下,被氧化而呈现出赭红色。

"魔鬼城"到了今天也依然是迷雾重重,它那让人费解的地质现象吸引着一批又一批的科考工作者和游客,除了一窥它的风貌外,人们也想揭开其隐藏的谜团。

知识小链接

"雅丹"是维吾尔语,原意是指具有陡壁的小山。在地质学上,雅丹地貌专指经长期风蚀,由一系列平行的垄脊和沟槽构成的景观。新发现的这处雅丹地貌,面积约 400 平方公里。它的形成经历了大约 70 万年~30 万年的岁月。当大风刮过时,会发出各种怪叫声,这里因而也被人们称为"敦煌雅丹魔鬼城"。

（十六）会爆炸的沸水

被称为世界屋脊的青藏高原上，有许多谜一样的景观，比如下面我们要介绍的能爆炸的沸水。

青藏高原上分布着众多地热资源，大大小小共有一千余处。特别是西藏南部，地热资源更加集中。南起喜马拉雅山，北至冈底斯山和念青唐古拉山，这个范围内的地热资源非常丰富。这些地热资源和喜马拉雅造山运动有关，所以我国地质学家们习惯称之为喜马拉雅地热带。这条宽广的地热带中分布着热水湖、热水沼泽、热泉、沸泉、汽泉和其他地热显示类型。其中尤以水热爆炸和间歇喷泉最为著名，世界都属罕见。是什么原因造就了这些地质奇观呢？

迄今为止，在喜马拉雅地热带已经发现 11 处水热爆炸区，其中的玛旁雍热田最具有代表性。有幸目睹过这一奇观的人介绍，1975 年 11 月西藏普兰县曲普地区发生了一次水热爆炸，当时轰天巨响吓得牛羊都四散奔逃。爆炸产生的黑烟像一条黑龙直插蓝天，上升到 900 米时，巨大的黑烟被风吹散，化作云团飘走了。爆炸抛出的石块大的直径达到三十多厘米。爆炸发生九个月之后，穴口仍旧被弥漫的蒸汽所包围，并留下一个直径约二十五米的大坑，坑内的水也变成了热水塘，水塘中心有两个沸泉口，整个水塘热水翻涌。因为人无法到达泉口，所以不能测出其泉水的温度，但水塘岸边的水已经高达 70℃。

水热爆炸是一种猛烈水热活动的现象，爆炸时能在地表产生一个漏斗状的爆炸穴，爆炸发生后，泉口的涌水量会逐渐减少，水质也会变得清澈，水温会越来越低。水热爆炸一般发生得很突然，不存在前兆特征，整个爆炸过程也很短暂，通常都在 10 分钟以内。因此只有少数幸运的人才能观赏到这种地热奇观。

有地质学家认为，应该把水热爆炸归类于火山活动的范畴，因为目前只有美国、日本、新西兰和意大利几个国家出现过水热爆炸，但它们的共同点是都发生在近代火山区内。可是青藏高原上的水热爆炸现象与现代火山没有一丝联系。它是以岩浆热源为背景的热水层中，在复杂的地理环境中，高温热水发生汽化，体积迅速膨胀几百倍，产生的压力掀开上面的岩层而形成的爆炸。高原上水热爆炸的规模一般都很小，但同一地点发生水热爆炸的频率却很高。像苦玛每年发生四五次，有的年份则多达二十余次。这些频频发生的爆炸活动说明地下热源的传递速率非常快，所以热量的累积也很迅速。从发生的水热爆炸报道上看，这个热源应该是非常年轻的岩浆入侵体。因为自 19 世纪末，已经有非常多的国内外探险者来到过青藏高原，但是都没有过水热爆炸的记载。到了 20 世纪 50 年代以后，这一现象才经常发生，并被地质工作者所重视。

西藏是我国唯一发现间歇喷泉的地区，这里共有三个间歇性喷泉。而高温间歇喷泉更是大自然的馈赠。所谓间歇性喷泉就是在地表以下，通过特定的自然条件，使地下高温热水做周期性的水汽两相转化，泉口就可以间断性地喷出大量汤水混合物的一种自然现象。它的最大特点是，相邻两次喷发之间有一定的静止间歇期。

这种奇特的交替变幻的地质现象须具备一定的地质条件才能完成。间歇喷泉通常位于坚固的泉华台地上，它下面一定要有一个庞大的"储水室"和四周都能补水的给水系统，底部还要有高温热水或天然蒸汽加热，顶部要有一个细长直管构成的抽送系统。全部的构造组合成一个地下的"大锅炉"。当水室的温度逐渐升高，水开始蔓延，当水温达到沸点时，骤然汽化所产生的膨胀压力通过直管把水汽喷发至地面，形成激喷。水汽排空后，重新蓄积热量和蒸汽，孕育下一次的喷发。

在拉萨市西北90千米处有一个海拔4200米的羊八井盆地，这里也是典型的水热爆炸类型的热田之一。这里有一些巨大的温泉，高温形成的蒸汽升到空中形成一个个壮观的白色汽柱，十分壮观。地热田的东北方还有一个7350平方米，深16米的热水湖，湖水清澈，热水源源不断地向上翻涌，湖面水温在45℃～59℃之间，湖区南面有个渠道引水外流，流量每秒达33升，当地居民就地在这里修建了一个温泉浴室，人们可以在这里洗上舒适的温泉浴。

知识小链接

赤峰市有三处热泉。克旗热泉出口水温87℃，宁城热泉出口水温96℃，敖汉热泉出口水温66℃，均含有放射性气体和多种化学元素、微量元素，医疗价值高，开发潜力大。目前，这三个地方都建起了不同档次和规模的旅游疗养设施。

（十七）三霄洞悬案

峨眉山是我国著名的旅游景点，更是著名的佛教名山，这里有个三霄洞，供奉的是三霄娘娘，许多善男信女到这里请愿，却死于洞中，这是怎么回事呢？

三霄洞位于峨眉山九老洞附近，传说这里是金霄、银霄、碧霄即三霄娘娘的修炼之地。1925年一个法名演空的和尚云游到此，他被这里的景色所吸引，遂建起一座佛堂供人朝拜。

佛堂建好之后，它的名气渐渐大了起来，成为峨眉山一景，并吸引了无数善男信女前来烧香磕头。演空也在这里安顿下来，潜心研究佛法。后来，他隐约觉得佛堂内缺少点什么法器，常言道"晓击则破长夜警睡眠，暮击则觉昏衢疏冥昧"，一口大钟对佛家来说非常重要。于是，演空就筹得巨资打造了一口巨大的铜钟。

1927年夏天，70多个成年人轮流将这口铜钟抬上峨眉山。这些人都自以为自己为佛家贡献了力量，是一件功德无量的事。一路上，大家载歌载舞，欢喜雀跃，有的还敲锣打鼓，更有甚者还放起了鞭炮，一行人热热闹闹地来到了三霄洞。佛门圣地讲究清净，演空原本想让大家安静下来，免得破坏了佛门规矩，但兴致正浓的人群怎么能听得进去？他们兴致勃勃来到佛堂内，没等演空动手，就把佛堂内的蜡烛全部点上了。

佛堂顿时变得灯火通明，演空看到一切就绪，就准备举行献钟仪式。就在这时，突然一声巨响平地而起，跟着所有的蜡烛都被一阵怪风吹灭了。众人一时不知怎么回事，个个陷入惊恐之中。

就在人们交头接耳感到无助时，一股黄色的火焰从黑暗中扑了过来，如同一条愤怒的黄龙扫向在场的所有人。人们哀号着想要逃出三霄洞，但是这条黄龙的威力过于强大，片刻工夫，刚才还兴致勃勃的人们就已变成一具具烧焦的尸体了。

这次惨剧共造成72人丧生，一时间各种传言传遍了峨眉山。有人说，献钟活动的人太过喧嚣，惊扰了三霄娘娘，她们这才施法将众人除去。也有人说，三霄洞原本沉睡着一个可怕的魔王，人们太过吵闹，将魔王惊醒，所以魔王杀害了在场的所有人……

负责调查此次事件的官员肯定不相信这些神鬼传说，但是一时间又拿不出令大众信服的调查结论，更没有证据证明三霄洞的大火是人为纵火引起的。于是，这次三霄洞惨案就被当作悬案搁置了起来，当地政府还把三霄佛堂拆除了，禁止游人前来参观。

许多年以后，科学水平得到了长足的进步，这时再翻开这个谜案，科学界有了新的解释。一些专家学者亲临三霄洞进行考察，试图破解这桩悬案。

有专家指出，造成三霄洞佛堂惨案的罪魁祸首是洞内弥漫的瘴气。建之初，佛堂内比较安静，所以瘴气并没有给人带来灾难。献钟那天，众人嘈杂的声音让三霄洞发生震动，潜藏在洞内的瘴气汹涌而出，酿成惨剧。有人对这一说法提出了质疑，说瘴气能致人中毒，却不会引起爆炸。

知识小链接

峨眉山位于中国四川峨眉山市境内，景区面积154平方公里，最高峰万佛顶海拔3099米。地势陡峭，风景秀丽，有"秀甲天下"之美誉。气候多样，植被丰富，共有3000多种植物，其中包括世界上稀有的树种。山路沿途有较多猴群，常结队向游人讨食，成为峨眉一大特色。峨眉山是中国四大佛教名山之一，作为普贤菩萨的道场，主要崇奉普贤大士，有寺庙约26座，重要的有八大寺庙，佛事频繁。

又有专家说，如果把瘴气换作可燃气体就能解释得通了，比如说瓦斯。献钟那天，人员众多，又点燃了许多蜡烛火把，将佛堂内的氧气耗尽，并引发了瓦斯爆炸，所以才酿成惨剧。但这一说法也存在疑点，佛堂终日点着蜡烛，都没有发生爆炸，为什么单单献钟当日却发生了爆炸？就算献钟当天人员众多，佛堂之内也不是密封的匣子，

大门和窗户都会让空气流通，理论上是不应该发生爆炸的。巧合的事情太多，也难怪人们用迷信的角度去思考这个疑案，但其真实原因，还有待于进一步考证。

（十八）蒙顶山古井为什么揭开井盖就下雨？

古井本是一个没有生机的东西，但是，如果古井能够突然变得有灵异，能够随意的呼风唤雨，那么这样的事情还真是叫人惊叹不已。

我国四川被誉为天府之国，在这里蕴藏着无数难以让人解开的秘密。然而，在四川的蒙顶山则更加地神秘莫测，这里有一口诡异的古井，它好像蕴藏了千百年来所隐藏的秘密。这口古井非常神奇，传说每当人们打开井盖的时候，就总会有或大或小的雨滴从天而降，有时更是狂风大作、雷雨交加。让人更为惊叹的是，每次打开井盖，下雨的现象都会应验。每个听到这个消息的人都感到莫大的惊讶，难道这口井真的有魔法吗？于是，许多专家都前来蒙顶山来观看这口怪井，想对这口井考察个究竟。

居住在蒙顶山一带的居民都知道这口井，它有着一种神秘的力量。经过对当地人多方询问得知，不管再大的太阳，再好的天气，只要把这口井的盖子打开，别处不下雨，井头顶上都要下雨，把盖子盖上，再没有落雨，盖子不盖，就长期落雨。记者随后翻阅了史籍，据记载，这口井名叫甘露井，又名古蒙泉，始建于西汉年间，迄今已有两千多年的历史，这不禁让人颇感意外，因为

蒙顶山古井

蒙顶山在中国西部的名山大川之中只是一座名不见经传的小山，海拔也不过一千多米，而此山中的一口井，却为何会受到如此之礼遇，并记载于古籍之中呢？这会不会和甘露井开盖下雨的神奇现象有关呢？

为了解开这个神秘的现象，专家们打算亲自打开井盖，一窥其中的奥秘。专家们专门找了一个天气十分晴好的日子，而且天气预报说当天蒙顶山不会有雨。来到蒙顶山。这口古井周围被石栏维护着，两边摆放着龙形石雕，千百年来岁月留下的痕迹依稀可见，古井上方朱砂题写的甘露两字格外醒目，井口上的龙形石盖也早已破损，难道揭盖下雨的神奇现象真的会出现于此吗？专家们对于这次的探寻并没有抱多大的希望。但是，为了解开蒙顶山古井之谜，他们还是打算打开井盖一睹古井的神奇。井盖

打开了，但是过了五分钟之后，天空中还是一片晴好，并丝毫没有要下雨的意思，二十分钟过去了，依旧不见有要下雨的迹象。但是，正当专家们失望的要返回去的时候，雨滴噼噼啪啪地从天而降。

简直太神奇了，难道这口古井真的能够呼风唤雨吗？产生这种现象的原因到底是什么呢？专家们也大惑不解。

若仅仅是传说的话，则这口古井的神奇之处或许会有人怀疑，但是，奇怪的是在当地的估计文献当中居然也有关于这口古井显灵的记载。据史书记载，这口井里面本来有一条龙，这条龙最早的时候在我们蒙山那一带，就有点能够兴风作雨的本领。就使得当地产生一些水灾，按照我们现在的话叫泥石流，后来当地的政府和村民为了镇压这条龙，就修了一个井把它盖在里面，一旦揭开这个井盖，它就从里面出来，出来自然就要下雨。在蒙顶山附近居住的村民中，也流传着有关这口古井众多版本的传说，传说中都试图解释着揭盖下雨的神奇所在，但由于代代相传，时间久远，至今都无人能解释这种神奇现象的缘由到底是什么，久而久之，这里的村民就把这口古井当作了能够祈求降雨的神井，每当天逢干旱的时候，村民就来到这里上香祈祷，把井盖打开，祈求上天能够给他们降点甘露，来缓解当时的旱情。那么，这些现象到底是什么原因造成的呢？专家们多方研究，期待解开答案。

有的专家认为，或许是因为在揭开井盖时声音太大，由于振动而引发降雨。据当地的气象员介绍，蒙顶山山顶上空气湿度很大，常常是云雾缭绕，也就是说，空气中的水汽含量多数时间是处于饱和和接近于饱和状态。因此，专家们认为，开盖主要是振动，开盖不光是开盖，它还有吼的声音，因为吼的声音引起空气振动，这样子因为湿度很大，就产生一点降雨，因此，专家分析，产生这种现象的原因，主要是振动。甘露井的井盖虽然不大，但重量可不轻，当掀动它时，的确会产生不小的振动声响，难道就是这振动产生的声响影响到了天气变化吗？关于这个声波振动，在气象学界有一个非常经典的学说，就是蝴蝶效应，打个比方来说，就是在亚马孙热带雨林中的一只蝴蝶，振动几下翅膀就引起了它周围空气的变化，继而引起了热带气旋，最后在美国东海岸引起了飓风。虽然这只是个推理出的假象学说，但还是有它的科学道理。

专家们为了证实这种说法的正确性，于是就找来了两个铁盆子，而且边敲铁盆边大声叫喊，但是折腾了半天，并没有见一滴雨点从天上掉下来。要知道，敲铁盆加上大声叫喊的声音远远超过了揭开井盖时振动所产生的声音，看来，用振动来解释古井的怪现象是不合理的。

还有专家提出，会不会是因为空气遇冷而形成的降雨呢？由于蒙顶山一带天气比较冷，空气比较潮湿，那个井里面的空气就更冷一点，温度更低一点，如果你现在去把那个井盖揭开，人手伸下去以后，里面感觉到凉凉的，长期在里面待着，关节都会感到凉飕飕的。关在里面的时间长了，空气的湿度很大，温度很低，特别是天气很热的时候，一旦揭开，里面的冷空气出来，湿空气一出来以后，与热空气一接触马上就形成雨。空气遇冷凝结成小雨滴，这种解释听起来似乎蛮合理的，那么这会是甘露井揭盖下雨的真实原因吗？气象学家们认为这种说法可能是不对的，因为井里的温度比外面低，水汽不会上升，因为温度低，只能下沉，只有暖的空气才会上升，按道理这个井盖揭开后，不可能形成降水。

此外，还有人认为，蒙顶山本来就是雨量较多的地带，出现这种现象纯属巧合，并没有什么神奇的。蒙顶山这个地方，地理位置是处于降水概率非常大的地方，海拔高度在 1500 米左右，降水非常充沛，应该经常都是云雾缭绕，而且从它的小地形来看，刚好也是有云雾缭绕的地方。蒙顶山的年均降雨量是 1510 毫米，年平均相对湿度是 82%，名山这个地方雨一直比较多，多年来，年平均降雨在 210 到 220 天之间。他们认为从气象学的角度，这个降水和揭井盖没有必然的联系。因为揭井盖以后，可能或早或晚的时候，就有降水发生。这些现象纯属巧合。

那么，蒙顶山的古井的神奇之处到底是什么原因造成的呢？难道其真正就是因为该地区降水量充沛造成的吗？还有什么其他的原因吗？尽管降雨量充沛的说法似乎已经把蒙顶山古井的呼风唤雨的神秘现象解释清楚了，但是，还是有人相信肯定这口古井的神秘之处还有其他玄机，只是没有揭开而已。相信，有朝一日会有一个更加让人信服的答案来揭开蒙顶山神奇古井揭盖就下雨现象的真面目。

（十九）新疆神秘天象

大自然就像是一个神秘莫测的百宝箱，在这个百宝箱里包罗万象，到处都彰显出一种神奇与深奥，让每个亲眼目睹其容的人惊奇得目瞪口呆。在新疆出现的神秘天象又给我们带来了莫大的惊奇。

新疆昭苏高原的上空曾经在 1999 年 1 月 18 日的大雪过后，出现了一幅巨大、清晰的生动图像：像江河，也像湖泊，粼粼波光在天空闪烁。水域的旁边，有造型别致、风格各异的建筑物矗立在宽阔的马路两边。尖顶方体的欧式小洋楼和现代化高楼大厦交相辉映，错落有致，清晰可见。马路上各种货车、小客车来来往往，川流不息。路两旁还有手持文明棍，头戴高礼帽，脚着长筒靴很像英国人的绅士们在走动。整个场面的一切事物栩栩如生、活灵活现。当时每个有幸看到眼前所发生的这一切的人都为之震撼，没有一个人不因此目瞪口呆的。

无独有偶，这样的情形在此之前也曾经出现过。早在 1989 年 1 月 28 日上午 9 时，在新疆雪域上空还出现过巨大的"天象图"。

外国也有一些地方出现过这样的天象，在 1993 年 2 月 1 日，饱受战火蹂躏的索马里，发生了一场狂风沙暴，索马里首都摩加迪沙也被沙暴席卷。天空、路面一片昏暗。

突然沙暴停止，天空上出现了一幅长约150多米巨大、清晰的耶稣面容的图像。千千万万的人都目睹了这一空中奇观。

这么变幻莫测的天象奇观让许许多多的人都为之震撼，于是，全世界广大的天文爱好者以及科学家们都对此表示非常关注。苏联的科学界和克格勃为了研究这一触目惊心的天像奇观，组织了一些著名科学家成立了调查研究小组，对这一神奇的现象进行全面探讨，他们企图对神秘天象的出现做出最合理、最科学的解释。

苏联的一些科学家们认为：这些活灵活现的天象图是人为利用高科技技术制造的，但现在，一些俄罗斯的科学家们又把这些图片、录像资料反复研究，认为人类当前的科技水平是无法制造出这样巨大神奇的"天象图"奇观的。于是，这种推测就这样被给予了否定。

日本北海道大学气象教授田中贺一认为：经他多年对天空变化的研究，天空的云层、阳光反射，犹如一个大的"万花筒"。"万花筒"在转动中会不停地变化。在这千变万化之中"偶尔形成图像"是极为可能的。但是，为什么这样的偶然情形在同一个地方发生的次数并不是一两次呢？因此，用偶尔来解释并没有完全揭示天象形成的真正原因。

美国的著名物理学家康拉得尔教授结合光电学、风力学等多方面研究后认为：由于地球自转及阳光、温度、风力的变化，天上的云彩经常处在变换之中，"时对白云形象""时对人体形象""时对某一座城"，有时会"瞬息万变"。在这样不停地变动之中，在地球的某一个地区的上空出现几幅酷似某一种图画的"天图"，这些令人称奇的天象属于正常的自然现象。

但是，对于以上的这几种说法，有人提出了反对的观点。美国天体物理学家文达尔克博士认为：把这种天象图说为自然现象的说法过于简单，不能针对具体问题。具体"天象图"的形成，绝对不会是天空自然界的变化巧合形成的。文达尔克博士认真地研究过多幅"天象图"的照片，他一直确信有"地外文明"存在，而"天象图"是"外星人"向地球人类有意制造的"迷魂阵"，吸引人类去探讨这难解之谜。但是这种说法也仅仅只能作为一个大胆的推测，并没有直接的证据来说明文达尔克的说法是正确无误的。

俄罗斯科学院院士彼得罗果教授认为：要解开"天象图"之谜，尚有待进一步努力观测它是怎样形成的，但它绝对不是"万花筒"中的巧合。天空中出现如此惟妙惟肖的天象图，科学家们目前还没有找到真正的天象形成的原因，以上的各种说法还都出于假想和推测阶段，要达到真正的实验检验阶段还需要很长的路要进行探索。

（二十）鬼地府丰都之谜

鬼是民间流传的对超自然事物的说法，鬼实际上专指六道中的鬼族。但民间都把人死后流浪在人世的灵魂叫鬼，人的灵体存在于头脑里面，是一种细微物质构成的生命，当肉体躯壳死去后，灵魂一般自然而然到灵界去了。丰都城历来被叫作鬼城，那么，丰都城真的有"鬼"吗？

丰都城我国重庆辖区，位于长江中上游，距离重庆市往长江下游方向 172 千米，迄今已经拥有 1900 多年的县城历史。

丰都城在民间传说和历史上一直被称作冥界之都，是阴曹地府的所在地，所有的人死了以后都要到丰都城报到，然后接受审判，根据前世是否作恶立功来赏罚，进行下一世的轮回。因此，惩恶扬善是丰都冥界精神的精华。

在丰都城内的两山之间还有国内最大的人工模仿建筑"鬼国神宫"，顾名思义，就是鬼国和神仙世界的一切全部浓缩在这里了。在通往鬼国神宫的大道上，还要经过阴司街，也就是人间的都市步行街一样。

丰都县城位于长江南岸（因为三峡工程搬迁到了对岸，南岸），在北岸的名山依然矗立巍然，郁郁葱葱，森罗古刹星罗棋布，大树参天，香火袅袅。古今中外，文人骚客，达官显贵纷纷登岸上山，拜会于此。廖阳殿、天子殿、孔庙、望乡台、生死石、血河、奈何桥……冥界的法律机构与现实中的世界一一对应，俨然另一个世界的执法机构。"下笑世上士，沉魂此丰都"，李白当年游览丰都后留下的千古佳句至今仍保留在丰都名山牌坊的两边。

在《西游记》第四回，唐太宗人阴司，遇丰都催命判官保驾；《聊斋志异》在"丰都御史"一节中称丰都为"冥府"；《钟馗传》第一回又讲钟馗到丰都收降鬼魔；《南游记》则写了华光大帝为母三下丰都大闹阴司；《说岳全传》写何立在丰都地狱重见秦桧受罪。这些中国古典神话小说对"鬼城幽都""阴曹地府"做了形象描绘，再加上历代封建统治阶级与迷信职业者也着意渲染，鬼城丰都的名气越来越大。

"人死魂归丰都，恶鬼皆下地狱"的传说在丰都城越来越神。加之每年农历三月初三的香会（即现在的庙会），四方香客云集，烛光映天，香烟缭绕，钟鼓齐鸣，诵经之声传播数里之外，更增添了"鬼城"的神气。

关于丰都城的说法是那么的阴森莫测，那么，丰都城到底是不是传说中的"鬼城"呢？丰都城到底有"鬼"吗？

要说鬼城，还得先从丰都的名山说起。名山，原名平都山，海拔 288 米，因北宋大文豪苏轼诗"平都天下古名山"而得名。名山孤峰耸翠，古木参天，直插云霄。殿堂庙宇，飞檐流丹。下临长江，烟波浩渺，气象万千，构成了一幅多姿多彩的山水画卷。名山又是道家 72 福地之一。这里道观梵宇，鳞次栉比。

关于名山的传说也颇多，各种说法不尽相同。名山是丰都大帝管辖的阴曹。清《玉历宝钞》载："阴曹地府"的最高统治者是"丰都大帝"，他承天廷玉皇大帝的旨令，率阎罗王等坐镇鬼城，治理鬼国。该书杜撰了丰都"鬼城地府"的机构设置——

有十殿及所辖十八层地狱，有枉死城，有奈何桥、血河池、望乡台等，主要人物首为丰都大帝，他管十殿阎罗、四大判官、十大阴帅、城隍、无常、孟婆、大小鬼率以及各岗位职能、阴法刑律等。

丰都鬼城

此外，还有人说东汉刘向所著《列仙传》，东晋葛洪所撰《神仙传》，皆称平都山（今名山）为阴长生、王方乎成仙飞升之地。随着朝朝代代往来平都山探访者络绎不绝，阴、王二仙的故事也广泛传扬，后人误将阴、王传为"阴王"而说阴王乃"阴间之王"。目前，名山已经逐步地演化为各种大殿，包括十二殿狱的寺庙和"阴曹地府"近百个鬼神雕塑。于是，便有了名山有阴王的说法，这样丰都也就有了"鬼城""幽都"的说法。

至于为什么丰都城会被古人们喻为"鬼城"并将这种说法一直延续到现在，我们也感到十分费解。

（二十一）潭柘寺的神秘光球

近年来，全世界的 UFO 组织每天都会收到许多关于目击者称看到 UFO 的信息，但是经过查证六部分被证明只是一种自然现象。

2008 年 3 月 21 日下午 6 点 54 分，潭柘寺工作的一名员工，在监视器的屏幕上忽然发现一个直径约 1 厘米~2 厘米的呈伞形的小光斑，光斑从空中上方垂直落到屏幕中央，然后由伞形变成了一个圆球，并且不停地在监视器的屏幕上移动。但是工作人员到外面寻找光球，却没有任何发现，而光球有几次只离工作人员有几厘米远。这个光球在屏幕上移动了 8 分多钟消失。这样的画面，立即让人想到了是不是外星人的飞行器呢？为此，北京 UFO 组织专门进行了研究，各种猜测也纷纷出现。

有人认为光球是工作人员手中的手电筒光线或停车场的车灯光芒照射在监控器镜头内而形成的反射所致。但是经过实验，车灯和手电筒的亮光要比神秘光球高，体积也大许多。还有人提出是慢慢旋转下降的轻毛或其他悬挂的小物体，受到光线照射正好被监视器拍摄到，形成了光球。但是这些物体在监视器上的体积还是比光球的体积大很多。因此这个看法也不成立。其他的说法则认为是由人为使用激光笔照射监控器镜头产生光球，但这个说法也被否定了。

2008 年 6 月，相关研究人员又提出一个新的看法：在监视器上出现的光球可能是一只体型很小的蜘蛛悬挂在空中形成的现象。研究人员说他们经过对潭柘寺北侧寺门

的红外线摄像头进行多次实验后发现，用真的小蜘蛛试验后形成的光球与监视器中拍摄的光球极为相似。他们用蚕丝吊着一只小蜘蛛进行实验，结果小蜘蛛在监视器的屏幕上开始成一个伞形光斑，到屏幕中间后变成了圆形，基本与监视器的原记录相同。但是吊着小蜘蛛的蚕丝比较粗，故能在监视器中看到蚕丝。而在监视器中并没有看到任何的线，所以目前还需要解决丝线的问题，当然这个丝线是用蜘蛛丝进行实验。

看来，这个神秘光球之谜不久就可以解开了。

（二十二）景山平面图为何酷似打坐的人像？

景山是北京古皇城的制高点，后来在这里建成了"景山公园"。那么景山平面图为何酷似打坐的人像呢？

景山公园地处北京城的中轴线上，占地 23 公顷，原为元、明、清三代的皇家御苑。景山翠峰峻拔，树木葱郁，风光秀丽，为北京城内登高远眺、观览全城景致的最佳之处。在六百多年前的元代，该处是个小山丘，名"青山"。据传明代兴建紫禁城时，曾在此堆放煤炭，故有"煤山"俗称。明永乐年间，将开挖护城河的泥土堆积于此，砌成一座高大的土山，叫"万岁山"。又称大内的"镇山"。清顺治十二年（1655年）改名景山。景山名称含义有三：首先是高大的意思。《诗·殷武》中有"陟彼景山，松柏丸丸"之句，说的是三千年前商朝的都城内有一座景山；其次，因为这里是帝后们"御景"之地；再次，有景仰之意。山上的五座亭子，为乾隆年间兴建。当时山上丛林蔽日，鹿鹤成群，生机盎然，极富自然野趣。山下遍植花草、果木，有"后果园"之称。帝王常来此赏花、习箭、饮宴，登山观景，是一座优美的皇家花园。该园 1928 年辟为公园。

1987 年 1 月在北京地区航空遥感成果展览会上，爆出了一个惊人的消息：遥感拍摄的北京景山公园平面园林图，酷似一尊盘腿打坐的人像，被称之为"景山坐像"。这不是杜撰，而是通过精密的遥感技术测定的，在园林北部寿皇殿建筑群是"坐像"的头部，大殿和宫门组成眼、鼻、口，眼睛眯着，面带笑容；胡须是松柏；肩、胸、手、腿是南部那座山。"景山坐像"引起了科技界和考古界的广泛兴趣，几年来，专业人员为此做了大量的研究考证，但收获均微，至今还是一个没有解开的谜。

关于"景山坐像"有不少人表示十分好奇，通过各方面的研究期待解开其中的奥秘。后来又出现了新的说法来解释这一景象。

有人认为"景山坐像"是道家养生图示。首先可以肯定"景山坐像"是道教之神而不是"大佛"。因为"景山坐像"头上戴有冠，嘴上有胡须，一手托着一手合拢于腹前，这常是道教之神的貌态。而佛，即头上无冠，嘴上也无须，手是合掌于胸前。再者可以肯定，"景山坐像"是道教真武神。一是"景山坐像"位于皇宫之北，古人讲地法天，北方是玄武水神之位，玄武即真武，二是此坐像与紫霄宫大殿所供奉的真武大帝像十分近似。

坐像的头部是寿皇殿，而含笑端坐的道教真武神。头部为"寿皇"显然经过道家妙意安排。《武当修真图》日："不灭之道，存想泥丸"。泥丸宫处在头部，既然"存想泥丸"可使人长生"不灭"，难道不就是"寿皇"吗？再如"景山坐像"不论它是平面，或者把它假设性地立起看，他可呈现的都是脚南头北和面南背北之状。按道家内功修炼的理论讲，头为上为阳，脚为下为阴，背为外为阳，面胸腹为内为阴，脚南头北和而南背北，均是以人体阴阳和大自然阴阳交合协调，以达水火相济的泰卦之状。

这个推断很让人迷惑，道家为什么要将建筑设计为养生图示而却又让人不易发觉呢？有人认为，道教的经典道藏虽包含十分庞杂，但始终贯穿一个愿望——"长生不老"。道家按照"天人合一"的道义修性炼真，并力图把这种奥秘告知世人。但是，道家最讲究的是"冲虚""恬淡"，在清高脱尘的心理和观念的支配下，他们又不愿将"天机"廉价地送给"俗人"，所以他们便煞费苦心地在建筑布局上"暗示"众人，通过这种玄妙的方式来启示他们。说"景山坐像"是道家练功图示，还在于北京景山公园的建筑布局、方位以及建筑景点的名称都符合于道家内功修炼的术语要求，而道家修炼功的术语从来均是以隐语出现的。

"景山坐像"时至五百多年后的今天才引起人们惊奇，带着谜团去探究，其中还有不少奥秘有待人们去深入揭示其原因。

（二十三）香地为什么发出奇妙的香气？

湖南洞口县山门镇清水村有一块面积五十多平方米的奇特香地，一年四季香味扑鼻，使人神清气爽。春、夏檀香味，秋、冬桂花香，但走出香地范围，就闻不到香味。这块神奇的土地如何能发出香气来呢？

在我国的湖南省洞口县山门清水村西北方约两千米远山腰上的一块凹地处，发现了一处散发着香味的土地，面积仅有五十多平方米左右。这是一个群山环抱、人迹罕至的地方，香地上边是悬崖峭壁，下面是潺潺的小溪。从表面看，这里平淡无奇，与附近地区没有任何区别，生长着与其他地方一样的树木花草等植物，土壤颜色也与周围的相同，但它却能散发出阵阵奇香。土地也能发出香味，这简直太让人不可思议了。

这块香地是怎么被发现的呢？还得从一位采药的山民说起。一天，这位采药的山民路经此地，觉得有一种奇妙的香味扑鼻而来。他感到非常地好奇。为了查找香味的源头，他查看遍了这里所有的花草树木，但是遗憾的是，山民并没有找到答案。最后，他突然明白，原来香味来自脚下的土地。这使得他觉得非常惊奇。

这样，香地的消息一下子传遍了周围地区，人们纷纷前来观看这片神奇的土地。

好奇的人们发现，这一奇特的香味，仅局限在这方圆五十米的范围内，只要走出这香地一步，香味顷刻间就闻不到了。经过细致的调查，细心的人们还发现这里的香味随气温的变化而变化，早晨露水未干时显得格外香，这种香让人非常陶醉；太阳似火的中午，则变得微香；黄昏、天阴或雨后天晴时，香味会渐渐变浓。这种随着天气以及时间变化的香地显得更加神秘莫测。这就是大自然给予人类的恩赐。

那么，为什么这块土地会出现香气呢？人们不禁要提出疑问。难道这块土地对时间、气候的变化这么的有感应吗？

有关专家也纷至沓来，期望解开这块神奇土地的香气之谜。经过详细地研究，有关人员认为这种香味可能是由这里地下所存在的一种微量元素引起的，当这一微量元素放射出来后，同空气接触就会形成一种带有香味的特殊气体。那么这种微量元素又是什么呢？它为什么会随着光照强度、时间、湿度的变化而变化呢？为什么方圆百里，唯有这块土地会出现如此神奇的现象呢？这些问题科学家们也没有找到解释的答案。目前，这块神奇的香地还是一个难以解开的谜。

（二十四）石龙阵

在我国河北邯郸市，人们发现了十条石龙，最中间的是一条大龙，这十条石龙排列得十分有规则。而龙头都朝向战国时期七雄之一赵国的帝王陵寝，它们是古人为赵王修建的"镇陵之物"吗？

从 1988 年至今河北邯山区三陵乡姜窑村已发现了十条石龙，这些石龙大小各异，其中最长的一条经勘测长度竟达 369 米。

这些龙依次排开，中间为大龙，左五右四，布成了有规则的"十龙阵型"。大龙与旁边小龙的间距大约在 2.5 米~3 米之间，小龙与小龙之间间距比较小，多数几乎都是并排挨着的。为首的那条龙，龙头部分算上复原后的龙角高度为 6 米，宽 4.3 米，龙爪长 3.4 米，宽 1.5 米，龙身高约 2.5 米，宽约 4.6 米，清理出来的龙身有 30 多米长，这条龙就是最长的一条。据勘探两旁的其余九条龙，也都有两三百米长，只是身形要瘦小些。专家认为，这些古石龙是迄今为止世界上体形最大、年龄最古、石质最为奇特、神秘感最强的石制龙体。

人们在感叹这十条壮观的石龙风姿外，更多的疑问是这里石龙是怎么出现的呢？如此庞大的石龙阵是古人们建造的吗？

最先，人们主要有三种猜测：

1. 巨龙阵是人工修建的。有人分析说最大的巨龙的龙骨每节都有沟、槽，每节龙骨长短、厚度一致，龙骨表面还有保护层痕迹。尤其是龙骨、龙节之间，有明显的黏接材料，而旁边九条小龙与大龙都朝东北方向，布成了有规则的"十龙阵型"。这也只有人为制造才可能出现。而在古石龙东北方向 1.5 公里远的地方就是著名的赵王陵遗址。赵王陵是我国战国时期七雄之一赵国的帝王陵寝，石龙极可能为赵王陵的"镇陵之物"。但是有专家立即否定了这种说法，因为在任何的史书上都没有记载这样的一次工程。而且如果要是人工建造的，就不会只有一个龙爪，肯定是要对称的。

石龙阵

2. 海底文明说。在石龙所处的五龙岗及附近周围地区，采集到大量的都乐石岩块，以及海蛎子、贝壳等化石。距此 1.5 公里的赵王陵附近，也采集到许多古海底藻类、蕨类等植物的化石。由此可以证明，数万年前，邯郸姜窑一带曾是汪洋大海。随着时间推移，地层变迁，沧海桑田，因而有人推断石龙可能是"海底文明"的产物。其科技含量不亚于我们目前的科技水平。

3. 古代巨大生物的化石。有人说这些古石龙可能是扬子鳄或者其他大型动物的化石，因为有学者提出中国龙的形象最早可能是古代的扬子鳄，而观察这些石龙，与古代扬子鳄确实有相似之处。但专家认为古石龙不是化石，因为化石的骨头不会那么薄。

而河北省地理科学研究所原所长李庆辰教授经过仔细研究称：石龙系天然形成。李教授说石龙形成于距今约 3.5 万年前，当时石龙出现的地方原是古河道，后来河道慢慢干涸，古河道中的沙子逐渐脱水、固化、收缩。而且，河道两边还掺有一些泥土，泥土的收缩率又高于沙子的收缩率。故在收缩过程中，逐渐变成中间隆起，而两边变凹的圆柱状骨头形状。石龙体上的沙体颗粒均匀，所以当它们固化收缩并断裂时，受力均匀，石龙的骨节就呈等距离断开了。而龙爪等其他部分，李教授解释说这些部分其实是古河道原本的小岔支，里面也留有沙子，沙子同古道河沙一起变化，就形成了类似龙爪的外形。另外，之所以会出现十条石龙，是因为河道总是在不断改道，平行移动，河流移走后剩下的河道堆满沙子，于是便最终形成了数条相对平行的石龙。而在大石龙身上看到的黏合物，实际上是后来的一些沙子在凝固之前渗进了裂缝中才形成的。但是为什么和这里相似的地方却没有形成巨龙阵呢？这些堪称完美的古石龙真的只是河道淤积形成的吗？

到底是什么原因形成了这些独一无二的古石龙呢？这还需要科学家们进一步研究。

（二十五）银狐洞外的"银狐"

北京房山银狐洞错综复杂，洞内有着千姿百态的石花，洞外有着高约两米的银狐，但是这里精美的"冰雕"是如何形成的却没有人说得清楚。

北京房山银狐洞深100多米，这里洞连着洞，洞套着洞，又分为主洞、支洞、水洞、旱洞，这些洞上下相连，纵横交错，洞里还分布着地下河水和季节性的河流。在银狐洞内还有许多奇异的石花。如石珍珠、石葡萄、石瀑布、石枝、石花、石磨、仙田晶花等。它们不仅形状千姿百态，数量也多得惊人。在洞内还有像菊花一样盛开着，像松柏枝叶般的石花。而且连不常见的石花形态在银狐洞也存在。为何银狐洞内会有这么多的石花呢？现在还没有科学家能够解释原因。

在银狐洞外有一个长度接近两米，形似雪豹头银狐身的大型晶体。它通体洁白晶莹，还"长"满了丝绒般的毛刺，密密麻麻，长短不一，洁白纯净。这还是世界首次发现这种石花形态呢。这个"银狐"又是怎么形成的呢？有人认为"银狐"是由雾喷后凝聚而成的，如我们常见的枝头雾凇。也有人说丝绒般的毛状晶体是含有这种物质的水，从内部通过毛细现象渗透到外部而形成的。更有人说"银狐"以及洞内石花等溶蚀物都是强磁场造成的。然而哪种说法更有道理，谁也不清楚。

（二十六）莫高窟的五彩佛光之谜

莫高窟俗称千佛洞，被誉为20世纪最有价值的文化发现，它也被称为东方瑰宝。莫高窟的五彩佛光，到处迷雾重重，期待着科研人员的不断解读。

令全世界瞩目的艺术宝库莫高窟，俗称千佛洞，始建于公元366年，位于甘肃省敦煌市区东南25公里的鸣沙山东麓的断崖上，它是我国，甚至是世界上规模最宏大、保存最完整的佛教艺术宝库。这座佛教艺术宝库，既不在繁华闹市，也不在交通要道，而是在中国西北戈壁荒漠的一个小小的绿洲之上。然而这样一个令全世界瞩目的艺术明珠，给我们留下了很多令人费解的谜团。

雨过天晴，空气清新的清晨或黄昏之时，如果从敦煌城驱车沿安敦公路向东南而行，就会被几十里以外的三危山呈现的奇特景象所吸引。只见这座陡然崛起、劈地摩天的大山之巅，在日出或落日余晖的照耀下，放射出五彩缤纷的光芒。

莫高窟的这种奇特景象，千百年引来无数人的瞩目。最早记录这一现象的，是唐朝圣历元年（公元698年）李怀让《重修莫高窟佛龛碑》，碑文记载："莫高窟者，厥初秦建元二年，有沙门乐僔，戒行清虚，执心恬静，尝杖锡林野，行至此山，忽见金光，状有千佛，遂架空凿岩，造窟一龛……"文中所指的山即三危山，所造的龛像，就是敦煌千佛洞最早的洞窟。

对于莫高窟的佛光，科学界存在两种解释。第一种解释是：三危山纯为砂浆岩层，属玉门系老年期山，海拔高度约1846米，岩石颜色赭黑相间，岩石内还含有石英等许多矿物质，山上不生草木，由于山岩成分和颜色较为特殊，因而在大雨刚过，黄昏降临空气又格外清新的情况下，经落日余晖一照，山上的各色岩石便同岩面上未干的雨水及空气中的水分一齐反射出五彩缤纷的光芒，将万道金光的灿烂景象展现在人们眼前。

另一种解释是：莫高窟修造在鸣沙山东麓的断崖上。崖前有条溪，在唐代叫"宕泉"，现今叫大泉河，河东侧的三危山与西侧的鸣沙山遥相对峙，形成一个夹角。傍晚，即将西落沉入戈壁瀚海的落日余晖，穿透空气，将五彩缤纷的万道霞光洒射在鸣沙山上，反射出万道金光，这正是我们有时看到的"夕阳西下彩霞飞"的壮丽景象。

无论是出现在三危山还是鸣沙山两个方向的所谓"金光"，都是一种在特殊条件下的自然现象，古人由于受当时生产力的局限和宗教迷信的束缚，无法从科学上解释这种自然现象，只得用神、佛显灵来做结论，至于乐傅和尚，他为了神其佛法，显示自己的虔诚，便又有了"忽见金光，状有千佛"的玄妙说法流传于世。

莫高窟堪称世界最大的艺术宝库之一。它是集建筑、彩塑、壁画为一体的文化艺术宝库，内容涉及古代社会的艺术、历史、经济、文化、宗教、教学等领域，具有珍贵的历史、艺术、科学价值，是中华民族的历史瑰宝，人类优秀的文化遗产。然而其中还蕴藏着许多不为人知的秘密，等待着我们去发现和研究。

（二十七）"阴兵过路"

在云南著名沙林风景区内有一种被人们称为"阴兵过路"的奇特自然现象，据说马儿到了惊马槽会受惊，主人如何拉，马儿都不会过去。惊马槽到底隐藏着什么秘密呢？

在我国云南省陆良县著名沙林风景区内有一种奇特的自然现象。从20世纪80年代起，居住在沙林风景区附近的居民在一处幽深的深谷里经常听到一些兵器相碰、战马嘶鸣的声音，他们将这种奇怪的现象称为"阴兵过路"。

这种古怪的声音在当地被传得沸沸扬扬。可是时至今日，没有一个人说得清楚这怪声到底是什么，村民传说这一切与1800年前的一场战争有关。

三国末年，为平定南方少数民族叛乱，诸葛亮率军南下直至陆良。一天，蜀军与南军在战马坡交战。南蛮王孟获特意请深通法术的八纳洞洞主木鹿大王前来助阵。来到战马坡的木鹿大王命手下官兵挖了两条长不到四十米、宽不足一米的山路，并将蜀军引到此。呜呜地号角响起之后，虎豹豺狼、飞禽走兽乘风而出。蜀军无抵挡之力，退入山谷。可就在这个时候，意外发生了。蜀军突然马惊人坠，南军乘机追杀，蜀军死伤惨重。从此，这里总是阴云不散。

这条隐藏在密林中的山谷，就是当年木鹿大王派人挖的，人们叫它惊马槽。如今它是村民们上山、下山的唯一通道。当地村民大多不敢路过这里。

"阴兵过路"这个谜团还没有解开时，又有一个谜团出现了。据说只要马到了惊马槽就会受惊，不管如何驱赶，它都不会过去。

惊马槽"闹鬼"的消息引起了专家的注意。有专家认为惊马槽有录音的功能，将1800年前的那场战争的声音记录了下来。

人类实现声音记录，是1877年科学家爱迪生发明留声机开始的。这种录音的方法是把声音变换成金属针的震动，然后把波形刻录在锡纸上。当金属针再一次沿着刻录后的轨迹运动时，便可以重新播放出留下的声音。

如此复杂的录音过程，惊马槽又是如何做到的呢？专家认为和这里的土壤有关系。这里土壤是主要以石英岩为主。石英岩是自然界中一种普通的矿物，它的主要化学成分是二氧化硅。由于二氧化硅具有很好的传导性，所以人们常把它制造成各种电子元件，安装在录音机的"心脏"内。于是人们认为，惊马槽之所以仍然保留着古战场的声音，就是因为这里岩石中的二氧化硅具有录音的作用。

据介绍，古今中外这样的例子很多。但是岩石录音只是传说，至今还没有被证实过。而惊马槽想要成为一个录音机，除了要有大量的石英岩之外，磁铁矿也是必不可少的条件，那么惊马槽是否有磁铁矿呢？结果显示，惊马槽周围的岩石中除了大量的石英矿物之外，只有极少量的磁铁矿。如果没有足够的磁铁矿石，那么惊马槽又是怎么记录下1800多年前那场战争中的刀枪马鸣声呢？

从录音机录音所具备的几个条件与惊马槽录音的条件进行分析比较：一是声源，惊马槽有古战场的声音；二是电流，闪电时产生静电；三是磁场，地球本身就是个大磁场，四就是用来录音的磁带。即使这里只有少量的磁铁矿岩石，它同样可以相当于带有磁粉的胶带，从这些来看，惊马槽录音的现象似乎是存在的。但是有专家说岩石储存声音本身就让人十分质疑，而且地层中的磁铁矿能否真正替代录音机里的磁带存储声音，也同样有很大的争议。因此，一些人认为惊马槽录音的说法是无稽之谈。

据当地村民反映，在雷雨天气里，惊马槽的怪声会更加地刺耳。也就是说，这种奇怪的自然现象与天气有着某种特殊的联系。专家将从现场采集的声音进行分析，发现这个声音的波峰值不断地变化，他们猜测可能是由于风吹过所造成大强度的变化。即惊马槽的"阴兵过路"是风造成的，而不是1800年前古战场的声音。

惊马槽的形状很像啤酒瓶的瓶身。入口小，两边直上直下。当我们对着酒瓶吹气的时候，可以听到很刺耳的声音。这也是物理的共振现象，在声学上叫共鸣。惊马槽的怪声出现就是共鸣效应。当风吹进惊马槽后，风声被放大。也就形成阴兵过路的声音。但是仍有许多疑问，为何风声可以形成马叫的声音？专家认为与此处地形有关。

那么，为什么马到了惊马槽就会受惊呢？据推测，动物的器官比人更加敏感，能够感应到非常微小的、人不能分辨的声音。当风吹进惊马槽的时候形成让马恐惧的声音，才受了惊。

但这些都只是推测，惊马槽为何会形成阴兵过路，还需要地质学家进一步的研究。

（二十八）青藏高原移动之谜

青藏高原一直是一个神秘的地方。如今，在卫星定位系统的帮助下，科学家惊奇地发现，这个世界最年轻的高原竟然以每年730毫米的速度整体向东和向北方向移动。

尽管这种推移变化量很小，仅仅属于毫米级，但是经过几百万年的地质变迁后，这个移动量是很可观的。那么，人们是如何观测到这种移动的？又是什么原因造成这种移动？它会给地球和人们的生活带来什么样的影响？

青藏高原位于我国西南边陲，亚欧大陆的中南部，南起喜马拉雅山，北抵西昆仑—阿尔金—祁连山，东自横断山脉，西连帕米尔，面积达250多万平方千米。它平均海拔在4000米以上，享有"世界屋脊"和"地球之巅"的美誉，常被科学家们与南极、北极相提并论，称作地球的第三极。

青藏高原无论是在地理位置上，还是在地球科学的重要性上都具有极为特殊的意义。由于它位于地质历史上古地中海大洋岩石圈消亡地带，是研究洋—陆转换、陆—陆碰撞、造山过程、全球变化和全球大陆动力学等一系列重大理论问题，建立地球科学新理论、新模式的关键地区，故而也被喻为"打开地球动力学大门的金钥匙"。

对青藏高原的监测吸引了许多国家的科学家。

监测活动的参与者之一、中国地震局地震研究所谭凯博士说，青藏高原在中国的地壳活动幅度相对比较大，而且这个高原地区的隆升、漂移活动是比较激烈的，地震活动也比较多。这种现象在中国其他地区或者高原是少见的。

从20世纪80年代起，各国地球科学工作者争先来青藏高原考察研究，法国、英国、美国、日本、意大利、瑞士、德国、加拿大、澳大利亚等各国学者纷纷与我国科学家合作，对青藏高原进行考察研究。青藏高原已成为地球科学新理论国际竞争的焦点地区。

尽管各个国家都争先恐后地对青藏高原进行实地研究，但中国在卫星监测青藏高原的地壳活动方面却走在世界的前列。事实上从1991年起，中国地震局地震研究所GPS研究室开始利用GPS全球卫星定位系统对青藏高原地区进行监测。从1991年至今，中国地震局地震研究所GPS研究室组织了50多次青藏高原GPS观测，在高原及其周边地区设置了340个观测点，全国共设置了1056个GPS观测点。

那么，青藏高原是以怎样的速度向哪些方向移动？谭凯说，根据他们的最新研究，青藏高原南部的拉萨地块以每年约 30 毫米的速率向北东 38°推移；中部的昆仑地块以每年平均 21 毫米的速率向北东 61°推移；再向北到祁连山地块，以每年 7~14 毫米的速率向北东约 80°推移。也就是说青藏高原整体正以每年 7~30 毫米的速率向北和向东方向移动。

谈到监测方法，谭凯说，他们采用全球卫星定位系统对中国大陆地壳运动进行了长期监测，从中获得了在国际地球科学领域内最为丰富的青藏高原 GPS 数据；并使用独自研制的高精度 GPS 数据处理软件，获得了中国大陆现今最为精细的地壳运动图像。

具体方法是，首先利用诸多卫星进行定点测量，再通过仪器进行接收；之后对信号进行数据处理，再把结果与以往结果进行比较。

监测有自己独立进行的，也有和别人联合的，大大小小共有四五十次。他们与美国阿拉斯加大学、美国普度大学保持了常年的联系，是友好合作单位，双方在监测活动中的仪器、经费方面，进行了交流和合作。

监测点并不局限于中国大陆，中国周边国家和地区，像蒙古、印度等地都有。而青藏高原上的观测点则是关注的重点。

青藏高原向北向东移动的原因是什么？

谭凯认为，原因比较复杂，涉及地球动力学各方面的因素。不过据推测，比较重要的因素就是印度洋板块向北运动引起挤压，除此以外，还有像地幔动力学、地热等多方面的因素，不能简单归结为一种原因。

而中国地球物理学会主席、中国工程院赵文津院士在 2009 年，曾发表一篇文章对移动的原因进行解释。文章的名称为《破解青藏高原的东移之谜》。

赵文津院士从球面数学的角度出发，认为处于高纬度的两个相邻地块分别沿其重心所在经度线向低纬度做南北方向的离极运动时，由于经度线间的距离不断增大而逐渐相互分离。反之，处于低纬度的不相邻两地块分别沿其重心所在经度线向高纬度做南北方向的向极运动时，由于经度线间的距离不断减小而逐渐相互靠近，最终导致青藏高原向东移动。

青藏高原向东和向北移动速度并不一样，这会不会造成高原自身的解体呢？其实，青藏高原本身就是由许多地块构成的，例如昆仑地块、拉萨地块等，每个地块的方向和活动性都不一样，它的动力传输也不一样，这也就造成了速度不一致的情况。另外，高原本身就是断裂的，所谓高原解体也是无从谈起的。

这种运动的影响，可以造成地块触动和断裂，以及造山运动等多方面影响，而与老百姓生活更为直接的则是地震活动的增加。

至于这项研究成果对于地震和地质学的意义，谭凯认为，这项研究可以使人们研究地球动力学、地球深部结构和浅部变形之间的关系，同时也有利于地震预测等方面的深入研究。

如果青藏高原一直运动下去会怎么样呢？是否会产生新的地形地貌？它会给这个地区乃至整个中国大陆的生态和气候环境带来什么变化？谭凯说，这与地热活动增强、应力积累现象不同，这个问题太复杂了，不能轻易地下论断。

中国气象科学研究院人工影响天气研究所研究员张纪淮也表示，从板块移动的角度来说，喜马拉雅山就是印度洋板块和东亚板块底部相互挤压形成的。如果板块向东向北移动，肯定会对喜马拉雅山的高度产生影响。至于这种缓慢的移动对于气候的影响，应当把它放在一个很长的气候年代里去表述，短期内是观察不到什么变化的。

（二十九）神秘的"湖泊牛"

青海省果洛藏族自治州久治县的年宝玉则山区，散落着 108 个大大小小的湖泊，这里气候温和，水草丰美，是野生动物的自由王国。在这里也流传着许多神奇优美的传说。

传说，在远古，这些明珠般的湖泊里居住着至高无上的湖神，它们像一头头青灰色的牦牛，在湖心游来游去。人们在湖边焚香叩拜，祈求它带来吉祥与欢乐。

关于这种像牛一样的"湖神"，从古至今有过很多记载。在驰名中外的布达拉宫内古老的壁画上就描绘了这种像牛一样的"湖神"，人们称它为"湖泊"。

与唐王朝有联姻之谊的吐蕃 32 代国王松赞干布，在讲述自己疆土范围时说，在东边的赤字加姆湖（即青海湖），有一种被称为"湖龙"的菩萨。在当时，松赞干布很可能将"湖泊牛"当成神来膜拜。1880 年，果洛喇嘛岭·坚赞在《西藏佛教创始人莲花生大师传略》中写道："莲花生大师带人来到桑伊湖边，他呼叫湖神。刹那间，湖里出来似牛非牛的湖神……"可见这些生活在高原湖泊中的动物确实由来已久，只不过被人神化罢了。在《果洛历史》一书中对"湖泊牛"有着详细的描绘，说它们在风和日暖时，成群地上岸活动，形如农家的黄牛，还会与家养黄牛杂交，生出来的后代，被藏民称之为"错朗"。西藏安多地区著名学者旺青桑旺德维多尔杰，在他的自传里谈到，小时候于青海湖边见两头"湖泊牛"在湖里游泳，背部像鱼脊。现任果洛藏族自治州政协副秘书长的昂贝多杰曾回忆说，1950 年夏天，他 18 岁时随家人到布哈湖畔放牧，午夜，猎犬狂吠，被惊醒的一家人跑出账房，只见湖边 20 多头形如牦牛的动物在朦胧月色下漫步，它们身上散发着淡青色的光泽，不时低头啃着湖边的青草。当人们跑到湖边时，这群"牛"便纷纷跳进湖里。1958 年，昂贝多杰加入合作社，在他家的畜群里还有三四头由"湖泊牛"同牦牛杂交生下来的后代，它们身上长着卷曲发光的青色短毛，蹄呈两瓣，头上长有很短的角，但其寿命短，又无繁殖能力。1984 年 7 月 23 日上午 11 时左右，久治县人大常委会主席洛洛和其他 3 名干部路过日桑错湖，他们

惊奇地发现有 3 头淡青色的牛在湖边走动，"其体形小于牦牛，在阳光下闪闪发光"。当他们快步来到湖边，3 头牛已像鱼一样迅速游到湖心。转眼，湖泊上漩起圈圈波纹，再不见牛的踪影。洛洛等人十分惊奇，他们知道高原牛是没有潜水本领的。年老的牧民告诉他们，这就是传说中的"湖泊牛"。它们常从这些神秘的高原湖泊中跑上岸来活动。

洛洛等人在日桑错湖的奇遇给人们提出了一个值得探索的问题：它们真是"湖泊牛"吗？或许有人不会相信。不过，那里的牧民们会告诉你："到了冬天，湖泊的冰层下常会传出'嗡嗡'的击冰声。"

那么，湖泊牛到底是怎样一种动物呢？至今还是一个不解之谜。

（三十）玛瑙湖奇观

玛瑙也许并不罕见，但如果说有一个地方，在几十平方千米甚至更大的面积内，遍地都是玛瑙，恐怕就没多少人敢相信了。然而，在内蒙古西部的茫茫戈壁之中，就有一个神奇的"玛瑙湖"。玛瑙湖的总面积大约 4 万平方千米，仅湖心地区就达几十平方千米。湖里不但有玛瑙，还有蛋白玉、风凌石、水晶石等多种宝石，是一处名副其实的宝地。但它地处内蒙古西部的茫茫戈壁之中，使得世人很难见到它的真面目。普通玛瑙在宝石中的价值并不高，但是其中的珍品却价值连城。在玛瑙湖就曾发现过世界上最

玛瑙湖

为奇特的"玛瑙雏鸡"。从表面看它似乎就是一个鸡蛋形的石头，然而，当科研人员用激光照射这块鸡蛋形的石头里面时，眼前的奇迹使得他们简直不敢相信自己的眼睛。原来，在石头里面竟然有一只化石小鸡，小鼻子、小眼睛、小嘴巴清清楚楚、栩栩如生。通常的动物化石是硅化物，而这只活灵活现的小鸡却俏皮地身处亿万年风雨的杰作——玛瑙之中。这种罕见的奇观令人惊叹不止又困惑不已。

（三十一）塔克拉玛干沙漠

在我国新疆南部的塔里木盆地，有一个面积为 32.4 万平方千米的世界第二大沙漠——塔克拉玛干沙漠。自有记载的历史以来，这里从没有人居住，也没有人穿行。有

人说，"塔克拉玛干"的意思是"过去的家园"。传说这里曾是一个富庶的王国。突然，一天晚上黑风降临，天塌地陷，整个王国便被沙砾所埋没，幸免于难的人也失去了家园。也有人说，"塔克拉玛干"的意思是"进去出不来"。传说那里藏着数不清的财宝。然而，进去的人只能欣赏，不可拾取。哪一个贪心人取了一颗珠宝，便永远出不来。

古老的传说使这片大沙漠显得更为神秘，而现代探险家的遭遇更使其增添了几分恐怖。19世纪末，瑞士著名探险家斯文·赫定带一支探险队进入这个沙漠，由于缺少水源，险些遭遇灭顶之灾，他在一部书中称这里是"死亡之海"。

塔克拉玛干真的一无所有吗？近年来，大批中外科学家对这一大沙漠进行了多次综合考察，认为在3000万年前，地中海的波涛曾在这里汹涌，塔里木盆地地质状况类似盛产石油的中东地区。所以有人宣称，塔里木盆地将是又一个中东。

诱人的前景鼓舞着石油勘探者，但钻机钻了几十米，只见泥浆不见水。可是次日清晨，坑里竟盛满了清水。迄今，勘探队已在沙漠各处钻了200多个坑，坑坑见水。这不亚于在沙漠里找到石油。

塔克拉玛干还有"沙丘博物馆"之称。大漠南部有状似埃及金字塔的沙丘，风削而成，一个挨一个，煞是壮观。而东部，各类巨大的沙山层层叠叠，令见多识广的外国专家也叹为观止，称这是世界沙漠独一无二的奇景。

塔克拉玛干不仅有水，而且也降雨、降雪。它在1984年和1986年均下过大雨，雨点稀疏、粗大，能把人打得鼻青脸肿。除了雨，冬天的雪还会把沙丘盖成白茫茫一片，远远望去，蔚为壮观。

水是生命的摇篮，有了水，就必然有生命的存在。考察人员看到，麻雀在飞翔觅食，乌鸦在天空盘旋。黄羊、骆驼、野兔、沙鼠、猫头鹰、鹿等动物，也常在沙海中出现。

这些动物靠吃什么来生活呢？虽然目前尚无令人满意的回答，但塔克拉玛干那神秘的面纱毕竟已被掀开了一角，"死亡之海"的说法已开始动摇。这片广大的沙漠还有无数的未解之谜在等待着人们去揭开。

（三十二）青龙山盛产恐龙蛋之谜

秦岭褶皱带东端的青龙山保护区，境内地层曾多次受到构造作用和热变质作用的影响，形成了一些复杂的构造，留下了许多峡谷峭峰，险崖峭壁，同时境内瀑布飞旋、溪流湍急，奇花异草丰富，自然洞天众多。由于长期受风化剥蚀，保护区内为低山丘陵地貌，平均海拔在220米左右，相对高差50米左右。这里保留有将近18亿年沧海桑田变迁的纪录，留下了许多罕见、奇特、内涵丰富、典型多样的地质遗迹。这里物华

天宝、人杰地灵、群峰竞秀，被誉为汉文化的摇篮，是华夏民族的发祥地之一，还是久负盛名的"恐龙之乡"。

这里恐龙蛋化石的蛋壳颜色有灰白色、褐色、暗褐色三种，主要形态有扁球形、球形、卵球形等，分别属于五个恐龙蛋科：网状蛋科、圆形蛋科、树枝蛋科、棱齿龙蛋科、蜂窝蛋科，其中树枝蛋科数量最多、且分布最广，约占70%。青龙山恐龙蛋化石群具有分布集中、数量和种类多、原始状态保存较好、埋藏浅的特点，发现最多的一窝恐龙蛋化石多达61枚，举世罕见。

恐龙蛋化石

人们一直想要弄清楚为什么这里会出现这么多的恐龙蛋，它们又是怎样被保存下来的，对于这些问题，专家们也一直在努力寻求答案，但一无所获，这有待于后人去解密。

（三十三）河西走廊探秘

河西走廊在甘肃省。因为狭长的省域被黄河谷地分割为河东和河西两片，而走廊坐落在黄河以西，所以通称为河西走廊。但在外国地理文献中，它却是以甘肃走廊而闻名于世界的。

从古浪峡口向西，一直到甘肃新疆边界，这长达 1 000 千米，宽 10 余千米到 100 余千米的地方，南侧是平均海拔 4 000 余米的祁连山和阿尔金山，北侧是阿拉古山、红崖山、龙首山、合黎山和马鬃山，海拔为 2 000~3 000 余米。南北两山夹峙的带状平原，海拔只有 1 000~2 000 余米，有成片的绿洲，有广阔的戈壁，也有零零散散的沙漠。长城从其间蜿蜒穿过，古时是丝绸之路必经之地，现代有甘新公路和兰新铁路纵贯东西，如今则更是新亚欧大陆桥重要的路段，这就是河西走廊。

每个人都可以从自己的视角去看河西走廊，并且获得与别人迥然不同的感受。每个人都可以自由地探究隐藏于这片土地的自然和人文奥秘，并且享受自己独特的收获。但有一点是共同的，那就是凡是到过河西走廊的人，都会充满激情地赞美它，发自内心地关爱它。

1. 一个地壳断裂下沉带

地质学家当然最关心走廊的形成原因。他们的研究结果表明，河西走廊西段是古老的塔里木地块的东延部分。当我们现在的国土还大多是一片汪洋的时候，正是这一狭长带状的陆地把塔里木地块和中朝准地台连接起来；走廊中东段则是祁连山地槽的组成部分，和祁连山一样深埋海底，只是当祁连山由海变陆，高高耸立于古海之上以后，走廊却从中生代开始因为断裂下沉而深深陷落。而北侧的马鬃山、合黎山、龙首山也断裂翘起时，一条巨大的洼地赫然出现在青藏高原东北缘。数十条河流从洼地两侧的山上流下来，它们携带的砾石和泥沙填平洼地的底部，第四纪以来更堆积了厚层黄土，终于使它成为名副其实的"走廊"。虽然黑山和焉支山（胭脂山）在走廊中巍然凸起，把走廊分隔成了安西—敦煌盆地、酒泉—张掖盆地和武威盆地，但走廊依然是东西贯通的。

2. 一条阳光走廊

河西走廊深居亚洲中部，其东端距我国四大海域和孟加拉湾平均直线距离超过1 700千米，西端则在2 300千米以上。远离海洋加上高山高原阻隔，造成了"春风不度玉门关"，也就是湿润气流很难到达的境况，使这里成为干旱少雨之地。走廊内除个别地方因为海拔较高，年降水量达到300多毫米外，其余各地均在200毫米以下，而且越向西越少。例如武威尚有158毫米，到酒泉降为85毫米，而到敦煌就只有37毫米。这就是说，敦煌25年的降雨量总和还不如成都一年的雨量多，44年的降雨量加起来也只相当于广州一年的降雨量。

少雨意味着多晴天，阳光充足。河西走廊年平均太阳辐射总量达5 700兆~6 400兆焦耳/平方米，年日照时数达2 600~3 200小时。这些数字比起西北其余地区和青藏高原不算大，但与四川、重庆、贵州三省市相比，就大得惊人了。这三个省市大部分地区太阳辐射总量只有河西走廊的2/3，年日照时数一般不足1 300小时，仅及河西走廊的一半。行走在河西走廊的土地上，常常沐浴着灿烂的阳光。

3. 绿洲走廊

按常理，河西走廊这样干旱的地方应该是寸草不生、满目荒凉，但事实并非如此。这里有渠水淙淙、阡陌相连、防护林带纵横交错的肥田沃野，不仅生产粮食、棉花、油料、甜菜，而且还出产哈密瓜、西瓜、葡萄、枣、杏……一句话，河西走廊虽然深居内陆荒漠，却孕育了大片绿洲。

"绿洲"是外来语。古希腊人把利比亚沙漠中肥沃、富庶、可以居住和饮水的地方称为"oasis"后来被吸收到英语中，汉语则译为绿洲。尽管各类辞书和不同学者对绿洲的定义略有分歧，但基本观点是一致的，即绿洲是广大荒漠中有细土、有地表水注入或地下水可供采用，能生长植物和种植农作物的岛屿状半地。

河西走廊共有各类土质平地 23 200 平方千米，它们或者发育为荒漠草原和灌木荒漠，或者是草甸和盐化草甸，或者形成沼泽，当然也有完全裸露的。其中近一半分布在酒泉—张掖盆地，27%分布在武威盆地，24%分布在安西—敦煌盆地。以地面细土覆盖率而论，则是东部多，并逐渐向西减少。

4. 雨雪青睐高山

祁连山高山带年降水量达 400~800 毫米。降水孕育了冰川，也滋润了河流。大小50 多条河流分为三个内陆水系注入河西走廊，其中黑河水系年径流量 36.7 亿立方米，疏勒河水系 16 亿立方米，石羊河水系 15.7 亿立方米，总计地表年径流量为 68.4 亿立方米。正是这一水源改变了河西走廊荒漠的命运，如同阿尔泰山、天山、帕米尔、昆仑山、祁连山的水源改变了准噶尔、塔里木、吐鲁番、柴达木等荒漠盆地的命运一样。比起撒哈拉、阿拉伯半岛，甚至澳大利亚中西部的荒漠，中国的干旱区真可谓得天独厚了。

河流携带土粒、矿物营养和有机质在走廊内的洪积扇边缘和中下游沿岸冲积平原构建了土与水的最佳组合，于是胡杨、红柳、沙枣、梭梭、芦苇、芨芨草、针茅生长起来，形成了天然绿洲。人们世世代代在这里开荒、垦田、种粮、植棉、栽树、修渠、造路、建屋、筑城，终于创造了繁荣的人工绿洲。

河西走廊的三个盆地或内陆水系中，以武威盆地—石羊河水系面积最小，地表径流量也最少，但现有绿洲面积（4 958 平方千米）却最大，几块大绿洲基本上是连续分布。酒泉—张掖盆地—黑河水系沙砾戈壁渐多，土质平地减少，除个别河流洪积扇形地外，绿洲多沿河岸呈带状分布，总面积约 4735 平方千米。安西—敦煌盆地—疏勒河水系不是由于缺水，而是缺乏土质平地，著名的北戈壁、南戈壁、一百四戈壁、二百四戈壁占据了大片地面，绿洲（1255 平方千米）只在疏勒河冲积扇边缘和疏勒河、党河沿岸呈小片零星分布。

18 块较大的绿洲加上无数小绿洲，好像由丝绸之路一线相连的珍珠，也是古代商旅、使节往来的驿站。没有这些绿洲，河西走廊昔日的辉煌和今天的腾飞都将不可思议。正是这些绿洲创造了甘肃单位面积粮食产量的最高纪录，并使数百万人走向富裕。

5. 扑朔迷离的水系变化

疏勒河、黑河、石羊河及其数十条支流构成了河西走廊的三个内陆水系，这几乎是人们耳熟能详的看法。但事实上，河西走廊水系仅在最近 1 万年来就经历了非常复杂的变迁。三大内陆水系只能代表一段有限时间的历史。而自 20 世纪后半叶以来，三大水系已逐渐解体，而被数十个更小的内陆水系取代。

我们知道，今天的疏勒河出祁连山后迅速折向西流，直指罗布泊，尽管下游已经没有常年流水，但湖泊、沼泽湿地、胡杨林和芦苇地仍清晰地勾画出了昔日河床的轮廓。清代学者全祖望最早指出疏勒河是黑河（弱水）的支流。20世纪二三十年代中（国）瑞（典）西北考察团的学者伯林、霍尔勒等也有疏勒河曾一度归属黑河水系的看法。老一辈地理学家冯绳武教授的观点更令人感兴趣，也很有说服力。他认为疏勒河曾经是一条"两栖河流"，其一部分河水向西接纳党河后流入罗布泊，另一部分河水东注黑河，并经居延海、巴布拉海、呼伦贝尔直入黑龙江。因而疏勒河曾经是黑龙江的正源，而石羊河则曾经是黄河左岸一大支流。

这就是说，疏勒河、黑河、石羊河仅在数千年前还都是外流河，河西走廊除党河流域外还都是外流区，河水可以东入大海。从居延海至呼伦贝尔间，海拔1000米等高线包围的一个狭长低地带，就是早年的疏勒河入黑龙江的河道。由于1万年来气候渐趋干旱、冰川储量减少，河流水量减小，加之流沙覆盖下游河床，才使河西走廊完全变成了内陆流域。

至于三大水系的解体，一般认为，自20世纪后半叶以来，由于河西走廊绿洲面积扩大，大量新兴城镇崛起，农业和城市用水量剧增，三大河流的所有支流几乎都已不再注入干流而各自成为独立水系。对于河西走廊生态环境的可持续发展，这可不是一个好兆头。

6. 鸣沙山、月牙泉、雅丹、黑戈壁

托走廊北山的福，河西走廊没有大片沙漠。巴丹吉林沙漠和腾格里沙漠虽然占据了几乎整个阿拉善高原，但由于走廊北山（主要是合黎山、龙首山）的阻挡，不能大举侵犯河西走廊，只能经过黑河、石羊河谷地和一些比较低矮的山口实行偷袭，在走廊内形成小片沙地。盘踞甘新边界阿尔金山北麓的库姆塔格沙漠每年乘着偏西风东进，又在偏东风吹拂下西退，始终只能停留在走廊最西端。河西走廊沙漠不广，但有一处沙山会发出响声，因而名声大噪，这处沙山就是敦煌城南6千米的鸣沙山。关于沙为什么会发出响声，有许许多多神话和传说，但是正确的答案只能向物理学家请教。

鸣沙山下的月牙泉也是一处胜迹。月牙泉长240米，宽近40米，形似新月，因历千年不枯竭而成为一大奇观。实际上泉址所在是党河故道，泉水可受党河地下水补给，故无论蒸发量多大，总能保持一泓碧波。

雅丹是未胶结的湖相地层在定向盛行风吹蚀下残余的陡峭小丘，安西布隆吉、百旗城一带都能看到。规模最大、形态最复杂多样、最具观赏价值、且使人流连忘返的，还得数新近开发并已建立自然保护区和国家地质公园的敦煌雅丹。在那里你能看到巨大的烽燧、舰队远航归来、孔雀开屏、雄鸡报晓、狮身人面像和石油工人群雕……当

然，这一切都是大风塑造的地貌景观而非人力所为。

戈壁在全世界的干旱区随处可见，但是黑戈壁却仅见于河西走廊西端和新疆东部。戈壁是干旱气候条件下的山地经过剧烈剥蚀、侵蚀，或者洼地经过洪积、冲积作用而形成的一种独特地貌类型，地面布满岩石风化碎屑或粗大砾石，但地势起伏很小，身临其境，常常给人以一望无际的感觉。置身黑戈壁上，或许还会平添一丝压抑与恐怖，猛然间冒出"生命禁区""死亡之海"之类的话语来。但是，中国生态学家西北考察团考察安西时，人们随便俯身拾起一颗砾石，就在贴地的一面发现了生命的存在。在车上极目远望，地平线上偶尔有矫健的黄羊奔跑的身影。

7. 石窟、长城、嘉峪关

河西走廊西端有一座闻名世界的艺术宝库——莫高窟。

莫高窟位于国家级历史文化名城、优秀旅游城市敦煌市东南 25 千米的大泉河（亦称西水沟）左岸陡峭的岸壁上。洞窟始凿于公元 366 年，现存的 491 个洞窟保存着2400 多尊雕塑和 45 000 平方米壁画，是我国第一个被联合国教科文组织列入世界文化遗产的石窟。这是许多人都知道的事，但河西走廊从东到西都有石窟，恐怕就很少人了解了。例如武威城南 50 千米创建于十六国北凉时期的天梯山石窟，有洞窟 3 层，雕塑 100 多尊，其中的如来佛坐像高达 30 多米，壁画 100 多平方米。张掖城南 65 千米的肃南马蹄寺石窟，始建于北凉，有 70 多处窟龛，仅其中的三十三天洞即有上下 5 层，21 窟，49 个窟龛。安西城南 68 千米榆林河岸上的榆林窟，现有 42 个洞窟，塑像 272 尊，壁画 5 650 平方米，壁画佛神像 10 826 幅。安西东千佛洞现存 23 个洞窟，彩塑 56 尊，壁画 486 平方米。敦煌西南 35 千米党河岸壁上的西千佛洞，现存洞窟 16 个，窟龛共 22 个，彩塑与壁画艺术价值都很高。有这么多石窟，我们说河西走廊是一条石窟走廊大概也不为过吧？

如果有人问，河西走廊为什么会有这样多的石窟？相信历史学家和艺术家都会做出令人满意的回答。但值得一提的是，自然方面的原因十分重要，河西走廊自中生代以来的断裂下沉，使它堆积了适合开凿洞窟的砂岩、砂砾岩和第四纪砾石层，也就是所谓"洞窟地层"。试想，如果河西走廊只有坚硬的花岗岩、石灰岩，或松软的砂页岩，或风化严重的千枚岩类，那么这些洞窟就不会出现了。

提到河西走廊不能不提及长城。长城从古浪县境进入河西走廊后，大致沿着现在的 312 国道，一直延伸到嘉峪关，长达 500 多千米，它没有八达岭长城的险峻与雄伟，却多了一份厚重与坚强。对于民勤和金塔两地，它不仅是边墙，还显然是阻挡沙漠入侵的生态屏障。

嘉峪关是长城的"西终"，河西走廊第一隘口，建于公元 1372 年，由内城和外城组成。内城周长 640 米，城高 10.7 米，城墙上建有箭楼、敌楼、角楼、阁楼、闸门楼，北以悬壁长城连黑山，南接长城第一墩。

8. 吉城的湮灭与新城的崛起

令人奇怪的是，现在的甘肃河西五地市，只不过管辖 19 个县区市，且其中的天祝藏族自治县、肃南裕固族自治县，从治所到辖地都不在走廊内而是在祁连山地；民勤县则位于阿拉善高原南缘；肃北蒙古自治县城虽在走廊内，辖地则在马鬃山和祁连山；阿克塞哈萨克族自治县辖地则半属走廊，半属阿尔金山地。而早在距今约 2000 年前的西汉时期，河西四郡居然设了 35 个县。历经沧桑之后，这些古城一部分随着古绿洲的衰亡而消失了，一部分由于治所迁徙而先后没落，更多城市则与时俱进，高楼代替平房土屋，陋巷变成宽街，客栈的灯笼改为宾馆的霓虹，叮当作响的驼铃变作了火车的汽笛阵阵和汽车的喇叭声声。

敦煌郡 7 县只有龙勒和冥安两座县城完全废弃。龙勒县城即寿昌城，位于党河洪积扇西缘，后因党河出山后转向东流，失去水源的县城居民陆续外迁，城址被埋到流沙下面，如今的游客只能伫立企阳关之下，面对茫茫沙丘慨然长叹了。冥安县城即后来的锁阳城，在今瓜州县境内疏勒河—榆林河洪积扇间，当时主要依靠疏勒河供给水源，到元代仍很繁荣，后来河道迁徙，水源断绝，城市随着绿洲一起衰亡。古老的沙州、瓜州则神奇地变成了敦煌和安西两座新城。

酒泉郡 9 县，表是县城即今天的骆驼城，坐落在高台县城西南的摆浪河洪积扇前缘，因为摆浪河水越来越多地用于灌溉新坝、元山子一带的绿洲，水源枯竭，加上明海沙地的沙丘以每年 3～15 米的速度东侵，绿洲沙化了，骆驼城也成为一片废墟。

张掖郡 10 县，居延县不在走廊内而是僻处额济纳河尾间，西汉时城内曾有 5 000居民，算得上人烟辐辏了，其东南的黑城（哈拉和托）则是一个军事重镇。可惜的是，唐、明、清三代其上游大兴水利扩大绿洲，两座城池同遭厄运。另一些县城虽因撤销建制而减缓了发展，但毕竟安然无恙。而临泽、张掖、民乐、山丹等县城则越来越富有生机。

武威郡 10 县，媪围县城在今甘肃中部姑且不论。郡治则在今民勤县城东北红柳园一带，治所迁至武威后，城市也没落了。实际上，现在的武威市辖各县区中，最值得关注的应该是民勤。石羊河中游古浪、武威、永昌绿洲持续扩张，用水剧增，造成了民勤绿洲灌溉用水没有保证，被迫打井开采地下水，使地下水位猛烈下降，沙生植物大量死亡，耕地大量撂荒，城市也陷入危境之中。

但是，另一方面，河西走廊更多的城市却是持续繁荣兴旺的，这不只是说敦煌、酒泉、张掖、武威等城市的旧貌换新颜，还包括因产石油而出现的玉门市，因有西北最大钢铁企业而傲然耸立在戈壁滩上的嘉峪关市，以及作为我国镍都的金昌市。走进这些诞生于新中国的城市，我们不禁从心底升起满腔豪情。河西走廊，这条古老而神奇的狭长通道，还有多少奇观等待着我们去探寻！

（三十四）重庆天坑地缝

重庆奉节的天坑地缝位于奉节县城南岸 38 千米处，面积 456 平方千米。天坑又称小寨天坑，是世界上目前已发现的最大、最深的喀斯特岩溶漏斗，上口直径 622 米，下口直径 522 米，平均垂直高度 666 米，总容积 1.2 亿立方米。天坑四面绝壁，如斧劈刀削。

地缝在当地又叫天井峡地缝，是目前已发现的世界最深、最狭长的缝隙式峡谷，全长 37 千米，呈 "V" 形蜿蜒伸入天坑，宽处六七十米，最窄处只能通过一人，最深处达 900 余米。

自 1994 年以来，中、英、法等国的探险家相继对奉节的天坑地缝进行了数次探险，先后探测洞穴 60 多个，探明地下暗河 100 余千米，但天坑与地缝之间一段 300 米的神秘洞穴却始终没有被考察过，正是这最后也是最不易探明的一段险境，让天坑地缝成为两个世界之最。为此，中英联合探险队计划穿越最后一段连接天坑与地缝的洞穴。

在地缝的其中一段——兴隆镇处，空气清凉，山里雾气氤氲，恍若世外桃源。地缝的入口处很窄，站在洞口可以强烈感受到从地缝吹来的冷风，往下俯瞰，地缝漆黑一片。

走入地缝底处，抬头向上看，两侧岩石直立，中间的缝隙像是忽然间被切割开来一般，宛如一条游弋的长蛇。

走在地缝内，可以看见溶洞星罗棋布，有白汽溢出，似烟若雾，神秘莫测，两岸夹道的岩石如刀劈斧削，岩壁遮天蔽日。当地老百姓讲起里面的奇岩怪石，都形容得惟妙惟肖。

最为当地老百姓称道的是地缝内的一线天景观。此处地缝的顶端只有十几厘米宽，从下抬头望天，唯有一线蓝天。而在鬼门关处，怪鸟发出哀凄的叫声，更令胆小的人体验到恐怖的滋味。然而当地人却习以为常。

地缝在古代的时候是连接湖北和重庆交通的一条最佳捷径，也是重庆云阳县同奉节县联系的必经之道，湖北和云阳的古人就是踩着地缝里的大卵石来回穿梭，运输所需的食盐。

天坑虽与地缝相连，但目前除了探险者，普通人是无法通过的。站在天坑坑口向下望：四面绝壁，直落千丈，蔚为壮观。坑中遍布大小不一的洞穴，泉水自壁洞而出，时而涓涓细流，时而洋洋洒洒，形成世间绝境。自坑口下到坑底向上仰望，"井底之蛙" 的感叹油然而生。

在坑底环四周眺望，可以发现天坑是由四座呈椭圆形的山体组合而成的。早先兵荒马乱时，兵匪、盗匪时常抢劫百姓，老百姓无处可逃，就带上干粮、拿上简单铺盖到天坑内找个洞子，住上十天半个月，等外面恢复正常了，才又回去。

大概正是天坑地缝的神秘与诡异等这些说不尽的未知魅力驱使人们前赴后继，天坑地缝的险峻给探险家探险带来非常大的困难，也使它披上了更神秘的色彩。

（三十五）乐业天坑

连绵的群山中间突然裸露出一个巨大的坑洞，雄伟的峭壁如斧劈刀削般森然直立，围成坑洞的四壁，远远望去，好像大山对着天空张开了嘴巴。这一奇观就是广西乐业的世界第一大天坑群。

惊世大天坑面世之后，人们不禁产生疑问，是谁发现了这一奇观？最早发现乐业天坑的是当地45岁的农民潘政昌。1978年，他听老人说，古书记载：乐业有天龙口、地下龙宫、地下海洋、地下森林。他与几位好友组织了一个研究会，踏勘了大石围等天坑。之后，他将考察材料广为散发。1999年引来了第一批中外探险家，终于向世界揭开了这座千百年来沉睡于大山中的奇异天坑。

天坑大约形成于6500万年前，与恐龙同时代，状如一个个巨大的漏斗。天坑群由20多个天坑组成，最深的达600多米，浅的有200多米。科学家对其为何能保持6500多万年前的奇观至今还不清楚。乐业天坑是典型喀斯特地貌，但是一种很少见的S构造，简单说就是一种特殊的力场将这块可溶性岩石地区像扭麻花一样扭了一下，加上充沛的降雨，形成漏斗形天坑。

乐业天坑

乘直升机从空中俯瞰，20多个天坑密集地排列在方圆20多平方千米的范围内，像一座座竖井，井井相连。

天坑向人类展示着它神奇造化的谜面，天坑下的谜底又是什么呢？中国社科院、中国地质学会洞穴研究会、美国洞穴基金会和英国牛津大学洞穴俱乐部的科考专家们亲赴广西，对位于乐业的天坑群进行全方位考察，发现了天坑的种种奇观。

奇观一：最大的天坑之一大石围天坑的白洞天坑与冒气洞相连，一边洞口冒气，一边洞口吸气。而其他天坑没有此种现象。

奇观二：大石围天坑底部连着的两条暗河的水温十分奇特，将手伸入水中，两条河的河水一冷一热。专家们无法解释这一现象。

奇观三：专家在大石围底部发现了与天坑外完全迥异的植物，大部分与恐龙同时代。其中有一种从未见过的、羽脉排列十分奇异的蕨类，这应该是一种与活化石桫椤相媲美的珍贵植物。

奇观四：大石围底部暗河的沙滩为金黄色，沙滩上的鹅卵石花纹美丽得令人不可思议。

奇观五：坑内有一种当地人叫"飞虎"，形似蝙蝠的动物，前后肢有薄膜相连，展开后可以滑翔；地下河里还有形似鲶鱼的盲鱼，它们均失去了视力。

奇观六：专家们在地下溶洞熊家洞发现了数种典型的洞穴生物，一种通体透明，消化道能清晰地看到，视力已丧失，只留了一个小黑点，但触觉很发达；有一形似蟋蟀的生物，触角是其体长的四五倍，尽管它们看不见人，却很难被人抓着，只要一感觉到人手，它就会蹦得很远。另两种为无脊椎类动物，专家们推测这可能是新物种。

奇观七：大石围天坑附近有一个莲花洞，洞内有大大小小的莲花盆200多个，形似睡莲的莲花盆是如何形成的，至今还是一个谜。

奇观八：在大槽天坑底部，科考人员发现了一个巨大的洞穴，地洞四壁布满了海洋古生物化石，专家鉴定在二叠纪时，这里曾是一个充满生机的海洋世界。这个巨大的"地宫"长为400米，宽为200米，高为200米，是目前所知中国最大的地下大厅。

奇观九：在大坑的罗妹洞，科考人员发现了一个庞大的地下河水系。这个水系呈网状分布，多达数十条，河中没有活的生物。这些暗河表面十分平静，但一踏入水中，河底水流湍急，站都站不稳。

奇观十：在大曹大坑，深达300多米的坑内古木参天，杜鹃花等各种烂漫的山花开满坑底，让人感觉自己仿佛置身世外桃源。

中外科学家认为，这里还将有更惊人的发现！比如：大石围天坑是世界上唯一的集地下原始森林、溶洞、珍稀动物和地下河流为一体的竖井，这里应该有一个独立而罕见的生态系统；除了已发现的天坑，乐业县是否还存在不为人知的天坑？新的天坑是否还在形成？等等。这些未解之谜还有待科学家进一步研究。

（三十六）丹霞山

我们今天所看到的姿态万千的地貌景观，都有着一部厚厚的演变史，几百万年，几千万年，甚至几亿年，才雕塑成今日惟妙惟肖的形象。然而自然界的一切都在变，由不像到像，又由像到不像，所有大自然的美景都在经历地质史上的一个过程，"阳元石""处女渊"也不例外。

阳元石、处女渊位于广东省四大名山之首——丹霞山，丹霞山被誉为岭南第一奇山，是"丹霞地貌"的命名地。丹霞山位于广东省北部，距仁化县城 8 千米，南面距韶关市约 50 千米。山体由红色砂砾岩组成，丹霞山总面积 280 平方千米，主峰巴寨海拔 618 米。区内有大小石峰、石堡、石墙、石柱 500 多座，尤以阳元石、处女渊石造型最为奇特，被誉为"世界一绝"。

丹霞山的风景特点首推"雄"，充满阳刚之美。坐落在锦江之滨的阳元石，俗称"祖石"，高 28 米，直径 7 米，是该景区的"代表作"，有"不看阳元石，未到丹霞山"之说。

与阳元石遥相呼应的有座奇山，叫处女渊，它外廓高 10.3 米、宽 4.8 米，内廓长 4.3 米、宽 0.75 米。山体秀丽蕴涵着一份永恒而自然神秘的美。

丹霞山，古人以其"色如涯丹，灿若明霞"而取名。锦江穿景区蜿蜒而过，形成以"丹山碧水"为主要特色的自然风光。由流水、崩塌、风化及溶蚀作用而形成的许许多多方山、砂砾岩峰丛、峰林及石柱等发育得十分典型，其中以阳元石、处女渊石最为奇特。经过国家地质学专家考察鉴定，阳元石、处女渊石均为天然之作，乃大自然的鬼斧神工所造就！早在 20 世纪 60 年代，阳元石就被丹霞镇黄屋村的农民发现，当地农民都把这座怪怪的大石柱叫作"骡卵石""马卵石"。1992 年中山大学彭华教授考察后改名为"阳元石"。处女渊石是 1998 年被发现的。

是什么力量造就了这块风水宝地呢？据专家研究，原来丹霞山区在地质构造上属于南岭中段的一个构造盆地，地质学家称其为丹霞盆。大约在距今一亿年前，南岭山地强烈隆起，盆地处于干燥环境，气候又十分炎热，泥沙在不断地沉积并逐渐被氧化，所以形成了铁锈色。距今 7000 万年前，盆地中形成了厚度约 3 000 多米、粗细相间的红色砂砾岩，岩层一般呈水平状态，软而细的砂岩容易被风化和侵蚀，形成与岩层一致的水平凹槽式洞穴，比较坚硬的砾岩由于不易风化而突出为悬岩。现在，险峻的丹霞崖壁就是以前的崩塌面。在红色砂、砾岩层中，由于伴有石灰岩砾石和碳酸钙胶结物，在雨水的淋溶下常形成各种石笋、峰林、溶沟、石芽、溶洞等，甚至形成薄薄的钙化沉积，故人们又称之为"假喀斯特地形"。

丹霞山地区的地壳还在以每万年约一米的速度不断上升。大自然的鬼斧裤工，造就了丹霞山今天的千姿百态。处女渊巧配阳元石，是大自然的千古绝唱！是自然巧合，还是宇宙间有什么神秘的力量？这留给人们许多深思。

（三十七）神农架"熊山"

多少年来，一个悬而未决的难题一直在困扰着中国的一些学者，那就是《山海经》中所提到的熊山到底在哪里。1986 年，在四川举行的中国《山海经》学术讨论会上，

有关学者和专家认为所谓"熊山"指的就是鄂西北的神农架。因为不仅神农架林区的版图活像一只行走觅食的熊，而且神农架还是一片熊的国土。

据统计，神农架目前至少有七种熊，按其外形、毛色可大致分为：狗熊、猪熊、马熊、人熊、棕熊、白熊、花熊。在这七种熊中，争议较大的是花熊。有人说花熊是大熊猫，也有人认为花熊可能是白熊和狗熊的杂交种。1958年，一个猎户曾在喂猪时发现一只"花熊"正在偷吃地里的苞谷。它的背部为黑色，腹部灰白，脸部有白毛，眼睛周围是两个黑圈，双耳也是黑色，体重约100千克。1976年，有4个当地人看见过一只类似的"花熊"与老虎搏斗，最后老虎咬死了这只熊，吃了它，剩下了四只脚。这4个人待老虎走后，捡回了这四只熊掌，回家饱餐了一顿。根据他们的叙述，"花熊"就是地地道道的大熊猫。

神农架的猪熊，有人称之为"黄绊熊""站熊"。1985年，曾有11位农民在苞谷地里打死了一只站着吃苞谷的猪熊。这只熊嘴巴类似猪，重达300千克，除去内脏后的净肉也有200千克，比狗熊重得多。

在这七类熊中，最神秘的是"人熊"。神农架的人熊种类较多，其特点是都可以直立行走，而且面部像人。毛发有红色、黑色、麻色、灰白、白色等不同种类。对于神农架林区以及鄂西北、川东一带发现的"野人"，许多人就称之为"人熊"。"野人"与"人熊"容易混淆，不易区分。

目前，我国已确认的熊类有狗熊、棕熊和昆仑山马熊。但神农架林区发现的熊类却多达近10种，而且数量也十分可观。难道神农架真的是《山海经》中所指的"熊山"吗？难道因为神农架形似"熊"就可以认为是"熊山"吗？虽然有这么多的熊居住在此地，但它是否就是《山海经》中所指的那个"熊山"，还是一个有待进一步考证的谜。

（三十八）雅安蒙顶山人脸图像之谜

四川雅安蒙顶山的阴面，在卫星地图上看，就像一副奇特的图案，右边是一个带着羽毛头冠的武士，左边是一只麒麟。整个图案面积达几十平方千米，非常生动。从空中看去，这副图案一边就像罗马武士的上半身，有眼睛、鼻子、手，还有一个帽子，另一边看上去像是一只类似麒麟的动物。

在全国各地，特别是各个风景区，某块石头或者某个山峰像某种造型的例子很常见。但像雅安蒙顶山人脸图像这样如此生动的造型并不多见，更何况这个图案覆盖了几乎整个四川蒙顶山的阴面。而最吸引注意的是这些一条条好像是漫画人物头发的东西和人形的五官。那么这些图案到底是怎样形成的呢？

北纬30°，这一纬度带上有太多的神秘。而蒙顶山正好处在这一纬度带附近。这个神秘图像是怎么形成的？是人工开掘的？还是外星文明的产物？它会不会和北纬30°的这些谜团有联系？能否在地质学上找到合理的解答……

地质专家说，蒙顶山所在的四川雅安地区在地质上是一个非常特别的地方，它处在中国"Y"形构造的核心部位，南部、东北部和西北部三个方向的三条地质构造带正好在雅安交汇，在这里形成了一个交点。所以这里的地质构造非常的复杂，这就具备了出现这种特殊地貌的基础条件，当然它的形成原因是非常复杂的，科学结论必须在现场考察后才能得出，但现在关键的问题是在山上没有找到合适的角度来看这个图形。

在蒙顶山的后山，有一个巨大的陨石坑。那么，这个陨石坑会不会和山顶的神秘图形有关联呢？

然而，通过地质专家的实地勘察，认为这个陨石坑其实和陨石毫无关系。因为陨石进入大气层后不断地摩擦燃烧，当它真正到达地球时，体积已经非常小了，是无法形成这么大的撞击力的，况且这个地带也缺乏陨石坑形成的地形地貌条件。

那么这个神秘的麒麟和人像身体是不是可以用地质构造自然形成的巧合来解释呢？蒙顶山是非常容易被流水侵蚀的砂砾岩地层，地质专家认为，那幅图案上看起来像是头发的褶皱应该是长年被雨水冲刷形成的冲沟。这么一大片很深的冲沟呈现出一种辐射状的排列，理论上，在它的下面应该有一条由这些冲沟流下来的雨水汇集而形成的河流。看来，能否找到这条河流将是揭开头发部位奇特地形成因的关键所在。

沿着山梁的走向，确实有一条小河蜿蜒流过，但是水流却非常平缓，无论怎么看，它都不像有那么巨大的冲刷切割能力。

于是地质研究者认为："地质历史形成的过程比我们人类生活生存的时间要长很多，它一般是以百万年为单位来进行计算的。相对于地质年代来说，人类活动的时间也就是几十年一百年，所以我们看不到它切割的作用，但是我们可以想象在洪水季节，泥石流或河流的侵蚀切割改造，那就比较容易理解了。"

但这种说法只是宏观假设的一种可能性，按照地质专家的推测，这条河流以前应该水流很急，水量很大。但是要证实这种推测，地质专家还需要更多的线索。后来，专家从河中那些不起眼的鹅卵石上得到了证实。河流里那些鹅卵石呈浑圆状，磨圆得非常好，河流如果没有一定的冲刷作用，它是不可能把这些棱角分明的石头冲刷成卵石状的。结合当地的岩石构造，专家们认为头发形状是由下雨后水流冲刷形成的可能性非常大。但是问题接着又来了，蒙顶山有这么多的雨水吗？

气象专家介绍，雅安地形非常独特，它前边是四川盆地，同时背靠青藏高原，从印度洋来的大量暖湿气流，在进入雅安境内后受到青藏高原的阻挡，被迫爬升，当爬升到约1500米的高度时，暖湿气流内的水气碰撞增大，形成雨滴落下，所以这里的云非常多，雨也非常多。而蒙顶山上的雨期更多，一年可达300多天。拥有这么大的降水量，想要形成图像上的众多冲沟是完全有可能的。

但是这只是人们的一种猜测，没有真实的证据。虽然如此，还是不得不感叹大自然造物的鬼斧神工，它能够让众多的看起来没什么联系的偶然因素凑巧碰到了一起，而这也正是大自然的奇妙所在。到底蒙顶山的神秘图像是怎么来的，还有待于更多的证据来揭开这个谜。

（三十九）达摩面壁石

我国名山"五岳"中的中岳——嵩山，山势险拔，雄伟，山里有许多著名的古迹与名胜。其中全国著名的"少林寺"就坐落在嵩山上。凡去过"少林寺"的人，都会去看一看那块神秘的"达摩面壁石"。

这块面壁石，相传是我国佛教禅宗祖师、南天竺国僧人达摩面壁修行的一块巨石。在石的后面的石碑上，有清道光戊申年间萧元吉撰写的碑文《面壁石赞》："少林一块石，都道是个人，分明是个人，分明是个石。石何石？面壁石。人何人，面壁佛。王孙面壁九年轻，九年面壁祖佛成。祖佛成，空全身，全身精入石，灵石肖全形，少林万古统宗门。"

在我国南北朝时期，崇信佛教的梁武帝到处修庙祭佛，烧香祷告。达摩趁此机缘于公元 520 年，即梁武帝普通元年来到中国，隐在嵩山五乳峰的石室中，后人称此室为"达摩洞"。他面壁修炼了 9 个春秋。据说达摩精灵入石，便在面对的石壁上留下了整个人体的影像，后来被僧徒们刻凿下来，并将该石挪入少林寺，作为传世珍宝，年年供奉。

关于这块具有人影形象的面壁石，据载历代有幸亲睹此石者不少，史料记述者也甚多。据《登丰县志》载："石长三尺有余，白质黑纹，如淡墨画，隐隐一僧背坐石上。"明时徐霞客、袁宏道以及清时的姚元之，也都曾记叙过少林寺的面壁石。

据考察，五乳峰达摩洞的岩石属寒武系石灰岩，在白色的石灰岩上，布满了形状各异的花纹，墨色花纹居多。由此推断，在 1 000 多年前，少林寺僧徒，在五乳峰上采集来一块上面形状酷似人形的墨色花纹石头，便神秘地说成是禅宗祖师达摩的身影，这样故弄玄虚并不是罕事，但达摩面壁石究竟是怎样的来历，那石面上清晰可辨的僧人影像，又是如何嵌映进去的？这些都还是未解之谜。

（四十）中国各地怪石

大千世界中，有一类怪石以其外形的千奇百怪给人以美的享受。它们或雄伟壮丽，或清秀玲珑，或状如人类样。这种怪石无论有多怪，总能在它们身上找到自然雕琢的烙印。除此外还有一类怪石，也许它的外形并不奇特，却有着谜一般的特性，令人百思不解。

1. 风动石

泉州灵山上有一块巨大的风动石，上刻"碧玉球"3个大字，故称"玉球风动"。它是一块天然奇石，略呈长方形，上端四角稍圆，下部一边贴在山岩上，另一边向外斜削，形成一道缝隙，远远望去，奇石宛如玉球。每当大风来时，发出跑步的震动声，乍看像是摇摇欲坠，惊险异常，其实稳固无比，有惊无险。每有游人至此，都喜欢一显身手，使出浑身力气推摇，仿佛看见玉球在摇动，并闻嘶嘶声，其实玉球纹丝不动，实为奇趣，所以古来就有人在石上篆刻"天然机妙"等题字。

这块奇石高 4.73 米，周围要 10 多个人牵手合抱，估计重约 50 吨。一般外来的拉力和推力，只能使它像"不倒翁"一样，一晃一摇的，就算歪斜了，也会立刻恢复到原处。

这块巨大的风动石的来历，众说纷纭。有人说这是一块白天而降的陨石；也有人认为是海陆变迁时，从海底推上来的；还有人推测是地球上的冰川时期，由大陆内部漂浮过来，搁浅在这儿的冰川遗迹。然而，科学家们还无法对"玉球风动"的现象做出科学结论。

我国福建省也有一块奇妙的风动石，其奇妙之处同样令人惊疑。

福建省的这块风动石在福建东山岛铜山古城东门海滨的悬崖峭壁之上。风动石石高 4.73 米，宽 4.75 米，长 4.69 米，形似古猿人的头部化石，斜立于一块卧地盘山石上，两石吻合点仅 0.33 平方米。

风动石

古往今来，不知有多少游客，或合力以双手撼之，或运气以两足蹬之，都只能使它摇晃，而不致翻倒。如果找来瓦片置到石下，选择适当位置，一个人就能把这硕大的奇石轻轻摇动起来。此时，瓦片"咯咯……"作响，须臾化为粉末，奇石摇动的轨迹就更明显。令人百思不解的是，无形的风竟能使它摇晃。更叫人称奇的是，"七七事变"后，日军陆、海、空部队 3 次武装血劫东山岛，连风动石也不放过，动用军舰把钢索系于石上，开足马力企图把奇石拉倒。突然"嘣、嘣……"几声，钢索断为几截，鬼子的妄想也随之断了。

2. 气象石

1988 年，在川鄂交界的四川省石柱县马武乡安田村，发现了一块能准确预告方圆几十里天气变化的"气象石"。

马武乡地处沟壑纵横的土家山区，交通闭塞，文化经济落后。长期以来，农民们习惯以土法识天气，耕田种地，偶因当地有几位土家族农民常到一块石头上歇息聊天，才发现了这块石头的变干变湿，与天气变化极为密切：当水珠汇集于该石表面的某一方时，预示那一方将要下雨；当水珠汇集于石头中部预示当地即将下阵雨；当水珠布满石头整个表面时，就预示着将要下大雨。更神奇的是，每当石头表面潮湿变黑时，即预示着阴雨连绵的天气来临；当石头表面由潮湿转干发白，就告诉人们久雨不晴的天气很快要结束，同时阴见晴的天气即将来临；如果石头冒蒸汽则是多云有雾、气温下降的预兆。

有些石头在大雨来临前有回潮现象，但如此准确、变化多端的石头，有关专家一致认为还是一个令人感兴趣的谜。

3. 漂浮石

我国湖南省祁阳县有一种石头，能在水中漂浮。这种石头的硅质瓣呈多孔洞组成的斑点状，好像干丝瓜筋，它的颜色有深红、灰褐、灰白，比较坚硬，然而它的比重相当小，因此，当地群众称为"水漂石"。专家们正在对它进行研究和加以利用。

4. 自爆石

我国四川南部的石蔺县与贵州交界的高山上，有一块自我爆炸的天然巨石。它高约 20 米，周长约 40 米，顶部面积约 100 平方米，属菌性红沙包巨石。一天下午，突然一声巨响，1 千米外都能听到，巨石爆裂为 4 块，其中 1 块飞出 30 多米远，其余 3 块鼎立而形成两个天然窟窿。

5. 冰洲石

近几年来，我国湖北、江西、广西、四川、吉林、贵州、陕西等省的许多地区，都发现大量的"冰洲石"，蕴藏量居世界首位。"冰洲石"洁白透明，呈菱形结构，通过它看物给人以立体感。它是一种非金属矿，是航天工业必用的材料，比黄金还贵重。

6. 包铁石

在我国湖南澧县的天供山森林公园内发现了一块"石包铁"奇石。它重 3 千克，先呈灰白色，清洗后为褐色，石头中镶嵌着一大一小不规则的管状金属圆圈，石龄约为 3.5 亿年。石内含有 26 种金属元素，强度很高，检测取样时折了三根高碳钻头。据分析，它的来源：一是自然形成；二是外星人或上古人制造。

7. 臭石

我国四川省射洪县金华山境内有一块奇特的石头，它形如人脑，有许多褶皱，呈青灰色，重约 150 多千克。如有人用硬物敲打，立刻散发出一股难闻的腥臭气，故当地人称它为"臭石头"。

8. 石林

我国云南省路南县城东北 9 千米处的山峦上，有许多千姿百态的岩石，犹如密林耸立，它就是闻名中外的"石林"。石林中众多的石柱天然造型，有的像彬彬有礼的文人；有的像威风凛凛的武士；有的像饱经风霜的老人；有的像天真活泼的少女；有的像在打拳；有的像仰天大笑；还有的像栩栩如生的各种动物。总之，这里是童话世界。

9. 星相石

我国江苏灌云大伊山有一块 2 000 多年历史的"星相石"，面积 50 平方米，石面平整光滑，上面刻有大约 200 个圆窝窝，代表主要星斗，是银河系的缩影。石面上还大约可看出太阳系几颗大行星的分布，古人没有射电望远镜，是怎么知道几大行星及其位置的呢？真是一个谜。

10. 天水石

在三峡大坝附近的长江牛肝马肺岩上，发现一个奇特的大孤石，石长 8.3 米，宽 6.2 米，高 4.2 米，5 面裸露，顶部光滑平整。奇怪的是，孤石上有一个长 1.2 米、宽 1.1 米、深 0.65 米的小坑。坑内一年四季水不干，即使遇到特大干旱，附近水井水沟干涸，而孤石上的坑内仍然水满。至今这个小坑的水尚不知从何而来。

11. 大钻石

钻石，俗称金刚石，1000 千克矿石中才能找到 0.05 克钻石，因此它特别珍贵。目前全世界已发现的特大钻石有 20 颗。其中最大的一颗叫"库里南钻石"，重达 3.025 克拉（1 克拉等于 0.2 克），英王王冠上镶的那颗重 530 克拉的"非洲之星"，就是用"库里南钻石"切割雕琢成的。我国山东省发现的"常林钻石"，在世界 20 颗特大钻石中列第 14 位。

12. 鸡血石

我国浙江省昌化地区玉岩山中发现一颗珍贵的鸡血石，它颜色鲜红如鸡血，因而得名。它晶亮透明似美玉，与珠宝钻翠齐名，在国内外素负盛誉。这颗鸡血石高 19.5 厘米，每边阔 6.5 厘米，上端斜向一面，整个石身如同一枚印章。

13. 巨型玛瑙

玛瑙是一种稀有的非金属矿物，为二氧化硅胶溶体的沉积结晶状物体，硬度为摩氏 7 度，是一种贵重物品。我国山东省费县发现一颗巨型玛瑙，呈青灰色，半透明状态，重量达 1102.5 千克，体积约为 1 立方米。

14. 特大琥珀

琥珀是古代松柏树脂落入地下，经千万年地壳变化而形成的一种化石，它可作为名贵的中药和装饰品。我国河南省西峡县发现一块特大琥珀，重达 1366.5 千克。

15. 中国兰大理石

我国河北省承德市上谷乡，发现一种品位极高、较为稀少的特殊大理石矿床。这种大理石像钻石一样，呈六角形，放出五彩光点，据勘测，蕴藏量达 8000 万立方米。目前，世界上只有意大利等少数国家有这种大理石品种，它被地矿部命名为"中国兰"。

16. 水晶奇石

我国江苏省地矿调研所地质工作者于 1995 年发现一块内含 12 个水胆的水晶奇石。这块天然水晶石呈浅茶色，高 7 厘米，宽 5 厘米。在透明的石中，肉眼可见 12 个千姿百态的水胆。有水胆的水晶石被誉为天然奇石之冠，含有多个水胆的天然水晶就更为罕见。

17. 弹性石

我国四川省大足区有一个石坡，石坡上有两处石头有弹性。在这个长 10 米、宽 6 米的石面上，只要人在上面一跳动，它就会把人弹起来，而且周围 3 米宽的石面都会颤动。如果石面上站几十人，只要有一个小孩跳动，几十个人都会颤动。当地人称此为"跳石坡"。这里的石头为什么有弹性，人们还未解开其中的奥秘。

18. 五绝石

南京刘宇一教授 1989 年在江苏省六合雨花石产地，发现一枚奇石有五绝：一是石头的一面有明显的中国地图轮廓，而且显现出台湾与海南岛；二是中国版图的北部，沿国境线有条巨龙盘踞，口含明珠；三是巨龙上部有一金黄色点，酷似金元宝；四是中国版图中部有一条由浓而淡的红色，象征生命之火；五是石头的整个外形酷似民间吉祥物"长命锁"。因此，这一奇石被命名为"神州五绝石"。

19. 变重石

我国云南发现一块重量会变化的怪石，这块石头为椭圆形，外表呈黑色，两头有花纹，重约 20 千克。最令人迷惑不解的是，该石块的重量每天都会有变化。最轻时 20 千克，最重时可达 24 千克。有人以此石当作文物走私而被查获。

20. 奇影石

四川省红原县有一块神奇的大石头，从近处看光滑无奇，若在早上晨曦之中，或下午夕阳反射之时，人们站在远处，石面上像电影屏幕一样，映出各种景象，生动逼真而变幻莫测。当你站在 200 米左右处，石上影像形似大象抬头；若在 400 米左右处，看到石上金光闪闪，有形似身着古装的人影，姗姗走动。

21. 奇声石

我国浙江省龙游县有一块奇石，长约 35 厘米，宽约 10 厘米。只要有人一脚踏在此石上，耳边就会响起飞机的轰鸣声，细听还夹有溪水瀑布声。多年来，许多人慕名前往体验，无不称奇。广西靖西市有一怪石，形似一头伏首俯望的灰牛，巨石表面光滑，中间和底部有许多天然洞孔，一旦有风吹进洞孔，便会发出一阵阵牛叫声。贵州赤水市有一石梯，共 360 级，石宽 2 米，当人踏上石梯时，就会发出咚咚的鼓点声，在 5 米之外都能听清，当地人称为"地鼓"。

22. 水下碑林

我国四川省涪陵区长江与乌江交汇处的名叫白鹤梁的江中，有一道岩石巨梁，长 1 500 米，宽 15 米左右，石梁上有 163 处雕刻着若干石鱼，由线雕、浮雕、立体雕等不同刀法雕刻而成。石梁上还雕刻记录了从唐代到清末 12 个世纪中 72 次长江枯水情况，是历时 1200 多年的长江"水下碑林"。

23. 泼水现字画石

我国四川省仁寿县境内的黑龙滩风景区有一处岩壁，中间刻有石龙和佛像，两侧岩壁光洁如新，了无痕迹，若有人泼水其上，右侧立显一行行楷书大字，而左侧显示一幅功力深厚的墨竹画。随着水汽的消失，字画也就隐没，石壁上并无墨迹与刻痕。这一奇迹历时 900 多年而不得其解。在内蒙古东部科尔沁草原的"有字的山"脚下一泉水石壁上，用泉水一泼，便会出现字迹，待水干了，字迹也就消失了。这些字迹十分古怪，如用大毛笔书写，字类似蒙、藏文，有的横行，有的竖行。它是何时何人所写，是怎么写上去的，至今无从考究。

24. 飞来石

我国江西庐山等地都有飞来石的胜影，然而广西壮族自治区阳朔县漓江的双滩沙湾浅水处，1995 年 4 月 25 日下午在昏天黑地、电闪雷鸣、风雨交加之时，不知从何处飞来一块巨石。它形似海马又似老鹰，长 2.3 米，头高 1.3 米，尾高 0.7 米，腰宽 1.3 米，估计重约 2 吨多。

25. 我国江南三大奇石

第一块是杭州花圃的绉云峰。此石高 2.6 米，狭腰仅 0.4 米，以瘦、皱为主要特色，于明末清初发现。第二块是上海豫园中的玉玲珑。此石高 4 米多，重约 1 万余斤，是宋徽宗时发掘的太湖石。第三块是苏州留园的冠云峰，又名瑞云峰。此石峰高 6.5 米，重 5 吨余，以瘦、秀著称，北宋期间遗落于此。

26. 我国四大章石

福建福州郊区红寮乡寿山村的"寿山石"，浙江青田县的"青田石"，浙江临安市昌化镇康山的"鸡血石"，内蒙古赤峰市林西、巴林县的"林西石"，为我国著名的四大章石。它们的共同特点是质地细腻、微透明、色泽润明，具蜡状光泽，手感润滑，用来制作章石、笔架、雕像、摆件等，备受文人墨客的钟爱。其中寿山石中的精品"田黄石"被称为"石帝"，其价值高于黄金。

27. 会开花的石头

在泰山脚下有一个石文化陈列馆，馆内陈列着一块自然奇石，这块石头竟能开出花来。

这块石头高为 30 厘米到 40 厘米，形状好像昂着头的海豹，石头表面有鼓出的密密麻麻的白色的"花蕾"，这些"花蕾"过不几天便依次开出一朵朵褐红色的小花，花朵直径 0.5 厘米到 2 厘米不等。花开败后，花花相连，便形成一层新的石头。

据泰山管委会负责人介绍，这块奇石是山东省新泰市宫里镇王周祥老人几年前从村南山坡上捡回的自然青石，后随手放在家内墙边。不久，王周祥发现，这块石头不仅会开花而且在长高。消息传来，周围许多农民到王家争看这一奇观。为保护这块自然奇石不遭破坏，王周祥老人专程把它送到泰山石文化陈列馆。

据悉，这块石头 3 年长了近 6 厘米，地质部门有关人士初步鉴定认为，青石开花可能是石灰岩骤遇空气水分发生分解而产生的。是否存在其他原因，还有待科学家进一步研究。

28. 茴香石

在广西壮族自治区，还有人发现了一些"茴香石"。它们看上去跟普通石头差不多，外表呈棕褐色及不规则的三角形状。它们的独特在于能散发出一种极为浓郁的茴香气味，这引起了人们的关注和好奇。如果你想悄悄弄走一小块石头，它还会表示抗议。因为一旦石头离开它的母体，就再也散发不出任何香味。真是奇怪的石头！到底是什么原因让这些石头拥有了神秘的香味呢？这至今仍是一个谜。

29. 石人

在新疆广阔的阿勒泰草原上，人们常常可以看到屹立着一尊尊石雕人像。这些石人都是用整块岩石凿雕而成的。从外形看，它们大都是全身像，头部、脸形、身躯都雕得生动逼真。如今在新疆的博尔塔拉蒙古族自治州温泉县境内阿尔卡特草原上发现的阿尔卡特石人，就是用一整块白沙岩础凿成的。它头部雕琢出一个宽圆的脸庞，一双突起的细长眼睛和高高的颧骨，上唇有两撇八字胡须，腰部束一根宽腰带，右手拿一只杯盏举至胸前，左手扶一把垂挂在腰部的长剑，双脚刻凿出一双皮靴。古代灵巧的石匠还在它的腰带上刻出一个垂挂的小口袋和一把小匕首。石人脸部表情凝重深沉，俨然是草原上威武的将士。

这些石人是谁雕琢的？属于哪个民族部落的文化遗产？对此，学术界至今还无一致的意见，它仍是一个尚待揭开的谜。

（四十一）岩石生蛋之谜

贵州黔南三都水族自治县城郊有一处悬崖，据县志记载，每隔30年就会从岩石中落下一个圆圆的光滑石蛋，这是什么原因呢？贵州的"喀斯特"地貌由碳酸盐类岩石、硅质砂岩、黏土质页岩、泥质胶结砾岩等构成，当人们泛舟"龙宫溶洞"时，那千奇百怪的岩溶景观变幻出仙姑、神灵、村姑、牧童、异兽、珍禽、奇花、佳木、金珠、宝果……仿佛人间的珍奇、天堂的尤物、海底的宝藏全来此处聚会，这该不是众多的艺术大师用智慧和才华创造的吧？

其实，这些奇迹是由地球最多、最常见、最易变形、生性最柔弱的"水"来完成的。经历了几百万年的过程，那些远古的水渗入地下，咬噬着坚硬顽强的岩石，年复一年，1微米、1毫米、1厘米地扩大自己的领地，最后终于树起了以柔弱征服坚硬的丰碑，显示了世界上一切成功者的秘诀—毅力！所以，三都县岩石生蛋只不过是裂隙中含有二氧化碳的水的简单创造。

当然，30 年生一蛋还有外因的作用。熟悉万有引力的人都知道，月亮圆缺和潮汐升落关系密切，贵州有种"糊泉"，又称"间歇泉"，其中以贵阳市黔灵后山的"圣泉"涨歇现象最为奇特，泉水约 9 分钟涨歇 1 次，因而古人又称之为"百刻泉"，可验潮汐。引力场是一种电磁波，对岩石生蛋自然起着一种催化作用。

（四十二）龙池石窟迷宫

龙池湖边，有一片六七百万年前喜马拉雅山造山运动形成的三角形原始怪石群落区，面积约 300 亩。这就是龙池著名的自然奇观"石窟迷宫"。

本来不该有花岗石的地方却密密麻麻地布满了坚硬的花岗石。这些千奇百怪的花岗石交错对峙，数以万计，轻的有三四吨，而重的却高达万吨以上。根据地质结构论证，龙池地区本来没有花岗岩，那么这些巨大的花岗岩从何而来呢？它是从太空中来的"天外飞来之石"吗？还是从其他山上飞来的呢？假如真是"飞来石"的话，那么如此沉重的石头从遥远的地方飞来掉在地上应该有深而大的巨坑，为什么地质学家四处寻找也没有发现大坑呢？

而且更奇怪的是，在这些坚硬的、寸土皆无的花岗岩上居然会长满厚厚的苔藓和各色珍稀树木。令人费解的是，那些生长于光秃秃的岩石上的树木和野草是如何吸收营养的呢？它们又如何抵抗风沙的吹袭呢？而且有些树木本已枯死，偏又派生出三种或五种不同类别的枝干，成为另一道独特的景观。

最不可思议的是，这些分布于龙池湖边的巨大花岗岩，不是零乱地散落在一起，而是非常有规律地堆成三堆，就像古老的三星堆一样形成一个三角形。传说中这是天外飞来镇锁白龙的石头，然而传说毕竟是传说，这个谜却一直未曾解开。这个三角形是否与古蜀文明三星堆有着某种内在的联系？它是否像金字塔、巴特农神庙、复活节岛上的巨型石像、巨大地图一样是一种无法用目前的科学技术和理论来解释的远古文明呢？

甚至，人们还猜测这是某些外星生命留在地球上的一种记号，或者说是外星文明为方便以后回到地球，而垒砌的一种神秘的标志。

（四十三）安徽花山岩洞

在我国安徽屯溪花山，人们发现了巨大的地下石窟，石窟拥有的石洞之多，令人称奇。如果这些洞窟是人工开凿的，那么单单从里面运走的石料就有几十万立方米。如此浩大的工程，为什么在地方志等古籍史书中却没有任何记载？那么，这些石窟究竟是怎么形成的？古人为什么要耗费大量的人力、物力来开凿它？留下来如此多的洞窟又起什么作用？那些曾经在洞内的石头又运到哪里去了？层层的谜团引发了各方的猜测和遐思。

因为花山环境优美，是个风水宝地，有人推测这些洞窟可能是一处凿就的皇家王陵。只是洞窟里的石洞杂乱无章，方向和大小都统一，不像是皇陵中间一洞，不设旁系的格局，所以人们对此说很是怀疑。于是又有人提出了屯兵用的想法。

本来屯溪这个地名就有典故可考，三国时期的孙权曾派人在此处的溪水边屯兵，于是有了屯溪之名。人们想这些石窟会不会有军事之用呢？只是石窟的布局让人对这个假设提出了质疑。这些洞窟都极为宽敞，不具有防御能力，加上所有的洞窟只有一个出口，也不适合大批人在此驻扎与生存。

基于以上疑问，人们就想它会不会根本就不是有意的行为，而是大量采石后无意中留下的洞窟呢？只是采石多半在露天，而且石窟中有很多没有支撑作用的薄墙，采了石头后也不方便运出。石窟壁上还有十分漂亮的花纹，如果仅是工人采石，又为何雕这些花纹呢？

（四十四）神秘的"洞中长城"

在云南滇东北的乌蒙山区，有一处绵延近万米的地下溶洞群，里面隐藏着一段没有解密的"洞中长城"。

这一纵横密布、神秘莫测的溶洞群位于云南省永善县码口乡。在已发现的 22 个洞中，最为神奇的要数牛郎织女洞。两洞原为一洞，经东西流向的碗箩沟水的长年冲刷，似一条天河把洞拦腰切断，形成了今天的"牛郎洞"和"织女洞"。

在牛郎洞行至几百米，洞的左侧出现一道规模宏大的"洞中长城"，由地面往上 10 多米全是 40 厘米左右厚的条石，砌成一道道"城墙"，连接之处刀片不入，仿佛是"水泥"等混合之类的黏合剂。

在"织女洞"里行至四五百米，就会发现宽大的洞道突然缩小成一道高约 4 米、宽 3 米的方形门，这是"洞中长城"的入口"城门"。进去后，洞变得宽阔起来，洞壁是精心砌成的城墙，整齐美观，拐弯处也有标准的角度，跟万里长城的转弯处没有两样。它究竟是人工建造还是天然形成？中科院地质研究所和动物研究所的有关专家曾进行实地考察，对此做出种种推测，但至今仍然没有定论。

（四十五）溶洞形成的奥秘

大自然的景观千奇百怪，有许多奇妙的景观。例如，杭州的瑶琳仙境，宜兴的张公洞、善卷洞，桂林的七星岩、芦笛岩……这些溶洞都是旅游胜地。到过这些溶洞的人都不会忘记那千姿百态的石钟乳、石笋和石柱，不会忘记那宽敞高大的洞穴、曲折迂回的通道。人们不仅喜欢这些溶洞，更关心那些引人入胜、宛如地下龙宫的溶洞的形成原因。

1. 溶蚀说

过去人们有一种看法，就是这些溶洞是地下水沉淀和溶蚀的结果。虽然溶洞都是十分坚硬的碳酸盐质岩石，但由于长期沉浸在地下水中，因此被溶解，特别是当水中含有二氧化碳时，其溶解速度更加迅速。这样，一年又一年，坚硬的岩层就会被溶蚀出一个个洞穴。当溶有石灰质的地下水再次滴入洞中时，由于环境中压力、温度的变化，使水中的二氧化碳逸出，从而降低了水对石灰质的溶解力。这样，原本溶解在水中的部分石灰质会因为过于饱和而沉淀析出，长时间的累积就会形成一根根形态各异的石钟乳、石柱和石笋。

2. "生物建造"新理论

这种溶蚀说的传统观点受到了中国科学家的挑战。经过几年的考察，中国溶洞科学家发现，溶洞的形成和藻类生物有着十分密切的关系，并在此基础上提出了溶洞形成的"生物建造说"新理论。生物建造说认为，虽然溶洞的洞穴空间的形成和水的溶蚀作用相关，但溶洞里那些千奇百怪的石钟乳、石笋和石柱的形成，应该主要是由藻类生物在漫长的地质岁月中逐渐建造起来的，然后经过石化作用，才形成今天的面貌。

3. 藻类的贡献

生物建造说认为，藻类是一种地球上最早出现、到现在依然广泛分布的原始植物，它们与其他植物一样具有光合作用的能力和趋光生长的特性。因为它们在生长发育过程中会分泌钙质，可以收集、黏结微细的石灰质颗粒，而溶洞中的石钟乳几乎都是迎着光线向上弯曲生长的，这符合藻类的趋光生长的特性。石钟乳、石笋内部还有像树木年轮一样的同心圆状构造，这又可以理解为是藻类生物逐年生长、分泌、收集和黏结石灰质微粒的结果。另外，在有些溶洞的岩石中还找到了近似古代藻类生物的层状化石结构；在有些溶洞的表层，还发现了至今依然生长着的多种多样的藻类生物。

（四十六）令人费解的巴音诺瓦山洞穴之谜

距离青海省德令哈市 50 千米有一座巴音诺瓦山，开车只需要一个多小时就能到。在巴音诺瓦山附近有两个大湖，一个是咸水湖，叫克鲁克湖；一个是我国海拔最高的淡水湖——托素湖。走进这片辽阔的旷野，就仿佛置身于另外一个世界，宁静的湖水，陡峭的山崖，这一切似乎都在向人们倾诉着自己的秘密。

巴音诺瓦山有一个三角形的洞，从洞顶到洞底大约 5 米高，一根很完整的、神秘的管子从顶到底一直延伸到下面。洞的外面也都是一样大的管子，沿着洞顶有十来根。这些巨大的管子牢牢固定在岩石上，有些甚至呈现出了垂直的分布，就像是有人为了某种奇特的目的而安装在上边似的。这些管子或垂直插下，或深入到岩石内部，只露出一小段的长度，它们零零散散地镶嵌在洞穴周围，远远望去，像一双双巨大的眼睛看着人们。

在这个三角洞穴的周围，还有更多不规则的管状物，它们分布在洞外的石头和沙地上。对于这一奇景，人们猜测很可能是由于水的沉积作用造成的。但是山体上和岩石上的管子是什么，它是怎么形成的，不禁令人浮想联翩。

后来有人把样品送到实验室进行成分化验时，化验结果让所有人都大为震惊：管状物的铁含量达到 30% 以上，也就是说，这些管子是不折不扣的铁管。这些神秘的铁管究竟从哪里来？又是谁将它们固定在戈壁之中的崖壁上的呢？

专家研究发现 200 万年以前，这片地区出现了大量的石膏晶体，随着古湖的形成，这些石膏被淹没在了湖底，与黄铁矿相遇，所以黄铁矿就以石膏为附着物，慢慢经过化学沉淀，出现了一个包裹层。后来管状物进入了浅水区，黄铁矿里的硫就被氧气置换出来，和水结合，形成了硫酸银，这样就可以很轻易地把石膏溶解掉，形成空心铁管的形状。但这些神秘铁管的来历似乎并不像人们想象的那样简单，专家用伽马仪进行测试显示，这些铁管都带有很强的放射性元素。这件事使原本逐渐明朗的铁管形成之谜，再次笼罩上了迷雾。虽然我国西北地区存在着一定数量的放射性矿物，但为什么这些铁管的放射性会如此之强？这又成了困扰人们的谜团。相信不久的将来，随着科学的不断发展，人们一定能解开这一谜团。

（四十七）干尸洞

在西藏古格都城遗址北面 600 多米远的一处断崖上，有一个阴森恐怖的"干尸洞"，也有人称之为"万人坑"。

关于干尸洞的传说有许多种，流传最广的一种说法是：当年古格兵败，拉达克人将宁死不屈的古格兵士斩去头颅，而尸骨则被弃于洞中。

洞窟开凿在距地表近 3 米高的山沟崖壁上，洞口很小，宽 0.8 米，高仅 1.2 米。这个洞是一组三室洞窟，主室平面是不大规整的方形，面积约 10 平方米。后室和南侧室都很小，各有一个小洞口与主室相通，主室后壁上还挖有小龛。这两个洞室内都叠压着两三层尸体。

主洞室和两个小洞室内横七竖八地堆放着 30 厘米厚的散骨骼、破衣、碎布、绳子和小木棍等。骨骼非常杂乱，根本无法辨识每具尸骨。有人粗略统计了肢体骨骼，估计洞内堆有30多具尸骨。据传，洞的尽头是喇嘛，紧挨着的是儿童，然后是妇女和男人。

洞里的尸骨没有一具是完整的，都是身首异处，奇怪的是洞内没有发现一个颅骨，只找到两件下颌骨，更奇怪的是，洞里虽然看不到一具头颅和头骨的痕迹，但却找到许多发辫和绑扎着的发束。这说明尸体

干尸洞

本来应当是带着头颅被堆进洞内的，后来这些头颅却神秘地不翼而飞。在一些腿骨、脊骨上面，附着已经干枯的人皮和人肉。所以这些尸骨实际上是没有完全脱水干化的干尸。

根据乱骨堆中夹杂大量破衣、布块和多节毛织绳以及捆绑迹象分析，堆放到此的尸体最初全都是穿着衣袍，有些还裹着大块毛织布，用绳子捆绑成屈肢状放入洞中的。

据说古格与拉达克争战时，古格国王不忍心自己的百姓受累，于是与拉达克人达成城下之盟：同意投降，但不得伤害百姓。当古格国王和战士们放下武器之后，背信弃义的拉达克人却将他们全部押解至干尸洞前处以极刑，抛尸于洞内，并把所有被俘的古格子民掠往拉达克，将古格残酷灭国。

但干尸洞内发现的尸骨，从考古学与民俗学的角度分析，似乎这又是一种有一定仪礼的葬式。那么这些尸骨究竟是古格王国时期的，还是古格王国以后的？他们的身份是贵族、战士，还是一般的平民？这些疑问，唯有等待考古学者的进一步研究。

（四十八）鸟岛

我国青海湖鸟岛，形似蝌蚪，全长约500米，宽约150米，东南最高点高出湖面约10米，西北低窄，整个面积约8平方千米。每年3月下旬，斑头雁、鱼鸥、棕头鸥、鸬鹚等从遥远的南方来鸟岛度夏。据统计，1977年，全岛共有鸟11万多只，简直是铺天盖地，蔚为奇观。

然而在我国，鸟岛并不是只有一个。在南海西沙群岛中，有一个面积不到1平方千米的小岛，名叫东岛。它由珊瑚堆积而成，东岛上树丛茂密，葱翠欲滴，东南侧还有一个小小的淡水潟湖。

优越的自然环境，吸引了众多海鸟叽叽喳喳地叫个不停，在巢边跳来跳去，为展

翅长空做准备。待到日落时分，海面夕阳如丹，海鸟便三五成群地从四面八方飞回海岛。霎时间，所有的树上都停满了海鸟，整个岛屿成了鸟的王国，人们形象地称其为"鸟岛"。

鸟岛虽然没有招引游客的秀丽风光，却有着许多难解的奥秘。其一，东岛是西沙群岛中唯一的一个海鸟众多的岛屿。西沙群岛中的其他岛屿虽然也有海鸟，但数量远不如东岛。人们不禁要问，西沙群岛诸岛自然环境十分相似，为何东岛能吸引如此众多的海鸟，其他岛屿却不能呢？目前，还无法解释这个问题。其二，鸟岛上海鸟的数量虽多，种类却十分单一，绝大多数系铿鸟；而其他岛屿上海鸟虽少，种类却较多，这是为什么呢？人们也无法解释。其三，铿鸟每次产卵1~2枚，孵化方式比较奇特。它不像一般鸟类那样用身体抱窝，借体温给卵加温，而是用爪抱窝，用脚爪给卵加温。因为此时鸟爪血流量特别大，爪蹼膜肿胀，又厚又暖，保温效果极好，这是一种独特的孵化方式。为什么铿鸟采取这种与众不同的孵化方式呢？眼下尚难以解释。其四，根据西沙诸岛几乎都有一层厚厚的鸟粪层的事实，不难推测这些岛屿在过去都曾有过一段百鸟云集的盛况。用同位素碳14测定鸟粪层的年龄，多在4000~5000年，从而又可推知百鸟云集的盛况发生在四五千年以前。

初步估计，当时诸岛海鸟总数超过100万只。可是，为什么如今大多数岛屿上海鸟已基本上不再光顾，而唯独东岛却和往常一样继续成为海鸟的天下？这个问题，尽管科学家们进行了调查研究，却没有揭开其中的奥秘。

（四十九）来去无踪的小岛

在1933年4月，法国考察船"拉纳桑"号来到中国南海进行水文测量。他们在海上不停地来回航行，进行水下测量作业。突然，船员们发现在上一回驶过的航道上竟矗立起一座无名小岛，岛上林木葱茏，水中树影婆娑。可在半个月后，当他们再来这里测量时，却又不见了这个小岛的踪影。对于这个时有时无、出没无常的神秘小岛，大家都莫名其妙，不解真相，只好在《航海日志》上注明：这是一次"集体幻觉"。

3年后，即1936年5月的一个夜晚，一艘名叫"联盟"号的法国轮船航行在中国南海海域。这艘船准备驶往菲律宾装运椰子。"正前方，有一个岛！"在吊架上瞭望的水手突然一声呼叫，顿时惊动了船上的所有船员。船长苏纳斯马上来到驾驶台，用望远镜进行观察。他清清楚楚地看到了一个小岛。他感到很纳闷，航船的航向是正确的，这里离海岸还有250海里，过去经过这里时从未见过这个小岛，难道它是从海底突然冒出来的吗？可是岛上密密的树影，又不像是刚冒出海面的火山岛。于是，船上航海部门的人员赶紧查阅航海图，进行计算，确定了船的航向准确无误，罗盘、测速仪也工作正常，再查看《航海须知》，可那上面根本就没有关于这片海域有小岛的记载。况且每年都有几百、上千条船经过这里，可他们之中谁也没有发现过这个岛屿。真的是集体幻觉吗？

"联盟"号刚一抵达菲律宾，船长苏纳斯就向有关方面报告了他亲自经历的这次奇遇。当地水道测量局等有关单位的人员听后说："在这片海域从来没有发现过岛屿。"其他船上的水手们也以怀疑的态度听着"联盟"号船员的叙述。显然，大家都认为这是"联盟"号船员的集体幻觉。船长苏纳斯不想与他们争辩，他决定在返回时再去寻找这个小岛，并记下它的准确位置。开船两天后，理应见到那个小岛了，但他却什么也没有见到。他们在无边的大海上整整转了6个小时，还是一无所获。看来，那个小岛已经消失得无影无踪了。苏纳斯带着遗憾的心情，驶离了这片神秘的海区。

（五十）神奇的"送子河"

额尔齐斯河位于新疆北部阿勒泰山区的富蕴县可可托海矿区，是我国唯一的一条流入北冰洋的外流河，在我国境内长约500千米。额尔齐斯河流域不仅矿产资源丰富，树木茂密，牧草丰美，自然景色十分秀丽，而且还蕴藏着一个大自然之谜。

这里的雪水能使鸡、鸭、鹅多产蛋。更有趣的是，据说长期饮用由雪水汇成的额尔齐斯河水，能治疗不育症。

20世纪50年代，有许多苏联专家在富蕴工作，他们的夫人中有些人在莫斯科长期不生育，到这里生活一段时间后，由于常喝额尔齐斯河水都怀了孕，生了孩子。因此，人们就把这条神奇的河称为"送子河"。但"送子河"为什么能使不育者怀孕，至今还没有一种令人信服的解释。

（五十一）探秘黄河源头

黄河源头究竟在哪里？在5000多年的历史长河中，人们曾对黄河的发源进行了多次探索。然而，限于当时的科学水平和各方面的条件，一般都只到达星宿海一带。历史文献中记载有星宿海"小泉亿万，不可胜数，如天上的星"。星宿海，藏语叫"错岔"，意为大片沼泽及许多小湖组成的低洼滩地。这里密密的短草成堆形块状，散布水中，枯叶烂叶年年积累，形成表面松软的沼泽地带，行经其上，极易下陷，然而"星宿海"并不是真正的黄河源头。新中国成立后，政府曾多次派出河源勘察队，历经千辛万苦，寻找河源。20世纪50年代初期，人们认为黄河源头出自约古宗列曲。目前主要有两种看法：一种认为黄河多源，其源头分别是扎曲、卡日曲和约古宗列曲；另一种意见认为，卡日曲全长201.9千米，是上述三条河流中最长的，应定为正源。但黄河源头的最终结论始终没有定下来，成为萦绕在所有炎黄子孙心中久久挥之不去的一个巨大疑问。

（五十二）揭秘黄河揭底现象

从山西省龙门到陕西省潼关之间的黄河，每过七八年就发生一种奇异的现象——夏秋洪水能将河底数米厚的泥皮揭起冲走，沿河群众和治黄科技人员把这种现象叫作"揭底"。新中国成立以来他们已目睹过5次"揭底"。

黄河自龙门到潼关段的河道全长132.5千米，又称"小北干流"。整个河床南北走向，呈纺锤形状。北部龙门和南部潼关都是著名的狭关险谷，河宽仅数百米，纺锤状的中部河宽达19千米。这段河流南北落差大，上游上百条支流把大量泥沙带入河道，在此沉积，河床淤积严重。

每过七八年出现的"揭底"奇景，都发生在7—9月。"揭底"前河道中出现片片因泥沙淤积形成的沙洲，河床较以往抬高，河道散乱。这时，如果天降暴雨，出现每秒800立方米以上的大洪水，数小时后，"揭底"现象便随之发生。河中数米厚的泥皮像墙一样直立起来，很快又被洪水吞没卷走，河面上泥皮此起彼伏，满河开花，水声震耳欲聋。持续一段时间，洪水就冲出一条数米深的河床，浩浩荡荡地奔向大海。

黄河"揭底"现象早已有之。从20世纪40年代末到80年代末有记录的几次中，最大的一次发生在1964年，滔滔的洪水一下子把河东的10万亩滩地全部卷走。"揭底"时掀起的河床泥皮平均高出水面3~5米，每立方米洪水中含有900多千克泥沙。

我国科学工作者把这种现象称作"黄河的自我调整"，外国科学工作者称之为"世界河流之奇观"。由于这段河道能够自己为自己疏通，因而使几个有名的古老渡口如龙门、大禹和风陵渡一直沿用至今。

我国有些科学工作者认为，"揭底"现象可能与这段河床的形状有关，但目前缺乏确凿的科学证据。黄河"揭底"现象至今还是一个未解之谜。

（五十三）巴马那社"命河"之谜

在广西巴马那社乡，有一条弯曲的河流，它看上去就像一位书法家挥舞着巨大的笔，在这美丽的田野上书写的一个"命"字，所以人们把这条河叫作"命河"。

传说在远古时期，那社是一个美丽神奇的仙境，是龙的栖息地。龙和勤劳善良的人们和谐相处，人们生活安逸，人人健康长寿。这里一共有三条龙，它们通人性，可以呼风唤雨，随时降甘霖，所以这里的农作物长得很好。三条给人们带来灵气的龙，被一群贪婪狠毒之人盯上了。一天，从远方来了一群恶人，他们手拿弓箭，想要把三条龙抓走，获得龙的宝藏。这三条龙不愿伤害人类，为了自己的安全就逃到了大山里。

恶人们依旧没有放弃追逐，他们用弓箭射中了其中的一条龙。这条龙被箭射伤以后，开始在这片美丽的田野上艰难地爬行，最后逃到了双龙洞（此洞距命河入口处 500 米，洞内有栩栩如生的"龙"，故人们称之为双龙洞）。恼羞成怒的恶人抓住这个机会，用手中的弓箭射死了躲在双龙洞内的龙，这条龙在田野中爬过的痕迹，就是现在的"命河"。另外两条龙。有一条知道它的同伴死后也来到双龙洞里，日夜守候在同伴的遗体旁，一直过了很多年才离开，后来这条龙伏在地上的痕迹就变成双龙洞内那条有如龙身般弯曲的水道，在水道的旁边还可以看到类似龙鳞片的石头。另一条龙由于害怕再次遭受到恶人的追杀，躲到了那社乡那乙村的龙公洞（龙公洞又名龙宫洞，洞内有一龙头，长约 2 米，非常逼真），一直躲在山洞里，最后变成了现在的石龙。

如今的"命河"已经成为巴马长寿现象的防伪标签，但是关于"命河"的成因一直没有明确的说法。

（五十四）长江断流之谜

一说到"断流"，人们就会想到黄河。的确，在 1972 至 1996 年的 25 年间，黄河有 19 年出现断流现象，平均 4 年 3 次断流。但是谁也不会想到，全长 6397 千米、水量丰沛的长江也曾出现过断流现象，这着实令人费解。

不知是天意如此，还是纯属巧合，地处长江三角洲的江苏泰兴，曾两次见证了长江顿失滔滔、河床裸露的奇特景象，因此人们称泰兴为"魔三角"。在泰兴民国前的大事记里，有这样的两段记载：大德二年（1298 年）七月暴风，江水上涨，高达四五丈，人畜漂溺无数。至正二年（1342 年）八月，长江水一夜之间枯竭见底。1298 年 7 月，泰兴遭遇了特大洪水，作为沿江城市，这不难理解。1342 年 8 月的长江断流事件，则令人匪夷所思。烟波浩渺的长江居然也会断流。据载，泰兴通航段的江水枯竭之后，沿江居民纷纷下江拾取江中漂浮物，不料次日江潮骤然而至，许多人因躲避不及被翻涌而至的江水冲没，命丧黄泉。

1954 年 1 月 13 日下午 4 时许，这一奇怪现象在泰兴再度出现。当时天色苍黄，江水突然出现枯竭断流，江上的航轮搁浅，这看上去很像鬼怪作祟。更奇怪的是，两个多小时后，江水突然汹涌而下，人们听到水的响声后，急速奔到岸上，所幸未有人员伤亡。令人费解的是，长江两次断流，时隔六百多年，竟出现在同一江段，其间到底有何玄妙呢？

关于长江断流的原因，其实还应该从地理角度说起。地理学家发现，在地球北纬 30 度线上，既有无数奇妙的自然景观，又存在着许多令人难解的神秘怪异现象。泰兴地处北纬 32 度附近，毫无疑问，它靠近北纬 30°线。当然，在每一件怪事的背后，都有一个"罪魁祸首"。那么，长江断流的"罪魁祸首"是谁呢？

答案就隐藏在我国东部的一条神秘古裂谷里。这条古裂谷迄今鲜为人知，它历时久远，纵贯江苏、山东两省。实际上，长江两次断流正好重叠在这条古裂谷南部的同一段上。

浩瀚的洪泽湖与古裂谷有着莫大的联系。洪泽湖湖底有一个与之面积相当的古盐湖，它大约形成于六千七百万年前，湖床奇迹般地镶嵌在这个古裂谷的谷底。在古裂谷跨越的地方，除了泰兴发生的长江断流现象之外，在山东省它还有另一个"恶作剧"。

在山东省枣庄市徐庄乡的一个村子有一种奇怪现象，该村一个池塘里的蛤蟆是光鼓肚皮叫不出声；可是只要它们一换环境，跑到别的池塘里去，便又可一展歌技，鸣叫不停。在别处的蛤蟆一不留神，到了这个池塘里，也都变成了"哑巴"。因此人们就给这个村起名叫"哑巴汪村"，每年都有许多人来此观赏这一奇异的怪现象。位于大明湖与徐庄乡"哑巴汪村"之间的孔府孔林是全国重点文物保护单位。这里古木参天，万树成荫，可是却不见一只乌鸦栖息。地面杂草丛生，却见不到一条蛇。而孔林周围的树林里乌鸦到处飞，周围地方的草丛里常有各种蛇出没。科学家们通过研究发现，孔府孔林和枣庄市徐庄乡的"哑巴汪村"，正好处在长江断流段、苏北的串珠状湖泊向北延伸的地带上。

这是巧合吗？不，它们之间有着内在的联系，那就是贯通两省深埋的巨大古裂谷，正是这个神秘的古裂谷控制了江水枯竭的江段，古盐湖也因它而形成。此外，科学家们还发现，地下深处有大大小小纵横交错的地下河水网，地下水脉辐射的能量较之宇宙射线强度大好几倍，它能使人头脑发昏，神志不清，以致丧失控制能力。随着这条东方裂谷不断为世人所识，相信还会有更多的奇特景观被发现，人们一定会在不远将来彻底揭开东方古裂谷的神秘面纱。

（五十五）赤水河是否是城市恐龙家园？

1983 年，专家在贵州赤水河地区发现上万公顷的"恐龙食物"桫椤树，却至今没有发现恐龙的蛛丝马迹。侏罗纪时代，这里是否真是恐龙的家园？如果是，恐龙到底哪里去了？为何至今没有发现恐龙化石？如果不是，上万公顷的桫椤树代表了什么？桫椤树为何在此繁盛地生长至今？

桫椤是一种起源古老的大型树蕨，其种群在 1.8 万年前与恐龙同生共荣，享有"活化石"的盛誉，为国家一级保护植物。桫椤宜生环境是中生代侏罗纪时期的"避难所"。赤水桫椤国家级自然保护区高级工程师赵心益说，从地理位置上讲，遵义境内的赤水河流域位于中亚热带地区，但它的气候带着侏罗纪时代的第二个特征——南亚热带气候特征。

从 1983 年专家在金沙沟发现四万多株"恐龙食物"桫椤竖起，科学家就一直努力，企图在这个地区找到恐龙的蛛丝马迹。有桫椤就应该有恐龙，可至今无人在赤水河流域发现恐龙化石。村民在赤水市宝源乡的一个小小发现，引起了一阵骚动，让科学家开始幻想。

赤水市宝源乡村民发现，在这个村的一些巨型岩石上有形状像鸡爪的脚印，村民周兴隆说，乡亲叫它"天鸡石"。"天鸡脚印"长约 42 厘米，宽 28 厘米，不仅每个脚印的长、宽相等，而且脚印之间的距离也几乎相等，约 60 厘米，这引起了科学家的好奇。经过考察，科学家推测，这所谓的"天鸡脚印"极有可能是这里的地质处于内陆湖盆时期，一种巨蜥类动物走过后留下的脚印化石，甚至有专家推测，这种动物很可能就是生活在侏罗纪时代的恐龙。

难道赤水河流域真的没有证明恐龙存在的直接证据吗？专家提出更为大胆的猜想：

世界驰名的侏罗纪恐龙化石产地就在四川自贡，而桫椤自然保护区至自贡的直线距离仅仅 100 千米左右。有专家认为，既然在赤水河流域发现了这么多桫椤，说明中生代时期，它当时的环境也可能非常适合恐龙生活。

甚至有专家提出另外两种更大胆的推测：因为当时地质运动变迁，恐龙集体迁到了自贡；恐龙非正常死亡后，被岩石深埋，或被洪水冲刷，来到了河湖交汇口的自贡。类似推测虽然至今仍然缺乏科学依据，但可以解释桫椤茂密的金沙沟没发现恐龙化石的原因。

赤水河流域是否真的曾有恐龙？没有恐龙，大量桫椤又说明了什么？有恐龙，恐龙到底到哪里去了？为何至今没留下一块恐龙化石？这些都是难解之谜。

（五十六）千岛湖水下古城探秘

在风景如画的千岛湖下，沉睡着两座千年古城：贺城和狮城。1959 年，为建设新安江水电站，原淳安县、遂安县两县合并为现在的淳安县，29 万人移居他乡，两座具有千年历史的县城淹没在水中，形成了烟波浩渺的千岛湖。几十年过去了，两座古城现在还在吗？会是怎样的情况呢？会不会成为千岛湖旅游项目开发又一个亮点？2001 年 9 月份的水下古城探秘，初步揭开了在千岛湖底沉睡 40 多年的遂安古城的神秘面纱。

千岛湖旅游局组织有关方面专家，并从北京邀请了 6 名潜水员，带来了国内先进的水下摄像设备，来到被淹水底的遂安古城进行考察。遂安县城俗称"狮城"，建造于公元 208 年，距今 1800 余年，地处现在的千岛湖风景区茅头尖水域，距千岛湖镇约 40 千米。考察人员在第一次古城考察的基础上，根据新安江水库形成前后的地图和知情人回忆，确定了古城区域。当天，湖面风浪较大，工作船无法定位，考察小组决定由两名潜水员入水定位。入水后不久，传来了令人振奋的消息：古城城墙找到了，同时还从水中打捞起一批城墙砖、瓦片、餐具等物品。

在做好水下拍摄准备工作后，4名潜水员带着摄像设备同时潜入水下，此时湖面温度高达27℃，而水下温度只有20℃。在穿过一片乱砖堆后，潜水员发现一堵用大块条石堆砌成的石墙，一条石墙上开凿的痕迹清晰可见，墙表面非常平整，墙体高大，厚度在3米以上，顺着石墙往前移，一个半圆形的空洞出现在潜水员面前，

千岛湖水下古城

上面布满了藻类，四周还镶嵌着若干大铁环，至此可以肯定，这就是雄伟的"狮城"古城墙和城门。古城墙依山势而建，此处城墙处在水下24米处，保存得很完整。接着，在水下26米处又发现了一幢砖墙、木窗依然完整的民房，房梁安然立着，房内的木楼梯完好无损，这证明这座千年古城有很高的旅游开发价值。

这次水下考察探秘，对在水下沉睡40多年的千年遂安古城有了初步认识。千岛湖风景旅游管理局还组织有关人员对它做了进一步考证。2011年1月，古城被评为省级文物保护区，水下古城已成为千岛湖旅游又一亮点。

（五十七）大明湖的"四大难解之谜"

久居济南的人们，几乎都知道大明湖里有"四怪"——蛇不现，蛙不鸣，恒雨不涨，久旱不涸。近年来，随着时代的发展与科技的不断进步，大明湖困扰着人们的四大谜已经有三个被解开了。所谓的"蛇不现"是因为大明湖内的水鸟众多，使得蛇类很难在其中生存下去；而"恒雨不涨"，则是因为大明湖的出水口众多，当水涨时候，自然而然就流了出去；至于"久旱不涸"，则是因为大明湖的湖底为质地细密的火成岩，致使源源不断注入湖中的泉水不能下泄。但是对于"蛙不鸣"之谜，时至今日仍无人能找到一个合理的答案。

所谓的"蛙不鸣"现象，其实并非大明湖所独有的，在河南、湖北等地，也存在着青蛙不叫的现象。

河南省新野县有一个奇怪的湖，名叫弹子湖。据《嘉靖邓州志》记载："弹子湖在板桥铺西，世传光武帝当年游息于此，闻池蛙喧闹，以弹击之。至今池内有蛙不鸣。"而在湖北省当阳市的玉泉寺内的丹池里，青蛙也是不叫的。

现在对"蛙不鸣"现象大体有三个解释：

第一个解释：由于大明湖水是泉水汇聚而成，因此水温较低，只有水温超过 23℃ 后，青蛙才会鸣叫。

第二个解释是：大明湖的湖水是地下水形成的，因此富含丰富的矿物质，而这些矿物质中，可能有一种矿物质会影响到青蛙的声带，使得它们无法鸣叫。

第三个解释：大明湖的青蛙不鸣是由于大明湖的自身特点造成的，大明湖属于深水湖，而青蛙则喜欢在有芦苇的浅水区里鸣叫，因此大明湖的青蛙不会鸣叫。

究竟哪个解释是正确的，看来还得科学家们对之进行深入研究，相信将来一定能解答这个问题。

（五十八）奇怪的潭

1986 年 1 月 10 日早晨 6 时，广西融水苗族自治县风景区中的古鼎龙潭，突然间传出了"古道场"的锣鼓声、唢呐声、木鱼声。发出的响声富有节奏感，犹如一场寺庙道场的锣鼓乐，一直响到当天晚上 10 时才停下来。人们闻讯纷纷从四面八方赶来，有 7 000 多人聆听了这场奇妙的"音乐"。据说，这种自然音乐在 1953 年春也出现过，隔了 30 多年又重演，其奥秘何在，有待于科学家们进一步研究探讨。

广西天等县逐卜上屯村前的田垌中间，有一个在壮族语言中叫"楞特"的水潭，水深约 10 米，面积相当于两个篮球场大；潭底如锅，潭底的偏东处有水缸大小的洞，与地下河相通。雨季，地下水从洞中冒出，进入潭中，有时水满而溢出潭外。入秋后，潭中水位下降；到了隆冬，水位趋于稳定，水平如镜，清澈见底。

令人惊奇的是，在这段时间内如果有人在潭边高声喊叫，潭水就会泄入地下河。当地的人常在这时集结四五十人，环绕水潭高声齐喊，或鸣锣击鼓，或向潭中投石，一阵喧闹之后，潭水就会随着叫喊声、锣鼓声向河底的那个洞涌去，瞬时就显现出一个大漏斗，形成急流旋涡，这旋涡逐渐下落，1 个多小时后，整潭水都流进了地下暗河。待潭水泄干之后，过了八九个小时，潭底那个通地下河的洞又开始向潭中冒水，潭水随之渐渐上升，直到恢复原来的水位。

楞特潭的这种奇景实在令人叹为观止，但是人们至今也无法解释这其中的奥秘。

（五十九）奇怪的泉

1. 让泉

我国安徽省安庆市市郊有一泉水，当人们抢着喝水时，泉水停流；当人们互相礼让时，泉水却涌涌而出。

2. 喊泉

在我国各地存在着许多奇怪的泉，它们各自有着更多令人不解的神奇现象。安徽省寿春县北 10 里处有一泉水，人至泉边时，大声呼喊则泉大涌，小声呼喊则泉小涌；不呼不喊则泉不涌。

3. 乳泉

广西桂平市西山有眼泉，清澈甘美。泉水色似乳汁，投以硬币会浮于水面，水中含有多种有益于人体的微量元素，是一种优质的饮用水。

4. 火泉

我国台湾南部的并子岭温泉和俄罗斯的诺夫戈罗德附近的一口喷泉都是"火泉"。人们只要在水面点燃一根火柴，就会着火燃烧。因为泉水里水藻、水草、泥灰的腐烂，产生一种会燃烧的气体，这种气体比空气重，往往漂浮在泉水的表面，遇到火时便立即燃烧起来。

5. 鱼泉

四川大巴山区和河北易县等地都有许多"鱼泉"。每年春天，成千上万的鱼群从这些鱼泉中接踵而出，有时因鱼太多、太肥竟被卡死在石缝里。在西双版纳密林深处，有一口"虾泉"，每年夏季有大量紫黑色小虾从泉中涌出。

6. 含羞泉

我国川陕甘交界处的龙门山东北，有一奇泉，只要有人往泉中扔一石块，泉水顿时停涌，掉头躲藏；隔一会儿，泉水又开始正常流淌，人们形容泉水好像害羞，故称之为"含羞泉"。

7. 姊妹泉

我国贵州省兴义市 300 多米高的尖山顶上，有一锥形巨大石柱，石柱脚有两口小泉，大小约 1 平方米，相距 1 米多，两泉虽近在咫尺，水流却各奔西东，永不相会。两泉有规律地交替喷水。3 分钟一次，此起彼伏，一年四季，即使久旱无雨，泉水仍汩汩而出。

8. 响鼓泉

我国贵州省丹寨县块财有一泉，每 10 分钟左右发出一次鼓声，每次历时 20 秒至

30 秒。随着泉水的时大时小、时涌时停，鼓声也随之时强时弱、时响时歇。由于泉水的喷涌很有规律，因此听起来鼓声很有节奏，悦耳动听。

9. 五味泉

我国江西省永丰县有一奇泉，泉水具有天然的麻、辣、酸、甜、苦 5 种味道。这是因为水中含有大量的碳酸气，以及铁、铜、硅、锌等 10 多种有益于人体健康的微量元素。该泉水虽有 5 味，但水质清澈，可以饮用。

10. 太阳泉

我国贵州省黔西南自治州发现一个神奇的太阳泉。它既不是一年四季长流不断的泉水，也不是间歇泉，它的泉流是由太阳光决定的。当太阳光照射到泉口时，泉水就流出；若整天没有阳光，泉水就一滴也不流淌。

11. 鲤鱼溪

我国福建省和县镇前村，有一条奇妙的鲤鱼溪，溪里有 1 万多尾鲤鱼，最大的长 1 米，重 15 千克，一般的在 5 千克左右。鲤鱼溪形成于明代，当时镇前村村民在溪中养鲤鱼，而无人捕捉，鲤鱼世代繁衍至今。近年来，这条奇妙的鲤鱼溪一直吸引着闽浙两省的游客。

12. 漩塘

我国贵州安顺龙宫风景区内有一口十分罕见的漩塘，这口水塘直径 100 余米，水流按照顺时针方向慢慢旋转，约三四分钟转一圈。在漩塘附近有一条小溪，溪水以中间为界，相背而流。

13. 月牙泉

敦煌的月牙泉名为"泉"，实际上它是一个"袖珍湖"，但是这个湖的形状像一弯月牙，因此被命名为"月牙泉"。月牙泉不但美景如画，还盛产"三宝"：一是泉水中出产的铁脊鱼，这种鱼能治疑难杂症；二是泉底有一种可以入药的草，叫七星草；三是湖岸有如同彩虹一般美丽灿烂的五色沙砾。

据《元和郡县志》载：在鸣沙山旁有一泓泉水，名字叫沙井。这口泉从古到今，无论风沙多大，都有甘美的泉水。沙漠中光照强烈，气候干旱，蒸发量大，其他的湖泊泉眼有的会干涸，有的会被风沙填没，只有月牙泉不会填没，永远不干涸。为什么会如此呢？这就需要了解月牙泉的成因。

传说中国汉朝时期，李广利将军曾征伐大宛（这是古代一个国家名，在现在的中亚费尔甘纳盆地），在退兵返回的路上，大军曾经在这个地方驻扎过。当时，因为在沙漠中行军，士兵们都十分渴，军心动摇。在这种危急的情形下，李将军急中生智，"引力刺山，有泉涌出"。这就是月牙泉的由来。民间传说认为它是天赐的"神泉"，才会在沙漠中永不干涸，但这只是民间传说。

另一种说法是：古时的月牙泉并不是单独的一个小湖，而是党河的一部分。美丽的党河在这个地方打了个弯儿，这就是月牙泉的前身。后来，党河河水不再从这里经过了，但这个美丽的河湾却留了下来，永远地站在了鸣沙山边，成为一个独立的小湖。那么为什么它可以在烈日的蒸烤、干旱的逼迫下一直保持清亮永不干涸呢？原来，月牙泉在地形上与三危山大断层的走向是一致的，都是东北走向，这样，孕育了月牙泉的党河地下水就可以继续滋润月牙泉，月牙泉有大量地下水供应，自然不会干涸了。

月牙泉的周围环境也很奇特，它的南面有金字塔形的沙丘将风沙挡在了外面。这样，沙漠中的狂风只能吹动两面山坡和沙丘背部的沙粒，这些小变动是不会引起大面积沙丘转移的，月牙泉也不会受到风沙的威胁。因而，月牙泉不会被大量沙粒所填满，也不会因沙丘转移而像罗布泊一样不断改变泉水的位置。正是这些诸多有利因素，沙漠中的月牙泉才永不干涸。

14. 栖霞泉

在桂林七星公园普陀山西北麓，有一座扩建一新、庄重典雅的古刹——栖霞寺。寺内素食斋的天井中，有一口重见天日的古泉。古泉能重见天日，除偶然因素外，与工程人员良好的文物保护意识也是分不开的。有关文物专家学者经初步考察研究，认为该古泉有可能是桂林流传中著名的"栖霞泉"。

2001 年 12 月初，负责栖霞寺扩建恢复工程地质勘查的桂林理工大地质勘查院钻井队，在建寺庙素食斋的废墟上打第一个钻孔就发现软弱层泥土。因软弱层的泥土松软，不符合建筑地基的要求。工程监理人员便叫来民工，将钻孔周围挖了一个 3 米深的大坑，发现下面仍是软弱层土质。工程监管人员经过研究，决定在原钻孔周围再打 5 个孔，彻底查清下面的地质情况。

12 月 8 日上午，挖到近 5 米深时，坑底出现了一排整齐的古青砖和一层密密麻麻的鹅卵石。民工沿青砖扩大掘土面积，随即又发现几排圆弧状排列的古青砖，继而一个用古青砖砌成的较大的圆形竖洞出现在众人面前。此时，更多的人相信竖洞就是藏宝的"洞窟"。

为弄清圆形竖洞内的秘密，民工加宽了施工面。突然，泥土中露出一个较大的圆形石器。开始大家以为是用来盖"洞窟"的大石块，但挖出来后却是一个圆形石灰岩质大井圈。在井圈内边口，留有 39 道人们提水时拉绳索刻出来的槽。

这次在寺内挖出古泉，让大家感到非常兴奋。负责栖霞寺扩建恢复工程策划的蔡发祥认为，重见天日的古泉，是一个非常重要的历史文物，提出立即让文物专家到现场进行考察。

随即赶来的专家赵平对井圈和竖洞进行了初步分析，认为竖洞有可能是"栖霞泉"的井洞，井圈也有可能是"栖霞泉"的井圈。据民间流传，明末清初栖霞寺的浑融和尚曾在寺中挖出一口好泉，取名"栖霞泉"。为弄清这是不是古"栖霞泉"，赵平又请对桂林古井很有研究的旅游规划专家缪钟灵教授，一同对新发现的古泉进行综合考察研究。

桂林一直有"栖霞泉"养一方众人的流传。

隋开皇十年（公元590年），佛教在中国盛行。高僧昙迁游桂林时，曾游览普陀山中的七星岩，并题有"栖霞洞"三字。从此，便常有人在洞口烧香，以求福禄平安。

唐代，有人在"栖霞洞"下方修建一寺院，取名栖霞寺。唐天宝九年，鉴真和尚第五次东渡日本受阻，辗转来桂林，并在栖霞寺参访传法。武宗会昌五年，朝廷诏令全国毁寺灭佛，致使许多佛教圣地被毁，栖霞寺也未能幸免。后来，道士唐大淳在栖霞寺旧址上建起一个道观，取名"全真观"。明万历年间，"全真观"改名为"寿佛庵"。

清顺治八年，原住桂林普明庵的湖南浑融高僧（俗名张本符，1615～1704年，享年90岁），因文武双全，被当时反清的明将刘起蛟招为参军，参加南明政权，与清朝对抗。南明政权败亡后，他云游到桂林，住在"栖霞洞"，并决心恢复栖霞寺。经33年的殚精竭虑，节衣缩食，四方募化，终于在原寿佛庵的基础上，重新建起了殿宇恢宏的栖霞寺。当时的栖霞寺除几座佛殿外，僧侣生活的设施如廊库寮厨等，一应俱全，香火非常旺盛，逐渐成为南方名刹。

后因连年干旱，桂林闹起了水荒，栖霞寺的僧侣及附近百姓饮水非常困难。为解决众人饮水问题，挽救黎民百姓，浑融和尚便在栖霞寺周围挖井寻找泉水，结果在寺院的北面挖到一个水清味甘的暗泉。浑融组织众人在暗泉上方建起一个大水井，取名"栖霞泉"。"栖霞泉"的建成，让栖霞寺的僧侣及附近众多百姓渡过了旱灾。"栖霞泉"由此成为桂林的名泉。

咸丰年间，栖霞寺不幸又遭毁坏。光绪十八年，广西巡抚张联桂因仰慕浑融和尚的高尚气节，耗白银2 600两，又重修栖霞寺。民国期间，陆荣廷等人又对栖霞寺多次扩建。抗日战争中的1944年，桂林守军在七星公园一带与日寇激战，800多名壮士弹尽粮绝后退守七星岩内，惨遭敌毒气攻击，全部壮烈牺牲。经过这次战斗，栖霞寺的房屋被毁，"栖霞泉"也被掩埋在废墟下面。

游览古泉的人们了解到它的历史和重新出土的经历后，更知道了它的珍贵。当然，该泉是否就是流传中的"栖霞泉"，还有待专家进一步考察。

15. 饮鹤泉

饮鹤泉实际上是一口古井，开凿于何年已不可考。据北宋地理名著《太平寰宇记》载："有井在石佛山顶，方一丈二尺，深三里，自然液水，虽雨旱无增减。或云饮之可愈疾。时有云气出其中，去地七百余尺。"这则记载带有传奇色彩和夸大的成分，似不可信，但其非同一般是可以肯定的。深受道家思想影响而又善于养生的苏轼将它称为"好井水"，他写给云龙山人张天骥的诗中有"闻道君家好井水，归轩乞得满瓶回"。他离开张山人时，还要装上一瓶清冽的井水，带回府衙慢慢饮用呢。

苏轼称赞其为"好井水"，贺铸则称之为"惠泉"。贺铸与苏轼是同代诗人。元丰五年，贺铸在《游云龙山张氏山居》一诗中，写下"惠泉烹凤团"的句子（"凤团"是北宋时的高级茶品，饼状，上面印有龙凤花纹）。随着放鹤亭的声名远播，石佛井渐被人们叫作饮鹤泉了，亭泉相依，共荣共存。此后的千余年间，饮鹤泉屡浚其塞，皆为游人出于好奇投掷瓦石所致。疏浚后，水质不变。

明成化二十三年，所立的《重修石佛寺》的碑文说"有井在山顶，弃而不食者累年，发其瓦砾，甘美如初。"100多年以后，明熹宗天启三年，徐州户部分司主事张璇又进行一次疏浚，为之立碑。碑上是其亲笔手书的3个尺幅大字——饮鹤泉，并在上端冠以"古迹"2字。到了清咸丰九年又疏浚一次，也有碑记为证。碑文解说："不五丈而得泉，甚甘。"可见其水一直为历代的人们所推崇。

新中国成立后，饮鹤泉水深尚有3尺，后因乱扔石瓦而堵塞干涸。1962年曾重淘井泉。当时的施工人员曾下井测量，井深24.6米，和归志上记载的"七丈余"相符，井壁系穿岩凿成。井壁的北面和西南面有两条细缝，可能是"自然液水"的通道，但已经干了。这就引发了人们的诸多联想：这个被古文献称为的古井到底有多古呢？已知云龙山在宋之前叫石佛山，因山有石佛而得名。而石佛的雕琢始于1500多年前的北魏，这井是否与石佛同时开凿的呢？在当时的条件下，既无先进的勘测仪器，又无先进的开凿工具，穿岩凿石难度大点，古人怎么会把井址选在此处？它的开凿者是谁？又是怎样开凿的呢？这一切，可能都是难解的恒久之谜了。

（六十）奇怪的井

1. 红水井

我国福建省清流县有口古井，平时井水清澈透明，但每隔20年左右有规律地涌出一次红水。据记载1930年、1949年、1976年曾3次涌过红水，波光潋滟，十分神奇。

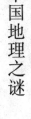

2. 古井水葡萄

我国浙江省湖州常照寺内有一千年古井，井内长有形似葡萄、绿色晶莹的植物。这种"水葡萄"入口甜蜜清凉，消暑解渴；煮熟后有一种浓郁的葱香，鲜美可口。这种"水葡萄"摘完后，又会重新从井中长出来，实在令人称奇。

3. 井中"白肉"

1993 年 7 月中旬，人们在河北省顺平县李司庄村打井，当钻至地下 117.3 米深处时，孔中喷出大量如碎肉般的物质和血样液体。"碎肉"乳白，大块有 15 厘米长，10 厘米宽，1 厘米厚，有 0.25 千克重。小块也有 150 克重。鸡犬争食"碎肉"，人吃了煮熟的碎肉后也无不良反应。湖北省科学院微生物研究所对这种"白肉"进行了化验，通过显微镜观察，发现纤维状物为真菌菌丝，判定这是生活在地下深层的一种真菌，其物质的具体名称尚不得而知。

4. 会变色的古井

湖南省洞口县竹市镇荷池村，有一口长宽各 1.5 米、深 2 米的近似四方形的石井。数百年来，井水一直清澈、甘甜，是当地百姓饮用的水源。可是，1979 年以来，每逢下大雨前的一天或两天内，井水就会变成棕红色，且水味也变得苦涩。这种现象每次持续 2~5 小时，然后井水又恢复原状。为什么这口古井的水会随天气变化而变色变味呢？至今人们还不得其解。

5. 具有显微功能的井

显微镜是现代科技的一项重大发明，它能让我们清楚地看到肉眼所不能看见的种种细微之物，方便人们做那些针对细小物体的科学实验。如果说在我国古代就有人发明了这种技术，你一定不会相信吧？不管是奇迹还是巧合，今天的人们还真发现了这样一处奇特的古井。它具有显微镜般的奇特功能。如果把细小的东西扔进井里，在古井上面，人们仍能清楚地看见躺在井底的东西，包括它的轮廓及上面的纹路和字迹。这是不是非常神奇呢？

具有显微功能的古井，位于业已发现了铜奔马的古凉州雷台汉墓。它位于距地下墓道入口两米的地方，它的全部基身都是由汉代古薄砖砌成的。不知道这些古薄砖具有什么独特之处，当人试图把手伸进井里，就会感觉到刺骨的寒气，让人无法忍受。这个古井以前究竟是做什么用的？难道古人真拿它当作显微镜用吗？这似乎太不可思议了。那么，如果显微功能不是刻意造成的，那么它就是一种自然的奇迹，而这又做何解释呢？有人认为是由于光的原因，古井里的灰尘在光的照射下可能形成某种折射，从而达到了放大的效果。也有人说奥秘就在那些汉代薄砖本身，它们的雕砌方法可能无意造成了这种奇特的效果。然而，这些解释都不能令人满意，人们仍期待着更为合理的解答。

（六十一）省力怪坡

俗话说："下坡容易上坡难。"然而在沈阳市沈北新区清水台镇阎家村蛤蟆岭附近的哈大公路段东侧约1千米处，有一段长70多米、宽15米的坡路，却是一个"上坡容易下坡难"的奇怪路段。

一天，具有多年驾驶汽车经验的司机屠春明，驾驶着面包车路经这里，将车停在这段坡路的底部，摘挡熄火，跳下车到路边办事。这时车竟然在无人驾驶的情况下向坡路顶端冲了上去，一直冲出近60米远。直到车轮被一块石头挡住，车才停了下来。面对这汽车自动向上滑行的现象，司机感到很费解。他带着疑惑和不解向人们述说了这一事情的经过。这样，这一具有神秘色彩的怪事很快就传开了，由此也引来了许多好奇的人进行反复的试验，并且人们还发现，骑自行车和走路都会感到上坡省力，下坡费劲。

1992年5月16日，《新晚报》刊登了哈尔滨的张兴亚对沈阳"怪坡"的亲身体验：

"前不久，我在一次电视节目中偶然看到这样一条消息，沈阳附近有一怪坡，自行车或汽车到此下坡时，自行车不蹬不往前走，汽车不加油门不往前行，觉得确是怪事一桩。惊奇之余，我仍有点将信将疑，心想还是眼见为实。机会终于来了。5月14日，我利用到沈阳出差的机会，办完事之后，一行三人于早晨驱车前往怪坡所在地。

怪坡位于沈阳至长春公路沈阳至铁岭段的一个小山坡上。汽车行驶不到1小时，我们便到达怪坡现场。只见坡长约70米，宽约15米，正在这里参观的游客有500人左右。为亲身体验怪坡之'怪'，我和同事及司机三人坐在车内，车在坡的上方，像平时一样，松开闸，不加油门，想让汽车顺坡下滑，但这时'怪事'发生了，汽车不但不向下滑行，反而向坡上移动。而在下坡时，只有司机在加油门时，汽车才向下行走。真是世界之大，无奇不有。如果不是亲眼目睹和亲身体验，沈阳怪坡这种反常现象实在令人难以置信。"

据悉，已有科学家到此考察过，提出了"重力异常""视差错觉""磁场效应""飞碟作用"等众多观点，但该怪坡之谜至今尚未揭开。

（六十二）死亡公路

在中国的兰（州）新（疆）公路的"430千米"处，不但翻车事故频繁发生，而且翻车的原因也神秘莫测。一辆好端端的、正常运行的汽车行驶到这里,有时便像飞机坠入百慕大一样,突然莫名其妙地翻了车。这种车毁人亡的重大恶性事故,每年少则发生十几起,多则二三十起,给国家和人民的生命财产造成了重大的损失。尽管司机们严加提防,但这种事故仍不断发生。

难道"430千米"处坡陡路滑、崎岖狭窄吗?不是的。"430千米"处不但道路平坦,而且视线也十分开阔。那么,如此众多的车辆在前后相差不到百米的地方接连翻车,究竟原因何在?起初,有人分析可能是道路设计有问题。为此,交通部门多次改建这段公路,但翻车事故仍不断出现。

后来,也有人根据每次翻车方向都是朝北的现象,推测"430千米"处以北可能有个大磁场。这种说法虽然有一定的道理,但没有科学根据。所以,对司机来讲,"430千米"处成了一个中国的魔鬼三角,被蒙上了一层神秘的色彩。"430千米"处的翻车现象,目前仍是个谜。

(六十三) 芳香大地

人类在大地母亲的怀抱中一天天长大,可我们却很少回眸去关心这些抚育我们生长的土地、石头和河流。它们看似平凡,可要是细心观察,你就会找到很多不平凡之处。在我国湖南省洞口县,有个幸运的农民发现了这么一块馥郁芬芳的土地。它静静地藏在一个小山腰上,在约50平方米的范围内默默地散发着芳香。它的香味不是来自任何花草树木,而是土地本身。在不同的时间、不同的天气里,香味的浓淡还会随之发生变化。神奇的香味在吸引了大批旅游者的同时,还招来了有关专家。他们认为这小块土地的下面可能含有某种独特的微量元素,但具体是什么元素,专家们也说不清。他们猜测是这种元素与空气共同作用产生了某种散发香味的气体,时间和天气的变化会影响该元素的强弱,所以有了香味浓淡的改变。

(六十四) 神堂湾

湖南省桑植县的神堂湾,长期与世隔绝,传说是神仙聚会的地方。一望无际的原始森林,为整个神堂湾铺上了一层厚厚的绿毡。神堂湾日夜不停地喷着浓浓的白雾。在这里,还有世界上罕见的白蛇,体长1~1.5米,形似一根软玻璃棒。如果在这里点燃篝火,火一点燃,火花上头便冒起一缕又粗又浓的白色烟雾,顺着神堂溪向谷中飘去。溪水平则烟平,溪水直则烟直。白色烟雾随溪水曲折往复,犹如两条白龙,腾飞于弯弯曲曲的山谷之中。这些怪异的现象给神堂湾披上了一件神秘的外衣,令人们迷惑不已。

曾有一支探险队，在夏天来到神堂湾想探个究竟。不料，走到一个悬崖峭壁的拐弯处，突然一股浓浓的白雾从山谷中喷射出来。雾时，探险队员们既看不见路，也见不到物，只听到身旁轰隆隆的巨响，震耳欲聋。走在前面的猎犬也突然止步，狂吠几声，掉头就跑。神堂湾究竟有多高、多深，里面究竟有些什么"怪物"？人们至今不得而知。

（六十五）龙大湾

在四川省威远县城东北约 20 千米处的山区，有一个叫龙大湾的地方。在这秀美的悬崖丛林中，却经常出现一些神秘而奇怪的现象。自 1995 年 6 月以来，当地的农民和附近煤矿的工人，曾多次听到从龙大湾悬崖中发出震耳的嘶叫声和炮声。据附近煤矿的一位矿工介绍，7 月 15 日早 6 时左右，他正在龙大湾山脚下锻炼身体，阴森的山岩中发出的嘶叫声长达 6~8 秒。山脚下的农民闻声纷纷从屋里跑了出来，察看究竟发生了什么事情。那种声音像是有千万人在嘶叫，并伴有阵阵类似放炮的声响，可怕极了。很多人还同时看到从山岩中冒出很大的一股灰色烟雾。

当地一些农民也说，他们以前也多次听到山崖岩中发出的叫声，虽然听后很害怕，但时间一长便不足为奇了。他们说自 1995 年以来，这种山岩的叫声更为常见，而且多在夏季发生。

在龙大湾山上，有几个神秘的洞穴。天长日久，洞口已被草木泥土遮住，隐藏在茂密的树林中，深不可测。这些洞穴都是竖直向下，不规则的洞口直径约 1.5 米，从上面抛下石头等硬物，碰撞洞壁的响声要持续数十秒，直至听不到声响。每到下雨前后，洞中会冒出一股股巨大的水蒸气柱。这些洞穴究竟有多深，没人去探测过。也许早先的人们不知道龙大湾山岩发出的声音是从何而来，神秘的洞穴是如何形成的，所以便把这种叫声说成是龙的叫声，把那些神秘的洞穴误认为是龙的通道，而雨后洞中冒出的巨大水蒸气柱便成了巨龙升天，龙大湾也因此而得名。

据地质人员分析，这些声音的出现有两种可能：一种是很久以前发生过什么重大事件，其声音被"印"在山岩中形成声音的"记忆"，外界一旦与当时的气候条件相似，便可能再次出现这种"记忆"。另一种原因可能是地壳裂变或地质岩移动引起的声响。而洞穴中的水蒸气柱，完全是因为地热引起的。这些现象的真正谜底，还有待于进一步考证、揭示。

（六十六）死亡村

在云南思茅的哀劳山区，有一个彝族村寨。在 20 世纪 90 年代以前，这个村寨的人们一直过着一种与世无争的安逸生活。但是就在近些年，这个村寨竟然变成了令人恐怖的地方，许多人在没有任何征兆的情况下突然死亡。这到底是为什么呢？

1993年7月，对于云南思茅石娅口村的彝族青年者富财来说，是一个令他既恐惧又辛酸的日子。那年他刚刚结婚，正在家里干活。突然他发现他的老母亲在没有任何征兆的情况下，突然死在了床上。就在他手忙脚乱察看死去的母亲时，正在做家务的妻子也突然抽搐不省人事。当他再去查看妻子时，发现妻子已经停止了呼吸。

而且就在同一天，寨子里另外一户人家有一个人也是这样离奇地死亡。一连串莫名其妙的死亡使者富财心中萌生了巨大的恐惧。难道寨子里出现了瘟疫？如果真是这样，那么下一个会不会是他呢？为了排解心中的恐惧，者富财每天都求神拜佛祈求上苍保佑。

人们纷纷传言石娅口村发生了瘟疫。许多村民也像者富财那样，供奉神仙牌位，祈求平安。而更多的人则纷纷赶着牛羊上山躲避瘟疫。

为了打消怪病带来的恐慌，赶来调查的调查组立刻对死者的发病症状和死亡过程进行了认真研究，初步判断这些死者的死亡原因都是因心肌炎引起的猝死，但是为什么这些人都会患上心肌炎而且都死在同一天呢？这是巧合还是另有原因呢？

造成猝死的原因有很多，比如身体劳累、巨大的精神压力、家族遗传等等。但是通过对上述石娅村的猝死患者的调查来看，他们并不具备上述发病条件，而且即使具备这些条件，怎么会同时集中在一段时期发作呢？据调查组成员杨明清介绍，当时由于事发突然，而且限于当时的医疗水平，他们也没有弄清为什么会连续发生猝死事件。但是他们认为由于确定了是猝死，而猝死是不会人际传染的，所以他们当时的诊断打消了村民的顾虑，使那些最初充满恐慌的人们很快安定了下来。然而就当调查组刚刚松下一口气的时候，没想到悲剧又在人们不注意的时候接二连三地发生了。

就在调查组刚刚撤离不久，正值壮年的村民李富才突然在睡梦中死去，就在当天，李富才的二弟媳者富秀也猝然离开了人世。几天后李富才的老父亲李昌美也在没有任何征兆的情况下撒手人寰。原来的5口之家骤然只剩下了二儿子和他不到一岁的孩子。

然而死亡的阴影并没有就此离去，在接下来的两个月里，村里又相继有5个人也因这种病死去。当调查组再次赶到村里的时候，看到的是几具还没有掩埋的尸体。

由于连续死亡的人过于集中，杨明清怀疑他们的猝死又可能与一般的猝死原因不同。于是他们一方面进行紧急调查，同时邀请了国家有关地方病研究专家进行联合会诊。然而根据病情研究，这些专家却提出了另外一种看法。

专家们怀疑这是由于克山病的爆发。克山病是1935年在黑龙江省克山县首先被发现，故名克山病。这种病一般流行于荒僻的山岳、高原及草原地带，它发病的症状与猝死十分相似，也是发病时表现为胸闷、恶心、呕吐，头晕，严重的就会出现昏厥、抽搐或休克。

在以后的几年里，石娅口村的居民根据克山病的预防方法对疾病进行防范，但是却仍然有人不断发病甚至死亡。通过各种检测和研究，专家们否定了克山病的说法。但是连续几年不断有人死亡，而且呈现出集中性特点，造成这些人集体死亡的元凶究竟是谁？答案看来只能从死去的人那里找到。

相关的专家做了尸体解剖，把脑、心、肺、肝、肠这些不同组织都送到云南省克山病研究所，通过检验，认为可能是由于柯萨奇 b 组病毒的感染而造成的病毒性心肌炎。

柯萨奇病毒是一种在自然界比较常见的病毒，最容易隐藏在动物身上。比如说猪、狗，甚至老鼠、牛、猫等等。柯萨奇病毒传染人类一般都是通过肠道途径传染。比如人们吃了带有这种病毒的水、食物等。感染上柯萨奇病毒的人如果抵抗力弱的话，就容易患上心肌炎、脑膜炎、肌无力等疾病。常见的都是新生儿容易感染这种病毒，但是在石娅口村为什么会有这么多的人因病毒感染造成心肌炎猝死呢？他们又是如何大面积感染的呢？

猝死主要发生在七八月份雨水季节，难道是下雨的时候把周围的猪粪、牛粪冲到水源里面，污染了水源？根据这些判断，调查组在雨季冲下山的水源当中，终于找到了柯萨奇病毒。

后来，当地政府对居民饮用水进行了改造，把露天水通过水管引到每家每户，同时在雨季容易疾病暴发的季节对饮用水进行消毒。为了最大限度地保护石娅口村居民的安全，当地政府从 2003 年开始采取了村民整体搬迁措施。搬迁工作从根本上使石娅口村的居民远离了死亡之地。

至今为止，对石娅口村村民的猝死之谜，在医学界一直存在柯萨奇病毒和克山病两种致病原因的说法，但是这两种说法都不能完全解释这一谜团。另外，如果是水源被污染引起的病毒传播，那么为什么离石娅口村不远的山上山下两个村庄，都饮用同一个水源，却从没有发生类似的死亡事件呢？许多专家仍然频频出入那令人恐惧的地方，他们希望通过更多的调查研究，最终拨开离奇的猝死迷雾。

（六十七）鸡娃地

河南省登封市城以北一块长约 50 米左右的地段，被人称为"鸡娃地"。如果在这里用力鼓掌，就会听到小鸡"叽叽"的叫声，并且这种声音受掌声控制：掌声大，"叽"声也大；掌声紧凑，"叽"声也随之紧凑。更离奇的是，回声具有选择性：如果在这里喊叫，并不能听到回声，只有掌声才会有回声。当地一些年过古稀的老人说，他们小时候就知道这块神奇的鸡娃地，不过那时是块空地。现在，鸡娃地的两侧已修起了房屋、院舍，但小鸡的"叽叽"之声仍然如故。鸡娃地的叫声是什么东西发出的呢？人们至今还没有找到答案。

（六十八）不种自收的神奇地

在湖北兴山县香溪附近，有一块面积约 200 平方千米的土地，每年不用播种也能收获油菜籽。

当地人在这块土地上，每年冬天将山坡上的杂草灌木砍倒，到春天用火将草木烧掉，待几场春雨一洒，就会生长出碧绿的油菜。4 月中旬，正是油菜花开的季节，只见漫山遍野一片金黄。70 多岁的老农说："记得 1935 年发生洪水，坡上的树被连根拔走，可第二年春油菜照样野生。"据了解，这里方圆 20 多个村庄的人家，每户每年都可收野生油菜籽 60 多千克，基本上能满足当地人的生活用油，因此当地人称这地方为"神仙福地"。

不少农业专家和植物专家曾对此做过种种解释，但难有确切的理论说明油菜野生多年而不绝的奇迹。

（六十九）水塘丢入石头会冒火

大千世界真是无奇不有，正是这千奇百怪的事物构成了大自然美丽动人的一面。本来水火是不相容的，但是地处云南的一个水塘居然一反大自然的法则，把一块石头扔进水塘竟然会出现令人不可思议的奇迹……

俗话说得好，"水火不相容"，但是地处云南省昆明市阿拉乡西邑村的一个小小的水塘却偏偏要证明水火也是可以相容的。

这个小水溏是在阿拉乡西邑村某建筑工地上发现的，该水塘和其他普通水塘没有什么区别，面积大概有四五十平方米，塘水混浊。但是唯一的区别也正是这个水塘引起人们极大好奇与关注的地方。起初有一个建筑工人不小心把一块石头掉进水塘里，随着石块"扑通"一声落入水中，随即在石块落入的地方冒出了点点火光，并且随着"扑扑"的炸裂声。冒出的火花呈橘红色，有鸡蛋大小，一处火光存在的时间大约有 1 秒~2 秒，并随着涟漪荡开，逐渐向外延伸，最后，随着水面的平静而逐渐消失。在火光闪现的同时，水面上也冒出阵阵白烟，闻起来有股轻微的燃烧的味道。并且，水面搅得越混乱，出现的火光就越多，烟雾也越浓。

这个奇怪的消息一经传出，从此水塘这里聚集来了不少观看的人们，当然也引来了不少地质学家以及科研人员的关注，他们纷纷前来调查研究造成水塘遇石冒火、冒烟的原因。

经过对当地的建筑工人进行询问得知，这个坑挖起来已经有半年的时间了，一直没发现有什么异常。前不久下过几场大雨，这里就变成了一块水塘。起初在工地上挖掘的工人发现位于工地边上的这个水塘突然冒起了白光，由于不远处就是一个公墓，工人们都不敢上前去看。直到天亮后，才有胆子大的工人过去看个究竟，也没有发现什么异常。当工人们站在塘边正在议论时，一名工人不小心将塘边的土块踢下了水塘，没想到水面上突然冒起了火花，把众人都吓了一跳。随后，胆大的工人扔石头下去，也发现冒起火光，都觉得很奇怪。为了了解发生这样的状况到底是什么原因造成的，于是有的工人又将石头扔到了这个水塘附近的其他几个水塘去试试，但是其他的水塘并没有出现这样的怪事，即使是把石头扔进了距离那个怪异水塘仅有三四米的水塘里也并没有这种现象发生。

有关人员经过详细地研究，认为这种现象可能是磷遇空气时燃烧所产生的。尸体在腐烂的时候会产生磷，磷的燃点非常低，只有 40 摄氏度。水塘附近就是公墓，以前也极有可能就是坟场，时间一长磷就积累了下来，通过丢下石块的作用，磷产生自燃，就形成了火焰。因此极有可能就是磷火。但是附近有那么多的水塘，为什么只有这个水塘会出现这样的现象呢？这磷又是从哪里来的呢？这些问题还没有得到解决。

也有相关人员将手放进这个水塘里，但是把手放进去并没有什么异样的感觉，就跟在平常的水里的感觉一样。究竟产生这种现象的原因是什么呢？希望专家们早日揭开这个谜团。

六、遗留千年的古迹之谜

（一）神奇鸳鸯井

动物界有成双配对的现象，但大地上的吃水井成双配对却令人费解，在我国四川省发现的两口井则又是一个奇迹，这两口井互相依存，一正一反互换的情况在历史上还是十分罕见的，那么，是什么原因造成这样的现象呢？

四川省武胜县发现两口神奇的水井。它们相距四米，一清一浊，又被当地人称作鸳鸯井。两井位置等高，深度相当，且井中的水为同一源头所聚。但是，奇怪的是，这两口井却有着天壤之别。这里的谜吸引了无数充满好奇的人来观看，不少的科研人员也纷纷前来试图探究"鸳鸯怪井"隐藏的奥秘。

首先，两井中的水清浊不一。但两口井好像约好了似的，一年要变两次"魔术"：端午节后，清浊互换，而且一个发出微臭的味道，一个却味道香甜；中秋节后，两眼井水又自动恢复原状。一年四季，两口井交替供人饮用。这种交替变换的"鸳鸯怪井"，人们还闻所未闻。

这两眼井位于武胜县北飞龙镇木井村，井口方正，水面离地一米。其中一个叫上木井，另一个叫下木井。该村八十岁的老人张炳清说，两口井凿于何年已不得而知。他还唱了一首老歌谣——《木井》："可观上下两口井，一条大路直穿心；井中清泉最可饮，能分春秋各二季；不知哪朝开的井，何人称为木井村；此井水丰不断流，润泽大地五谷生。"

据村民介绍，农历五月初五端午节以前，上木井里的水清澈，下木井的水浑浊。端午节后，两井开始"换班"：上木井里的水变浑变臭，水面泛起一层金黄色的东西，如粪便，不能饮用；而下木井的

鸳鸯井

井水则逐渐变清变甜，供居民饮用；到了中秋节，两井又再次"换位"。但不管它们怎么变换，总有一口井的水是清澈的、甘甜的。年年如此，从未错过日期。许多慕名而来的游客看毕大叹造物神奇。

其次，两井水面总会保持一致。居民提上木井的水时，下木井的水位会自然下降；反之，提下木井的水时，上木井的水位也会随之下降，随后恢复盈满。木井的水常年外溢，形成溪流，成了武胜县第二大水库——红星水库的源头之一。

再次，两口井虽然同源，但井水温度却并不一样，非常罕见，有人专门用温度计做过测试。但是这两口井温度差异因何如此之大的问题目前还没有弄清楚。

两井凿于何年已不得而知，但是鸳鸯井为何出现这些神奇的现象实在令人费解。有关地质学家初步分析后认为，两井地质结构存在裂隙，天热时，地下水进入上木井裂隙，地下硫化物随地下水浸入上木井，就有可能形成黄色漂浮物并导致上木井变浑浊。而天变冷时，地下水改变方向进入下木井裂隙，于是就出现了清浊互换。但居民取水时，两井水位会同时下降。这说明两眼井水相通。

那么，两井温度变化又怎么做解释呢？古人是出于什么原因打造出这样神奇的鸳鸯井来的呢？是出于巧合，还是他们在当时已经具备打出这样神奇的鸳鸯井的科学技术呢？这鸳鸯井的真正奥秘到底在哪里呢？希望相关人士早日揭开鸳鸯井之谜。

（二）川藏神秘星形碉楼

数十座高高的碉楼与色彩斑斓的传统民居相映成趣，像是一把把金剑在落日余晖中闪耀。这样美丽迷人的星形碉楼，不得不让人无比神往，其中蕴含的许多谜团又让人充满了无限的遐想……

在我国四川与西藏地区，到处都有或者成群或者散落的无数碉楼，这些碉楼大多散落在田间地头、家门口和山坡灌木丛中的，大多数是呈方形，也有些是五角、六角、八角，甚至十三角的。四川有碉楼的三个地区：

今羌族居住地（大多数在阿坝藏族羌族自治州）；

被称为"嘉绒"的地区（部分在阿坝州，部分在甘孜藏族自治州）；

雅砻江流域：南起木里，北至道孚，东至康定，西至雅江，这是木雅人的传统居住地；

第四个地区位于西藏东南部的工布江达。

最高的星形碉楼在四川马尔康附近，在西藏工布江达，有八个角和十二个角的碉楼。碉楼大都高达三十多米，最高的甚至有五十米。每座都是杰作，结构没有瑕疵，角像刀刃一样直，墙壁牢固又光滑。经历了这么多风雨，甚至战争和地震的洗礼，它们仍然骄傲地耸立着。有的已倾斜，但绝不倒下；有的已坍塌了一半，废墟上布满了尘土，缠绕着野藤，甚至连树也欺压着它，最终沦为狐狸、老鼠的家园。然而，在人们眼里，它们将永远保存着自己的荣光、庄严和神秘。只要来到这里看到这些古碉楼，你一定想要知道碉楼背后那奇异、神秘的古老故事。

当地居民、政府、学者，甚至19世纪进入此地的西方探险家都知道，"民族走廊"上散落着一些古碉楼。但这些高大的古代星形、石砌碉楼尚未在地图上标志过，没人科学地测算过它们的始建年代，甚至也没人将其视为一种独特的建筑现象进行研究。或许是因为这些碉楼在当地人们的心里是十分普通的石头建筑，没有什么独特之处。

但是这些矗立在眼前的碉楼到底是谁建造的？是什么时候建造的？建造的目的又是什么呢？就连这里的老辈人都说不清楚。因为仅存少数口述传说，没有书写历史，再加上当地人仍然保留着诸多互不相通的方言，却没有文字，因此，关于这些碉楼的各个方面都是难以解开的谜。

从中文典籍中仅能搜索到一些模糊且支离破碎的信息。据这些信息我们可以了解到，至少在一千八百年前，就有些部落已掌握了如何修建高层独立石碉楼的技术。据《后汉书》记载：那些高达四十米的碉楼是由居住在今西北部深山里的冉人和岷江上游的羌部落修建的。而住在西藏高原南部的"孟"部落也是高碉楼的建造者。但是仅凭此记载并不能证明这些碉楼的建造者就一定是羌部落人们修建的，只有多方面的共同验证吻合后，才能确定碉楼的修建者到底是谁。

具有关研究人员推测，修建碉楼极有可能是出于战争的防御，或者是为了抵御外族的入侵。

也有人提出了不同的观点，他们人为建造这些碉楼，实际上是身份的象征，不同类型的碉楼对应了不同古代部族的祖地。

那么，碉楼的建造时间又是什么时候呢？有关的研究人员想将碉楼的一些破损部分收集样本进行研究。想以此来解开碉楼的修建年代之谜。但是，由于收集样本的工作复杂棘手，因为大部分碉楼的门都很高，若没有高梯往往无法获取样本。后来将收集的所有木片样本送往美国最著名的实验室进行碳14检测，其结果总是有一百五十年的误差。

从2000年至今，已检测了57座碉楼（39座星形的和18座方形的）、3座老屋和1座寺庙。其中。最古老的一座碉楼为星形碉楼，约有一千二百年历史，位于西藏工布江达，已检测的四川省4座较为古老的碉楼建于公元1030到1250年间，羌族村落的碉楼无法测出准确年代数据，因为其木样检测结果包括了很多不同的时代，这是因为村民们一直在使用和修缮这些碉楼。如果完好的加上破损的，西藏工布江达和四川的碉楼数可能有数千个。也正是这个原因，碉楼的年代推算也只是大概地估算，准确率极低。就此，碉楼的研究工作一度陷入了尴尬的境地，没有更好的方法来解开碉楼的建造年代之谜。

川藏地区的碉楼就像是一些历经沧桑巨变的老人，他们经历了无数的风风雨雨，一直坚持走到现在。但是，正是由于这位老人阅历太丰富了，因此，我们要想读懂他的"人生"是一件十分困难的事情。揭开川藏碉楼之谜，有待于更加完善的文字记载多加考证后，才能完成。

（三）秦始皇陵内发现三十米的"高楼"

秦始皇陵就像是一个深埋在地下鲜为人知的谜，在这里蕴藏着许多文化、历史的精华。秦始皇陵墓的发掘，使不少沉睡在地下千年的谜团浮出水面，使后人们更加了解古代的一些文化、风俗以及历史事件。

秦始皇陵位于陕西省临潼区城东约五公里处的骊山北麓，是全国重点文物保护单位。1987年，联合国教科文组织将秦陵（含兵马俑）列入世界文化遗产保护名录。1974年春，在秦始皇陵坟丘东侧1.5公里处，当地农民打井，无意中挖出一个陶制武士头。后经国家有组织地发掘，终于发现了使全世界都为之震惊的秦始皇陵兵马俑。

随着现代发掘技术的不断进步，各项考古工作也在有序地展开，秦始皇陵墓的发掘工作也进入了令人惊喜的阶段。在对秦始皇陵墓不断发掘的基础上，科研人员利用

"秦陵遥感与地球物理综合探查技术"，发现了秦始皇帝陵的封土下埋藏着高出地面三十米的台阶式墙状夯土台建筑，这是中国古代墓葬史上的特例。经过仔细地研究发现，这是一栋三十米的"高楼"。

据观察结果得出的资料分析，这栋"高楼"分布在秦陵地宫之上、封土堆下的墓地周围，是一组环绕墓地周边、上部高出秦代地表三十米左右、体量巨大、夯层厚约6厘米~8厘米的台阶式墙状夯土台，东西夯土台的中间部位各留有一处缺口，与墓道重合，夯土台围就的内部即墓室上部是用粗夯土填充的。

台阶式墙状夯土台上窄下宽，内外均呈台阶状；夯土台顶部内侧东西长124米，南北宽107米；夯土台顶部外侧东西长168米，南北宽142米；其南墙顶宽16米，北墙顶宽19米，东西墙顶宽22米；南、东、西、北墙（南墙尚未勘探）的外侧均为九级台阶，外侧台阶高3米，宽2米；东墙、北墙内侧现已发现六级台阶，南墙西墙尚不清楚。

这栋"高楼"建筑的夯土基础的一部分在墓地外，一部分伸进墓地内，伸进墓地的夯土可能紧贴墓壁建造，接近墓室部分可能使用了大量的青砖和石材。在东、西、北墙外侧的上部台阶上发现了大量的瓦片，瓦片堆积凌乱，靠近顶面的台阶上瓦片较多，中下部台阶上的瓦片也有零星地发现。但是，在台阶式墙状建筑的顶面几乎没有见到瓦片，顶面及各级台阶上也没有发现红烧土和木炭遗迹。

据推测高台建筑应在秦始皇死前已建成，只是在堆筑封土前被拆毁，封土覆盖的时间可能在埋葬秦始皇之后。最后的封土是夯筑而成的，只不过夯层的厚度在40厘米~70厘米间，比"高楼"粗糙得多。

那么秦始皇当年修建这座三十米高的高楼到底是出于什么原因呢？有关科学家认为，秦始皇是一位性格比较怪异的人，他经常会做出与常人不一样的举动，他十分尊崇神仙鬼怪等迷信，因此，这座高楼极有可能是秦始皇为了死后自己的灵魂能够随便出入陵墓而建造的。但这种说法仅仅是从秦始皇具有迷信思想的一方面出发来推测的，并没有什么科学依据。

但是，目前秦始皇陵的考古研究一直充满着谜团与争议。有关研究专家对以上观点提出了质疑。他们认为，将目前遥感探得的建筑结构称为"高楼"的提法不够严谨。在类似秦始皇陵的遥感考古工作中，建筑学的参与十分必要，只有以严谨的建筑科学理论作依据，遥感测得的数据才能转化为有价值的历史事实。由于遥感技术的运用在我国还属于初期，如何运用遥感结果得出科学结论需要十分谨慎。在没有确凿证据之前，就推测是否为帝王灵魂出游的"天路"，不仅没有学术研究价值，更可能误导研究。

那么，究竟秦始皇陵墓内有没有这么一座三十米高的大楼呢？正反双方的争论都看似有一定的道理，但是目前还不能得出一个合理的答案。相信，随着考古技术的不断进步以及完善，秦始皇陵墓"高楼"之谜终将水落石出。

（四）抚仙湖下的"金字塔"

抚仙湖是一个南北向的断层溶蚀湖泊，形状如倒置葫芦，两端大、中间小，北部宽而深，南部窄而浅，中呈喉扼形。湖面海拔高度为 1721 米，湖面积 216.6 平方千米，湖容积为 206.18 亿立方米，仅次于滇池和洱海，为云南省第三大湖。湖水平均深度为 87 米，最深处有 157 米，湖容量达 189 亿立方米，深度和蓄水量是云南省第一大湖。除东北长白山火山口湖——天池外，抚仙湖是我国已知的第二深水湖泊。

1992 年，职业潜水员耿卫在云南澄江抚仙湖的水下发现了大量人工建筑的遗迹。后来经过十几年的考察，人们发现在抚仙湖水下是一座古老的城市，2005 年已探明的古城面积已达 2.4 平方千米。在这座古城遗迹中有两个类似玛雅金字塔的阶梯状建筑，这两个建筑都是下宽上窄，其中的一座是 3 层，高 16 米，台阶排列得十分整齐对称。另有一座阶梯状建筑高 21 米，有 5 层。每一层大的台阶之间都有小台阶相连，其中第一级大台阶从底部有一条笔直的小台阶直通而上。此外，在这两座建筑中间还有一条长三百多米，宽 5 米~7 米的石板路面，是用不同形状的石板铺成，石板上刻满各种几何图案。在其他地方，人们还发现了一座圆形建筑，底部直径为 37 米，南面偏高，可以猜出是台阶，还有一个缺口，整个建筑类似于比赛用的运动场。

那么，这些建筑是做什么用的呢？谁又是水下"金字塔"的建设者呢？为什么这些建筑会在水下呢？经过专家分析后认为阶梯式的建筑可能是祭台。在云南出土的古滇国青铜器上，人们发现了青铜器扣饰上的许多阶梯图案与水下的阶梯式建筑相似，从而说明水下的台阶式建筑是古滇人祭祀活动的遗址。而圆形建筑与古滇青铜器文物上的图案相似，青铜器上的环形建筑分为两层，人们坐在台阶上观看表演。因此，有专家认为圆形建筑是古滇国的娱乐设施或竞技场所。但专家认为如果是舞台就显得过于奢华，在古滇国当时的条件下似乎不太可能建造专门的供娱乐的场所。

在历史上，关于古滇国的研究成果几乎都是墓葬和文物，还没有发现古滇国任何的建筑遗迹。古滇国曾经兴盛五百余年，不可能没有建筑上的创造和其他遗迹。因此有专家推测，湖底的水下城市可能就是消失的古滇国遗址。问题似乎又带出来了，如果是古滇国遗址，为什么它会在水下呢？

还有专家认为这座古城可能是汉俞元古城。因为南北朝后俞元古城的记录就不存在了。如果是变更地名，历史上都应该有记载，而俞元古城从那以后却再也没有人记录了。在当地流传着一个传说：澄江湖里有一座沉没的城。因此这座发现的古城可能就是俞元古城，它是因为地震沉下去的。专家还进一步推测，发现的这部分遗址只是个内城，这个内城有可能也是古滇国的滇王离宫，滇王离宫在后来可能被改为俞元县了。

至于这座古城是什么时候沉没的，还在考察之中。

（五）天山上的巨石脸谱

天山是亚洲中部的一条大山脉，横贯中国新疆的中部，西端伸入中亚。长约 2500 公里，宽约 250 千米～300 千米，平均海拔约 5000 米。最高峰是托木尔峰，海拔为 7435.3 米，汗腾格里峰海拔 6995 米，博格达峰的海拔 5445 米。新疆的三条大河——锡尔河、楚河和伊犁河都发源于此山。

2008 年，考古人员在新疆天山西部的一处高山牧场，也就是温泉县吐日根河与另一天然冲沟的交界处进行文物普查时，发现了一个雕刻"脸谱"的巨大冰川漂砾石。漂砾石高 3 米，宽 3.5 米，正西面因冰川磨蚀深凹下去，形成一个巨大的天然"神龛"，龛内呈白色，与龛外黑白对比分明。

"脸谱"就雕刻在白色凹陷的岩壁上，一共有十几张。每张脸谱的直径都在 20 厘米～30 厘米，共同的特征是圆形脸、招风耳、阔嘴，圆眼空洞地望着前方……有的还很明显的刻有夸张的头饰及发饰。有脸谱的这一侧朝着一处深涧，巨石南侧有白色花岗岩砾石围砌的、呈半圆形的石圈。

根据巨石周边半圆形的石圈和形态怪异、色彩对比强烈的诡异脸谱。考古学家认为这是一处萨满教的祭祀遗址，巨石上的人脸极有可能是萨满巫师做法时佩戴的面具。他们推测公元前后，在巫师带领下，生活在当地的族群在高地上祈神。做法时，巫师和追随者都戴着面具起舞，有人随后将这些具有特殊意义的面具雕刻在这巨大的冰川漂砾石上。

后来考古人员又在温泉县一处山丘岩画中发现"脸谱"，其中有一块巨石上雕刻的是两张上下排列的脸谱，这两张脸谱也是圆脸、阔嘴。而在另一块岩面上却没雕刻出圆形的脸，只有用深窝圆孔代表的眼、口、鼻。在这张人脸下面刻着一个将太阳托起的人。专家说从这些脸谱上的颜色和雕刻方法中可以看出，它们与山丘岩画是在一个时代创作

天山上的巨石脸谱

的。人的面部都是朝向东方的，这应该是对太阳神崇拜的古老民族留下的。

虽然目前这些脸谱的雕刻时间、雕刻民族、雕刻目的都还在研究之中，但它无疑将是为我们打开北方原始游牧民族生活、精神、文化、宗教信仰等一系列谜题的一把

钥匙。

（六）龙游石窟

龙游石窟群位于浙江省钱塘江上游的龙游县小南海镇石岩背村。龙游石窟群规模宏大，气势磅礴，但是这么浩大的工程却在历史中没有记载。因此，龙游石窟谜团百绕，有人形容说"入窟尽是探奇者，出窟全蛮谜猜人"。

龙游石窟距杭州一百八十公里，位于浙江省龙游县城北三公里处的一个临江小山中。自 1992 年被发现以来，就引起了人们的广泛注意。龙游石窟是我国古代最高水平的地下人工建筑群之一，也是世界地下空间开发利用的一大奇观。它是中华民族博大精深的体现，集人文、艺术、文化、工程技术于一体，有人甚至说它是"世界第九大奇迹"。

龙游石窟是一个谜团缠绕的地下建筑群。那座小山被当地人称为"童坛山"，在方圆 0.38 平方公里的地下竟然有规律地分布着大小二十四个洞窟，每个洞窟的面积从1000 平方米~3000 平方米不等。每个洞窟从矩形洞口开始垂直向下延伸，高度约 30米。顶部呈漏斗型，洞窟内科学地分布着三至四根巨大的"鱼尾形"石柱，与洞顶浑然一体。更让人叹为观止的是洞壁、洞顶和石柱上都均匀地留下古人似乎带有装饰意图的凿痕。这些凿痕排列规则有序，凿线整齐。石窟沿壁有台阶上下，成锯齿形，锯齿间相隔达 3 米，其中台阶到洞口要有四米。每个石窟自成一体，互不相通。石窟内部都有一个半凿半砌的矩形方池，约 20 平方米，深约五米。在一号石窟中人们还发现了清晰可见的一幅岩画，内容是马、鸟、鱼三种动物。这是已发现的 7 个石窟中唯一的窟内岩画。线条浑厚古朴，粗犷流畅，很有意境。

而仅从已经开发的石窟来看，就有许多的谜团。其一，石窟的大小、模式、造型、格局等都是出自统一风格。布局合理，最大的石窟地面面积达 5100 平方米。如果按照每个石窟 1000 平方米计算，一个石窟就要排出土方 2 万立方米，50 个石窟每天至少要排 100 万立方米，若以一人一天排 0.3 立方米的土方计算，则需要 200 万个工作日才能完成。有人做过统计，若每天投入 1000 人夜以继日地工作，也需要 6 年的时间，况且模式统一、工艺讲究、精雕细凿，实际情况要远远超过人们理论的计算。其二，所有的石窟洞口均朝西南方向，午后的阳光可以直射进石窟的中心。其三，已经发现的 7个石窟的平面布局竟然呈北斗七星状，而这 7 个石窟又正好处于整个扇形石窟群的中心部位。其四，为何地下石窟会密集于这里，千百年来，人们为什么一直都不知道这个巨大的秘密呢？就连一直在这里生活的村民也都毫无察觉呢？其五，为何古籍上对这么浩大的工程没有一点记载，甚至连野史也没有？

那么龙游石窟的用途又是什么呢？

　　第一种观点是陵墓说。关于龙游石窟竣工的确切时间已经无从考证，关于龙游地区最早的记载是在汉代，此前并没有史料记载。唐韩愈曾撰写《徐偃王庙碑》，其中有"凿石为室，以祠偃王"的记载，徐偃王是西周徐国的诸侯，大约生活于公元前1000年左右，暂且不谈韩愈所说的"石室"有多大，又是否与龙游石窟有关系。就从时间上计算，如果真的是为徐偃王所建，那么龙游石窟至少已经有近三千年的历史。在自然条件不断变迁、战争灾祸发生的情况下，石窟内的纹路、凿痕却依然如新，如同昨日开凿一般。仅这一点就无法解释。另外，如果龙游石窟是皇陵，那么为何石窟中没有任何皇族的随葬品或宫中遗物呢？

　　第二种观点认为龙游石窟是古代人采集石料而留下来的废弃洞窟，但也难圆其说。首先采集石料最安全、最经济的方法应该是露天作业，何必要精心设计这样的方式进行地下采掘呢？其次，石窟内石料属红土积沉岩。这种岩石极容易风化，古人又何必花如此浩大的工程去开采，还要进行如此规整的修饰呢？再者地下采石需要一定的设备和条件，采光、搬运等当时又是如何解决的呢？为什么一点痕迹也没有留下呢？

　　第三种观点认为龙游石窟是越王复仇的练兵屯兵之地，其理由是怕被敌国奸细发现而去告密，所以挖地下石窟进行备战。但是此说疑点也很多：挖石窟需要大量的时间，然后才能练兵，那么岂不削弱了原本就已经弱小的实力。其次，因担心奸细告密屯兵而挖，难道就不担心奸细破坏造成窟毁人亡的悲剧。再者，地下练兵的采光问题又是如何解决的？人工采光应该会在石窟内留下痕迹，但是实际上人们没有发现任何的烟火遗迹。另外，屯兵地必须道路通畅，进出便捷，这是兵家常识，而石窟上下一条道，间距有3米，如何体现兵贵神速的策略？

　　第四种观点是外星文明说。有人说，其一在龙游石窟的穹顶和石壁的连接处，由于空间小很难转身操作，人工开凿不可能将凿痕加工得如此流畅和完美；其二在穹顶和石壁的连接处，几乎每个洞中都可看到没有凿痕的扒裂断面，这是用机械以45度的斜面挖掘到与石壁连接处时留下的"扒痕"，功率巨大，乃非人工所为的有力证据；其三在穹顶及许多连接、转弯处，凿痕呈扇状展开。这是采用高智能机械设备所为。虽然这种观点有一定的说服力，但是疑点也颇多：第一，如此浩大的工程不可能只要一两个外星人完成，那么会有那么多的外星人来地球吗？第二，虽然从整体看凿痕整齐划一，但是仔细观察，凿痕还是有微妙的变化，根本就是出自人类之手。第三，外星人建造龙游石窟的目的何在呢？是为了居住？第四，如果真的是外星人所建，至少会遗留一些地球人前所未见的东西，为何人们一件都没有找到呢？

　　第五种观点认为龙游石窟既不是现在科技的产物也不是古人建造的。虽然随着科技水平的进步，人类开始在地下建造文明，但是从安全、经济、美观的角度出发，一般的地下工程都是直线挖掘，成形后经过绝对的加固再作美化，而不是在挖掘的原型上直接进行修饰。而且如果是现代科技的产物，在历史上也应该有所记载。那么，为什么又说龙游石窟也不是古人建造的呢？一些人认为建造这么浩大的工程只有君主才能组织这么大规模的挖掘力量，但是劳民伤财的花时间和精力来修建毫无目的的石窟似乎没有必要。不过这并不能排除是古人们为了游乐而修建石窟的可能。

第六种观点是浙江大学的褚良才博士提出的，他认为龙游石窟最早开凿于西汉宣帝"边郡皆筑仓"时，其功能是储备粮食、货物及战备物资，隋朝时就叫它"北常平仓"，在那时就已被列入"古迹"。他还找出两个比较有说服力的证据，一个是在童坛山上游不远处的簸箕洞，另一个是在下游不远处的石岩洞。

除上述说法外，还有"道家福地说""伏龙治水说""巨石文化说"等，虽然这些说法都有一定的道理，但是也都存在不少的漏洞。龙游石窟作为中华民族的一个奇迹，它将永远散发着夺目的光彩。

（七）沙漠孤舟——统万城

统万城是匈奴人建造的唯一城池，距今已经有一千六百多年的历史。史料记载统万城，8世纪"大风积沙"、9世纪"堆沙高及城堞"、10世纪"深在沙漠之中"……但是现在其城墙依旧耸立于沙漠之中。据说统万城过去草被丰茂，成片的大树遮天蔽日，蒙古地区及宁夏外族人时常藏在森林伺机暗杀大夏族士兵，守城将领顾虑安全下令将树木全部焚烧，从此，统万城就被沙漠侵毁。

统万城也被人们称为白城子，是由于它的城墙为白色而得名。统万城位于中国陕西省靖边县红墩界乡北端和内蒙古乌审旗南纳林河乡的交界处，毛乌素沙漠的边缘无定河北岸流沙之中。始建于东晋，迄今已有近一百六百多年的历史。

据史料记载，十六国中叶，中国北方游牧民族匈奴铁弗部刘卫辰为魏所败，其子刘勃勃南逃投后秦，后秦王姚兴命其为安北将军，镇朔方。刘勃勃兵权在握当即与后秦反目，于东晋义熙三年（公元407年）称大单于，大夏天王，年号龙升，国号大夏。不久南下攻取秦属岭北诸城，西吞南凉，成为十六国之一。夏凤翔元年（东晋义熙九年，公元413年）勃勃改姓赫连，命叱干阿利调秦岭以北十万人筑都城。并豪言："朕方统一天下，君临万邦，可以统万为名。"统万城名由此而来。但是在公元431年，大夏国为北魏所灭，据说统万城"雉堞虽久，崇墉若新"。

在史料中也有关于统万城的记载。如《晋书》中有一篇《统万城铭》说："崇台霄峙，秀阙云亭，千榭连隅，万阁接屏……温室嵯峨，层城参差，楹㮾雕兽，节镂龙螭。莹以宝璞，饰以珍奇……"《北史》上记载云："城高十仞，基厚三十步，上广十步，宫城五仞，其坚可以砺刀斧。台榭高大，飞阁相连，皆雕镂图画，被以绮绣，饰以丹青，穷极文采。"可见统万城当时之繁华。

时至今日，统万城虽经风沙磨蚀，但其昔日风采依然清晰可辨。统万城城垣有东西南北四门，东门名招魏，西门名服凉，南门名朝宋，北门名平朔。城垣高出地面2米~10米。东城周长2566米，西城周长2470米，西城西南角墩台高耸，高31米。城内有皇城，内营造有亭台楼阁，雕梁画栋，富丽堂皇。

据史料记载，统万城修筑时，"临广泽而带清流"，水草丰美，传说赫连勃勃来到这里，就被这美丽的景色迷住了，赞叹道："美哉斯阜，临光泽而带清流。吾行地多矣……未见若斯之美。"于是，耗巨资，征民夫，历时六年，建立了统万城。

建造统万城的方法是"蒸土以筑都城"。但对"蒸土"的具体做法有很多的观点。一种看法认为是将所有的土都先蒸熟以杀死草籽、虫卵，至今墙上不长草；再用米汤石灰搅拌，一层一层夯实。第二种看法认为是"以水沤制"，即把筑城的土沤入水中，然后在阳光之下曝晒，半干之时进行夯筑，这样土质不会松软或成为粉状，在夯打过程中"水沤之土"即可成为黏结在一起的块状。第三种看法认为是用烧热的水来和土，然后再加上夯筑的力量，夯筑的土黏结后更结实。第四种认为是在土中加生石灰和水、成熟石灰并放出水蒸气被称为"蒸土"。传说筑成后都会用铁锥刺土法检验其硬度，凡刺进一寸，便杀筑者；凡刺不进去便杀刺者。

统万城虽经千百年的风沙侵蚀，却依然坚硬无比，同时也留给后世很多的迷惑。匈奴是一个游牧民族，他们习惯了在马背上驰骋，随水草而居，且居无定所，其机动性使得当时的大汉王朝对匈奴毫无办法。按照常理来说，他们应该不屑于也不习惯筑城，而且游牧的性质也使得他们筑城毫无意义。就连匈奴和大汉对峙数百年，都从来没有留下城池的记录。

但是，统万城的存在打破了人们的一般观点，匈奴人不仅筑城，还修建得如此坚固。而且在夏国被灭了以后，统万城先后做过北魏、西魏、东魏长隋唐的重镇。北宋初，党项人李继迁占据统万城称西夏。宋淳化五年（公元994年），因西夏军队常以统万城为依托侵扰北宋，宋太宗下令毁掉统万城，迁走城内居民。此时，统万城才逐渐走出历史。

但是匈奴人为何不惜血本建造这么一座牢不可破的城池呢？即使说匈奴人与中原兵戎相见，他们得到了大量的人力和财力要依照中原形式建造城池，但也应该选择在自己国土纵深的地方建设国都啊！经历了西汉和东汉，匈奴人已经领教了汉民族的军事力量与文化渗透力量，汉武帝曾经使用匈奴的战术，奇兵快马，横扫北部草原和大漠，将匈奴人追逐至今的贝加尔湖以北的地方。虽然后来匈奴和汉民族的冲突渐渐和解，但是匈奴人居然选择了一个离汉族很近的地方修筑了迄今为止的唯一的一座城池，这是为什么呢？城池再坚固，也无法经得住长期围困和攻打。"统万城"建在边境，匈奴人究竟有什么深谋远虑呢？这真是让人百思不得其解。

统万城经历了历史沧桑，至今却仍屹立于沙漠之中，两千年的风雨洗磨依旧没有将这座古城摧毁，不得不说是一个奇迹。虽然当初匈奴首领统一天下的设想成为泡沫，

但是它是我国古代匈奴人留给历史唯一的一座都城遗迹，有着不可替代的历史地位。它是匈奴人的文明历程和一个消失的民族留给历史的特殊见证。统万城像一座历史丰碑，永远向人们叙述着发生在这里的古老而神秘的故事。

（八）武夷山悬棺葬

在福建武夷山峭拔高耸的悬崖绝壁之上，散落着数千具距今约 4000 多年的船形"悬棺"。至今还有无数的谜团困扰着人们。

早在几千年前，武夷山就由古人生活在那里并且形成了世界罕见的"古闽族"文化和其后的"闽越族"文化。而"架壑船棺""虹桥板"就是反映这一时期的最突出特征。有文字记载，武夷山曾经"悬棺数千"，那时，悬棺可能遍布武夷山。武夷山的"船棺"因形似船只而得名，在《武夷山志》中记载有的"船长二丈许，中阔首尾渐狭，类梭形，传为圆木刳成，且具棹楫，然遥望之弗能详也。"也有小的"长丈余，阔三尺"（《武夷山志》）。一具船棺只盛一具尸骨。但是"大王峰有四船相覆，以盛仙函，共二十余。"此外，"金鸡洞内有贮香一船，"这具船棺灌木盛满香料却没有尸骨。有的是用"楠木刳成"，有的则"嗅之微有香气，咸莫辨其为何木也"（《名胜记》）。这些船棺制作都十分精细。考古学家发现在船棺槽底部紧靠枢身挡板处和盖顶两侧靠近后隔板处，分别凿了长方形孔，上下两孔相对，考古工作者认为是象征船桅杆的插孔。但是三四千年前的武夷族先人们就已经使用船帆了吗？更重要的是为什么这些棺木要仿造船形呢？有人认为武夷族为越人的一支，是习于水性生活的，这种葬俗就是他们水居生活的具体反映。

武夷山悬棺葬作为有着悠久历史的葬仪，围绕它的秘密数不胜数。

第一，武夷山悬棺葬的主人是何种族？

武夷山悬棺葬一直被认为是"古闽族"的"杰作"。而"古闽族"又是如何起源，其种族又是什么？有人说"闽人是中原后裔"，是按传统理论中原华夏是全中国人的摇篮而来，即"南中国人是从北中国人迁徙而来"。但是现在古人类学家通过对人类血清和基因的测定认为"南中国人"的来源路线是非洲—印尼—华南的基本脉络，而古闽人又是从何而来呢？有学者根据船的造型认为古闽人是从海洋而来。但其种族在福建省博物馆《武夷山白岩崖洞墓清理简报》中并未提及，有人说是南方蒙古利亚种（黄种），还有人说接近于马来人种。

马来人是蒙古人五六千年前通过亚洲腹地进入中南半岛后形成的一个以较矮小、皮肤棕黑为特征的人种。一些专家提出，马来人与东南部分土著居民有密切的联系。在《山海经》中就有许多关于中国南方有黑色人种的记载："不死民，其人为黑"；"雨师妾，其人为黑色"；"厌火国，兽身黑色"；"苏民国，其人为黑"；"黑齿国，人为黑"。据说在武夷山一号船棺中曾发现两个分别为棕、黑色的鹅卵石。《山海经》载"南山（武夷山）有羽民国"，郭璞注"卵生"。人类卵生的神话，是马来文化的突出特征，中国的卵生神话也来自棕黑人种。这两个卵石大概就卵生神话的体现。而棕、黑二色，可能用来表达自己的特征（肤色）。有人说这两块卵石可能是用来表述武夷族与棕黑人种的联系的关键所在。但是"古闽人"是否属于马来人种，则还需要专家们通过进一步研究才能确定。

第二，"悬棺"目的何在？

有人认为是为了表达对死者的尊敬，保护尊者的遗体不受野兽的侵扰，以保佑亡灵平安无恙；有的认为是部落酋长为了显示身份、显示势力、显示与众不同的一种方式；有的认为是古闽人对山川的崇拜，让死者的亡灵能够升入天堂；有的认为悬棺葬仪可能与附带祭祀鬼神巫术有关，仙舟可以载着死者直接进入天国；有的认为和鸟的图腾有

武夷山悬棺葬

关，只有在这高高的洞穴中，死去的人才能找到真正的归宿；还有的认为这是穴居与水上生活融合的具体体现，他们希望死者在死后可以像活人一样继续生活。

第三，"悬棺"是如何放进山洞里的？

所有放置船棺的洞穴，上到峰顶，下至崖谷，都至少有数十米之遥，而所处的峭壁大多直上直下，现在的人们根本就无法攀缘。武夷族先人是用什么方法将船棺放进岩洞之中的呢？

据武夷民间传说："有仙人乘舟渡月而来，将至地，为女子所睹，仙人化白鹤去，船留于此"。宋《太平广记》记武夷："或风雨之夕，闻人马箫管之声，及明，则有棺椁在悬崖之上。"当然这都是传说。有人根据明代记载，认为可能是从岩顶将棺木悬吊垂下至洞穴后，将棺枢移入的。但是4000多年前的古人还未使用辘轳等机械，船棺仅长就约5米，形体质量都十分庞大，难以控制，有的岩石突出，会将船棺撞毁，何况有的山峰根本就无法攀登。

也有人说武夷山有许多关于架栈道的记载，那么有没有可能是利用铺设栈道将船棺移进去呢？但是武夷山悬崖多是单独成峰，突兀峭拔，无缓坡可供架设。还有人提出可以用搭设台架的方法升置船棺。因在广西有这样的记载："土酋威尊无上，殚民之力，筑土为台，运棺其中，事后台卸土撤，而棺乃独立岩际。"暂且不说搭设三五十米高的台子需要耗费多大人力物力，仅四曲大藏峰之金鸡洞，下临巨潭（据云，深约40

米），水流环绕，又该如何搭建呢？

有学者提出"可能使用提升式的方法"。但是从山顶到山谷常有 100 米～200 米之高，又如何操纵呢？在古代有限的技术下，仅用绳子是不可能完成这么浩大的工作的。还有学者提出先有人钻进洞里，再有数人合力将船棺拉紧洞中。但是这种说法无法说通的是武夷山的山洞有的仅能容一具棺木，有的甚至只能容下半个棺木，这样的洞穴又能容下几人呢？按其重量来说两个人是做不到将它拉进洞里面的。

明代文人张于垒考察武夷后曾提出："当是尔时溪流浩荡与峰等，船搁石隙，及蓬莱清浅，顿尔相失……"但是这种地貌变迁过程至少要千万年之久，怎么可能在几千年内就完成呢？

第四，武夷山悬棺葬为何影响这样广泛？

学术界公认武夷山悬棺葬是悬棺葬俗的发源地，随着武夷人的迁徙、文化交流，这种葬俗竟然广泛传播到十多个省区。其影响一路溯长江而上最后到陕西，另一路顺江河而下向湖广延伸至越南泰国，再一路飘零过海散入新马泰苏门答腊等东南亚诸岛。

武夷悬棺葬可以追溯到夏禹时代，但它又延续到什么时代呢？有人说是西周，有人说是秦汉时期，有人说是汉朝以后仍有悬棺葬仪的出现。在历史文献中有许多关于悬棺葬仪的记载：清朝许赞曾的《东还纪程》记载："楠木洞，石缝中有船，俗称仙人所居沉香船也。"唐朝张鷟的《朝野金载》中记载："五溪蛮，父母死，临江高山半肋，凿龛以葬之。"贵州安顺《安顺府续志》记载："人死，用棺以窑藏，挂于岩上。"《云岭南纪蛮》云："凌云有岑氏祖墓，亦在半山石岩间"。

悬棺葬在四川分布最广。三峡有所谓"兵书宝剑匣"；会无县有峭岩"多仙人葬，莫测其来"（《水经注·江水篇》）；在龙河两岸。随处可见"凿岩为穴，置棺以葬"的岩棺；在小三峡一带则又可见以栈悬棺；而珙县境内现存的悬棺之多可谓全国之最。近年，文物部门在武夷山附近的松溪县又发现藏着几百具明清时代棺木的"棺木洞"。

葬仪是一个民族最具代表性、最为传统的风俗之一，但是为何武夷悬棺葬影响了这么多的民族，波及的范围又是如此之广呢？

武夷山悬棺葬具有极重要的研究价值，它在我国的历史文化中占有重要的地位，需要从当时的环境、文化、地理多方面进行考虑，或许随着人们研究的不断深入武夷山的谜团得到解决。

（九）牛河梁遗址和女娲有关？

1979 年至 1985 年，考古学家先后在辽宁西部的喀喇沁左翼蒙古族自治县东山嘴村，以及凌源、建平两县交界处的牛河梁村发现大型祭坛、女神庙和积石冢（小金字塔）遗址，出土了许多令人震惊的文物。据考证，这些遗址距今已有 5500 年。

在我国古代流传最广的一个神话就是"女娲补天"。传说在洪荒时代,水神共工和火神祝融因故吵架而大打出手,最后祝融打败了共工,水神共工因打输而羞愤地朝西方的不周山撞去,哪知那不周山是撑天的柱子,不周山崩裂了。支撑天地之间的大柱折断了,天倒下了半边,出现了一个大窟窿,地也陷成一道道大裂纹,山林烧起了大火,洪水从地底下喷涌出来,龙蛇猛兽也出来吞食人类。人类面临着空前大灾难。女娲目睹人类遭到如此奇祸,感到无比痛苦,于是决心补天,以终止这场灾难。她选用各种各样的五色石子,架起火将它们熔化成浆,用这种石浆将残缺的天窟窿填好,随后又斩下一只大龟的四脚,当作四根柱子把倒塌的半边天支起来。女娲还擒杀了残害人民的黑龙,刹住了龙蛇的嚣张气焰。最后为了堵住洪水,女娲还收集了大量芦草,把它们烧成灰,埋塞向四处铺开的洪流。经过女娲一番辛劳整治,苍天总算补上了,地填平了,水止住了,龙蛇猛兽敛迹了,人们又重新过着安乐的生活。但是这场特大的灾祸毕竟留下了痕迹。从此天还是有些向西北倾斜,因此太阳、月亮和众星辰都很自然地归向西方,又因为地向东南倾斜,所以一切江河都往那里汇流。当天空出现彩虹的时候,就是女娲的补天神石的彩光。

虽然女娲补天是个传说,但是很多人都相信有历史的原型。那么,女娲真的存在吗?

有人说牛河梁遗址与女娲有关。

牛河梁遗址位于中国辽宁省凌源、喀左、建平三市、县交界处,因其山下的牛亡牛河而得名,属于红山文化晚期遗存,是全国重点文物保护单位,曾被评为"中国20世纪100项考古大发现"之一。

牛河梁遗址是距今约5000多年的大型祭坛、女神庙和积石冢群址,其布局和性质与北京的天坛、太庙和十三陵相似。5000年前,这里存在着一个具有国家雏形的原始文明社会。这一重大发现把中国古代史的研究从黄河流域扩大到燕山以北的西辽河流域,并将中华文明史提前了1000多年。这一考古新成果对中国上古时代社会发展史、思想史、宗教史、建筑史、美术史的研究产生了巨大影响。

在遗址出土的文物中,有一尊完整的与真人一样大的泥塑女神头像最为珍贵。她的面部为朱红色,两颧突起,圆额头,扁鼻梁,尖下巴,是典型的蒙古利亚人种,与现代华北人的脸型近似。与女神像同时出土的还有六个大小不同的残体泥塑女性裸体群像。这6个塑像有的有圆润的肩膀,完整的手臂,最小的泥塑和真人大体相近。出土的大鼻、大耳竟等于真人的3倍。

牛河梁神庙出土的这些彩塑神像可与西方的维纳斯相媲美。人们在已经出土的女神像上臂塑件空腔内发现了肢骨,因遭火焚多成灰渣,专家推测有可能是人骨。

有学者从中亚曾有在人头骨涂泥成像的崇拜形式推测,这座女神像有可能是以现实中的人物为依据塑造出来的。那么,女神像就不单单是艺术造型了,而是中华祖先

5000 年前的形象。

那么，牛河梁女神像是否和传说中的"女娲氏"有关呢？据古籍记载，女娲的第一大功劳就是"抟黄土做"。而牛河梁女神带有肢骨的塑件，与古籍记载有惊人的相似。

有专家据此推测，牛河梁女神庙可能就是当时的原始古国对女娲的一种回忆、崇拜，而古代传说中最高统治者的祭祀方式——"郊""燎"等也可能在此举行。

在距离牛河梁女神庙 1000 米的地方，有一座小山，据考证，这座小山全部是用人工夯筑起来的，地上部分夯土堆直径近 40 米，高 16 米，外包巨石；内石圈直径为 60 米，外石圈直径约为 100 米。夯土层次分明，估计总土方量在数十万立方米以上。据专家说，在发现小山的初期，山上到处散布着带有红山文化特征的"之"字纹彩陶片以及冶铜坩埚片。而小山顶部是炼铜遗址，有 1500 个炼红铜的坩埚，每一坩埚约有 1 尺多高，锅口约有 30 厘米，像现代人用的水桶一般大小。

小土山的形状是圆锥形，小抹顶。人们在小山周围还发现了 30 多座积石冢群址，整个积石冢群都是圆锥形，大抹顶。和古埃及金字塔的布局是一样的，古埃及也是以大金字塔为中心，周围是小金字塔群。故考古专家将其称为中国的"金字塔"。

登上山顶，人们发现女神庙遗址与"金字塔"在一条南北线上，而东西两侧的积石冢群址与"金字塔"等距离地排列在一条线上，这种布局使人明显地感受到"金字塔"的中心地位。

那么，这座"金字塔"似的建筑到底是做什么用的呢？有人认为可能是辽西原始文明古国用以祭天的坛；也有人认为是王者的陵墓；还有人推测与神话传说中的女娲有关。传说女娲补天时"乃炼五色石以补苍天"。因此，后人将彩色异常的石头称为"女娲石"。而牛河梁大金字塔顶炼红铜的遗址，与此神话传说中女娲炼五色石极相吻合。

考古工作者还在小金字塔群中发现了大批玉器。还在一座积石冢中出土一具完整的男性骨架。他的头部两侧戴有两个大玉环，双手各握一玉龟，一雌一雄，相配成对。有学者认为玉龟可能是当时的氏族部落集团的图腾崇拜物或保护神。但奇怪的是这两只玉龟均无头无尾无足，浑然一体。它们象征着什么？而古籍记载，女娲补天时"断龟足以立四极"。这无头无尾的玉龟不也是和神话传说相契合吗？

有谁会想想到，人们竟然在 5000 多年后会在牛河梁遗址找到了和女娲神话有关的遗迹。若要解开这些谜团，还需人们的进一步探索。

（十）闽南"仙字潭摩崖石刻"是谁留下的？

我国闽南仙字潭河道曲折，云雾缭绕，草木苍郁，潭水清澈可鉴，卵石游鱼历历可数。在仙字潭的崖壁上刻的字符神奇莫测，这到底是谁的杰作呢？

在我国福建省漳州市华安县沙建镇许田村，九龙江支流的汰溪下游，距漳州市区34公里的地方，这里两山夹峙，溪流弯曲成潭，北岸峭壁林立，岩壁上散布着几组古怪苍老、似字又有别于传统观念上的文字，似画又过于抽象变形的文化符号，由于年代久远，深奥难懂，讹传为神仙所书，故名"仙字潭"。

仙字潭摩崖石刻共有6处，自东往西长30多米。除一处汉字"营头至九龙山南安县界"外，其他5处共36个符号，最大的长0.74米、宽0.35米，最小的长0.13米、宽0.1米。所刻文字多者一二十，少者仅一二字。这些字排列无序，笔画不整，深浅不一，既像图画，又像文字，有的如王者坐地，有的仿佛武士争斗，有的若舞女蹁跹，有的如兽面狰狞，有的像俘虏被执，有的似人首落地，千奇百怪，其意难以索解。

据说，闽南的这个奇特的"仙字潭"里面包含着古中国东南的历史和社会情况，谁破译了这些密码，谁就能揭开这片土地的秘密。

自20世纪初以来，仙字潭即引起中外学者的广泛关注，但由于其本身的奥秘，学者们仁者见仁，智者见智，并未形成统一的看法，争论的焦点集中在对仙字潭文字的释读、石刻的年代以及文字的族属等问题上。

据初步考证，对这些摩崖石刻有不同解释，一种意见认为，是类似甲骨文或商周青铜器铭文，并试释读其中一些文字；另一种意见认为，是古代土著民族活动的记事岩画，内容大致为描写部落酋长庆功宴乐的场面，记录战绩，以示武勇。

对仙字潭石刻的年代也是众说纷纭。有的把年代最晚定在隋唐；有的认为其最早不过晚商，下限在春秋晚期；也有的认为可能在商周之间，距今约二三千年。关于石刻年代论述得比较具体的是福建岩刻字流行的时代，应当是在楚灭越时，大约是在战国晚期；至于这种"古越文"产生的时代，可能在战国初期，甚至上推到春秋时期为最晚，应比隋唐早，但不晚于西汉初期，即不晚于武帝强令东越、闽越北迁江淮之时，公元前110年左右。

这些石刻究竟属于那个民族的文化遗存也有争论。一种认为是古代"七闽"部落的遗迹，一种认为是古代番族、吴族、越族之间一次战争的记功石刻，一种认为是畲族先民遗下的文字。此外，还有蓝雷族说。其中古越族说，从地域及历史背景、石刻文字形态结构、内容进行分析所得结论显得较为成熟。这些石刻吸引了古今许多名人学者。《漳州府志》载，唐朝就有人持其拓本到洛阳求教于韩愈。此外，华安境内还散布着蛇形、动物、蹄印、星宿等多种岩画。

闽南的仙字潭摩崖石刻在今天仍是一个众说纷纭的谜，相信不用多久，我们将揭开仙字潭摩崖石刻的这层神奇的"仙衣"。

（十一）红崖天书是一道"伐燕诏檄"吗？

红崖古迹，原名"红岩碑"，位于贵州省关岭布依族苗族自治县城东约 15 公里晒甲山半山。清道光《永宁州志》载："晒甲山即红岩后一山也，崔巍百丈……俗传武侯南征晒甲于此"。又称"红岩山"。红雅天书自古以来都备受人们的关注。

在距黄果树瀑布约 7 公里的红崖山的半山上，有一块巨大的浅红色绝壁，壁长 100 米，高达 30 多米，石壁上有 20 多个深红色的形似古文的符号，仔细看之，似篆非篆，若隶非隶，非镌非刻，横不成列，竖不成行，大者如斗，小者如升，且均透出一种古朴苍劲的韵味。这些神秘的符号被称为"红崖天书"。自明代嘉靖年间起，许多文人雅士曾来此地吟诗作赋，对它进行研究。先后有拓本、摹本、缩刻本等问世，并被收入全国性的碑刻著录。对红崖天书的由来，有三种代表性的说法：一说是三国时诸葛亮南征时留下的遗迹，故又名"诸葛碑"；二说是殷高宗伐鬼方时的纪功碑；三说是蜀汉时彝族首领济火协助诸葛亮南征有功，此碑就是用古彝族文字书写的济火纪功碑。关于崖壁上符号的释义，也众说纷纭，但都百思不得其解，至今仍是一个谜。

近年，学者林国恩对"红崖天书"有了全新诠释。学术界人士普遍认为，林国恩对这个千古之谜的破译，与其历史背景、文字结构、图像寓意相吻合，具有可信度和说服力。这一成果包括考证要点和译文两方面。考证要点是：确认清代瞿鸿锡摹本为真迹摹本；文字为汉字系统；全书应自右至左直排阅读；全书图文并茂，一字一图，局部如此，整体亦如此。从内容分析，"红崖天书"成书约在 1406 年，是明初建文皇帝所颁的一道讨伐燕王朱棣篡位的"伐燕诏檄"。全文直译为：燕反之心，迫朕逊国。叛逆残忍，金川门破。杀戮尸横，罄竹难书，大明日月无光，成囚杀之地。须降伏燕魔，作阶下囚。丙戌（年）甲天下之凤皇（御制）。

尽管林国恩的破译有根有据，但也有人反对，认为清光绪二十七年（1901 年），永宁州团首罗光堂为了晋级想要拓印一大批红崖天书，好送给顶头上司，便命令工匠用桐油拌石灰涂凸字面，使字变成阳文进行拓印，之后又命令工匠用锤钻将桐油石灰铲平，让人参照还残留的某些笔画，随意乱刻上一些似文似图的字。红崖天书的本来面目给彻底破坏了。此后，许许多多的官员和文人便依照着自己的想法和猜测，模拟出了各种各样的红崖天书。红崖天书的真迹或许早已不见，现在的红崖天书不过是残留的笔迹，各种猜测都有可能是真的。

目前关于"红崖天书"没有详细的古文字资料，年代又比较久远，所以现在的研究只能处于猜测阶段。可以说，哪一种说法都似乎有道理，但哪一种说法都站不住脚。也有人提出另一种观点，认为"红崖天书"可能属于某个少数民族的，不是用来记述某件大事，而是用来歌颂神灵或记述一些民族活动的。不管怎样，没有了红崖天书的真迹，一切猜测只能是猜测。

（十二）残粒园不是苏州最小的园林？

苏州古典园林的历史可上溯至公元前 6 世纪春秋时吴王的园囿，私家园林最早见于记载的是东晋的辟疆园，历代造园兴盛，名园众多。明清时期，苏州成为中国最繁华的地区之一，私家园林遍布古城内外，达到二百余处，现在保存尚好的有数万处，因此使苏州素有"人间天堂"的美誉。残粒园就是其中一座小型园林。

残粒园位于苏州市内装驾桥巷 34 号，建于清末，面积只有 140 多平方米。其名字来源于唐代诗人李商隐的"红豆琢残鹦鹉粒"。残粒园一直被公认为是苏州最小的园林。残粒园原为扬州一盐商所有，但是后来几经转卖，在 20 世纪 20 年代由画家吴待秋买下，并由东园更名为残粒园，现在为吴门宅院。残粒园位于整个住宅的东侧。虽然残粒园面积很小，但是却是独具匠心，别具风格。

从北向的"锦窠"入园，迎面有湖石峰为屏障。园中央以水池为中心，池岸全部湖石迭砌，以石矶挑于池面，东南墙角和池岸边，各立石峰与入门处的石峰相呼应。在墙的周围种植着桂花、蔷薇等植物，就连墙壁也爬满藤萝，使得整个园林都掩映在一片绿色中。园西依山墙叠黄石山，山顶有括苍亭。亭内设坐榻、壁柜、博古架和鹅颈椅，此亭是全园的最高点，登高远眺，可观全园。由于残粒园布置得十分得体，因此，素有"以小见大"的美称。

但是有人对残粒园是苏州最小的园林提出质疑。据吴氏后人说，率先提出残粒园是苏州最小园林的古建专家刘敦桢氏在走访残粒园时，由于时间紧张，他只看了这座宅院的园林部分，而没有看住宅全貌，因此他就误认为残粒园是苏州最小的园林了。

从整个住宅出发，这个宅院的范围确实很大。在园林西侧有一座可以出入的花厅。花厅的背面是一株有几百年历史的广玉兰树。在花厅的前厅，还有一座假山，假山内叠石成一个小小的石穴，称为"小天池"，因与泉眼相连，四季都有泉水冒出。往花厅西有一座庭院，种植着牡丹。它的前面是玉兰厅，原是吴待秋作画之处。

有人经过调查后认为，当年此园取名为"残粒园"确有小巧玲珑之意，但是就借此说残粒园是苏州最小的园林还是有些武断。而划分残粒园大小的关键在于与住宅界限的问题，如果将厅堂及其他庭院都划入园林部分，那么残粒园的面积就不是最小的了，但如果不将厅堂及其他庭院划入园林，那自然是苏州最小的园林了。由于苏州的私家宅园往往是园林和住宅相连，所以很难明确划分出明确的界限。因此，对残粒园是否是苏州最小的园林的说法也就无法正确地判断了，意见也就无法得到统一。

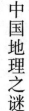

（十三）"二十四仙桥"之谜

　　扬州二十四桥是唐朝江南的胜景之一，是昔日扬州禁苑繁华、风流盛事的象征。晚唐著名诗人杜牧在《寄扬州韩绰判官》中把二十四桥描绘得美轮美奂，这首诗的问世，使二十四桥一举成名，但也给后人留下了一个千古之谜。

　　杜牧在《寄扬州韩绰判官》诗中写道："青山隐隐水迢迢，秋尽江南草未凋。二十四桥明月夜，玉人何处教吹箫？"还有唐代诗人韦庄的《过扬州》诗最后两句也对二十四桥有过描述："二十四桥空寂寂，绿杨摧折旧官河。"此外在其他诗文中再也找不到二十四桥的踪迹。五代时，由于战乱，扬州沦为一片废墟，而作为扬州繁华的结晶——二十四桥，也为人们所淡忘。再后来，"二十四桥在什么地方"也就成了一宗疑案。南宋的王象之在《舆地记胜》中说："二十四桥。隋置，并以城门坊市为名。后韩令坤省筑州城，分布阡陌，别立桥梁。所谓二十四桥者，或存或亡，不可得而考。"

　　宋代科学家沈括曾经对二十四桥循着名字一一查找，在《补笔谈》中写道："最西浊河茶园桥，次东大明桥，入西水门有九典桥，次东正当帅牙南门，有下马桥，又东作坊桥。桥东河转向南，有洗马桥、次南桥、又南阿师桥、周家桥、小市桥、广济桥、新桥、开明桥、顾家桥、通泗桥、太平、利国桥。出南水门有万岁、青园桥。自驿桥北河流东出，有参佐桥，次东水门东出有山光桥，又自牙门下马桥直南……"沈括在上面所列桥的名称凑成二十四桥之数，但是下马桥系明显重复，浊河下无"桥"字，亦难定为桥名，而极负盛名的禅智寺桥未列入其中，这不能不算是沈括的疏忽。

　　二十四桥历来纷争不已，关于它的说法也不尽相同。

　　第一种说法是认为二十四桥是一座桥。自宋代以来，二十四桥的几种说法已逐渐形成。其中能够确指是一座桥的，首推大词家姜夔。他在淳熙三年（1176）冬至日来扬州，写下《扬州慢·淮左名都》的诗，其中写道："二十四桥仍在，波心荡，冷月无声。念桥边红药，年年知为谁生？"这种写法，似乎是一座桥了。宋代还有几位

扬州二十四桥

诗人，他们描写的二十四桥，亦可认为是指一座桥。

　　第二种说法是认为二十四桥是二十四座桥。据《一统志》载，隋朝时曾置二十四

桥于扬州，唐朝时仍可见到那二十四座桥，分布在当时扬州最繁华的街道上。

有说，唐代末年的战乱，使桥全部倾毁了，但这只是猜测。又据说，到了明朝，二十四桥已全部毁坏，故明代程文德有"二十四桥都不见"的诗句。后来便有人认为"二十四桥"出现在文学作品中，不必太拘泥于现实。

第三种说法是认为二十四桥仅仅是泛指、代指。我国向来就有对数字概念采取含蓄、朦胧、夸张的方式来表达，尤其在诗词中为说明事物的不凡、感情的激越，常常使用夸张数字，并不采取绝对数字。譬如"白发三千丈""飞流直下三千尺""山道十八弯""三百六十行"等，并非确数。那么杜牧的二十四桥是否也用了这样的手法来泛指扬州桥梁之多呢？这也是一种推测，是一种猜想的说法。

第四种说法认为二十四桥只是排序编号。有人认为，二十四桥是扬州城里排序编号为第二十四座的桥。依据是诗歌中常出现把桥编号的句子，如杜甫："不识南塘路，今知第五桥"；张乔《寄扬州故人》："月明记得相寻处，城锁东风十五桥"等。还有，宋代文人姜夔不仅在《扬州慢》中写过二十四桥外，还在《咏芍药》中写下这样的句子："红桥二十四，总是行云处。"那么，二十四是不是红桥的编号呢？他在《过垂虹》中有"曲终过尽松陵路，回首烟波十五桥。"尽管姜夔没有在数字前加"第"的字样，但使读者隐隐感觉到，编号说似乎存在过。或许在唐宋时期，扬州有很多桥，桥名不够用，只好用编号来代替。就像现在的城市小区内有几号楼一样。应该说这也是一种猜测，仅仅从古人的诗句来确定编号说法，显然没有足够的说服力。

第五种是一种传说。据明代齐东野人所撰《隋炀帝艳史》载：在一个月中天的夜晚，隋炀帝偕同萧后及十六院夫人等，至新造的一座桥梁上赏月，命朱贵儿吹紫竹箫，箫声飘飘有云之响，当时桥未定名，萧后请炀帝命名，因同游者二十四人，故名二十四桥。这种趣谈常为人乐道，其实是作者从杜牧诗中的明月、玉人、吹箫等字面而牵强附会出来的，不足为信。

二十四桥到底坐落于何处？到底是一座桥，不是二十四座桥？目前还没有得出一个唯一的答案，只是百家争鸣、众说纷纭。因此，二十四桥也就成了一个难解的谜。

（十四）苏州的"七塔八幢"是什么？

苏州坐落于长江三角洲地区的地理中心，太湖之滨，长江南岸的入海口处，京杭大运河、京沪铁路和多条高速公路贯穿全境。苏州也是中国首批国家历史文化名城，全国重点风景旅游城市，还是四个全国重点环境保护城市之一。

苏州建城于公元前514年，吴王夫差的父亲阖闾命伍子胥建阖闾城，苏州又有姑苏、吴都、吴中、东吴、吴门和平江等多个古称和别称。苏州自有文字记载以来的历史已有四千多年，是全国首批二十四个历史文化名城之一。隋文帝开皇九年（公元589

年）始定名为苏州，以城西南的姑苏山得名，沿称至今。从六朝起，在苏州古城就开始建造大批寺庙，据清同治《苏州府志》记载，所属长、元、吴三县，就有寺庙260多所。这些寺庙许多都是规模宏大，寺内还建有众多的佛塔，风格迥异，将苏州装扮成一座"宝塔之城"。在古代苏州一直有"七塔八幢"之说，但是关于其具体内容却说法不一，让人迷惑。

1. 关于"七塔"

有文字记载说最早的七塔是建造在一起的，但毁于后来的战火中。据明王鏊《姑苏志》记载：妙湛寺在长洲县东（今十梓街东段），宋初开宝年间建造七塔，至建炎年间，毁于兵火……今呼为"七塔寺"，地名七塔寺前巷。但在南宋的《平江图》中的妙湛寺内仅有一塔，人们猜测可能是战后重建的。后来，在苏州城内又有历代所建造的七塔。据清顾震涛所著《吴门表隐》所载：一在临顿路白塔子桥东块，名白塔；二在孟子堂东（可能在今宫巷附近）；三在朱长巷东口塔弄，名虹塔，清乾隆二年倾圮；四在司狱司衙署内（地点待考），塔内原有宋熙宁年间葛蕃记碑；五在宫巷南口，名雄塔，宋嘉祐五年建，旧有石刻建塔纪年，人于其下摇动，塔上铃铎齐鸣，乾隆五十七年倾圮；六在濂溪坊（今干将路中段），名雌塔，宋靖康初建；第七，妙湛寺塔。但在天灾人祸中，这七塔早已不见踪影了。

还有一说认为七塔是北寺、瑞光、双塔、白塔和北寺塔后的大同塔、专诸巷口王祖师殿后的石塔，但是后面的三座也不存在了。今日所说的"七塔"则是指经过整修过的上方、灵岩、瑞光、双塔、虎丘和北寺塔。

2. 八幢

"幢"与塔比较，其规制比较小，是砖砌石筑，层层供佛，但实际上是古代的藏经楼。苏州"八幢"在《吴门表隐》记载：一在孔忖使巷内，名方塔；二在装架桥南块宝幢寺内，久废；三在洙泗巷南口；四在石塘桥北小桥头（今北寺附近）；五在桃花坞石幢弄底；六在因果巷内。而另外两处不详。此外，"八幢"还有一说：西美巷况公祠大殿天井内一座；松鹤板场一座（今干将路西段）；濂溪坊甫桥东一座（今干将路中段）；思婆巷口一座（可能在今大郎桥巷）；恤孤局前一座（今金门内）；石塘桥北小桥头，同样有两处也不详。而这六幢也有一部分不存在了。

时至今日，仍然没有人知道"七塔八幢"具体指代的是哪些古建筑，而由于许多古建筑在历史中湮灭了，"七塔八幢"也就更加难以寻觅。

（十五）水下古城从何而来？

坐落在安徽的巢湖是我国五大淡水湖之一，在一次水下科考中，工作人员意外在水下发现了一座神秘古城，立刻引起了轰动。

巢湖东西长 54.5 千米，南北宽 21 千米，水面面积约 750 平方公里，这里风景秀丽，水下渔业资源丰富，是古代操练水军的重要场地之一。

2002 年的枯水期，考古人员对巢湖北岸进行了一次规模比较大的考古工作，经过大家的共同努力，一座古城遗址痕迹渐渐显露在人们的视野当中。这一发现令大家欣喜不已，他们继续扩大了搜寻范围，一批重要的文物又相继出现，经过整理辨认，这次出土的文物包括瓮、盆、缸、罐、坛、釜等古代日常生活用品。此外还在城中发现了几处废弃水井的遗址。出土的器物都有一个明显的特征：口沿和底座的弧度都比较大。

这么大的古城遗址自然令世人瞩目，但最令人惊讶的还是当地的居民，他们祖祖辈辈生活在这里，却从来没有听上辈人讲过这种水下城的一丝线索。考古人员在沿岸的走访中又发现，很多百姓都曾经在水下打捞出文物，最后汇总了 260 件之多。在梳理分类这些文物时发现，这些文物跨代很大，有新石器时代的玉斧，也有东汉王莽时期的钱币，特别是钱的种类特别丰富，有蚁鼻钱、秦半两、汉半两、汉五铢和王莽时期发行的大布黄千、大泉五十等。

巢湖水下城的发现引起了很多部门的重视，国家和地方考古部分都派出人员前去勘察研究，经过仔细甄别，安徽文物考古研究所的专家认定这是一处汉代古城遗迹，具有非常珍贵的考古价值。

此后，学者们又为该城的身份展开了讨论，甚至有专家对该城是汉代遗址提出了质疑，认为该城应该属居巢国遗址。居巢国是历史上出现时间较短的小国，而且没有相关文字记载，仅能从青铜器《班簋》和《鄂君启节》的铭文里知道它的存在。居巢国出现在殷周时期，在后来的战争中，湮灭在历史的长河中。

除了对它身份的疑问之外，人们更关心的是偌大一个城市怎么会浸泡在湖水之中呢？

在巢湖一带有这样一个流传很广的传说：巢湖一带曾经是一个很大的城市，有一次，居住在这里的一个百姓误食了东海龙太子化成的鱼，这下激怒了龙王。报仇心切的龙王施展法术，卷起了滔天巨浪将城淹没了，城中所有的百姓成了东海龙太子的殉葬品，龙王看到淹没的城市还不解恨，让水永远淹着城市不退去，从此这里就成了辽阔的湖泊了。

传说当然不能作为科学的依据，但从中也能找出一些线索来。地质学家的观点是，水下的城市在秦汉之前还是存在的，但在一次地壳运动中，这片陆地发生下陷，于是成了隐落湖。而水下的那个城市有可能是在一次巨大的地震中陷落继而被水淹没的。从城市遗址的挖掘情况来看，这次灾难发生得特别突然，城中的人丝毫没有防备，那些在房中的器物都没有时间转移，甚至很多人都没来得及逃生就被无情地吞噬了。

考古界有这样一条经验：凡是能找到水下遗址的地方，附近的山上肯定会有断层出现。果然，专家在湖边的龟山上发现了断层，这一断层更为地震说奠定了事实根据。这一发现让专家们一致断定，巢湖东部在历史上曾发生过一次非常大的地震，致使一座城市整体塌陷，它就是巢湖水下的那种城市。历史上的巢湖到底发生了什么样的劫难，因为没有历史资料可供参考，所以人们也不敢妄下结论，水下古国的历史疑云，只有等人们慢慢去揭开了。

> **知识小链接**
>
> 巢湖市位于安徽省中部，濒临长江，环抱五大淡水湖之一的巢湖。全市总面积 9423 平方公里，2007 年总人口 471 万。巢湖，又称焦湖，是安徽省境内最大的湖泊。巢湖水系发达，自古就号称"三百六十汊"，全国五大淡水湖之一的巢湖，山清水秀，人杰地灵，具有悠久的历史和灿烂的文化。

（十六）"干饭盆"的故事

"干饭盆"，当读者朋友们看到这个题目时一定会感到很奇怪，这是一个什么样的东西？别急，我们下面就来认识一下它。

1. "干饭盆"所处的位置

"干饭盆"是长白山地区的人们对一种地理现象的称呼，因为这种地方往往和恐怖现象联系在一起，所以人们无不闻之色变，在当地"干饭盆"就是"死亡之地"的代名词。

"干饭盆"分布在长白山原始森林之中，它的特征是几处地方山峰相似、沟谷一致，连山间小路都非常相像，不识路的人走进去就会迷失方向，很难原路返回。在这里面失踪的采参人、狩猎者不计其数，就是到了现代，一些误闯进去的人也会离奇失踪。"干饭盆"仅吉林省抚松县境内就有三处，其中与松县交界处的"干饭盆"最为诡异。这是一个盆形峡谷，四周被群山环绕，延绵的大山首尾相连，没有主峰。该峡谷南北长约 20 千米，东西宽约 15 千米，总面积约 300 平方公里。干饭盆并不是我们想象的只有一个盆地。而是大大小小包含着众多小盆地，据当地百姓讲，里面有 81 个盆地之多。

2. 干饭盆的传说

当地流传着一个和干饭盆有关的传说：在很久以前，长白山脚下的一个村庄里生活着一个叫金良的小伙子，它每天靠挖参卖钱生活。有一次在上山途中，金良遇到一位饿晕的老头，就好心地把自己的干粮给了老头。老头吃完，很快就站了起来，可是他连句"谢谢"也没说，转身就向大山深处走去。第二天，金良又遇到那个老头，老头又向他要吃的，金良就又把干粮给了他。此后，每天如此，金良自己饿着肚子，也会帮助老头。过了一段日子，有一天老头不再向金良要干粮了，他拿出一个盆给金良说："这是一个'干饭盆'，你只要倒进去一碗水，就会有饭吃了。"说完，老头不见了。

从此以后，金良上山再不用带干粮了，而且平时也不愁吃的了。很快他的嫂子察觉到了蹊跷，她心想：为什么金良从不做饭也不饿肚子？后来她偷偷观察，发现了干饭盆的秘密，于是逼着丈夫跟兄弟要干饭盆。有一天，金良哥嫂尾随金良进了山，就在金良盛水准备做饭之时，他嫂子冲了上去，抢过干饭盆就扣在金良头上，"轰"的一声巨响，干饭盆裂了，碎片化作奇峰耸立在周围，米饭也变成了几百个大小不一的小山谷。

金良的嫂子当时就被崩死了，他的大哥往山下逃，可是跑了一天，怎么也逃出这片山谷。他就在里面转啊转，最后活活饿死在了山里。而金良则被山神化作的老头领出了山谷，平安回到家里。以后，这片山谷就叫干饭盆了。

除了神话传说之外，这里还流传着很多恐怖的故事。这里有一句顺口溜说得好："干饭盆，闷死人，坏人进去就断气，好人进去吓掉魂。""干饭盆，干饭盆，就像焖饭闷死人。十人进去九不生，一人出来掉了魂。"可见它是非常诡异的地方。据说在清朝时，有 20 个山东人进山挖参，进去后就再没人见他们回来，用当地人的话说，他们是被"闷了干饭"，意思是死在了山罩。

3. 干饭盆之谜

在大山附近生活的人都知道在"干饭盆"里容易迷路，就连经常在山里活动的人，宁愿多走十几千米也要绕开"干饭盆"。据曾经在里面迷过路的人讲，在里面最可怕的就是无论怎么走、走多远，最后总会回到原地，常常是绕了一大圈又回来了。人在里面为何会迷路呢？最主要的是没了方向感，在里面不能分辨东南西北，即使能判断出方位，往往也是正好相反的。

为什么干饭盆会让人迷失方向呢？有人推测，"干饭盆"可能是远古时期掉落下来的陨石群砸出来的，陨石在降落过程中产生了巨大的磁场，人进去之后导致身体磁场发生变化，记忆混乱，所以就会迷失方向，就连指南针在里面都会紊乱。

另一种解释是，"干饭盆"山高林密，地形又非常相似，所以人们走来走去一直在一个环境中，心理上就会产生畏惧，所以会迷路。如果不以外物为参照，不受外界迷惑，就不容易迷路。曾经有个小姑娘误闯进干饭盆去采野菜，因为她心无旁骛，很顺利地就按原路返回了家中。

更有人提出"干饭盆"是史前文明或是外来生命创造出来的。因为有人曾经在"干饭盆"的深处发现了一个由几十根石柱组成的"石阵",这些石柱高低、粗细均不一致,有圆的,也有带棱的,最高最粗的两根八棱石柱组成一个石门,后来有人想去见识一下这个古石阵,却怎么也找不到它的位置。

"干饭盆"的谜团还有很多,解开它没那么容易,相信随着科学的进步,总有一天我们能揭开它头上的神秘面纱。

> **知识小链接**
>
> 就像大西洋中的"魔鬼三角"百慕大充满了恐怖和神秘一样,长白山区的"干饭盆"在当地人心目中也成了"死亡之谷"的代名词,人们谈之色变、敬而远之,很少有人敢涉足其中。"干饭盆"是当地人对长白山原始森林中山峰相似、沟谷类同、峰回沟转、极为相像的地形地貌构成的特殊地带的称呼。一般人误入其中,难辨方向,很难走出来。

(十七)南澳海滩的古井

1962年夏天,海滩水位退潮后,一位在海边捉虾的人发现了一口古井,在井沿四周还捡出四枚宋代铜钱。

这4枚铜钱上分别刻有"圣宋元宝""政和通宝""淳熙元宝""嘉定通宝"等字样,海滩古井还是新中国成立以来首次发现。

这口古井的四壁及井沿全部用花岗岩条石堆砌而成,井口呈正方形,井口约1米,井深1.2米。为何要在波涛汹涌的海边建这么一口井呢?更为奇怪的是,海水涨潮,古井经常会被淹没,很少有机会显露出来,人们在这里建井有何用意?神奇的是,尽管紧邻又咸又苦的海水,但只要井口重现,那么井水就是清冽甘甜的。

专家研究发现,古井所处的位置原是一处海滩坡地,后来因为陆地的不断下沉逐渐变成今天的海滩,古井也一度被海沙所淹没。后来随着海水的冲刷,大量海沙被带走,在一次特大海潮席卷沙滩时,才让古井重见天日。

据历史资料记载和当地人回忆,这些水滩还不止一口古井,而老人们也提到,这里曾先后出现过"龙井""虎井"和"马槽"三口古井。

大家知道,沿海的滩地盐碱成分很高,附近的地下水也因海水的渗透,有很高的含盐量,是不宜用来饮用和灌溉的。但南澳岛上这些紧挨着海滩的古井却是例外,不仅水量丰沛,而且水质甘甜,即使把海水倒进井里一部分,过一段时间,井水也会变得纯净甘淑。

古井的水口感比当地的自来水还要爽口,因此古井重现,就成了爆炸性的消息,本地乃至潮汕、广州等地的人，会不辞辛劳驱车前往，他们在观赏这一奇观的同时，也不忘捎回家一壶井水。据说这种水的保质期很长，即使存放十几年也不会变质。这一现象太让人称奇了。

> **知识小链接**
>
> 南澳县由主岛南澳岛和附近 23 个岛屿组成，呈葫芦状，东西两部为山丘，中部为冲积平原，总体属低山剥蚀丘陵——剥蚀地貌。是广东唯一的海岛县，中国首个 AAAA 级海岛旅游区。夏无酷暑、冬无严寒。全岛森林覆盖率达到 72.8%，被评为"全国绿化百佳县"。据测定，全岛空气富含负离子，洁净无污染，堪称"天然大氧吧"。

（十八）洞庭湖下有什么不为人知的秘密？

洞庭湖，为我国第二大淡水湖，位于湖南省北部，面积 2820 平方公里，在这片宽广的水域曾经发生过许多让人意想不到的奇闻。

1. 青山岛是怎么形成的？

青山岛是洞庭湖中唯一的小岛，它是世界上仅存的三座渔村之一。在历史上，有许多文人墨客都被这里的景色所吸引，并在这里留下他们的足迹，所以岛上的文化底蕴是非常深厚的。在这里你能看到新石器时代的遗迹，也有黄陵二妃墓，更有李白、杜甫、韩愈、张说、李贺、刘禹锡、苏东坡、夏元吉等历史名人留下的不朽诗文。

在一处茂密的草丛里，杨幺头雕像就静静地矗立在这里，石像面对的正是万亩芦苇荡，浩瀚洞庭水。这个小岛上的居民自古以来就以打鱼为生，所以不事农业。

青山岛的土质结构是黄细砂和白粉砂构成，地下水经过沙石的过滤，已经达到矿泉水的标准。围着洞庭湖的沿岩，都是淤积而成的洲滩，唯独洞青山岛周围是沙滩。为何同一水域会出现两种截然不同的水岸面貌？很多科学家研究多年也没找到合理的解释。

2. 神奇的呼救石

人发生危险的时候会喊"救命"，为何石头也会发出救命的呼声呢？在洞庭湖就有这么一块石头，人们驾驶帆船靠近一块露出湖面的巨岩时，能清楚地从岩石中传来"救命啊！救命啊"的声音，呼声凄厉，就像有人遇到危急情况一样。当人循声去找，却发现除了一块石头以外，根本看不到人的影子。后来，又陆续有很多人驾船经过这里的时候，听到石头的呼救声。为什么石头能发出人一样的声音，这个谜团至今也没

有解开。

（十九）不可思议的南海"神秘岛"

在我国浩瀚的南海，总是会出现一些神秘的事件，其中就有这样一个是关于"神
秘岛"的。一艘名叫"联盟"号的法国帆船就曾经在1936年5月的一个夜晚来到南海
海域。"联盟"号这次航行的目的是准备到菲律宾装运椰干。

在瞭望架上瞭望的水手突然惊慌地喊道："正前方，有一个岛！"船上的所有船员
都循声望去。

就连船长苏纳斯也马上来到驾驶台，拿起了他的望远镜进行观察。透过望远镜他
清楚地看到了远方的一个小岛。让他感到纳闷的是，航船的航向没有错，过去经过这
里时从未见过这个小岛，这里离海岸大约还有250海里，难道它真的是从海底突然冒
出来的吗？而仔细观看，小岛上还有郁郁葱葱的树影，可见它不像是刚冒出海面的火
山岛。

看到这里，船长吩咐水手立即收帆，同时命令船员快速右转90°。"联盟"号离这
座从未见过的不可思议的神秘小岛越来越近了。

此时此刻，船员们全都趴在右舷的栏杆上，目不转睛地看着同一个地方。眼前出
现的景象，真如梦境一般，朦胧的夜色映衬着小岛上摇曳的树枝，美不胜收。

为了确定船的航向准确无误，船上的工作人员急忙查阅手中的海图，精确地计算。
测速仪、罗经也正常运行着，没有任何异常。又仔细翻看了《航海须知》，可是书上根
本就没有和这个小岛有关的任何记载，而且，每年都有成百上千条船经过这里，从来
没有人发现过这个岛屿。

紧接着奇怪的事情发生了：前面的岛屿居然不见了，没过一会儿，它却又在大船
的另一边出现了！船长和他的船员们都紧张地观察着他们面前的黑色的恐怖阴影。一
声巨响，船体突然剧烈地摇晃起来。船体肋骨发出了嘎吱吱嘎吱吱的刺耳声响，桅杆
缆绳互相扭结着，发出像是要断裂的阵阵声响。一棵大树哗啦一声倒向了船首，祸不
单行，又有一棵大树倒向了船桅旁，树叶随风沙沙作响，甲板上到处都是泥土还有断
裂的树枝、树皮。海风的气味与树脂的气味混杂在一起，让人感到就像是大海上冒出

了一片森林。这时，船长本能的命令舵手右转舵，意想不到的事情发生了，船头一下子翘了起来，船身也一动不动了。显然，船搁浅了。船员们一个个惊得目瞪口呆。终于熬到了天亮，船员们惊奇地发现大海上确实有两个神秘的小岛，"联盟"号就是在其中的一个小岛上搁浅了，而另一个小岛则是一块笔直的直插海底约有 150 米长的礁石。经过检查船的损伤并不严重。船长命令船员放两条舢板下水，从尾部拉船脱浅。船员们有的在舢板上用力划桨，另外一些人下到小岛使劲推船，经过两个多小时的奋战，"联盟"号终于脱离险境。

就这样"联盟"号缓缓地驶离了小岛。那两个小岛也渐渐地消失在视野之中。这场意想不到的险恶遭遇让船员们胆战心惊，精疲力竭。他们在心里默默地琢磨着这一难解之谜。"联盟"号一抵达菲律宾，船长苏纳斯就迫不及待地向有关方面报告了他经历的这次奇遇。当地水道测量局等有关单位的人员听后对他说：在这片海域从来也没有发现过岛屿。更何况还是两个。其他船上的水手们也都持着怀疑的态度听"联盟"号船员叙述他们的经历。很显然，所有人都认为这是"联盟"号船员们的集体幻觉。

船长苏纳斯不想与他们做无谓的争辩。他下定决心要用事实证明自己是对的，于是决定返航时带着他的船员再去寻找这两个神秘的小岛，记下它们准确的位置，向世人宣布他是对的。可开船航行了两天，早应该见到那两个小岛了，却什么也没有发现，连个影子都没有。就这样他们在无边无际的大海上转了整整 6 个小时，还是一无所获，之前的两个小岛已经消失得无影无踪了。尽管苏纳斯船长特别渴望解开这个谜团，可是他也不能在这儿耽搁太长时间，更不可能为此改变航向，最后他只好怀着遗憾的心情离开了这片海区。

其实苏纳斯船长和船员不是第一个发现神秘岛的人。法国考察船"拉纳桑"号，早在 1933 年 4 月就来过我国南海进行水文测量。那次他们在海上不停地来回航行，进行水下测量作业。突然，海面上竟矗立起一座无名小岛，就在上一回驶过的航道上。水中树影婆娑，岛上林木葱茏。可就在半个月后，奇怪的事情发生了：当他们再来这里测量时，这个小岛又踪影全无了。对于这个出没无常，时有时无的神秘岛，所有人都感到莫名其妙，不能理解。"集体幻觉"，对于此事考察船在他们的航海日志上是这样注明的。

知识小链接

南海在中国南部陆缘海，中国大陆、中国台湾岛、菲律宾群岛、大巽他群岛及中南半岛将其环绕，是西太平洋中的一部分。在越南称其东海，菲律宾则称其为西菲律宾海，其他国家则称为南中国海，简称南海，南海海域 356 万平方公里，其中有 200 多个无人居住的岛屿和岩礁，统称为南海诸岛。

（二十）澳洲是谁发现的？

世界上有许多学者认为，是中国人首先到达澳洲的，这种可能性是非常大。

这种说法的起因是在汉代时，中国商船就可以到达南海，到了唐代时已经能航入印度洋了，明代则可远航到非洲，由此可见航行到离我国南部并不是很远的澳洲大陆是完全有可能的。不过这只是有可能而已。到目前为止还没有发现任何文献有记载，只有那尊神秘的玉石雕像，是此说法的唯一证据。

关于玉石雕像的说法是这样的：1879 年，有人在澳大利亚达尔文港的一棵大榕树的树根下，偶然发现了一尊精美绝伦的玉石神像。根据发现神像的人描述：这尊惟妙惟肖的神像是一个身穿长袍、束腰、长着长胡子的老者，身下骑着是一头体态优美矫健的羚羊。老者大耳垂肩，鼻直口方，还有一双又大又凸的东方人的眼睛，头顶上扎着不常见的头巾，在头巾前面还有一个椭圆形装饰物，头巾的下面露出的头发看着像是梳成卷后扎成髻子，他的脚上穿的是一双方头鞋，鞋底和鞋帮上的皮革也有所不同。

时过 49 年，即 1928 年，有一个澳大利亚知名学者对这个玉石神像进行了认真鉴定和详细分析，包括神像的外形和含义。最后将神像定义为——"中国的工艺品"，而且还是中国传统道教中寿星的雕像。由此这位学者提出了一个大胆的推测：这尊玉石神像是唐代时期的作品，并且就是在那个时期随船来到了澳洲大陆。由此可以得出这样的结论：唐朝时我们的先祖就已在澳洲留下了足迹，而欧洲人抵达澳洲的时间大约是在 17 世纪。从此，澳大利亚学术界就是谁发现的澳洲大陆这一猜测开始了几个世纪的激烈争论。

由玉石神像而产生的问题也接踵而来：神像是不是在古代时就被人带到澳洲？有人提出，神像是被华工最先发现，而且还是中国的工艺品，会不会是某个华工自己的神像丢失了，更有一种可能是有人故意埋在地下，期望能获得一笔奖金。也就是说，不能排除这尊神像是近代才流入澳洲的。不过也有学者对这种推测表示不能苟同，理由是石像被发现后，根本就没有华工声明神像是自己的或者有人索要奖金。再有神像是从在地下大约 1.2 米的深处发掘出来的，而且还深深地夹在了树根交错之间，人力不可能把它埋在地下四英尺深，再楔入大树的树根中，并且大树还在生长过程中，这显然是不现实的。事实证明只能在漫长的自然生长过程中才能造成这一情形。所以玉石神像最有可能是古代某一时期被带入澳洲的，这要比欧洲殖民者及华工来到的时间还要早。

根据这一推论，中国人在古代的时把玉石神像带到了澳洲，由此推论引发的问题就是：中国人到达澳洲大陆的具体时间又是哪一时期呢？认为是唐朝的学者这样解释，中国在唐朝时国力强大，经济昌盛，势力范围已经由威海扩张到了黄海，从西伯利亚延伸到后印度；那时中国文明影响到了印度支那，而且传入了苏门答腊、爪哇以及马来群岛的其他岛屿，中国的商船队也可以远航到波斯湾，和那里的阿拉伯人垄断了国际贸易一起做生意。由此可见，唐朝人在那个时期将神像带入了澳洲的可能性是很大的。

还有一部分学者则认为，这尊神像应该是 14 世纪的产物，明朝时郑和下西洋神像随船队一同来到了澳洲。学者所持的理由是：唐代没有明确记载有如此大规模的远洋航行，而郑和船队在印度洋上航行了几十年，最远到达了非洲。再有，中国古代书籍中也没有记载关于澳洲大陆的文字，但郑和远航所著《星槎胜揽》一书中出现过关于帝汶岛的具体描述，而这个帝汶岛的位置离澳洲就已经很近了，最重要的是这个岛靠近达尔文港；另外，从神像自身的特征还有发现它的地点来看，这尊神像应该是大型帆船航行到澳洲后遗留下来的，而并不是渔船或小型贸易船只不小心失落的。最后，郑和下西洋既有政治上的使命，也有文化方面的交流需要，当然在各地搜寻珍奇异宝也是他的目的所在，他极有可能会去南方各海岛寻找珍宝、异兽，也许听说南面的海岛上有异兽名叫大袋鼠，便从帝汶岛往南航行，意图捕获异兽袋鼠。由此推断，那些进行不太重要的远航船队中，极可能经过帝汶岛，到达北澳洲海岸。不过，这一推论也仅仅是一些学者的假设。和"唐朝说"一样纯属猜测。航船真的驶抵澳洲海岸了吗？真的在那里停泊过吗？船员真的一去不复返了吗？没有人能解释这些疑问，也没有让人信服的答案。

是中国人首先到达澳洲大陆的吗？这尊神像到底是哪个朝代的作品？它又是在什么时候被什么人带到了这个大陆？到目前为止，除了可以判定那尊玉石雕像是道教中的"寿星"的塑像以外，其他的观点都是学者们基于历史和一些事件的猜测的结果。真相还需要我们搜罗更多的证据来对此做出最后的定论。

知识小链接

位于南半球的大洋洲上的一个大陆叫澳洲大陆。这个大陆面积 769 万平方公里，六个大陆中面积最小的一个大陆就是澳洲大陆。在政治上，澳洲大陆属于澳大利亚。澳洲大陆四面临海，物产丰富。澳洲大陆、南极大陆是世界上仅有的两块完全被海水所包围的大陆。新西兰不属于澳洲大陆的一部分。澳洲大陆上的生物和其他大陆的生物相比大相径庭。

（二十一）解密黄土高原上的张壁村

张壁村，至今留存得形态完好，它自身又有众多不为人知、充满了神秘传奇色彩的古堡。

张壁村位于我国山西省晋中地区的介休市东南 10 千米处的黄土高原上。张壁村是顺山势而造，居高临下，北低南高，看似一处井然有序的民居村落，其实是一处"易守难攻，退避有路"的古代战略防御基地。张壁村古堡占地面积约 0.12 平方公里，海拔 1040 米，在古堡下面，布满了地下通道，古堡上下四通八达，形成了一个易守难攻的地下军事设施。地道分为上中下三层，最上面一层距地面一米多高，中间一层距地面可达到 8~10 米，最底层距地面已经是 17~20 米了，弯转曲折，形如网状俨然是一座大大的迷宫。古堡外南北面的壕沟里都有洞口，既可做哨位放哨又可为进出口供人出入。地道内应有尽有：通气孔、水井；壁道上每隔一小段就有一个放置油灯的小凹洞；最高一层有给牲畜的喂食的土槽，中层、底层有很多存粮的洞穴以及休息的土洞和屯兵的大洞。有专家学者进行考证：这么复杂而且宏大的地下军事工程，不可能是民间建造的，一定是按兵法上所说"明堡暗道"修建的地下军事设施。有文献记载，唐朝时尉迟恭曾经在此地驻守，这些古堡、地道是不是他所为的呢？目前还没有确切材料能证实这一说法。

整个村落的地下到处都是错综复杂、规模巨大的地道系统，总长度大概有 10 千米，是先辈祖先修建的。有的地方还分上下两层，甚至有的地方修了三层，让人不可思议。走进地道，宽的地方可以同时容纳两人并肩行走，窄的地方则仅仅可容一人通过，地道内大部分地方高度在 1.8 米左右。洞壁上间隔不大就会出现一个凹

张壁村

坑，看样子是用来安放油灯的。地道入口是在张壁村西场巷的一座建筑考究的民居院落中。这个入口非常隐蔽，在房间里的一个黑漆大柜中，一般人都不会注意。村里有十多口水井，井内侧壁上都开了洞口，大小可供人通过。有的井壁上开相对的两个洞口，搭块木板就可以顺利通过了，拿掉木板便可断了后路，到目前为止人们已经发现至少有八口水井是和地道相连通的。可惜的是由于地震、洪水等自然灾害的原因，已经造成地面塌陷，地道的全貌已被破坏，人们无法知晓地道内的全部情况，而村民们曾经自行挖掘清理，由于没有专家指导对原始洞壁造成了很大的破坏。如今，在专家心中的形成了一个谜团：地道是何人何时因何而挖？

更令人不解的是，任何史料上都没有关于张壁堡的记载，如此宏大的工程却没有记载不得不说又是一个历史之谜。

另外关于张壁村古堡还有奇事，村里的关帝庙东边有一个砖砌的三孔窑洞，窑洞中间的那个孔里有一座木雕神龛，神龛巨大，两头靠墙、上达窑顶，不知是什么木雕刻而成。龛前还摆着供桌。"文化大革命"的时候，曾经有人要把"千手观音殿"作为仓库使用。当大伙搬走神龛，突然发现神龛后面的墙壁有异样，于是众人一起动手撬砖，撬开后发现里面还有个墙柜式的神龛，供奉着一尊神像，有一位来此参观的人看到神像外表的泥胎有些剥落，于是用手抚摩，意外地发现原来这是一尊铁铸像而且还是实心的。到了 1994 年，有几位著名的专家和教授来到古堡参观这个铁铸像。专家们说，我国古代的铸像都是分解开铸造而成，然后再焊接起来，所以中间是空的，像这样整体实心的铁像，从来没有见过。那么，这尊铁像到底是谁呢？为什么要用砖密封起来？为什么外面还要加泥塑？最后又用"千手观音"遮掩？这又是个未解之谜。

> **知识小链接**
>
> 　　山西省位于黄土高原东边地处华北平原的西部，按地理位置来看它处于太行山和吕梁山所形成的峡谷高原地带。承担着晋煤外运的四条铁路线，分别为丰沙线、朔黄线、大秦线和石太线。黄土高原矿产丰富，煤、石油、铝土储量大。

（二十二）神奇莫测的地下暗河

在长白山有一条非比寻常的"梯子河"，让我们来见识一下它的不同之处吧！

1. 名字的来源

梯子河顾名思义就是用梯子搭成的河。在美丽的长白山天池以西，有一条大约有十多千米长的大断裂带，并且从梯云峰缓缓延伸，大约在半山腰处就彻底把人们上山的道路截断了，这就是传说中的梯子河。

大家为什么把它称作"梯子河"呢？那是因为这条陡峭的河道，错落有致的云峰的形状特别像梯子的阶梯，根据阶梯的形状人们还分别把它们叫作大梯子河、地下暗河、一线天、猎物河等。

另外，在梯子河的附近还有一条特别小的河，人们把它叫作小梯子河。这里河道特别狭窄，最宽的地方只有三米多，在河道的最窄处游人轻轻一跨就能过去。这条小梯子河隐蔽特别好，这里周围的环境终年都是郁郁葱葱的植被，如果不仔细看根本看不到。梯子河矗立在悬崖上非常深。顺着小梯子河向下看，是大约几十米的悬崖峭壁。俯视下去，令人毛骨悚然，颤颤巍巍。河水流得很急，敲打碰撞的石壁声声震耳，这个震耳般的鸣响，即使是在很远处也能听得到"隆隆"的声音。

2. 梯子河的传说

对于这架"巧夺天工"的梯子河，在民间还有很多美丽的传说呢！

在古老的传说中，这架梯子河是天上的神仙长年累月在这里练习武功而形成的；也有人说可能是青龙和白龙决斗的时候，这架梯子的云峰是被它们锋利的龙爪划出来的；还有人说天上美丽的仙女经常在梯子河里沐浴呢！我国四大名著之一《红楼梦》的作者大家都知道吧？是曹雪芹，据说这位伟大的文学家还曾经在这里歇息过呢……

3. 梯子河的神秘

夏天避暑的最好地方要属美丽的长白山了，长白山上空气清新、天气凉爽、环境优美，还没有蚊虫的骚扰。一群群的动物都来此避过炎热的夏天。但是，从山下跑到山上避暑必须经过梯子河，梯子河非常陡峭，有很多野兽不幸失足跌落下去，所以要经过梯子河是非常危险的。可是，不知道为什么，动物们在经过梯子河时，会像受了惊吓似的，疯了似的一起拼命向前飞奔，以这样的速度到了梯子河面前根本停不下来，可想而知，便会一个个地掉下去，梯子河上端的路非常险峻，掉下去的肯定会被摔死，摔不死的也不太容易活下去，因为下端是被石子阻挡住了道路，河水在细小的缝隙中流淌，他们摔落下去的地方没有食物，差不多也会被饿死了。

4. 梯子河的轶闻

关于梯子河你们了解多少呢？在 1980 年夏天，长白山地区来了一个调查小组，他们是来踏查梯子河的。他们走到那险峻的梯子河时，看到大片的蒿草像是被动物压倒过的痕迹，所以便断定是有动物跌落下去。断壁非常高，跌落下去，不死即伤。伤则是摔断腿脚。因为狍子和野鹿的骨质脆而且也很细，容易摔断。何况是下去救它呢？俗话说人多智慧多嘛，总会想到办法的。每个人把自己绑腿的和身上的腰带解下来做成绳子，然后用鞋带当作腰带。下去救助狍子的人，刚把狍子救上去，便看到一只大猛兽朝他扑过来，龇牙咧嘴的，非常吓人，他不禁呼喊尖叫。他的尖叫声惊动了上面的人，知道了他有了危险，便集体向上拉绳子。他的后脚跟险些被野兽咬到。俯视下去，也看不出那只野兽是什么动物，非常奇怪。

还有呢，就是几个边防的战士在河边巡逻，想改善一下大家的生活，便要去梯子河里找被摔死的动物。因为，梯子河每年很少的时候不结冰，所以野兽死了也不会腐烂变质。可是，这结冰的水是非常凉的。在梯子河里不仅要小心翼翼地走路，还要时刻观察着以防止野兽的突然袭击。突然，在不远处的沙滩上有一摊冒着热气的野兽粪便。他们赶紧离开这里，刚借助绳子爬上岸，便看到一只靠着灵敏的嗅觉追过来的独角兽，真是万般险恶啊！

还有一次，在梯子河边有几个放山人，想吃美味，便要到河里去捡点猎物。刚走几步就看到前面雾气蒙蒙的，原来是有一股热水从悬崖石缝中流出与冰凉的河水相碰，才会出现雾气蒙蒙的景象。他们利用这热水在河里洗起澡来。可是，突然有几个不明物落下，仔细一看原来是几块石子和树叶，可能是被野兽蹬下来的。他们顾不得自己这几天挖的野山参，抱着衣服就逃跑了。

这道神奇魔幻的梯子河，至今让人们匪夷所思。

> **知识小链接**
>
> 梯子河发源于梯云峰西侧，向西流入锦江，因发源地河床陡峭，如层层阶梯，故称为梯子河。梯子河段被植被和岩石覆盖，只能听到流水声，却看不到水，所以人们对梯子河又有地河之称，因河水凉彻透骨，又被称为天然冰箱。

（二十三）神秘的谜窟

在美丽的黄山脚下有一个神秘的花山谜窟，让我们一起去探究这个谜团吧。这个石窟群有 1700 年的历史，它位于关丽的黄山脚下，而花山谜窟则隐藏在屯溪市郊一个令人意想不到的小山腹内。

1. 重见天日的花山石窟

你们知道这组石窟群是怎么得以重见天日的吗？在很久以前，有位砍柴的老农不小心踩落沙土，随着沙土的滑落，这个神秘莫测的洞穴在石壁上呈现出来。

华山石窟被称为中华一绝的原因是这样的石窟在国内很少，并且它宏伟壮观、气势磅礴。花山石窟不是天然形成的溶洞，所以和其他的石窟有所不同，但它是地下宫殿群，规模宏大，独具特色。经过专家研究和判定，确定它是 1700 多年前开凿的，应该是在两晋年间。

被誉为第九大奇观是因为它具有 36 座石窟，有的石窟非常气势磅礴，有的石窟非常的曲回通幽，并且柱洞神奇魔幻、绚丽缤纷，这个花山谜窟的面积有 7 平方公里。花山谜窟是人类的文化遗产，所以我们要爱护并保护这个神秘的石窟。

这个令人不可思议的巨大石窟群，竟然是古代人工所建然而前来观光的人们会产生疑问，这个巨大石窟是怎样形成的呢？迄今为止还是一个令人不解的秘密。

对于令人疑惑的华山石窟人们做出了很多猜想。

2. 花谜窟八大猜想

对于华山石窟议论最多的是石窟屯兵说。因为根据史料记载，在三国时期，徽州局势动乱，大将贺齐被孙权派遣在溪水之上驻军，并且还把那片水域命名为"屯溪"。于是，人们猜测当时贺齐可能就是在这花山谜窟之中屯兵和储备粮草弹药的。

自古以来，徽州的手工业就比较发达，目前在徽州还遗留了许多古民居、古桥以及古道等，于是人们就产生了许多疑问，当时那些建筑的石一料来自哪里呢？花山谜窟紧挨新安江，那些石料是不是从中取出之后然后运输到徽州各地呢？于是，人们推测也许花山谜窟是古代的采石场。

从古到今，徽商囤盐走遍天下，而他们认为石窟的开凿是为了储存大量货物。这些石窟到底是不是贮存货物而开凿的呢？到目前为止还不为人知。

有人猜疑气势宏伟规模巨大的花山谜窟是历史原因造成的，可能改朝换代而还没有建完的皇陵。

还有人猜想，这花山谜窟是不是外星人创作的呢？历史上有一条神秘线，这个神秘线是在北纬30°线上，然而令人惊讶的是花山石窟也在这条神秘线周围。

神秘的花山石窟是个巨大的工程，不是一朝一夕、一个朝代一个时期能完成的，它是经过漫长的时间凿成的，所以来之不易。

有位德高望重的教授提出了山丘说。因为在石窟的洞中有很多材料，经过日积月累慢慢出现了小山丘。大家都知道道家学说吧。道家喜欢修身养性，然而在这个石窟群正是修身养性的好地方，有人猜想这个石窟肯定是有很多隐秘的暗道，真是令人好奇啊！

但是，花山谜窟真的是让人摸不着头脑，各种说法都合乎逻辑，但是又不在常理中。我国的专家经过研究和勘察推测，仍然没有解开这个神秘的石窟是怎么出现的。

这令人匪夷所思的石窟群，与世界上众多谜团一样，比如埃及的金字塔和狮身人面像，诺亚方舟，还有死海等都是在那条北纬30°的神秘线上。

要想解开这些谜团需要一些好奇者的探究，这些谜、团等着你们来给出答案。欢迎你来这神秘的花山石窟勇敢探险。

> **知识小链接**
>
> 花山谜窟的谜团在于，如此大规模的人工开掘石窟，而且又处在新安文化的中心地带，居然在历史上没有任何信息记录。另外，石窟的开掘年代、用途、石料去向、持续时间、开掘者身份等谜团至今未解。

（二十四）石崖妈妈与蛋孩子

大家都看过《西游记》吧，齐天大圣孙悟空是从石头缝里蹦出来的，然而在贵州三都县的山崖上竟然产出了类似于恐龙蛋的石头蛋。你一定会疑惑，石头也能生蛋吗？

石头生蛋是怎么回事呢，是发生了什么让这石头竟然生蛋了呢？让我们一起去探究一下这个神秘的陡崖吧。

1. 产蛋崖的石崖

我国有一个水族自治县，那里景色宜人，还有独特的水族文化。如果你们来此地，一定会觉得这里的是世外桃源，在这里不仅有美丽景色相伴，还可以听到一些传闻和有意思的事。在这里有一个奇怪的现象，就是石崖会产蛋，很惊奇吧。

登赶山是三都县的一座山，是产蛋崖其中的一座，山上树草茂密，这倒没什么奇怪的，山上都会长树草嘛。唯一让人惊叹的是在这半山腰处多出一块崖壁来，被人们叫作产蛋崖。可是这崖壁为什么会被叫产蛋崖呢？原来是每 30 年，这座崖壁就会产蛋，所以被叫产蛋崖。产蛋崖高突不平，上面镶嵌着锋利的石头，非常险峻。这些石头蛋在高 6 米、宽 20 米的崖壁上产生，它们像孩子被妈妈孕育着一样。它们的形状各不相同，有的像刚露头，有的像露出了大半个身子，有的则是出生了，与妈妈分离开来。这位"母亲"千百年来不断孕育着这些"孩子"，没有停断。

这座石崖让人们产生了很多疑问，让人不断遐想，神奇的石崖为什么会像母亲一样生产呢？这个不合逻辑的产蛋崖是怎么一回事呢？

2. 千年姑鲁赛与咸蛋

你们可知道姑鲁寨？它是一支水族，是三都特有的村寨，姑鲁寨历经风雨已经有1000 多年的历史了。你们知道姑鲁寨与众不同在哪里吗？主要在于他们都收藏着产蛋崖上独特的石蛋。这些石蛋被他们当作宝贝收藏着，因为他们认为这些石蛋可以使家里平安富贵、家财兴旺，以及衣食无忧。他们觉得拥有一颗石头蛋便是莫大的荣誉。到目前为止，姑鲁寨共保存着 68 颗石蛋，真的是非常稀有。

根据以前的传言，在秦朝时期，百越是水族的元祖，他们历经战争，为了在战争中得以生存，他们必须要学会依赖自然，才能活得长久。久而久之，水族人就有了特殊的文化，那就是拜神，他们觉得只有神灵可以保佑他们在这乱世上活得更久。然而被他们认为石神的则是姑鲁寨的那些石蛋，他们一直认为石神可以让他们的庄稼五谷丰登，让他们过上美好和平的日子，所以他们会时常去拜石神。他们认为如果对石神不敬，会被石神诅咒。要是石神知道你对它不尊敬，你就会遭到惩罚。村里也没有人去挖石蛋，你们知道是为什么吗？那是因为如果去偷蛋就是对石神不尊敬，会被石神诅咒，那些偷蛋的人有的肚子疼，眼睛也不好使了，那就是被石神惩罚了。所以人们都不敢不尊敬石神。

有很多人都惊奇这崖壁生石蛋，所以前来围观，都想看看这让人好奇的石蛋，解开这个谜团。

3. 与恐龙蛋类似的蛋

石蛋到底是崖壁生的蛋，还是灭绝已久生活在侏罗世纪时代的恐龙的蛋呢？

2005 年，身为地质矿产勘察开发局的总设计师王尚彦博士看到石蛋的照片便做出了这个猜测，这个猜测真的是令人震惊，石蛋怎么会和恐龙蛋有关联呢？真是令人匪夷所思啊！让我们接着去了解这些石蛋吧！

王尚彦把恐龙蛋和石蛋进行了比较，产蛋崖的蛋直径大约 30 厘米。在广东发现的恐龙蛋的化石与石蛋有同样的大小、同样的形状，然而王尚彦又发现了更多相似之处，比如，恐龙蛋的纹理类似于石蛋，即使恐龙蛋化石有蛋壳的结构，但也与石蛋有着非常相似之处。王尚彦为了使这个惊人的猜测得以被认可，曾亲自去过产蛋崖研究石蛋是否真的如他猜测的那样，真的是恐龙蛋呢。但是有个疑点一直无法解答，那就是恐龙与三叠纪出现的时间将会差 5000 万年。

根据王尚彦的认真探解之后，发现了这个答案。神奇的石蛋不是恐龙的化石。因为恐龙蛋就像鸡蛋的结构一样，有蛋壳和蛋清、蛋黄，并且恐龙蛋的样子好像纺锤体，是不均匀的。而石蛋并不像恐龙蛋那样，没有外壳和蛋清、蛋黄，它的内部结构是比较匀称的，与恐龙蛋有很大差别，所以之前的假设猜测都是错误的，石蛋不是恐龙蛋。

石蛋到底是什么呢？为什么它是蛋的形状却没有蛋的内部结果呢？为什么石壁里会出现这些石蛋呢？为什么这些石蛋会经过 30 年后掉落呢？这些问题让我们产生了无限遐想。

4. 石蛋似"金蛋"

在我国云贵高原的东部斜坡上临近贵州省，山高水秀奇峰异岭是这里独具特色的外表，而且这里还具有奇特的外貌——非常完美的喀斯特岩溶地貌。在这里，曾有一个非常著名的王国，让我们猜猜它是什么王国？这里有很多奇石，有古生物化石、矿物晶体石、自然石和陨石，还有天然的奇石，让贵州省富裕的原因是这里的石头有观赏价值和经济价值。现在我们应该知道这里出现的是奇石王国。

石头也是宝贝啊！可以让村民有钱赚，虽然说靠石头赚钱不符合实际。但是很多人都收藏了石蛋，等着升值。还有的村民将这些石头当作发家致富的宝贝，将其卖掉换钱。

据发现这些石蛋是寒武纪时期形成的，从它们孕育到掉落具有很长久的历史。接着有专家对其进行了更深的了解，发现产蛋崖是由泥岩构成的，石蛋也是由非常普遍的灰岩形成的。在很久之前的寒武纪，这些非常普遍的灰岩是怎样形成的石蛋的呢？这些都给我们留下了无限的想象空间，期待着我们去解开谜底。

七、古都城郭未解之谜

（一）"华夏第一都"到底在哪里？

中华民族有悠久的历史，从早期的人类到原始氏族社会，这片土地上有过我们祖先的身影。随着生产力水平的提高，社会不断进步，尧、舜、禹三代之后，禹的儿子启废除统治权禅让的传统，夺权成立父子相承的国家——夏。"夏"也便成为我国历史上第一个国家政权，我们今天对于夏代的了解相当贫乏，只有少数文献中一些零星的记载。由于商都殷墟的发现，对商王朝的文明状况，我们有了较清楚的了解，而此前的夏代却仍是一片空白，几乎都要让人淡忘这个曾统治华夏几个世纪之久的王朝。如果能找到夏朝的国都遗址，我们就不会对夏代如此迷茫，但作为华夏第一都的夏都到底在哪里，长期以来一直是困扰历史学家的难题。

有人说是位于山西省运城市的夏县，据称，因我国奴隶社会第一个王朝夏朝在此建都而得名，号称"华夏第一都"。其历史悠久，为中华民族的发祥地之一。相传是嫘祖养蚕、大禹建都的地方，素有"禹都"之称。不过至今还没有在夏县找到有说服力的文化遗址。

有人说应该是在今许昌西部的禹州。禹州市是中华民族发祥地之一，大禹因治水有功曾在此受封"夏伯"。禹的儿子启继位后，于钧台大宴天下诸侯，建立了中国历史上第一个奴隶制国家——夏朝，亦被称为华夏第一都。夏都是在禹州吗？目前仍不得而知。

1959 年夏，中国科学院考古研究所组织了一支考古队，开始了探寻夏都的田野考察。从传说中夏人活动的中心地区豫西开始，在拨开重重迷雾后，考古队将目光锁定在河南偃师二里头，集中对其进行考古发掘。以此为标志，中国考古学界开始进入了有目的、有计划地探索夏文化的时期。

早期奴隶制夏王朝的存在无可非议，但由于文献和考古资料的缺乏，夏代的文化面貌始终无法确认。20 世纪 60 年代末，考古工作者在河南省偃师县二里头村发现了一些古文化遗址，出土陶器十分特殊，介于龙山文化与商代之间，引起了学术界的极大兴趣。二里头村，位于偃师县西南 9 千米的洛河南岸。古文化遗址包括二里头、圪当头、四角楼、寨后和辛庄 5 个村，面积 375 万平方米。1957 年发现后，1959 年开始进行发掘和研究工作，先后发掘面积达 1 万平方米。文化遗物的特征介于龙山文化晚期和商文化早期之间，尚属首次重要发现，命名其为"二里头文化"。这处遗址的最下层

被确认为夏文化，出土有铜刀，为我国发现最早的青铜器。其上层为商代文化，发现有大型宫殿基址，面积达 1 万平方米。遗址中出土了大批工艺精良的铜器与玉器，应为夏商时期的都邑遗址，在考古学上占有极重要的地位，对了解和研究夏商文化的历史有很大意义。

经过几十年的研究，可以确认二里头遗址是一座早期王城。但这座都城是属于商代的还是夏代却还不清楚。2003 年，考古人员又在现已发现的中国最早都城遗址"二里头遗址"中找到了两座大型宫殿建筑。其中一座，呈缺了一个角的长方形，东西长为 110 米左右、南北宽 100 米，东北部折进一角。整个庭院范围都是建造在高于地面半米的夯筑平台上。庭院四周为走廊，除西廊是外有墙、内有走廊外，其余三面中间都是墙，内外皆有走廊，说明在庭院北、东、南三面可能还会有相邻的庭院。这座宫殿的样式，后代有许多建筑都沿用。新的宫殿建筑群的发现又吸引了人们的目光，无论从其规模，还是样式都是皇宫大院的建筑。

这两座宫殿遗址的特秣处和意义，不完全在于认定它们是王宫，更重要的是它们发现的位置。早先考查知道二里头遗址所处的社会，很大可能是处于夏商两代分界的时期，其上层是商文化遗留，其下层为夏文化遗留。而这两座宫殿初步考定是处于夏文化层，那岂不是说，我们可以确定这是夏代的都城了吗？有位考古专家激动地说，"这意味着人们几乎可以从中触摸到中国第一个王朝的脉动了"。

然而事实上，二里头遗址是不是夏都并未得到公认，首先就此遗址本身的时期争论仍在继续，有人说属于夏文化晚期，有人说属于商文化早期，更为普遍的说法是"界于夏商之间"。历史学家冷静地说，"二里头遗址本身还存在着许多未解之谜，作为都城的二里头，它的内涵布局及其演变过程、它的文化面貌及其社会生活与组织结构、它的族属国别以及人地关系等诸多课题，目前还只是粗线条的把握"。早期奴隶制夏王朝的存在无可非议，但由于文献和考古资料的缺乏，夏代的文化面貌始终无法确认。

（二）由发掘甲骨而发现的殷墟是商代的古都吗？

1. 假龙骨——小屯村人的意外发现

时间上推到 1899 年，那时还是清末年，当时的北京国子监祭酒王懿荣，因为患病而吃药。他随便翻看一包刚买来的中药，以检验药的成色，发现一块"龙骨"上有些奇异的刻画符号。他没有轻易放过这个发现，而是立刻去药店查探，得到更多的有字龙骨，综合这些材料他得出这些符号肯定是商代的文字。此后他就不断以高价收购这些甲骨，一些商人也投其所好。此事逐渐为人所知，很多人便纷纷加入收购的行列，从此甲骨身价倍增。因为有巨大的利益，知道甲骨文来源的商人便长期隐瞒真正的出土地点。10 年后，著名甲骨文学家罗振玉终于得知出土位置——河南安阳小屯。

甲骨出土数量不断增多，古文字学者罗振玉在 1910 年释出了十几位商王的名号和死后的谥号，这更加证实了小屯村就是湮没的殷墟。

公元前 16 世纪前后，商汤灭夏，在中原地区建立了商。在当时特殊的历史背景条件下，商王盘庚曾 5 次迁都，最后定都于殷。直到商纣亡国，273 年间殷一直是商代晚期的统治中心。周取代商以后，殷民迁走，殷都也在漫长的历史变迁中沦为一片废墟。

2. 对甲骨的发掘

甲骨的发掘工作也经历了几个不同阶段，大体分为：早期的滥采滥挖、中期的低水平集众发掘、前中央研究院的科学发掘、中华人民共和国成立后科学系统发掘。

1899 年，甲骨文为世人所知后，其身价陡增，当地地主、农民、古董商等为牟取暴利集众挖掘。1904 年冬，小屯村地主朱坤率先集众在小屯村北地、洹河南岸的农田中建起了挖掘工地，大肆挖掘甲骨达数车。同村人霍文元、刘金声等人见有利可图，也集众挖掘，双方为了争夺甲骨还发生了群体械斗。最后，安阳知县下令禁止私掘，但禁令并未维持多久，私掘现象依然严重。

后来，前中央研究院历史研究所成立之后，便派董作宾于 1928 年 8 月到安阳小屯村调查甲骨出土及保存情况。董作宾在小屯村一带多处周查走访，了解到近几年在小屯村仍有甲骨出土，更从村民手中收购了部分甲骨。经过这次调查，前中央研究院认为小屯村的地下还有甲骨出土的可能，遂从 1928 年 10 月至 1937 年先后进行了 15 次考古发掘。参加发掘的主要工作人员有李济、梁思永、董作宾、郭宝钧、石璋如等。这 15 次发掘中，第 1 至第 9 次以小屯村为重点，得甲骨 6500 余片；第 10 至第 12 次以距小屯村 3 千米远的洹河北岸的侯家庄为重点，挖掘了王陵墓葬，但没有甲骨出土；第 13 至第 15 次仍以小屯村为重点，得甲骨多达 1.84 万余片。其中收获最大的一次为 1936 年春开始的第 13 次发掘，出土甲骨 1.7 万片，并有完整和较完整的龟腹甲 200 多个。

通过这 15 次科学系统的发掘，他们不但发现了很多商代晚期的遗址、墓葬，同时还获得有字甲骨 2.4918 万片。后来，前中央研究院从中选出近 1.3 万片辑成《殷墟文字甲编》和《殷墟文字乙编》。这 10 年的殷墟发掘是在考古专业工作者的指导下进行的，出土的甲骨等文物也收归国有，因此这是甲骨学史上的极大收获。特别是后 5 次发掘，对殷墟建筑基础的遗留及墓葬的排列情况都做了详细研讨，为中国考古学的形成奠定了基础。

新中国成立后，文化部设立文物局。从 1950 年春～1977 年，文物局对殷墟进行了十几次有组织、有计划的科学枯掘工作，其获得有字甲骨 5000 多片及商代青铜器等珍贵文物，并使商代殷都的面貌整体呈献在世人面前，获得了甲骨学史上的空前收获。

3. 甲骨文的文字特征和占卜之谜

甲骨文并不是一种处于起源阶段的简单文字，无论从文字的形体结构还是史料证据上，都说明甲骨文是一种比较成熟的文字。在距今约 6000 年的西安半坡遗址出土的陶器上，有二三十种刻画符号，郭沫若和于省吾先生通过考证都认为其是汉字起源的简单文字。距今五六千年的大汶口文化时期的文字，更被认为是处于发展阶段的早期文字，而且其形体与商周文字较为接近。因此，许多学者都认为，在甲骨文字出现之前，中国的汉字可能已经经历了两三千年的发展和演变。

甲骨文已经不是最初的简单符号，它是商代文明的标志之一，其发达与成熟在许多方面都有所表现。从已出土的甲骨文看，其句子的构成已经具备了现今汉语的表达方式的雏形。不仅甲骨文中的词句已经具备了后来汉语表意方式的基本特征，而且甲骨文中的单字也已经具备了后来汉字的主要特征。汉代许慎《说文解字》中提出包括象形、指事、会意、形声、转注、假借在内的"六书"，甲骨文字也已经大体具备了这"六书"所包括的内容。

从甲骨文中可以看出，商朝，人们对神的崇拜已经具有宗教意义。人们通过向神灵卜问来预测吉凶祸福，这在当时是非常流行的。甲骨文就记录了大量的占卜卜辞。

据研究发现，当时用于记录占卜卜辞的龟甲和牛胛骨是经过精心修饰的。在殷商时代，龟甲主要从南方进贡而来。据专家鉴定，出土于殷墟的龟甲多是取材于南方江淮、珠江流域的胶龟，其特大者则是产于我国近海的海龟。

学者们从一块已破译的甲骨上得知，商代武丁时期，一个雀地的诸侯一次向商王进贡"五百龟甲"。从其他甲骨文材料看，向殷王室进贡龟骨的人多为殷王之官或附属的方国之人。雀地的诸侯一次就送来 500 只龟，可见当时殷王室储存的龟甲数量是十分庞大的。

当时的社会，畜牧业已很发达，可以提供大量的卜骨。1973 年在安阳小屯发掘的 H99 是当时存放骨头的一个窖穴，里面存放着大量未经加工过的牛胛骨。可见，卜骨也是预先收集，以备随时取用的。

从发现的甲骨看，它们都有被锯、削、刮、磨的痕迹。卜甲一般是将乌龟的甲壳分成凸起的背甲和较平的腹甲两部分。连接背甲与腹甲左右两边的甲片，就叫甲桥，其位置在乌龟的前后足之间。在锯开上下甲时，甲桥留在腹甲上。腹甲、背甲都要经过一系列的整治。要除去鳞片、胶质等，背甲一般从中间剖开，并将中脊凸起部分锯去，在上面钻一孔。卜骨主要用牛肩胛骨，不分左右。其整治方法是将骨的顶端骨臼的圆形削磨成月牙形，以使骨臼与骨面平整。

甲骨经整治加工以后，还要经过钻凿才能用于占卜。钻凿是在甲骨的反面加工出窠槽，由呈椭圆形的凿和呈圆形的钻作用而成。钻和凿都只加工到距甲骨最薄的地方而不透过骨面。钻凿大致有三种：一是有钻无凿，二是有凿无钻，三是钻凿并用。

甲骨钻凿完毕，即已完成了占卜前的所有准备工作。当时的占卜内容是十分丰富的。

占卜的起始程序叫"灼龟"。钻凿的第一种和第三种，都是在钻处进行烘烤，这叫

"灼"。第二种则在紧挨凿的左边或右边施灼，称"单灼"。在甲骨反面施灼之后，它的正面就会出现裂痕，直裂的兆纹称为"兆干"，横裂的称为"兆枝"。占卜者就是根据兆枝地走向来判断吉凶祸福。

在占卜结束之后，把所问之事刻写于卜兆旁边，这就是卜辞。卜辞刻在甲骨的正面和反面的均有，但前者居多，这以武丁时期甲骨文为多。有的卜辞正面刻不完，就在反面接着刻。早期甲骨文中多见这种正反两面相衔接的卜辞。

殷人契刻卜辞有一定的格式。一篇完整的卜辞可以分为前辞、命辞、占辞和验辞四部分。前辞，也叫叙辞或述辞，记述占卜的时间和占卜者。命辞，也称贞辞、问辞，即命龟之辞，是向龟陈述要卜问的事。占辞，即根据卜兆而判断吉凶。验辞，即将占卜之后应验的事补刻下来。

甲骨上的卜辞除契刻以外，还有朱砂或墨书写的卜辞，这种书写的卜辞字形特别粗大，比同一版面上的刻辞字形大得多。

4. 由甲骨文引出的殷墟遗址

继发现甲骨后，大规模的发掘工作随之而来，于是，一座标志古代文明的都市遗址——殷墟遗址被发现了。

甲骨窖穴

殷墟是商代后期的王都所在地。河南安阳市西北 2.5 千米的小屯村是遗址的中心，洹水两岸的后岗、武官村、高楼庄、花园庄、孝民庄、侯家庄、四盘磨、大小司空村等 10 多个村庄都在遗址的范围内，总面积约 24 平方千米。

殷墟遗址从 1928 年开始共经历了 15 次发掘。抗日战争爆发后，发掘工作被迫停止。1949 年，殷墟的发掘继续进行，直到今天尚未间断。从遗址上看，小屯村是当时的王宫所在地。到目前为止，已发掘出 70 多处房基遗址，其中有大型宫殿和宗庙基址，也有小型居住址，都排列有序。在房基附近还发现有 700 多个大小深浅不同的窖穴，这些窖穴大都用来贮藏粮食、器具、甲骨，少数则作为居穴。在小屯村也发现有墓葬，它们集中分布在宗庙基址周围，多为人祭坑。另外，在遗址的东边曾发现包括有名的妇好墓在内的属于王室贵族的中型墓。

王陵区分布在洹水北岸的侯家庄和武官村一带。在这里共发现 13 座大墓和千余座小墓、陪葬坑，其中赫赫有名的商王大墓就在武官村。据推测，大墓多半是王陵，小墓和陪葬坑应该是附属于大墓的陪葬墓和人祭坑。

古代居民遗址和墓地在其他各村也有发现，但规模较之都略小，在小屯村东南的苗圃北地和小屯村西北的北辛庄分别发现了规模较大的铸铜和制骨作坊遗址。

殷墟是我国考古史上最早的、历时最长的、规模最大的考古发掘之地，所获实物资料也极为丰富，其中经科学发掘所得刻字甲骨将近 3 万片，青铜器多达几千件，以及不计其数的玉、石、骨、角、牙、蚌、陶等各类遗物。所有这些都是研究商代历史最珍贵的实物资料。

总之，甲骨文与殷都遗址是一个难得的文物宝库。甲骨文中还有许多内容没有破译，它们和许多历史问题联系在一起，形成一个个谜案。研究甲骨文字，将有利于揭开许多历史谜团。

（三）南越王国宫殿之谜

20 世纪 80 年代，广州先后发现了西汉南越王墓、南越王宫署遗址的地下石构建筑、南越国御花园和南越国宫殿遗址，其中南越王宫署遗址具有浓厚的岭南地方特色，被评为国家十大考古发现之一。

体现了 2000 年前南越王国宏大规模的南越王宫署遗址包括两个部分：其一是 1995 年发现的南越国宫署御花园。另一部分是南越王宫署主宫殿区，其遗址主要在现在的广州儿童公园位置。

长久以来，人们在一直争论："番禺城"究竟存在与否？南越王宫为什么会大量存在着石头建筑？目前南越王宫殿 350 多平方米的发掘现场只占儿童公园东南一个角，整个宫殿最精华的部分还在 2 万多平方米的儿童公园下面。宫殿虽找到了，但是人们又在猜测，宫署之外还有没有一个城了呢？据史料记载，秦末汉初时期全国有十多个商都，而岭南就只有"番禺"这一个重要的商都，来这里经商的人不少都财运亨通，发达者众。按照考古专家推测，南越王宫署之外应该还有贸易区（市）、老百姓生活区（坊、里）以及城墙等等，然而这些东西目前却一点出土的迹象都没有。南城王宫署只是番禺的一部分，当时的城在哪里？城墙修建在什么地方？专家们至今仍无法回答。在南越王宫署的发掘过程中，专家们发现了 2000 多年前的南越王宫、1600 多年前的东晋古井、1000 多年前的唐末漫道等珍贵的历史遗迹，但最令专家兴奋的是一枚大约 5 厘米高、质地坚硬、未完成的象牙印章。这枚象牙印章虽然只有一只核桃大小，上面还有一道裂痕，但它在考古史上却有重要的意义。首先，这枚象牙印章刚好出土在唐代的漫道上，在它的周围还有一些象牙材料、水晶、外国玻璃珠等文物。同时南越王墓曾出土过五根象牙，明清时期的大新路是有名的象牙作坊，这枚唐代象牙印章也使广州的象牙工艺制造史中间的空白得以填补。其次，该印章虽然没有打磨完成，也没有署名，其上却大有乾坤——上面的头像无论从脸形还是发式上来看，都是一个明显的外国人头像。这枚印章不是中国传统的长方形或正方形，而是椭圆形，而西方印章的形式正是以椭圆形为主。种种迹象表明，这是枚给外国人刻的印章。专家们兴奋地说："据文献记载，唐代广州聚集了数万外国人，尤其以西亚阿拉伯人为多，但一直以来苦于缺乏具体物证，这枚象牙印章的发现正好证明了这一点。"但具体这枚印章上面的"老外"到底是哪一国人，当时的广州外国人的数量有几何，专家们还不能做出详细的解释。

一直以来，在考古学界有这样一个共识——中国古代建筑以木结构为主，西方古代建筑则是以石结构为主，一木一石，形成中国与西方在建筑文化上的分野。但是在出土的南越王宫殿和以前出土的南越王御花园，都发现了大量的石质材料，诸如石柱、石梁、石墙、石门、石砖、石池、石渠等等。有专家认为，整个南越王宫署的石建筑普及程度，可以用"石头城"来形容，甚至有的结构与西方古罗马式建筑有相通之处，这在全国考古界都是罕见的。

随着南越王宫殿的进一步挖掘，南越王宫署的"历史之谜"还会更多，目前专家们又提出"南越王宫署石渠流向图形之谜""御花园龟鳖石池上的建筑之谜""带刺的瓦当有什么功用""黑皮黑肉的鹅卵石来自哪里"等谜团。这些谜团的揭开依赖于考古专家们的进一步发掘研究。

（四）阿房宫的焚毁之谜

秦始皇建阿房宫的原因是因都城咸阳的秦宫室太狭小，不足以展现他君临天下的威仪。为了建造这座都城般的宫殿，秦始皇役使了70多万囚徒。但庞大的阿房宫尚没有建成，梦想长生不老的始皇帝驾崩了，工役们随即被驱赶到临潼，为秦始皇建造秦陵。秦陵建造完工之后，为了不让世人评说始皇帝好大喜功，举事太过，秦二世重新开始建造阿房宫。可惜秦二世即位第二年，陈胜吴广起义，烽火连绵。后来，项羽、刘邦等直驱关中，进入咸阳，灭了秦朝。阿房宫成了秦王朝一个没有完成的美梦。

美丽的阿房宫在后代成了朝代兴亡的象征。考古发掘的一些军队遗迹可证明后世屯军的事实，如在前殿遗址夯土台基的南边还发现了一条长285米的壕沟，估计是军事设施。宋以后，阿房宫的壮美彻底失去了，被夷为农田。成了人们感叹"立马举鞭遥望处，阿房遗址夕阳东"的所在了。

有人认为，我们不应该把诗人的想象当成了现实。

《史记》云："居数日，项羽引兵西途咸阳，杀秦降王子婴，烧秦宫室，火三月不灭。收其货宝妇女而东。"2000多年以来，《阿房宫赋》里的"楚人一炬，可怜焦土"是人们想象阿房宫最后命运时的凭据。然而，考古却证明项羽火烧阿房宫的说法很可能是个流传千古的谬言。

发掘阿房宫采取的方式是很先进的，在20多万平方米的范围内，考古队员每平方米打下5个探杆，探眼打到原来台基的夯土地面，却没有一点红焦土的痕迹。于是，专家们做出了"项羽没烧阿房宫"的结论。

此论一出，立即引起轩然大波，学术界沸沸扬扬，各抒己见。

有学者指出，《史记》并没有说项羽烧了阿房宫，只是说烧了秦宫室，而且考古已经发现烧的秦宫室是秦咸阳宫。杜牧的《阿房宫赋》说项羽火烧阿房宫也只是反映杜牧的历史观而已。

而有的学者却认为，《史记》中的记载是在秦往后 100 年，司马迁的说法应该是可信的。杜牧是唐朝大诗人，《阿房宫赋》作为文学作品，是允许有浪漫想象的，但作为考古学家，还是应以历史的记载为准。虽然根据我们现在的考古，不能排除前殿之外别的地方有红焦土，所以尚不能断言项羽没有烧阿房宫，但这种所谓的定论显然已经受到了挑战。历代史传中除了《史记》外，关于阿房宫的记载还见于《三辅黄图》《水经注·渭水》《汉书·贾山传》等，但其中都只是说到了阿房宫的大小，并没有项羽烧阿房宫的记载。认为项羽烧阿房宫只是一个假设，现实还有待考证。

那么，阿房宫是否真的存在过？

杜牧笔下的阿房宫，极尽人间的富丽繁奢。如此瑰丽恢宏的人间仙境，它到底存在过吗？

许多史学家对此提出了质疑。理由之一就是在阿房宫前殿遗址竟没有发现一只瓦当。作为当时重要建筑装饰的瓦当，没有在考古中出现让一些人认为不可思议。有专家据此认为，阿房宫根本就没有建成，不过是一个只有夯土地基的大工地。

但这种说法很快遭到质疑，有人认为阿房宫确实存在过的，虽然它没有最终建成，但当时已经建成了一部分。秦代的瓦当虽然没有被发现过，但大量其他出土的秦代遗物，也能证明阿房宫确实存在过。

比如说，1963 年，在遗址北部的"上天台"以北约 1.2 千米的高窑村北，出土了一个高卢铜石权，权是当时的标准衡器。此权显然是当时朝廷收来检定的，但尚没有发还高卢县，秦即灭亡，故留在阿房宫。这也说明阿房宫当时已有中央政权机构在这里办公。与这一铜石权同坑出土的还有大量的简瓦、云纹瓦当、五角空心砖、陶釜、陶盆，并有兽骨、烧土。秦代的麻点纹板瓦、筒瓦等建筑遗物当时则遍地皆是。

解放以后，遗址上还曾出土大量的砖瓦残片、花纹瓦当、巨型柱础、带字瓦当以及各种铜制的建筑构件。另外，还有窖藏的铜器等显示贵族豪奢生活的文物。有专家认为这说明当时的阿房宫已有建成的建筑，且已有中央机构在此办公。

也有历史学家认为此次考古并未能论证什么，没有找到火烧的证据并不能说明什么，阿房宫毁于那段时期的战火是确定无疑的事情，而且被火烧的可能性很大。

2002 年 10 月，中国社会主义科学院考古队开始对阿房宫遗迹所在地进行挖掘考察，历时五年的勘查，至 2007 年，只发现几处小面积烧过的土地，依据当代现有的考古证据，最后确定阿房宫当时并未建成。

（五）避暑山庄为何钟情于青砖灰瓦？

　　河北承德避暑山庄是中国最后一个封建王朝清朝的皇家宫殿。承德地处古北口外，其地理位置在清代很受统治者重视，顺治帝曾来围场北部察看过地形。自康熙四十一年（1702）开始，从北京到承德及至围场沿途中修建了8处行宫，到乾隆中期，口外已有14处行宫。

　　避暑山庄和北京故宫同是清代皇家宫邸，但是避暑山庄里的建筑并不像故宫那样金碧辉煌，而却全部罩以灰瓦，这是为什么呢？

　　避暑山庄是按照康熙皇帝的意思建造的。康熙在中国历史上可算是一位远见卓识、文武兼备的明君，他对于当时社会经济的恢复和发展、反对外来殖民势力的侵略和颠覆、维护国家的统一和国内各民族的团结都做出了杰出贡献。他一生南征北战，学贯中西、知识渊博，在数学、天文、地理、医学、书法、诗画等方面都有研究。他更提倡节俭，常以"勤俭可以兴邦，奢侈可以亡国"的道理来勉励自己。正因为如此，公元1703年，康熙在修建承德离宫时，提倡以朴素淡雅为主要建筑格调，下令这里的所有建筑全部以灰瓦罩顶。

　　其中最能体现他这一思想的，便是避暑山庄的正殿"澹泊敬诚"殿。此殿全部为楠木结构，俗称"楠木殿"。殿顶为灰瓦，天花板及门窗全部为楠木雕刻。殿内"宝座"上方高悬"澹泊敬诚"匾额，这四字的意思，就是康熙严于律己的节俭思想。他从诸葛亮的《诫子书》中得到启发。诸葛亮在写给儿子诸葛瞻的信中曾有这样两句话，即"非澹泊无以明志，非宁静无以致远"，意在告诫其子应该如何修身、立志、治学的道理。康熙对此十分欣赏，于是按此意把避暑山庄的正殿取名为"澹泊敬诚"殿。这样，"澹泊"二字可解释为恬淡寡欲，没有奢望，而"敬诚"二字便可引申为只有在宁静之中才能修身、养德，达到远大的目标。

　　既然避暑山庄外罩灰瓦，可建在离宫旁边的外八庙为何却又金碧辉煌呢？康熙和乾隆经常在承德接待来自各地的少数民族上层人物；邻国的使节也来避暑山庄觐见皇帝。为尊重各民族的宗教信仰，避暑山庄周围建起了汉、蒙、藏等不同风格的寺庙，俗称"外八庙"。清政府在这里进行了一系列政治活动，外八庙位于离宫东面和北面的山麓间，其实共有12座（现存9座）。这些寺庙是按照清朝统治者的意图，实行"佛法两施"的政策而建造的宗教建筑，不仅形状高大巍峨，而且装饰华贵，更以金碧辉煌取胜。屋顶除有金漆、彩画、琉璃瓦外，有的寺庙还用上了金瓦，大大超过了皇宫的规制。这与离宫的灰瓦相比，恰恰成了十分鲜明的强烈对比。原来，皇帝这么做是为了怀柔的需要，这一切都表现了清帝"尊崇黄教、绥服远藩"的政治需要。

　　因此，承德不仅是清帝与后妃们避暑的胜地，也成为北京以外的第二个政治中心，对于巩固国内统一和防御外来侵略具有重要的意义。

（六）唐山大地震"怪"在何处？

1976年7月28日，唐山这座有100万人口的城市被大地震在数十秒钟内夷为平地，65万多间房屋倒塌，24万生灵在睡梦中葬身废墟，16万多人重伤……7.8级的唐山大地震是中国有史以来破坏性惨重的一次大地震，给人民带来了巨大的灾难。

南京地质学校高级讲师李泰来的外甥、外甥女不幸在地震中遇难，当时他立即向单位请假乘火车赶往唐山，从事地质研究的他也很想看看这次地震究竟是怎么回事。李泰来的弟弟也是研究地质的，两人的想法不谋而合。他们便扛起相机，骑着自行车在唐山市开始了地震考察。一个星期考察下来，两人发现了很多奇怪的现象，而这些现象用传统地震学理论是无法解释的。

现象一：所有的树木、电线杆直立如初，均未直接受害。例如唐山市内65米高的微波转播塔巍然屹立于大片废墟之中，而且震后两个微波塔之间仍可直接、准确地传递电视信号。

现象二：唐山的人防坑道除个别有小裂纹外，其他均未受到破坏。

现象三：在唐山地震中没有人直接死于震动，而绝大部分是因为建筑物坍塌受害。

现象四：唐山地震后，除个别地区受采空区塌陷或其他影响出现局部起伏外，绝大部分地面、路面完好如震前，很少出现波浪起伏现象。

现象五：唐山启新水泥厂的一栋三层库房，一楼二楼基本完好，三楼的所有窗柱却全部断裂。而且旋转方向和角度各不相同，现存旋转角度最大的一个右旋达40°，旋转角度更大的当时即已脱落。

现象六：建筑体的破坏尤其是砖石结构和水泥制件的破坏一般都是分段裂开、四面开花崩塌。整体歪斜的现象很少。

现象七：唐山公安学校有三栋三层楼房，形状相同，相互间隔10米平行排列。在地震中，南面一栋完全塌平，中间一栋只是部分散落。而即使在一栋房中，有的是第一层破坏比较严重，有的是第二层，有的是第三层，为什么同一区的受震程度会存在如此大的偏差？

所有这一切现象，都使李泰来给传统的地震学理论打上了大大的问号。过去的地震学理论认为地震波分为纵波、横波两种，地震破坏主要是横波造成的。可是，李泰来发现用此理论根本无法解释在唐山地震现场发现的种种现象。

理由一：根据横波破坏原理，高的建筑物（重心较重）在地震破坏对象中首当其冲。而实际情况却并非如此。

理由二：在地震现场考察中发现地震断裂均具有旋转性，而纵波、横波的振动是没有旋转性的。

理由三：不论横波还是纵波，它们的传播都是连续的，强度是渐变的，从震中向外逐渐衰减。因为在同一震区内，同样的建筑物受破坏程度大致相当。可是在唐山地震中出现的现象却并非如此。

根据对震波的应变分析，李泰来发现扭波才是地震破坏的元凶。1979 年，在南京地震学会年会上，李泰来发表了《扭波与抗震》的论文，引起了学术界的轰动。在 1996 年第 31 届国际地质大会上，他以扭波为主题的发言也引起了代表们的注意。

李泰来指出，扭波与纵波、横波乃"同卵三胞胎"，其中纵波传播速度最快，其次为横波，最后为扭波。纵波使物体产生上下振动，横波使物体前后摆动，两者的破坏都不大。但是，扭波一到，则把物体从内部扭散扭断，随即垂直坠落，造成巨大破坏。有了扭波，在唐山地震现场发现的怪异现象全部迎刃而解了。

在研究出地震扭波理论后，李泰来趁热打铁进行了抗震理论的研究。因为扭波不能通过流体和柔性物体，他提出了"轮胎"理论，即采用柔性材料如橡胶作为建筑体的"轮胎"，阻止扭波进入建筑体，从而达到防震的作用。他还针对扭波拟定了具体的防震抗震措施。

在对扭波的研究中李泰来还惊奇地发现，中国的很多古典建筑如宫殿、庙宇、木塔等全部具有除"地下"以外的 7 种抗震性能，它们都是世界上抗震性最强的地上建筑物。

但是，让李泰来觉得遗憾的是，自从 1979 年发现扭波理论后，由于经费、人手等原因，更由于扭波理论对传统地震理论的大胆否定，时至今日，扭波理论仍未得到应有的重视。唐山大地震距今已近 40 年，但其中的种种疑问还没有得到确凿的答案，需要做出科学的解释。

（七）上海是怎样诞生的？

上海坐落在长江口的南岸，是一座美丽的国际大都市，10000 年的光阴使这块土地逐渐由汪洋大海变成一片沙滩，最后变成陆地，从而诞生了上海这座城市。那么，它的演变过程是怎样的呢？

约在 1.8 亿年前，上海就是古老的大陆架——扬子台地的一部分。到了 6000 万年前，上海和我国东部其他地区一样都经受了强烈的地壳运动，地下炽热的岩浆沿着地壳的破裂处涌出地面从而形成了今天的祭山、天马山等九峰。以后，上海地区地壳的趋势是逐渐沉降，于是长江带来的泥沙就淤积成这块多层重叠的古三角洲。距今 10000 年前的大理冰期结束后，冰川消融，海面上升，古三角洲的大部分又沦为浅海。其后，海面的上升速度和地体下降渐渐减缓，而泥沙的淤积速度大大加快，于是开始了新三角洲的发育。

1969 年冬天，上海农民在马桥境内开挖俞塘河，发现了大片堆积得很厚的贝壳沙层，平均有 40 厘米，最厚处达 1.5 米，由西向东贝壳沙层渐薄。沿着海岸线有几道平行的沙与贝壳混合构成的堤岸。在有些地段，这些堤岸已被埋入地下。还有高出地面一两米的，民间俗称"冈身"。冈身在松江故道的北面并列有5条，最西边的一条为太仓、外岗、方泰一线，楼塘、嘉定、马陆、南翔一线是最东边的一条，东西相距6~8千米；冈身在松江故道的南面分别有沙冈、竹冈和紫冈，马桥、邹桥、漕泾一线是最西边的一条，诸翟、新市、柘林一线在最东边，东西相距1~2千米。

冈身上的马桥遗址年代约为距今4000年左右，冈身以西则分布着许多距今6000~4000年间的新石器文化遗址，而冈身以东从未发现过东晋以前的文物，这说明冈身在五六千年前已经形成，而且一直维持到公元3世纪也没有发生过大的变化，这意味着在这一个历史时期内长江流域的生态非常良好，植被茂盛，水量丰富，江水含沙量小，所以水下三角洲尚未堆积，河口三角洲也没有发育。

从公元4世纪东晋南渡以后，长江流域逐步被开发，森林遭到破坏，水土大量流失，长江口泥沙沉积速度也加快了，长江南岸沙嘴也就不断地向东推进，东晋时修筑的沪渎垒已在冈身以东约10千米的地方了。

唐代的时候在北起宝山的盛桥、月浦、江湾，中经川沙的北蔡，南至南汇的周浦、下沙、航头一线，形成了一条与冈身平行的沙带，在北蔡西南、沙带内侧的严桥发现了唐代遗址，这说明到公元10世纪的唐代，今天上海市区的大部分都已经成为陆地了。

宋代海岸继续向东推进，北宋时从吴淞江口到海盐一线修筑了长达75千米的捍海塘。到南宋，这条海塘历经百年已经损坏，于是又修建了里护塘，其走向大约北起高桥，南经川沙、祝桥、南汇、大团、奉城直至柘林。近年来在里护塘内侧的高桥和惠南镇都发现了南宋的墓葬，大团镇西也发现了大量宋元瓷片，这说明里护塘实际上是宋代的海岸线。从东晋到南宋才八九百年，海岸线从冈身到里护塘就向东推进了30多千米，而东晋前的两三千年间冈身只向东移动了几千米，可见江南地区的开发对长江的影响之大。

宋代以后，长江主流改由崇明岛以北的北支入海，南岸沙嘴因泥沙不足而伸展缓慢，所以推进幅度不大。明代万历年间，在里护塘外侧修筑了外捍海塘，向外伸展最远的还不到5千米。清雍正年间，南汇知县钦连重新整修了外捍海塘，所以它又被称作钦公塘。光绪年间，在钦公塘外增筑了外圩塘，解放后在其基础上兴筑了人民塘，这就是今天的海岸线。

（八）"东方瑞士"青岛之谜

一个城市的名字总是和它的特色紧密相连的。位于山东半岛的青岛市风光旖旎，景色秀丽，气候宜人，冬不严寒，夏不酷热，为驰名中外的疗养、避暑和游览胜地。国内有"花园城市"雅称，外国人则誉之为"东方瑞士"。可是青岛这个城市的名称是怎样来的，至今学术界仍无一致的说法。

有的人认为，青岛是由海上一小岛"小青岛"而得名。小青岛位于青岛湾内，与青岛市隔海相对。在德国侵占胶州湾后，在小青岛上建立灯塔，于是便用这个岛的名字来命名整个市区。而在这个岛的原名上加上一个"小"字，称为小青岛。

说"青岛"是由海上一小岛"小青岛"而得名，这种说法是缺乏文字记载的。道光年间的《胶州志》、同治年间的《即墨县志》均未明确两者的关系。从字义上说，凡带"岛"字的都是由岛命名也不确切，如青岛附近的薛家岛、顾家岛等村，都是陆地，并非海岛，这就不能说带"岛"的地名全为海岛。鲁海又引证了青岛原是一海口渔村名称，明万历年间开航为海上贸易港口。清同治二年（1863）建立海关分关。光绪十七年（1891）开始成为一个市镇，也称青岛口。1898年至1929年间整个地区称"胶澳"，青岛是"胶澳"的一个市区名称。1929年后，青岛是指整个地区的名称。因此，青岛在不同历史时期有着不同含义。青岛自古以来南北航线有深水航线与沿岸航线，沿岸航线中胶州湾为必经之途。海岸线上的阴岛及麦岛以岩褐色深为著，黄岛以岭赭土黄为标志，而青岛树木繁茂，郁郁青青，可能由此而得名。

还有人认为青岛是由青岛村发展而来的。青岛在清朝末年已经是一个市镇的名称。1886年（清光绪十二年）道员刘仓芬在《查勘胶州湾条陈》中说："胶州湾湾口东青岛，高四十七八丈，有市有关，地属即墨。"文中所说"高四十七八丈"，实指青岛山，在陆上而不在岛中；"有市有关"，更非在岛。所以在清末青岛已是陆上一地区名，再后成为城市名。

现青岛市区历来属即墨所辖，清末属仁化乡范围，原有10个村庄，即青岛村、颐家岛村等，青岛村就位于青岛的对岸。按我国地名命名的特点，应该说青岛村以青岛得名。青岛村东部的小山，又命名为青岛山。据《胶澳志》："青岛电

青岛

报局始设于光绪十九年（1893），初为报房。"又说："我国于1890年春设邮局于青岛，兼辖青莱沂胶境内22分局。"可见青岛应是具有一定规模的较大市镇。据日文《胶州湾》所载：1899年10月12日，德国皇帝威廉二世命名"胶州保护地的新市区为青岛"，这是青岛作为城市最早出现的名称。至于"青岛"这个村庄名称是怎样来的，还需进一步印证。

还有一种说法认为青岛是源于前海的一个小岛名，即胶州湾入海口北面的青岛。清同治《即墨县志》："青岛，县西南百里"，在"山川脉络图"中标有这个岛屿，《海程》一卷中说："青岛西圈，可容船十余只。"道光《胶州志》"广轮分率开方总图"

中也画有青岛。乾隆十六年手抄本《灵山卫志》："小青岛在淮子口（胶州湾海口名）对岸，入海者必由此道。"《莱州府志》有万历间叫"青岛海口"的记载。明万历六年（1578）任即墨知县的许铤在《地方事宜议·海防》一文中记有"青岛"，这是有关青岛的最早记载。

究竟是哪种说法更接近事实，我们还不知道。但是，从上面两种不同的说法我们可以看出，青岛的发展历史还是十分有意思的。

八、荒野寻古未解之谜

（一）不倒的"万里雄关"长城之谜

举世闻名的万里长城，东起渤海，西至祁连山下，蜿蜒于崇山峻岭之间，其雄关高峙，气势磅礴，堪称天下奇观。长城从战国时期一直修到明朝，说到修建的时间之长、工程之巨，世界上几乎没有任何建筑能与之相比。

长城的主要用途是防御北方游牧民族的侵扰。因为当时游牧民族没有固定的居处，有的部族经常劫掠外族，进犯内地，对中原的农业生产和社会安定造成很大威胁。高大的城墙便成为安全的屏障，有军队把守就更难逾越。长城的修建，还有利于开发屯田、保护屯田，促进边远地区生产的发展，保障通讯和商旅往还的安全，方便了文书的传递、使节和商旅来往。

早在战国时期，七雄之一的北方强国燕国修建了易水长城，位置在燕国南部边界，大致相当于今河北易县西南，向东到文安县，长约500余里。

当时也有其他国家修筑长城，后来秦始皇修万里长城时，就把一段段六国长城连接了起来，这就有了"万里长城"的名称。

然而，如今对大多数人一来说，秦长城是什么样子，已成了一个未知之谜。从废弃在荒野中的秦长城遗址可以看出，最下一层是生土，生土上有两层压得非常坚实的黄土，黄土上筑起有夯土层的城墙，夯土层为黄色黏土夹碎石。2000多年前的人们就是用这样简陋的夯筑办法创造了人类建筑史上的奇迹。此后的1000多年时间，很多朝代都修过长城，而明朝200多年中，差不多一直没有停止过对长城的修筑。明长城东起鸭绿江，西达嘉峪关，全长12700多里。我们现在看到的主要是明长城遗迹。

长城的建筑主要是利用地形，就地取材，有山的地方，尽量利用陡险的山脊，外侧峭直，内侧平缓。并开山取石，凿成整齐的条石，内填灰土和石灰，非常坚实。黄土地带主要用土夯筑。沙漠地带用芦苇和红柳枝条层层铺设沙粒、小石子，例如玉门关一带的汉长城就是如此，保存下来的城墙，沙粒石子已经压实，不易破坏，有些沙石与苇枝粘结在一起，相当坚固。望楼的阶梯则用几十层纤维粘叠而成。明朝的长城在重要地段用砖石垒砌，就地开窑厂烧砖瓦，采石烧石灰。

长城的城墙随地形决定高低，地势陡则矮一些，地势缓就高一些。墙身内侧隔不多远就有一个圆形拱门，门里有砖石梯通到城墙顶，供守城士兵上下。墙顶外侧砌成垛口，古代叫雉堞，上有瞭望口和射眼。城墙上每隔一定距离还有一个突出墙外的台子，叫作墙台。墙台是平时守城士卒放哨的地方，里边可住守城士卒，储存武器。这种墙台是明代名将戚继光发明的。

这么巨大的工程需要耗费天文数字的人力物力，的确不是一个朝代就能完成的。修长城时没有施工和运输的机械，主要靠人力搬运，大条石一块就有1000多千克，大城砖一块也有15千克，内含沙石子，非常坚硬，石刻不动。搬运方法主要是排成长队传递，也采用了手推小车、滚木、撬棍、绞盘等简单的工具，有时还利用畜力替代人力，说长城凝聚了中华民族千年的智慧和血泪，是一点也不为过的。

（二）塞外雄关玉门关之谜

一提到玉门关，人们便会联想起大漠孤烟、缭绕烽火和离愁哀怨的画面。这在很大程度上是由于唐代诗人王之涣那句"春风不度玉门关"给人们的印象太深刻了。

其实，1000多年前，玉门关是一个繁华的边关。那里万里晴空鸿雁高飞，茫茫旷野驼铃急促，商队络绎不绝，旅客川流不息。沿着这条道路，中国把美丽的丝绸，精致的瓷器，特产的茶叶，独到的中草药，率先发明的火药、造纸和印刷术通过这条"丝绸之路"传送到世界各地。同时，中国又从"丝绸之路"上输入了不

玉门关遗址

少有用的东西，例如苜蓿、菠菜、葡萄、石榴、胡麻、胡萝卜、大蒜、无花果等原来没有的作物，渐渐从西域到内地落地生根。汉朝时，从伊犁河流域引进乌孙马，从大宛引进汗血马。从丝绸之路还传来了西域各地的音乐、舞蹈和宗教，使中华文化艺术吸取了新的养料。

玉门关地处"丝绸之路"的咽喉要道，控制着河西走廊以西的北线。翻开地图，在甘肃西部边陲地区不难找到"玉门关"。然而，这是现代的玉门关市，它与历史上的

玉门关名同实异。现在的玉门关市，是中国大西北的一座石油城。

根据古籍记载，玉门关在敦煌西北90千米的地方，人们在这一带的荒漠之中，发现了一个名叫小方盘的土城堡，它曾经被认为是汉代玉门关遗址。登上古堡远眺，它的北面，有北山横亘天际，山前有疏勒河流过。残存的汉长城由北向南，连贯阳关。在这里还发现过写着"玉门都尉"的木简。看起来像是"铁证如山"，小方盘定是玉门关无疑。

然而，对这座里面仅有几间土房，大小与北京的四合院相差无几的古堡，今天也有人提出了质疑：难道当年设有重兵守备、通往西域的重要交通孔道，竟是这样的一个小据点？

虽然，人们对于汉代玉门关的故址莫衷一是，但是，人们宁愿把这仅存的古堡视为玉门关的遗迹。千百年来，多少人千里迢迢来到这里瞻拜，登上古堡，遥望大漠，追忆祖先的光辉业绩。在古炮台上，人们会思念起汉朝大将李广利挥麾浴血奋战的壮烈场面，可以"听到"唐朝诗人王昌龄"黄沙百战穿金甲，不破楼兰终不还"的豪迈歌声。

（三）僰人悬棺之谜

四川珙县城南有个叫麻塘坝的地方，这里没有太高的山，但是却有许多悬崖峭壁。地球上的悬崖峭壁多得是，然而这儿的峭壁上却悬挂着许多棺材，人们把这些棺材叫"古僰悬棺"。而在400年前，在那样恶劣的自然条件下，为什么且又是用什么技术把这些悬棺放到万仞绝壁上的，至今仍是一个难解的谜。

其中有些棺材已经在空中足足悬挂400多年了。邻近麻塘坝的兴文县苏麻湾高崖壁立，也布满了层层悬棺，约有50多具，蔚为奇观。另外，长江沿岸的黔江市东南官渡峡、奉节县东的风箱峡也都有悬棺。

这些悬棺都是用质地坚硬的整木雕凿而成的，或为船形，或为长方形，其安置方法大致有三种：一是在峭壁上凿孔，把木桩打入孔内，然后把棺材横放在木桩上；二是把棺材安放在露天的天然岩洞里；三是在较浅的山洞（或是人工开凿的浅洞），把棺材的一半插入洞内，一半留在外头。这些悬棺多半离地面约50米，有的竟高达100米以上。

1974年取下的10具木棺都是水平地放置在崖壁的木桩上面。1具木棺一般放在2~3根木桩上。而木桩则是钉在宽度和高度大概为12厘米、深度大概为17厘米的人工开凿的方孔内。邓家岩的7具木棺地面的高度，最高的是25米，而白马洞的3具木棺距地面的高度，最高的是44米。

取下的木棺一般都是长2米左右，最长的有2.2米。木棺的一头大，一头小，大的一头高度和宽度都是50厘米左右，小的一头的高度和宽度都是40厘米左右。木棺棺盖的形状有两种：一种的盖顶是弧形，一种的盖顶是两面斜坡的屋顶形，此外还有的盖顶形状介于二者之间。在有的木棺的端头还钉有一块木雕装饰，它的形状既像手掌又像是火焰。这种装饰的具体含义是什么，现在还不太清楚。在有的木棺的端头横着钉有两根木棒，大概是为了抬棺所用。

木棺都是用整木挖凿而成，木棺的内外都不髹不漆，木纹清晰可见。从木棺上残存的痕迹来看，显然在制作木棺时，没有用过木锯，而可能是用铁斧和铁凿挖成的。棺盖和棺身之间有子母榫扣合，目的是为了防止棺盖脱落，在棺盖和棺身之间还用铁抓钉扣紧棺身和棺盖。木棺的木质坚硬，历史文献和民间都传说是用马桑木制成，但经过专家的鉴定，用的却是楠木。这些悬棺中的随葬物品不多，除了衣服之外，10具悬棺中随葬的所有物品一共只有40多件，一具木棺中最多的随葬物品也只有6件，有的棺内一无所有。

这些随葬物品都是日常的生活用品，种类和质量也差别不大。保存下来的有丝织品、麻织品、陶器、竹木器、瓷器、铁器、漆器、铜器，等等，其中以麻织品和竹木器的数量最多。经过清理的悬棺，在棺盖和棺身之间都被鸟雀打开了大小不等的孔洞，于是鸟雀在棺内筑巢栖息。所以，棺内杂草、树枝、羽毛和泥沙层层相间，填满了棺内。经过考古学家们的悉心清理，小心剔除这些外来杂物，才使得棺内的原物重见天日。

经过清理以后，可以看出棺内的人骨架保存基本完好，死者当年是仰身直肢地躺在棺内，左右手平放在身躯的两侧。随葬的物品都放在棺内，其中绝大部分都放在头部或者脚部的两侧，还有个别的放在左右手的两边。尸体当年是穿着各种入葬的衣服，有的还要用素面的麻布或者是有彩绣的麻布裹住尸体，再用针线将麻布缝合。

悬棺葬要耗费很大的人力物力，是什么观念支配了他们这么做的？有一种推断是，焚人居于山水之间，自然环境决定了他们的生活环境和生活习性，也在他们的观念意识中得到折射。悬棺一般放在靠山临水的位置，棺形也有作船形的，这表明亡灵对山水的依恋和寄托之情。把棺木放得很高，可以防潮保尸，也可以防止人兽的侵扰，但其中的观念成分还是主要的。唐代张鷟在其所著《朝野签载》中说，五溪蛮父母死后，置棺木"弥高者认以为至孝"，以致形成争相高挂棺木的习俗。元代李京《云南志略》上也说，土僚人死后，悬棺"以先坠为吉"。

今天，我们把架设高压电线叫高空作业。远在千百年前，人们要把沉重的棺材搬到悬崖峭壁上，论难度、论高度，不亚于高空作业。当时到底用什么巧妙手段把这些棺材搬到这么高的地方的？人们对此猜测纷纭，甚至蒙上了一层神秘色彩，因而也有把悬棺叫"仙人柜"，把悬棺葬山岩叫"神仙岩"的。最普遍的猜测是栈道说、吊装说和下悬法。栈道说者认为，在山崖上凿口子、铺设栈道，然后把棺材悬放在半山腰，或推入自然山洞内，葬完后撤去栈道。吊装论者认为棺材是由下往上吊装上去的，很可能使用了某种原始的机械。这两种说法，既有合理的成分，也有难以服人的地方。

由于古代悬棺葬盛行于长江以南的丘陵山地，1973年福建武夷山非法盗棺的犯罪行为也许给悬棺葬程序做了最好的注脚。该年9月，有两个盗棺人买了数百斤粗铁丝，制成软梯，上端紧绑在岩顶的大树根部，一人把风，一人顺梯下到岩洞，因岩洞深凹，他运足了气，荡起秋千，把身体晃进"仙洞"，撬开"金棺"取宝，锯棺三截，然后攀梯而上，结果被依法判刑。当年也许就像盗棺人的做法一样，从上缒下几个"葬礼先行官"，在洞口预先架设数尺栈道，部落人在山顶将装殓死者的棺材缓缓吊坠而下，先搁在栈道上，再由"先行官"推入洞中，因为有的洞穴深度不够，所以有些悬棺的小部分还露在外头。这种猜测，可以叫"下悬法"，这种解释是否合理，有待进一步破解。

（四）米兰壁画上的带翼天使从何处飞来？

举世瞩目的米兰是意大利文艺复兴时期的文化中心城市之一，它那灿烂的艺术光芒辉耀亚平宁半岛。而在中国的新疆，也曾经有个辉煌的米兰古城，可惜它在沙漠中只留下一些让人唏嘘不已的残垣断壁。

1970年新年伊始，匈牙利裔英国探险家斯坦因在米兰遗址惊喜地发现了从未报道过、完全出乎意外的精美壁画。他后来记述说，在去米兰的路上他感到前所未有的神秘和荒凉，其神秘就在于它与世隔绝，数个世纪以来从无人打扰。更使他感兴趣的是，他在米兰挖掘出一堆沙海古卷——藏文书，这些文书是从守卫着玄奘和马可·波罗都走过的去沙洲的路上的古戍堡里出土的。他从一座破坏严重的寺院里，找到了不止一个完好的深垩粉雕塑的头像，在同一寺院里他还挖掘出公元3世纪以前的贝叶书，他简直欣喜若狂了。这一口气挖掘出的一件又一件稀世珍宝，足以使斯坦因富甲天下了，然而，他做梦也没有想到，更大的幸运天使般向他飞来。

一天，他来到了一座凋残的大佛寺，在长方形的基座走廊上，发现了一个呈穹顶的圆形建筑。进而，他意料不到地看见了美丽的壁画。那带翼天使的头像，东方色彩明显不如其他壁画那么突出，完全是希腊罗马风格。他叙述到："在我看来，壁画的整个构思和眼睛的表现，纯粹是西方式的。残存的带有佉卢文的题记的祷文绸带，高度可信地说明，这里的寺院废弃于3~4世纪。"斯坦因认为这些壁画明显带有古罗马的艺术风格，在他看来，这些带翼的天使无疑是从欧洲的古罗马"飞"到东方古国的。这个说法引来中外学者的激烈争论。

斯坦因还找到一组欢乐的男女青年群像，"看起来是希腊罗马式的，这是一幅多么好的中国边疆佛教寺院里喜悦生活的画面"！他还以调皮的语调描述了这组画画："这些漂亮的女郎从哪里得到的玫瑰花冠？这些男青年哪来的酒碗？这一切奇怪现象仿佛是用魔法在卡尔顿周围创造出了沙漠及其滚滚沙丘，而这一伙迟到的饮宴者正在为之惊奇。"这组画面上还出现了列队行进的大象、四辆马车和骑在马背上的王子等，在造型上酷似印度艺术，但也充满了对希腊罗马古典艺术的效仿。佉卢文题记表明，这些画与尼雅卷子属于同一时代。

斯坦因特别为"带翼天使"的发现而激动。他写道："这真是伟大的发现！世界最早的安琪儿在这里找到了。她们大概在 2000 年前就飞到中国来了。"米兰壁画是新疆境内保存的最古老的壁画之一，这里的"带翼天使"可以说是古罗马艺术向东方传播的最远点。斯坦因的发现，轰动了欧洲文

带翼天使壁画

化界和考古界，米兰从此不再是一个陌生的名字，而成了世人争睹风采的所在。

在以后的时期里，新疆考古工作者又在米兰佛寺遗址发现了两幅并列的"带翼天使"。天使像为半身白地，以黑线勾镂轮廓，身体涂红色。此画位于回廊圆形建筑内壁近底部，上面有一条黑色分栏线，在这条线的右端上部有一黑红色莲花座，显示出回廊内壁绘画与雕塑的整体装饰结构，这两幅并列的"带翼天使"壁画，参照斯坦因的观点进行分析，可以看出，它们体现了希腊罗马艺术作品的美学追求。罗马艺术家使用灰泥塑成主体的块状，完全可以在护墙的内壁上运用阴阳明暗对比和渲染手法，使富有立体感的人物形象跃然壁上。壁画上天使的眼睛是完全睁开的，双眸明亮，眉毛细长，唇微合，双翅扬起，表现了追求天国生活的自信与博爱精神。这种形式迥然不同于佛教绘画准则，而更贴近古罗马艺术的美学特点。

反对斯坦因这种说法的也为数不少，比如中国学者阎文儒先生对上述观点就持反对态度，认为斯坦因"抱有偏见"，因而给予猛烈抨击。阎先生说，斯坦因不仅抱有偏见，调查研究也不深入，他对丹丹乌里克、若羌磨朗寺院遗址中发现的佛教壁画，有的说法牵强附会，有的强拉西方的古代神话于佛教艺术的题材中，以致混淆了许多观念。阎先生还认为，斯坦因把丹丹乌里克两个木版画解释为《鼠王神像》和《传丝公主》是完全错误的，是对佛教不熟悉所致。对于"带翼天使"不是 3~4 世纪的作品，而是唐代风格。他认为斯坦因将绘画时代上推，是为了把这些壁画题材附会到希腊爱神上去。关于"带翼天使"神像的题材，应从佛教艺术中去寻找，因为"带翼天使"神像不仅在巴基斯坦、西亚发现过，在克孜尔、库木吐拉、森木塞木等早期石窟中甚至敦煌莫高窟唐以后壁画中，也多有表现。因此，把它说成是希腊罗马式美术作品，是根本行不通的。

仁者见仁，智者见智，是很自然的。米兰壁画上的带翼天使究竟从何处而来，还有待深入探索，予以破解。

（四）沙漠丝路在哪里？

"丝绸之路"的称呼，首次出现于德国著名地理学家李希霍芬教授于 1887 年出版的三卷本专著《中国——我的旅行志研究》中。另一位知名学者赫尔曼教授率先接受了"丝绸之路"的提法，他在 1910 年出版的一部极有价值的著作，就以丝路为名，题为《中国和叙利亚间的古代丝路》。

从那时以来，各国出版和发表了不计其数的论述丝路的专著、论文，其中瑞典探险家斯文·赫定博士（1938）和法国东方学家吕斯·布尔努瓦教授（1963）出版的同名著作——《丝绸之路》是脍炙人口的两本书。

中国的古代文明，在一定程度上因著名的丝绸之路而光耀天下。先秦以来，丝路的格局尽管变化万端，但在塔克拉玛干南、北的天山南路的两道却变化不大，其根本原因还在于沙漠的阻隔。尽管变化不大，却至今无人能准确说出它们的途径。现代地图无一例外标注的都是"示意图"，给人们留下了一个难解之谜。

中国古代的商路一直延伸到了罗马，从西安至罗马，直线距离达 6760 千米，加上沿途迂回，总长应在 9656 千米以上，相当于赤道总长的 1/4，是横贯欧亚大陆整个旧世界的最长之路，成为连接东西方的重要纽带。

在古代，中国人自己并不把它称为"丝绸之路"，它只不过是一条普普通通的商路，从西安直抵嘉峪关，并西行至新疆的这一段被称为"皇家驿道"。

新疆境内丝路，以东西向为主道，南北向为支道，殊途而同归，合并于里海南岸。在新疆境内却变化万端，形成交错的布局。在主道上，天山以南有南、北两道，天山以北有天山北道和草原道，重要的支道有五船道、伊吾道、车师道、赤谷道、碎叶道、弓月道、热海道，等等。

天山南路两道中，北道"波河西行"好解释，沿着塔里木河走即是，而南道的"波河西行"就说不通了。现在塔里木盆地南缘的河中，除了车尔臣河以外，都是向北流的，哪里有一条河可供沿河走呢？但是，在沙漠中旅行又是万万少不了水的。于是，有人猜测，当时有一条东西方向流往罗布泊的河。其依据是郦道元的《水经注》。《水经注》中记述，塔里木河的南源，以帕米尔高原歧沙为分水岭，其北为喀什噶尔河，其南为叶尔羌河，两河均向东流，成为塔里木河的南北二河。

对塔里木河南河的流经地区，《水经注》是这样记述的：它流经汉时葱岭八国中的无雷、依耐、蒲犁等国之北，又经古皮山国北，然后，与于阗河（即今和田河）汇合。汇流后又向东流经塔里木盆地南部的扜弥国（今克里雅河下游喀拉墩），这时又有克里雅河汇入，再流经精绝国（即尼雅），汇入尼雅河。由此继续向东，在古且末国北汇入阿耨达大水（即车尔臣河）的支流占且末河（阿耨达大水的主流向东直入台特马湖）。然后，从鄯善国（今米兰附近）向北流入罗布泊，确切一点说是流入与罗布泊相通的台特马湖。

塔里木河南源的北河径向东北，在温宿（今阿克苏）南汇合枝水（今阿克苏河），以后又相继汇入姑墨川（今哈拉玉尔衮河）、龟兹川（包括尔川水和西川水，即今库车河和渭干河）、敦薨之水（今开都河—孔雀河水系），浩荡东去，径注蒲泽，即罗布泊。

在郦道元写《水经注》的100年前，东晋高僧法显在《佛国记》中就记述了他横渡塔里木的见闻，其中提到了南、北二河，并且写道："南河自于阗（今和田）东于北至鄯善入牢兰海（即罗布泊）"，说明当时和田河并不是向北流，而是向东偏北，并且直接流入罗布泊的，再一次印证了《汉书》所说南、北二道均"波河西行"的事实。对塔里木河南、北二河的存在，从古至今，在史学界、地学界均莫衷一是。例如，清代的杨守敬，尽管为郦道元的《水经注》做解释，编写了《水经注疏》，但对郦道元关于塔里木河有南、北二河的观点仍持反对态度，认为"南河""北河"的提法，是"互受通称"，不过是一条河有两个名字而已，理由是即使古今河流有变迁，也不至于相距千余里之遥。可是他却不明白，任意摆涉游荡，是沙漠河流的一大特点，塔里木河的"无缰之马"的别名，即因之而来，其北面的河道，南北摆涉就达近200千米，为什么就不会东西游荡呢？并且，塔里木盆地盛行的东北风和西北风这两种风向，给塔里木河南河的东西游移创造了动力条件。而且，水系变迁达千里之遥就有现成的例子，苏联中亚沙漠的阿姆河，既曾归宿于里海，后又改流向咸海，两海距离就在千里以上。

关于南河的争论，也许还要长时间地延续下去。然而，西汉时南道诸国，如且末、精绝、扜弥、皮山等，都在距现代公路线很远的沙漠之中，深的在150千米以上。有的人将这一距离作为沙漠南侵的证据，这是不正确的。当时，这些国、古城周围已是沙漠环境。如玄奘归唐，沿南道东行，皮山国"大沙碛正路中，有堆阜，并鼠丘坟也"；尼壤城（即尼雅），城西是沙碛，城东是大流沙；靓货逻故国（安迪尔河下游）"国久空旷，城皆荒芜"。而汉时这些城郭之国东西往来十分频繁，农业、园艺、酿酒业等十分发达。如果选出一些路段进行适当的发掘，也许可以找出被沙埋没的丝路，重展历史的光辉。

（五）夜郎古国的确切位置之谜

"夜郎自大"这个成语来自司马迁的《史记·西南夷列传》。原文"夜郎王与汉使曰：'汉孰与我大？'"意思是说，夜郎国君对汉朝使者说："你们汉朝大呢，还是我们夜郎国大呢，"这样，"自大"的名声2000年以来就一直戴在了夜郎头上。然而，有关夜郎国的历史情况，知道的人却并不多。

"夜郎古国"，不管它是国家也好，或者仍然不过是一个原始部落联盟也好，但至少在战国时期至西汉河平年间，的确存在了250多年，"夜郎王"虽因说了"汉孰与我

大"的话，以致贻笑 2000 多年。不过，从当时"西南夷君长以什数，夜郎最大"，"所有精兵，可得 10 余万"等情况看，他确实是有自大的理由的。

然而，"夜郎古国"距今毕竟有 2000 多年了，在中国正统史家的笔下，对这样一个化外"南夷"小国的事迹，虽有记载，却往往不是很详细。加上以后以"夜郎"为地名的，时过境迁，已经不是当年旧地。这就使后来的学者众说纷纭，连"夜郎古国"的确切位置，也没有人详细知道了。

关于"夜郎国"及其"国都"，一种看法是沿袭清人郑珍在《牂牁十六县问答》一文里提出的"今安顺府地即汉夜郎县"这一观点而稍做发挥，或说在安顺北部；或说在安顺、镇宁、六枝一带；或说在安顺市东南广顺。

另一种看法则认为，夜郎国及其中心区应在今贵州西南及六盘水地区，其东南境到贞丰、望谟、册亨一带。有人还依据《安顺府志》和《威宁县志·夜郎县考》上的论述推断："西汉成帝河平中，牂牁太守陈立斩夜郎王兴时所到的且同亭，就是'夜郎国'的政治、军事机构所在地，它约在今贞丰、望谟一带，甚而指称与北盘江会于贞丰之者香，即夜郎国都也。"

不过，围绕古代典籍有限记载进行考订的传统方法，已经很难有新的突破，即如上述几种观点，大都只是沿袭明清学者的说法而已，且其中很多都有难以自圆之处。中华人民共和国成立以后，贵州、云南等地的考古发现，则为探索夜郎故地打开了新的局面。众多的考古发现，不仅证实了"夜郎古国"的存在，而且还印证了"夜郎国"中心在贵州西部。尤其令人振奋的是，《史记》《汉书》都提到过的"西南夷君长以百数，独夜郎、滇受王印"中的"滇王"之印，早在 1985 年已从云南晋宁石寨山六号墓中发掘出来。人们可以期待，随着贵州地方考古工作的全面展开，虽然不一定能将 2000 年前的"夜郎王之印"和《华阳国志》上留名的"夜郎庄王墓"发掘出来，但一定会有越来越多的古夜郎遗物、遗址重见天日，并且为人们提供更多、更有说服力的相关材料。

此外，从民族学的角度切入，是解开"夜郎"古国之谜的又一突破口。因为，在夜郎这块土地上生活过的越人、濮人及少数氐羌人等，他们或是今天仍生活在贵州、云南、四川、广西一带的彝族、苗族、侗族、布依族、水族、仡佬族的先民，或是与这些民族的先民有着极其密切的关系。近年来，通过对数以百计的古彝文典籍和苗族、侗族等少数民族的古歌、传说的翻译和研究工作的全面展开，从而也为我们传递来不少有关古夜郎国情况的信息。如新中国成立后贵州毕节市翻译的水西彝文巨著《恩布散额》及《水西制度》《洪水泛滥史》等中，就有关于彝话六祖后裔约在战国时期迁入夜郎地区的记载。

而对于与"夜郎文化"有关的"滇文化""巴蜀文化""楚文化"以及广西壮族西部文化（特别是桂西地区古代文化）的综合、比较研究，也有助于克服重犯"夜郎自大"、眼界狭窄的毛病，给古夜郎研究者以新的触发和启示。因此，"夜郎文化"并不是孤立地发展起来的，它和这些比邻地区的文化是互相影响、互相渗透的。如 1957 年在贵州赫章县可乐区辅初出土的西汉中期铜鼓上，其造型和鼓饰船纹、牛纹和羽人，就与云南"滇文化"的"石寨山式"铜鼓、四川西昌"邛都夷"地区的铜鼓、广西西林铜鼓葬使用的铜鼓，多有相似之处。

工作者们为探求夜郎古国投入了大量心血，遗憾的是，由于未能找到夜郎王族或主体臣民的墓葬群，所以一直难以获得圆满的答案。笼罩在夜郎古国身上的重重迷雾，还有待于人们的进一步拨开。

（六）轩辕黄帝陵在何处？

黄帝是我国原始社会末期一位伟大的部落联盟首领。黄帝姓公孙，因长于姬水，又姓姬。曾居于轩辕之丘（今河南新郑市轩辕丘），取名轩辕。祖籍有熊氏，乃号有熊。又因崇尚土德，而土又呈黄色，故称黄帝。司马迁所著《史记》记载："生而神灵，弱而能言，幼而徇齐，长而敦敏，成而聪明"，15 岁就被群民拥戴当上部落领袖，37 岁成为中原部落联盟的首领。轩辕黄帝一生历经 52 战，降服炎帝，诛杀蚩尤，结束了远古战争。由于轩辕黄帝为中华民族创造了丰富灿烂的文化，后世都尊称轩辕黄帝为"文明之祖""人文初祖"。黄帝死后，人们选择了"桥山之巅"，将他深深埋进黄土里，希望"黄帝灵魂升天，精神永远常在"。这就是今天海内外中华儿女拜谒的中华第一陵——黄帝陵。

不管黄帝众多传说的真伪，但黄帝陵却自古以来就有，黄帝陵在哪里呢？

第一种说法是黄帝陵位于陕西北部今黄陵县境内的桥山之巅。据《史记·五帝本纪》载："黄帝崩，葬桥山。"自秦统一六国后，历朝历代每岁祭奠黄帝陵持续不断，因此黄陵县境内的黄帝陵有很多各代的遗迹。陵冢在桥山之巅。桥山有沮水环绕，群山环抱，古柏参天，有大路可通山顶直至陵前。山顶立一石碑，名为下马石，上有"文武百官到此下马"字样。古代凡祭陵者，均须在此下马，步行至陵前，陵前有一祭亭，亭中立一高大石碑，上有郭沫若题"黄帝陵"三个大字。祭亭后面又有一块石碑，上书"桥山龙驭"四字。黄帝陵冢在山顶平台的中央，陵冢高 3.6 米，周长 48 米。四周古柏成林，幽静深邃。历代政府对保护黄陵古柏都很重视，宋、元、明、清都有保护黄陵的指示或通令。据《黄陵县志》记载，桥山柏林约 4 平方千米，共 6.3 万余株。历朝历代政府为了表示尊祖，宣扬礼制，都会去祭祀黄帝，又因为此处陕西黄陵最早由秦始皇祭奠过，于是后来者都到此祭祀。不过很多人并不认同这就是黄陵所在地。

第二种说法是黄陵应在今河北省涿鹿县的桥山。

根据《魏土记》的记载："下洛城东南四十里有桥山，山下有温泉，泉上有祭堂。雕檐华宇被于浦上。"《史记·五帝本纪》载："黄帝与蚩尤战于涿鹿之野"；北魏著名地理学家郦道元所著《水经注·漯水篇》载"黄帝与蚩尤战于涿鹿之野，留其民于涿鹿之阿"，也有记载此处为"桥山"的介绍。涿鹿县的桥山，在今河北省涿鹿城东南20千米，它以山顶上天然形成的一座拱石桥而得名，海拔981米。在桥山附近的一道山梁上，还有一个巨大的四方石桌，传说是祭祀黄帝时在此摆设祭品的。石桌右侧有一峭壁，壁面平整，像一块巨大的石碑，上面布满与象形文字一样的图案。传说这是古人刻石记事而留下来的遗迹。我国古代有许多帝王到桥山举行祭祀活动。

第三种说法是黄帝陵在北京平谷区。明《顺天府志》卷一上记载："（北京）平谷区东北十五里，传为轩辕黄帝陵，有轩辕庙。"黄帝当时曾在北京附近河北涿鹿一带建都，死后又葬在这里。唐代陈子昂的诗说："北登蓟丘望，求古轩辕台。应龙已不见，牧马空黄埃……"李白亦有"燕山雪花大如席，片片吹落轩辕台"的诗句。南宋爱国丞相文天祥诗曰："我瞻涿鹿郡，古来战蚩尤，轩辕此立极，玉帛朝诸侯。"北京市文物研究所与平谷区文化文物局组织中国社科院、历史博物馆、北京历史研究所等单位的专家学者，到平谷区山东庄村实地考察这个村西的轩辕陵，并确认这座轩辕陵即是中华民族始祖黄帝之陵。不过认为这个陵和陕西桥山的黄陵一样，是黄帝的衣冠冢。

据说全国共有黄帝陵7处，甘肃、河南、山东、河北等地都有黄帝陵，哪一个是真的黄帝陵呢，轩辕黄帝陵到底在何处？这同黄帝的其他传说一样还没有答案。

（七）商代妇好墓的主人究竟是谁？

殷墟是商王朝后期的王都，据文献记载，自盘庚迁殷至帝辛覆亡，历经8代12王。据历史学家确认盘庚迁殷为公元前1300年，武王克商年为公元前1046年，共有200多年，商王朝居殷最久是无可争辩的。按理，出土最多文物的就应为诸商王的陵墓了，特别是一些功勋显赫的商王，但可惜的是已发现的商王陵都被历代盗墓者洗劫，失去了研究的宝贵资料。直到妇好墓被发现，一大批文物才得以面世。妇好墓位于当时小屯村的西北地，这里原是一片高出周围农田的岗地，1975年冬考古工作者对其进行考古勘探，在这一带用洛阳铲打孔钻探，几天后在钻一个孔的时候发现土层有变化，工作人员马上兴奋起来，这预示着里面可能有遗迹。这时在场的人谁也没有出声，小心翼翼地向下铲去，在大概钻到6米深时，慢慢向上拔铲，探铲提上来了，满铲都是鲜红的漆皮，漆皮就是腐坏的棺木，气氛顿时活跃起来，大家异口同声地说，是墓葬。

发掘结果证实，这便是妇好墓。妇好墓保存完好，随葬品极为丰富，共出土不同质料的随葬品1928件，有玉器、象牙器、骨器、宝石器、青铜器、蚌器等，其中制作水平最高的是青铜器和玉器。青铜器共468件，以礼器和武器为主，礼器类别较全，有炊器、食器、酒器、水器等。尤为珍贵的是有诸多成套器皿，圆鼎12件，每组6件；铜斗8件，每组4件。还有成对的方壶、方尊、圆鼎；有的酒器竟配有完整的10觚、10爵（觚、爵为古代的青铜酒器）。

玉器类别比较多，有琮、璧、璜等礼器，作仪仗的戈、钺等，另有工具和装饰品。

其中，玉人是研究当时人的发式、头饰、着装等的形象资料。各种动物形玉饰有龙、凤，有兽头鸟身的怪鸟兽，而大量的是各种动物形象，以野兽、家畜和禽鸟类为多，如虎、熊、象、鹿、马、牛、羊、鹦鹉等，也有鱼、蛙和昆虫类。

妇好墓

人们惊异于墓藏的奢华，感叹随葬品的精美和极高的艺术成就，于是疑问产生了：这个墓主人究竟是谁呢？肯定是个显贵无疑，那么又是哪个显贵？商代历史几乎没有记载，甲骨文的发现及释读，却使我们得知了部分情况。

从出土文物看，有部分铸有铭文，其中铸妇好铭文的共109件，占有铭文铜器的半数以上。其实妇好墓的发现正好解决了一个难题，因为专家们在此之前早就知道有"妇好"这个人。解读甲骨文的记载，妇好为商王武丁的妻子，是我国有文字记载的第一位文武双全的女将军。甲骨文中有关她的记录有200多条，属于数量相当多的。她曾率领1.3万多人的军队去攻打前来侵略的鬼方，并大胜而归，因功勋卓著而深得武丁、群臣及国民的爱戴。妇好终因积劳成疾而先逝，国王武丁予以厚葬，并修筑享堂时时纪念。

这个墓葬便是妇好的了，大量的刻有"妇好"的铭文器物，说明是她所有。而且墓室中发现兵器：商妇好大铜钺。钺主要是作为军权的象征。妇好墓出土了4件青铜钺。其中一件大钺长39.5厘米，刃宽37.5厘米，重达9千克。钺上饰双虎扑噬人头纹，还有"妇好"二字铭文。该钺并非实战兵器，而是妇好统帅权威的象征物。

虽然墓葬与甲骨文一定程度上相印证，认定墓主就是妇好，不过她又是什么样的人呢，甲骨文本身的记录也是让人无所适从。

有的甲骨片上说她是个大元帅，带兵镇压奴隶起义，辅助国王武丁南征北战；有的龟甲上说她是个诸侯，有自己的领地和供奉；也有的龟壳片上说她是商王武丁最宠爱的王后，武丁对她情深意笃，为她的怀孕和生子而焦虑。从这些发现上看，有人综合以后，说她是王后又有独立的领地，兼为一方诸侯。

可是后来发现的龟壳片上又出现了奇怪现象，有一些铭文中居然说她又嫁给了武丁前几代的君主，而且嫁了三个人！这令研究妇好的人们产生疑问：妇好到底是一个人，还是一类人的总称？为什么她在时间跨度长达300年间嫁给4个商王？于是原来肯定的墓主"商王武丁的王后"这个妇好，究竟是不是墓主，还是另有其他妇好？历史之谜解开一层，又显出一层。商代妇好墓主人究竟是谁？

（八）曾国国君墓为何建在随国？

1. 繁杂浩大的发掘

随县地处湖北省中北部，居长江之北，汉水以东，是江汉平原与中原之间的丘陵带。厉山，传说中为炎帝神农的家乡，即位于随县，这里至今仍遗留下了许多神农氏活动的踪迹，如神农洞、炎帝神农碑等。殷商时，随县是王朝的南土，这在殷墟甲骨卜辞上有清楚的记载。在西周时代，随县成为周天子所封同姓诸侯的领地。

1977 年，在距随县县城西北约 3 千米处名为擂鼓墩的丘陵地带实施修建工程。施工人员因红砂岩坚硬，阻碍施工，就用炸药把红砂岩炸得粉碎，然后用推土机推平，结果，发现了褐色的软土，再往下则推出了青灰色的石板。施工人员立即停止施工，迅速向上级做了汇报。

经多方支持，考古发掘工作于 1978 年 5 月上旬正式开始。首先是清理填土，接着是清理填土下的石板。石板向下是褐土与青灰泥相间的夯层，再往下是竹网、丝帛、篾席，木椁也随着发掘工作的深入展现在世人面前。在木椁四周与坑壁的空隙里，填有大量木炭。考古工作人员一铲铲地挖出木炭，共清理木炭 31360 千克，至此，墓室的椁板全部暴露出来。考古工作人员连续作战，至 5 月 30 日，淤泥清理工作基本完毕，发掘出的大批文物令世人为之一振。

2. 地下奢华的寝宫

曾侯乙编钟

曾国为楚国附庸国，公元前 433 年，楚惠王专门为曾国君主曾侯乙制造了礼乐器铜钟。

地下寝宫的墓坑方向正南，墓口东西长约 21 米，南北宽 17 米左右，总面积为 220 平方米。坑内置有木椁，高 3 米左右，分为北、中、东、西四室，且均为长方形。其中中室面积最大，长约 9.75 米，主要放置整架的宗庙编钟、编磬和其他多种乐器，并有大量的青铜礼器。编钟靠近西壁和中室南部，其他随葬品的摆放井然有序，这充分反映了墓主人饮酒作乐的生活场景。

东室长 9 米左右，为墓主的"寝宫"，放置着墓主的特大型双层套棺和 8 具陪葬棺，以及 11 具葬宠物的狗棺。墓中人骨经鉴定，墓主人为男性，45 岁左右；陪葬的均为女性，年龄在 13 岁～25 岁之间，尤以 20 岁左右居多。这些应是曾侯乙生前的妻妾嫔妃。各室中面积最小的是北室，南北长为 4.25 米，主要放置大量的兵器、车马器、皮甲胄，有 2 件高 1.3 米、重 300 千克的大铜缶用以盛酒，并有 240 多支竹简，简文记载的是用于葬仪的车马兵器，有自制的，也有赠送的。西室与中室并列，长 8.65 米，主要放置了 13 具均为女性的陪葬棺，除了极少一些玩具与服饰外，再无其他葬品。

6 月底，发掘工作基本完成，出土文物共有 7000 件之多，如此众多的文物，令人叹为观止。其中乐器 1.2 万件，包括编钟 64 件；礼器、宴器 140 件；兵器最多，共4500 件，由此可一窥当时楚国强大的武力。如此众多的随葬品充分说明了墓主人曾侯乙的地位。

3. 别具一格的手工制品

曾侯乙墓出土的青铜器器种数量之多、器型之大、铸造之精、纹饰之美、保存之完整，在历代出土的青铜器群中独占鳌头。这批青铜器的材料主要为铜、锡、铅合金体，铜占 80% 左右。出土的这些青铜器体积较大，重量较重，有 5 件超过了 100 千克，另有两件大尊缶是迄今发现的东周时期最大最重的酒器。令人吃惊的是，铸镶法首次发现于曾侯乙墓的青铜器上。在出土的这些青铜器中有一件造型精巧、结构复杂的尊盘。尊是一种盛酒器，盘则是一种盛水器，出土时，尊盘浑然一体，寓变化于整齐之中，达到了玲珑剔透的艺术效果。

曾侯乙墓出土的数量众多的青铜礼器和乐器在当时引起了轰动。这些编钟及其他古乐器的出土，是中外音乐史上的一大奇观。乐器或由青铜构件和木石构件混合组成，或由木竹制成，共 125 件（套）。其中的编钟，是目前中国出土乐器中规模最大、质量最佳、完整性最好、音律协奏性最高的顶尖精品。

曾侯乙墓共出土了 5012 件漆器，使用漆器的范围远远超过中原。曾侯乙墓出土的漆器彩绘和雕刻以鸟兽形纹、几何纹和龙形图案为主，大多是木制用品。这些用品包括衣箱、食盒、餐具、梳妆用品等，其中以 5 件衣箱和一件鸳鸯形盒的彩绘最为出色。春秋战国时期金银器极少，曾侯乙墓出土的那件金制酒器：方唇直口，浅腹平底矮足，双环耳，名"盏"，是迄今出土的先秦金器中最大最重的一件，约 2150 克。

考古人员从墓主人尸骨周围清理出 500 多件玉饰品。曾侯乙墓出土的玉缨是一件16 节的龙凤玉挂。整件玉挂集透、平、阴雕等玉雕技艺于一身，共刻有大大小小的 37条龙、7 只凤及 10 条蛇，皆栩栩如生，玲珑剔透，实为古代玉雕之精品。

4. 永留人世的谜团

曾侯乙墓的发掘，带给了人们一个个谜团，如战国时期的曾国在我国古代历史上只是一个名不见经传的小国，为什么这个小国的国君墓能具有如此规模呢？如在周代，礼器的使用权是泾渭分明的，其使用具有严格的限制，不同等级的人只能使用与自己身份和地位相符的礼器。曾侯的级别算是很低的，按当时规矩只能用"七鼎"，而曾侯乙墓出土的礼器却完全不管这些，规格极高，几乎达到天子的规格了。

除礼器外，曾侯乙墓出土的乐器也同样规格极高，这使不少学者怀疑墓主曾经是周天子执掌礼乐的"大乐"，只是目前为止还没发现充分证据可以支撑这种观点，更何况如果曾侯乙真是周的"大乐"，为何史书典籍中没有他的一点记载？不过，大多数学者不认同这种观点，他们认为这种现象不足为奇，因为众所周知，春秋战国时期正是"礼崩乐坏"的时代，周天子的地位已江河日下，越位现象的事情也屡见不鲜。

除了这个问题有争议以外，人们争论得最激烈的还是这个墓为何会在随县出现。因为，曾侯乙是曾国国君，而湖北随县在当时则属于随国，堂堂一国之君，怎么会在别国建自己的墓地呢？有学者认为，战国时代的随国其实就是曾国。确实，这种一国两名的现象在我国古代并不鲜见。如魏又称为梁、晋又称为唐、韩又称为郑等等。石泉先生的《古代曾国——随国地望初探》就详细论述了这一观点。他指出："随国和曾国都是姬姓国，都是西周分封于江汉的诸姬姓国之一。就两国的地望来看，也是一致的。从宋代出土的曾国青铜器，到曾侯乙墓，都分布在随枣走廊一带，而且都是从南阳盆地迁入随枣走廊的。"这个说法，也是有一定说服力的。

但是也有的学者不同意此种观点，他们认为，在西周时期，曾就已经与随并存了，这在文献中是有明确记载的，说随国就是曾国显然是不合理的。

究竟哪种说法接近事实呢？看来，只有躺在墓葬里的曾侯乙最清楚！

（九）秦始皇陵墓之谜

家喻户晓的秦始皇，因完成统一大业而名垂千古，又因实施暴政而遭千古骂名。秦王朝只存在了 15 年，他的万世皇帝梦也就破灭了。可皇帝制度、皇帝意识影响了中国几千年。不仅始皇帝的身世、生平、功过引人注目，连坐落在骊山脚下的始皇陵也因众多未解谜团而备受关注。

坐落在骊山脚下的那座小山包就是秦始皇的坟墓，山包下便是那幽深而神秘的地宫。封土北侧有寝殿礼仪建筑群、饲宫建筑群，封土外有两道长 10 千米的内外城垣，封土周围及东、西南、北侧分布着数百座地下陪葬坑，秦始皇陵园封土、地宫、内外城垣形制及其礼仪建筑和布局都不同于先秦任何一座国君陵园。这座帝陵陵寝规模恢宏，设计奇特。陵园工程之大、用工人数之多、持续时间之久都是前所未有的。第一位记录秦始皇陵的是史学大师司马迁。他在《史记·秦始皇本纪》中留下 160 个字的记录。陵园工程的修建伴随着秦始皇一生的政治生涯。当他 13 岁刚刚登上秦王宝座时，陵园工程也随之开始了。工程的修建直至秦始皇临死时还未竣工。二世皇帝继位，接着又修建了一年多才基本完工。纵观陵园工程，前后可分为三个施工阶段。自秦王即位开始到统一全国的 26 年为陵园工程的初期阶段。这一阶段先后展开了陵园工程的设计和主体工程的施工。初步奠定了陵园的规模和基本格局。从统一全国到秦始皇三十五年，这年当为陵园工程的大规模修建时期。《史记》记载："及并天下，天下徒送诣七十余万。"经 70 万人 9 年多大规模的修建，基本完成了陵园主体工程。自秦始皇三十五年到秦二世二年冬，历时 3 年多，是工程的最后阶段。这一阶段主要从事陵园的收尾工程与覆土工作。尽管陵墓工程历时三十七八年之久，整个工程最后仍然没有竣工。公元前 209 年即爆发了一次波澜壮阔的农民大起义。至此尚未完全竣工的陵园工程不得不中止。

20 世纪 60 年代之前所有关于秦始皇陵的推测只能停留在文献记载与传闻的基础上。1974 年 3 月 29 日，当下河大队西杨村生产队的几位农民一镢头惊醒了沉睡的兵马俑之时，立刻震惊了世界。这一惊人的发现，也撩起了秦陵神秘面纱的一角。当年无论是打井的农民还是参与勘探试掘的考古人员，谁也想不到兵马俑坑会有那么大的规模。当一号俑坑全面勘探试掘不久，又在一号坑北侧 20 米处发现二号兵马俑坑、三号兵马俑坑和一座甲字形大墓。单就兵马俑陪葬坑而言，它占地达 20000 多平方米，有与真人真马相仿的陶俑马 8000 余件，青铜兵器数 10 万件。如此规模宏大的陪葬坑不仅在中国，甚至在世界陵寝史上也是前所未有的。此后 20 余年来秦始皇陵园考古发现接连不断，陵园东侧发现了百余座马厩陪葬坑，17 座陪葬墓。陵园西侧发现了 31 座珍禽异兽陪葬坑，一座曲尺形马厩陪葬坑和 61 座小型墓坑。10 乘大型彩绘铜车马、木车马则位于地宫之西，原封土之下。近年来又在始皇陵北发现了一座较大的动物陪葬坑，在东内外城垣之间发现了铠甲坑、百戏俑坑……陵园地上地下精心设计、安置的这一切不正是一个理想的地下王国吗？始皇陵是一座充满了神奇色彩的"地下王国"。那幽深的地宫更是谜团重重，地宫形制及内部结构至今尚不完全清楚。

谜团一：幽幽地宫深几许？最新考古勘探资料表明，秦陵地宫东西实际长 260 米，南北实际长 160 米，总面积 41600 平方米。秦陵地宫是秦汉时期规模最大的地宫，其规模相当于 5 个国际足球场。通过考古钻探进一步证实，幽深而宏大的地宫为竖穴式。司马迁说"穿三泉"，《汉旧仪》则言"已深已极"。说明深度已挖至不能再挖的地步。至深至极的地宫究竟有多深呢？神秘的地宫曾引起了华裔物理学家丁肇中先生的兴趣。他利用现代高科技与陈明等三位科学家研究撰文，推测秦陵地宫深度为 500 米至 1500 米。现在看来这一推测近乎天方夜谭。假定地宫挖至 1000 米，它超过了陵墓位置与北侧渭河之间的落差。那样不仅地宫之水难以排出，甚至会造成渭河之水倒灌秦陵地宫的危险。尽管这一推断悬殊太大，但却首开了利用现代科技手段探索秦始皇陵奥秘的先河。国内文物考古、地质学界专家学者对秦陵地宫深度也做了多方面的研究探索。根据最新钻探资料，秦陵地宫并没有人们想象的那么深。实际深度应与芷阳一号秦公陵园墓室深度接近。这样推算下来，地宫坑口至底部实际深度约为 26 米，至秦代地表最深约为 37 米。这是依据目前勘探结果推算的，这个数据应当说不会有大的失误。但是否如此尚有赖于考古勘探的进一步验证。

谜团二：地宫设有几道门？《史记》清楚地记载："大事毕，已藏，闭中羡，下外羡门，尽闭工匠藏，无复出者。"棺椁及随葬品全部安置在中门以内。工匠正在中门以内忙活，突然间"闭中羡门，下外羡门"，工匠"无复出者"，也成了陪葬品。这里所涉及既有中羡门，又有外羡门，其中内羡门不言自明。地宫三道门似乎无可辩驳。值得注意的是司马迁中羡门用了个"闭"字，外羡门则有了个"下"字，说明中羡门是可以开合的活动门，外羡门则是由上向下放置的。中羡门可能是横向镶嵌在两壁的夹槽中，是一道无法开启的大石门；内羡门可能与中羡门相似。三道羡门很可能在一条直线上。

谜团三："上具天文"做何解释？秦陵地宫"上具天文，下具地理"的记载出自《史记》，其含义是什么呢？著名考古学家夏鼐先生曾推断："'上具天文，下具地理'应当是在墓室顶绘画或线刻日、月、星象图，可能仍保存在今日临潼始皇陵中。"近年来，西安交大汉墓发现了类似于"天文""地理"的壁画。上部是象征天空的日、月、星象，下部则是代表山川的壁画。由此推断，秦陵地宫上部可能绘有更为完整的二十八星宿图，下部则是以水银代表的山川地理。在这座有着象征天、地的"地下王国"里，秦始皇的灵魂照样可以"仰观天文，俯察地理"，统治着这里的一切。

谜团四：地宫埋"水银"之谜。始皇陵以水银为江河大海的记载见于《史记》，《汉书》中也有类似的文字。然而，陵墓中究竟有没有水银却始终是一个谜。现代科技的发展为验证秦陵地宫埋水银这一千古悬案提供了必要的前提条件。地质学专家常勇、李同先生先后两次来始皇陵采样。经过反复测试，发现始皇陵封土土壤样品中果然出现"汞异常"。相反其他地方的土壤样品几乎没有汞含量。科学家由此得出初步结论：《史记》中关于始皇陵中埋藏大量汞的记载是可靠的。现代科技终于解开了地宫埋"水银"的千古谜案。至于地宫为何要埋入大量水银，北魏学者郦道元的解释是"以水银为江河大海，在于以水银为四渎、百川、五岳九州，具地理之势。"原来是以水银象征山川地理，与"上具天文"相对应。

谜团五：地宫珍宝知多少？"奇器珍怪徙藏满之"一语出自司马迁笔下。早于司马迁的大学者刘向也曾发出过这样的深切感叹："自古至今，葬未有如始皇者也。"那么，这座神奇的地宫珍藏了哪些迷人的珍宝呢？《史记》明文记载的有"金雁""珠玉""翡翠"等。其他还有什么稀世之宝谁也不清楚。不过20世纪80年代末考古工作者在地宫西侧发掘出土了一组大型彩绘铜车马。车马造型之精致，装饰之精美举世罕见。之前，考古工作者还发掘出土了一组木车马，除车马、御官俑为木质外，其余车马饰件均为金、银、铜铸造而成。地宫外侧居然珍藏了如此之精美的随葬品，那么，地宫内随葬品之丰富、藏品之精致是可想而知的。

谜团六：地宫有没有空间？目前考古勘探表明，秦陵地宫为竖穴式，墓内可能有"黄肠题凑"的大型木椁。如果是竖穴木椁墓，那么墓道及木椁上部都会以夯土密封。这样一来，墓室内外严严实实，不会再有空间。然而，陵墓主持者之一李斯则说："凿之不入，烧之不燃，叩之空空，如下无状。"李斯这段话如果记载无误，那地宫就明显有个外壳。李斯曾以左丞相身份亲自主持过陵墓工程，对地宫的构造了如指掌。加之这段话是当面向圣上汇报的，应该说不会有掺假嫌疑。如果按李斯所言，可以推断秦陵当是一座密封的、真空的大地堡式地宫。不然，怎么会"叩之空空"？又怎么会"烧之不燃"？按文献记载推理地宫是空的，且有较大的空间，但由于考古勘探尚未深入到地宫的主要部位，所以地宫内部究竟是虚是实目前还是个谜。

谜团七：内部是否有自动发射器。秦始皇在防止盗墓方面也苦费心机。《史记》记载：秦陵地宫"令匠作机弩矢，有所穿近者辄射之"。指的是这里安装着一套自动发射的暗弩。如果记载属实的话这乃是中国古代最早的自动防盗器。秦代曾制造过连发三箭的弓弩，但是安放在地宫的暗弩当是一套自动发射的弓弩。当外界物体碰到弓便会自动发射。2200多年前的秦代何以能制造出如此高超的自动发射器也是一大谜。

谜团八：秦始皇遗体是否完好。20世纪70年代中期长沙马王堆汉墓"女尸"的发现震惊中外。其尸骨保存之完好举世罕见。由此，有人推测秦始皇的遗体也会完好地保存下来。虽然客观上具备保护遗体的条件，但秦始皇遗体是否完好地保存下来呢？如果单从遗体保护技术而言，相距秦代不足百年的西汉女尸能很好地保护下来，秦代也，应具备保护遗体的防腐技术。问题是秦始皇死在出巡途中，而且更糟的是正值酷暑时节，尸体未运多远，便发出了熏人的腥味，为了防止腥味扩散，走漏风声，赵高、胡亥立即派人从河中捞了一筐筐鲍鱼，将鲍鱼与"尸体"放在一起以乱其臭。这样，经过50余天的长途颠簸，九月，尸骨才运回咸阳发丧。

秦始皇由死到下葬间隔近两个月，根据当代遗体保护经验。一般遗体保护须在死者死后即刻着手处理。如若稍有延误，尸体本身已开始变化，恐怕再先进的技术也无能为力。秦始皇遗体途中就开始腐败，尸体运回咸阳等不到处理恐怕早已面目全非了。据此推测秦始皇遗体保存完好的可能性很小。

以上谜团只是秦陵地宫众多谜团之冰山一角，随着我国考古研究工作的深入和高科技探测技术的实际运用，秦陵地宫终有一天将再次震惊全世界。

（十）汉景帝陵墓为何如此奢华？

大凡对历史教科书还有印象的人都应该记得西汉初年有一个"文景之治"。所谓的"文景之治"也就是指在汉文帝和汉景帝统治的40年中，汉王朝社会稳定，经济发展，百姓安居乐业。可以说，汉景帝在我们心目中是一位开明的贤君形象。

可是，随着阳陵，即汉景帝陵墓的初步发掘，这个观点却受到越来越多人的质疑。考古队不仅在阳陵中发掘出大批奢侈的随葬品，更令人震惊的是在其陵墓南边发掘出数里长的殉葬坑！坑中尸骨不计其数，以千百计，很多骨骸的手脚上还戴着镣铐。如此众多的殉葬者是怎么回事呢？难道汉景帝竟然是一个嗜杀成性的人吗？

有人认为，这也许是当时的一种丧葬仪式，不值得大惊小怪。或者说是奴隶制时代人殉的残余。毕竟，西汉离人类野蛮时代并不遥远，我们不能用现在的标准来要求

古人。

有人认为，这些人也许是建墓工人。朝廷怕他们泄露了机密，于是在陵墓竣工后就干脆把他们全部坑杀了。这种说法听起来也不是没有道理，历史上坑杀建墓工人的事并不鲜见，如秦陵的修筑就是一个例子。再加上很多人骨的手足上还戴着镣铐，说是做工的奴隶也并不矛盾。

有人认为，这些是战俘的尸骨。因为在景帝统治期间，曾发生过著名的"七国之乱"，也许是平定这场叛乱后，汉景帝为防止这些人东山再起，就把这些战俘全部坑杀。地点刚好距离自己的陵墓不远，这也许是巧合，但也许是顺便就做了殉葬者，也能趁机显示自己的威仪。

也有人认为这些死难者既不是建墓工人，也不是战俘，而确实就是汉景帝显示自己尊贵地位的牺牲品，是纯粹意义上的人殉。他们还从史料上考证了汉景帝在历史上的口碑其实是徒有虚名的。

据《史记》《汉书》记载，有一次，汉景帝与吴王刘濞的儿子，也就是他的堂兄弟在未央宫下棋。下着下着，两个人争执起来，当时身为太子的汉景帝跳起来，一把抓起铜棋盘子就往堂兄弟头上砸，堂兄弟顿时脑袋开花，一命呜呼。从这件事上可以看出汉景帝应该是一个性格暴戾、做事不计后果的人。

平定"七国之乱"，维护和巩固了国家统一，是汉景帝在历史上留下的光辉一笔。可是，有人认为，汉景帝在这件事上其实没什么功劳，相反，还犯有严重过失。景帝即位后，听从晁错建议，采取削藩措施加强中央集权。当时势力甚强的藩王之一刘濞本来就有野心，又因为莫名其妙痛失爱子而早就记恨在心，以至于"多年不朝"，现在机会终于来了。吴王刘濞借口晁错离间刘家皇亲骨肉，联合其他诸侯国打出"诛晁错，清君侧"的旗号起来造反。汉景帝惊惶失措，怪晁错惹来大祸，竟然把晁错给杀了。哪想刘濞一伙本来就不是为了"清君侧"，而是冲着皇位来的，杀了晁错照打不误。幸亏景帝身边还有一个周亚夫可以独当一面，力挽狂澜，把"七国之乱"给镇压了下去。这样一位大功臣，不久竟然也被汉景帝治罪，在狱中饥饿而死。由此可见，汉景帝是一位既昏庸又无能的皇帝。司马迁在《史记·景帝纪》中对景帝的评价也没有什么像样的言辞。"七国之乱"这么大的一个历史事件就不见于《景帝纪》却散见于周亚夫、刘濞等人的传记中。莫不是连司马迁也认为汉景帝在平定"七国之乱"这件事上的作用是微乎其微的？

一些历史学者说"汉景帝只是沾他父亲和儿子的光，作为'文景之治'，他不够格"。事实难道真的是这样的吗？随着阳陵的进一步发掘，也许我们不久就能知道答案！

（十一）马王堆汉墓之谜

1. 火坑墓里出女尸

1971 年，全国各地的"深挖洞广积粮"的群众运动如火如荼地展开了。马王堆旁一家部队医院将目光盯向了湖南省长沙市五里碑附近的两个大土冢，因为长沙临近湘江，地下水位高，土冢高几十米，自然成为修建地下医院的绝佳选择。在打孔探测过程中，马王堆汉墓被偶然地被发现了。

发掘工作开始于 1972 年初，东边的土冢被考古人员编为 1 号墓。封土被挖开后，露出了斜坡墓道和四级台阶的长方形墓穴。墓穴的白膏泥被清除后，发掘出了大量木炭，约有 5000 多千克。木炭清除后，一座巨大的椁室完整地展现于世人面前，椁室上覆盖了 26 张黄色的竹席。整个椁室由厚重的松木板构筑而成，长 6.73 米，宽 4.9 米，高 2.8 米。4 块隔板以"井"字形把椁室分为四个部分，第三层棺内外绘制的图案最为精美，并以朱漆辅之，象征祥瑞的龙、虎、朱雀和仙人的图案反映了汉人崇神及"事死如事生"的葬俗观念。第四层为殓尸的锦饰内棺，内为朱漆外为黑漆，两道质地精良的帛束横缠盖棺，棺四壁粘贴了一层菱花形的毛锦，锦的边缘加饰了一条绒绣锦。

千年女尸在封闭较好的 1 号墓内，她的身上穿了 18 层衣物，并覆以两层衾被掩盖住。由此可推断，在中国古代，对于处在贵族阶层的孝子贤孙来说，死去的先辈的墓葬是一定要认真对待的，所以形成了厚葬的风气，恨不得将死者生前衣食住行所用物品全放进墓穴里，以供死者进入阴间享用。1 号墓在规模和随葬品方面，均优于 2 号、3 号墓，并且是女性，在当时"男尊女卑"的思想控

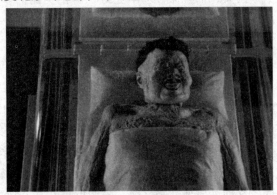
马王堆汉墓女尸

制下，显然她应是家族中极有权威的长者，故考古学家判断，她的入葬应晚于前二者的入葬。

2. 墓主身份揭秘

根据墓中随葬的一些印章、封泥、器皿上的铭文，并结合有关文献的记载，墓主的身份也就清楚了。2 号墓的墓主是软侯利苍，1 号墓的墓主名为辛追，是利苍之妻，而 3 号墓的墓主是他们的一个儿子。

公元前 202 年，刘邦建立西汉。为稳固天下，刘邦分封了 7 个异姓王，各辖一方，听命朝廷。其中吴芮被分封在长沙，乃是长沙王。至刘邦末年，这些诸侯固守一方，严重危及中央统治，于是刘邦除掉了这些异姓王，代之以自己的亲戚。这样就加强了中央对地方的控制。但是长沙王吴芮却因长沙的特殊战略地位而保住了自己的位置，因为在长沙国南边有一个具有较强军事实力的南越国，西汉也为之忌惮。因此，长沙国成为西汉的战略要地。但刘邦并不放心，他既要笼络长沙国，保住这个战略要地，又要防止长沙国的叛乱，就把利苍派到了长沙国以监督、管束长沙王吴芮，使其不敢轻举妄动。又因长沙国的重要地位，利苍不仅被封相且封侯。利苍的封地因在轪县（今河南信阳地区），故称轪侯。利苍死后，他的一个儿子利豨继任爵位。3 号墓墓主却是利苍的另外一个儿子，即利豨的兄弟，他是一位带兵守戍的将军。墓穴里出土的十几万字的帛书证明了他非常好学，却极为短寿，大概活了 30 多岁，死因不明。最后一代轪侯名为利扶（有些史书上记为利秩，实为同一人），因其触犯汉朝法律，丢了列侯的爵位。轪侯在历史上就这样无声无息地消失了。

3. 锦衣玉食精器显奢华

马王堆汉墓随葬品极其丰富，体现了鲜明的时代特点。马王堆汉墓出土的文物不仅数量巨大，而且保存基本完好，鲜艳美丽的丝织品和漆器，极具学术价值的帛书和帛画，都让世人吃惊。

（1）奇奢的丝织品

中国自古即有"缫丝之国"的美誉，汉代的锦绮则以美丽的花纹、柔软的质地、闪耀的光泽、华贵的气息而闻名于世，不但令北部草原上的游牧民族着迷，也使当时世界上的许多文明古国，如波斯、罗马、印度的商人慕名而来争相采购，而且那些国家的贵族们以穿戴中国产的丝织衣物为骄傲，它象征着身份、财富与地位。

所出土的丝织品中最精美神奇的要数墓主辛追夫人身上穿着的两件薄素纱禅衣。衣长 128 厘米，两袖伸直长 190 厘米，而重量却轻得出奇，分别为 48 克和 49 克，不足一两。这种纱质地又轻又薄，透明度也甚高，故古人称其为"动雾霭以徐步兮"。薄如蝉翼、轻若烟雾的纱衣穿在身上，看上去会产生一种朦胧感，使人显得美艳绝伦。这两件素纱禅衣之精美，完全可以和现代精工织造技术媲美。

（2）千年佳肴世人羡

马王堆汉墓出土的各种各样食物的很准确地反映了汉代发达的农业状况。

食物本来是极难保存上千年的，但由于 1 号墓密封甚好，所以发掘出多种残存的食物，在椁室里到处都有食物，有的放在陶器、漆器里，有的放在竹筒和麻布袋里，其中有些是已烹饪好的菜肴。多种粮食，如稻、粟、豆、麦、黍等放在麻袋里。稻谷出土时就像新鲜的一样金黄、完整，但由于长时间的存放，内含物质大多分解消失，出土后，即脱水逐渐干枯。最多的是菜肴瓜果，如甜瓜、枣、梨、杨梅、藕、桃等。

另外还有一些畜鱼类，如猪、牛、鸭、斑鸠、鸳鸯等，它们多被烹调成熟食盛放于精美的陶皿或漆器里。让人觉得有趣的是，陶器里竟盛放着各种调味品及酒类，可见墓主人生前的生活饮食是极其丰富及奢华的。桃、藕等物刚出土时，还色泽鲜艳，不过很快就化成了一滩水。

（3）光彩夺目的漆器

马王堆汉墓出土了大量漆器，1号墓有184件，3号墓有316件，这是全国各地发现的漆器中数量最多、保存最好的一批。其中1号墓的一件双层九子奁，在黑漆的器表上还贴饰了金箔，金箔上再用油彩绘出变形云纹，更加绚丽多彩。3号墓的一件粉彩云纹漆奁，其彩绘则用具有油画效果的堆漆法画成，先用白漆勾出凸起的边框，再用红、黄、绿漆填绘云纹。与这种强烈立体感相反的装饰手法称为锥画，不用笔，而是用细尖锥或针在将干未干的漆膜上刻画出各种细如发丝而又栩栩如生的图案来，给人一种阴柔的朦胧美，需借助亮光仔细观察，才能欣赏到图案纹饰的精巧和纤丽。

许多漆器上烙有作坊地名；有些则写有"侯家"或"九升"等字样，表明物主及容量。最有趣的是许多耳杯和盒、卮、小盘上写有"君幸酒"或"君幸食"，令人遥想起当年"劝君更尽一杯酒"的宴饮情景。

（4）阴间的侍奉者

墓中挖掘出的木俑是供墓主带到阴间遣役使用的，他们全都称职地守候在墓主的身边，随时听候派遣。木俑有平雕和圆雕两种，脸面均彩绘，有些着丝绸衣裳，有些则直接彩绘出衣裳。

除歌舞俑之外，还有乐俑和25弦瑟、7弦瑟、6孔箫、22管竽等乐器，这些乐器都是首次发现的西汉实物。其中1号墓出土的25弦瑟是目前发现的唯一一件完整的西汉初期的瑟。3号墓出土的一件竽在竽管中发现了竹子做成的簧片，簧片上有控制音调的银白色点簧，这是世界管乐器中最早使用簧片的实物证明。竽是中国古代的一种重要乐器，"滥竽充数"的故事想来大家都听说过。1号墓出土的12支一套的竽律证明竽在当时不仅是主要的乐器，而且还可作为其他乐器的定音标准。

4. 招魂升天的帛画

汉代画在缣帛上的绘画作品颇多，但大多失传。马王堆1号、3号墓出土帛画共10余幅，占全国帛画出土量的近一半。

马王堆帛画最有代表性的应是在1号墓和3号墓出土的两幅帛画。画面呈"T"字形，顶部裹有竹竿并系有丝带，可以悬挂，是死者出殡时张举的旌幡。旌幡是古代丧葬仪式中的一种物品，使人高举，随丧葬队伍行进，大概起到识别死者、招魂、导引灵魂升天的作用。1号墓中的旌幡保存比较完整，3号墓中的则有些残破不清。

1号墓旌幡表现的是一幅死后升天图，自下而上分成三个部分，分别表示地府、人间、天上的情景。最下面有两只红鳞青色的巨鱼相交，鱼尾各立一长角怪兽，有人说此怪是打鬼的"方相氏"。鱼背上立有一裸体力士，双手擎着表示大地的平板，其左右有双蛇环绕，再外边各有一大龟，龟背上站有猫头鹰。大地之上是人间部分。中间画有两条巨龙左右穿绕于圆璧。璧下左右流苏之上，有两个羽人，悬着一个巨磬，巨磬的下面，有鼎壶以及成列的人物。圆璧之上，两只凶悍的豹子支撑着一个白色平台，一位衣饰华贵的老妇人拄着拐杖，身后有3个婢女，前面则是两个拱手跪迎状的男子，一穿红袍，一穿青袍。画中老妇是1号墓主——轪侯夫人，画中的两个男子应是天国使者，前来导引墓主人升天。而在帛画最上面，天门已开，天门左右各有一个守门者，作等待、亲密对语形态。天门之上是天界，正中上方是一个人头蛇身的形象，有人说是女娲，有人说是伏羲，无论是谁，都应是天界的主宰。天界之中，凡人的一切想象都表现了出来。墓中女主人骑龙舞于空中。

3号墓旌幡构图与前者基本相同，由于墓主身份不同，人间部分画的是一个佩剑的男子，前后有9个侍从，显示出地位高于1号墓主。

这两幅帛画特色鲜明，充满了绚丽的神话色彩。画中图案，极具生命力和人间气息。这两幅帛画在构图上，众多的人物、禽兽、器物处理得有条不紊，左右对称，通过昂扬龙首的蛟龙、迎候的司阍，将地下、天界联系在一起，渲染出了升天的气氛。墓主的形象位于画的中央，显示出了主人的高贵身份，使画的中心更为突出。画的线条流畅挺拔，设色庄重典雅，展示了西汉绘画的卓越水平。

5. 古文献的宝库

马王堆3号墓随葬帛书、简牍是继汉代发现孔府壁中书、晋代发现汲冢竹书、清末发现敦煌图卷之后，中国历史上的第4次古文献大发现，可分成六艺、诸子、数术、方术、兵书5类。

（1）六艺类。指儒家经典及一些辅助读物。《春秋事语》约2000余字，记载着春秋时的史实。《战国纵横家书》约1万余字，部分内容见于《战国策》《史记》，文句也大体一致。还有部分内容记载了苏秦的游说活动，属于现已不见于任何典籍的佚文。

（2）数术类。此类书主要是自然科学的著作。马王堆出土的帛书，包括当时的阴阳五行学说、驱鬼辟邪信仰、天文气象书籍，其中的《五星占》是现存最早的一部天文书，在天文史研究上特别重要。

（3）兵书类。内容属于兵阴阳家。发现了两幅地图，一幅是《长沙国南部地形图》，另一幅是《驻军图》。画得相当精确，一些水道的曲折流向，与今天的地图大体接近，并附有图例。而《驻军图》是中国乃至世界发现的最古老的彩色地图，反映出古代中国劳动人民的高超智慧。

（4）诸子类。包括《老子》和《黄老帛书》。《老子》分《道经》和《德经》两篇，马王堆出土的《老子》，《德经》在前，《道经》在后，与现在通行本顺序截然相反，是目前所见《老子》的最古的抄本。

（5）方术类。汉代将医经、经方、房中术、神仙术等，4 种称为方术。所出土内容最丰富的是《五十二病方》，全书有 52 题，记载着治疗各类疾病的医方，包括内、外、妇、儿、五官诸科，其中外科病方占 70%以上，可以视为汉代的一部优秀外科著作。《导引图》是一幅绘有各种运动姿态并注有解说文字的图，还附有论述气功健身方法的文字。"导引"是把呼吸运动和躯体运动相结合的体育医疗方法，这是我国考古发现中最早的健身图谱。

（十二）满城汉墓的主人是谁？

满城汉墓从一开始就让人觉得与众不同。为什么这样说呢？因为据考古工作者介绍，西汉流行的是竖穴土坑墓，而满城汉墓则显然是一座崖墓。所谓崖墓是指依山开凿的横穴墓。那么，墓主为何要如此别出心裁呢？这位墓主人又是何许人也？

满城汉墓位于河北省保定市满城县西南的一座陵山上。之所以称之为"陵山"，是因为当地相传这座山丘是一位古代帝王的陵墓。只是不知道这里埋的是哪一位帝王而已。

那么，满城汉墓的主人究竟是谁呢？满城汉墓其实有两座墓，一号墓全长 51.7 米，最宽的地方为 37.5 米，最高的地方为 6.8 米，容积近 2700 立方米；二号墓全长 49.7 米，最宽的地方为 65 米，最高的地方为 7.9 米，容积约为 3000 立方米。打开一号墓，惊现一件传说中的"金缕玉衣"，此外当然还有不计其数的稀世珍宝。但令考古工作者摸不着头脑的是里面竟然没有发现人的尸骨！据说，当时的负责人郭沫若同志马上推测道：可能是一号墓原本就是一座埋殉葬品的仓库，所以没有埋入尸体。如果此种假设成立的话，那么周围肯定还有一座或几座大墓，墓主人也许就埋在里面。墓主人所在的墓葬在哪里呢？郭沫若认为，可能就在发现金缕玉衣的地方还藏有另一层墓穴，但也可能在一号墓的周围一带。后来，他经过认真思考，认定在一号墓北面的一座山坡上还有一座墓！就这样，满城汉墓的二号墓重见天日！

令考古队员大为震惊的是，二号墓竟然又发现了一件价值连城的"金缕玉衣"！不过，这件金缕玉衣与一号墓中的金缕玉衣有明显的不同，瘦小得多，似乎为女性所有。考古工作者还在二号墓中发现了两件刻字的铜器，上边有"长信尚浴……今内者卧"的字样，同时考古学家还发现了刻有"窦绾"和"窦君须"的铜印以及写着"中山祠祀"的封泥。

很显然，二号墓的墓主并不是我们要找的人，而是另有其人，而且还是一位女性。根据所掌握的资料来看，这位女性是中山王的妻子，名字可能就叫"窦绾"，字"君须"。

绕了一大圈子，问题还是没有得到解决，满城汉墓的主人究竟是谁？考古工作者不得不重新思考这个问题。在一号墓中出土了不少铜器和漆器，上面不时刻着"中山府""中山宦者""御"等字样；出土的封泥作"中山御丞"；墓中还出土了大量西汉时期的五铢钱；墓主还有玉衣，这在汉代是只有皇帝、诸侯王和高级贵族才配穿的殓服，而满城汉墓在汉代为北平县地，属于中山国。综合上述这些情况，一号墓主很有可能为西汉中山王的陵墓。

只是，在历史上西汉中山王共有10位。到底是哪一位呢？一号墓中的出土文物给我们提供了重要线索。细心的考古专家发现，在一号墓中出土的铜器和漆器中，刻有许多纪年。有"卅二年""卅四年""卅六年""卅七年十月""卅九年""卅九年九月"，等等，都是在30年以上。由此考古学家们断定，这必是中山国第一代王靖王刘胜无疑！因为据史料记载，中山国10个王中，只有靖王刘胜在位42年，其余的都没有超过30年。

满城汉墓的主人身份水落石出了，只是，靖王刘胜的尸骨究竟到哪去了呢？后来清理修整金缕玉衣时，专家们发现里面竟然有些灰褐色的骨灰与牙齿的珐琅质外壳碎片。原来，经历了千年，刘胜的尸体早已腐朽，而他身穿的金缕玉衣又全部锈蚀在了一起，所以当时谁也没有注意。就此，这个困扰考古学家多时的谜团终于解开。

身穿金缕玉衣，仍旧没能保住尸骨，恐怕是靖王刘胜做梦也没想到的吧！玉衣在史书中称为"玉匣""玉柙"等，据文献记载，玉衣是汉代皇帝、诸侯王和高级贵族死后的殓服。玉衣分为金、银、铜三个等级，对应不同等级的王公贵族，是很有讲究的。《后汉书·礼仪志》中提到，只有皇帝才有资格葬以"金缕玉匣"，诸侯王、列侯、贵人、公主等使用"银缕玉匣"，而大贵人、长公主只能穿"铜缕玉匣"。刘胜只是一个诸侯王，按规矩只能穿银缕玉匣，为什么他们夫妇俩胆敢冒如此大不韪呢？

也许是为了显示自己的尊贵，但更可能是为了使尸体不朽。在汉代，人们普遍认为"玉能寒尸"。所以，汉代的皇帝贵族都争相大量使用玉衣作为葬服。《后汉书·刘盆子传》中对古尸不腐有这样一句总结，"有玉匣殓者率皆生"。可是，现在看来，这只不过是古人一厢情愿的美好愿望而已。刘胜夫妇虽不惜工本制作了两件金缕玉衣，但不朽梦落空，还是没有能保住他们的尸体。而与他们同时代的马王堆汉墓出土的一具女尸，身上并没穿什么金缕玉衣，历经千年却依然栩栩如生，这对刘胜夫妇来说，不能不算是一个极大的讽刺。

（十三）定陵里面有什么？

北京市昌平区北天寿山麓有驰名中外的明十三陵，即明代13个皇帝的陵墓区。十三陵依次为德陵、永陵、景陵、长陵、献陵、庆陵、裕陵、茂陵、泰陵、康陵、定陵、昭陵和思陵。其中，定陵为明神宗万历皇帝朱翊钧的陵寝。与其他陵墓不同，明神宗一反祖宗遗训，在其定陵里面合葬着其孝端皇后王氏与孝靖皇后王氏。

万历皇帝朱翊钧是明代第十三位皇帝，生于公元1563年，死于公元1620年。他

10 岁即位，在位时间为 48 年，是明代在位时间最长的一位皇帝。据史料记载，在他即位 12 年后，就开始忙着为自己建造陵墓，一共建了 6 年，耗银 800 余万两。在刚完工时，定陵本来有富丽堂皇的地上建筑，可惜后来遭受了几次浩劫，发掘时地面只剩宝城、明楼、陵门和几道陵墙了。

在定陵的发掘中，细心的考古专家们发现宝城东南面的一处小小的缺口似乎有拆动的迹象。在缺口里侧石条上发现了浅刻的"隧道门"三个字。在继续发掘中，又在隧道的尽头发现了刻有"此石至金刚墙前皮十六尺深三丈五尺"的小石碑。考古专家们根据这些文字的提示，发现了又一条石隧道，其尽头就是"金刚墙"，打开金刚墙便是隧道券，再往里走就是定陵的地宫，即所谓的玄宫。

开启玄宫的石门全部用石材建成，虽说制作得非常精致，但在中间仍留有一条 3 厘米宽的门缝。从门缝往里看，可以发现有一根顶门的石条将两扇大门从里向外顶着。要想把石门打开首先就得把这根石条移走。于是专家们便用一根开口的铁制板条从门缝中伸进去，利用板条的开口卡住顶门石的上端，以此推动顶门石离开了原位。当确定里面并没有传说中的暗藏着置人于死地的各种机关后，考古专家们打开了地下宫殿的大门。

定陵的地宫由 5 座高大宽敞的殿室组成。前殿呈长方形，长 20 米，宽 6 米，高 7.2 米。令人大惑不解的是，这里面没有发现任何随葬品，也没有任何陈设，只是在地面上铺着一层黄松木板，有人认为是下葬时为保护砖面而设。

中殿也是长方形，长 32 米，宽 6 米，高 7.2 米。西侧陈设着万历皇帝和孝端、孝靖两位皇后的汉白玉石神座，万历皇帝的神座居中，左侧为孝端皇后的神座，右侧则为孝靖皇后的神座。各神座前有黄琉璃五供，即一个香炉，两个烛台和两个花瓶。五供前又放着长明灯。当然，由于缺氧，长明灯早已熄灭。在中殿的南北两侧，还发现有左右两处配殿。

后殿是放置皇帝、皇后棺椁的地方，也是玄宫的主体部分，所以比起其他各殿自然更为高大和宽敞。其南北长约 30.1 米，东西宽约 9.1 米，高约 9.5 米。在中部偏西设有一座白石镶边的棺床，床四周作束腰须弥座，饰覆仰莲。棺床上放着三具棺椁，中间为万历皇帝，左为孝端王皇后，右为孝靖王皇后。

万历皇帝的椁室里面是一口楠木棺，长 3.3 米，宽 1.5 米，高 1.4 米。棺木上盖着黄色丝织铭旗，书有"大行皇帝梓棺" 6 个烫金大字。打开棺盖，里面装满了光彩夺目的奇珍异宝！有光芒四射的金银器，价值连城的珠宝玉器，精美绝伦的青花瓷器，还有绚丽多彩的丝织品。让人惊叹不已！万历皇帝的尸体以锦被包裹，头上戴一顶乌纱翼善冠，身穿刺绣衮服，由于这件衮服是目前所见唯一的缂丝衮服制品，所以显得特别珍贵。腰间束一条玉带，穿着一条黄色素绫裤，脚着红素缎高统单靴。万历皇帝的尸体已经腐朽。

此外，在定陵内还发现了 29 个随葬的物品箱，都塞满了各种精美的随葬品，如金

银器、冠、带、佩饰等等。据统计，定陵出土的各类遗物共有 2648 件，其中不少是价值连城的稀世珍品。许多遗物不仅大大丰富了文献资料的内容，也为明史的研究提供了大量的实物资料。

（十四）西宫娘娘为何葬于东边？

世人皆知有一位西太后慈禧，但并不是每个人都知道曾有一位与西太后并尊甚至身份应高于其上的东太后，即慈安皇太后。慈安皇太后何许人也？说起来她还是清朝咸丰皇帝的正宫皇后。西太后慈禧之所以能成为太后，是因为她是清朝的同治皇帝的生母，子荣母贵，所以在咸丰皇帝死后，慈禧才能由贵妃跃升为太后，与名正言顺的慈安皇太后并驾齐驱。

慈安皇太后对后世的影响之所以远远逊于慈禧，这由她本人的性格所致。咸丰皇帝死后，慈禧出主意，东太后与西太后曾共同垂帘听政。不久，东太后就感到厌烦了，常常推说身体不适。慈禧自然就独揽了朝政大权，统治了中国近半个世纪之久。

慈禧世称西太后，慈安世称东太后，有趣的是她俩的陵寝却一个在东边，一个在西边。具体地说，西太后慈禧死后葬于清东陵（今河北省遵化市）的东边，而东太后慈安死后却葬于清东陵的西边。这是怎么一回事呢？

民间流传着不同的说法，其中一种说法是对弈赌陵。前面已经提及，东宫太后慈安是由正宫皇后升为太后的，可以说是天经地义的皇太后，而西太后慈禧只不过是沾了儿子当皇帝的光才升级为太后的，所以在地位上远不及慈安太后，这样，西太后的陵墓无论是在风水上还是在规模上都不能与慈安太后相比。可是我们知道，慈禧太后向来争强好胜，心狠手辣，她怎么可能甘心屈居于慈安太后之下呢？于是她精心布置了一场赌局，与慈安太后约好，谁下棋下赢了，谁就先挑选陵墓。可怜慈安太后性格柔弱而又心无城府，自然不是诡计多端的慈禧太后的对手，于是西太后就毫不客气地把属于东太后的陵墓给霸占了。还有另一种说法，认为慈禧在柔顺的慈安太后面前根本就懒得去玩弄什么花招，说白了就是明抢了人家的陵墓。传说慈禧太后有一天晚上做了个怪梦，梦见自己死了以后被慈安葬在了清东陵的西边。这个梦给了慈禧一个大大的灵感，她想，如果慈安太后先于她死的话，把她葬在哪里

慈禧

还不是由自己说了算吗？于是，歹毒的慈禧太后就真的下药把慈安太后给毒死了，并如愿以偿地把她葬在了清东陵的西边。再后来，慈禧为了让自己死后继续过上豪华奢侈的生活，以"年久失修"为借口，对自己的陵寝花巨资大肆修整了一番。

当然也有人认为，慈禧太后生前虽然狡猾奸诈，不甘居人之下，但在祖宗面前她还是有所顾忌，不敢造次的，规规矩矩地葬在了属于自己的陵墓内。这个看法同样有不一样的观点：一种观点认为，东太后、西太后的名称，与她们的地位、资历是没有什么关系的，更不可能由她们的陵墓方位所决定。慈禧太后之所以称为西太后，是由于她生前居住于紫禁城内西边的储秀宫和长春宫，同样的道理，慈安太后之所以称为东太后，则因为她生前居住于紫禁城东边的钟粹宫。正是因为她们生前居住的方位不同，才决定了她们的称号。

西宫娘娘是否理应葬在东边？恐怕这个谜底将永远随着慈禧太后埋进坟墓。

（十五）慈禧陵墓：金银满箱

叶赫那拉氏，生于 1835 年，卒于 1908 年，从咸丰皇帝的嫔妃到垂帘摄政的西太后，她在血雨腥风的宫廷斗争中站稳了脚跟，最终成为中国封建王朝最后一个掌握实权的执政者。然而，局势已是风雨飘摇、内外交困，慈禧太后带领日薄西山的清王朝走过了 48 年，留下更为颓败的烂摊子撒手人寰。她生前权倾一时、穷奢极欲，死后也不忘富贵荣华，在棺木中堆满金银珠宝，意图将生前的财富带到另一个未知世界。但显然，她的美好愿望落了空。在她死后仅 20 多年，她的陵墓就被盗，她的尸身被弃一旁，长满白毛，而那些价值连城的珠宝当然被洗劫一空，流落世上。慈禧的陵墓在今河北省遵化市的马兰峪，人称"东陵"。做下如此惊天大案的人被称为"东陵大盗"，这个名词如今几乎成为一切胆大妄为盗匪之通称。

清东陵距北京 120 千米，占地约 70 平方千米，是清朝三大皇家园陵中规模最大、葬人最多的一座。自顺治十八年（1661）建孝陵始，清王朝先后有顺治、康熙、乾隆、咸丰、同治 5 位皇帝葬于此处，另有 15 位皇后、136 名嫔妃与 3 名皇子、2 位公主葬于此。其中，最豪华的当数乾隆帝与慈禧太后之陵。在清废帝溥仪的回忆录《我的前半生》中曾引述文史资料如此描述道：

墓中隧道全用汉白玉砌成，有石门四进，亦全系汉白玉雕制，寝宫为八角形，上覆圆顶，雕塑着九条金龙，闪闪发光。寝宫面积约与故宫的中和殿相等。乾隆的棺梓是用阴沉木制成的，安放在一个八角井的上边。两座坟墓中的殉葬器物，除金银元宝和明器外，都是些罕见的珍宝。慈禧的殉葬物品，多是一些珠宝翠钻之类，她的凤冠是用很大的珍珠以金线穿制而成的；衾被上有大朵的牡丹花，亦全用珍珠堆制；手镯系用大小钻石镶成一大朵菊花和六小朵梅花，澄澈晶莹，光彩夺目；手里握着一柄降魔杵，长约三寸余，为翡翠制；她的脚上还穿着一双珠鞋。另外，在棺中还放置着十七串用珠宝缀成的念珠和几双翠质手镯。乾隆的殉葬品都是一些字画、书剑和玉石、象牙、珊瑚雕刻的文玩及金质佛像等物，其中绢、丝制品都已腐朽，不可辨认。

除了溥仪记录的这些以外，慈禧太后棺木内的陪葬品还有蒲翠、白玉、红宝石、金雕等佛像27尊，宝石制成的桃、杏、枣、李等200多枚，以及蒲翠西瓜、丝瓜、玉石莲花、白玉藕、玉石骏马、罗汉等等，据不完全统计，共计有珍宝700多种。为填补空隙，还在棺内填放了4升珍珠和2200多块红、蓝宝石。尤为珍贵的是慈禧口中含的夜明珠，硕大无朋，晶莹剔透，夜色中放射出莹绿的襄光，百步之外人的头发都清晰可辨。据说，慈禧的棺材一打开，满箱珠宝的光彩耀得人眼花缭乱，连手电筒的光都黯然失色。

"青史留名"的盗墓贼是国民党军官孙殿英。他原是赌棍和贩毒犯出身的"流氓军人"，在张宗昌部当过师长和军长，1927年接受蒋介石的改编，任四十一军军长。1928年，孙殿英率部到马兰峪一带。慈禧太后陪葬品之丰厚世人早有耳闻，孙殿英此举显然是预谋已久，盗墓行动亦计划得十分周详。他事先贴出告示，声称要进行军事演习，封锁了附近的交通，然后由他的工兵营长颛孙子瑜带士兵挖掘。当然为了掩人耳目，他们不敢在白天明目张胆地干，都是利用夜色掩护，花了三个晚上的时间将乾隆和慈禧陵墓中的殉葬品洗劫一空。

诗曰："纵有千年铁门槛，终须一个土馒头。"无论你生前如何尊贵，无论你带着多少财富下葬，最终只是一具尸骸而已。后来去收拾的人发现慈禧尸身被挖出后扔在地宫的西北角，全身已被扒光，尸体长满白毛。溥仪回忆，当时他极度受刺激，各路遗老遗少也纷纷赶到天津租界溥仪的住处——张园，设堂祭奠，叩拜行礼，恸哭流涕。并且向蒋介石与时任平津卫戍司令的阎锡山提出抗议，要求严厉惩办孙殿英。开始蒋介石还表示支持，下令阎锡山查办此事，后来却不了了之。

那么，孙殿英盗取的财宝除了少数用来打点上下，大部分都流落何方了呢？民间传言，孙殿英将盗掘的部分宝藏送给了上司徐源泉，徐氏遂把它埋在武汉新洲徐公馆的地下密室内。徐家的女佣亦回忆道，徐源泉在孙殿英盗东陵后就发了财，1931年，耗资10万大洋建造了富丽堂皇的徐公馆。公馆占地面积约4230平方米，极尽奢华之能事。并且，公馆建成后就有一批人在公馆附近被枪毙，这样的巧合不能不令人疑心被枪毙的就是建造公馆的工匠们。但是，徐源泉的儿子，年近八旬的徐均武却否认这个传说。他说自己在1949年父亲飞往台湾前曾去广州见过父亲一面，父亲未叫自己从武汉家中携带任何东西，父亲上飞机的行李亦十分轻便，显见并无任何财宝。

当年徐家的一些邻居作证说，小时候曾见过徐家的奢华，徐妻还有一顶金光灿灿的凤冠等。所有这些说法都令人将信将疑。可以确定的是，当年身为国民党第六集团军陆军上将的徐源泉，孙殿英的直接顶头上司，他肯定会从孙殿英处得到一些好处。至于这些好处有多少，是否是一笔不小的财宝就不得而知了。1994年，武汉市有关文物部门曾对徐公馆的密室进行清查，并没有什么发现。关于徐公馆藏宝的传说一直既无法证实，亦无法廓清，看来，这个谜还不知道什么时候才能解开呢。

（十六）为何称西夏王陵为"东方金字塔"？

970 多年前，西北大地耸立着一个与宋、辽鼎立的少数民族王国——"大夏"封建王朝，西夏语为"大白高国"。因其位于宋、辽两国之西，历史上称之为"西夏"。它"东尽黄河，西界玉门，南接萧关，北控大漠，地方万余里，倚贺兰山以为固"，雄踞塞上，立朝 189 年，传位十主。13 世纪，蒙古迅速兴起并日渐强大，开始对外扩张和掳掠，西夏便成为蒙古对外扩张的首要目标。1227 年，成吉思汗包围西夏都城兴庆府达半年，威震四方的成吉思汗虽战无不胜，但西夏人拼死抵抗，双方陷入苦战之局。经过一番惊心动魄的战斗，蒙古大军攻下了西夏都城兴庆府，接着在城里四处抢掠、大肆屠杀，铁骑所到之处，白骨蔽野。历时 189 年，曾在中国历史上威震一方的西夏王朝灭亡了，党项族也从此消失。只有贺兰山下一座座高大的土筑陵台——西夏王陵，仍然默默矗立在风雨之中，展示着神秘王朝的昔日辉煌。于是，西夏王朝留给后人的，只剩下这些历史遗迹和一个又一个难解之谜。元人主修的《宋史》《辽史》和《金史》中各立了《夏国传》或《党项传》，但没有为西夏编修专史，这无疑给研究人员增加了困难。近年来，研究人员试图从那些废弃的建筑、出土文物和残缺的经卷中，寻找西夏王国的踪迹，以求破译众多谜团。

从 20 世纪 70 年代开始，考古人员对矗立在荒漠中的西夏王陵进行了科学的考察和研究，清理了一座帝王陵、四座陪葬墓、四个碑亭及一个献殿遗址，并从中发现了一些很珍贵的西夏文物。这些文物中有西夏文字，有反映西夏人游牧生活和市井生活的绘画，有各式各样的雕塑作品，有"开元通宝""淳化通宝""至道通宝""天禧通宝""大观通宝"等各个时期的流通钱币，有工艺精巧的各类铜器、陶棋子等文物。更让人惊讶的是，这当中出土了大量造型独特的石雕和泥塑。与此同时，考古工作者还对陵区进行了多次全面系统的测绘与调查，陆续发现了新的大小不等的陵墓。发现的陵墓从 15 座增加到 70 多座，后又增加到 200 余座，截至 1999 年共发现帝陵 9 座、陪葬墓 253 座，其规模与河南巩义市的宋陵、北京明十三陵相当。东西 5 千米，南北 10 多千米，总面积 50 多平方千米，如此规模的皇家陵园在中国实属罕见。人们还惊奇地发现，在精确的坐标图上，9 座帝王陵组成一个北斗星图案，陪葬墓也都是按星象布局排列！为什么要这样排列呢？至今仍没人能够解释。

西夏王陵和其他陵园相比，有自己的特点。西夏王陵三号陵园陵城和角阙形制具有西夏佛教的显著特点。研究人员在清理陵塔墙基周围的堆积物时，未发现有登临顶端的任何形状的阶梯、踏步，角阙附近也仅发现大量的砖瓦及脊兽残片，而未发现明显的方木支撑结构，由此专家们推测角阙之上应为一种实心的，用砖瓦、脊兽垒砌的高低错落的塔式建筑，而绝非可以拾级而上的亭台楼阁，而在此出土的铜铃应为佛塔角端悬挂的装饰物。研究人员说这种在陵园中修建的佛塔式象征性建筑目前尚属首见，这可能与西夏尊崇佛教有直接关系。另外陵园所有角阙和门阙皆由一座座大小不一的佛塔组成，与陵塔遥相呼应，形成一座气势恢宏的具有浓郁民族特色的建筑群。研究人员推想，西夏王陵应是以高大宏伟的密檐塔状陵台为中心，四周围绕高低相间错落有致的佛塔群，从而使整个陵园充满尊崇佛法的宏大气势，突出了西夏王陵别具一格的建筑特色。

西夏王陵

西夏王陵另一个与众不同之处是它放置石像的位置。石像生自东汉创制以来，列于陵园正门外的神道两侧，成夹道之势。而西夏却将月城作为列置石像生之地，与传统的正门外神道两侧置石像生完全不同。

考古工作者从月城残留的遗迹现象中，已找出了四条摆放石像生的夯土台基，台基呈窄长条形，南北长 41.5 米，东西宽 3.7~3.9 米。月城出土了数百块石像生碎块，研究人员根据石像生碎块的分布状况分析，一条夯土台阶上可能有 5 尊石像生，两条台阶上约摆放石像生 10 尊。三号陵园石像生的摆放状况可能是 4 排 20 尊，改变了宋陵将石像生群列于神道两侧一字排开的做法，这样使石像生更加集中、紧凑，缩短了陵园的南北纵向距离，形成了"凸"形的基本结构，与宋陵方形布局有明显不同。

研究人员认为，把文臣武将集中摆列在月城，突出了皇家陵园的威严和气势。西夏陵月城的设置不同于宋陵，研究人员认为西夏陵园平面可能是仿国都兴庆府城之平面。陵园前凸出的一块，是仿常见的城门外之瓮城，突出了月城保卫陵园（陵城）的作用，可见西夏人仍按古代"视死如生"的丧葬要求设计陵园。另外，研究人员在西夏王陵还发现了中原地区陵墓所没有的塔式建筑。据此有关专家推测，西夏王陵可能吸收了我国秦汉以来，特别是唐宋陵园之所长，同时又受到了佛教建筑的巨大影响，使汉族文化和佛教文化、党项民族文化三者有机地结合在一起。

西夏王陵以其独特之处吸引着众多研究者，而那一个个未解之谜也给它增加了几分神秘，使它备受人们的关注。